해상용병

17세기 중국해에서의
전쟁, 무역 그리고 해적

지은이
정웨이중 鄭維中, Cheng Wei-chung
대만 중앙연구원 대만사 연구소 연구원

옮긴이
김창경 金昌慶, Kim Chang-gyeong
국립부경대학교 중국학과 교수
안승웅 安承雄, Ahn Seung-woong
국립부경대학교 중국학과·부산대학교 강사
공봉진 孔鳳振, Kong Bong-jin
국립부경대학교 중국학과·동아대학교 정치외교학 전공 강사
이강인 李康仁, Lee Kang-in
부산외국어대학교 글로벌비즈니스 대학 교수

해상용병
17세기 중국해에서의 전쟁, 무역 그리고 해적

초판발행 2024년 10월 30일

지은이 정웨이중
옮긴이 김창경·안승웅·공봉진·이강인

펴낸이 박성모
펴낸곳 소명출판
출판등록 제1998-000017호
주소 06641 서울시 서초구 사임당로14길 15 서광빌딩 2층
전화 02-585-7840
팩스 02-585-7848
이메일 somyungbooks@daum.net
홈페이지 www.somyong.co.kr

ISBN 979-11-5905-978-0 93910
정가 43,000원

이 책은 2017년 대한민국 교육부와 한국연구재단의 지원을 받아 수행된 연구임 (NRF-2017S1A6A3A01079869)

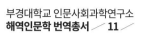

부경대학교 인문사회과학연구소
해역인문학 번역총서 ╱ 11 ╱

해상용병

17세기 중국해에서의 전쟁, 무역 그리고 해적

정웨이중 지음 | 김창경 외 옮김

War, Trade and Piracy in the China Seas 1622~1683

일러두기

- 원서 『해상용병 – 17세기 중국해에서의 전쟁, 무역 그리고 해적』을 번역할 때, 모호한 부분의 내용은 중국어로 번역된 『해상용병(海上傭兵)』(蔡耀緯 역, 2021)을 참조하여 진행하였다.
- 원서에 나오는 지명과 인명 등을 번역할 때, 네덜란드 동인도회사 자료, 일본에 남아 있는 자료, 중국에 남아 있는 자료들을 참조하며, 독자가 이해하기 쉽도록 수정 보완하였다.
  예) 시암은 태국이라고 하거나 아유타야라 하지 않고, 시암으로 번역하였다.
- 중국 지명과 인명은 한자 독음으로 표기하였다. 처음에 나오는 경우에 한글(한자)로 표기하였고, 이후에는 한글로 표기하였다.
  예) 대만(臺灣) → 대만, 정지룡(鄭之龍) → 정지룡
- 일본 지명과 인명은 일본식 발음(한자)으로 표기하였다. 처음에 나오는 경우에 일본식 발음(한자)로 표기하였고, 이후에는 일본식 발음을 한글로 표기하였다.
  예) 히라도(平戶), 도쿠가와 이에야스(德川家康)
- 원서에서 중국인 인명이나 일본인 인명 중 영어로 표기되어 있는 경우, 중국이나 일본 자료에서 찾을 수 있는 것은 한글과 한자로 병렬 혹은 영어와 한자 병렬로 표기하였다. 내용에 따라서는 한자로만 표기하였다.
  예) 왕이동(王伊同), Ray Huang(黃仁宇), Seiichi Iwao(岩生成一)
- 원서에서 중국인 인명이나 일본인 인명 중 영어로 표기되어 있는 경우, 중국이나 일본 자료에서 찾을 수 없는 경우에는 영어로 표기해 두었다.
  예) Tien-tse Chang
- 일본인 이름 중 한국인에게 익숙한 이름은 한자 옆에 한국에 알려진 이름으로 표기하였다.
  예) 林羅山(하야시 라잔)
- 네덜란드어로 된 인명 등은 한국 외래어표기법에 따라 표기하면서, 기존에 나와 있는 도서를 참조하여 표기하였다. 다만 원서에 오류가 있는 부분은 네덜란드 '라이덴대학교'에 남아 있는 기록을 참조하였다. 이는 부록에 첨부하였다.
- 무게, 화폐 등의 단위는 원서에 나오는 단위를 그대로 사용하였다. 관련 내용은 부록에 첨부하였다.
- 원서에 나오는 각주 중에서 영어로 된 각주는 영어를 그대로 표기하였다. 그러나 중국어나 일본어가 영어로 표기된 경우에는 『해상용병(海上傭兵)』에 나오는 중국어와 일본어 자료를 참조하여 중국어와 일본어로 표기하였다.
- 원서에서 발견된 오탈자의 경우에는 라이덴대학교 기록, 중국과 일본 기록을 참조하여 수정해서 표기하였다.
- 원서에서 표기된 동남아시아 국가를 지칭하는 용어 중에 17세기에 맞지 않는 명칭이 나오고 있다. 후대에 등장한 명칭인데, 17세기의 국가를 지칭하고 있다. 오늘날의 국가 명칭으로 표기하기에는 그 국가의 영역 차이가 있다 보니, 원서에서 소개된 그 국가명을 그대로 사용하는 경우도 있다.
  예) 시암
- 본문 중 대괄호는 저자주를 의미한다.
- 내용을 쉽게 이해할 수 있게 본문 중에 역자주를 넣어두었고, 부록에도 첨부하였다.
- 본문의 말줄임표(……)는 원서의 생략 표기를 따른 것이다.

　부경대학교 인문사회과학연구소와 해양인문학연구소는 해양수산 인재 양성과 연구 중심인 대학의 오랜 전통을 기반으로 연구 역량을 키워왔습니다. 대학이 위치한 부산이 가진 해양도시 인프라를 바탕으로 바다에 삶의 근거를 둔 해역민들의 삶과 그들이 엮어내는 사회의 역동성에 대한 연구를 꾸준히 해 왔습니다.

　오랫동안 인간은 육지를 근거지로 살아온 탓에 바다의 중요성에 대해 간과한 부분이 없지 않습니다. 육지를 중심으로 연근해에서의 어업활동과 교역이 이루어지다가 원양을 가로질러 항해하게 되면서 바다는 비로소 연구의 대상이 되었습니다. 그래서 현재까지 바다에 대한 연구는 주로 조선, 해운, 항만과 같은 과학기술이나 해양산업 분야의 몫이었습니다. 하지만 수 세기 전부터 인간이 육지만큼이나 빈번히 바다를 건너 이동하게 되면서 바다는 육상의 실크로드처럼 지구적 규모의 '바닷길 네트워크'를 형성하게 되었습니다. 이 바닷길 네트워크인 해상실크로드를 따라 사람, 물자뿐만 아니라 사상, 종교, 정보, 동식물, 심지어 바이러스까지 교환되게 되었습니다.

　바다와 인간의 관계를 인문학적으로 접근하여 성과를 내는 학문은 아직 완성 단계는 아니지만, 근대 이후 바다의 강력한 적이 바로 우리 인간인 지금, '바다 인문학'을 수립해야 할 시점이라고 생각합니다. 바다 인문학은 '해양문화'를 탐구하는 차원을 포함하면서도 현실적인 인문학적 문제에서 출발해야 합니다.

　한반도 주변의 바다를 둘러싼 동북아 국제관계에서부터 국가, 사회,

개인 일상의 각 층위에서 심화되고 있는 갈등과 모순들이 우후죽순처럼 생겨나고 있습니다. 근대 이후 본격화된 바닷길 네트워크는 이질적 성격의 인간 집단과 문화의 접촉, 갈등, 교섭의 길이 되었고, 동양과 서양, 내셔널과 트랜스내셔널, 중앙과 지방의 대립 등이 해역海域 세계를 중심으로 발생하는 장이 되었기 때문입니다. 해역 내에서 각 집단이 자국의 이익을 위해 교류하면서 생성하는 사회문화의 양상과 변용을 해역의 역사라 할 수 있으며, 그 과정의 축적이 현재의 모습으로 축적되어 가고 있습니다.

따라서 해역의 관점에서 동북아를 고찰한다는 것은 동북아 현상의 역사적 과정을 규명하고, 접촉과 교섭의 경험을 발굴, 분석하여 갈등의 해결 방식을 모색하여, 향후 우리가 나아가야 할 방향을 제시해주는 방법이 우선 될 것입니다. 물론 이것은 해양 문화의 특징을 '개방성, 외향성, 교류성, 공존성 등'으로 보고 이를 인문학적 자산으로 확장하고자 하는 근본적인 과제를 수행하는 일이기도 합니다.

부경대 인문한국플러스사업단은 바다로 둘러싸인 육역陸域들의 느슨한 이음을 해역으로 상정하고, 황해와 동해, 동중국해가 모여 태평양과 이어지는 지점을 중심으로 동북아해역의 역사적 형성 과정과 그 의의를 모색하는 "동북아해역과 인문네트워크의 역동성 연구"를 수행하고 있습니다. 이를 통해 우리는 첫째, 육역의 개별 국가 단위로 논의되어 온 세계를 해역이라는 관점에서 다르게 사유하고 구상할 수 있는 학문적 방법과 둘째, 동북아 현상의 역사적 맥락과 그 과정에서 축적된 경험을 발판으로 현재의 문제를 해결하고 향후의 방향성을 제시하는 실천적 논의를 도출하고자 합니다. 이를 바탕으로 본 사업단은 해역과 육역의 결절 지점이며 동시에 동북아지역 자치 갈등의 현장이기도 한 바다를 연구의 대상으로 삼아 현재의 갈등과 대립을 해소하는 방안을 강구하고, 한 걸음 더 나아가 바다와 인간의 관계를 새롭게 규정하는 '해역인문학'을 정립하기 위해 노력하고 있습니다.

부경대학교 인문한국플러스사업단이 추구하는 '해역인문학'은 새로운 학문을 창안하는 일이기 때문에 보이지 않는 길을 더듬어 가며 새로운 길을 만들어 가고 있습니다. 2018년부터 간행된 '해역인문학' 총서 시리즈는 이와 관련된 연구 성과를 집약해서 보여주고 있으며, 또 이 총서의 권수가 늘어가면서 '해역인문학'의 모습을 조금씩 드러내고 있습니다. 향후 지속적으로 출판할 '해역인문학총서'가 인문학의 발전에 기여할 수 있는 노둣돌이 되기를 희망하면서 독자들의 많은 격려와 질정을 기대합니다.

부경대 인문한국플러스사업단 단장 김창경

저는 1970년대에 태어난 대만인입니다. 당시 대만은 냉전시대의 절정기에 있었으며, 학교 교육은 표준어베이징어와 민족정신 교육을 강조했습니다. 저는 타이베이시의 광복국민학교에서 몇 년을 보냈고, 그때 한국 대사관이 학교 맞은편에 있었습니다. 수업이 끝나고 나면 친구들과 국부손문기념관에서 야구를 했고, 때때로 한국 대학생들이 합류하기도 했습니다. 이때부터 저는 한국에 대해 조금씩 알기 시작했습니다. 1988년 한국이 서울 올림픽을 개최할 즈음, 대만, 한국, 일본은 국제 경기에서 자주 맞붙었고, 당시 대만의 TV 생중계는 대중의 큰 관심을 받았습니다. 저는 야구 팬은 아니었지만, 동아시아 삼국 간의 어떤 긴장감을 종종 느끼곤 했습니다.

제가 주입받은 '중화민족 역사'는 중국이 동아시아 문화의 중심이라는 점을 강조하며, 의도적으로 또는 무의식적으로 한국인에 대한 고정관념을 만들어 내었습니다. 사실 제가 성장하며 접한 교과서에는 한국이 중국의 특정 왕조에 정복당하고 지배를 받은 것 외에는 거의 실질적인 내용이 없었습니다. 당시 대만의 역사 교육은 중화민국 정부의 국제적 지위 문제를 피하기 위해, 제2차 세계대전에서 정부에 불리한 복잡한 문제의 전말을 일절 다루지 않았습니다. 냉전 중 미국이 아시아 권위주의 정부를 지원한 역사나 한국 국민이 민주화를 위해 투쟁한 역사도 교과서에 포함되지 않았습니다. 몇 년 전 대만 매체는 북한 주민들이 독재자에 대해 열광적인 지지를 보이는 모습을 보도했는데, 사실 1980년대 이전의 대만도 크게 다르지 않았을 것입니다.

저는 중고등학교, 대학교 시절 대만 사회가 민주화로 향해 가는 '전환기'를 경험했습니다. 대만의 민주화가 진행됨에 따라 사회 여론에는 대만의 국가 지위에 대한 논의가 자연스럽게 늘어났으며, 이러한 논의는 대만 현지 역사에 대한 관심으로 이어졌습니다. 1990년대에 들어서면서 '중화민국'의 국제적 지위는 점점 애매해졌지만, 한국은 세계 무대에서 점점 더 활발하게 활동하기 시작했습니다. 현대, 대우 자동차가 미국 시장에 진출한 것이 인상 깊었습니다. 2006년에는 한국 외교관 반기문이 유엔 사무총장에 당선되기도 했습니다. 2011년 저는 스리랑카에서 열린 세미나에 참가했는데, 현지에서 한국의 인도적 지원을 기리기 위한 기념비를 직접 보았습니다. 2004년 남아시아 쓰나미 당시 스리랑카는 큰 피해를 입었고, 많은 재난 복구 작업이 한국과 관련이 있었습니다. 당시 많은 스리랑카 사람들이 한국 대사관을 찾아가 해외 취업을 신청하기도 했습니다. 그에 비해, 대만은 국가 지위가 불명확하여 국제적으로도 큰 역할을 할 수 없었습니다.

대만은 민주화를 겪는 과정에서 인권 침해, 사회적 차별 등의 현실적인 문제들을 해결하는 데 더 집중했으며, 장기적인 미래를 계획하는 데는 소홀했습니다. 그 결과 역사 인식에 있어 대만 역사에 대한 이해는 높아졌지만, 대중은 과거에 대한 서로 다른 평가의 논쟁에 쉽게 빠져들곤 했습니다. 이러한 어려움은 다른 나라 독자들이 쉽게 이해하기 어려울 것입니다. 동시에, 중국어로 된 기록은 체계적이고 신뢰도가 높은 편이지만, 그 내포된 '체계적 오류'는 '한족 중심주의'와 '왕조 중심주의'를 벗어나지 않고서는 인지하기 어렵습니다. 이 또한 매우 어려운 일입니다. 그래서 이 책의 집필 전략은 한어漢語가 아닌 자료를 사용하고, 가능한 한 역사적 맥락에 부합하는 이성적인 해석을 제공하는 데 중점을 두었습니다. 이러한 상황에서 자연스럽게 많은 정량적 분석, 제도 분석 등이 포함되었는데, 이는 앞서 언급한 문제를 피하기 위함입니다. 독자들은 이 책이 역사적 평가보다는 합리적 설명을 추구하는 데 집중하고 있음을 발견할 것입니다. 이는 먼저 입장을 정하고 나서 역사를 이해하려는 독자들이나, 이 시대의 역사적 흐름에 대해 이미 확고한 관점을 가진 독자들에게는 받아들이기 어려울 수도 있습니다. 그러나 만약 저자가 현대 한국에 대한 얕은 인상이 비교적 정확하다면, 한국 독자들은 앞서 언급한 한문 사료의 '체계적 오류'와 '고정관념' 문제에 이미 경각심을 가지고 있을 것입니다. 이것이 저자의 개인적인 기대입니다. 이러한 상황에서 저의 작품및 최근 유사한 주제의 다른 작품들은 독자들에게 근세 초기Early Modern 동아시아해역 각지에서 이미 시작된 지정학적 양상을 바라보는 다른 시각을 제공할 수 있을 것입니다. 또한 이러한 정치 및 경제적 연관성이 지난 400년간 동아시아해역의 발전을 종합적으로 이해하는 데 핵심적인 요소라는 점을 인식할 수 있을 것입니다. 다시 말해, 개별 국가를 초월하여 더 넓은 지역 범위 내에 각자의 시야 밖에 있는 이해관계가 존재한다는 것입니다. 지금의 한국은 정치, 경제, 문화적으로 세계적인 영향력을 가지고 있으며, 한국 국민의 결정은 어떤 방식으로든 대만인의 운명에 영향을 미칩니다. 대만인으로서, 이 책이 출판되어 한국 독자들과 오랜 연구의 결과를 공유할 수 있게 되어 매우 영광스럽게 생각합니다.

1945년 태평양 전쟁이 끝난 후 독립을 쟁취한 몬순아시아지역 민족 국가들처럼 역사 기록에 중대한 변화가 일어난 곳은 세계 어느 곳에서도 없었을 것이다. 인도양과 동중국해의 가장자리에 있는 해양 인접 국가들은 2,000년 이상 해상 운송과 무역을 통해 서로 교류해 왔다. 하지만 근대 국가 건설의 절박한 요구는 국가 중심의 역사 서사를 만들어내는 경향이 있었다. 그 가운데 강조되는 것은 뛰어난 문화유산, 반식민지 저항과 같은 영웅적 주제를 기초로 길러진 문화적 자부심 및 자기 정체성인 것이다. 그 누구도 이러한 '민족정체성 확립' 아젠다의 필요성과 효용성을 부인하지 않을 것이다. 하지만, 이러한 자국 위주의 역사 기록이 지역 간 협력과 글로벌화를 준비하는 시대에도 국민에게 도움이 되리라 볼 수 없을 것이다.

17세기와 18세기에 몬순아시아의 연해지역 사회는 유럽 무역상들의 진입, 전지구적 해상 무역 네트워크의 흥기, 19세기와 20세기에 정점에 도달한 제국주의 국가들의 식민지 개척을 직접 목격하였다. 그래서 식민지 이전과 식민지 초기의 역사 연구는 많은 어려움이 존재한다. 전쟁과 토착 및 식민 정권의 빈번한 교체로 해당 지역에 남아 있는 역사 자료는 매우 적다. 덥고 습한 열대 기후 역시 필사본의 보존에 불리하였다. 구 동인도회사와 스페인 및 포르투갈 제국의 기록보관소에 보존된 아시아에 관한 많은 서구 언어 자료는 유럽 중심적 성격과 편견이 담겨 있음을 부인할 수 없다. 그래서 우리는 중요 원시 사료의 불균형적인 공급에 직면했을 뿐만 아니라, 이러한 기초 자료 속 미화되고 채색된 그

숨겨진 아젠다를 어떻게 해독할 것인가라는 매우 복잡한 문제에 직면하게 되었다.

그 이유가 아시아인들과는 사뭇 다르지만, 과거 50년 동안 북미, 호주 그리고 이전 유럽 제국주의 국가들의 학계에서는 아시아와 유럽의 상호작용에 대한 역사 저술을 '탈식민지화'하려는 현저한 노력이 있었다. 그래서 동적인 서구가 정적인 아시아 사회보다 우월하다는 이러한 오랜 패러다임에 대한 의구심이 점점 더 커지게 되었다. 이미 작고한 홀든 퍼버 Holden Furber, 1903~1993와 같은 국제 무역을 연구한 역사가들은 이 시기를 '파트너십의 시대The Age of Partnership'라고 묘사하여 TANAPTowards a New Age of Partnership, 파트너십의 새로운 시대를 향해 프로젝트의 명칭에 영감을 주었다. 이들 역사가들은 아시아-유럽의 상호작용, 즉 다양한 종류의 경쟁, 대립, 협력, 외교, 군사적 충돌에서 펼쳐진 다양한 방식과 수단에 관심을 가졌다. 이러한 접근 방식은 역사학자들로 하여금 문서 자료가 작성되고 사건이 발생한 지점으로 돌아가도록 했다. 그 결과 연구의 새로운 지평이 열렸다. 아시아와 유럽 역사가들은 서로 긴밀한 파트너십을 맺었고, 독자적 연구 방법과 언어적 배경을 가지고 연구를 진행하여 점점 그 결실을 보기에 이르렀다.

1602년에 설립된 네덜란드 동인도 회사의 설립 400주년을 앞두고, 라이덴Leiden대학교 역사학과 교직원들은 근대 초기 아시아와 유럽의 상호작용을 연구하는 아시아-유럽의 신세대 역사학자를 양성하는 국제 연구 프로그램의 설립을 제안했다. 국제 교육 협력을 향한 이러한 노력은 헤이그 국가기록원, 자카르타의 인도네시아 아르시프 국립기록원과 케이프타운남아공, 콜롬보스리랑카, 첸나이Chennai, 인도 등지의 기록원과 긴밀한 협력으로 수행되어야 함은 당연한 것이었다. 이러한 지역에 보존된 구 네덜란드 동인도회사Verenigde Oost-Indische Compagnie의 문헌기록물은 펼치면 수 킬로미터에 달하였다. TANAP 교육 및 기록 보존 프로젝트는 아래와 같은 부서들의 적극적 후원으로 2000년에 시작되었다. 네덜란드 교육문화과학부, 네덜란드 외교부, 네덜란드 과학연구기구NWO, 네덜란드 열대연구진흥재단WOTRO, 유네스코 네덜란드대표단 그리고 라이덴대학교 등이다. 이에 아시아 12개 대학에서 2001~2003년 동안 30여 명의 젊은 학자들을 라이덴대학교로 파견하였다. 아시아-아프리카 및 아메리카 연구원CNWS의 후원으로, 이 젊은 역사학자들은 고급 석사과정에 참여하였는데, 여기에는 '역사 기록', '고문서학', '고대 네덜란드 문언문' 등의 집중 교과과정이 포함되었다.

몇몇 아시아 재단의 추가 후원으로 2002년부터 스리랑카, 인도, 싱가포르, 인도네시아, 태국, 베트남, 중국, 대만, 일본, 남아프리카 공화국, 네덜란드 등의 국가에서 온 TANAP 졸업생 가운데 17명이 라이덴대학교에서 박사 학위 과정을 이수하기 시작하였다. 또 3명은 세계 각 지역의 대학에서 박사 학위 과정을 이수하였다. 이 저서는 2005년과 2012년 사이에 라이덴대학교에서 논문심사를 통과한 TANAP 프로젝트의 마지막 박사 논문이다.

2012년 교토대학에서

레오나르 블뤼세Leonard Blussé

역자 서문

 서구 세계의 해양 진출은 미지의 땅을 정복하여 자신들의 무역로를 개척하여 부의 확산에 중점을 둔 것이었다. 이러한 서구의 발 빠른 해양력 확산은 해양사를 포함한 세계사에 지각작용을 불러일으켰고, 16세기 이후 전통적인 중국 세계 질서는 서양의 도전에 반응하는 비대칭적 구조를 구축하게 되었다. 그 결과 서구 세력은 해양력 확산에 더욱 큰 힘을 확보하게 되었지만, 그에 반해 동아시아 중심 세력인 중국은 해양이 지니는 가치에 별다른 의미를 부여하지 못하였다. 이것이 서구 세력의 근대 세계사 흐름의 일반적인 시각이다.

 저자는 본서인 『해상용병─17세기 중국해에서의 전쟁, 무역 그리고 해적』과 논문에서 제국주의적 패러다임인 서구의 출격과 동아시아의 반응이라는 기존 시각에서 벗어나, 동아시아해역을 중심으로 전개된 지정학적 양상에 대해 새로운 시각을 제공하고 새로운 이해를 구하려 하고 있다. 이를 통해 400년간 지속된 동아시아해역을 종합적으로 이해하는 것에 중점을 두고 있다.

 『해상용병─17세기 중국해에서의 전쟁, 무역 그리고 해적』이라는 책은 16세기와 17세기 사이에 아시아해역에서 일어난 역사를 정성공과 그의 아버지와 아들, 그리고 네덜란드 동인도회사를 중심으로 하여 전개하고 있다. 이 책을 통해 일본 상인들, 중국 동남부 상인, 네덜란드 동인도회사 간의 무역 경로와 상품을 알 수 있다. 그리고 네덜란드가 지배하던 시기의 대만 역사뿐만 아니라, 동남아지역으로 진출한 일본 상인과 사무라이들의 역사를 알 수 있다.

전 세계를 누빈 네덜란드 동인도회사는 네덜란드가 강대국이 되는데 일조하였다. 대영제국이 들어서기 전에 세계 최고 강대국은 네덜란드제 국이었다. 네덜란드 동인도회사는 자신들이 인도양에서 무역을 할 때 주도권을 잡고, 또 스페인으로부터 독립하기 위한 전쟁을 돕기 위해 16 02년에 세운 무역회사이다. 최초의 주식회사라고도 불린다. 네덜란드 동인도회사는 1619년에 동남아지역에 위치하고 있는 '자카르타'를 '바 타비아지금의 자카르타'로 바꾸었다. 네덜란드 동인도회사는 바타비아를 거 점으로 삼아 주변 섬들을 정복하였고, 대만으로까지 진출하였으며, 일 본 데지마에도 상관을 두었다.

　당시 네덜란드 동인도회사가 취급하였던 물품은 매우 다양한데, 특히 육두구, 향료, 사슴가죽, 비단 등은 유럽과 일본 사회 상황을 알 수 있게 한다. 당시 유럽을 휩쓸었던 흑사병을 치료하는데 도움이 되었다고 하 는 육두구, 일본 사무라이의 갑옷이나 손목 보호대에 사용되었던 사슴 가죽 등은 인도양 경로와 대만-동남아시아-일본 등 다양한 경로를 통 해 거래되었다.

　이 책에서 주목해야 할 인물은 정씨가문이다. 정지룡을 비롯하여 그 의 아들 정성공과 정성공의 아들 정경으로 이어지는 대만에서의 활약은 당시 아시아의 통상과 조공무역을 알 수 있게 한다.

　정성공은 대만 남부에 동녕 왕국을 세워 해상무역을 했다. 정성공 이 활약하던 당시 중국은 명나라에서 청나라로 교체되던 시기였기에, 이 책을 통해 명과 남명, 청나라의 역사도 알 수 있다. 또 당시 관료들은 사략상인과 용병을 활용하여 외세에 대비하면서 세수를 확대할 수 있었 음을 알 수 있다.

정성공을 비롯한 정씨 일가의 해상 무역활동을 통해, 일본과 동남아 여러 국가 및 지역 간의 활발한 무역상황을 알 수 있다. 책에서 등장하는 많은 왕조와 지명은 오늘날 우리가 익히 알고 있는 왕조이거나 지명이다. 특히 "시암은 타이, 광남은 베트남 중부, 코친차이나Cochin China는 베트남 남부, 루손은 필리핀 북부, 말라카는 인도네시아, 바타비아는 인도네시아의 자카르타" 등을 통해 16~17세기의 해로를 통한 왕성한 무역 활동을 알 수 있다. 뿐만 아니라 중남미지역과 카리브해 등도 소개되고 있기 때문에, 독자들이 이 책을 읽으면 그동안 한국에 소개되지 않았던 16~17세기에 진행되었던 세계화를 알 수 있다. 한국어에 '엽궐련'이라는 말이 있는데, 다른 말로는 '여송련呂宋煙'이라고도 한다. 영어로는 '시가'이다. 필리핀의 루손이 당시에 '여송'이라 불렸는데, 상인들에 의해 '여송'으로부터 조선에 들어오다 보니 '여송련'이라고 부른 것으로 보인다.

　이 책을 읽다보면 독자들은 당시 조선은 왜 이러한 세계화에 참여하지 못하였는가라는 물음을 던질 수 있다. 연산군 시절에 이미 납으로 은을 추출하는 기술을 세계에서 가장 먼저 찾아내었지만, 이 기술은 조선에서는 사용이 되지 못하였고, 일본으로 전해졌다. 일본의 은 추출 기술은 매우 뛰어나 일본 은은 스페인의 멕시코 은만큼 중요한 거래 화폐가 되었다.

　오늘날 한국 부산에서는 2001년부터 조선통신사의 선린 외교 정신을 계승하기 위한 국제문화교류 사업으로 매년 '조선통신사축제'를 실시해 오고 있다. 조선통신사는 1607년부터 1811년까지 12회에 걸쳐 조선 국왕이 일본에 파견한 사절단인데, 주요 목적은 조선과 일본의 선린 관계를 유지하고 발전시키기 위함이었다. 그런데 이 책을 통해서 보면, 당시 일본은 조선통신사가 단지 선린관계가 아닌 일본이 구축한 조공체제의 형태로서, 조선이 일본에 조공을 한 것으로 해석하고 있음을 알 수 있다. 당시에 조선에서 파견된 사신들은 조공이 아니라고 주장하였지만, 일본은 일본중심의 새로운 조공체제의 승리라고 인식하였음을 알 수 있다. 이러한 것을 보면, 한국은 일본이 인식하는 조선통신사의 의미를 생각해볼 필요가 있다.

일본은 1641년에 에도 막부의 나가사키 외곽에 인공섬 데지마를 만들어 네덜란드 동인도회사의 상관을 둘 수 있도록 하였다. 이는 일본의 쇄국정책을 알 수 있게 하지만, 다른 한편으로는 이곳에서 서양과 교류도 할 수 있었다. 동아시아 국가 중 당시 서양 문물을 빠르게 받아들인 나라가 일본이라 할 수 있다. 조선도 어쩌면 해양으로 나갈 수 있는 기회도 있었다. 우리가 익히 알고 있는 하멜표류기의 하멜도 네덜란드 동인도회사 서기였다.

『해상용병─17세기 중국해에서의 전쟁, 무역 그리고 해적』은 네덜란드 동인도회사에 남겨져 있는 기록물과 중국과 일본 등에 남아 있는 기록을 참조로 하여 적었기 때문에, 자료의 다양성을 알 수 있게 하지만, 각 국가의 시선을 읽어낼 수 있다. 명청 교체기의 중국 동남부와 대만을 거점으로 삼고 있던 정성공을 비롯한 정씨 가족은 명나라와 만주족이 세운 청나라가 아닌 자신들만의 세계에서 무역을 통해 만들어 가려고 했던 사람이라고 할 수 있다.

때로는 해적이라 불리기도 하지만, 거센 파도와 태풍과 같은 날씨 속에서 쇠가 아닌 나무로 만든 배로 물건을 나르는 상인들의 모습을 상상해 본다. 그리고 오늘날 베트남 등 동남아 국가에 남아 있는 중국 상인들의 사당이나 주택, 일본인들의 거류지를 보면서, 16~17세기의 격동적인 역사를 알아보고자 할 때, 『해상용병－17세기 중국해에서의 전쟁, 무역 그리고 해적』이라는 이 책이 많은 도움이 될 것이라고 여긴다.

본서와의 만남은 대만 중앙연구원 류서풍劉序楓 교수와의 인연에서 출발하였다. 류 교수는 동아시아 해양사, 특히 동아시아 해난사海難史 방면에 독보적인 연구자이다. 역자는 류 교수와의 학술적 개인적인 교류 속에서 본서를 접하게 되었고, 이를 한국 독자들에게 소개하고자 계획하였다.

본서의 번역 작업에 역자들은 저자의 의도를 정확하게 파악하여 독자들에게 전달하고자 심혈을 기울였다. 하지만 역자들의 얕은 지식으로 말미암아 본서의 의미가 제대로 전달되지 못할까 두려움이 앞선다. 전문가의 시야에서 본서의 번역에 분명 적지 않은 오류가 있을 것이며, 이 모든 오류의 책임은 전적으로 총괄을 담당한 본인에게 있음을 밝히고자 한다. 부디 전공자들의 기탄없는 질정을 바라마지 않는다.

끝으로 이 역서는 인문한국플러스HK+사업단의 "동북아해역과 인문 네트워크의 역동성 연구"라는 프로젝트의 일환으로 출판되었다. 번역 과정에 사업단 연구인력들의 지대한 도움에 감사를 드리며, 소명출판 박성모 사장님과 편집·교정의 장해민 선생님 이하 편집부 여러분께 심심한 감사를 드린다.

역자를 대표하여 김창경

차례

서론

잃어버린 고리

본서의 목적은 17세기 중국 동남부 각 성에서 발전한 정鄭씨 가문의 정치·경제적 흥망성쇠를 종합적으로 파악하는 데 있다. 이는 남중국해에서 발흥한 정씨 가문의 실제 상황을 재구성하여 중국 역사서에서 묘사된 내용과 균형을 맞추기 위함이다.

정씨 가문을 연구하는 역사가들은 일반적으로 명1368~1644에서 청淸, 1636 ~1912, 후금(後金, 1616~1636)으로 정권이 바뀌는 과정에서 제기된 정당성 문제에 초점을 맞춰왔다. 왜냐하면 청나라 조정과의 오랜 협상에서 정씨가문은 자신들을 명나라 충신으로 표현했기 때문이다. 정치적 협상 목적은 대부분 이러한 문제를 해결하기 위한 것으로 보인다.[1] 랄프 크로

지어Ralph Crozier는 1970년대에 "전통 중국 역사 서사書寫와 문화에서 중요성을 갖고 있음에도 불구하고, 그것[정씨 가문의 역사]에 대해 체계적으로 분석한 문헌은 여전히 상대적으로 드물다"라고 정확하게 지적하였다. 크로지어는 보존되어 오는 중국 기록을 어떻게 해석하느냐에 대한 정치적 영향이 달라짐을 분명하게 인식하고 있었다. 크로지어는 역사가들에게 정성공鄭成功, 1624~1662에 관한 역사 기록에서 펼쳐지는 내용을 지지하거나 반대하는 편견을 피해야 한다고 경고하였다. 동시에 이 주제를 더 자세하고 깊이 있게 다루고자 하는 사람이라면 누구나 신뢰할 수 있는 중국 및 외국[특히 네덜란드] 자료를 비판적이고 체계적으로 비교하라고 권고하였다.

이러한 접근 방식이 바로 본 연구가 추구하는 바이다. 본 연구자는 아래에서 이러한 주제에 대한 토론에 많은 영향을 끼친 몇 가지 역사학 연구의 주요사례를 세세하게 열거하겠다. 그런 다음에 1970년대 이후 중국사 및 해양사 연구의 새로운 경향이 어떻게 이 주제에 점차적으로 수렴했는지를 설명하겠다. 그 사례들은 국가주의 역사 서사에서 다양한 분야의 경계가 점진적으로 해체되는 배경에 대한 새로운 관심을 불러일으키고 있었다. 마지막으로 이 주제에 대한 지식의 확장이 본 연구의 논지 전개에 어떤 영향을 미쳤는지 설명할 것이다. 그리고 새로운 시대적 물결에 따라 출판된 방대한 양의 중국 관방 문건과 1990년대부터 쉽게 얻을 수 있었던 네덜란드 동인도회사VOC 문건이 본 연구자가 추구하고자 하는 목표에 더 나은 기회를 제공했음을 설명할 것이다.

역사 서술에서 역사를 어떻게 구출할 것인가?

지난 세기 역사 서술은 국가주의적 역사 영웅 만들기와 영웅 신화 구축에 주력하였다. 그러나 이와 별도로, 중국, 일본, 홍콩 등지에서는 2차 세계대전 이전부터 중국 역사를 객관적으로 재구성하려는 노력이 다양한 관점으로 전개되고 있었다. 1세대 근대 중국 역사가 주희조朱希祖, 1879~1944는 남명南明, 1644~1662시대의 주요 역사를 집필하려는 계획의 일환으로 정씨 가문에 대한 기록을 수집하고 주석하기 시작했다. 중국 혁명 시대에 살았던 주희조는 동시대 사람들과 마찬가지로 국가주의자였으나, 국가를 위해 봉사하는 것과는 별개로 '새로운 역사新史'를 써야 한다고 주장했다. 주희조는 북경대학교 역사학과의 초대 학과장으로 재직하는 동안, 이 주제에 관한 모든 자료를 전국적으로 수집하는 프로젝트를 시작했다. 주희조는 국민정부Nationalist government에 국가기록보관소를 설립하여 신중국의 초석으로 삼을 것을 제안했다. 이로써 주희조는 제국의 몰락 이후 자금성에 남겨진 명·청시기 문서 보존에 선구적 역할을 하였다. 그는 기초 역사 자료로서 문서가 지닌 가치를 강조하였다.[2] 주희조는 중화민국 국가기록보관소를 조직하자는 제안에서, 역사학자들이 '명말·남명 역사'를 따로 분리하여 편찬하여야 한다고 주장했다.[3] 본 연구자가 다음 장에서 기본 자료로 사용한 역사기록 중 일부는 주희조가 수집, 편집, 비평, 출판한 것에서 인용한 것이다.[4] 남명사 혹은 명말 역사의 맥락에서 정씨 가문에게 공식적 지위를 새롭게 부여하려는 주희조의 노력은 제2차 세계대전 이후 민국의 역사가들에 의해 계속 이어졌다. 주희조는 양영楊英의 저서 『종정실록從征實錄』의 서문에서, 『종정

실록』에서만 정씨의 상업 활동이 기록되어 있고 황실 문서나 신뢰할 수 있는 개인 연구가의 저서에는 거의 기록되어 있지 않다고 언급했다.[5] 그러나 네덜란드동인도회사 자료가 이러한 주제에 활용된 이후에야 정씨 가족의 사업에 대한 주희조의 관심은 비로소 본격적 연구로 나아가게 되었다.

제2차 세계대전 전 일본 역사가들도 아시아 역사에서 일본 민족의 위상을 재평가하려고 노력했다. 이시하라 미치히로石原道博, 1910~2010의 연구의 목적은 유럽인이 동아시아에 도착하기 전의 중일 관계를 재평가하는 데 있었다.

이시하라 미치히로는 도쿠가와 에도 막부가 자급자족을 전개하던 시기, 즉 '쇄국정책'을 통해 중국 중심의 세계에서 벗어나고자 하던 시기에, 정지룡鄭芝龍, 1604~1661과 그의 아들 정성공은 역사적으로 중요한 지위를 차지하고 있다고 밝혔다. 중국 자료와 일본 자료를 상호 대비한 조사를 바탕으로 한 그의 작업은 17세기가 역사적 분수령이 될 정도로 중요한 시기였음을 명확히 밝혔다.[6] 이시하라 미치히로와 동시대의 사람인 이와오 세이이치岩生成一, 1900~1988는 근대 초기 동남아시아로 이주한 일본 교민의 역사에 초점에 맞추었다. 동남아시아와 유럽인과의 왕래는 그들에게 새로운 시야를 제공하였다. 이와오 세이이치는 동경제국대학에 역사학과를 창설한 독일 역사가 루트비히 리스Ludwig Riess, 1861~1928의 영향을 크게 받았고, 레오폴트 폰 랑케Leopold von Ranke, 1795~1886처럼 사료 연구의 중요성을 강조했다.[7] 17세기 일본의 해외 무역에 관한 그의 연구는 일본에서의 정씨 가족사 연구에 기초를 마련했다.[8] 이와오 세이이치는 해외 일본인 정착촌과 대만의 초기 식민지 역사에 깊은 관심을 가지고 헤이그 국립문서보관소에서 네덜란드 동인도회사 관련 기록 자료를 수집하기 시작했다. 이로써 이와오 세이이치는 네덜란드 출판 자료를 편찬하고 일본어로 번역하여 『바타비아 성 일지dagregister』를 출간한 스승 무라카미 나오지로村上直次郎, 1868~1966의 뒤를 이었다.[9] 유럽 사료 수집에 있어 일본 학계의 성과는 제2차 세계대전 전 중국 학자들의 연구에 적지 않은 보탬이 되었다. 하지만, 안타깝게도 1970년대까지 이 두 역사학계 간의 실질적인 교류는 이루어지지 않았다.

영국 역사학자 찰스 복서Charles Boxer, 1904~2000는 다양한 언어로 된 여러 자료를 사용하여 정성공國姓爺, Coxinga과 그의 혈통을 재구성하기 위해 진지하게 연구한 최초의 유럽 학자이다. 찰스 복서는 일본 나라Nara에서 군 장교로 근무하면서 현지 학자들과 개인적으로 접촉할 수 있었고, 동시에 네덜란드, 스페인, 포르투갈의 기록 자료에 접근할 수 있었다. 그의 저서는 근대 초기 포르투갈과 네덜란드 해상 세력에 대한 역사를 다루었으며, 이로 인해 그는 의심할 바 없이 유럽의 해양 개척사 연구에서 선구자가 되었다.

찰스 복서는 논문 「니콜라스 이콴의 흥망성쇠The Rise and Fall of Nicolas Iquan」에서 다양한 언어로 된 자료를 활용하여 정지룡의 전기를 소개하고 있다. 이 논문은 중국 자료만으로는 재구성하기 힘든 특별한 중국 해양 운동가의 경력을 잘 드러내고 있다.[10] 복서의 논문은 주로 유럽의 해외 활동에 관한 것이지만, 복서의 접근 방식은 후기 역사가들이 널리 채택하고 개선한 방법론을 보여주었다.

1945년 제2차 세계대전이 끝나자 중국은 내전에 휩싸였다. 1949년 이후 2개의 국가로 나뉘게 되었는데, 본토는 중화인민공화국의 공산당

이, 대만은 중화민국의 국민당이 통치였다. 국민당 세력은 일본의 식민지였던 대만으로 건너가 반격을 준비했지만, 냉전시대로 말미암아 분단은 더욱 고착화 되었다. 제2차 세계대전 전후 중화민국은 정성공에 대한 기록을 '민족 영웅' 이미지를 만들기 위한 자료로 사용하였다.[11] 이러한 경향은 국민당이 대만을 통치하게 된 1950년대에 더욱 강해졌다. 정성공과 정씨 일족에 대한 대만 자료가 다양하게 발굴되어 출판되었지만, 중국이나 유럽 기록보관소에서 추가로 발견된 내용을 기반으로 한 것은 거의 없었다. 이러한 역사학의 열악한 상황은 오랫동안 지속되어 왔다. 정성공에 대한 전기 연구는 대부분 민족주의적 선전에 지나지 않았다.

남명의 역사를 다시 쓰려는 주희조의 시도는 미국의 역사가 린 스트루브Lynn Struve에 의해 실현되었다.[12] 중국 역사학자, 중앙도서관과 중앙연구원이 타이베이에서 새로운 둥지를 찾게 된 덕분에 스트루브는 제2차 세계대전 전 중국 역사가들이 남긴 남명사 연구 유산을 활용할 수 있었다.[13]

그럼에도 불구하고 정씨 일가 해상 무역의 실제 규모는 자료 부족으로 인해 사람들은 알지 못하고 있었다. 해협 반대편에서는 중국공산당 통치하의 복건 역사가들이 다른 이데올로기 시각으로 제2차 세계대전 전에 남긴 역사기록을 이어갔다. 하문대학의 박의릉博衣凌, 1911~1988 교수는 1960년대 마르크스주의 이론계에서 진행 중인 논쟁에 대응하기 위해, 토지 거래 문서를 근거로 중국 명말 '자본주의 맹아' 논쟁을 불러일으켰다.[14] 이런 맥락에서 그는 명 말기 복건의 해외 무역 발전이 중국 자본주의의 초기 잠재력을 보여준다고 지적했다.[15] 그의 접근 방식은 개인 문서와 인류학적 현지조사를 통한 지역 역사 재구성을 강조했기 때문에 그와 그의 추종자들은 하문廈門대학에서 막대한 양의 지역 문서를 수집하고 보존했다. 1960년대에 이와오 세이이치당시 도쿄대학 교수는 해외 일본 정착민의 장거리 무역에 관한 연구를 계속했고, 나카무라 다카시中村孝志, 대북제국대학(전후 국립대만대학으로 개칭)에서 세이이치의 조교를 지냈으며 현재 천리(天理)대학교에서 교수로 재직 중는 동인도회사 통치하의 대만과 인도네시아의 초기 식민지 역사에 대한 연구를 계속했다. 이러한 이유로 그는 중국과 네덜란드의 자료를 비교하여 정성공의 대만 침략에 대해서도 연구했다. 그는 17세기 기록『바타비아 성 일지』의 일본과 대만에 대한 항목을 발췌하여 편집하고 주석을 달았다. 그리고 그는 이 책의 서문에서 1656년 네덜란드 동인도 회사 통치하에 있던 대만에 대해 실시된 정성공의 금수정책에 대하여 간단히 서술하였다. 정성공의 금수정책은 중국 자료에서는 알려지지 않았기 때문에 네덜란드 동인도 회사 자료의 중요성이 입증되었다.[16] 세이이치의 또 다른 제자인 대만 학자인 조영화曹永和는 1950년대 초부터 정씨 일가와 대만 지방사에 대한 연구를 수행했다. 국립대만대학교 연구도서관장인 조영화는 중화민국 학자들이 가져온 중국 자료와 일본 학자들이 남긴 일본 및 유럽 자료를 모두 접할 수 있었다. 조영화는 나카무라 다카시와 비슷한 입장을 취하면서 정성공의 역사와 정씨 일가 혈통의 재구성을 위해 네덜란드 동인도회사 자료의 중요성을 강조했다.[17] 대만과 중국의 학자들은 사회 경제적 측면에 대한 더 많은 연구와 더 다양한 자료가 필요하다는 데 동의했지만, 냉전으로 인해 분열되어 서로 소통할 수 없었다.

결론적으로 세 학파는 같은 주제를 서로 다른 세 가지 관점에서 연구했다. 청 제국의 형성을 설명하고자 했던 린 스트루브는 정치 구조에 초점을 맞춘 반면, 박의릉은 명 중기 이후 자본주의의 발전에 관심을 가졌고, 나카무라 다카시와 조영화는 중국과 유럽 자료 사이의 간극을 좁히고자 했다. 이들은 모두 중국 공식 기록보관소의 문서, 현지 민간 기록 및 문헌자료, 네덜란드 기록보관소의 자료를 수집하는데 기여했다. 하지만 이러한 자료는 역사 기록에 드러나는 모순을 이해하는데 충분하지 않았다. 그리고 명에서 청으로 정권 교체가 이루어지는 중요한 시기에 정씨 일가의 역사를 전체적으로 조감하기 충분하지 않았다. 그래서인지 랄프 크로지어는 정성공에 관한 모든 문헌을 검토하던 중 정성공의 구체적인 행적보다 이미지 변화의 역사가 훨씬 더 흥미로운 주제라는 것을 발견했다. 다소 다른 접근 방식을 취한 존 E. 윌스 주니어John E. Wills, Jr.는 16세기 이후 중국 해양 세계에 대한 광범위한 조사를 진행했다. 1950년대와 1960년대에 존 킹 페어뱅크John King Fairbank, 1907~1991 교수가 이끄는 젊은 학자 그룹은 전통적인 중국 세계 질서가 서구의 도전에 어떻게 반응했는지 연구하기 시작했다. 이 학파는 중국 제국과 서양 사이의 상호 작용을 추적하고 조사함으로써 수수께끼가 풀릴 수 있다고 믿었다. 이 학파의 제자 중 한 명인 윌스Wills는 청나라 초기의 여러 유럽 국가, 특히 마카오의 포르투갈과 바타비아의 네덜란드와의 외교적 접촉에 초점을 맞췄다. 정성공과 그의 아들 정경鄭經, 1642~1681이 무대의 주요 배우였고, 만주족과 네덜란드 동인도회사VOC의 관계에서 중요한 역할을 담당했다. 때문에, 윌스는 중국 남동부 해안을 별도로 연구하면 페어뱅크의 연구방식인 도전과 반응 패턴에 대한 더 나은 이해를 할 수 있을 것이라고 제안했다.[18] 윌스는 명·청 전환기 중국의 해적과 해상 전쟁에 대한 신뢰할 만한 모든 기록을 요약하고, 자신이 보기에 중국의 해양 전통을 상징하는 행위자들을 한 번에 이해할 수 있는 체계적 이론을 만들어 내었다.[19] 따라서 윌스는 선구자 찰스 복서 이후 중국과 유럽의 자료를 결합하여 정씨 가문의 역사를 대규모로 연구한 최초의 인물이 되었다.

몇 년 후, 또 다른 서양 학자는 정씨가 중국 해외 역사에 대한 더 깊은 통찰력을 제공할 수 있다는 점에 주목하였다. 대만의 조영화, 일본의 이와오Iwao와 나카무라 다카시의 연구에 영향을 받은 레오나르 블뤼세 Leonard Blussé, 1946~는 민남閩南 사회의 인류학적 배경에서 출발하여, 네덜란드 동인도회사의 기록이 목격자의 증언이라는 점에서 신뢰할 수 있는 자료가 될 수 있다고 하였다. 그는 먼저 중국 및 네덜란드 기록보관소에 있는 자료 속의 정성공과 그의 아버지 정지룡의 이미지가 매우 대조적이라는 점에 깊은 인상을 받았다.[20] 조영화와 나카무라 다카시는 이 문제를 지적했지만, 이에 대한 체계적인 연구는 없었다. 이러한 명백한 모순을 해결하는 과정에서 블뤼세는 정지룡이 동남아시아로 이주한 민남 기업가의 전형이라는 사실을 알아냈다.[21] 블뤼세는 '대리인' 개념을 사용하여 민남 상인의 고유한 특성이 문화 교류의 복잡한 상황을 대처하는데 어떻게 잘 발휘되었는지 보여주었다. 블뤼세는 근대 초기 중국의 해외 무역과 동남아시아의 중국인 해외 정착의 영역으로 연구주제를 점차 확장했지만, 근대 초기 대만 사회에 대한 글을 계속 기고했다. 그러나 그보다 더 중요한 것은 초기 식민지 대만의 역사를 서술하기 위해, 네덜란드 동인도회사 자료를 활용한 방대한 출판물을 출간하였고, 이와 관련된 교육 프로젝트를 시작했다는 점이다. 이에 대해서는 아래에서 자세히 설명하겠다.

다양한 지식 분야의 융합

위에서 언급했듯이 신뢰할 수 있는 역사 자료를 축적하려는 노력은 여러 학파에서 다양한 목적에 따라 진행되었다. 대만은행 경제연구실 주임이었던 주헌문周憲文은 방대한 중국 역사 사료의 수집, 보존, 재출판을 주도하였다. 이 출판 사업은 1957년에 시작되어 1972년까지 이어졌는데, 총 309권의 역사 자료가 『대만문헌총간臺灣文獻叢刊』 시리즈로 재출간되었다. 정성공은 대만의 화인 사회 창시자로 여겨졌기 때문에, 그와 그의 가족에 관한 많은 문서가 이 사업에 포함되었다.

일본에서도 17세기 초 해양 중국과 직접적으로든 간접적으로든 관련된 중요한 자료들이 많이 출판되었다. 나가즈미 요코永積洋子 교수는 무라카미 나오지로 교수의 일지 번역본에 이어, 1627~1641년 동안 히라도平戶, Hirado에 있는 네덜란드 동인도회사의 상관에 보관된 모든 일지를 일본어로 번역하고 출판했다. 도쿄대학 역사학 연구소는 이전에 출판된 1641~1654년 기간의 무라카미 나오지로의 책들과 히라도 상관과 데지마出島, Deshima 교역소의 네덜란드 일지를 일본어로 출판하고 주석을 달면서 무라카미 교수의 연구를 이어갔다.[22] 명나라에서 청나라로 정권이 바뀌는 동안 중국 선박들이 나가사키를 매년 방문했다는 중요한 기록이 남아 있는, 일본의 중국 관련 상황 보고서 『화이변태華夷變態』가 1958년에 출판되었다.[23] 류큐 왕국의 공식 문서고에 보관되어 있던 동아시아 해상 무역의 역사에 관한 공식 문서인 『역대보안歷代寶案』도 1972년에 출판되었다. 1970년대의 이러한 일본 사료 출판물은 17세기부터 18세기까지 중국해역에서의 초국가적 상업 활동에 관심이 있는 역사가들에게 새로운 시야를 열어주었다.

이러한 원본 출판물을 보완하기 위해 레오나르 블뤼세는 1970년대 후반 라이덴대학Leiden University으로 돌아온 후, 헤이그의 네덜란드 동인 도회사의 기록보관소에 기반하여 여러 원본을 시리즈로 출판했다. 그와 그의 팀은 1986년부터 2000년에 이르는 기간 동안 질란디아 성Zeelandia Castle, 1629~1662에 있는 포모사 총독의 일지 총 4권을 출판했다. 역대 포모사 네덜란드 총독들은 대만해협을 사이에 두고 정씨 가문과 밀접한 관계를 맺고 있었기 때문에, 이 자료는 대만 역사학자들에게 매우 귀중 한 자료이다.[24] 나카무라 다카시의 제자인 강수생江樹生은 이 책을 중국어 로 번역했다.[25] 레오나르 블뤼세와 나탈리 에버츠Natalie Everts의 또 다른 출판물인 『포모사의 만남The Formosan Encounter』은 해외 무역보다는 네덜 란드와 대만 원주민과의 교류에 초점을 맞추고 있다.[26] 신시아 비알레 Cynthia Viallé와 레오나르 블뤼세는 1640~1670년 기간 동안 데지마의 네 덜란드동인도회사 상관 일지를 영어로 번역하여 출판했다. 이 일지에는 일본과 정씨 가문의 무역 전체를 이해하는 데 매우 유용한 긴 서론이 포 함되어 있다.[27] 그리고 총독과 의회가 신사들에게 보낸 일반 보고서인 『미시븐 총독 보고서Generale Missiven』를 W. 쿨하스W. Ph. Coolhaas가 출판 하였는데, 이 또한 본 연구에 매우 유용하게 활용되었다.[28] 블뤼세의 제 자인 정소강程紹剛은 대만 초기 역사에 관한 참고 문헌과 이와 관련된 네 덜란드 동인도회사 자료를 선별, 편집, 번역하고 주석을 단 『포모사의 네덜란드인和蘭人在福爾摩莎』이라는 제목의 자료집을 출간하였다.[29]

1980년대 박의릉의 젊은 동료 임인천林仁川은 중국 해외 무역의 발전 에 초점을 맞추기 시작했다. 임인천은 '자본주의의 맹아' 논의를 해상 금지에 반대하는 지역 상류층의 투쟁과 연결시켰다. 임인천은 윌스와 마찬가지로 이광두李光頭에서 정경에 이르는 수많은 해상 사업가를 '무장한 민간 해외 무역상'으로 간주했다.[30]

'자본주의의 맹아'에 대한 논의는 1990년대 이후 점차적으로 사라졌다. 하지만, 해상 무역상들에 대한 연구는 중국 본토와 대만의 평화적 통일을 위한 길을 닦으려는 중국의 정책에 힘입어 부분적으로 이루어졌다. 2004년에 박의릉의 연구를 이은 진지평陳支平은 『대만문헌회간臺灣文獻匯刊』이라는 간행물을 출판했다. 여기에는 새로 수집된 문서가 100권가량 포함되어 있는데, 이중 최소 39권 이상이 정씨 일가에 대한 유용한 정보가 들어 있다.[31] 1999년 포르투갈이 지배하던 마카오가 중국으로 반환되면서 마카오와 광동 초기 역사에 대한 연구가 촉진되었고, 많은 공식 문서가 수집·편집·출판되었다.[32]

네덜란드 동인도 회사VOC 기록 보관소와 정씨 가족사의 재구성

정씨 가족사는 근대 초기 세계화와 현지화인 '대리인' 단체 간의 역학 관계로 조성된 특별한 사례이기 때문에, 이와 관련된 연구는 특수한 의미가 있다. 그러나 현존하는 중국 사료만으로는 국제적 교류 상황을 만족스럽게 연구할 수 없음은 분명하다. 동아시아 해양사를 재구성함에 있어 동인도회사 기록보관소의 중요성은 역사학자들 사이에서 오래전부터 인식되어 왔다. 동아시아 해양사의 재구성에 관한 연구는 레오나르 블뤼세가 동료들과 긴밀히 협력하여 라이덴대학에서 TANAP Towards A New Age of Partnership 프로그램을 시작했을 때 비로소 가능해졌다. 네덜란드 동인도회사 기록보관소와 아시아의 다양한 기록보관소 직원들 간의 긴밀한 협력을 통해 신세대의 아시아 역사가들이 양성되고 있다. 그리고 이러한 협력을 통해 기록물에 대한 접근성이 획기적으로 개선되었다.

나가즈미 요코는 일찍이 중일 무역사를 연구하면서 동인도회사 기록보관소의 유용성을 입증한 바 있다.[33] 그러나 나가즈미는 중국 해상 무역상들이 항해한 지리적 영역의 절반도 채 되지 않는 지역을 연구대상으로 했다. TANAP 프로젝트를 통해 네덜란드 국립 기록보관소는 동인도회사 기록보관소의 문서를 디지털화 할 수 있었다. 이를 통해 학자들이 다양한 유형의 문서에서 정보를 종합하는 데 필요한 시간을 크게 단축할 수 있었다. 2002년에는 상관 소재지별, 지명별, 키워드별 아카이브 목록을 제공하는 웹사이트가 온라인에 게재되었다. 이 시스템은 베트남, 시암, 말라카, 바타비아 및 기타 항구에서 항해했던 중국 선박과 그들의 활동을 추적하는 연구에 많은 영향을 주었다. 이 기술 혁신은 실제로 새로운 지평을 열었다. 임인천이나 존 윌스는 모두 정씨 가문이 군사-상업적 야망을 실현하기 위한 수단으로 정치 시스템을 건설하기로 한 이유를 명확하게 설명하지 못했다. 임인천은 정씨를 지역 해상 상인들을 제압하려는 제국의 시도에 저항하는 신사의 이익을 대표하는 새로 창설된 '무장 민간 무역 그룹' 중 하나로 보았다. 그렇다면 이 집단은 왜 자주 조정에 정당성을 요구했을까? 윌스는 명·청 전환기의 중요한 해양 활동은 일련의 해상 패권을 다투는 자들에 의해 야기된 새로운 현상이라고 보았다. 그러나 그는 궁극적으로는 내륙의 정치권력이 이 시기에 등장한 해양 지도자들의 야망을 키웠다고 믿었다.

필자는 네덜란드의 동인도회사 자료와 새로 출판된 중국 자료를 검토한 결과 다음과 같은 사실을 발견하였다. 첫째, 정씨 일가는 원동지역 국가 특히 일본과의 무역에서 정치적으로 대응하였다. 둘째, 토착세력과 유럽 체제 간의 해상 무역에서 등장한 새로운 경쟁에 대응하기 위해 행동하였다. 정씨가문은 국제적으로 인정받는 정치적 실체로서 다른 아시아 통치자들과 독점적으로 무역 협상을 하는데 필요한 지위를 얻을 수 있었다. 중국과 일본의 조공체제는 누가 동중국해와 남중국해에서 합법적인 참가자인지를 정의하였다. 멕시코와 일본에서 대량으로 유입된 은은 중국해 주변의 지배자들이 안정적이고 신뢰할 수 있는 해상 교류 채널을 만드는 데 도움이 되었다. 그리고 중국 연안지역은 잠시나마 독자적인 역할을 수행하였다. 동인도회사 기록 자료는 동중국해의 해양 무역 네트워크를 살피는데 아주 좋은 기회를 제공한다. 그리고 정씨 가문이 중국해 주변의 상업적 이익을 활용하기 위한 독립적인 기지를 설립하려 했던 이유를 설명해 준다.

표기 기준 및 중국어 지명에 관한 참고사항

이 책에서 필자는 G. 윌리엄 스키너G. William Skinner가 *Modern Chinese Society : An Analytical Bibliography*에서 사용한 중국어 표기 표준을 대부분 따랐다. 이는 아래와 같이 '웨이드-자일스Wade-Giles 표기법'을 약간 수정한 것이다.

중국어 표기는 코트네이 편Courtnay H. Fenn의 편저 *The Five Thousand Dictionary : A Chinese-English Pocket Dictionary, rev*캠브리지 : 하버드대학 출판부, 1942에서 사용된 체계를 따른다. 'ê'와 'û'를 사용하지 않고, 'ü'를 유지하여 웨이드-자일스 표기를 단순화한다. 편Fenn이 '-o'와 '-e'를 대체 표기로 나열한 동일한 음소에서 이 책은 '-o'를 선택하여, 'he, ke, k'e'와 'e'를 사용하지 않고, 'ho, ko, k'o'와 'o'를 사용한다. 'cho / che'에서와 같이 '-o'로 끝나는 음절이 '-e'로 끝나는 음절과 음소적으로 구별되는 경우, 이 책은 편이 음소적으로 동일하게 취급하는 한 쌍의 두 버전 'jo, je'을 포함하여 두 가지 형태를 모두 따른다. 편은 대체 음절 표기의 다른 세 가지 쌍을 나열한다. 'i/yi', 'lun/lün' 및 'ssu/szu", 이 책에서는 'i, lun, ssu'를 사용한다.[34]

이 책에서 중국어 지명은 우체국 철자법Post Office Spellings 목록 또는 간소화된 웨이드-자일스 로마자 표기법에 따라 표기한다. 우체국 철자법 목록은 스키너의 *Modern Chinese Society : An Analytical Bibliography* 1권에서 확인할 수 있다.[35] 일본어 표기는 헵번 체계Hepburn system를 따르고 한국어 표기는 매큔-라이샤워 체계McCune-Reischauer system를 따른다.

제1장

조공체제가 도전을 받다

1. 은의 흐름이 중국 조공체제를 석권하다

역사상 동아시아 정치 관계 속에서 중화제국은 중국 중심의 조공체제 틀 내에서 조절되었다. 이러한 상황은 서구국가들이 중국과 기타 번속 국들을 민족국가체제에 가입하도록 강제하면서 파괴된 19세기까지 줄곧 유지되었다. 조공체제를 통한 권력의 균형은 거의 2000년간 중화제 국을 지탱해 온 국내 정치 구조의 확장이었다.[1]

중화 주변 각국의 '외이外夷' 통치자는 중국 황제의 우월한 지위를 인정하였고, 중국 조정은 이에 대한 대가로 그들의 합법적인 지위를 보장하였다. 어떤 때는 중국이 직접적인 개입을 통해 이러한 통치자들을 구하기도 하였다. 이 개입이 얼마나 강했는지는, 당시 제국이 사용할 수 있는 실제적이고 물리적인 역량에 달려 있었다.[2] 아시아의 다른 정치 실체와 비교하면, 중화제국은 그 엄청난 규모 덕분에 이웃 국가에게 엄청난 심리적 압박을 가하였다.

정치적 혹은 군사적 지원의 잠재력을 차치하고라도, 이 조공체제 속에서 번속국에 부여되는 경제적인 보상은 매우 매력적이었다. 왜냐하면 조공체제의 구성원 자격은 곧 번속과 종주국 사이의 독점적인 무역의 운영과 연결되어 있기 때문이었다.

중국은 연해지역의 사회질서 안정화를 위해 어쩔 수 없이 해금을 실시하였다. 이러한 해금령은 해외 통치자가 파견한 조공 사절단까지 막는 것은 결코 아니었다. 그들은 정기적으로 왕래를 하였는데, 이는 명나라1368~1644 전반기의 유일한 합법적인 무역 통로가 되었다.[3]

조공체제는 중국 국내 정치권력의 연장이었기에, 중앙 권력 붕괴로 야기로 내부 혼란이 발생한 번속국은 조공체제에서 배제될 수도 있었다. 명 황제는 일본 쇼군 아시카가 요시미츠足利義滿, 1358~1408를 번속으로 승인하면서 '일본 국왕'의 봉호를 하사하였고,[4] 그 이후 일본은 1408년에 명대의 조공체제에 편입되었다. 약 60년 후, 1467년에 쇼군 계승 문제로 분쟁이 일어나 무로마치 막부室町幕府, 1336~1573는 권위를 잃었고, 일본 중앙 권력도 와해되기 시작했다.[5] 1523년 호소카와 다이묘細川大名와 오우치大內 다이묘가 각각 중국에 조공 사신을 파견했을 때, 두 사신은 모두 자신이 막부로부터 권한을 받은 적법한 사절이라고 주장하면서 상대방의 주장을 무너뜨리려 했다. 그들의 갈등은 일련의 지속적인 약탈 행위로 변질되어, 중국 연해지역 곳곳에서 소란을 일으켰다. 중국 조정은 어떤 한쪽을 지지하지도 않았고, 두 세력 간의 싸움에도 개입하지 않

았으며, 1547년에 일본과의 관계를 단절하기로 결정했다.[6]

이와 비슷한 시기에 일본 이와미石見 은광에서 은이 본격적으로 채굴되었다. 일본 상인들은 이곳에서 생산되는 은을 이용하여, 한반도를 통해 중국 상품을 구하려는 노력을 계속했지만, 그들의 계획은 좌절되었다. 조선 조정은 갑작스러운 은 유입의 증가로 인해 사회가 혼란스러워질까 우려하여, 1539년 일본과의 무역을 금지했다.[7] 그럼에도 불구하고 일본에서는 중국의 강남 일대 소주와 항주에서 생산되는 비단에 대한 수요가 여전히 많았다. 은-비단 무역은 높은 이윤을 얻을 수 있었기에, 밀무역 상인들이 일본에서 중국으로 몰려들었다. 양국 간에는 공식적인 연락 채널이나 치안을 유지하는 공식적인 기구가 없었기 때문에, 이러한 밀무역 상인들은 해적과 협력을 하거나 자신이 직접 해적 행위를 하는 경우도 많았다. 중국 문헌에서는 이러한 두 번째 유형의 해적을 간단히 '왜구倭寇'라 불렀다.[8]

중국 중심의 조공체제 틀을 완전히 위반한 일본 해적들은 본국에서 처벌을 받지 않고, 명나라 연해지역을 지속적으로 약탈했다. 중국 명 조정은 일본의 중앙정부를 회복시킬 입장이 아니었다. 만약 당시에 일본에 중앙정부가 있었다면, 무역상들은 합법적인 무역 경로를 통해 당시 절실히 필요로 했던 은을 얻었을 것이다. 그러나 중국 조정은 연해로 밀려오는 이러한 해적들의 약탈 행위에 적절한 조치를 취하지 못하였다. 왜냐하면 중국 군사방어 시스템이 오랜 기간을 거치며 쇠퇴해졌기 때문이었다. 쇠퇴하게 된 원인은 명나라가 1371년에 채택한 연해 변경지역의 비현실적인 둔전屯田 형태인 '군사식민지 위소제衛所制'로 거슬러 올라간다.[9] 이 시스템은 주둔 병사가 농사를 지으며 자급하면서, 동시에 적의 접근을 막을 준비를 할 수 있도록 고안된 것이다. 둔전은 세습 병사들을 농민으로 전환시켰는데, 그 결과 100년간의 평화 시기가 이어지면서 군사력은 점차적으로 쇠약해졌다. 15세기 중엽에 이르러 병사들은 자신의 농경지를 팔거나 저당을 잡히기도 하였다.[10] 왜구가 처음 공격했을 때, 대다수의 연해지역 위소에 주둔하는 병사의 숫자는 감소하여 절반 이하로 되었다. 복건에서의 위소 병사 수는 20%까지 줄어들었고,[11] 극단적인 경우에는 상주하는 위소 내 병사의 수가 원래 할당량의 2~3%에 불과하였다.[12] 15세기부터 시작된 일본 '전국시대'의 끝없는 전쟁 속에서 전투기술을 연마한 호전적인 '왜구'에 비해, 명대 해안 방어 부대는 실전경험이 거의 없었다. 결과적으로 명 조정은 반드시 먼저 해안 방어 군사력을 재건해야 하였다. 그런 다음 연안 무역을 통제하고 관리하거나, 혹은 조공체제 내에서나 체제 밖에서 일본과의 외교 관계를 고려할 수 있었다.[13]

2. 중국 사략선私掠船의 출현

1554년, 병부兵部는 절직浙直 총독인 장경張經을 파견하여 군사개혁 임무를 집행하도록 하였다.[14] 그가 소집한 부대는 광서 산지 원주민狼土兵, 남직예南京 혹은 강소의 소금 밀수업자, 산동의 승병이 포함되었다. 바꾸어 말하면, 그는 용병 부대를 결성한 것이다. 위소의 세습군인들이 여전히 임무에 소집될 책임이 있었지만, 그들은 적과의 교전에서 더 이상 의미 있는 역할을 할 수 없었다.[15] 1557년 직예총독 호종헌胡宗憲, 1512~1565은

빠른 시간 내에 군사력을 높이려고 시도하였다. 그는 이전에 일본인과 협력했던 해적과 밀무역을 하던 사람들을 수군으로 모집할 계획이었다. 그러나 가정제嘉靖帝, 1522~1566는 그의 제안을 거부하였다. 결과적으로, 수군 제독으로 선임될 가능성이 있던 유명한 밀수업자 왕직汪直, ?~1559은 그의 부하들과 함께 체포되어 사형에 처해짐에 따라 이 일은 무산되었다.[16] 이 당시 각 지역의 지방 신사紳士들은 이들 용병부대를 두려워했고 용병들의 해이해진 기율은 그들을 경악하게 하였다.[17] 용병이 초래한 문제는 혼란과 무질서에만 그치는 것이 아니었다. 해적이 습격해 오던 기간에 용병을 유지하는 비용이 너무 많아 장기간 유지할 방법이 없었다.[18] 간단하게 말하면, 이 용병들은 그 가치보다 훨씬 더 많은 번거로움을 안겨주었기에, 지역민 중에서 용병을 모집하는 것이 더 실용적인 선택으로 보였다.[19]

1559년 이후, 위소의 도지휘사都指揮使 척계광戚繼光, 1528~1588은 농민과 광부들을 단결시켜 믿을 만한 정예부대로 만들려 했다. 사기를 진작시키기 위해 병사마다 최소 하루치 노동량의 급료나 식량을 지급하고, 적의 머리를 베어 올 경우 두 당 은 30테일兩을 상으로 주겠다고 약속했다.[20] 이러한 해결 방안은 비용이 그다지 많이 들지 않고 기율도 더 강화되었기에, 매우 실용적이라는 것이 입증되었다.[21] 척계광의 군대는 강소와 절강 2개 성의 해안 방어 군사력의 중추가 되었다. 이들은 점차 해적들을 복건과 광동성의 연해 수역으로 몰아내었다.[22]

끊임없던 해적의 침입을 막아내고 연해지역의 안정을 회복하는 전투 속에서, 총독과 순무巡撫는 자율적으로 부대를 지휘하는 권력을 부여받았다.[23] 이는 과거에 그렇게 부여된 적이 없는 특권이었다. 이 권한을 부여받은 총독과 순무는 총병總兵, 명나라 초기 변경지역을 수비하는 군대의 지휘관에게 자문을 구하지 않고도 곧바로 지방 장수들에게 명령을 하달할 수도 있었다. 그들은 또 군량미를 공급할 책임도 있었다. 위소는 이때 이미 축소되어 뼈대만 남아 있었기 때문에, 이러한 조치로 군비는 각 성의 예산 속에 병합되었다. 새로 모집된 지역 용병들에게 자금을 지원하기 위해, 총독과 순무는 북경 조정의 비준 없이 새로운 세금을 부가하고 세입을 사용할 수 있는 권리도 부여받았다.[24] 심지어 지방세는 조정에 바쳐지는 각 성의 세입 목록에도 포함되지 않았다. 이러한 편의로 총독과 순무는 지방 행정 차원에서 전례 없는 군사 및 재정의 자율성을 행사할 수 있었다. 이하의 사례는 이러한 권한이 명대 해양 정책의 제도 개혁을 수행하는 데에도 역할을 하였음을 보여준다.

〈표 1-1〉 1552~1565년 중국 해안을 따라 펼쳐진 왜구의 습격

	강소	절강	복건	광동
1552~1557	89	61	14	2
1558~1565	6	7	65	12

출처 : 范中義, 全晰綱, 『明代倭寇史略』, 北京 : 中華書局, 2004, 頁140・158.

일찍이 왜구가 중국 연해를 침략하기 훨씬 전, 구룽강九龍江 입구에 있는 월항月港은 오랫동안 밀수꾼들의 좋은 은신처였다. 명나라 조정이 절강과 복건 북부의 해안 방어 병력을 점차적으로 회복시키자, 왜구들은 다시 월항에 출몰했다.[25] 복건 당국은 필요한 수군 함선이 없었기 때문에, 이러한 밀수꾼들을 쫓아낼 수 없었다. 한 지방 신사인 사빈謝彬, 1514~1587은 1562년에 「평화 또는 유화에 대한 의견Opinions about Pacification or Appeasement」이라는 제목으로 다음과 같이 언급하였다.

월항에 모여든 무리는 적어도 수만에 달합니다. 돛대가 두 개나 되는 큰 배가 100~200척에 이릅니다. 그들은 격랑을 헤치고 멀리는 일본까지 가깝게는 파항pahang, 말레이시아 13개 주의 하나와 시암暹羅, 지금의 태국까지 항해를 하여, 어느 곳이든 다 갈 수 있습니다. 해안선을 따라 국경을 넘나들면서 상인과 민간인을 약탈하는 게 하루 이틀이 아닙니다. 관군이 온다는 소식을 들으면 배를 준비시켜 처와 자식을 대피시켰고, 팽호澎湖 등의 섬으로 피신했습니다. 그들은 어귀에서 어느 정도 떨어진 곳에 머물다가 관군이 후퇴하면 다시 돌아올 것입니다.[26]

같은 글에서 사빈은 밀수꾼 중 일부를 징집해 해안 방어 병력에 가입시키고 그들에게 하급 군관이 되는 기회를 주어야 한다고 제안하였다. 그리고 이들이 선박을 등록하여 교대로 근무하고 근무가 끝나면 자신의 선박으로 장사를 할 수 있도록 허용해야 한다고 건의하였다.[27] 같은 시기에 명 조정은 1556년부터 월항을 점거해 온 이 지역의 가장 악명 높은 밀수 상인인 '월항 24장군月港二十四將'과 협상을 하기 시작하였다.[28] 이후 1564년 말, 복건 순무 담윤譚綸, 1520~1577은 가정제에게 상소를 올려, 무역 상인이 일본으로 가지 않는 조건으로 근해에서 무역할 수 있도록 허용해 줄 것을 요청하였다.

지금의 해결책은 다음과 같습니다. 일본과 사적으로 통하는 교역은 계속 금지해야 하지만, 생선 등의 수산물 채취, 미곡 운송과 판매, 광동에서의 남양 고추 및 백단 전매, 장주漳州에서의 백설탕류 유통 등은 모든 선박이 등록되고 감시되어야 한다는 조건하에 연안해역에서의 항해가 허용되어야 합니다.[29]

연안해역에서의 교역을 합법화하게 된 까닭은, 해양 방어부대가 항해에 적합한 선박을 충분히 확보하는 데 있었다. 당시, 복건 군대는 대규모 함대를 이끌고 복건과 광동 연해를 장악하고 있던 중국 해적 오평吳平, ?~?과 맞설 준비를 하고 있었다.[30] 오평은 1564년 선박 200척을 이끌고 혜주惠州와 조양潮陽을 공격하여 점령하였다.[31] 복건 총병 척계광의 부대는 육상에서의 전투에는 능숙했지만, 해상에서 해적과 교전할 기술은 없었다. 1565년 복건 해양 방어부대는 전함이 부족하였기에 남오南澳에서 오평을 격파했지만 그를 잡을 방도가 없었다.[32] 척계광은 이러한 이유로 자신의 군대를 보강하기 위해 월항의 어선과 상선을 모집하는 것을 심각하게 고려하였다.[33] 1567년 복건 순무 도택민涂澤民, ?~?은 이러한 건의를 실제로 실행에 옮겼다. '상선과 어선'은 등록되어 다양한 지역에 편성되었고, 이 선박들은 병선兵船의 지원 부대가 되었다. 그들은 장주부 예산에서 보수를 받았고, 실제로 해적과 교전을 벌인다면 민간 소유의 선박도 현금 보상을 받을 수 있었다. 이러한 합의는 월항의 무역상을 '사략상인私掠商人'이라는 공식 지위로 승격시켰다.[34] 즉, 그들은 전쟁에서 공식적으로 무력을 사용할 권리를 갖게 된 것이다.

마카오의 포르투갈 상인들도 이러한 '사략상인'으로 편입되었다.[35] 1564년 중국 수군 관병이 조주潮州에서 반란을 일으켰을 때, 포르투갈 상인들은 자원하여 광동 총병 유대유兪大猷, 1503~1579가 난을 진압하는데 협력하고자 하였다. 유대유는 3백 명의 포르투갈 군인을 모집하였고, 일부 사략선을 자신의 전투 부대에 추가하였다.[36]

4년 후인 1568년, 복건 순무 도택민은 월항의 사략선을 포함한 대규모 수군 부대를 편제하였다. 이때 유대유는 복건에서 광동으로 원정을 떠나, 해적 오평의 계승자인 증일본曾一本. ?~?을 궤멸시키고자 하였다.[37] 그 사이에, 증일본은 광동을 공격하였으나 마카오에 주둔한 포르투갈군과 현지 중국 사략선의 합동군에 의해 패퇴하였다.[38] 증일본은 결국 1569년에 유대유가 이끄는 복건과 광동의 연합 함대의 공격으로 대패하였다.[39]

이후 몇 년간 중국 연해에서 일부 해적들의 약탈이 있었지만, 중국 연해는 기본적으로 평화를 회복하였고, 각 성 사이의 연해 무역도 새롭게 재개되었다. 이러한 특별한 해결 방식을 통해, 필요할 때 사략선을 이용할 수 있었고, 해안 방어 선박을 지원하기 위한 세수도 얻을 수 있었다.[40] 꽤 많은 사료에서도 1567년에서 1574년 사이에 월항/해징海澄의 관세 수입이 복건성 예산을 강화하는 주요한 수입원이 되었음을 확인할 수 있다.[41]

외국 항구로 향하는 해상 교통의 수요를 만족하기 위해일본은 제외 별도로 지정된 항구를 개방하였는데, 이는 해안 방어군 재편이 가져온 부작용의 하나였다. 현지 학자 장섭張燮. 1574~1640이 편찬하여 1617년에 출판한 『동서양고東西洋考』에는 해외 교역의 최종 목적지가 대부분 기록되어 있다.[42] 이 책은 동중국해와 남중국해에서 활동하는 복건지역 봉선 무역상들이 해도를 만드는데 참조가 되었다. 그 목적지는 동서양 항로라는 두 그룹으로 나뉜다. 레오나르 블뤼세는 이 해도에 대해 다음과 같이 간략하게 기술하였다.

동양 항로는 하문만廈門灣의 태무산太武山에서 팽호澎湖군도를 거쳐 루손呂宋, 필리핀섬 중의 하나까지 이어졌고, 그곳에서 말루쿠 제도Kepulauan Maluku, 인도네시아 동부까지 연결되었다. 같은 곳에서 출발한 서양 경로는 남중국해의 서쪽 경계선을 따라, 참파Champa, 지금의 베트남 중남주에 있던 왕국, 캄보디아, 시암, 말레이반도, 수마트라Sumatra를 거쳐 자바의 북쪽 해안까지 이어졌다. 그곳에서 티모르로 이어져 다시 동쪽 항로의 종착지인 향료군도동인도군도와 연결되었다. 동양 항로의 주된 노선에는 약 46개의 지선이 있으며, 대부분 필리핀과 술루군도Sulu Archipelago에 위치하고, 서양 항로에는 최대 125개의 중간 기착지가 있었다.[43]

이 기간 명나라 조정은 포르투갈인이 마카오에서 활동하는 것을 용인하였지만, 그들의 거주지까지는 공식적으로 허용한 적이 없었다. 이러한 상황은 1620년대까지 이어졌다.[44] 포르투갈인들이 마카오에서 버틸 수 있었던 것은 일본 규슈섬의 영주들과의 변함없는 협력관계 덕분이었다. 이로 인해 그들은 중일 무역에서 신뢰할 수 있는 중개자이자 중국과 일본 밀수꾼들의 합법적인 운반책이 될 수 있었다. 블뤼세는 이에 대해 다음과 같이 지적했다. 이 특별한 시기에 중국해 교통의 일부를 차지했던 유럽 해양 강대국들이 기존의 운송 상황에 적응했다는 점은 주목할 만하다. 그들은 자신들의 해운을 동서양 네트워크에 연결하려 했다. 네트워크 연결을 통해 중국과 일본 사이를 바로 연결하는 항로가 없었던 상황을 유리한 조건으로 전환하였다. 마카오-나가사키 연결이 바로 그 예이다.[45]

〈표 1-2〉 필리핀의 대중국 은 수출 추정치(1586~1615)

년도	중국 선박에 의한 수출액(페소)
1586~1590	625,000
1591~1595	3,827,500

년도	중국 선박에 의한 수출액(페소)
1596~1600	4,026,000
1601~1605	5,017,333
1606~1610	7,730,500
1611~1615	4,479,700

출처 : Pierre Chaunu, *Les Philippines et le Pacifique des Ibériques*
(XVIe, XVIIe, XVIIIe siècles)
[The Iberian Philippines and Pacific : 16th-18th centuries]
Paris : S.E.V.P.E.N., 1968, pp.200~205.

서양 항로 두 종착지인 마카오와 말라카에 정착한 포르투갈 사람 외에 스페인 사람들도 1571년에 동양 항로가 지나가는 마닐라에 아시아 본부를 설립했다.[46] 스페인 사람들은 마닐라에서 페루의 은을 해징海澄지역 봉선 무역상에게 공급할 수 있었기 때문에, 비단-은 무역은 곧 두 당사자 사이에 견고한 연결고리를 형성했다.[47] 1570년대 말 대만이나 필리핀에 근거지를 마련하려 했던 마지막 중국 해적 집단이 전멸된 후, 마닐라 무역은 비약적으로 성장했다.[48] 1589년 이후, (설령 이전이 아니다 하더라도) 마닐라에서 돌아오는 중국 선박들은 더이상 귀중품을 운송하지 않고도 스페인 은을 가득 싣고 돌아왔다.[49]

3. 해상용병의 등장

1580년대 중국 연안의 질서가 점차 회복될 즈음, 거의 한 세기 동안 일본 사회를 분열시켰던 내분도 점차 수그러들었고 통일을 이루기 위한 실질적인 노력이 시작되었다. 1560년대 다이묘 오다 노부나가織田信長, 1534~1582는 권력을 장악하고 일본의 명목상 수도인 교토京都를 점령했다.

1568년, 그는 무로마치 막부室町幕府를 단순히 지지하는 것에 더 이상 만족하지 않고, 전력을 다해 공세를 펼쳐 일본 전체를 자신의 영향력 아래에서 통일시키고자 하였다. 1573년 오다 노부다가는 부하들에게 배신당해 살해되었다. 이에 그가 차지하였던 일본의 1/3에 해당하는 영토는 가장 신뢰했던 부하 도요토미 히데요시豊臣秀吉, 1537~1598에게 넘어갔다. 히데요시는 그 바통을 이어받아 일본을 통일하려는 오다의 유지를 이어갔다.[50] 1587년 히데요시는 최남단 섬인 규슈를 정복하였고, 그 이듬해에 해적 행위를 근절하라는 명령을 내렸다.[51] 일본 해안을 중앙 권력에 종속시키려는 움직임이 이때부터 시작되었는데, 이는 중국과의 공식 외교 협상을 재개하기 위한 필수 전제조건이었다.

1580년대 페루의 은이 해징-마닐라 무역 루트를 통해 중국으로 유입되고, 또 일본의 은이 포르투갈인의 손을 거쳐 마카오로 유입되었다. 그리고 중일 밀무역은 합법적인 통로보다 훨씬 위험했기에, 일본 투자자들에게는 더 이상 유리하고 매력적인 선택이 아니었다.[52] 히데요시는 이 간접적인 은 무역의 거대한 잠재력에 주목하였고, 1589년에 최대 투자자로 직접 이 수익성 있는 무역에 뛰어들었다. 스스로 일본의 통치자라고 선언한 히데요시는 주변 국가로부터 조공을 받기로 결정했다.[53] 동시에, 중국 중심의 조공 체제를 따랐던 과거 일본 통치자의 전통적 방식에 도전하였다. 그 당시 상황으로 볼 때 히데요시의 행보는 당혹스러워 보였을지 모르지만, 그의 외교적 조치는 시종일관된 사고방식을 보여주었다. 1587년 조선에 외교 사절단을 파견한 데 이어, 1591년에는 일본 중심의 조공 체제를 명문화하려는 목적으로 3개의 사절단을 나누어 파견했다.[54] 이 사절단은 고아Goa, 인도 남서부 아라비아해 연안에 위치한 지역의 포르투갈령 인도 총독, 마닐라의 스페인 총독, 류큐 국왕을 방문하였다. 히데요시는 사절단을 태운 선박에 이들의 신분증명서를 제공하였다. 그는 이러한 전술을 통해 해외의 모든 일본 상인을 규제할 수 있는 거의 독점적인 권한을 획득했다.[55]

조선 국왕 선조도 히데요시에게 사신을 보내 쌍방 간의 관계를 개선하고자 하였다. 그러나 선조는 일본 중심의 조공 체제를 세우려는 히데요시의 생각에 동의하지 않았다. 거절당한 히데요시는 조선을 침략해 명나라의 패권에 도전하기로 결정했다.[56] 그는 해협을 가로질러 군대를 수송할 선박을 공급하기 위해 최신 기술을 이용한 선박 건조를 계획했다.[57] 일본의 항해술은 포르투갈과 중국 기술의 시너지 효과로 크게 향상되었다. 약 15만 8천 명의 일본군이 부산에 상륙한 후, 두 달 만에 조선의 수도 한양을 점령하였다. 명나라의 대규모 군대가 조선 국왕을 돕기 위해 파견되었지만, 여러 차례의 전투 끝에 세 진영은 장기간의 협상에 들어갔다. 히데요시는 중국 중심의 조공체제의 개정을 제안하고, 명나라 공주와 일본 천황의 혼인을 요구하면서 중국과 일본이 동등한 지위에 있음을 교묘하게 암시했다. 명 조정은 1408년 아시카가 요시미츠에게 책봉하였던 것처럼 히데요시를 '일본 국왕'으로 책봉하는 것만 고려하고 있을 뿐이었다. 이에 협상은 결렬되었고, 1597년 14만 명의 일본군이 조선에 추가로 파견되었다. 결국 1598년 히데요시의 갑작스러운 죽음으로 말미암아 조선의 침략은 중단되었다.[58] 히데요시는 후계자를 정하지 않았기 때문에, 그의 죽음은 일본에 권력 공백을 초래했다. 다이묘들 사이의 취약한 권력 균형이 와해되고 새로운 권력 투쟁이 시작되었다. 중국 중심의 조공 체제에 대한 일본의 도전도 소리 없이 사라졌다.

<표 1-3> 1577년에서 1612년 사이 마닐라를 방문한 중국인과 일본인 선박들

선박			선박		
년도	중국	일본	년도	중국	일본
1577	9	–	1602	18	3
1578	9	–	1603	16	1
1580	19	–	1604	15	6(4)
1581	9	–	1605	18	3(4)
1582	24	–	1606	26	3
1588	46	–	1607	39	3(4)
1591	21	1	1608	39	
1596	40	1	1609	41	3
1597	14	2	1610	41	(2)
1599	19	10	1611	21	(2)
1600	25	5	1612	46	(1)
1601	29	4			

출처 : Chaunu, *Les Philippines et le Pacifique des Ibériques*, pp.148~150;
岩生成一(Iwao Seiichi), 『南洋日本町の研究』, 東京 : 岩波書店, 1966, 頁10~11.

히데요시의 야망은 좌절되었지만, 군사적 요구와 강력한 국내 수요에 힘입어 일본의 대외 무역 확대는 위축되지 않았다. 1592년 조선을 처음 침공한 이후, 히데요시는 납과 연석과 같은 군수품을 구하기 위해 마카오, 필리핀, 베트남, 캄보디아, 시암과의 무역을 장려했다.[59] 1595년 예수회 신부는 필리핀 총독 고메스 페레스 다스마리냐스Gómes Pérez Das mari ñas, ?~1603에게 마닐라에서 일본 선박에게 판매하는 중국산 수입 비단으로 인해 비단 가격의 하락을 초래할 것이라고 알려주었다.[60] 일본이 조선에서 철수한 후 중국과 일본 간의 공식적인 접촉은 완전히 중단되었지만, 마닐라에서 복건 상인과 일본 상인 간의 비단-은 중계무역은 쇠퇴하지 않았는데, 이는 명 조정이 이러한 무역을 눈감아 주었기 때문이었다.[61]

히데요시가 죽은 지 5년 후, 그의 장군 중 한 명인 도쿠가와 이에야스德川家康, 1543~1616가 권력의 정점에 올라 1603년 정이대장군征夷大將軍, 일본막부 최고실권자를 지칭, 줄여서 쇼군이라 함으로 봉해져 막부를 세웠다. 그 후 몇 년 동안 이에야스는 새 정권의 기반을 계속 견고하게 하였고 히데요시의 공격적인 외교를 보다 온건한 방향으로 전환했다. 1601년에 그는 필리핀 총독과 안남安南, 베트남 도통都統인 완황阮潢, 1525~1613에게 자신의 선의를 표하는 별도의 편지를 보냈다. 1606년에 이에야스는 시암 왕에게 편지를 보냈고, 얼마 지나지 않아 양측은 곧 공식적인 무역 관계를 수립하였다.[62] 이에야스는 수취인에게 자신의 직인이 찍혀 있는 허가증인 주인장朱印狀, 쇼군의 무역허가증. 슈인장을 소지한 일본 선박 상인을 보호하고, 이 허가증 없이 사업을 하고자 하는 일본 상인을 금지해 줄 것을 요청했다.[63] 그는 필리핀 총독에게 보낸 편지에서 외국 당국이 그에게 요구할 경우 일본 범죄자를 처벌하겠다고 약속했다.[64] 1604년에서 1607년 사이에 이에야스는 마카오로 항해하는 선박에도 직인이 찍혀 있는 허가증을 발급했다. 이러한 선박의 방문은 중국과의 직접적인 무역 통로가 거의 열렸음을 의미했다.[65]

이에야스는 조선과 일본 간의 관계 회복을 위해서도 노력했다. 규슈와 조선 해안 사이에 위치한 대마도의 영주는 자신의 오랜 기간 가지고 있던 중개인의 지위를 이용하여 조선 국왕과의 관계 회복을 모색했다. 선조는 일본과의 국교 회복 요청을 중국 조정에게 알린 후 1604년 이에야스에게 사신을 보냈다.[66] 이에야스는 우호 관계 회복에 대한 자신의 진심을 증명하기 위해 이듬해 조선인 포로 1,300명을 송환했다.[67] 중국 조정이 이 문제를 선조에게 일임하기로 결정하자, 1607년 선조는 공식적인 관계 회복을 협상하기 위해 500명으로 구성된 사절단을 일본에 파견하기로 결정했다.[68] 이때 이에야스가 퇴위하고, 도쿠가와 히데타다德川秀忠, 1579~1632가 뒤를 이어 막부 쇼군이 되었는데, 그는 중국 중심의 조공체제를 조일관계의 근간으로 삼길 원치 않았기 때문에, 중국 중심의 조공체제로 복귀하려는 이에야스의 시도에 제지를 가했다. 유일하게 체결된 공식적인 조약은 1609년 대마도 다이묘와 조선 조정 사이에 체결된 협정이다. 이 협정으로 대마도와 부산항 간의 모든 추가 무역은 조공 문제를 피할 수 있게 되었다.[69]

일본과 중국 간의 협상을 재개하기 위한 또 다른 방법은 중개자로서 류큐 국왕의 도움을 구하는 것이었다. 류큐 왕국은 중국 중심의 조공체제에서 확고한 위치를 차지하고 있었다. 히데요시는 류큐 국왕에게 조공을 바칠 것을 촉구했지만 류큐 국왕은 이 요청을 무시해 버렸다. 도쿠가와 히데타다 역시 같은 야망을 품고 있었다. 그는 1609년 규슈의 사쓰마번薩摩藩 영주에게 류큐에 원정군을 파견해 수도 나하那覇를 점령하도록 권한을 부여했다. 이듬해도 류큐 국왕은 에도의 히데타다에게 조공을 바치도록 강요받았지만, 그는 중국의 조공국으로서 중국에 계속 조공을 바쳤다.[70]

조선 국왕과의 협상에서 대마도 사절단은 조선 네트워크를 통해 중국에 사신을 파견할 수 있게 해달라고 제안했다.[71] 그들의 의도는 중국과의 공식적인 통상 채널을 재건할 방법을 모색하는데 있었다. 그들은 조공 사절단이 중국 항구에 입항할 때 사용하던 도항증명서渡航證明書인 '감합부勘合符'를 곧바로 요청했다.[72] 1610년 남경南京의 상인 주성여周性如가 막부 소재지를 방문하여, 일본당국이 복건 순무인 진자정陳子貞에게 감합부를 발급해 줄 것을 요청하라고 제안했다.[73] 히데타다는 혼다 마사즈미 本多正純, 1565~1637에게 이 일을 처리하기 위한 공문을 쓰라고 지시했다. 마사즈미는 이 편지에서 조공에 대해 언급하지 않고, 단순히 감합부를 발급해 줄 것을 요청했다. 그는 필수 물품을 조달하기 위해 중국 연안에 정박해야 하는 경우, 주인장을 소지한 일본 무역 선박을 보호해달라고 중국 조정에 요청했다.[74] 그러나 편지가 진자정에게 도착하기 전에, 그는 일부 복건 봉선 상인들이 일본 방문 금지령을 어겼다는 소식을 전해 들었다. 왜냐하면 일본 비단 가격이 마닐라보다 두 배나 비쌌기 때문이었다.[75] 마사즈미는 이에 대해 당혹감을 감추지 못했다. 그래서 막부의 공문이 진자정에게 확실히 전달되었다 하더라도, 진자정은 몸을 낮추어 답장을 보내지 않았을 것이다. 중국과 일본의 사료에 따르면, 이 기간 갈수록 많은 중국 선박들이 몰래 일본으로 항해하기 시작했다고 한다.[76] 이러한 상황에서 일본 해상으로 침입해온 자에 대한 우호적인 태도는 조정이 통제할 수 없을 정도로 밀수꾼이 만연해 있다는 신호로 해석되었을 수도 있다.

한편 1612년 일본이 부산에서 무역을 할 수 있게 허용된 것과 류큐 왕이 사쓰마 영주에게 체포된 사실이 알려진 후, 명 조정은 일본이 또 다른 팽창주의적 움직임을 계획하고 있는 것이 아닌지 의심하기 시작했다.[77] 조선 조정의 메시지를 접수하고 또 류큐 조공 사절단이 북경에 도착한 후,[78] 명 조정은 에도 막부도쿠가와 막부가 중국 중심의 조공체제로 복귀할 의사가 없고 단지 모종의 무역 관계를 맺으려는 것일 뿐이라고 정확하게 추측했다. 명 조정 또한 중국 해안에서 발생한 해적 행위의 대부분이 일본 해적이 아닌 중국의 소행이며, 도쿠가와 막부와는 아무런 관런이 없다는 사실도 알게 되었다. 중국 조정은 일본이 요청한 평등 관계에 입각한 조공 체제 조절을 거부했기 때문에, 유일한 선택은 일본의 침략 가능성을 막기 위해 해안 방어를 강화하는 것뿐이었다.[79] 그 이듬해 명나라 조정은 밀수 무역을 약화시키기 위해 강소와 절강지역의 해안 무역을 금지했다.[80] 거의 같은 시기에 광동 당국 또한 마카오에 거주하던 일본인 주민들을 추방하였다.[81]

일본인이 조선과 류큐를 통해 명나라 조정에 접근하려는 노력이 실패하자, 일부 일본 선박 무역상들은 중국 지방 당국과 비공식적인 접촉을 직접 시도했다. 1616년 나가사키 대관代官인 무라야마 도안村山等安은 중국 인근의 중계무역 기지 역할을 할 항구를 대만에 건립하고자 하였다. 12척으로 구성된 그의 함선은 대만 근처에서 태풍을 만나 중국 연해로 떠밀려갔다. 복건 해안 수비대 파총把總인 동백기董伯起가 상황을 파악하기 위해 파견되었지만, 도리어 일본 선원들에게 붙잡혀 본국으로 끌려갔다. 1617년 동백기는 조공을 바치겠다는 공문을 들고 일본 사절단과 함께 복건으로 돌아왔다.

복건 당국은 '공문이 격식에 맞지 않는다'는 이유로 편지 수령을 거부했다.[82] 그러나 일본 대표인 아카시 미치토모明石道友와 복주 부순안사副巡按使 겸 순해도巡海道, 복건 연안지역을 순찰하는 관리인 한중옹韓仲雍 간의 대화는 다양한 사료에 기록되어 있다. 이 대화에서 중국 측은 일본이 대만을 점령할 의도가 있는지에 대해 우려하고 있음을 보여준다. 미치토모는 중국 측의 불안을 해소시키기 위해, 자신은 통상 증진에만 관심이 있다고 강조했다. 그는 또한 복건 당국이 최소한 자신의 법적 지위를 존중하고, 자신과 선원들을 해적으로 취급하지 않기를 희망한다고 표명했다. 이렇게 첫걸음을 내딛음으로써 그는 중국 측이 적대적으로 대하지 않기를 바랐다. 이에 대해 한중웅은 일본 선박 상인들에게 대만 점령 생각을 포기할 것을 요청했다. 왜냐하면 대만 점령과 관련된 움직임은 중국 조정에 경각심을 불러일으킬 수 있기 때문이었다. 그러함에도 불구하고, 한중웅은 이번을 계기로 명나라 조정이 마닐라에서 이루어지던 복건 상인과 일본 상인 사이의 중계무역을 불법으로 간주하지 않을 것이라 암시하였다. "사실 매년 루손필리핀에서 무역 허가를 받은 선박이 16척입니다. 그토록 많은 양의 중국 상품이 그곳의 한정된 인구에 의해 모두 소비된다는 것이 정말로 가능하겠습니까?" 그는 또 중국 조정은 해외에 거주하는 자국민이라면 일본과 거래하는 것을 막지 않을 것이라며 다음과 같이 솔직하게 말했다. "위험을 감수하고 무역을 하러 온 먼 섬나라 사람들을 위해, 우리는 규제를 완화하고 그들의 행동을 용인해줄 것입니다." 무역에 대한 중국 조정의 태도가 명백해졌기에, 한중웅은 일본이 대만을 점령하면 중국 조정은 중계무역을 포함한 일체의 비단 수출을 금지할 것이라 경고했다.[83]

한편, 복건 순무 황승현黃承玄은 1616년 복건 먼 바다에 일본 함대가 나타난 것을 보고 큰 충격을 받았다. 왜냐하면 금문金門에 도착한 아카시 미치토모의 함대는 중국 해안 방어군이 맞설 수 없을 정도로 막강했기 때문이었다.[84] 그리고 그는 위소 병사들이 바다에서 싸우는 훈련조차도 받지 않았다는 사실을 알게 되었다. "그들 중 일부는 배에 탔을 때 얼굴이 창백해졌고, 공격을 받으면 선체 뒤로 숨었습니다. 지원병에 대한 희망이 사라지자 그들은 도망쳤습니다." 이러한 상황을 개선하기 위해 황승현은 즉시 해안 방어 체제를 개혁하기 위한 일련의 조치를 취했다.[85]

단기적으로 해안 방어를 강화하는 방법은 해상용병을 고용하는 것이었다. 그는 "임시로 고용된 병사일지라도 약한 병사보다 강합니다. 용병이 용감한 군인임을 증명하면 규칙을 완화하여 공식 군대에 합류할 수 있도록 허용해야 합니다. 무능한 군대는 해산해야 합니다"라고 말했다.[86]

새로 모집한 해상용병 부대는 12척의 병선에 소속된 300명의 군인으로 구성되었다. 그들은 오서澳嶼·동산銅山과 팽호군도페스카도레스 사이를 순찰하는 32척의 병선으로 구성된 함대에 배치되었다.[87] 그곳은 바로 1616년 여름 미치토모의 배가 정박했던 바로 그 지점이었다. 20척의 병선은 팽호군도 앞바다에 정박해 육지에 있는 상주군을 지원하고 (조정의 입장에서는 육지가 바다보다 더 중요했기 때문이다), 나머지 12척의 병선은 팽호군도와 오서 사이의 해상을 순항해야 했다.[88] 이러한 내용은 일본 함대가 같은 연안해역에 다시 정박하는 것을 막기 위해 해상용병 부대가 이 지역에 배치되었다는 사실을 알려 준다.

현지 신사인 조병감趙秉鑒은 협총協總, 총우익군 장교으로 임명되었다. 용병 함대의 지휘관으로서 그의 임무는 중국과 일본 사이의 밀수를 억제하는 것이었다. 그러나 기회를 잡은 조병감은 지체하지 않고 밀수 네트워크의 두목이 되었다.[89] 그 네트워크에는 하문과 팽호군도의 수군 파총과 대만에 숨어 있던 저명한 중국 밀수업자 임근오林謹吾가 포함되어 있었다.[90] 이 함대는 이 지역에서 가장 강력한 세력으로 빠르게 성장하여 지나가던 다른 선박 상인들을 괴롭혔다. 1618년, 새로운 복건 순무 왕사창王士昌이 도착하자 조병감과 관련된 누적된 모든 불만이 그에게 보고되었다. 이후 왕사창은 해적과 결탁한 조병감의 불법을 밝혀낼 추가 증거를 확보하자, 조병감을 하문으로 유인하였다.[91] 결국 조병감은 체포되어 처형당했다. 조병감은 노골적으로 반항을 하지 않았기 때문에, 그가 정말로 반역을 저질렀는지 판단하기 어렵다. 1619년 절직 총병 왕량상王良相이 쇼군에게 보낸 편지에는 다음과 같은 미치토모의 언급이 나온다. '명 조정의 신뢰를 얻어 해상 금지령에 명시된 제한을 완화하고 무역 선박이 다시 해외로 항해할 수 있도록 허용했다.'[92] 아마도 복건 당국이 일본인들이 악의가 없다고 확신하고, 조병감과 그의 용병 조직이 불필요하고 심지어 해롭다고 판단했기 때문에, 조병감은 직위에서 배제되었을 것이다.

16세기 중반, 총병 척계광이 왜구의 절강 침입에 맞서 중국 해안을 방어하기 위해 용병 부대를 모집하고 훈련 시켰고, 총병 유대유兪大猷, 1503~1579는 해징의 사략선을 고용했다. 이 당시만 해도 일본의 선박 건조 기술은 중국보다 많이 뒤떨어져 있었다.[93] 이러한 상황은 히데요시의 7년에 걸친 조선 침략 이후 바뀌었다. 히데요시의 요구는 일본의 조선 기술을 크게 향상시켰다. 이제 일본은 크기와 무기 면에서 중국 군함 못지않게 능숙하게 건조하게 되었다.[94] 이는 황승현이 해상용병을 고용하여 핵심부대로 삼아야 했던 이유와 조병감이 다른 해안 부대에 대한 우위를 확보하는 데 아무런 문제가 없었던 이유를 어느 정도 설명하고 있다. 1615년 이후에는 매년 1~4척의 인가를 받은 일본의 선박이 대만을 방문했으며, 이러한 패턴은 1633년까지 계속되었다.[95] 1617년 미치토모가 자국의 평화적 의도를 보증한 후, 복건 당국은 일본이 대만에 정착할 계획을 포기하겠다는 약속의 대가로 대만을 중일 중계 무역항으로 삼는 것을 눈감아 주기로 했다. 조병감은 직위에서 해임되었지만, 동산과 오서 및 팽호군도의 협총직은 여전히 다른 해상용병들에게 열려 있었다.

해상용병은 기존 중화 세계질서와 신흥 일본 세계질서 사이의 '무국적' 공간을 관리하려는 복건 당국의 시도에서 중개자 역할을 맡았다.[96] 이 점에서 복건해역의 해상용병 지도자들은 일본 막부 통치하에서 대마도나 사쓰마의 하급 영주와 유사한 기능을 수행했다. 하지만, 복건 당국이 바꾸고자 한다면 용병들을 더 쉽게 해산할 수 있다는 점에서 중요한 차이가 있었다.

일본의 위협이 계속되었다면 복건 당국은 새로 모집한 해상용병들에게 더 크게 의존할 수 있었을 것이다. 그러나 도쿠가와 막부가 명나라 조정과 공식적인 관계를 맺으려는 마지막 막부였다. 1617년 이후 중국의 인정을 받으려는 도쿠가와 막부의 관심은 점차 식어갔다. 이는 오사카성 점령하고 일본을 통일한 히데타다를 축하하기 위해 조선 광해군이 428명으로 구성된 사절단을 파견하였기 때문이었다. 조선 사신들이 조공이 아니라고 주장했음에도 불구하고 조선 국왕이 일본 막부에게 '조공을 바치러 왔다'는 점에서, 이 회의에 참석한 많은 청중들에게 이 사절단은 일본 중심의 새로운 조공체제의 승리를 의미했다.[97] 이 사건은 도쿠가와 막부가 일본 통치를 정당화할 수 있는 충분한 근거를 제공했고, 일본 중심의 새로운 조공체제 건립에 몰두한 막부는 중국과의 추가 조약에 점차 관심을 잃었다.

1622년 네덜란드 동인도회사가 자유 무역을 시작하기 위해 바타비아에서 중국 해안으로 함대를 파견했을 때, 네덜란드는 포르투갈로부터 마카오를 탈취하려고 했다. 이 계획이 실패하자 그들은 펭호군도로 이주해야 했다. 이 패배는 때마침 인가를 받은 일본 선박 상인들에게도 동시에 발생하였는데, 이 인가를 받은 일본 선박 상인들을 조직한 사람은 일본 히라도에서 활동하던 중국 상인 이단李旦과 그의 용병 파트너인 허심소許心素, ?~1628였다. 이들은 대만과 팽호군도 주변 해역의 운송 무역에서 독점권을 획득하려 노력하고 있었다. 1623년 명나라 군대와 대치한 후 이단의 조언에 따라 네덜란드 총독 마르티누스 송크Martinus Sonck, ?~1625는 1624년 대만으로 후퇴했다. 네덜란드와 명나라 군대 간의 갈등으로 인해 복건 당국은 중국 선박 대한 또 다른 금지령을 공포했고, 이로 인해 중일 중계무역이 갑자기 중단되었다. 아이러니하게도 불과 1년 전인 1622년, 복건 순무는 나가사키의 섭정다이칸인 스에쓰구 헤이조末次平蔵, ?~1630, 에도 초기의 무역상에게 일본 해적 체포에 일본의 협조를 요청하는 공식 서한을 보냈었다. 이러한 움직임은 중국이 일본에 호의를 보낸 것으로 보인다. 헤이조는 명나라 조정이 국가 대 국가의 관계에 걸맞게 정식 사신을 보내야 한다고 답했다. 헤이조는 중국 조정이 일본 선박들이 중국 방문을 허용할 것이라고 예상했지만, 조공체제에 대해서는 더 이상 언급하지 않았다.[98]

조선의 선조는 1606년 일본의 사절단 파견 요청에 응할 것인지에 대한 미묘한 문제를 명 조정과 상의했지만, 명 조정은 선조에게 이 결정을 맡겼다. 만주족이 북쪽 국경을 위협하는 상황에서 남쪽에서 일본의 적대감을 감수할 여유가 없었기 때문에 조선 조정은 선택의 여지가 거의 없었다.[99] 그 후 몇 년 동안 명과 조선은 모두 만주족을 막을 방법이 없었다. 만주족은 1619년 사르후 전투에서 명나라 군대에 심각한 패배를 안겨주었고, 이후 급속한 영토 확장을 시작했다.[100] 일본의 은 수출이 히데요시가 중국 중심의 조공체제와 함께 일본 중심의 조공체제를 만든 주된 이유였을 수도 있다. 하지만 실제로는 만주족의 부상이 1607년 이후 중국 중심의 조공체제와 일본 중심의 조공체제가 갈라진 가장 중요한 이유였다.

일본의 은 무역과 만주족의 팽창은 1624년까지 중국, 일본, 이후 네덜란드 상인들에게 개방된 '무국적 공간'을 만들어낸 두 가지 요소였으며, 다음 장에서 설명하겠지만, 이후 복건 해상용병의 발전에 영향을 미쳤다.

제2장

1627년 이전의 정지룡_{니콜라스 이콴}

1. 1617년 이후 마닐라의 중일 중계 무역에 드리운 그림자

네덜란드 선원들은 오랫동안 스페인과 포르투갈 해양 원정의 중추적인 역할을 해왔다. 하지만 1580년 스페인 국왕이 네덜란드 선박에 대한 금수 조치를 선언한 이후, 그들은 자신들의 깃발을 달고 이베리아반도 국가가 지배하고 있는 아시아해역과 카리브해역으로 항해했다. 20년후, 다양한 회사들이 인도네시아군도의 향신료 무역에서 지분을 확보하기 위한 간헐적인 시도를 하였다. 결국, 네덜란드 당국은 역량을 집중하여 아시아로의 원거리 무역에 있어 보다 효율적인 방법을 찾기 위해 하나의 통일된 동인도회사East India Company를 설립하였다. 1602년 네덜란드 연합 동인도회사Verenigde Oostindische Compagnie, VOC는 마젤란해협과

희망봉 이르는 지구의 절반에서 영업할 수 있는 면허를 획득하였다.[1]

16세기 마지막 10년 동안 네덜란드인들이 인도네시아군도에 도착했을 때 그들의 주요 목표는 향신료를 획득하는 것이었다. 그들은 인도네시아 동부의 몰루카스Moluccas에 도착한 후, 테르나테Ternate, 인도네시아의 술탄과 동맹을 맺었으며, 포르투갈의 지원을 받는 티도레Tidore, 인도네시아 동부 말루쿠 제도의 섬 술탄과 대립하였다. 포르투갈은 네덜란드의 위협을 스스로 물리칠 수 없을까 두려워하여, 마닐라에 있는 스페인의 도움을 요청했다. 1580년 이후 포르투갈과 스페인은 같은 군주의 통치를 받았기 때문에 그들은 자연스럽게 동맹국이라고 여겼다.[2] 네덜란드인들은 반다 Banda, 인도네시아 반다군도와 테르나테에 진정한 거점을 확보해야만 반격을 가할 능력이 있다고 여겼기에, 1610년 봄이 되어서야 마닐라만을 봉쇄하기 시작했다.[3] 1609년 9월 22일, 프랑수아 비테르트François Wittert, 15 71~1610는 테르나테에서 4척의 전함으로 구성된 편대를 이끌고 마닐라 만으로 항해하던 도중에, 마닐라만에 근접해 있던 화물을 가득 실은 선박 23척을 나포하는데 성공했다. 7개월 후인 1610년 4월 25일, 그는 8 척의 전함으로 구성된 스페인 함대의 습격을 받아 완전히 패배했다.[4] 네덜란드의 봉쇄는 마닐라에 있는 중국과 일본 상인들에게는 큰 영향을 끼치지 않았다. 아마도 네덜란드가 포획한 모든 전리품을 스페인이 회수하여 원래 소유주에게 돌려주었기 때문인 것으로 보인다. 그러나 이 패배로 인해 네덜란드는 크게 곤경에 빠지게 되어 1614년까지 몰루카스에서 자신들의 입지를 공고히 하는 데만 몰두하였다. 이때 몰루카스 총독 로렌스 리엘Lauren Reael, 1583~1637은 이베리아 적에게 또 다른 타격을 가할 만큼의 자신감을 가지게 되었다. 하지만 그의 시도는 실패로 돌아갔다. 왜냐하면 태풍으로 인해 그의 함대가 마닐라만에 도착할 수 없었기 때문이었다.[5] 그럼에도 불구하고 이러한 새로운 네덜란드의 위협을 예상한 마닐라 총독 돈 후안 데 실바Don Juan de Silva는 멕시코와 고아Goa에 지원을 요청했다.

그의 계획은 대규모 군대를 모아 향료군도에서 동인도회사를 영원히 몰아내는 것이었다. 1616년 2월 7일, 그는 대형 범선인 갤리온선Galleon 10척, 쾌속선 3척, 갤리선galley 4척으로 구성된 거대한 함대를 이끌고 말라카로 항해하여, 고아에서 온 구호 함대와 만날 계획을 세웠다. 그의 계획은 이 두 대규모 함대가 합류한 후 자바 반탐Bantam에 있는 네덜란드 기지를 무너뜨리고, 이 목표를 이룬 후 몰루카스에 잔류하고 있는 네덜란드 주둔군을 몰아내는 것이었다.[6] 1616년 2월 9일, 요리스 판 슈필베르겐Joris van Spilbergen, 1568~1620이 지휘하는 네덜란드 함대가 필리핀해역에 도착했다. 그는 필리핀 주변 어딘가에 대규모 스페인 함대가 분명 있을 것이라 예상하고, 공격을 시작하기 전에 먼저 몰루카스로 항해하여 17척의 함선으로 구성된 더 큰 함대에 합류하기로 결정했다. 10월 12일에야 그는 스페인 군대의 절반 정도가 마닐라에 있다는 사실을 비로소 알게 되었다. 즉 대형 선박 8척, 대형 갤리온선 3척, 쾌속선 5~6척이었다. 이 소식이 전해지자 새로 합류한 함대의 제독 얀 더크스 람Jan Dirksz Lam은 1616년 겨울과 1617년 초봄에 마닐라만을 봉쇄하기로 했다. 그 기간 동안 네덜란드는 화물을 가득 실은 중국 선박 4척과 일본 선박 2척을 나포했지만, 멕시코로부터 은 운반을 하던 스페인 갤리온선을 나포하는 데는 실패했다.[7] 람은 1617년 3월 마닐라로 항해하는 더 많은 중국 선박을 나포할 수 있을 것으로 기대하며, 함대를 루손 서해안을 따라 좀

더 북쪽으로 돌렸다. 하지만 중국 선박을 가로채기 위해 함대를 분산시킨 후, 스페인 함대는 갑자기 마닐라 항을 출항했다. 1617년 4월 18일 해전에서 네덜란드 제독이 이끄는 니우베 손Nieuwe Son호를 침몰시켰고, 2척의 함선을 더 불태웠다. 나머지 네덜란드 선박들은 포획한 중국 선박 5척과 함께 탈출했고, 이후에 스페인 부제독의 함선을 습격해 화물을 모두 약탈했다. 스페인 본 함대가 말라카에서 돌아오자, 사망한 총독 돈 후안 데 실바의 후임인 마닐라 총독 게로니모 데 실바Geronimo de Silva는 네덜란드 함대를 추적하기 위해 7척의 전함을 테르나테로 파견했다. 그러나 불행히도 이 스페인 함대는 10월에 큰 태풍을 만나 목적지에 도달하지 못했다.[8]

스페인과 네덜란드 사이의 장기간 전쟁은 중국에서 마닐라로 상품과 식량을 운반하는 많은 중국 선박들을 차단하였기 때문에, 마닐라 조계지의 중국-일본 중계 무역과 중국-멕시코 무역 모두에 긴 그림자를 드리웠다. 얼마 지나지 않아, 람 제독이 마카오해역을 항해하는 함선에게 포르투갈 선박을 나포할 뿐만 아니라 마닐라를 오가는 중국 선박도 나포하라는 명령을 내리면서, 네덜란드는 봉쇄 범위를 확대하였다.[9] 이들 전함 중 하나인 오드 손Oude Son호는 1618년 5월 마카오와 코친차이나 Cochin China 사이의 해역에서 중국의 대형 선박 1척과 작은 선박 6척을 나포했고, 얼마 지나지 않아 그 전리품을 일본에 팔았다.[10]

마닐라 무역의 주요 투자자였던 해징海澄의 중국 상인들은 1618년 이전에 네덜란드와 이베리아와의 분쟁에 대해 어느 정도 알고 있었을 것이다. 1618년 현지 학자 장섭張燮은 그의 저서 『동서양고東西洋考』에서 "만력 45년1617년에 네덜란드인들이 루손 항구 밖에서 중국 상인들을 공격하고 무자비하게 약탈했다. 선주들은 이로 인해 괴로워했다"라고 언급했다.[11] 1619년 5월, 네덜란드인이 마닐라만 근처에서 중국의 대형 선박 3척을 추가로 나포했을 때, 그들은 매년 마닐라를 방문하던 중국 선박 가운데 7척이 스페인의 경고 때문에 항해를 연기했다는 소식을 전해 들었다.[12] 일본 히라도에 거주하던 중국 상인 중 한 명인 이단李旦은 영국 동인도회사 수석 상무원 리처드 콕스Richard Cocks, 1566~1624에게 자신과 친구들의 선박에 대한 '편의 서신'인 통행허가증을 발급해 줄 것을 요청했다. 그들은 코친차이나 및 대만으로 항해할 예정이었다. 그는 네덜란드 선박에 나포될 가능성을 피하기 위해 이 문서들을 확보하였다. 결국, 1618년 봄에 콕스는 9개의 '편의 서신'과 6개의 영국 국기를 발행했다.[13]

그러나 일본 내 중국 상인들에 대한 영국의 관대한 지원은 1620년까지 계속되지 않았다. 그 이유는 1620년 4월 28일 영국과 네덜란드가 반탐에서 공동 '국방위원회Raad van Defensie'를 구성하는 결의안에 서명했기 때문이었다. 이 협회의 후원으로 1620년 5월 31일 네덜란드 선박 2척과 영국 선박 2척이 반탐에서 파견되어 중국과 일본 사이의 해역을 순항할 수 있었다. 그들은 이베리아 선박뿐만 아니라 마닐라를 오가는 중국 선박을 발견하면 모두 포획하라는 명령을 받았다.[14] 북쪽으로 항해하면서 더 많은 선박들이 합류했고, 히라도에 도착했을 때는 함대는 10척의 견고한 선박으로 구성되었다. 1621년 봄에 임무를 수행하기 위해 출항했을 때,[15] 대부분의 중국 선장들은 리처드 콕스가 "네덜란드 군인들이 무역을 봉쇄했기 때문에 감히 앞을 내다보고 계획을 세우는 사람은 소수에 불과하다"라고 말한 것처럼, 일본 항구를 벗어나지 않기로 했다.[16] 스페인의 사전 경고에 따라 중국의 해징 상인들도 손실을 입지 않기 위해, 마닐라로 향하는 7척의 선박 출항일을 1621년 봄으로 연기하였다. 이러한 모든 예방 조치에도 불구하고, 선박 5척이 네덜란드-영국 연합 함대에게 포획되었다.[17] 요약하자면, 네덜란드와 이베리아의 경쟁은 점차 몰루카스해역에서 필리핀해역과 동중국해 및 남중국해로 옮겨 갔다. 이 갈등으로 가장 큰 피해를 입은 사람들은 마닐라에서 중국-멕시코 및 중국-일본 중계무역에 의존하는 중국 무역상들이었다. 마닐라가 중계무역에 적합한 항구 목록에서 일시적으로 제외되었을 때, 일부 중국 상인들은 이 기회를 포착하여 코친차이나와 대만의 해안을 대체 항구로 사용할 것을 제안했다.

중국 상인들은 네덜란드가 몰루카에서 이베리아인들과 수년 동안 경쟁하고 있다는 것을 알고 있었지만, 자신들도 피해를 입게 될 것이라고는 예상하지 못했다. 북동쪽 국경에서 만주족의 위협이 점점 커지고 있어 중국 조정은 해외 교역을 통제할 수 없었다. 이 때문에, 상인들이 선택할 수 있는 유일한 방법은 사업을 계속할 수 있는 다른 경유 항구를 찾는 것뿐이었다. 앞서 언급했듯이 '무국적'의 도서인 대만이 적절한 대체지로 여겨졌다. 1617~1618년 팽호섬에 기반을 둔 해상용병 조병감趙秉鑒은 하문廈門, 팽호, 대만과 일본을 연결하는 독점적 무역 네트워크를 구축하려고 시도했다. 대만에서 조병감의 주요 협력자였던 임근오林謹吾는 일본에 있는 다른 중국 상인들과 함께 살았던 상인이었다. 리차드 콕스의 일지에는 1616년 이단이 이단의 하인 'Liang owne'을 통해 중국 당국에 뇌물을 줄 돈을 내놓으라는 요청을 받았다고 기록되어 있다.[18] 1617년 아카시 미치토모明石道友가 복건에서 포로가 된 해안 방어 장교

동백기董伯起를 일본 선박에 태우고 복건으로 데려왔다는 기록이 있다. 이 단의 투자는 분명 이 기업과 관련이 있을 것이다. 따라서 'Liang owne' 는 아마도 위에서 언급한 임근오와 동일시해야 할 것이다. 최근 히고肥後의 이쿠라伊倉항에서 발견된 무덤 비문에 따르면, 1621년 임균오林均吾라는 중국 상인이 이곳에 묻혔다고 한다. 남부 복건어 방언에서 그의 이름 발음이 '임근오'와 동일하므로, 임균오가 정확한 음역이 될 것이다.[19]

조병감과 그의 네트워크는 1618년에 파괴되었지만, 임균오가 여전히 살아서 활동 중이었기 때문에, 대만의 밀수 중계 무역은 같은 운명을 겪지 않았다. 아이러니하게도 1618년 복건 순무 왕사창王士昌이 조병감을 제거한 후, 1619년 '해적' 출신인 해상용병 원진袁進을 영입했다.[20] 명나라 조정이 대만을 '무국적지역'으로 취급했기 때문에, 중국과 일본의 상인, 즉 밀수꾼들은 자본과 물자를 대만으로 자유롭게 가져올 수 있었다. 그러던 중 복건 연안에서 대만의 안전한 피난처로 몰려드는 밀수꾼들이 늘어나면서 보안과 안전에 문제가 생겼다. 투자자와 상인 간의 분쟁을 공정하게 해결해 줄 관리자가 임명되지 않았기 때문에 밀수업자들 간의 다툼이 노골적인 해적 행위로 변질되는 것은 순식간이었다. 은퇴한 복건 관리인 심연沈演은 이러한 질서와 규율의 부재를 무작위적인 해적 행위보다 훨씬 더 평화를 위협하는 것으로 인식했다.

해적들이 갑자기 들이닥치면 그 기세가 매우 사납지만, (공격을) 오래 지속할 수 없고 쉽게 제거할 수 있습니다. 진짜 걱정은 임금오林錦吾가 관리하는 북항北港, 대만의 중계무역입니다. 이것은 (16세기) 왕오봉汪五峰, 汪直사건의 정확한 재현입니다. 일본과의 무역을 봉쇄하는 것은 불가능하지만 밀수를 금지하는

것은 가능합니다. 누군가가 계속해서 일본 은을 북항北港, 대만으로 가져오는
한, 매일 밀수꾼 몇 명을 사형에 처하더라도 밀수는 계속될 것입니다. 왜냐하
면 수익성이 높기 때문입니다.[21]

밀무역에 연루된 것으로 알려진 이들이었기 때문에, 복건 당국은 그
들이 고용한 해상용병들을 불신했지만, 만연한 해적질을 막을 다른 해
결책을 찾지 못했다.

심연도 "많은 사람들이 일본 자본을 넘겨받은 후 자신의 물건을 북항
대만으로 운반했습니다. 그들을 소탕하거나 회유할 수도 없습니다. 너무
강하게 밀어붙이면 60년 전 해적들이 그랬던 것처럼 일본으로 탈출할
수도 있습니다"라고 말했다.[22]

반면에 해상용병의 지원이 없으면 일본 상인들이 지원한 자금으로 물
품을 조달하는 데 위험이 커졌다. 1618년 조병감이 사망한 직후, 대만
에서 일본으로 돌아온 이단의 선박 세 척에는 사슴가죽과 백단목만 실
렸을 뿐 중국 비단은 없었다.[23] 이단은 밀수꾼들에게 돈을 지불했지만
그들은 이단의 돈을 가지고 중국으로 도망쳤다. 영국 상인 리처드 콕스
는 "중국인들은 네덜란드와 영국에 모든 책임을 돌리려고 했고 바다에
서 서로 약탈했습니다. 그러나 그들 중 일부는 일본의 일부 지역에서 차
단을 당해 값비싼 대가를 치렀습니다. 나가사키에서 대만 비단 무역을
위해 파견된 다른 중국 상인들은 돈을 모두 가지고 중국으로 도주하여
일본에 있는 동포들을 곤경에 빠뜨렸습니다"라고 말했다.[24]

안정적인 무역 채널이 보장되지 않은 상태에서, 1621년 이후 대만에
서의 중계 무역은 그 어느 때보다 위험해졌다. 1621년 임근오가 세상을

떠난 후, 1622년 봄, 이단은 재일 중국 상인 대부분으로부터 지도자로 인정받았다.[25] 그는 대만을 경유하는 안정적인 밀수 통로를 개척해야 하는 과제를 안게 되었다. 마닐라와 코친차이나해역을 봉쇄하는 영-네덜란드 함대의 압박 속에서, 쇼군이 발급한 주인장의 보호 아래 진행되는 대만 중계 무역이 유망해 보였다. 영-네덜란드 함대가 주인장을 존중하고 대만과 중국 사이의 통행을 막지 않는다면 말이다.[26] 이 가정은 1622년 영-네덜란드 함대가 마닐라만 외곽에서 비단을 실은 중국 선박 4척과 포르투갈 선박 1척을 포획했을 때 확인되었다. 이 전리품은 일본에서 262,912길더guilder 이상에 팔렸다. 영국-네덜란드 함대의 성공은 일본과 중국 투자자들에게 엄청난 손실을 가져다주었음을 의미한다.[27] 이단은 1621년 마닐라와 코친차이나가 아닌 대만으로 항해하기 위해 선박 3척을 준비하였기에, 이러한 손실을 피할 수 있었다.[28] 이때 그는 대만 항로의 중요성을 느꼈을 것이다. 이는 이단이 1622년 여름 자신의 일본 후견인인 히라도 영주 마쓰우라 다카노부松浦隆信, 1592~1637에게 대만 무역을 독점할 수 있도록 막부의 주인장을 확보해 줄 것을 촉구하였다는 것에서 알 수 있다.[29]

2. 1624년 네덜란드의 활동과 해상용병의 부활

영국-네덜란드 함대는 중국과 일본의 해상 무역상들을 공포에 떨게 하였고, 마닐라를 봉쇄하여 이베리아 시민들에게 공급될 화물을 차단하였다. 하지만 이베리아인들이 범아시아지역에서 유지했던 무역은 당시 영국-네덜란드 동맹이 운영했던 그 어떤 상업 활동보다 훨씬 더 많은 이윤을 남겼다. 총독 얀 피터루스존 쿤Jan Pieterszoon Coen, 1587~1629은 지난 100년 동안 이베리아인들이 아시아에 5천만 리알을 투자한 반면, 17인 이사회Heren XVII에서는 매년 50만에서 60만 리알에 불과한 돈을 보내왔다고 불평했다.[30] 동인도회사가 이베리아 항구를 계속 봉쇄하고 전리품을 탈취하더라도, 네덜란드는 이베리아 적군의 수입원에 충분히 접근할 때까지는 그들의 입지를 강화할 수 없다는 것을 깨달았다. 마닐라와 마카오에서의 이베리아 무역은 대부분 중국의 비단 수출에 의존했다. 때문에 네덜란드인들이 이 목표를 달성하기 위해 채택할 수 있는 효과적인 전략 중 하나는 중국이 무역 파트너를 바꾸도록 강요하는 것이었다. 네덜란드가 포르투갈을 마카오에서 몰아내고 중국 상품 수출을 장악할 수 있다면 중국도 반대하지 않을 것이지만, 마카오 점령에 실패한다면 중국에게 협력을 강요해야 할 것이다. 1622년 여름, 쿤 총독은 자신의 계획을 실행에 옮겼다. 그는 마카오를 점령하기 위한 함대의 수장으로 코르넬리스 레이예르센Cornelis Reijersen 사령관을 임명했다. 이 시도가 실패한다면 레이예르센은 전술을 바꾸어 교역의 일부라도 차지하기 위해 중국인들에게 압력을 가해야 했다. 그는 중국 당국과 교섭을 시작하기 위한 거점으로 팽호군도를 선택했으며, 동시에 마닐라로 향하는 중국 선박과 일본으로 향하는 포르투갈 선박의 항해를 계속 봉쇄했다.[31]

1622년 8월 10일, 팽호군도에 도착한 레이예르센은 하문만 입구의 수장인 오서浯嶼 순안 장교 왕몽웅王夢熊에게 공식 서한을 보냈다. 그는 이 서한에서 복건 순무 상주조商周祚에게 네덜란드 동인도회사와 중국인이 비단과 비단 제품을 거래할 수 있는 무역항 한 곳을 허가해 달라고 요청했다. 그는 또 복건 순무에게 이베리아인들이 네덜란드 동인도회사의 적이기에, 복건인과 이베리아인들과의 무역을 금지해달라고 요청했다.[32] 9월 29일 상주조가 그의 이러한 요구를 공식적으로 거부한 후, 레이예르센은 중국에 대항하여 무장 충돌을 일으켰다. 다음 달에 그는 하문만의 중국 선박을 공격하기 위해 코넬리스 판 니우언로더Cornelis van Nieuwenrode의 휘하에 있는 전함 8척을 파견했다. 악천후를 만나 5척의 배만이 편대를 유지할 수 있었다.[33] 전함의 숫자가 줄어들자 그들은 더 이상 하문으로 항해하지 않고, 대신 육오六鰲와 동산銅山의 주둔지를 습격하기로 했다. 11월 26일이 되어서야 네덜란드 함대는 중국 무역선을 포획하고 연안 무역을 마비시키는 임무를 본격적으로 수행하기 시작했다.[34] 성능이 뛰어난 대포를 갖춘 네덜란드 함대가 정박지에 도착했을 때, 하문 수비대는 반격 할 힘이 없었다. 중국 기록에 따르면, 중국 군대는 "반격하기 전에 하문에 사는 외국 무역상들에게서 총기를 빌려야 했다"라고 한다.[35] 11월 30일, 불과 몇 명의 사상자가 있었던 네덜란드 침략자들은 전리품을 가득 싣고 배로 돌아갔다.[36] 복건 총병 서일명徐一鳴의 임기는 네덜란드의 습격이 시작되기 전에 이미 만료된 상태였다. 그럼에도 불구하고 그는 자신의 임무를 수행하고 육지에서 군대를 이끌고 맞서 싸웠다. 하지만 그는 아마도 네덜란드인이 철수한 이후 곧바로 복건을 떠났을 것이다.[37] 복건의 부총병 장가책張嘉策은 신임 총병이 도착할 때까지 지휘를 맡았고, 추가 침입을 격퇴하기 위해 대량의 화선火船을 준비하느라 바빴다. 네덜란드인들의 초기 습격에서 니우언로더의 편대는 쌀과 소금을 실은 선박 50척과 소형 어선 30척을 파괴했다. 해안 방어를 담당했던 한 천총千總은 네덜란드 함선 5척이 팽호군도의 코르넬리스 레이예르센 사령관의 명령을 받은 것이 아니라 자신들의 판단에 따라 조급하게 행동했다고 추정했다. 그는 순무에게 레이예르센이 그의 부하들의 반란 행위를 알게끔 알려주길 간청했다.[38] 그리고 레이예르센이 즉시 팽호를 떠나기만 하면 중국 무역선을 네덜란드 동인도회사의 다른 정착지로 파견하는 것을 순무가 허락해 주기를 바랐다.[39] 상주조는 실제로 편지를 써서 해안 순시 부사인 정재程再에게 이를 전달하라고 명령했다.[40] 하문 근처에 정박 중이던 네덜란드인들은 12월[41]에 새로운 협상을 시작하려는 중국 관료가 곧 도착할 것이라는 소식을 접하고, 상무원인 한스 판 멜더르트Hans van Meldert를 하문으로 보냈다. 그곳에서 그는 복건 부총병 장가책의 영접을 받았다. 부총병은 팽호로부터 철수하라는 쿤 총독의 명령을 받기 위해, 2척의 중국 상선과 함께 바타비아로 파견될 두 명의 중국 사절단이 돌아올 때까지 휴전을 이루려고 노력했다.[42] 동시에 부총병 장가책도 네덜란드군이 팽호군도의 요새를 철거하고 다른 곳으로 퇴각한다면 충분한 물자를 제공하겠다고 약속했다.[43] 장가책은 또 멜더르트에게 순무가 팽호군도의 레이예르센에게 쓴 편지를 전달했다. 이 편지를 받은 레이예르센은 복주로 가서 순무 상주조를 직접 만나기로 했다.[44] 두 사람의 예정된 면담 나흘 전, 부총병 장가책과 천총 방여方輿는 레이예르센을 찾아가 이미 요새를 철거하기 시작했다고 순무에게 전해달라고 간청했다. 그 대가로 그들은 가능한 한 많은 비단을 대만으로 밀반입하여 네덜란드 동인도회사에게 팔기로 약속했다.[45] 1623년 2월 11일 레이예르센은 순무와의 만남에서 중국과의 독점적 무역을 수행할 수 있는 항구를 건설해 달라는 동인도회사의 최초 요청과 요새 철거 문제에 대해 침묵을 지켰다.[46]

중국 자료에는 1622년 10월과 11월 전투를 둘러싼 모든 사건이 기록되어 있을 뿐만 아니라, 1623년 2월 순무와 회담한 네 명의 네덜란드 대표단 이름도 기록되어 있다. 그 가운데 방여方輿라는 천총이 있는데, '방'씨 성은 네덜란드어로 '홍Hong'으로 되어 있고, 이는 복주 방언 '방方'의 발음과 일치하기에 신원을 확인할 수 있다.[47] 1616년 일본 상인들이 해안 방어 파총인 동백기를 납치해 일본으로 끌고 갔을 때, 방여는 일본으로 가서 동백기를 데려오는 임무를 수행하겠다고 제안했다.[48] 1617년 일본 상인들이 동백기를 복건으로 데려왔을 때, 방여는 일본 선박을 정박지로 안내하는 도선사 가운데 한 명이었다.[49] 1618년 해상용병 조병감趙秉鑒이 모반죄로 기소되었을 당시, 팽호 파총을 맡고 있던 그도 체포되었다.[50] 이때 방여는 여전히 파총으로 활동했고 1622년에 천총으로 진급했다. 그는 아마도 순무가 고용한 용병이 아니라 무관 시험을 통해 직위를 획득했거나 위소제의 세습으로 점차적으로 천총으로 승진한 황실 군관이었기에, 면죄를 받고 사면되었을 것이다.[51] 휴전 중이던 1623년 4월 2일, 이단 휘하의 선박이 중국 밀수업자들과 거래하기 위해 은 14만 리알을 싣고 일본에서 대만의 망항魍港으로 항해했다.[52] 4월 11일, 4척의 밀수선이 대만에 도착했다. 이들이 팽호군도로 항해하던 중 2척이 천총 방여에게 체포되었다.[53] 이 사건으로 다른 밀수업자들은 겁을 먹었고,[54] 이단은 6월에 소형 선박을 중국 해안에 파견할 때 네덜란드에 보호를 요청해야만 했다.[55] 팽호군도에 있던 동인도회사 부대가 비단 제품을 획득하려는 시도는 실패했다. 방여는 이단의 밀무역을 저지하는 데는 성공했지만, 네덜란드에 물품을 제공할 만큼 신속하게 대체할 다른 밀무역 경로를 찾을 수 없었다. 6월 2일, 순무 상주조는 네덜란드가 팽호에 있는 요새를 철거하지 않았다는 사실을 알았다. 한편 레이예르센은 쿤 총독으로부터 팽호군도에서 철수하라는 공식 명령을 받을 수 있을 것이라는 기대를 버려야 했다.[56] 그해 여름 새로 임명된 순무 남거익南居益, 1566~1644이 복건에 도착했다.[57] 그는 자신이 체포하여 감옥에 투옥 시켰던 천총 방여에게 양측 모두가 사기를 당했다고 발표했다.[58] 1623년 9월 23일, 부총병 장가책도 네덜란드와 휴전을 주선했다는 이유로 해임되었다.[59] 이 일이 있은 후, 또 다른 네덜란드 상무원인 크리스티안 프랑크Christiaan Franckx는 새로운 협상을 시작하기 위해 4척의 함선과 함께 오서로 파견되었다. 그들이 가짜 리셉션에 유인되었을 때, 이 사절과 그의 동료들은 매복하고 있던 중국 관원들에게 체포되었다.[60] 1624년 2월 8일, 복건 부총병 유자고兪咨皐, ?~?는 본토에서 팽호로 군대를 이동시키기 시작했다.[61] 중국군대는 네덜란드 요새 건너편 마공馬公에 첫 번째 기지를 세웠다. 그곳에 주둔하고 있는 동안 수륙 병력을 점차적으로 늘였다.[62] 레이예르센의 후임 마르티누스 송크는 중국군대의 막강한 전력에 대응해야 하고 자신의 함선 3척이 머지않아 일본으로 떠나야 한다는 사실에 괴로워하며 후퇴를 결심했다.[63] 중국 무역에 어떤 희망이 있는지를 검토한 그는 이단의 중재를 통해 유자고로부터 모종의 약속을 얻을 수 있기를 희망했다. 복건 총병 사륭의謝隆儀는 유자고의 요청에 따라 그에게 전권을 부여했다.[64] 유자고는 8월 23일 곧바로 군영에서 보낸 친필 서신에서, 네덜란드가 팽호군도를 떠나 대만으로 이주하기만 하면 '그들'이 물품을 제공할 것이라고 공언하였다. 이에 송크는 중국인들이 마닐라와의 무역을 중단해야 한다는 주장을 하지 않고 1624년 8월 30일 요새를 철거하고 대만으로 후퇴하기로 했다.[65]

중국 밀수꾼들로부터 물품을 얻지 못해 심각한 빚더미에 올랐던 이단은 하문으로 갔고 네덜란드와 중국 사이의 중재자 역할을 할 수 있는 하늘이 보내준 기회를 얻게 되었다. 한편 조안현詔安縣 출신의 지방 관원인 심철沈鐵은 이단이 실제로 다음과 같은 구실로 밀수단을 조직하고 있다는 사실을 알게 되었다.

> 불한당 이단은 네덜란드의 대리인인 허심소許心素 일당 중의 한 명입니다. 이단은 초창기부터 일본과 소통하였으나 최근에는 서양 오랑캐와도 교류를 하고 있습니다. 현재 그는 개인 부채를 청산하고 또 조상을 기리기 위한 명목으로 하문으로 들어왔습니다. 그러나 어찌 좋은 뜻이 있겠습니까? 그의 목적은 금지된 생사와 비단 제품을 몰래 구입하여 네덜란드에 판매하고, 네덜란드의 이익을 위해 관련 소식을 알아보는 것입니다. [66]

이단이 이 네트워크에 흡수한 가장 중요한 핵심 인물은 지역 부총병 유자고였다. 유자고는 대만에서 네덜란드인들의 행동을 감시하기 위해 이단을 스파이로 끌어들이려 했다고 진술했다. "천주泉州 출신인 이단은 일본에서 오랫동안 일을 했고, 끊임없이 어떤 계략을 꾸미고 있습니다. 이단과 친밀한 관계인 허심소는 현재 감옥에 있습니다. 이에 허심소의 아들을 인질로 잡고, 허심소를 이단에게 보내어 공을 세워 속죄하도록 타이를 수 있습니다." [67]

바로 이때 복건의 지방 신사紳士들은 반 자급자족의 해상용병 모집 정책을 부활시키려고 노력하고 있었다. 1623년 9월 23일, 복건 출신의 유봉상游鳳翔이라는 관리는 바다의 위협이 갈수록 커짐에 따라 복건 연안해역을 지키던 용병 주둔지를 다시 열어야 한다고 제안했다.[68] 1625년 5월 17일 순무 남거익이 작성한 제안에서 지역 부총병 유자고가 하문으로 돌아간 후 왕몽웅과 섭대경(葉大經) 두 명의 파총만 팽호 군영에 계속 주둔해야 함을 제시하였다. 만약 그들이 팽호군도를 확보한다는 목표를 달성하려면 앞으로 3년 더 그곳에 머무는 것을 고려해야 했다. 이들은 모두 원래 용병 또는 성급 파총이었기 때문에 관군 파총을 그곳에 배치해야 한다는 조건은 해제되어야 한다는 것이었다.[69] 한편 앞서 언급한 허심소는 부총병 유자고에 의해 임명된 성급 파총이었고,[70] 그의 임무는 대만과의 비단 밀무역을 위한 연락책 역할을 하는 것이었다.[71] 따라서 거의 같은 시기에 하문, 팽호, 대만, 일본을 잇는 밀수 경로가 1616년 일본 상인들의 도전에 맞서기 위해 했던 것과 같은 방식으로 되살아났다. 하지만 여기에는 한 가지 근본적인 차이가 있었다. 1616년 당시 일본 상인들이 코친차이나와 마닐라에서 중계 무역에 필요한 물품을 구할 수 있다면 대만을 들릴 의향이 있었다는 점이다. 하지만 네덜란드 동인도회사는 중국과 마닐라 간의 모든 통행과 마카오와 일본 간의 교역을 모두 차단하기로 했다. 이 목표가 달성되기만 하면 대만에서 중일 무역을 모두 독점할 수 있었을 것이다. 이 까다로운 상황은 새로운 해상용병들이 다음과 같은 문제에 직면했음을 의미했다. 첫째, 중국의 조공체제와 일본이 만들어가는 새로운 조공체제에 대응해야 했다. 둘째, 유럽에서 새로이 유입된 자들이 중국의 조공체제에서 느끼는 이질감을 줄여나가야 했다.

3. 대장과 달갑지 않은 용병

1623년 4월, 네덜란드 총독과 나소Nassau, 오늘날의 바하마의 모리스Maurice 왕자는 11척의 전함으로 구성된 함대에게 남미를 경유하여 마닐라만으로 항해하라는 명령을 내렸다. 목표는 아카풀코Acapulco, 멕시코 남서부의 태평양 안의 항구 도시에서 필리핀으로 향하는 스페인의 갤리온선을 저지하는 것이었다.[72] 같은 기간에 포모사 총독 마르티누스 송크는 대만에서 보조 함대를 파견하여 마닐라만에 있는 함대와 합류하라는 명령을 받았다. 1624년 12월 12일, 대만의 평의회는 루손과 대만 사이의 바시Bashi해협을 순찰하기 위해 편대를 구성하기로 했다.[73] 같은 날 송크 총독은 피터르 더 카르펜티에Pieter de Carpentier, 1586~1659 총독에게 편지를 보내 "여기 캡틴 차이나Captain China, 이단와 페드로 차이나Pedro China, 안사제(顔思齊)에 소속된 선박 몇 척을 기꺼이 중대에 모집하여 우리 함대와 동행하도록 하겠습니다. 위에서 언급한 중국 선장과 페드로 차이나 호는 이 아이디어에 호의적인 것 같으니 좋은 결과를 기대하면서 계속 노력해 보겠습니다"라는 흥미로운 제안을 했다.[74]

송크는 분명히 대만만에 정박해 있던 선박들의 도움을 바라고 있었다. 하지만, 대만 평의회의 모든 의원이 그의 제안에 동의한 것은 아니었다. 아마도 이단과 페드로 차이나조차도 그들의 지원에 진정성을 보이지 않았을 것이다. 출항 예정일인 1월 20일이 되었을 때에도 평의회는 아직 그의 제안을 승인하지 않았다. 하지만, 25일에 평의회가 중국인 밀수꾼을 고용하는 데 동의한 것을 보면, 송크가 평의회를 설득하였다는 것을 알 수 있다.

앞서 여러 차례 회의에서 우리는 동인도회사에 도움을 준다는 것에 동의한다는 전제로 중국인이 승선한 일부 선박과 우리 측 함대를 마닐라로 파견하는 것이 바람직하고 또 유용하리라 여겼습니다. 현재 많은 중국인들이 우리와 함께 일하기를 원하고 있습니다. 선박 2척은 중국인 선장 이단이, 1척은 페드로 차이나가 정비하여 갖추었습니다. 우리들은 선박 3척을 이곳에서 파견하여 회사를 위해 전력을 다하기로 했습니다. 선원들은 직급에 따라 회사 직원과 동일한 대우를 받게 될 것입니다.[75]

그들의 선박이 임무를 완수한 후에 이단과 페드로 차이나에게 어떤 보상을 줄 것인지에 대해서는 언급이 없었다. 그들에게 요구된 것은 그들의 선박을 고용하고 승무원들이 회사를 위해 일할 수 있도록 권한을 부여하는데 동의하는 것이었다. 솔직히 말해서, 대만만에 중국 밀수업 우두머리들을 머물게 하고 인력 대부분을 이동하게 하는 것은 기발한 발상이었다. 선주가 없는 이 귀중한 선박들을 함대에 남겨두었으니 네덜란드인들은 이단과 안사제가 배신할 것이라는 걱정을 할 필요가 없었다. 하지만 그들이 감독하지 않는 상황에서 누가 이 용병 부대의 임시 지휘관으로 적합할까? 때마침 그들 가운데 그 자격을 갖춘 유능한 인물이 있었다. 바로 니콜라스 이콴Nicolas Iquan이라 불린 정지룡이었다.

정지룡은 일본에서 중국 해안으로 자본을 배분하는 일을 하는 이단을 돕기 위해 고용된 대리인 중의 한 명이었다. 이단은 중국군대와 동인도회사 간에 연락을 취할 때 포르투갈어를 유창하게 구사할 수 없었기 때문에 통역사를 불러야 한다고 느꼈다.[76] 공교롭게도 정지룡은 이단의 추천을 받아 1624년 봄부터 코르넬리스 레이예르센의 지휘 아래 네덜란드 동인도회사의 통역관으로 근무하고 있었다.[77] 정지룡의 초기 경력에 대해서는 알려진 바가 많지 않다. 확실한 것은 정지룡이 마카오와 일본 사이의 해운 항로에서 상업 대리인으로 일했으며 '니콜라스 이콴'이라는 세례를 받았고 포르투갈어에 유창하였다는 것이다.[78] 1621년 얼마 전까지 정지룡은 일본 히라도에 살면서 네덜란드 상관의 관장인 자크 스펙스Jacques Specx와 친구가 되었다. 이 무렵 정지룡은 이단의 대리인으로 채용되었을 것이다.[79] 일부 중국 소식통에 따르면 정지룡이 대만으로 파견되었을 때 그는 페드로 차이나를 위해 일을 했다고 한다. 양측 사이에 암묵적인 거래가 있었을 것이다. 이단과 페드로 차이나는 정지룡이 네덜란드 총독에게 충성하는 척하게 만들었지만, 총독은 그러한 국면을 깔끔하게 뒤집어, 오히려 정지룡을 이용해 그들의 영향력을 약화시켰다. 이러한 아이러니한 상황은 함대가 출항한 지 불과 이틀 만인 1625년 1월 27일에 절정에 달했다. 쾌속선 빅토리호의 선장 하인드릭 클레즈 키저Heijndrick Claesz Keyser가 작성한 일지에 따르면, 정지룡은 선박에 승선할 선원을 구하는 데 어려움을 겪었다고 한다.[80] 마닐라만을 봉쇄하기 위해 함선 3척과 쾌속선 3척으로 구성된 함대를 이끌고 있던 사령관 피터르 뮈저Pieter Muijser는 키저를 파견하여 동맹을 맺고 있는 중국 선박을 호위하여 함대와 합류하게 하였다. 키저는 본 함대와 떨어져 있는 동안 겪은 사건을 기록한 일지를 넘겨주었고, 이를 통해 1인칭 관점에서 정지룡을 살펴볼 수 있다.

존경하는 사령관 피터르 뮈저의 명령에 따라, 우리는 선박 4척을 우리 함대에 합류시키기 위해 대만의 정박지에서 쾌속선에 돛을 올려 (남쪽) 담수하淡水

河를 향해 출항했습니다. 우리가 남쪽으로 방향을 틀었을 때, 중국인 통역관 정지룡이 배에 올랐습니다. 그는 새벽 1시 만조가 최고조에 달할 때까지 선박들은 하구로 항해할 수 없을 것이라고 말했습니다. 우리는 사령관에게 알리려고 했지만 바람이 없어서 하구에서 아무런 조치도 취할 수 없었습니다. 우리는 그곳에 정박하고 그들이 나올 수 있도록 짧은 메모와 함께 작은 선박을 즉시 보냈습니다. 위에서 언급한 정지룡이 다시 배에 올라와서 선박을 발견했지만 아무도 보지 못했다고 말했습니다. 나는 그들에게 왜 밤에 출항할 수 없는지 물었습니다. 그는 조수가 충분히 높아지지 않았다고 대답했습니다. 그러고는 우리에게 두세 시간 정도 기다릴 수 있겠냐고 물었습니다. 정지룡은 이미 출항한 네 척 중 가장 작은 선박을 타고 우리들과 함께 마닐라 방향으로 출발할 계획이었습니다. 다른 선박 3척은 가능한 한 빨리 뒤따라올 것입니다. ……

약속된 시간이 되었을 때 우리는 선박을 볼 수 없었기 때문에 자신의 결정에 따라 계속 진행하기로 하였습니다.[81]

평의회가 이 제안을 승인하는데 너무 늦었기에, 만조 때 강어귀의 사주沙洲에서 이러한 선박을 옮기는 것이 불가능했다. 달력을 확인해보면 23일 보름달이 뜨는 날이 가장 좋은 출항 시기였다. 정확히 그달의 만조일인 2월 8일에 선박이 마침내 강어귀로 출항하였다.[82] 이렇게 지연되었던 이유는 중국 지원병들이 그들 앞에 놓인 임무에 그다지 열성적이지 않았기 때문이었다. 이단이나 페드로 차이나는 모두 이 임무를 전적으로 지지하지 않았다. 이러한 가설은 정지룡의 선원 중 단 한 명도 이 선박에서 실제로 근무를 하지 않았다는 보고에서 확실하게 확인할 수 있었다. 그들의 부재는 정지룡 자신이 이들 용병들의 지원조차 받지 못했음을 암시하는 것 같다. 정지룡이 처음에 자신의 작은 선박 상황을 개인적으로 보고하지 않았다는 사실도 의심스럽다.

약 한 달 후, 원래 중국 선박을 이끌고 함대에 합류하도록 배정된 쾌속선 빅토리Victorie호는 2월 26일 볼리나오 곶Cape Bolinao 근처에서 다른 배들을 따라잡았다.[83] 다음날 정지룡이 이끄는 선박 2척도 함대에 합류했다. 당시 전함 바펜 판 지란트Wapen van Zeeeland호에 타고 있던 함대 사령관 피터르 뮈저는 이러한 함선 합류를 다음과 같이 보고했다.

같은 달 27일, 우리는 2척을 정찰했습니다. 우리를 지원하기 위한 선박 2척이 나타났습니다. 사령관 정지룡은 6~8명의 전사들과 함께 장검과 단검, 미늘창을 들고 곧바로 배에 올랐으며, 빅토리호가 출항한 지 6일 만에 선박 세 척을 이끌고 항해했다고 저에게 보고했습니다. 그러나 세 번째 선박의 선원들은 항해하길 원치 않았습니다. ……[84]

저는 그들에게 총알, 도화선, 화약과 같은 탄약이 필요하면 공급하겠다고 약속했습니다. 하지만 식량이나 다른 어떤 물품도 부족하지 않아 보였습니다. …… 나는 그에게 우리 함선에 가까이 항해하고 함대 근처에 머물면서 서로 분리되지 않도록 명령했습니다. 그는 이 요청에 이의를 제기하지 않았지만, 우리들이 해안 가까이에 정박하여 밤을 보낼 수 있는지 물었습니다. 그 이유는 바다가 너무 거칠어서 자리를 잡을 수 없을 것이라 판단했기 때문이었던 같습니다.[85]

"27일 이후 정지룡이 지휘하는 중국 선박 2척은 함대를 따라잡기 위해 최선을 다했지만,[86] 밤에는 여전히 따로 떨어져 해안 가까운 어딘가에 정박했다. 정지룡은 27일 저녁 네덜란드 사령관에게 항의했지만, 네덜란드인은 "정지룡이 오늘 밤 해안 가까이에 닻을 내릴 것을 재차 요구했는데, 이는 유치한 뱃사람의 판단이다"라며 웃기만 했다.[87]

28일 밤에도 중국 선박들은 여전히 해안이 보이는 곳에 닻을 내릴 것을 고집했다. 다음 날, 그들은 다시 네덜란드 함대와 함께 해안에서 멀어지기를 꺼려했다. 3월 2일에도 선박 2척은 여전히 네덜란드 함대와 분리된 채 해안선을 따라 독자적인 항로를 유지하고 있었다. 뮈저 사령관은 이러한 항명 행위에 대해 징계 조치를 취하기로 결정했다. 그는 하급 상무원 아브라함 르 푸아브르Abraham le Poivre에게 화약 50파운드, 총알 20파운드, 머스킷 7정, 도화선 3묶음을 가지고 중국 선박 2척으로 가도록 하여, 그들의 임무가 무엇인지 다시 한번 설명하도록 했다.[88]

•

나는 또한 그에게 위험을 피하려면 그의 선박들을 우리 함대(그들은 적군이 있는 해안으로 접근하는 회사 직원일 수도 있을 것입니다)에 가까이 데려와야 하며, 우리가 계속 해안을 포위하지 않을 것이므로 그들은 공해상에서 우리와 합류하도록 노력해야 한다고 말했습니다. 반면에 어떤 사고가 그들에게 발생하면 우리를 탓할 것이 아니라 자신의 과실 때문이라는 것을 인정해야 한다고 말했습니다.[89]

협력은 순조롭게 진행되지 않았다. 정지룡과 그의 부하들은 여전히 해안에서 너무 멀리 항해하는 것을 거부하며 '해즈 무초 그란데 마르Haz mucho grande mar'를 몇 번이고 되풀이했다.[90] 5일 동안 서로 상반된 항해

방식을 고수했음에도 불구하고 양측은 거듭 타협을 시도하였다.

뮈저는 정지룡이 말하려는 내용, 즉 'Haz mucho grande mar'는 '바다가 매우 넓다'는 뜻이기도 하고 또 '바다가 매우 거칠다'라는 뜻을 지닌 의미를 인지하지 못했다.[91] 정지룡은 중국 선박들이 연안을 벗어난 항로에서 위험을 감수하는 것보다 해안 가까운 항로에서 항해하는 것에 익숙하다는 사실을 잘 알고 있었다. 따라서 만약 그가 해안을 벗어나 네덜란드 함대를 따라갔더라면, 중국 선박들을 잡을 기회가 줄었을 것이다. 그러나 해안 근처의 얕은 바다에 있는 암초는 네덜란드의 대형 함대에게 치명적인 위협이 되었다. 이 함대의 목표는 마닐라 부근에 집결한 스페인 해군을 괴롭히고 또 태평양에서 출항한 공화국 정부의 함대를 맞이하는 것이었다. 이 두 가지 목표 중 어느 것도 정지룡의 선박들에게는 별로 도움이 되지 않았다. 이단과 페드로 차이나는 정지룡에게 선박을 수리하고, 장비와 식량을 공급하는 것에 대한 보상을 분명 기대하였을 것이다. 정지룡이 네덜란드 함대의 도움이 있든 없든 전리품에 손을 얹고 싶어 했던 이유는 바로 이러한 역할 때문이었을 것이다.

이러한 국면을 해결하기 위해 정지룡의 지휘하에 네덜란드 군사 장비와 깃발을 갖춘 반#독립 해상용병 부대가 설립되었다. 이것은 충분한 전리품을 얻을 수 있고, 또 이 사업에 참여한 모든 사람이 만족할 수 있는 일시적인 조치였다. 연이어진 조치 또한 이와 같았다. 1625년 3월 19일 중국 선박 2척이 많은 양의 전리품을 싣고 돌아왔다. 마르티누스 송크의 공식 보고서에 따르면 다음과 같다.

중국 선박 2척은 은화 2,400리알과 생사 3피쿨picul 40캐티catties를 가져왔는데, 상술한 선박의 지휘관의 보고에 따르면, 이는 팡가실란Pangasilan 인근 해역에서 중국 및 포르투갈 선박들로부터 약탈한 것이라고 합니다. 이 선박들과 그 선원들은 회사에 고용되어 일을 하기에, 응당 회사 직원들과 동등한 음식을 공급받아야 했습니다. 이 선박들은 이제 (그들에 따르면) 뭐저 사령관의 동의를 받아 함대를 떠났는데, 왜냐하면 스페인의 갤리온선이 일단 출항하면 그들의 임무가 끝날까 두려워했기 때문이었습니다. 돌아오는 항해에 있어, 그들은 선원들의 임금은 물론 선박, 무기, 탄약 등의 그 어떤 물자를 전혀 지급받지 못했습니다. 이에 우리는 그들의 성과를 고려하여 뭐저 사령관의 비준을 기다리지 않고 즉시 1,500리알을 지급하고, 아울러 그들에게 이 비용을 장교와 선원들에게 분배하도록 허용하기로 했습니다. 만약 우리가 급여와 장비 그리고 상술한 선박의 지휘관에게 발생한 기타 비용을 지불한다면, 그들은 (전리품에 대해) 더 많은 요구를 할 수 없을 것입니다.[92]

이러한 약탈 행동은 처음에는 중국 밀무역업자와 대만의 네덜란드 총독 간의 일시적인 약속이었지만, 중국과 마닐라 무역이 중단되면서 약탈 행동은 양측 모두에게 이익이 되었다. 그래서 이러한 약탈 행동은 점차 장기적인 협약으로 변화 발전하게 되었다. 정지룡은 개인이 아닌 조직의 지도자로서 동인도회사를 위해 최선을 다했다. 양측의 연락책으로서 정지룡의 역할은 상사에게 무례한 행위를 하지 않는 한 직위를 높일 수 있는 기회를 제공하였다.[93] 이 해 연말에 이단과 페드로 차이나가 거의 동시에 사망했을 때, 정지룡은 대만의 대원지역에 거주하는 모든 추종자들의 잠재적 지도자 역할을 맡게 되었다. 그 순간부터 대만 총독은 그를 매우 눈여겨보기 시작했는데, 이는 존경의 표시로 해석될 수도 있다. 대만 총독 대행 게릿 프레데릭슨 더 비트Gerrit Frederikszoon de Wit는 대만의 일반적인 상황에 대해 바타비아Batavia 당국에 보내는 정기보고서에서 다음과 같이 썼다.

> 한때 레이예르센 사령관의 통역사로 일했던 정지룡이 이 며칠 사이에 20~30척의 선박을 이끌고 이곳으로 올 예정입니다. 이 선박들은 보호비 명목인 기부금 지불을 거부한 북쪽의 중국인들과 사쓰마 사람들의 적인 중국인들을 습격했습니다. 이들 선적의 전부 또는 일부가 여기에 도착하면, 우리는 그들이 더 이상 약탈하지 못하게끔 막아야 합니다. 왜냐하면 그들은 친왕의 깃발과 늘어뜨린 페넌트를 달고 회사의 이름으로 항해했기 때문입니다.[94]

이 편지에서 대만 총독 게릿 프레데릭슨 더 비트는 이 쌍방 간의 협력이 통제 불능 상태에 빠지기 전에 중단할 의도가 있었음을 보여주고 있지만, 그는 정지룡에게 중국 해적을 진압하도록 계속 요청했다. 그러나 그는 정지룡에게 이러한 임무를 달성할 만큼의 충분한 지원을 제공하지 않았다. 정지룡은 얼마 후 누수가 심한 대형 선박을 타고 와, 회사와 체결한 계약 조건에 따라 전리품을 나누었다. 이 전리품은 마닐라와 코친차이나로 향하는 중국 선박과 포르투갈 범선에서 약탈한 것이었다.[95] 정지룡에 대한 더 비트의 의도가 어떠하였든지 간에, 정지룡은 해적과 용병 중에서 네덜란드 동인도회사가 의존할 수 있는 유일한 인물이었다.

4. 루비콘강을 건너다

질란디아Zeelandia 당국은 복건 당국과의 협의가 체결되었기 때문에 중국 선박들이 약속된 상품을 팔기 위해 도착하기까지 그리 오래 걸리지 않을 것이라 잘못 알고 있었다. 중국 선박이 머지않아 곧 올 것이라 예상하여 어떤 대가를 치르더라도 정박지를 안전하게 유지해야 했다. 정지룡은 이것이 용병의 수를 늘릴 수 있는 절호의 기회라는 것을 알고, 1626년 6월 대만 평의회에 출석해 '해적 동료'들이 대만으로 와서 네덜란드 통치하에 살게끔 설득하는 서한을 요청했다.[96] 우호적인 중국 선박과 적대적인 중국 선박을 구별하기 위해, 네덜란드인은 정지룡의 도움이 필요했다. 이미 사망한 대만 총독 마르티누스 송크는 유토피아적 꿈을 꾸었다. 그것은 네덜란드인, 중국인, 일본인, 대만 원주민이 함께 평화롭게 생활하고 교역할 수 있는 자유 항구를 만들고자 하는 것이었다. 그는 모든 중국 주민들을 대만의 새로운 정착지로 이주하도록 초대했지만, 전염병이 창궐하여 그의 계획은 수포로 돌아갔다.[97] 이로 인해 황폐된 새로운 정착지 전체를 포기해야 했다.[98]

이듬해 봄, 대만의 네덜란드 평의회는 중국 해상용병을 재차 파견하여 마닐라를 오가는 중국 선박을 약탈하기 시작했다.[99] 지도자는 정지룡이 아니라 준신俊臣, Suntien의 음역이라는 그의 추종자였다. 당시 정지룡은 '대규모 추종자'와 함께 중국 남동부 연안의 남오南澳섬에 거주하고 있었는데, 6월 24일, 준신은 약탈한 도자기와 정지룡의 편지를 갖고 대만으로 돌아왔다. 정지룡은 네덜란드 총독에게 자신의 군대를 대만으로 데려올 수 있도록 통행증을 발급해 달라고 요청했다. 그는 또한 마닐라에서 돌아오는 중국 선박들을 약탈하기 가장 좋은 순간이 다가오고 있기에, 준신을 그의 군대에 다시 보내 합류시켜 달라고 요청했다.[100]

1627년 몬순 기간에 선박 43척이 복건의 해징 항구에서 필리핀, 코친차이나반도, 말레이반도 및 남중국해의 다른 목적지까지 합법적으로 항해했다. 하지만 계절풍이 끝날 무렵에는 단지 23척만이 돌아왔다. 현금과 상품을 포함한 손실은 수백만 테일taels로 추산되었다.[101] 돌아오지 못한 선박들은 네덜란드가 후원하는 사략선의 희생양이 된 것이 분명하다. 네덜란드 기록 문서에는 명확하게 설명되어 있지 않지만, 정지룡의 계획은 1625년부터 네덜란드가 추진한 프로젝트와 놀랍도록 유사했다. 1625년 5월 22일, 루손 주변에서 실시한 작전이 완료된 후 네덜란드 함대는 일부 병력을 남오섬 주변 해역으로 파견했다. 그들의 임무는 이베리아 정착촌과 교역하는 모든 선박을 약탈하는 것이었다.

> 마닐라나 마카오에서 온 중국 선박을 남오섬 인근에서 발견하면 나포하여 물품을 압수해야 한다.[102]
> 중국 선박이 시암, 캄보디아, 파타니Patani 또는 기타 우호적인 지역으로 항해하려는 경우 괴롭히지 않고 통과하도록 허용해야 한다.
> 반면에 마카오에서 돌아오거나 말라카 또는 기타 적대적인 장소로 항해하려는 선박은 포획해야 한다.[103]

이 밖에 중국 사략선이 마카오를 공격할 음모를 꾸미고 있다는 소문이 퍼지고 있었다.

최근 우리는 중국 선박들로부터 몇 가지 소식을 받았습니다. 마카오에 거주하는 포르투갈인은 '중국 연해에 있는 중국 해적들이 마카오 또는 그 주변에 사는 중국인과 협약을 맺고, 그들과 네덜란드의 협조 아래 마카오를 점령하기로 했다'는 이야기를 들었다고 보고했습니다. 그래서 포르투갈인은 그곳의 모든 중국인을 추방했고, 이에 화가 난 광동성의 중국 관리들은 어떤 음식도 마카오로 반입하는 것을 허용하지 않았습니다. 이로 인해 모든 것이 심각하게 부족해졌습니다.[104]

아마도 이 '중국 해적' 중 한 명은 정지룡이었을 것이다. 왜냐하면 그 당시 남오섬 외해에서 선박을 집결시키기 위해 기다리는 동안, 그는 대만에서 네덜란드 당국과 우호적인 관계를 유지한 유일한 사람이었기 때문이다. 무사히 돌아온 선박 23척 가운데 10척은 복건 항구로 항해하지 않고 광동 해안의 항구를 자주 드나들었다. 복건 무역선이 광동항으로 항해한 것은 명나라의 법령을 심각하게 위반한 것이었다. 이 선박들이 시암, 파타니 또는 캄보디아와 같은 친네덜란드 목적지에서 돌아왔을 가능성이 있었기 때문에, 정지룡은 지시에 따라 그들에게 손해를 끼치지 않았다. 하지만 그는 선박들이 복건 연해로 들어오는 것을 제지하는 데 최선을 다했다. 정지룡은 위에서 언급한 대만 총독 게릿 프레데릭슨 더 비트에게 남오섬의 부하들을 보냈다. 동시에 정지룡은 자신의 추종자들이 머물 수 있는 새로운 보금자리를 찾고 있었다. 그는 돈과 전리품을 보관할 수 있는 본거지가 필요했다. 정지룡은 자신의 부하들이 겨울을 보낼 곳이 필요했는데, 이 문제는 가을에 북풍이 불기 전에 해결해야 했다. 그는 아마도 다음 단계를 고민하고 있었을 것이다. 이 시점에 정지룽은 새로운 상황에 직면하게 되었다. 동안현同安縣 지현인 조이태曹履泰, ?~1648가 보낸 편지에 따르면, 복건성에 기근이 휩쓸고 있다고 했다.

가뭄으로 인해 1626년 봄에 수확한 곡물은 (동안현의 들판에서) 평상시의 절반에 불과했습니다. 이듬해 여름과 가을에는 가뭄이 더욱 심해 논밭은 모두 텅 비어 있었습니다. 올해1627년 3월이 되어서야 비가 내렸습니다. 시골에서는 식물 뿌리와 나무껍질을 모두 먹어치웠습니다.[105]

흉년은 장주현漳州縣과 천주부泉州府 일대민남지역 주변에 살았던 복건 사람에게는 드문 일이 아니었다. 이 재난이 닥칠 때마다 그들은 이웃 광동성 조주부潮州府에서 쌀을 구입했다.[106] 그래서 1626년 봄에 기근의 최초 징후가 나타났을 때, 하문 총병 유자고는 쌀을 구입하기 위해 광동성으로 선박 몇 척을 보냈다.[107] 광동성에서 구해 온 쌀은 천주 사람들의 곤궁함을 해결하는데 매우 부족했다. 특히 도시에서 떨어진 동안현同安縣 사람들을 돕기에는 턱없이 부족했다. 실제로 1626년 여름이 끝나갈 무렵 기근으로 농촌은 완전히 황폐되었다. 약 13년 동안 남경에서 직을 수행하고 은퇴했던 고위 관료 채헌신蔡獻臣, 1563~1641은 광동성 조주부 게양현揭陽縣 지현에게 청원서를 올려, 동안현 이재민에게 쌀을 공급해 구휼해 줄 것을 요청하였다. 당시 광동 당국이 쌀 판매를 금지하고 있음에도 불구하고, 그는 이 편지에서 신임 양광 총독인 상주조가 특별히 동안현 사람들에게 쌀을 구입할 수 있는 혜택을 주었다고 넌지시 밝혔다.[108] 상주조가 얼마 지나지 않아 또 다른 이유로 광동을 떠났기 때문에, 이 청원은 아무런 효과가 없었을 것이다. 북경 조정에서 근무하다 이 시기에 복주에서 휴양을 하고 있던 또 다른 고위 관료인 동응거董應擧, 1557~1639는, 1627년 여름 복건 순무 주흠상朱欽相이 쌀 금지령[수로로 운송되는 모든 쌀에 대한 금지령]을 내렸다고 고발했다. 그는 이 정책이 해적을 처벌하는 것이 아니라 도리어 동안현 사람에게 해를 가하는 것이라 했다.[109] 후임자 주일풍朱一馮, 1572~1646이 해적을 퇴치할 수 있는 최선의 방법을 묻자, 동응거는 "지금 장주현漳州縣과 천주부泉州府에서는 쌀 몇 말斗에 딸을 팔 수 있다는 소문이 도는데, 곧 사람들이 강도질을 저지르게 될 것이라 충분히 예상할 수 있습니다. 유일한 해결책은 쌀 금지령을 해제하는 것입니다. 지금 당장 그렇게 하지 않으면 나중에 이 해로운 정책에 대해 큰 대가를 치르게 될 것입니다"라고 답했다.[110]

2년 동안 오직 천주부, 특히 동안현만이 이러한 기근에 시달린 것은 매우 이상한 일이었다. 장주 혹은 또 어떠한 지역에서도 굶주린 사람들에게 쌀을 공급하기 위해 식량 원조와 같은 특별한 대책이 어찌하여 없었던 것일까? 천주의 지방 신사들이 황실 조정의 친척과 옛 친구들과 함께 영향력을 행사하려 했음에도, 복건 당국은 여전히 이 잘못된 정보에 기초한 정책을 고집스럽게 고수했는데, 이 또한 어떻게 해석할 것인가? 사실 그 해석은 매우 간단하다. 복건 총병 유자고는 이러한 기근을 이용해 쌀 무역으로 이익을 얻고자 한 것이었다. 왜냐하면 자신의 병사들을 위한 식량 공급을 구실로 쌀을 구입하기 위해 선박을 파견할 권리가 자신에게만 있었기 때문이었다. 한 황실 고위 대신이 쓴 상소문에 유자고의 악행을 열거하였고, 이 거래에 대해 질타를 가하였다.

민남 사람들은 얼마나 간절했겠습니까! 광동과의 선박 거래가 중단되었고,

게다가 흉년이 들어 쌀값이 폭등했습니다. 이에 백성들은 굶주리고 있었고, 그 상황은 생명을 위협하고 있었습니다. 유자고는 명목상으로는 병사들의 식량 공급을 위해 선박을 파견하여 곡물을 구입했지만, 실제적으로 곡식이 해적들의 손에 넘어가게 되었습니다.[111]

요컨대 정지룡이 네덜란드와의 협상을 이행하기 위해, 남오섬 주변에서 중국 선박을 통제하는 동안, 점점 더 많은 사람들이 생존을 위해 고향(정지룡의 고향이기도 함)을 떠나야만 했다. 그러나 기근은 정지룡이 네덜란드인을 위해 미곡선을 가로채고 있었기 때문에 발생한 것이 아니었다. 쌀 금지령 자체가 기근의 근본 원인이었다. 정지룡은 네덜란드가 대만에서 그와 그의 부하들을 수용했던 것처럼, 난민들에게 남오섬에다 임시 피난처를 제공할 수 있었다. 하지만 진정한 해결책은 너무 늦기 전에 '쌀 금지령'을 해제하는 것이었다. 이것이 1627년 7월에 정지룡이 마침내 내린 결정이었다.

1627년 7월 1일, 정지룡은 남오섬 근처 섬인 동산 항구에서 전선 90여 척을 기습해 복건 수군을 물리쳤다.[112] 이는 그가 중국 수군을 상대로 의도적으로 공격을 감행한 첫 전투였다. 승세를 이어 그는 하문을 공격해 나머지 전선 30척을 격파하였고, 이와 동시에 그는 오직 유자고 총병과 그의 부하들과 싸울 것이라 널리 퍼뜨렸다. 그는 이 공격에서 민간인을 죽이지 않았기 때문에, 그의 목표는 사실상 수군을 제거하여 '쌀 금지령'을 해제하려 했던 것으로 보인다. 이 습격이 있은 후, 그의 고향에 있는 추종자들은 쌀을 구입하기 위해 광동으로 항해하는 것이 더 쉬워졌다.[113]

그렇지만 그는 자신의 추종자들을 모두 데리고 갈 대만의 피난처를 찾지 못하였고, 무모하게 명나라 수군을 공격했기 때문에 더 이상 물러설 길이 없었다. 무엇이 그를 이런 곤경에 빠뜨렸는가? 중국 관리들이 네덜란드인에게 자유롭게 무역할 권리를 제공하는 대가로 공동으로 정지룡을 진압하려 하였기 때문에, 네덜란드인 역시 더 이상 믿을 만한 친구가 아니었음이 드러났다.

5. 안녕, 네덜란드 형제여

정지룡이 중국 병선을 물리친 후, 배를 타고 광동으로 쌀을 사러 갔던 굶주린 사람들이 그 주위로 몰려든 것은 아주 자연스러운 것이었다. 그의 고향에서 더 많은 사람들이 그와 합류하기 위해 찾아옴에 따라, 그는 마침내 400척의 선박과 수많은 난민으로 구성된 함대를 조직하게 되었다. 늦가을에 이 함대는 식량을 구하기 위해 광동 연해의 일부 도시를 약탈한 후, 추운 겨울을 나기 위해 대피항을 찾아 복건성으로 돌아갔다.

10월 중순, 유자고는 대만 총독 게릿 프레데릭스 더 비트에게, 만약 정지룡과 그의 추종자들을 근절하는데 협조할 준비가 되어 있다면, (이러한 행동은) 네덜란드인들이 '합법적인 무역'을 획득할 수 있는 기회에 큰 이로움이 될 것이라고 알렸다.[114] 네덜란드인들의 궁극적인 목표는 중국과의 무역에 대한 합법적인 권리를 획득하는 것이었다. 이를 고려하여 게릿 프레데릭스 더 비트 총독은 11월에 재편된 복건 수군 함대와 협력하는데 기꺼이 동의했다. 하지만 그는 자신들의 이익을 위해 정지룡에게도 그의 추종자들과 함께 바타비아로 이주할 기회를 제공하겠다는 제안을 하였다.

이 목적을 위해 오늘 우리는 정지룡에게 그의 모든 사람들과 함께 바타비아로 항해해도 좋다는 통행증과 편지[그의 최근 편지와 어제 우리가 받은 요청]를 지닌 범선을 파견할 것입니다. 만약 정지룡과 그의 추종자들이 가기를 원하지 않는다면, 우리는 현재의 병력, 즉 데 프레데Vrede호, 에라스무스Erasmus호, 데 행De Haen호, 슬루텐Slooten호, 클린 호스덴Cleen Heusde호 등의 쾌속선 5척과 우리의 지휘를 받는 다른 범선 5척을 운용하여 그들에게 최대한 큰 타격을 가할 것입니다.[115]

정지룡은 이 제안을 분명하게 거절했다. 대부분의 고향 사람들이 그를 지지하고 있었기 때문에, 그에게는 지금이 고향 항구를 근거지로 삼을 적절한 시기인지를 고려할 때가 온 것 같았다. 만약 정지룡이 네덜란드인들과 지속적인 협력을 위한 계약을 맺을 수 있다면, 왜 천주 신사들에게 그를 위한 쉬운 해결책을 찾아달라고 요청하였겠는가? 결국 그들은 유자고 총병에 대한 증오로 단결하지 않았던가? 실제로 네덜란드인은 11월 16일 밤 비렌만Beeren Bay의 정지룡을 공격하기 위해 쾌속선 3척과 범선 3척만 보냈다.[116] 네덜란드인은 사실 정지룡과 그의 추종자들과 싸우는 것을 꺼려했으며, 여전히 설득을 시도했다.

어젯밤 정지룡과의 협상이 결렬되었기 때문에 우리는 정지룡과 그의 추종자들이 정박해 있는 비렌만 외곽에 정박하여 피차 간의 형제애와 우정을 끊고 전쟁에 준비에 돌입했다. 그는 화선火船으로 우리 쾌속선과 범선을 향해 돌진하였기에, 우리는 어쩔 수 없이 봉쇄를 포기하고 그들에게 자유 통행을 허용해야 했다. 그러자 해적은 그의 모든 부하들과 함께 북쪽으로 항해했다. (우리는 그들이 장주로 향하고 있다고 생각했다) 그는 그곳에서 엄청난 피해를 주게 될 것이다.[117]

총독 게릿 프레데릭스 더 비트는 정지룡과 서로 싸우고 싶어 하지 않았던 것 같지만, 지역 신사들은 정지룡이 해상 전투에서 네덜란드 군을 물리쳤다고 확신했다.[118] 신사들은 처음부터 유자고 총병이 이전 해적인 네덜란드인과 동맹을 맺는 것을 지지하지 않았기에, 네덜란드 해적에 대한 유자고의 의존은 그의 명성을 더욱 악화시켰다. 그 결과 유자고는 연말에 스스로 무덤을 파고 말았다. 정지룡의 행위는 유자고 총병의 비겁한 행동과는 대조적으로 고향 사람들의 사랑을 받았다. 이제 그는 유자고에게 감히 항의하거나 그의 잘못된 '쌀 금지' 정책을 비판하지 못했던 지방 관료들보다 훨씬 우월한 고향 추종자들의 진정한 보호자가 되었다.

네덜란드가 장주만복건 연해를 가리킴을 떠났을 때, 정지룡은 유자고의 근거지를 공격하기 위해 그의 함대를 천천히 북쪽으로 이동시켰다. 1월 첫째 주에 그가 마침내 하문에 도착하자, 유자고 총병은 성을 버리고 도망갈 수밖에 없었다. 역설적이게도 용병 정지룡은 부패한 관리들의 계략으로부터 고향 추종자들을 보호한 해적이 되어 고향으로 돌아왔다. 천주泉州의 신사들은 황제에게 정지룡을 사면하고 천주인들의 미곡선을 방어하기 위한 수군을 모집해 달라는 청원서를 보내기로 했다. 1628년 여름이 끝날 무렵, 정지룡은 자신이 원하는 것을 기본적으로 다 얻었고, 황제는 유자고 총병과 그의 추종자들을 투옥하였다.

제3장
용병들의 서바이벌 게임, 1628~1631

1. 공허한 명성을 위한 하문廈門 진격

정지룡鄭芝龍, 1604~1661은 네덜란드 총독 게릿 프레데릭슨 더 비트Gerrit Frederikszoon de Wit와의 협상이 결렬된 후, 약 1,000척의 배와 2만 명의 병력으로 구성된 함대를 이끌고 북쪽에 있는 하문廈門으로 서서히 접근했다.[1] 그의 목적은 쌀 금수 조치와 관련된 학정에 대한 복수를 하는 것이었다. 그의 특별한 목표는 개인적으로 책임이 있다고 생각되는 사람들이었기 때문에 특히 주범으로 여겨지는 사람들을 겨냥했다. 바로 총병總兵 유자고兪咨皐와 그의 부하 허심소許心素였다.

1628년 1월, 정지룡이 하문의 앞바다에 나타났다. 육군과 수군을 포함한 현지 군대는 모두 전쟁 장비와 무기, 식량을 뒤로 한 채 물러났다.[2]

명나라 황제에게 제출된 보고서에 따르면 하문의 백성들은 사자를 보내 자비를 구걸했다고 한다. 정지룡은 그들의 요청을 묵인했을 뿐만 아니라 신중하게 부하들을 성벽 밖에 주둔시켰다.[3] 총병 유자고는 일꾼 복장으로 변장하고 장주漳州성으로 도망쳤다. 현지 하문 주민들은 그들의 곤경에 대한 책임을 유자고의 무능에 돌렸고, 유자고는 보복이 두려워 하문과 장주에서 멀리 떨어진 동안同安현의 집에 숨어야만 했다. 그는 문을 걸어 잠그고 아픈 척했다.[4] 허심소의 집은 불에 탔고 정지룡은 그의 재산을 압수했다. 하문 항구를 포함한 장주지역 전체[도시 자체는 제외]와 만의 반대편 해안에 있는 해징海澄을 약탈했다.[5] 이 임무를 완수한 해적들은 하문에 영구적인 '세력'으로 자리를 잡았다.

보복이 진행되는 동안 해적들의 고향은 아무런 손상을 입지 않고 안전하게 지켜졌다. 지난 며칠 동안 일어난 일을 듣고[6] 1월 15일, 천주泉州현의 관료와 신사들은 자문위원회를 소집하여 도시 원로들과 함께 사원에서 회의를 열었다. 그들은 모두 정지룡의 사건이 매우 특별하다는 데 동의했다. 그들은 숭정제崇禎帝, 1611~1644에게 탄원서를 보내 "기근 때문에 극한으로 내몰린 난민일 뿐이니 정지룡과 그의 휘하 사람들을 용서해주십시오"라고 간청하겠다고 선언했다. 정지룡과 접촉한 후 양측은 합의에 이르렀다. 지부知府가 조정에 탄원서를 제출하고 정지룡은 2월 22일에 해안 방위군에 투항하기로 합의했다.[7]

이 임시 조치로 평화가 회복되었다. 정지룡은 비록 법을 어겼지만 높은 도덕적 원칙을 가진 사람으로 여겨졌다. 3월 30일, 한 감찰관이 유자고는 "어리석고 부패한" 장군이며, 허심소는 "기밀 정보를 누설하고 밀수에 가담했으며 붉은 머리의 야만인을 해변으로 밀입국시켰다"라고 비난하였다. 황제는 유자고와 그의 2인자인 허심소를 체포하라는 명령을 내렸다.[8] 황제는 이들에게 사형을 명령했지만, 명령이 도착하기도 전에 정지룡은 이미 이 판결을 집행했다. 이 소식은 6월에 대만에 도착한 두 명의 일본인 잡범에 의해 확인되었는데, 이들은 "고위관료 허심소를 체포했을 뿐만 아니라 다른 사람들의 물건도 압수하고 그의 집을 불태우고 사람들을 죽였다"라고 보고했다.[9] 같은 사료는 정지룡이 하문지역과 인근의 여러 소읍을 사실상 장악하고 있었고, 순무巡撫[10] 주일풍朱一馮이 그와 화친했음을 보여준다.

> "비록 …… 이 정지룡이 중국이라는 나라에 큰 피해를 입혔지만, 해적들을 이끌고 이 나라를 혼란에 빠뜨리지 않는 조건으로 제독巡撫은 그에게 매우 높은 무관 직위까지 부여하는 조약을 체결해야 했다.[11]

정지룡은 이 임시 정착지에 관한 공식 서한을 자신이 붙잡은 네덜란드 선원들에게 보여주기도 했다. 그들은 이 편지를 "우아한 스타일의 황금색 문자로 장식되어 있고 황제의 도장으로 봉인되어 있다"라고 묘사했다.[12] 사실 그들은 틀렸다. 이 편지는 황제가 발급한 것이 아니라 순무 주일풍이 발급한 법적 구속력이 없는 공문일 뿐이었다.[13] 황제의 유지論旨는 7월 21일에야 북경에서 발급되었고, 아마도 신임 순무 웅문찬熊文燦, 1580~1640이 남쪽으로 부임할 때 가져갔을 것이다.[14] 정지룡은 8월 23일에 분순흥천도分巡興泉道, 분순도(分巡道)는 주(州), 부(府), 현(縣)의 정치와 사법 등 상황을 감독하고 순찰하는 역할을 하는 관직. 흥천(興泉)은 청대 하문 일대를 가리키는 말를 책임지고 있던 채선계蔡善繼, ?~?로부터 유지를 받았다.[15] 황제가 승인한 청원에 따라, 명 조정은 정지룡이 향후 3년 동안 중국 연안의 바다를 평정하는 조건으로 그의 범죄 혐의에 대해 면죄부를 주었다. 만약 정지룡이 성공하면 일정한 직위를 부여받고 정식으로 수군 장교로 임명될 수 있었다.[16] 즉, 그는 집행유예 상태였다. 현지 관리의 말처럼 "정지룡은 신하도 아니고 군인도 아니었습니다. 그는 어떤 상관에게도 복종하지 않았고 고정된 부대에 배치되지도 않았습니다. …… 나는 그에게 명령을 내릴 수도 없고 내 앞에 나타나라고 소환할 수도 없었습니다"[17]라고 말했다.

정지룡은 실제로 이 지역을 통제하고 있었지만, 황제가 부여한 직책은 진정한 지휘관이 될 수 있는 실질적인 지원을 제공받지 못했다. 다른 해적들을 성공적으로 진압할 때까지 순무는 3년 동안 월급과 쌀을 지급하지 않았다. 정지룡은 이전에 몸을 담았던 네덜란드 동인도회사를 떠나, 이제 명 조정과 새로운 계약을 맺었지만, 실제로는 천주부泉州府의 신사紳士, 봉건시대 지방에서 세력이 있는 지주나 퇴직 관료에게 고용된 용병 대장이었다.

2. 굶주린 용병에게는 식량이 필요하다

정지룡과 다른 해적들은 자신들이 위험에 처해 있다는 것을 알고 있었다. 쌀 금수 조치의 냉혹한 결과인 기근으로 인해 2만 명의 사람들이 고향을 떠나 극단적인 상황으로 내몰렸다. 가까스로 살아남은 사람들은 추가 식량 공급이 보장되지 않는 한 무기를 내려놓을 준비가 되어 있지 않았다. 그들은 공허한 약속 때문에 무장 해제되기를 원하지 않았다. 따라서 전체 작전이 원활하게 진행되기 위한 최우선 과제는 쌀 공급의 안

정성을 확보하는 것이었고, 이것이 보장된 후에는 선원들이 매일 식사를 할 수 있는 일자리를 창출하는 것이었다. 관료들과 지역 상인들은 이 방법만이 유일한 해결책이라는 것을 잘 알고 있었다. 조정에서 대외 무역을 금지하였지만, 소형 선박이 수행하는 해안 무역과 현지 어업은 여전히 허용되었으며 현지 관리의 감독하에 운영되었다. 정지룡에게 주어진 첫 번째 임무는 광동성과 복건성의 경계에 가까운 조주潮州로 가는 쌀 운반 선박들을 호위하는 것이었고, 그곳에 도착한 후에는 하문 주민들을 위해 쌀을 구매하는 것이었다.[18] 봄과 가을, 일 년에 두 번 수확되는 조주의 쌀은 여름이 끝나기 전에 하문으로 운송되어야 했다.

해상을 통한 쌀 운송은 하문에 쌀 공급을 보장하는 가장 일상적인 방법이었다. 이는 네덜란드 사람들이 여러 해 동안 목격한 바였다.

어떤 해는 많고 어떤 해는 적지만, 매년 중국에서는 남쪽의 해적질로 많은 사람들이 고통 받고 굶주림에 시달리게 됩니다. 이때, 그들은 하문과 인근지역에서 식량을 제공하는 항구로 출발합니다. 25~50라스트last를 적재할 수 있는 배들이 식량을 가득 싣고 돌아옵니다. 우리 선박들은 6월과 7월 사이 하루에만 약 40~50척의 선박이 쌀과 조잡한 식량을 가득 싣고 남오南澳섬 북쪽 중국 해안을 따라 항해하는 것을 목격했습니다.[19]

중국 사료에 따르면 1631년 쌀 운송 선단은 30척이 조금 넘는 선박으로 구성되었으며, 이는 민남과 광동 간의 쌀 거래 규모를 보여주는 수치이다.[20]

쌀 공급이 정상화되자 대부분의 사람들은 가족과 재회할 수 있는 마을로 돌아가는 것을 기뻐했다. 1628년 여름이 끝날 무렵, 하문에는 여전히 4,000~5,000명의 실업자가 남아 있었다.[21] 정지룡은 이들을 돌볼 수 없었고, 새로운 순무 웅문찬이 이들에게 월급을 지급하고 병사로 등록해 주기를 바랐을 것이다. 그의 아이디어는 장주와 천주현의 대다수 신사들에게 큰 반향을 일으켰다. 그러나 앞서 언급했듯이 정지룡의 공식 직책은 이름만 부여된 것이었기 때문에 이들에게 공공 예산으로 급여를 지급할 수 있는 방법은 없었다. 웅문찬은 정지룡의 요구를 받아들이지 않았다. 이 교착 상태에 대해 동시대 한 인사는 이렇게 말했다.

　　장주와 천주현의 신사들과 백성들이 정지룡과 그의 추종자들에게 월급을 지급해 달라고 청원했지만, 순무 웅문찬이 이를 지급하지 않겠다고 고집했습니다. 순무는 이미 많은 사람의 불만을 샀을지도 모릅니다.[22]

순무 웅문찬이 작성한 보고서는 정지룡이 황제의 공식적인 유지를 기다리며 얼마나 급하게 월급을 요구했는지를 잘 보여준다. "정지룡은 조정에 투항한 후, 상부의 지시는 무시한 채 밤낮을 가리지 않고 부하들에게 월급을 달라고 요구했습니다. 다행히 신 웅문찬은 그에게 한 푼도 주지 않았습니다."[23] 사실, 1624년 팽호열도澎湖列島에서 네덜란드인을 추방하기 위해 벌인 군사 작전 비용으로 국고가 바닥난 탓에 순무 웅문찬은 월급을 지급할 돈이 충분하지 않았다. 새로운 세수는 새로운 병선을 만들고 새로운 대포를 만드는 데 할당되었기 때문에 그의 손은 더욱 묶여 있었다. 어쩔 도리가 없었다. 정지룡은 백성들을 이 지경으로 몰고 간 책임이 있기 때문에 재정 위기를 혼자서 해결해야 했다. 책임자로서 그는 실업자들의 쌀 소비와 은 공급 사이의 균형을 유지하는 방법을 찾는 동시에 그들이 다시 정상적인 삶을 살 수 있도록 설득해야 했다. 모든 사람의 목숨이 달린 열악한 환경 속에서 정지룡은 거의 실패할 뻔했지만, 좌절하지 않고 지역 신사들의 도움으로 곤경에서 빠져나올 수 있었다. 정지룡이 황제의 유지를 받은 지 약 두 달 후, 당시 정지룡의 절친한 동료였던 이괴기李魁奇, ?~?는 정지룡을 배신하고 이전처럼 해적질을 하기로 결정했다.[24] 당시 직면한 각종 문제를 정지룡이 해결할 수 없을 것이라 판단하자, 정지룡의 대다수 추종자들 또한 목숨을 걸어야 하는 도박에서 이 배신자를 따르기로 했다. 정지룡이 충실한 추종자였던 그들은 정지룡이 그들에게는 관대하지 않으면서, 관료와 신사에게는 아첨하는 모습을 시기심과 비난의 눈으로 보았다.[25] 그들의 눈에는 정지룡의 행동이 해적 형제들을 배신하는 것으로 보였다. 정지룡은 상업 네트워크를 구축하기 위해 최선을 다하고 있었지만 다른 모든 길이 막혀 있었기 때문에 다른 선택의 여지가 없었다. 이러한 상업 네트워크를 구축하려는 계획은 신사, 더 정확하게는 투항한 해적들을 먹여 살리기 위해 거래를 기꺼이 지지해준 투자자들과 잠재 고객들의 도움이 없었다면 불가능했을 것이다. 따라서 이 게임의 외교적 이점을 전혀 몰랐던 이괴기 일행 대부분은 이괴기에게 합류하기로 결정하고 모든 선박, 화물, 무기, 자본을 가지고 떠나 버렸다. 지친 정지룡은 가까운 동지 중 한 명에게 울며 호소했지만, 새로 알게 된 부유한 신사 및 후원자들에게는 솔직한 감정을 드러내지 않았다.[26] 일찍이 이괴기는 정지룡을 따라 대만에 남았었고, 두 사람의 과거 행적에도 공통점이 많았었다.[27] 하지만 결국 이 오래된 동지도 그를 믿지 못했다. 정지룡은 이제 매우 큰 판돈을 걸고 게임을 해야 했다.

3. 정지룡과 동인도회사가 밀수에 가담하다

이괴기는 정지룡이 더 이상 자신과 동등한 존재가 아니라는 사실을 깨닫기 시작하자 정지룡에게 등을 돌렸다. 정지룡은 황제의 유지를 받은 후 세 차례나 이괴기를 불러 복주福州의 해안 방어 관리와 회동하려 했지만, 이괴기는 이를 거절하고 자신의 함대를 이끌고 도망쳤다. 얼마 지나지 않아 정지룡은 의심을 품었고, 불안한 마음에 하문으로 달려가 병사 600명을 즉시 배치해 경비를 서게 했다. 10월 30일 이괴기의 부하들이 하문 항에 침입해 성벽 밖의 시장을 습격하고 손에 닿는 모든 물건을 약탈했기 때문에 정지룡의 조치는 적절했다.[28] 5일 후, 정지룡은 천주부에 주둔한 민병대, 그중에서도 어부들 중에서 모집한 수군 민병대의 도움을 받았다. 6일째 되던 날, 이괴기는 3천 명으로 구성된 함대를 이끌고 철수했다.[29] 이제 정지룡은 병사들의 급여를 전적으로 책임져야 했는데, 병력이 없으면 이전 추종자들의 공격으로부터 자신을 보호할 수 없었기 때문이었다.[30]

선박과 선원을 소유한 사람이 수입을 늘리는 전통적인 방법은 해외무역에 참여하는 것이었다. 그러나 1628년, 연안의 소요 사태로 모든 것이 어수선해지자 황제는 해외 무역을 금지하는 칙령을 내렸다.[31] 이 칙령은 생계를 위해 정기적으로 해외 무역에 종사하기를 희망했던 선원들의 희망을 깨뜨렸다. 이괴기가 정지룡을 배신한 것은 이 재앙적인 칙령의 결과였을지도 모른다. 이 칙령은 원래 전임 순무 주일풍이 내린 것으로, 그는 "숭정崇禎 원년1628년에는 어떤 서양 상인도 항해할 수 없다. 이 명령을 위반하는 상인이나 관리는 중죄로 다스릴 것이다"라고 선언한 바 있다.[32] 이 유지는 4월경 복건성에 도착했고[33] 이 칙령이 공표되자 장주와 천주의 상인들은 밀수에 종사할 수밖에 없었다. 해적들은 밀수품을 거래하고 관리들은 황제가 지급하는 봉급으로 생활하는 것이 일반적이다. 문제는 정지룡의 직책이 예비 관리의 직책이었기 때문에 공식적으로 인정을 받기 전에 자신을 증명해야 했다는 점이다. 합법적이든 그렇지 않든 어떤 무역도 할 수 없는데 어떻게 병사들에게 급여를 지급할 수 있었을까?

이 일련의 재난은 정지룡의 삶을 어렵게 만들었다. 2월부터 8월까지 그는 자신의 삶이 극적으로 변화한 것을 받아들여야 했다. 이러한 갑작스러운 변화는 그의 오랜 동료인 대만, 일본, 바타비아의 동인도회사 상인들을 더 당황하게 만들었다.

1627년 말, 중국 황제의 칙령에 따라 모든 해적을 소탕해 달라는 전임 순무 주일풍의 호소에 게릿 프레데릭슨 더 비트 총독이 응했을 때만 해도 네덜란드에게 있어 정지룡은 있어도 되고 없어도 되는 장기판의 졸에 불과했다. 순무 주일풍과 총병 유자고는 정지룡을 소탕하면 네덜란드에 자유 무역을 허용하겠다고 약속했었다. 이러한 기대에 부풀어 있던 게릿 프레데릭슨 더 비트 총독은 막대한 양의 생사를 대가로 기대하며 총병 유자고의 상인들과 파총把總 허심소에게 거액을 전달했다. 1627년 10월 29일, 네덜란드가 허심소에게 66,550리알을 넘겨준 후 정지룡의 위협으로 서둘러 후퇴할 수밖에 없었기 때문에 대가로 받은 생사는 8,150리알뿐이었다.[34] 11월 9일, 바타비아로 떠나기 전 게릿 프레데릭슨 더 비트 총독은 나머지 생사를 수거하기 위해 선박 세 척을 하문까지 항해하도록 명령했다. 불행히도 그들은 해안 근처에서 해적을 만나 약탈당했다.[35] 1628년 1월 정지룡의 함대가 하문에 도착했을 때, 허심소는 여전히 해적들에게 약탈당한 3척의 네덜란드 선박을 기다리며 네덜란드에 지불할 생사를 보관하고 있었다.[36] 이 3척의 선박은 도착하지 않았고, 2월경 대만에 있던 네덜란드인은 또 다른 선박 3척을 보냈다.[37] 첫 번째 선박은 팽호열도를 통치하도록 임명된 중국 관리의 것이었고 (아마도 허심소를 위한) 식량을 싣고 있었다.[38] 3척 모두 정지룡의 부하들의 수중에 들어갔고 네덜란드인들은 그들의 물건을 회수하지 못한 것으로 보인다. 동시에 정지룡은 일본에서 은을 가득 싣고 귀환하던 네덜란드 쾌속선을 나포했다. 따라서 네덜란드가 신중하게 고안한 원래의 계획은 정지룡에 의해 파괴되었고, 나중에 순무 웅문찬이 정지룡과 화해했다는 소식이 전해지면서 네덜란드인의 모욕감은 더욱 커졌다. 새로운 조건하에서 자유 무역이 허용될 지 여부는 여전히 불확실했지만, 네덜란드는 대만에 새로 도착한 일본 상인들이 하문과의 비단 무역에 참여하는 것을 막았다. 이러한 강압적인 처사는 폭력적인 충돌로 번졌다. 분노한 일본인들은 대만 총독 피터르 누이츠Pieter Nuijts를 인질로 잡았고, 동인도회사 창고에서 120.5피쿨의 비단 제품을 압수했다.[39] 후대 역사가들은 이를 '하마다 야헤이濱田彌兵衛 사건'이라 불렀다. 3월부터 8월까지 정지룡과 네덜란드인들은 비공식 무역을 통해 돈을 더 벌고 싶어했고, 이는 사실상 순무의 귀에 전달되지 않고 밀수를 해야 한다는 것을 의미했다.

4. 가족 사업의 시작

1628년 6월 초 네덜란드 포로들이 쓴 편지가 대만으로 배달되면서 순무 웅문찬과 정지룡의 화해 소식이 확인되었다.[40] 총독 피터르 누이츠는 운을 시험해보기로 하고 쾌속선 4척을 하문에 파견했다.[41] 그보다 조금 앞서 그는 정지룡에게 보낸 편지에서 게릿 프레데릭슨 더 비트 총독의 적대 행위는 중대한 실수였다고 말하며 다음과 같이 사과했다.

> 우리는 분쟁의 원인에 대해 모르기 때문에 누가 옳고 그른지 판단할 수 없습니다. 우리는 어느 한쪽에서 불평이 제기되고 뿌리내리는 것을 방치할 수 없습니다. 그러므로 이 사태를 초래한 자들에 대한 정당한 처벌을 확정하고, 당신의 명예를 회복할 수 있도록 저희를 도와주십시오.[42]

정지룡은 현금과 물품을 실은 쾌속선을 포함해 네덜란드 포로들을 모두 석방했기 때문에 이 편지는 효과가 있었던 것으로 보인다.[43] 이 조치의 결과로 약 두 달 동안 중국 상인과 네덜란드 간의 암묵적인 무역이 재개되었다. 하지만 얼마 지나지 않아 다시 균형이 깨졌다. 정지룡은 8월 초에 황제의 유지가 내려질 것이라는 것을 미리 예상했을지도 모른다. 정지룡은 신임 순무 웅문찬이 자신의 불법 거래를 알게 될까 봐 두려워 피터르 누이츠에게 당장 떠나라고 요구했고, 그렇게 하지 않으면 8월 4일 이후 네덜란드에 맞서 싸우겠다고 위협했다.[44] 누이츠가 대만으로 돌아온 직후, 순무 웅문찬이 파견한 특별 대표단이 질란디아 성으로 왔다. 대표단은 네덜란드가 정지룡과 사적인 계약을 체결했음을 확인하고 이를 인정하라고 요구했다. 피터르 누이츠 총독과 대만 평의회는 다음과 같이 대답했다. "총독으로부터 받은 두 통의 편지에 대한 응답으로 그 정지룡는 나포한 쾌속선 베스트카펠Westcappel호, 선원, 은 863테일tael, tahil, 병기 일부를 돌려주었지만, 구두 또는 서면 조약은 결코 체결하지 않았습니다. 언제나 각하대만 총독는 순무와 중국 황제의 친구이며 앞으로도 그럴 것입니다."[45]

누이츠 총독은 중국 당국의 신뢰를 잃을 위험이 있다는 것을 인식하기 시작했을 것이며, 6~7월에 번성했던 밀수 무역으로 인해 자유 무역 조약이 무효화될 수도 있다고 확신했을 것이다.

딜레마에 빠진 누이츠 총독은 모든 배를 중국 해안으로 향하게 하고 8월 12일에 순무의 특사단을 구룡강 하구로 돌려보내기로 했다.[46] 며칠 후 누이츠가 지휘하는 네덜란드 쾌속선 5척이 정지룡의 함대 일부와 마주쳤다. 이 선박들은 남쪽에서 돌아오던 중이었고 아마도 쌀 수송선을 호위하는 또 다른 임무를 막 끝내고 돌아오는 길이었을 것이다. 8~10일 후 정지룡 자신도 남쪽에서 돌아왔고, 더욱 위협적인 네덜란드 전함 4척이 하문에 도착했다.[47] 정지룡은 8월 23일 황제의 승인을 받았다. 아마도 같은 날 누이츠는 쾌속선 텍셀Texel호에 그를 초대하여 인질로 잡았을 것이다. 사건에 대한 누이츠의 설명에 따르면, 정지룡은 "우리 선장들이 더 이상 반대할 필요가 없을 때까지, 혹은 복주 순무로부터 네덜란드인들이 행하는 자유 무역이 여러 약속을 조건으로 허용되었다는 소식이 전해질 때까지 억류될 것입니다. 그렇지 않으면······ 그는 쾌속선 아르네뮈덴Arnemuijden호로 이송될 것입니다"[48]

정지룡은 거의 한 달 동안 쾌속선 텍셀Texel호에 갇혀 지냈다. 정지룡의 공식 직책이 반드시 조정의 지원을 기대할 수 있다는 것을 의미하지는 않았기 때문에 순무 웅문찬으로부터 아무런 응답도 받지 못했다. 그를 임명한 진정한 목적은 중국 해적이든 네덜란드 '야만인'이든 해상 무역의 위협을 제거하는 것이었다. 네덜란드의 엄중한 감시 아래서도 정지룡은 자신이 중국 상인들이 네덜란드와 자유 무역을 할 수 있게 하는 권한을 가진 것처럼 행세했고,[49] 정지룡이 구금된 동안에도 밀수 무역은 다시 활발해졌다. 정지룡의 어머니는 아들을 구출하기 위한 조치를 취한 유일한 사람이었다.[50] 그녀는 정씨 가문과 동인도회사 간의 상업적 파트너십을 보장하기 위해 누이츠가 막내아들을 양자로 입양해야 한다고 주장했다. 아들을 인질로 삼는 행동은 정지룡이 네덜란드와 협력하겠다는 보증이 될 것이다. 이것은 실제적으로 아무런 조문이 없는 상업적 계약이었다.

그의 가족은 정지룡이 네덜란드에 구금되었다는 사실을 숨겨야 했고, 그가 네덜란드에 속았다는 거짓 소문을 퍼뜨렸을 것이다. 정지룡의 가족은 추종자 중 일부 배신자가 이 기회를 틈타 정지룡의 지휘권을 빼앗을지도 모른다는 두려움을 가졌을 것이다. '입양 쇼'는 적절한 축하와 함께 진행되었지만, 네덜란드인들은 마지막 편지를 전달하기 위해 파견한 소위 '순무 특사'가 허심소의 '인정받는' 친구라는 사실을 알게 되었다.[51] 따라서 후자가 정지룡을 도우려 했는지 아니면 정지룡을 옭아매려고 했는지 의심스러웠다. 그 사이 순무 웅문찬은 황제의 유지를 확인하는 공식 문서를 하문에 있는 정지룡의 집으로 전달했다.[52]

중국 조정으로부터 '자유무역 조약'을 얻어내지 못했다는 사실을 깨달은 누이츠 총독은 돌변하여 정지룡 어머니의 제안을 받아들였다. 그는 정지룡의 남동생을 인질로 받아들이고 10월 1일 정지룡과 잠정적 계약을 체결했다.[53] 그 후 정지룡의 가족은 더욱 치열하게 상업의 소용돌이 속으로 끌려 들어갔다. 네덜란드가 하문을 떠난 지 2주 만에 정지룡의 옛 동지 이괴기는 그를 배반하고 남아 있던 모든 귀중한 자원을 가지고 가버렸다.

5. 안해安海 항구와 어부 민병대

감정적인 관점에서 보면 정지룡이 옛 동료들에게 버림받은 것은 극도로 우울한 일이었을 테지만, 경제적 관점에서 보면 이 사건은 추종자들에게 급여를 주는 비용을 줄이는 데 도움이 되었다. 정지룡은 이제 600명을 기본 병력으로 유지했다. 육지에서는 상황에 따라 필요할 때마다 천주부泉州府의 시골에서 민병대를 추가하여 1000명까지 병력을 늘렸다. 바다에서는 어부들로 구성된 민병대에 의존했다. 그는 이 두 군대에 대해 사재로 비용을 지불할 의무가 없었다. 이괴기와 그의 함대는 1629년 1월 2일 하문을 공격했으나 9일간의 전투 끝에 시골 민병대의 도움을 받았던 정지룡의 군대에 패배했다.[54] 2월 7일 정지룡의 군대는 그들을 광동성 해안까지 추격했고 이 추격 과정에서 자신을 배반했던 일부 병력을 설득하여 집으로 돌려보낼 수 있었다.[55] 얼마 후 평화가 회복되었고 하문과 조주 사이의 쌀 거래는 이괴기의 공격 위험 없이 재개될 수 있었다.[56] 이 해적 두목이 마카오에 남기로 했다는 소문이 돌았으나[57] 7월에 갑자기 이괴기는 광동의 대형 선박 수 척을 이끌고 하문으로 돌아와 정지룡을 기습했다.[58] 이 사건은 대만 총독 한스 푸트만스Hans Putmans가 네덜란드의 17인 이사회에게 보낸 편지에서 확인되었다. "우리는 해적 이괴기가 정지룡의 선박을 모두 파괴하고 구룡강지역의 주인이 되었다는 소식을 들었습니다."[59]

하문이 약 40일 동안 포위당한 후, 천주의 신사들은 순무에게 복주의 군함이 광동의 군함과 필적할 만하니 군함을 보내 달라는 탄원서를 보냈다.[60] 이괴기는 순무가 정지룡을 돕기 위해 복주의 선박 100척을 남쪽으로 파견할 계획이라는 사실을 알게 되자, 선수를 칠 결심을 하고, 정지룡과 연락할 기회를 주지 않고 8월 12일 복주에 있는 순무의 함대를 공격했다. 1629년 9월 25일 대만에서 전해 들은 소식에 따르면 아래와 같다.

> 어선 한 척이 도착해 (복주에 약 300척의 함대를 조직한) 순무가 하문에서 정지룡을 불러 그에게 '수군 제독'으로 임명하고 이괴기를 추방하기로 했다는 소식을 전해주었습니다. 이 사실을 알게 된 이괴기는 갑자기 함대를 이동시켜 (정지룡과 그의 부하들이 접근하기 전에) 위에서 언급한 함대를 공격했습니다. 그는 가장 크고 강한 선박은 끌고 갔고 나머지 선박은 불태웠습니다.[61]

웅문찬은 이전에 순무 주일풍이 정지룡을 회유했던 것과 같은 방식으로 이괴기를 달래야 했다. 이에 따라 웅문찬은 황제에게 이괴기를 정지룡과 같은 방식으로 대우해 달라는 청원서를 보냈고, 황제는 가을에 이 해적과 휴전을 체결했다.[62] 휴전 기간 정지룡과 그의 군대는 하문 성 안에 머물렀고 이괴기의 부대는 바깥쪽에 주둔했다.

이괴기가 정지룡의 입장에 서게 되자, 또 다른 해적 저채로褚彩老, ?~? 도 은밀하게 순무의 유혹을 받게 되었는데, 순무는 이괴기보다 더 좋은 조건을 제시하였다.[63] 이것을 계기로 이괴기를 몰락시킬 음모가 진행되었다. 지역 관리들은 비밀리에 천주지역에서 함대를 정비해 정지룡에게 제공했다. 1630년 2월 9일, 정지룡과 저채로는 이괴기를 기습하여 당일 그를 생포하였다.[64]

9월 말부터 정지룡이 하문에 있지 않았기 때문에 새로운 총병 조정趙 珏, ?~?이 해안 방어를 맡게 되었다.[65] 총병 조정은 저채로를 잘 구슬려 이괴기를 배신하라고 권유했다.[66] 그 결과 저채로는 이괴기의 자리를 빼앗는 데 성공했다. 3월 9일, 황제는 정지룡이 받은 것과 같은 대우, 즉 이름뿐인 수군의 장수가 되는 기회를 이괴기에게 부여하는 데 동의했다. 이 문제가 해결된 후, 다음과 같이 결정되었다. 천주를 경계로 삼아 정지룡은 천주 북쪽 해안을 따라 주둔하고, 이괴기는 천주 남쪽에 주둔하기로 했다.[67] 저채로는 이미 이괴기의 자리를 차지했으므로, 저채로는 대만의 네덜란드인에게 자신의 새로운 위치를 알리는 편지를 보냈다. "순무가 저에게 정지룡을 따라 하문으로 가라고 명령했으니, 그곳에서 정지룡과 함께 황제를 제대로 보필할 것입니다."[68]

1630년 2월 9일 이괴기가 체포된 후 정지룡은 하문으로 돌아왔다. 3월, 대만의 한스 푸트만스 총독은 바타비아에 거주하던 일부 중국 상인들에게 동인도회사를 대신해 후추를 판매하러 하문과 해징으로 항해하라는 지시를 내렸다.[69] 정지룡은 지체하지 않고 대만의 네덜란드 상관에게 메시지를 보내, 바타비아 중국 상인들이 요구한 것과 거의 같은 가격에 후추 200피쿨을 주문하였다.[70] 네덜란드 선박이 하문에 도착했을 때, 그 선원들은 순무 웅문찬이 관원을 보내 정지룡과 저채로에게 이괴기를 물리친 보상으로 급여를 지급했다는 사실을 목격했다. 중립국으로서 네덜란드도 이 용감한 행동에 동참했고, 따라서 순무 웅문찬도 네덜란드의 우정과 호의를 인정하고 있었다. 자유무역이 어느 정도는 허용될 것이라는 암시는 총독 푸트만스가 바타비아 당국에 보낸 서한에서 드러났다.

이 관리는 순무를 대신해 우리를 극찬했고 우리의 노력으로 인해 자유무역이 허용될 것이라는 데 의심할 여지가 없습니다. 모든 종류의 상품을 대만으로 풍부하게 들여올 수 있게 될 것입니다. 일부 상인들은 순무에게 6~7개의 면허를 취득해달라고 요청하였고, 그들이 면허를 취득하게 되면 우리와 자유롭게 무역할 수 있을 것이라 암시했습니다.[71]

정지룡은 네덜란드에서 사들인 후추를 유통하기 시작했다. 저채로는 위에서 언급한 편지에서 "상인들은 정지룡과 계약을 체결했고, 정지룡은 무역이 올바른 방식으로 이루어질 수 있도록 순무를 만나러 갔습니다"[72]라고 언급했다.

저채로는 하문 항에 있지 않아 수익성이 높은 무역에서 배제되었기 때문에 자신의 부대를 위한 안정적인 수입원을 마련할 수 없었다. 따라서 그는 폭력을 동원해 이익을 쟁취할 수밖에 없었다. 당시 상무원 파울루스 트라우데니우스Paulus Traudenius, ?~1643는 이 새로운 상황에 대해 이렇게 보고했다.

이달 10일(4월), 그저채로의 작은 선박 20여 척이 (하문)항으로 돌아왔습니다. 이 배의 선원들은 해안가에서 잔인하게 행동하였고, 몇 채의 집을 부수고, …… 교외에서는 사람을 거의 볼 수 없었고 아무런 저항도 받지 않았습니다.[73]

같은 장면을 하문 부근에 있던 중국 관리가 목격했다.[74] 저채로는 정지룡이 가지고 있던 무역 이권을 빼앗으려 했다. 따라서 그는 주력군을 하문만 입구에 배치하고 일부 소규모 병력을 하문 항으로 보내 네덜란드나 정지룡과 거래하는 상인들을 괴롭혔다. 그들의 특별한 표적은 정지룡과 거래하는 상인들이었다. 기반이 약화되고 자신의 선박을 빼앗긴 정지룡이 선택할 수 있는 유일한 방법은 하문에서 안해安海로 후퇴하는 것이었다.[75] 이후 안해에서 온 정지룡의 상인들은 오서浯嶼섬에 정박해 있는 네덜란드 선박을 직접 찾아가 교역을 진행했다.[76] 수심이 깊은 만 위에 세워진 하문과 달리 안해는 수심이 얕은 하구 안에 위치해 있었다. 대형 선박과 일부 선박은 금문도金門島 부근의 '위두만圍頭灣'[네덜란드 기록에서는 에라스무스만]에 정박해야 했는데, 위두만은 "수위가 낮을 때는 거의 항상 말라버리는 매우 좁고 얕은 강"어귀 바로 너머에 위치하고 있었다.[77]

안해시는 얕은 수심 덕분에 중화포의 위협으로부터 완벽하게 피할 수 있었다. 또한 지리적 위치 덕분에 어민 민병대와 미곡선의 본거지로도 안성맞춤이었다. 따라서 훈련이 잘된 소수 병사들의 지원을 받은 정지룡의 용병 부대는 안해에서 버티는 데 큰 어려움이 없었다. 귀중품을 위주로 한 대외 무역이 사업의 가장 중요한 축이었기 때문에 정지룡은 이를 합법화하기 위해 열성적으로 노력했다. 하지만 정지룡이 네덜란드의 합법적인 면허를 확보하기 전에 저채로는 6월 23일에 네덜란드 쾌속선을 나포했다. 그리고 남오南澳섬으로 임무를 마치고 돌아오는 도중에 네덜란드 선박 3척을 추가로 나포했다.[78] 이후 정지룡이 안해에 머물고 있다는 사실을 알게 된 그는 정지룡이 반역자라는 구실로 위두만을 봉쇄하기로 결심했다. 정지룡은 대만의 네덜란드 당국에 도움을 요청하는 편지를 보내 합법적인 무역을 시작할 수 있는 기회가 위태로워졌다고 알렸다.

저는 여기서 최선을 다하겠습니다. 저는 총병 조정을 통해 순무에게 자유무역을 제안했고, 순무는 이에 동의했습니다. 몇몇 상인들이 이 문제에 대해 순무에게 개인적으로 연락하였고 순무는 면허를 내주겠다고 말했습니다.[79]

한편 저채로는 가만히 있지 않고 추가조치를 취하였다. 그는 자신의 대외 무역을 위한 충분한 자본을 축적하기 위해 마닐라에서 귀국하는 하문의 선박들을 차단할 준비를 했다. 6월 22일 위두만 근처에서 그는 약 2만 8천 리알reaal 상당의 화물을 싣고 마닐라에서 돌아오는 천주의 선박을 나포했다.[80] 그는 어선과 운미선運米船도 약탈했다.[81] 저채로는 심지어 소형 병선 몇 척을 안해의 내항으로 보내 정지룡의 배에 불을 질렀다.[82] 그가 이런 약탈을 자행하는 동안 정지룡이 의존하던 어민 민병대는 모두 광동 연안으로 고기잡이를 떠났기 때문에 정지룡은 반격할 수단이 없었다. 그는 병력을 유지하며 섣불리 움직이지 않았으며,[83] 안해에서 네덜란드가 예매한 물자를 구입하는 데 집중했다. 이제 저채로에게 위협이 될 수 있는 것은 복주 인근의 조선소에서 건설 중인 새 병선뿐이었다.[84] 8월 26일 자 대만 총독에게 보낸 편지에서 정지룡은 복청福

淸, 복주 인근지역으로 항해하기 위해 떠난다고 보고했다.[85] 분명히 이 움직임
은 저채로의 움직임에 대한 반응이었다. 저채로는 실제로 50척의 배를
이끌고 복주 근처에 있는 소정小埤으로 향했다.[86] 그의 부재는 정지룡의
동업자들에게 하문에서 안해로 화물창고를 옮길 기회를 주었다.

> 저채로가 떠나는 것을 본 정지룡의 병사들과 하문의 백성들은 저채로의 재
> 산과 그가 의지하고 있던 모든 것을 빼앗아갔습니다. 그들은 또한 (우리가 들
> 은 바에 따르면) 그의 추종자들 중 일부를 죽였습니다. 그 후 저채로가 다시 돌
> 아올까 두려워서 그들은 안해로 돌아갔습니다.[87]

9월에 저채로의 함대는 강력한 태풍을 만나 70척 중에서 50척이 침
몰했다.[88] 이 때문에 저채로는 더 이상 위두만을 봉쇄할 수 없었는데, 정
지룡의 행운이 다시 따르기 시작한 것은 바로 이때부터였다. 한스 푸트
만스 총독의 기록에 따르면, 저채로가 하문으로 돌아오기 전인 10월 15
일, 하문의 주둔군을 이끌고 있던 천남泉南의 유격遊擊, '유격장군'의 약칭으로 종3
품의 청대 무관과 오동浯銅의 유격은 하문 부근에 있는 네덜란드 선박과 교역
하는 것을 금지하는 경고문을 게시했다.[89] 그러나 이때 정지룡은 이미
안해에서 네덜란드가 필요로 하는 모든 물품을 모아둔 상태였다. 같은
기록에 따르면, "중국 상인 양곤楊崑은 안해에서 금, 비단, 설탕 등 다양
한 상품을 누구의 간섭도 받지 않고 구할 수 있다고 푸트만스 총독에게
알렸습니다"라고 하였다.[90]

하지만 저채로는 끝가지 포기하지 않았다. 얼마 지나지 않아 그는 새
로 임명된 순무 조정[위에서 언급한 두 명의 유격보다 계급이 높았다]을 대표해

하문에 다시 나타났다. 그리고 구룽강 하구에 정박 중인 총독 한스 푸트만스에게 사자를 보냈다. 저채로는 네덜란드가 하문으로 운송하는 모든 상품은 자신을 통해서만 거래하도록 요구했다.[91] 이러한 조건은 바타비아 총독의 지시를 위반하기 때문에 한스 푸트만스는 받아들일 수 없었다.[92] 양측은 무역에 대한 완전한 합의에 이르지 못했다. 양측이 조건을 놓고 흥정하는 동안 정지룡은 안해에서 서서히 수군 병력을 증강하고 있었다. 12월 초, 저채로는 다시 전 병력을 이끌고 하문을 떠났고, 유리한 정박지를 확보하여 정지룡에게 포위되는 것을 미리 막으려 했다.[93] 그럼에도 불구하고 정지룡은 12월 16일에 공격을 감행하였다. 저채로가 몇 척의 선박을 이끌고 북쪽으로 급히 이동할 때, 정지룡은 저채로의 동생이 이끌던 선박을 불태웠고, 저채로를 격퇴시켰다. 며칠 후, 저채로의 부하 장군이 그를 배신하여 큰 선박 4척과 작은 선박 6척을 이끌고 정지룡에게 투항해 왔다. 해적 두목은 탈출하여 도망갔다.[94]

네덜란드 총독은 이 소식을 접한 뒤 이번 전쟁이 조성한 무역 기회에 고무되어 8만 리알의 은화, 2,100피쿨의 후추 및 기타 열대 상품을 구룽강 하구로 운송하기로 했다.[95] 네덜란드인들은 음력 1월 1일을 축하하기 위해 모두 집으로 돌아가는 1월 27일까지 아무런 방해 없이 상품을 판매할 수 있었다. 이때 네덜란드는 상무원 파울루스 트라우데니우스를 안해로 파견하기로 결정했다.

총독 한스 푸트만스와 평의회는 탄코야Tancoya호에 4천 리알을 싣고 수석 상무원 트라우데니우스를 안해로 파견하기로 하였습니다. 이는 쌀을 구입하는 한편, 그곳에서 금과 비단을 구할 수 있는지 알아보기 위한 것이었습니다.

그리고 그곳 상인들이 어떤 종류의 상품을 가지고 있는지 (정탐하여) 그들을 무역으로 끌어들이고자 하였습니다. 이는 판매가 예상보다 적어 회사에서 보관하고 있던 후추를 (무역을 통해) 처리해야 했기 때문이었습니다. 선박에는 후추 50피쿨과 상아 15피쿨을 실어 트라우데니우스가 금, 비단 또는 도자기로 교환할 수 있도록 했습니다. 트라우데니우스가 정지룡의 어머니와 그녀의 아들 정홍규鄭鴻逵, 1613~1657, 정지룡의 동생의 집에 쉽게 접근할 수 있도록, 두 사람에게 각각 후추 6포대와 상아 6마碼를 제공했습니다.[96]

춘절 기간 네덜란드 쾌속선에 후추를 사러 오는 사람이 거의 없었기 때문에 총독과 평의회는 지난번 위탁판매한 물품의 대금을 정지룡이 모두 지불하면 후추를 더 주기로 했다.[97] 따라서 네덜란드 쾌속선들은 운 좋게 구룡강 하구나 하문의 묘박지에 정박할 수 있었지만, 안해에 한두 척의 선박을 보냈다. 3월 17일, 안해에서 분주하게 함대를 정비하던 정지룡은 결국 저채로의 군대를 전멸시키는 데 성공했다.[98] 이 승리는 해적들의 생존 게임에서 마지막을 장식했다. 네덜란드는 참여하지는 않았지만, 무대에 오른 직후 조력자 역할을 하기 시작했다. 그들은 해양 순시를 중단하였고, 마닐라에서 돌아오는 선박들이 모항으로 돌아갈 수 있게 인도하였다. 이를 통해 중국 해양방어군으로부터 그들이 구룡강지역으로 진입하는 것을 허락받았다.[99] 1631년 6월 12일, 해적을 물리친 승전보는 북경의 황실에 보고되었다.[100] 정지룡은 복건의 순무 웅문찬의 약속에 용기를 얻었을지도 모른다. 네덜란드인이 대만에서 받은 서신에 따르면, "정지룡은 곧 천남의 유격이 되어 하문에 주둔할 것이고, 그의 동생 정홍규도 오동의 유격이 될 것이니, 우리의 교역은 그들에 의해 크게 좌우될 것입니다. 정지룡은 은화 2,000테일을 요구합니다"(편지 에는 그 용도를 명시하지 않았음).[101]

나중에 이 2,000테일은 마닐라에서 돌아오다 네덜란드 쾌속선에 의 해 나포된 중국 선박에 대한 배상금일 수 있다는 사실이 밝혀졌다.[102] 한 스 푸트만스 총독은 이 사건을 즉시 조사했고, 그의 부하 중 일부가 실 제로 범죄를 저질렀을 가능성을 발견했다.[103] 아마도 그 선박의 소유자 는 정지룡의 중재로 보상금을 지급받았을 것이다.[104] 저채로가 패배한 후, 53척의 선박이 중국을 떠나 마닐라로 향했다. 이들 선박은 모두 밀 무역에 참여한 것이었다. 정지룡 함대의 비호 아래 출항한 것일까? 전체 톤수를 보면 마닐라를 방문한 일반 상선의 4분의 1 정도만 정지룡의 선 박이었던 것으로 보인다. 따라서 이들 선박들은 아마도 정지룡의 선박. 과 섞여 운항했을 것이다.[105] 이 밀무역은 정지룡의 군대와 어부 민병대 의 월급을 지급하기에 충분한 수입을 제공했을 것이다. 정세가 안정된 후, 정지룡은 순무 웅문찬으로부터 산적 무리를 제거하라는 임무를 받 았다. 이 임무는 해적들의 생존 게임이 끝난 후 그가 중국 정부로부터 인정을 받았다는 것을 확인하는 것이었다. 동시대 인물 중 한 사람의 말 을 통해 당시 사대부들의 생각을 알 수 있다.

다행히 종육鍾六, 저채로, 종빈(鍾斌)은 물에 빠져 죽었지만, 나머지 부하들은 모두 도망쳐 완전히 소탕하지 못했습니다. 이제 정지룡이 적수를 제거했으니 이치 에 맞게 그를 대해야 할 것입니다. 그의 추종자들을 갑자기 해산시켜서도 안 되며, 그들의 급여를 줄여서도 안 됩니다. 붉은 수염 오랑캐紅夷, 네덜란드인로부 터 나온 이익은 취해서는 안 되며 돌려주는 것이 맞습니다. …… 황제에게 올린 승전 보고에서 정지룡과 그의 형제를 국경 수비 관리로 임명해야 한다고 했습니다. 저는 이것이 매우 현명하다고 생각합니다.[106]

대외 무역은 여전히 공식적으로 금지되어 있었지만 정지룡은 수하들을 먹여 살려야 했다. 이 때문에 순무 웅문찬은 정지룡이 안해에서 한 밀무역을 용인했을지도 모른다. 황제의 칙령에 따라 하문의 관리들은 대외 무역의 공식 수호자이자 감독자로서 어떠한 대외 무역도 허용하지 말았어야 했다. 하문 관리들은 자신들의 공식적인 의무를 의식하고 있었지만, 모든 선박들이 마닐라에서 돌아온 후에야 다시 해상 금수령을 반복해서 발표했다.[107] 이 법령은 네덜란드 선박이 구룡강 하구나 그 주변, 또는 하문의 묘박지로 항해하는 것을 허용하지 않는다고 선언했다. 결과적으로 안해 무역은 적국인 마닐라의 스페인 사람들과 중국 무역을 공유하는 것을 매우 꺼려했음에도 불구하고 네덜란드인에게 열려 있던 유일한 길이었다.

제4장
안해安海 무역상회의 설립, 1630~1633

1. 안해의 동중국해 독점권이 확립된 예외적인 해 1630년

그 당시, 대만의 네덜란드인들이 마닐라를 오가는 중국 선박을 차단하는 것을 중지하기로 했다는 사실을 정지룡鄭芝龍이 알고 있었는지 알기 어렵다. 역사적 사실에 따르면 1631년 여름, 대만 총독 한스 푸트만스는 마닐라에서 중국으로 돌아오는 길에 약탈당한 중국 선박의 손실에 대한 보상을 하기 위해 하문廈門을 방문했다고 한다. 『해징현지海澄縣志』에 따르면 그 해에 해상 금지령이 해제되었다고 한다. 재미있는 점은 해금이 해제되었지만 해운업의 증가로 기대했던 세수는 기대에 미치지 못했다는 것이다.[1] 지방지의 기록은 네덜란드와 스페인의 기록과 상반된다. 네덜란드와 스페인의 기록은 모두 수많은 선박이 필리핀군도로 항해했다고 언급하고 있다. 네덜란드의 기록에 따르면 그 해에 53척의 중국 선박이 마닐라에 도착했다고 하는데, 이는 50척이 언급된 스페인 기록과 상당히 비슷한 수치이다.[2] 아마도 이러한 부족함[선박의 왕래는 많았지만 세수는 실망스러운]은 합법적인 무역을 계속 마비시킨 밀수의 만연으로 설명할 수 있다. 앞서 언급했듯이[3], 53척의 소형 선박은 12척의 대형 선박만큼이나 많은 화물을 운반하였다. 합법적인 무역을 희망하는 소수의 신청자만이 관리들에게 허가를 요청했기 때문에 마닐라로 항해하는 선박 대부분은 밀수업자들이 소유한 소형 선박이었던 것으로 보인다. 다른 기록에 따르면 어업용 선박은 이러한 소형 상선의 크기와 비슷했다는 것을 보여준다. 예를 들어, 한스 푸트만스 총독은 한때, 대만의 평의회와 함께 이 문제를 심의한 적이 있다.

존경하는 총독의 지시에 따라 (우리) 선박은 복주福州와 계롱鷄籠 사이적-스페인의 요새가 있는 곳를 순항하며 이 해역을 왕복하는 중국 선박을 차단, 대치, 공격할 것입니다. 또는 일본 상관의 지시에 따라 중국 무역 상황에 대한 평가와 상관없이 우리는 이번 일의 경비를 절약할 것입니다. 왜냐하면 마닐라 선박을 감시하기 위한 장기간의 순항은 그 결과를 예측할 수 없기 때문입니다. 해역을 항해하는 선박이 너무 많기 때문에 상선과 구별할 수 없습니다. 이들 중 일부가 우연히 부딪히거나 공격을 받으면 중국 측의 분노를 불러일으킬 것입니다.[4]

실제로 천주泉州-일본, 천주-마닐라 항로에는 매우 중요한 어장 2곳이 있었다. 첫 번째 어장은 천주에서 류큐琉球군도의 오키나와沖繩 및 일본으로 향하는 항로와 매우 가까운 곳이었다. 이곳은 대만 동북부 해역의 난류가 형성한 자연 어장과 멀지 않았다. 일본으로 항해하는 선박은 보통 이 해역을 향해 항로를 설정한 후 류큐군도의 섬들을 따라 규슈九州에 도착했다. 두 번째 어장은 차가운 오야시오 해류와 따뜻한 쿠로시오 해류가 만나는 대만 남서부 해안 근처에 있었다. 마닐라로 항해하는 선박들은 보통 펭호군도로 항로를 정하고, 그곳에서 남쪽으로 향하여 대만 해안을 따라 루손을 향해 항해했다. 이 항로는 난류와 한류가 만나 형성된 어장을 가로지르는 경로이다.

중국 관리들은 배의 크기와 운반할 수 있는 식량의 양을 제한함으로써 선원들이 해안 가까이에서만 활동하도록 통제할 수 있다고 믿었다. 이러한 놀라운 사고방식은 비단과 은을 교환하는 무역에서는 비현실적이었다. 왜냐하면, 은과 비단과 같은 상품은 상아나 사슴가죽 같은 부피가 큰 상품보다 차지하는 공간이 훨씬 적었기 때문이다. 해안 방위군은 상선을 위해 어떠한 보장을 할 수 없었고, 주요 임무는 밀수를 막고 해적을 경계하는 것이었다. 항상 돈이 필요했던 어부들은 상인들에게 훨씬 호의적이었고, 종종 그들에게 소식을 전달하거나 식량과 신선한 물을 공급하였다. 복건 어선들이 다른 어장으로 출항하는 시기는 어로기에 따라 결정되었다. 어로기에는 해안 방위군 병사들이 통제할 수 없을 정도로 수많은 어선이 쏟아져 들어왔다. 공해의 어선들은 관청의 규제를 받지 않았기 때문에 해적들이 그 공백을 메우는 경향이 있었다. 절강의 순무巡撫 장연등張延登, 1566~1641의 보고서에는 복건 어부들이 해적의 통제는 아니더라도 보호비를 받는 해적으로부터 보호를 받고 있는 것에 대해 우려를 하고 있음이 드러난다. 그는 보고서에서 이렇게 적었다.

신이 민閩, 복건지역의 어선을 하나하나 방문하여 살펴보니 절강지역에 두 가지 해로움이 있었습니다. …… 그 하나는 갈치를 낚는 어선입니다. 대擧의 대진산大陳山, 창료의 구신놁山, 영寧의 보타산普陀山 등에서 갈치가 많이 잡힙니다. 복건지역의 보전莆田, 복청福清 현의 어부들만이 (이 어종을 잡는 데) 숙련되어 있습니다. 매년 8, 9월까지 수백 척의 어선이 벌떼처럼 무리를 지어 이곳에 도착합니다. 이 엄청난 규모의 집결은 정월에야 해산합니다. 해안 방위군은 감히 탐문도 하지 못합니다. 이 두 종류의 선박들은 모두 해적과 연결되어 있습니다. …… 해적들은 대진산 등의 인근 섬에 숨어 근거지를 만들고, 두목을 뽑습니다. 선박의 크기에 따라 20에서 50테알tael에 이르는 가격으로 통행증을 발행합니다. 화물을 싣기 전에 면허증을 발급하는 것을 '보수報水'라고 하고, 상품을 판매한 후 은으로 납부하는 것을 '교표交票'라고 합니다. 조금도 어긋남이 없어 일종의 관습이 되었습니다. 누구도 이러한 관행이 이상하다고 여기지 않습니다.[5]

쌀 운반에 사용된 선박의 크기는 아마도 어로용 선박과 크게 다르지 않았을 것이다. 당연히 시암이나 자바로 항해하는 대형 선박만큼 크지는 않았을 것이다. 다시 말해, 그들은 어선을 통제하는 집단의 보호 아래 놓여 있었다. 어선들이 해적의 통제를 받을 때는 관방에 대항할 수 있었다. 해안 방위군의 전력이 너무 약해 해적의 침탈을 막을 수 없었기 때문이었다. 조정에 귀순하여 명나라의 해안 방어 체계에 편입되었을 때, 정지룡은 관방과 어부 모두의 요구 사항을 충족하려고 노력했다. 그는 자신의 부하들을 먹여 살리기 위해 수입이 필요했기 때문에 보호비 징수를 멈추지 않았지만 어부들이 마닐라 밀무역에 참여할 수 있도록 문을 열어주었다.

정지룡의 중재로 네덜란드가 약탈하였던 중국 선박에 대해 보상금을 지급하기로 결정했을 때, 그는 자신이 이전 관리들보다 더 효과적으로 상인들의 복지를 책임질 수 있다고 주장했다. 이때 네덜란드인들은 정지룡이 정식 관리가 아니었고, 중국 조정도 보상을 요구한 적이 없었다는 사실을 알아차리지 못했다. 관리들이 생각할 수 있는 유일한 해결책은 다시는 네덜란드와 무역을 하지 못하게 하는 것이었다. 이 사건으로 명성이 높아진 정지룡은 합법적이든 아니든 모든 선박으로부터 보호비를 징수할 수 있는 정당성을 확보하였을 것이다.

정지룡이 이 시기에 일본과 중국의 밀무역에 개입하거나 참여했다는 것을 증명하는 증거는 지금까지는 발견되지 않았다. 이 시기는 1628년 대만에서 발생한 일본과 네덜란드의 분쟁 '하마다 야헤이(濱田彌兵衛)사건' 으로 인해 네덜란드는 일본에서의 무역 활동을 일시적으로 중단해야 했다. 히라도에서의 무역 활동은 4년 후인 1632년 가을에야 재개되었다.[6] 공교롭게도 포르투갈인의 일본과의 무역도 거의 같은 시기에 중단되었는데, 일본의 선박이 시암에서 스페인 선박의 공격을 받았다는 소식을 막부가 접했기 때문이었다.[7] 이 주요한 두 수입 통로를 통해 이루어졌던 생사 무역이 중단되면서 생사 가격은 자연스럽게 최고치로 올라갔다. 1631년 10월[8] 일본에서는 생사 가격이 피쿨당 345테일에 달했고, 마닐라에서의 판매가는 피쿨당 311테일이었다.[9] 이렇게 가격이 올랐음에도 불구하고 네덜란드인들은 중국으로부터 비단을 피쿨당 135테일에 구입할 수 있었다.[10] 단순 계산으로 중국 밀수업자들이 얻은 이익은 일본에서 최소 155%, 마닐라에서 130%에 달했을 것이다. 당연히 그들은 큰돈을 벌 수 있는 기회를 공유하기 꺼려했다. 마닐라에 입항한 53척의 중국 선박 외에도 약 60척의 선박이 일본에 도착했다.[11] 정지룡 소속의 선박 2척도 1631년 겨울 일본에서 안해로 돌아왔다.[12]

정지룡이 어민으로 이루어진 밀수 상인으로부터 실제로 얼마나 많은 이익을 얻었는지는 베일에 싸여 있다. 그러나 위의 설명에서 비단-은 밀수 거래에서 천주와 안해 상인들이 차지한 유리한 지위가 처음으로 분명하게 드러났다. 장주漳州의 중국 상인, 마카오의 포르투갈 상인, 대만의 네덜란드 상인은 각기 다른 이유로 이 한 해에는 예외적으로 일본 무역에서 일시적으로 제외되었다. 이 무역의 폭발적인 성장으로 안해를 기반으로 새로 구축된 무역 체계 속의 모든 구성원들은 크게 놀랐을 것이다.

2. 서양무역 독점을 향한 안해의 질주 1630~1632년 대만 무역

네덜란드인들은 쾌속선이나 봉선篷船, 지붕이 있는 중국식 선박이 하문 또는 해징 근처의 하문만에 있는 묘박지까지 운항하여 물건을 팔아야 한다고 고집했다. 장주에는 그들이 팔려고 하는 상품 대부분을 소비할 시장이 준비되어 있었기 때문이었다. 1628년 정지룡이 정성을 다해 세운 계획을 무너뜨렸을 때까지 네덜란드인은 파총 허심소와 총병 유자고兪咨皐의 지지 아래 천천히, 그리고 확실하게 원활한 교역 통로를 구축하려 하였다. 정지룡의 개입으로 모든 프로젝트가 혼란에 빠졌다. 그 후 새로 임명된 대만 총독 한스 푸트만스는 바타비아 총독의 지시에 따라 화물 단위별로 중국 상인들과 직접 교역을 하기로 했다. 이러한 신중한 접근 방식으로 네덜란드인은 부유한 중개인에게 너무 성급하게 선급금을 지급한 결과 종종 발생하는 부채라는 불쾌한 결과를 방지할 수 있었다.[13]

그들이 모험심이 강한 상인들에게 상품을 팔기 위해 분주히 움직이는 동안, 파총 허심소와 총병 유자고의 보호 아래 있던 원래 거래자들은 신임 순무 웅문찬의 명령에 의해 제거되었다. 1630년 정지룡이 점차 안해로 거점을 옮길 조짐을 보이자, 네덜란드인은 정지룡의 움직임을 두고 자신들이 하문 및 주변지역에서 더 큰 어려움에 닥칠 경우 후퇴할 수 있는 차선책으로 생각했다. 1630년 10월 저채로의 해적 세력이 급격히 줄어든 후, 두려움이 어느 정도 해소되자 네덜란드는 하문만으로 돌아가 바타비아가 주문한 중국 물품을 구매하는 것이 안전하다고 판단했다. 1631년 2월까지 무역은 어느 정도 정상을 회복하였으며 봄철과 여름철 동안 바쁘게 진행되었다. 그러던 중 1631년 8월경 정지룡은 복건성 남서쪽 산지를 점령한 도적들을 소탕하라는 임무를 공식적으로 부여받았다.[14] 9월 8일 순무 웅문찬의 명령으로 이 임무를 수행하기 위해 병사를 이끌고 떠난 후, 하문 총병總兵 장張[이름은 알려지지 않음]은 네덜란드와의 무역을 금지하고 모든 네덜란드 선박이 하문을 떠나 대만으로 돌아가라는 포고문을 발표했다.[15] 네덜란드인들은 1630년 11월 30일부터 1631년 9월 30일 사이에 중국 상인들이 그들로부터 구매한 물품에 대한 장부를 펼쳐놓았다.

이러한 기록은 네덜란드 동인도회사가 다양한 종류의 열대상품을 판매했지만, 이중 가장 인기 있는 상품이 후추와 상아였다는 확실한 증거를 제공한다. 이 상품들은 다양한 방식으로 판매되었다.

<표 4-1> 1630년 11월 30일부터 1631년 9월 30일까지
네덜란드가 판매한 다양한 상품들

상품	1630년에 저장된 양	1631년 9월 30일에 판매된 양	판매율
후추	231,074캐티	198,024캐티	85%
상아	6,412파운드	5,312파운드	82.8%
단향목	9,679캐티	800캐티	8%
정향	1,659파운드	48파운드	2%
육두구	10,270파운드	2,624파운드	25%

출처 : 동인도회사 1102, 1630년 11월 1일부터 1631년 9월 말까지
대만에서 벌어진 Comptoir Taijouan과 관련된 사건 및 소비에 관한 기록. 565V~566R.

<표 4-2> 판매되는 상품의 비율

상품	후추(캐티)	상아(파운드)	육두구(파운드)
현금 구매	35,550 (18%)	2,297 (35.8%)	552 (21%)
하문에서의 물물교환	140,574 (71%)	3,075 (47.9%)	872 (33.2%)
중국 상인 홍욱	13,600 (6%)	n.a.	1,200 (45.8%)
기타 중국 상인	8,100 (4%)	n.a.	n.a.
총판매량	197,824	6,412	2,624

출처 : 동인도회사 1102, 1630년 11월 1일부터 1631년 9월 말까지
대만에서 벌어진 Comptoir Taijouan과 관련된 사건 및 소비에 관한 기록. 565V~566R.

〈표 4-2〉를 보면 일부 중국 상인홍욱(洪旭, 감페아), 임한원(林翰遠, Hanbuan), 인결와정(印結瓦定, Ingie Watting)은 분명히 배급할 수 있는 더 많은 자본을 가지고 있었다. 그러나 그러함에도 불구하고, 네덜란드인이 판매한 열대상품 대부분은 하문만에 정박한 네덜란드 선박에 왔다 갔다 하는, 소량의 물건이나 소액의 현금을 지닌 중국 상인들의 손을 거쳐 유통되었다. 푸트만스 총독의 보고는 다음과 같다.

따라서 소량의 상품을 가지고 구룡강 하구에 오는 중국인들은 은밀하게 큰 위험을 감수하고 거래를 합니다. 그들은 결코 부자가 아닌 가난하고 이름 없는 상인이기에 회사가 지금까지 해왔던 것처럼 반드시 그들에게 외상거래를

허용해야만 할 것입니다. 그렇지 않으면, 회사는 현금으로 이곳 상품을 일부 사들여야 합니다.[16]

〈표 4-2〉의 수치를 보면 수입은 의심할 여지없이 대부분 후추 무역에서 나왔다는 것을 보여준다. 특히 하문만에서 상인들과 거래한 상품의 총액23,279테일은 32,591리알reaal에 달했다.[17] 푸트만스의 보고서에 따르면 2월 2일 이전에 은화로 약 80,000리알을 조달하였다고 한다.[18] 이러한 기록에 근거하면 네덜란드가 중국 연안에 투자한 자본 비율은 현금과 열대 상품의 비율이 약 10 : 4 정도였다고 추측할 수 있다. 이 무역에서는 바타비아에서 수입한 은화가 주를 이루었다.

이 중 정지룡이나 그의 상인들에게 얼마나 투자되었는지 확실하게 말하기는 어렵지만, 위의 분석을 통해 초기 안해-대만 무역의 초기 규모를 어느 정도 짐작할 수 있다. 상품 대부분은 소규모 상인들에게 판매되었지만 일부 기존의 유명 상인들도 분명히 참여했을 것이다. 홍욱과 정태鄭泰, ?~1663, 자는 명악(明岳), Bendiok는 안해-대만 무역에서 정지룡을 대표하는 가장 중요한 두 상인이었다. 정태는 1630년 여름 정지룡이 하문에서 안해로 이주한 후부터 고급 비단 제품의 공급을 책임졌다.[19]

정지룡의 수하로 가장한 홍욱은 저채로褚彩老, ?~?의 패배 이후 하문 주변지역에서 네덜란드인들과 거래하기 시작한 것으로 보인다.[20] 앞의 표에서 볼 수 있듯이 그의 주요 임무는 네덜란드가 수입한 열대 상품을 구매하는 것이었다. 대만의 네덜란드인이 쌀 부족에 직면했을 때, 홍욱과 정태는 식량 공급자의 신분으로 언급되고 있다. 대만 평의회의 논의 기록은 다음과 같다.

적들의 (바타비아) 포위 공격으로 인해 많은 양의 식량이 필요하다는 것을 지난달부터 우리는 이미 알고 있었습니다. 만약 그렇지 않았다면 그들이 보내온 수량은 이곳에서 우리가 필요로 하는 것에 대처하기에 충분했을 것입니다. …… 우리와 푸트만스 총독은 만장일치로 결정하여, 밀 1,200포대를 대만으로 공급받기로 상인 정태 및 홍욱과 계약을 체결했습니다. 또 대략 같은 양의 쌀을 공급받기로 했습니다."[21]

이후 네덜란드인은 하문에서 대만으로 돌아가라는 포고문이 이미 9월 8일에 내려졌다는 소식을 들었다. 거의 2주 후인 9월 20일, 그들은 안해의 정지룡에게 도움을 요청하는 편지를 보내기로 했다. 안해로부터 온 답신은 정지룡의 어머니가 전령에게 알려준 것으로서 '해마다 선박 검열을 담당하는' 관료가 도착했기 때문에 도와줄 수 없으며, 떠나 달라는 것이었다.[22] 정태와 홍욱은 모두 정지룡과 긴밀한 관계를 유지하는 것으로 묘사되었지만 실제로는 그의 직원이었다.[23] 그들은 정지룡의 협조로 획득한 면허를 지니고 대만으로 항해했다.[24] 1631년 9월 27일, 푸트만스는 관방에서 고시한 적대적 포고문을 무시하고 그들에게 후추 100피쿨과 현금 400리알을 선금으로 지급하기로 했다. 이로써 하문만에 정박 중인 동인도회사 쾌속선에서 그들이 원하는 물품과 물물교환을 할 수 있게 되었다.[25] 정지룡의 부재와 순무 웅문찬의 압박에 시달리던 네덜란드인들은 최근 몇 년 동안의 관행대로 이름 없는 상인들과 다시 거래하지 않고 점차 정지룡의 상인들과 거래하는 것을 묵인하게 되었다. 나중에 네덜란드인들은 하문의 묘박지를 떠나 만 입구에 있는 열서烈嶼라는 작은 섬으로 정박지를 옮기고 다음 상황을 지켜보았다. 상인들의

<표 4-3> 판매되는 상품의 비율

상품 가격(테일)	후추 (피쿨당 10테일)	상아 (피쿨당 55테일)	육두구 (피쿨당 50테일)	총액(테일)
현금 지불	3,555	1,035.5	226.2	4,816.7 (20.7%)
하문에서의 물물교환	14,057.4	1,386.3	357.4	15,801.1 (67.8%)
중국 상인 홍욱	1,360	n.a.	491.8	1581.8 (6.8%)
기타 중국 상인	810	n.a.	n.a.	810 (4.7%)
총 판매량	19,782.4 (84.9%)	2,421.8 (10.4%)	1,075.4 (4.7%)	23,279.6 (100%)

출처 : 동인도회사 1102, 1630년 11월 1일부터 1631년 9월 말까지 대만에서 벌어진 Comptoir Taijouan과 관련된 사건 및 소비에 관한 기록. 565V~566R. 구룡강 하구의 후추, 상아, 육두구 가격에 대해서는 1631년 11월 20일 자 다그레지스터 바타비아, 1631~1634, 52쪽을 참조. 피쿨=122파운드.

발길이 완전히 끊기자 그들은 11월에 안해와 공식적인 접촉을 시도하기로 했다. 쾌속선 비링헌Wieringen호에서 열린 대만 평의회 결의안은 다음과 같다.

평의회는······ 만장일치로 총독한스 푸트만스의 판단에 동의했습니다. 순무가 하문에 내린 포고문[우리의 모든 무역을 금지하는]때문에 이제 홍욱과 정태 외에는 아무도 감히 오지 못할 것이며, ······ 이 때문에 무역은 분명히 감소할 것입니다. 무역을 이전 수준으로 안정시키기 위해 트라우데니우스에게 6,000리알을 지참시켜 열서에서 안해로 파견하기로 동의했습니다. 그리고 정鄭부인[욕심 많은 여인]을 끌어들이기 위해 100리알 상당의 상품을 선물로 주기로 했습니다.[26]

네덜란드인들은 하문의 수군 방어부대에서 멀리 떨어진 곳으로 떠나야만 그들의 무역이 용인될 것이라는 소식을 들었던 것 같다.[27] 트라우데니우스는 임무를 마치고 돌아왔을 때 6천 리알을 대부분 생사와 금을 구입하는 데 성공적으로 사용했다고 보고했다. 또한 그는 안해에서 더 많은 상품을 공급할 수 있다고 생각했다.[28] 이 소식을 들은 열서의 네덜란드인들은 즉시 8,000리알을 안해로 투입하기로 결정하고, 남은 후추와 상아를 실은 선박을 파견하였다. 그리고 20~30피쿨의 단향목을 대만에서 열서로 가져와 상황을 지켜보았다.[29] 1월 28일, 네덜란드는 홍욱과 정태에게 각각 300리알을 주었는데, 이는 이들이 동인도 회사가 주문한 물량을 계속 공급하는 유일한 상인이기 때문이었다.[30] 이러한 막후 책략의 결과로 1632년 봄, 중국과 네덜란드 무역은 안해 상인들의 손에 넘어갔다. 대만에서 안해로의 은 유입을 자세히 남긴 기록이 없기 때문에 자본 흐름의 양은 대략적으로 파악할 수 있을 뿐이다. 알려진 것은 바타비아가 1631년 7월 1일 8만 리알을 대만으로 운송했고, 6개월 후인 1632년 1월 7일에도 약 2만 리알이 대만에 남아 있었다는 사실이다.[31] 1631년 4월에도 36,000리알이 대만에 보관되어 있었다는 증거도 있다.[32] 이 금액을 계산해 보면 1631년 4월부터 1632년 1월까지 안해 무역에 최소 96,000리알이 투자되었다고 보아도 무방할 것이다. 그리고 동시에 이 기간 일본 내 네덜란드 자본이 쇼군에 의해 동결되었다는 점을 염두에 두어야 한다. 이 금액을 1631년 2월의 현금 투자 금액인 8만 리알과 비교하면 이 추정이 타당해 보인다.

네덜란드인들은 1631년 2월부터 1632년 1월까지 안해 주변에서 176,000리알을 현금으로 지출했지만, 구입한 물품은 바로 전달되지는 않았다. 물품 대부분은 나중에 대만이나 안해에서 수령해야 했다. 1632

년 여름 계절풍이 불어오기 전에 물품 대부분을 수거할 수 있을지 확신할 수 없었다. 이 때문에 대만의 네덜란드 당국은 아직 배달되지 않은 물품을 놓칠 것을 우려해 마닐라에서 돌아오는 선박을 나포하려는 계획을 포기했다.[33] 왜냐하면 그들은 아직 도착하지 않은 물품을 놓쳐버릴까 우려하였기 때문이었다. 계절풍 시즌에 하문과 안해의 중국 선박 17척이 마닐라를 방문했는데[34] 스페인 기록에 따르면 그들은 마닐라에서 약 114,279리알을 수출했다.[35] 따라서 안해에서의 네덜란드 무역 규모는 하문-마닐라 무역과 비슷했지만 스페인이 마닐라에서 생사를 구입하는 가격은 대만에서 얻을 수 있는 것보다 훨씬 높았다. 네덜란드인들이 중국 해안에서 피쿨당 134테일로 지불하기를 꺼려하던 시기에 스페인인들은 마닐라에서 그 두 배에 가까운 360리알257테일을 지불했다.[36] 네덜란드인들이 안해에 투자한 자본의 대부분은 은화로 구성되었고, 일부는 후추 같은 열대상품으로 보충되었다.

안해 상인들은 1630년에서 1631년 무역 계절풍 기간에 하문만에서 네덜란드인들로부터 상당한 양의 후추를 구매하였다. 이후 바타비아에서 직접 후추를 구매하면 원가를 절감할 수 있다는 사실을 깨닫게 되었다. 마닐라로 향하는 항해에 필요한 선박들을 정비할 때, 그들은 바타비아 무역에 참여하기 위해 필요한 면허를 순무 웅문찬熊文燦에게 신청하는 데 도움 받기 위해 정지룡을 설득했다.[37] 적어도 1척 이상의 중국 선박이 정지룡의 이름으로 장주를 출발해 바타비아에 도착했는데, 이는 역사적 기록으로 남아 있다.[38] 따라서 네덜란드인들은 이들에게 이런 기회를 제공함으로써 정지룡이 장주 상인들 사이에서 자신의 영향력을 확대하는 데 간접적으로 도움을 주었다.

1632년 8월 무역 시즌이 열리자 네덜란드인들은 다시 중국 상인들과 거래를 시작했다. 32,000리알을 확보한 그들은 첫 번째 단계로 정지룡의 어머니와 그의 동생 정홍규를 방문했다. 그리고 이를 펑계로 8,000리알을 안해로 가져갔다.[39] 생사의 가격을 확인한 후 1632년 9월 2일에 6,000리알을 안해로 보내 홍욱과 정태에게 나눠주었다.[40] 2주 후인 9월 17일에는 대만에서 20,000리알과 후추 600피쿨을 추가로 보내기로 했다.[41] 이 금액이 10월 14일에 발송된 후 남은 자본은 61,600리알이었다.[42] 따라서 그 시즌에 중국에 투자하기 위해 최소 93,600리알의 은화를 조달했다.[43] 이 금액은 지난 2년간의 것과 거의 같은 액수였다.

일본 은의 수출은 1628년 대만에서 발생한 하마다 야헤이사건으로 인해 중단되었다가 1632년에 서서히 재개되었다. 1633년 1월 27일과 2월 21일에 일본으로 공급될 새로운 생사가 대만에 도착하였다.[44] 푸트만스 총독은 중국 상인들이 더이상 구매하지 못할 것을 우려하여 안정적인 예측에 근거하여 175,730리알을 투자하기로 했다. 2월 10일, 푸트만스 총독은 다시 무역을 하기 위해 배를 이끌고 하문만으로 항해했고, 이후 1633년 3월 초 하문만에서 바타비아로 떠났다.[45] 푸트만스 총독은 하문에서 보낸 짧은 시간 동안 안해 상인들과의 제한된 자유 무역이 다시 침해당하고 있음을 발견했다. 상인들은 어둠이 짙게 깔린 밤에만 겨우 네덜란드 선박을 찾아갈 수 있었다. 푸트만스는 도적 퇴치 임무를 마치고 안해로 돌아온 정지룡에게 연락해 네덜란드 선박이 하문만에서의 무역할 권리를 인정하도록 압박하려 했다. 하지만, 그의 노력은 헛수고로 돌아갔다. 푸트만스는 정지룡을 믿을 수 없다고 확신한 채 바타비아로 떠났고, 자신의 입장이 공고하지 못함을 느끼자 중국 당국과의 후속 협상을 중단하기로 했다. 아직 해결되지 않은 문제는 정지룡이 산지에서 돌아온 후 왜 갑자기 네덜란드의 도움을 꺼리게 되었냐는 것이다.

3. 임지 없는 유격

1631년 6월 12일, 정지룡이 해적 저채로를 무찌른 후 마침내 그토록 고대하던 무관 직위가 부여되었다. 그러나 1632년 5월 22일, 그와 그의 추종자들에게 공식적으로 관직이 확정되기까지는 거의 1년이 걸렸다.[46] 다시 말해, 정지룡은 공식적으로 관직을 부여받기까지 11개월을 기다려야만 했다. 이 시차는 정지룡의 가장 큰 지지자였던 순무 웅문찬이 정지룡과 네덜란드와의 밀무역에 대해 침묵했던 이유에 대한 설명이 될 수 있다. 그는 나랏돈으로 정지룡에게 자금을 지원해야 한다는 사실에 난처함을 느끼고 있었다. 그동안 정지룡은 "붉은 오랑캐를 저지하는 기동부대 지휘관"을 의미하는 다소 민망한 직함 '무이유격撫夷遊擊'을 받아들일 수밖에 없었다.[47]

순무가 부여한 이 임시 직함은 아직 정식 무관 지위를 부여받지 못했음을 의미했다. 이러한 불안한 상황이 정지룡이 순무의 명령에 기꺼이 복종하여 산적과의 전투에 나섰던 이유 중 하나였을 것이다. 의심할 여지없이 이러한 군사적 행동은 그 효과 중 하나가 천주와 장주 상인들의 이익을 보호하는 것이었기 때문에 필수적인 행동으로 여겨졌을 것이다. 산적들은 백성들의 생명줄인 논밭을 황폐화시켰을 뿐만 아니라 광동성과 복건성 사이의 육로를 왕래하는 상인들을 괴롭혔다. 정지룡은 개인적 이익에 있어서도 이러한 산적들로부터 영향을 받았기 때문에 산적들을 소탕할 수 있는 좋은 기회를 얻게 되어 매우 기뻐했을 것이다.[48]

약 2만 명에 달하는 도적떼[49]는 1631년 4월 광동성 동쪽 국경의 산지에서 닥치는 대로 약탈을 벌였다. 이후 복건성 남서쪽의 무평武平 마을에서 약 95킬로미터 떨어진 매강梅江계곡 근처에 모여들었는데, 하문에서 약 200킬로미터 떨어진 곳이었다. 이곳은 정지룡이 힘을 발휘할 수 있는 지역과 멀리 떨어져 있었다. 산적들은 동고장銅鼓嶂이라 불리는 고산 중턱에 산채를 세우고 진을 치고 있었다. 동고장 아래 흐르는 한강韓江을 따라 장주와 천주를 먹여 살리는 중요한 논밭이 펼쳐져 있었다. 이처럼 중요한 곳이었기 때문에 복건 순무, 남공南贛 순무 및 장남漳南 분순병비도分巡兵備道 등 세 명의 고위 관료가 정지룡의 임무를 승인한 것은 당연하였다.[50] 네덜란드의 한 사료는 정지룡이 1631년 9월 임무차 하문을 떠나 전장으로 떠났다고 전하고 있다.

최근 중국 무역은 먹구름이 잔뜩 끼였는데, 이는 정지룡과 그의 모든 병사들이 순무의 명령을 따라 산지에 요새를 강화한 일부 반란군을 소탕하기 위해 차출되어······ 그들이 하문을 떠난 지 한 달이 지났습니다. 그의 동생도 함께 출정했습니다.[51]

정지룡은 2천 명의 군사를 이끌고 복건의 서남쪽 국경에 가까운 상항上杭으로 갔고,[52] 1631년 10월 8일 한강계곡의 북쪽 끝 삼하패三河壩에 진을 쳤다. 이곳은 동고장의 동쪽에서 멀지 않은 곳이었다.[53] 산적의 우두머리인 종릉수鍾凌秀는 정부군이 공격하기에는 너무 높은 산지에 요새를 건설했다. 도적들은 한강계곡의 농지에서 식량을 약탈하고 신도新渡라는 지역 포구에서 여러 차례 세금을 징수했다.[54] 정지룡의 첫 번째 계획은 도적들의 식량 공급을 차단하는 것이었다. 이후 1631년 10월 17일 신도로 진격하여 그들을 공격했다.[55] 정지룡은 동생 정지호鄭芝虎, 1606~1635가 지휘하고 있던 500명의 소총부대만을 파견하여 야간에 기습 공격을 하였다. 산적들이 소유한 45척의 배에 불을 질러 더 이상 노략질한 재물을 적재할 수 없게 만들었다.[56] 식량이 없어 더 이상 버틸 수 없었던 산적들은 서쪽에서 내려와 매강 포구가 있는 병촌丙村으로 향하기로 했다. 이를 예상한 정지룡은 동생에게 300명의 병사를 인솔시켜 먼저 병촌으로 보내었고, 자신은 종룽수와의 마지막 전투를 위해 1000명의 병사를 더 모았다. 종룽수는 병촌에 소총부대 300명밖에 없다는 소식을 듣고는 자신의 병력이 정지룡의 병사들보다 우세하다고 판단해 즉각 공격을 감행했다. 그 장면은 아래와 같이 생생하게 기록되어 있다.

초엿새날 과연 산적 1,000명이 나타났는데, 종룽수가 친히 이들과 함께 하고 있었다. 모두가 유독 강한 정지룡의 소총부대에 대해 원한을 품고 분노하고 있었다. 이번에는 산적들도 용맹한 병사를 선발하여 정지호의 부대와 최후의 일전을 치를 준비를 하고 있었다. 정지호는 겉으로는 무장이 빈약한 척하며 진짜 병력을 숨겼다. 도적들은 우리 측 병사가 적다는 것에 속아 무리를 지어 거침없이 돌격하기 시작했다. 적들이 가까이 오자, 빗발치듯 우리 병사들의 크고 작은 소총이 갑자기 발사되었다. 도적들은 버티지 못하였는데, 부상 당한 자, 죽은 자, 도망하는 자 등으로 혼란하기 짝이 없었다.[57]

승리 후 정지룡은 지체하지 않고 모든 병력을 이끌고 동고장에 있는 산적들의 은신처를 공격했다. 11월 6일부터 8일까지 정지룡의 병사들은 도적들의 집과 식량 창고를 대부분 파괴했다. 남은 도적들은 마지막 날 4천 명을 모아 정지룡과 전투를 벌였지만 힘 한 번 써보지 못하고 모두 죽음을 맞이했다. 전투가 격렬하게 벌어지는 동안 지원부대를 이끌던 장수 중 한 명은 7.5km 떨어진 곳에 있었는데, 그는 "(동고산에서 15리 떨어져 있었는데) 하늘을 울리는 총소리와 희미한 함성만 들릴 뿐이었다"라고 증언했다.[58]

이 승리를 통해 정지룡은 전투에 참여한 장수들 사이에서 높은 명성을 얻었다. 두 배 이상 많은 적을 능숙하게 격퇴한 정지룡 소총부대의 활약에 모두 놀랐던 것 같다. 바로 이 순간이 정지룡 소총부대의 가치가 세상에 처음 드러난 순간이었다. 당시 동아시아에서는 소형 화기가 널리 사용되었기 때문에 특별한 비밀 무기로 분류할 수 없었다. 하지만, 그 시대에도 소총수를 잘 훈련 시키기만 하면 궁수보다 우위를 점할 수 있었다. 정지룡의 소총부대가 산적들을 상대로 압도적인 승리를 거둘 수 있었던 것에는 특별한 비결은 없었다. 오직 기율과 훈련에 있었다. 일본 작가 가와구치 초주川口長孺는 정지룡의 전술에 대해 다음과 같이 말했다.

정지룡은 군대를 이끌고 무평武平에서 산적 떼를 공격했습니다. 그는 모든 병사에게 소총을 소지하도록 명령하고 5명씩 조를 나누었습니다. 그들은 차례로 총을 쏘고 긴 창을 든 병사들은 그들을 방어했습니다. 이런 식으로 그들은 산적의 은신처를 파괴할 때까지 한 걸음씩 전진했습니다.[59]

정지룡은 본인 또한 매우 뛰어난 사격수였다. 1629년 가을, 이괴기李魁奇는 하문의 항구지역을 점령하고 정지룡의 배를 파괴하였다. 하지만 정지룡과 그의 부하들은 하문성벽 안에서 대치만 하고 있었다. 이괴기는 정지룡의 소총부대를 두려워하여 성벽 가까운 곳에 병력을 배치하지 못하였기 때문에 성을 포위하려는 계획을 포기할 수밖에 없었다. 전하는 바에 따르면 다음과 같이 기록하고 있다. "게다가 정지룡의 집은 하문 성 안 중심지 근처에 있었다. 그는 자신의 집을 지키기 위해 모든 노력을 다하였다. 100여 명의 해적이 성을 공격했을 때 정지룡은 2발을 쏘아 두 사람을 죽였다. 이에 충격을 받은 이괴기는 더 이상 성을 공격하지 않았다."[60] 600명의 병사를 성벽에 주둔시켜 성을 지키게 한 것은 단순히 우연의 일치가 아니었다. 아마도 병사들은 모두 소총수였을 것이다.[61] 1628년 정지룡은 네덜란드 쾌속선 베스트카펠Westcappel호를 나포했을 때, 그 배에 타고 있던 네덜란드 군인 76명을 하문에 있는 자신의 집을 지키는 부대에 편입시켰다.[62] 아마도 이들 네덜란드군을 이용해 600명의 소총부대를 훈련 시켰을 것이다. 정지룡이 처음 소유한 화승총은 1625년 그가 해상용병으로 고용되어 마닐라로 항해하는 중국 선박을 공격할 때 네덜란드 동인도 회사에서 제공한 것일 수 있다. 당시 중국의 기록에 따르면 네덜란드가 중국 선박을 습격할 때 이 화승총을 얼마나 효율적으로 사용했는지 알 수 있다.

항해에서 돌아오면 바다 가운데 배를 정박하고 1명은 돛대 위에 올라가 망원경으로 사방을 살핍니다. 상선이 눈에 띄면 배에 부착되어 있던 소형 보트 5, 6척을 바다에 내려놓습니다. 각 보트에는 6~7명이 탑승하며, 상선이 지나갈 때까지 기다렸다가 에워쌉니다. 우리가 적을 막기 위해 고개를 내밀기만 하면 그들은 총을 쏘았습니다. 한 발 쏠 때마다 한 명씩 죽었고, 단 한 발도 빗나가지 않았습니다.[63]

500~600명으로 구성된 정지룡의 소총부대는 때로는 1,000~1,500명으로 이루어진 보병부대의 지원을 받았다. 이를 통해 볼 때, 소총부대는 용병 부대의 핵심전력이었음을 알 수 있다. 1630년, 어쩔 수 없이 하문을 떠나 안해로 이주해야 했던 정지룡은 안해의 성곽을 보수하기 시작했다. 이는 안해를 곡식, 열대상품 및 은 무역을 위한 중심 도시로 건설하기 위함이었다. 이미 언급했듯이 1630년은 아마도 정지룡에게 있어 가장 수익성이 높았던 한해였을 것이다. 네덜란드 자료에 따르면 정지룡의 근거지는 1633년 초에 완공되었다고 한다. 홍욱과 정태는 모두 자신들이 안해성을 방어하는 병사들을 지휘한 장교였다고 인정했다.[64] 이제 정지룡의 천운이 따르기 시작했었고, 그는 수하들을 먹여 살린다는 원래 목표를 훨씬 초과하여 달성했다. 그는 어부 민병대를 밀수 네트워크에 통합하는 데도 성공했고, 최소 500명에서 많으면 2,000명에 이르는 사병으로 구성된 반영구적인 군대를 유지하게 되었다. 정지룡은 장주와 천주 상인들의 지리적 이익에서 조직된 수군 부대를 손에 넣었는데, 이 또한 방위군의 일부였다. 만약 복건의 순무가 불법 무역을 용인하였다면, 그것은 그가 정지룡이 밀무역의 수익금으로 병사들을 먹여 살린다는 사실을 눈 감아 줄 준비가 되어 있었다는 것을 의미했다.

정지룡의 병사들이 가져온 식량을 모두 소모하자 정지룡은 군사 활동을 중단하고 1631년 12월 잠시 안해로 돌아왔다.[65] 얼마 지나지 않아 다시 광둥성 깊숙이 산적을 추격하라는 명령을 받았기 때문에 그의 휴식은 짧았다.[66] 1632년 3월 30일, 정지룡의 군대는 마침내 매강계곡 북쪽 끝에서 종릉수를 사로잡는 데 성공했다.[67] 대부분의 병력은 4월에 안해로 돌아갈 예정이었지만, 정지룡은 5월에 강서성 깊숙한 곳으로 가서 이곳으로 도망간 잔당들을 추격하라는 명령을 받았다.[68] 이번 명령은 장남漳南의 분순도分巡道가 하달한 것이었으며, 분순도는 또한 소총수 300명에게 2개월 치 식량을 지급하는 것도 승인했다.[69] 6월 5일, 정지룡의 부대는 하문에서 약 300킬로미터 떨어진 관조산冠朝山 일대에서 산적들을 물리쳤다.[70] 정지룡 소총부대의 규모는 광둥성과 강서성에서 파견된 관군의 수에 비해 적었지만, 그들의 효율성은 이 임무에서 선봉에 설 수 있게 해주었다. 임무 수행이 막바지로 치닫고 있을 때, 복건 순무 추유련鄒維璉, ?~1635은 또 다시 정지룡을 하문으로 소환했다. 왜냐하면 하문이 광둥성 연안을 휩쓸고 다니던 또 다른 해적 유향劉香의 공격을 받고 있었기 때문이었다. 네덜란드의 한 사료는 7월 상순에 유향의 함대가 복건 해안을 공격했다고 기록하고 있다.

> 해적 유향이 약 100척의 선박으로 하문만 일대를 남김없이 약탈했다. 그는 복주의 항구에 정박해 있던 정지룡의 선박을 모두 파괴하고 사람들을 죽였다. 정지룡은 무평에서 다시 돌아와 (복주에 있던) 순무를 돕기 위해 이동했다. 그 결과 모든 교통이 차단되었고 하문만 주변의 해안지역은 불안해졌다.[71]

요컨대, 정지룡은 300킬로미터 떨어진 곳에서 임무를 마치고 돌아와 곧장 복주로 달려가 4월 25일에 임명된 신임 순무 추유련을 도왔다. 추유련은 분명히 5월 22일에 정지룡이 황제로부터 정식 직위를 승인받았다는 사실을 알렸을 것이다. 복건의 전임 순무 웅문찬은 4월 14일 광동성과 광서성의 총독으로 승진했다.[72] 정지룡은 복주지역의 법과 질서를 확립하기 위해 민강閩江 하구 밖에 위치한 섬 오호초五虎礁에 임시로 주둔지를 마련했다. 그 후 그는 '오호의 유격'으로 불리게 되었다. 유향이 복주지역에서 약탈을 일삼았기 때문에 불법 무역을 하던 선박들조차 일본으로 떠날 수 없었다. 실제로 그해에 일본에 도착한 선박은 단 4척에 불과했다.[73] 네덜란드인들은 하문만 주변의 혼란한 상황을 이용할 수 있었기 때문에 가을 동안 안해에서 정지룡의 부하들과 물물교환 형식의 무역을 방해받지 않고 계속할 수 있었다. 하지만, 변화가 곧 다가오고 있었다. 정지룡이 10월에 유향의 습격으로부터 복주를 성공적으로 방어한 후, 새로운 순무는 정지룡이 난감해할 새로운 임무를 지시했다. 이 새로운 관리는 유향의 세력을 약화시키기 위한 수단으로 해상 금지령을 시행하라고 정지룡에게 요구하였다. 정지룡은 이때 진퇴양난에 빠졌다. 그는 네덜란드와의 무역을 합법화하려고 노력해야 했다. 만약 합법화되지 않아 네덜란드인이 해적들의 든든한 지원자가 된다면, 대만 내 네덜란드 기지를 파괴하라는 명령을 받을 위험에 처할 수도 있었기 때문이었다. 그래서 정지룡은 상황이 이렇게 되는 것을 막기 위해 많은 시간과 노력을 기울였다.

해외의 붉은 머리 야만인들이 팽호澎湖열도에 자리 잡고 자유 무역을 염두에 두고 있었습니다. 나중에 그들은 대만으로 이동했지만 때때로 하문 앞바다에 배를 정박했습니다. 유련維璉은 정지룡에게 그들을 막으라고 여러 차례 충고

했지만, 이를 따르지 않았습니다.[74]

　이때 조정에서는 서로 다른 두 파벌 간에 논쟁이 벌어지고 있었다. 붉은 머리의 오랑캐가 선인지 악인지, 중국 상인들이 대만에서 그들과 무역을 해도 되는지 안 되는지를 놓고 의견이 분분했다. 정지룡은 안해 근거지 건설에 성공한 이후 네덜란드 편을 선택했지만, 조심스러운 태도로 네덜란드와의 우호 관계를 부정하는 듯 무관심한 태도를 취했다. 적어도 1633년 3월 1일 대만의 한스 푸트만스 총독이 하문만을 출발해 바타비아로 향할 때 받은 인상은 이러했다.

제5장
황실과 중국 남부 해안의 폭풍우, 1632~1633

1. 네덜란드인의 청원

1632년 여름, 정지룡鄭芝龍은 광동 해적 유향劉香의 침입을 막기 위해 복건 연해로 다시 소환되었다. 이 임무 기간, 정지룡은 복건 순무巡撫 추유련鄒維璉의 지휘를 직접 받았다. 신임 순무 추유련은 유향의 기습에 큰 충격을 받았다. 상황을 해결하기 위해, 추유련은 해금령을 재도입하는 파격적인 정책을 서둘러 시행하였다. 1632년 10월, 추유련은 자신이 실시한 강경한 정책을 북경 조정에 보고하였다.[1] 이 정책 때문에, 정지룡은 네덜란드인과의 교역을 서둘러 정리하였다. 한스 푸트만스Hans Putmans 총독은 정지룡이 갑자기 태도를 바꾸어 순무 및 장주漳州, 해징海澄, 하문廈門 등지를 수비하는 수장에 복종하는 부하가 되었다고 하면서 다음과 같이 보고하였다.

　정지룡은 우리가 이전처럼 하문이나 안해安海에 상무원을 파견하여 주둔하는 것을 거절하였을 뿐만 아니라 우리의 배들을 이곳에 정박하지 못하게 하였습니다. 게다가 정지룡은 우리가 이전에 구입하였던 목재를 인수하지 못하게 했습니다. (이러한 변화는) 신임 순무 추유련과 다른 대인들의 엄격한 감독 때문입니다"[2] 정지룡의 상인들이 갑자기 협력을 철회하자 푸트만스 총독은 혼란에 빠졌다. "한편, 그정지룡의 상인들이 가져온 상품들은 이전보다 더 많은 것 같습니다. 나는 이 (모순된) 행위가 우리들이 빨리 해안을 떠나도록 압박하고 재촉하기 위한 것인지, 아니면 (우리에게 더 많은 대가를 제공함으로써) 자신의 수익과 이윤을 도모하기 위한 것인지 알 수 없습니다.[3]

　본질적으로 정지룡은 자신의 수하 상인들이 한 임의의 행동이 자신의 뜻에 위배되었다는 인상을 심어주려고 노력하였다. 이때 정지룡은 "중국과 네덜란드 양국의 상인들이 황제 폐하에게 은혜를 구하는" 이러한 드라마의 연출자가 되었다. 정지룡은 조정이 임명한 관리라는 새로운 역할 때문에 어쩔 수 없이 중립을 유지해야 했으며, 마치 이 문제와 아무 관련이 없는 것처럼 행동해야 했다. 무대 위의 주인공은 정지룡의 상인으로 바뀌었고, 더이상 정지룡 자신이 아니었다. 정지룡은 노련하게 자신의 상인들을 통해 구룡강 하구 일대에 극적인 장면을 연출했다. 정지룡은 또한 네덜란드인들이 계속해서 우호적인 손님이 되어 행동하도록 설득하고 노력했다. 푸트만스는 동일한 편지에서 다음과 같이 보고하였다.

복주福州에서 안해安海로 돌아온 정지룡은 10월 7일, 정지룡의 대표 홍욱洪旭과 정태鄭泰를 파견하였습니다. 그들은 선물과 단향목을 가지고 와서 각하의 서한을 받았습니다. 같은 날 그들은 우리에게 적절한 보답으로 예의를 표하고, 예포를 쏘며 경의를 표했습니다. 정지룡은 적절한 의례로 우리를 맞이하고자 하는 마음이 컸던 것 같습니다. 그러나 이것은 중국의 관습에 맞지 않고, 우리와 교역하는 것은 그들의 법률을 위반하는 것이기 때문에, 정지룡은 큰 문제를 일으킬까 두려워 감히 그렇게 하지 못했습니다.[4]

정지룡은 푸트만스 총독에게 자신의 새로운 전략을 설명하려 했다. 3주 전에 보낸 개인 서한에서 정지룡은 푸트만스에게 자신의 개인적인 인맥을 통해, 장주와 대만 사이의 무역 통로를 열도록 몇몇 고위 관료를 설득하기 시작했다고 알렸다. 정지룡은 네덜란드인에게 최선의 선택은 대만에서 중국 상인을 받아들일 수 있는 합법적인 권리를 취득하는 것이라고 암시했다. 정지룡은 이렇게 말했다.

오늘날 황제 폐하는 가혹한 형벌로 통치하고 있습니다. 우리의 관습은 귀국과 많이 다릅니다. 일을 처리하면서 마땅히 어렵지 않게 알 수 있을 것입니다. 이런 까닭에 모든 것이 소원대로 이루어질 수는 없습니다. 저는 이미 최선을 다해 동인도회사가 자유 교역互市을 쟁취하게끔 장주의 여러 향관대부大夫을 설득하고 있습니다.[5]

정지룡은 중국 선박이 합법적으로 대만으로 가도록 하여, 네덜란드인 그리고 자신을 도울 계획을 세웠다. "홍천도興泉道, 청대 하문 일대를 가리키는 말의 증

앵曾櫻, 1581~1651은 장주의 거환巨宦, 영향이 있는 환관이 교역 일을 도울 것이라
하였습니다. 홍천도에서 편지가 왔는데, 사람들이 삶을 도모함에 가장
좋은 방법이 무엇인지 물었습니다. 저는 순무에게 편지를 보내어 우리
고향 사람들이 이전처럼 무역을 할 수 있는 방법을 문의하였습니다. 순
무로부터 어떤 답변을 받을지 시간이 지나 봐야 알 수 있을 것입니다."[6]

정지룡의 의도는 그가 지인들을 설득하여 지역 신사들 사이에서 '여
론'을 조성했다는 것을 암시하였다. 이 움직임의 주요 지지자는 홍천 순
해도巡海道 증앵이며,[7] 증앵은 천주 어선과 운미선運米船에 대한 모든 면허
를 발급하는 핵심 인물이었다. 증앵은 정지룡의 안해 무역과 네덜란드
와의 밀수 거래를 직접 규제하고 있었다. 증앵은 1631년 전임 순무 웅
문찬熊文燦의 추천으로 이 자리에 임명되었다.[8] 증앵은 전임 순무 웅문찬
이 정지룡의 무역을 용인함으로써 군대를 유지할 수 있었다는 것을 이
미 알고 있었을 것이다. 그러나 증앵이 정지룡과 협력한 것은 세속적 이
익에만 근거한 것이 아니라 다른 이유도 있었을 것이라고 생각할 만한
충분한 이유가 있다. 정지룡은 로마 가톨릭 세례를 받았고, 강서江西로 원
정하여 비적을 소탕하던 기간에, 순무에 의해 복주로 소환되었다. 증앵
은 복주에서 예수회 줄리오 알레니Giulio Aleni가 집전한 가톨릭 미사에 참
석했을 가능성이 있다. 당시 복주에는 이 특별한 이탈리아 신부를 중심
으로 모인 매우 활발한 지역 신자 모임이 있었다. 정지룡과 증앵도 이
특별한 모임의 일원이었다.[9]

정지룡은 편지에서 서방 각 국가의 무역 정책에 대해 좋다고 표현하
였다. 정지룡은 이들 국가의 정책이 중화제국의 폐쇄적인 정책보다 낫
다고 평가하였다. 어떤 경우였든, 신임 순무 추유련은 대만으로 항해하

는 모든 상인들에게 합법적으로 통행증을 발급할 수 있는 유일한 인물이었다. 증앵의 의견은 비록 하급 관리의 관점을 반영하였을지라도, 순무 관점에서는 설득력을 얻지 못했을 것이다. 정지룡의 편지에 따르면 또 다른 고위 관리도 그의 청탁 대상이었음이 드러났다. 동정심을 보이며 돕고자 했던 이 '거환居環'은 장주에 거주하였다. 고관의 지지가 있었기 때문에 정지룡이 감히 순무 추유련에게 전임 웅문찬의 정책을 이어받아, 현지인들과 대만에 있는 네덜란드인들과의 무역을 할 수 있게 허가해 달라고 간청할 수 있었다. 당시 장주에서 가장 높은 지위에 있었던 관료는 순안어사巡按御史 노진비路振飛, 1590~1655였다. 노진비는 실제로 순무보다 더 높은 지위에 있었다.[10]

따라서 정지룡은 순무 웅문찬의 임기 내에 네덜란드인의 무역을 허락해 달라고 조정에 청탁한 것으로 보인다. 자크 스펙스 총독에게 보낸 정지룡의 11월 6일 자 편지에 따르면, 정지룡의 이러한 시도는 모두 벽에 부딪혔다.

지금까지 우리는 총독님을 위해 무역의 자유를 얻기 위해 최선을 다해왔습니다. 우리는 항상 진심으로 도움의 손길을 내밀어 왔고 지금도 그러합니다. 그러나 황제 폐하는 중국인이 어떤 형태로든 네덜란드인과 거래하는 것을 거부하였습니다.[11]

정지룡이 추유련에게 대만으로 항해하는 선박들에게 최소한 몇 장의 통행권을 발급하라는 압박을 가했다. 이러한 상황은 신임 순무 추유련이 황제의 명령詔令을 공연하게 위배한 것을 거절하게 된 이유를 설명해

준다. 사실상 네덜란드인들은 구룡강 하구에 있는 배에서 자유무역을 하는 것을 진정으로 원하였다. 정지룡은 실망스럽게 청원이 실패로 돌아가자 다음과 같이 보고했다. "우리는 여러 차례 순무와 협상하여 동인도회사의 사업 전망에 대해 진지하게 제시하고 설득했습니다. 순무께서는 우리가 네덜란드인이 대만으로 돌아갈 것을 권유해야 하며, 그러면 (중국인 선박이 항해할 수 있는) 모든 곳에 통행증이 발급될 것이라고 대답하셨습니다."[12] 즉, 정지룡은 신임 순무와 다음과 같이 합의한 것이다. 최소한 정지룡의 부하가 대만에서 네덜란드인과 교역할 수 있도록 허락한 것이다. 홍욱洪旭과 정태鄭泰는 네덜란드인들을 맞이한 후 조정에 주청奏請하였다. 정지룡의 주장에 따르면, "즉시 (홍욱과 정태가) 폐하께 상소를 올려 (무역 촉진을 위한 통행증 확보를) 간청하였습니다. 어떤 답변을 받을지는 시간이 지나야 알 수 있습니다. (나를 비방하는 질투심 많은 사람들이 있지만) 나는 모든 사람을 공정하고 합리적으로 대하기 때문에 아무도 두려워하지 않습니다".[13]

정지룡의 생각에는 상인들의 청원이 중국과 네덜란드 무역을 합법화하는 가장 좋은 방법이었다. 그러나 네덜란드인들은 이를 의심스럽게 여겼다. 그들의 첫 번째 반대 이유는 대만에서 중국 상인들이 판매하는 비단 가격이 구룡강九龍江 하구에서 소량으로 물건을 판매하고 있는 중국 상인들의 가격보다 높을 수 있다는 것이었다. 두 번째 반대 이유는 네덜란드인들이 적어도 1630년부터 구룡강 하구에서 사업을 어느 정도 만족스럽게 운영해 왔다는 점이었다. 마지막으로, 막부의 쇼군 도쿠가와 이에미츠德川家光는 1629년부터 1630년까지 주인장朱印狀 발급을 중단하였다. 그러나 1631년 5척, 1632년에는 3척의 선박이 일본에서 출발하여 대만 북부의 스페인 식민지를 방문하였다. 1633년 1월, 중국인 선주 임성가林城哥, 林喜右衛門가 소유한 일본 선박 1척이 히라도平戶의 네덜란드 상관장 코넬리스 판 니우언로더Cornelis van Nieuwenrode가 발급한 통행증을 가지고 대만에 도착했다. 화물의 가치는 약 1만 테일tael에 달했다.[14] 이 선박은 일본으로부터 왔고, 대만에서의 비단 가격이 오를 것이라 의심하지 않았다. 이러한 모든 이유를 충분히 고려한 후, 대만 총독 한스 푸트만스는 1633년 2월 중순에 한 번 더 거래 대금을 지니고 구룡강 어귀로하구로 가기로 하였다.

푸트만스는 정지룡에게 1632년 10월의 청원에 대한 황제의 답변이 무엇인지 알고 싶어서 왔다고 설명하는 편지를 보냈다.[15] 정지룡은 즉시 답장을 보내 사소한 문제로 인해 계획의 실행이 지연되고 있지만, 그럼에도 불구하고 계획은 진행 중이라고 설명하였다.

> 무역과 관련된 일을 말씀드리자면, 저는 복주에 있을 때 이미 화물을 선박에 다 선적하였다고 순무에게 이의를 제기하였습니다. 그래서 그는 조정에 특별히 상주하였습니다. 그러나 과거 대만에 선박을 보내는 전례가 없었기 때문에, 청원은 불가하다는 유지가 내려왔습니다. 이에 대해 저는 장주의 몇몇 저명한 사람들에게 편지를 보내, 대만의 네덜란드인은 바타비아역대 중국인들이 기록한 이름 '칼라파(咬𠺕吧, 1619년 네덜란드에 점령되었고, 바타비아로 개명)' 인과 동족이라고 설명하였습니다.[16]

중화제국의 법도에 따르면, 외국인과의 모든 무역은 조공체계의 틀 안에서 이루어져야 했다. 외국 통치자들은 우주의 중심을 상징하는 중국 황제에게 경의를 표하기 위해 사절을 파견하여, 선물 교환의 연장 선상에서 무역이 이루어졌다. 참가하는 모든 외국 국가는 14세기 이후로 명단에 등록되어 있어야 했다. 16세기 이후 아시아에 도착한 유럽인들은 이 전통적 상황에서 완전한 이방인이었다.[17] 정지룽은 네덜란드가 칼라파를 대치하였다고 황제를 설득해야 하였다. 왜냐하면 중국인이 과거에 알고 있던 나라는 칼라파였기 때문이다. 정지룽의 생각은 황제에게 네덜란드가 칼라파에 기반을 두고 있다는 사실을 인식시킨 후에, 칼라파와의 전통적인 무역을 대만으로 확장하고 합법적인 지위를 얻는 것이었다. 아쉽게도 정지룽은 이에 대해 자세히 설명하지 않았고, 네덜란드인들 또한 이 결과를 기다릴 인내심이 없었다. 그들의 유일한 관심은 중국 선박의 대만 입항 여부일 뿐이었다.[18] 정지룽은 푸트만스에게 구룽강 하구와 안해 무역과 관련해 어떤 도움도 줄 수 없었다. 왜냐하면 정지룽이 다른 곳으로 발령받았기 때문이었다. 그는 이렇게 썼다.

저는 조정에서 임명한 관리이고, 황제의 명령을 받아야 하기 때문에 법에 따라 무역을 할 수 없습니다. 그래서 저는 무역에서 귀하를 도와줄 수 없습니다. 무역은 상인들의 일이므로, 귀하께서는 상인들과 함께 청원을 하여 (당신을 도와달라고) 그들을 설득해야 합니다.

귀하는 천남泉南 유격游擊의 관할에 속합니다. 개인적인 편지를 써서 방문 목적을 설명하고 상인들이 무역을 할 수 있도록 허가증을 발급해 달라고 요청해야 합니다. 편지에서 만약 거래가 허용되지 않는다면 다른 조치를 취해야 한다고 하셨습니다. 위에서 언급한 유격은 이 점을 고려하도록 하십시오.[19]

이 편지는 이전에 칼라파와 조공관계를 언급하고 있고, 네덜란드인에게 통행증을 발급하려던 정지룡의 계획이 실패로 돌아갔으며, 정지룡 자신도 다른 직책으로 옮겨졌음을 설명하는 것이었다. 심지어 정지룡은 푸트만스 총독이 보낸 선물을 위의 편지와 함께 돌려보냈다. 이러한 상황은 푸트만스 총독을 매우 놀라게 하였다. 게다가 2월 18일까지의 장부 목록 기록에 따르면, 중국 상인은 그에게 125,741길더의 빚을 지고 있었다.[20]

나흘 후, 정지룡은 또 다른 편지를 보내 푸트만스에게 청원의 결과를 알렸다. 그는 일부 고관들이 무역 합법화에 대해 강력한 반대 의사를 표명했다고 언급했다. 그들의 반대에 따라 이제 이 사건은 조공 무역을 주관하는 예부禮部의 손에 넘어가게 되었다. 추유련 순무는 문제가 해결되기 전에는 어떠한 통행증도 발급하지 않았다. 정지룡은 푸트만스에게 지금 당장 밀무역에 뛰어들면 여론이 그에게 등을 돌릴 수 있다고 경고했다. 최선의 해결책은 당분간 무역을 중단하는 것이었다.[21]

절망에 빠진 푸트만스는 네덜란드가 1622년부터 중국 관리들에게 속았다고 항의하는 장문의 편지를 썼다. 푸트만스는 이 편지를 중요한 관원들에게 모두 보냈다. 순무를 포함하여 장주와 천주의 순해도 및 하문廈門의 총병總兵과 오동澳銅의 유격에게도 보냈다.[22] 그리고 푸트만스는 3월 1일, 분노에 가득 찬 채 어떤 소득도 없이 빈 배를 가지고 바타비아로 떠났다.

2. 또 붉은 머리 오랑캐가 왔다.
중국-대만 무역을 허가한 중국 조정

아이러니하게도 정지룡의 책략이 성공을 거두기 직전이었다. 예부는
순무가 대만으로 향하는 무역 선박에 통행증을 발급할 권리를 인가하였
다. 정지룡은 이를 다음과 같이 설명하였다.

> 장주에서 가장 높은 관리가 조장潮漳, 조주(潮州)와 장주(漳州)의 순해도에게 알렸습
> 니다. 폐하께서는 이미 공문을 순무추유련에게 보내셨고, 예부에도 답을 요구
> 하였습니다. 폐하께서 이미 통행증 발급을 결정하였고, 선박이 바타비아나
> 대만을 항행할 수 있게 윤허하였습니다. 이는 동인도회사를 위해 무역의 자유
> 를 얻을 확실하고 정당한 방법입니다. [23]

이를 보면, 다른 중요한 관원인 조주와 장주 순해도도 정지룡의 편을
든 것처럼 보인다. 아마도 이 두 관리의 의견이 큰 비중을 차지하였기
때문에, 여론은 마침내 정지룡의 편으로 기울었다. 황제는 이 문제를 예
부에 맡겨 결정하도록 했다. 이제 장주 성 내에 가장 높은 관원인 순안
어사 노진비가 개입할 때가 왔다. 노진비는 이 문제에 대한 황제의 의견
을 성실히 기록하였고, 순무 추유련이 실시한 해금에 대한 지역 주민들
의 반응도 기록했다.

> 대외 무역 개방에 대해 황제는 "붉은 머리의 야만인들이 무역 권리를 얻기
> 위해 우리를 위협하고 있다. 그러나 모든 지방관이 밀수를 막기 위해, 엄격하

게 행정을 집행한다면 그들의 위협은 큰 의미가 없을 것이다. 부패한 상인들이 (네덜란드와) 은밀하게 거래하기 때문에 해안 방어 시스템에 문제가 발생했다. 조정에서 외국 무역에 대한 허가를 부여하는 것에 대해 아직 결정을 내리지 않았다. 그러나 누군가는 이 사람들이 대만보다는 루손마닐라에서 거래할 수 있도록 허용하는 것이 더 낫다고 말했다. 두 곳 모두 오랑캐지역이기 때문에, 우리가 우리 선박이 그 곳에서 무역을 할 수 있도록 통행증허가증을 발급한다면, 어떻게 그들을 통제할 수 있겠는가? 해금을 하여 발생하는 이익과 해로움을 상세하게 조사를 하고, 여러 사람들에게 자문하고 심사숙고하여 타당함을 참작하여 청원을 하도록 하라,"라고 명하였습니다. 천주의 지방 관리 계해繼偕와 장서도張瑞圖는 외국과의 무역에는 4가지 이익이 있다고 주장하였습니다. 장주의 관리 임재林宰 등은 해적들이 생겼다가 없어지는데, 외국과의 무역 여부와 관련이 없다고 말하였습니다. 신노진비은 추유련과 함께 이러한 의견에 귀를 기울였습니다. 모두가 확고한 관점을 가지고 서로 발언하고 싶어하는 것을 보고서, 대부분의 의견이 개방에 찬성하는 것으로 판단하였습니다.[24]

순무 추유련은 정지룡 측의 압력에 굴복하여 자신이 기꺼이 양보할 수 있다고 선언하였다. 하지만 특정 조건이 충족되는 경우에만 양보하겠다고 강조하였다. 네덜란드 사람은 선박을 가지고 구룡강 하구를 다시는 방문하지 않겠다는 약속을 해야 한다는 것이었다. 3월 12일, 하문의 수비守備는 네덜란드인이 그러한 합의에 만족할 것인지 확인하기 위해 공식 서한을 보냈다.

지금 중국의 관료들은 각하네덜란드 지휘관가 어떻게 반응할지 모릅니다. 따라서 그들은 이 일을 진행할 수 없습니다. 위에서 언급한 8척의 선박이 통행증을 발급 받으면 선례로 남을 것입니다. 지금 그들의 조치는 마닐라로 항해하는 선박과 동일한 것입니다.[25]

이러한 승리에 기뻐한 정지룡은 1633년 3월 23일, 한 상인에게 이 공식 서한과 함께 자신의 개인 서한을 대만으로 보내달라고 부탁했다. 정지룡은 너무 흥분한 나머지 중국 관원의 호칭에 대한 조언까지 덧붙였다.

　이 왕국의 고위 관리들에게 편지를 쓸 생각이 있다면, 해도海道, 네덜란드어 Haijtos, 제독提督, 네덜란드어 Titohous, 참장參將, 네덜란드어 Sanchangs, 유격游擊, 네덜란드어 Joukickx 등의 뒤에 '노야老爺, 네덜란드어 Lauja'라고 칭해야 합니다. 그리고 초관哨官, 네덜란드어 Tiquans, 파총把摠, 네덜란드어 Betsonghs, 수비守備, 네덜란드어 Sijpeij 등의 관직에는 '대장군大將軍, 네덜란드어 Thaijtekoij'이라고 칭해야 합니다. 만약 당신이 예의 바르게 대하면, 그들은 최고의 조력자로 무역을 옹호하고 회사에 호의를 베풀게 될 것입니다."[26]

정지룡의 마지막 문장은 모든 것을 말해준다. "이 일은 의심할 여지없이 확실합니다." 즉, 네덜란드 무역을 촉진하려는 정지룡의 노력이 성공했다는 뜻이다. 순무 추유련의 유일한 조건은 네덜란드인이 다시는 중국 해안에 어떤 선박도 파견하지 않겠다고 약속해야 한다는 것이었다. 3월 30일, 하문 수비가 보낸 한 통의 '신임장credentie brief'을 받았다. 이 서신에서 수비는 네덜란드에게 이 조건을 재확인할 것을 촉구했다. 이 서한은 순무, 순안巡按, 해도海道, 네덜란드어 Haijtos, 참장參將이 비준한 것이었다. 이 서한은 조금도 거짓이 없는 확실한 관방 문서이다. 복건성 모든 고위 관원들을 언급하고 있을 뿐만 아니라, "이전에 네덜란드 총독에게 편지를 보냈지만 아직 답장을 받지 못했습니다. 그래서 저는 이 편지를 보내 확인을 드리고자 합니다"라고 하는 내용도 첨부되어 있었기 때문이다.[27]

정지룡은 네덜란드와의 무역 합법화를 위해 할 수 있는 모든 방법을 동원하였다. 하지만, 정지룡의 노력으로 네덜란드 동인도회사와 개별 중국 상인들 간의 연락은 완전히 차단되었다. 이제 모든 무역은 중국의 부상富商들이 통제하게 될 것이고, 그들이 변덕스럽게도 대만에 통행권을 신청하지 않는다면, 네덜란드인들은 중국 시장에 진입할 방법이 없게 될 것이다. 또 다른 우려 사항은 일본인들이 대만을 계속 방문한다면, 가격 경쟁에서 일본인들이 네덜란드인들을 곧 앞설 것이라는 점이었다. 네덜란드가 선택할 수 있는 유일한 방법은 중국 당국과 정식으로 관계를 맺는 것이었다. 그리고 중국 당국이 일본 상인들의 무역 참여를 불법으로 인정하여, 일본 상인들을 배제하는 것이었다.

정지룡의 기대와는 달리, 대만의 네덜란드인들은 별로 기뻐하지 않고 모호한 대답을 하였다. 대만 총독 대행 니콜라스 쿠커바커Nicolaas Kouckebacker는 1633년 4월 6일에 "주문한 물자가 충분히 공급된 후에 우리 배는 중국 해안에서 철수하겠습니다. 앞에서 언급하였던 8척의 선박이 지정된 모든 물품을 싣고 이곳에 도착한 후에, 우리는 당신의 약속에 따르겠습니다. 귀측이 정태와 홍욱 및 다른 상인들이 우리가 주문한 상품을 가져오는 것을 허락한다면, 회사는 귀측과 우호적으로 지낼 뿐만 아니라 다른 특별한 서비스[sonderlingen dienst]도 제공할 것입니다"라고 답했다.[28]

이 편지가 안해에 도착했을 때, 정지룡은 유형劉香을 토벌하기 위해 이미 광동을 떠났을 것이다.[29] 외교적으로 말하자면, 네덜란드 총독은 하문을 지키는 수비, 유격 혹은 총병에게 답장을 보냈어야 했다. 정지룡은 하문에서 어떠한 관직도 없었기 때문이었다. 하문에서 수비, 유격과 총병은 네덜란드인이 연락을 취했어야 할 적절한 인물이었다. 천남 유격 장영산張永産은 한 통의 개인 서한을 보내와서, 대만 상관의 대리 관장인 니콜라스 쿠커바커에게 서신을 확인하도록 촉구했다.

각하께 귀중한 편지를 보냈지만 지금까지 답장을 받지 못했습니다. 관리 3명이 귀하의 답변을 듣기 위해 매일매일 하인을 (여기로) 파견합니다. 빨리 답변을 보내주십시오.[30]

이 3명의 관리는 분명히 '순무 추유련, 순안어사 노진비 그리고 순해도'였을 것이다. 몬순 계절풍의 변화가 임박했으므로, 네덜란드 함대는 언제든지 중국 연해에 다시 나타날 수 있었다. 달갑지 않은 네덜란드 함대의 도착으로 인한 재앙을 피하기 위해, 순무 추유련 등은 네덜란드가 응답하기도 전에 그들을 맞이하기 위해 선박을 보내기로 하였다. 정지룡은 5월 22일 대만에 편지를 보내 장주와 천주에서 각각 출발하는 선박 4척이 관방에서 발급한 통행증을 갖고 출발하였다는 것을 네덜란드에 알렸다.[31]

대리 관장 니콜라스 쿠커바커는 이 8척의 선박이 정말 대만에 나타날지 의심스러워, 대만의 중국 상인에게 조심스럽게 문의를 했다. 대만의 중국 상인들은 이러한 소식을 확인하며 다음과 같이 말하였다. "천주와 장주 관내管內 및 해징의 모든 성문에도 이미 고시가 붙어 있었습니다. 납세 후에 배를 타고 대만으로 가고자 하는 사람과 마닐라와 무역을 하고자 하는 사람은 모두 해양 방어 동지同知에게 통행증을 구입할 수 있습니다. 해양 방어 동지가 순무의 명으로 주는 표입니다."[32]

정지룡의 협정으로 입은 첫 번째 혜택은 중국인에게 돌아갔다. 스페인이 중화제국과 정식 외교 관계를 맺지 않았던 마닐라의 사례를 선례로 삼아, 중국과 대만의 무역은 합법화가 되었다.

3. 성문의 붉은 머리 오랑캐

정지룡의 노력에도 불구하고 불평등한 지위로 인해 합법적인 무역에 대한 권한을 부여받는데 많은 시간이 소요되었기 한스 푸트만스 총독은 이 때문에 인내심을 잃은 지 오래였다. 한스 푸트만스 총독은 1632년 10월 14일 자 17인 이사회에게 보낸 편지에서, 중국 해적이 보여준 호전적인 모습 그대로 공격할 것을 제안하였다. 왜냐하면 해적들이 이러한 호전적 전술을 사용하여, 순무가 그들의 요구를 받아들일 수 있게 강제할 수 있었기 때문이었다. 그는 "이것으로 중국인들이 얼마나 배신을 잘하고 비겁한 민족인지 여실히 드러났습니다. 당신이 예절과 문명 및 규율을 잘 지키며 그들을 대할수록 (우리가 여러 사례에서 보았듯이), 그들은 우리를 더 고통스럽게 만들고, 우리를 더 쩔쩔매게 만들고, 더 많이 밀치고 지치게 만듭니다"라고 불평했다.[33]

푸트만스는 구룽강 하구에서 중국 상인들과의 무역 허가를 얻기 위해서는 군사적 수단이 필요하다는 결론에 도달했다. 1633년 4월 푸트만스는 바타비아로 돌아와. 바타비아의 총독 헨드릭 브라우버르Hendrick Brouwer와 동인도 평의회에게 자신의 경험을 보고하고 자신이 세운 계획을 밝혔다.[34] 푸트만스가 보고한 후에 총독과 평의회는 중국과의 전쟁에 동의하였다.[35] 6월 2일 푸트만스는 6척의 군함과 4척의 쾌속선으로 구성된 함대를 이끌고 바타비아에서 장주로 향해 출항하였다.[36] 함대는 7월 5일 복건성 남부 연해의 동산도銅山島에 도착하였다. 이곳에서 6월 3일 상관 관장 니콜라스 쿠커바커가 대만에서 보낸 쾌속선 분투호奮鬪號와 회합하여, 3월부터 6월까지 진행된 모든 협상 상황을 보고받았다.[37] 7월 7일, 푸트만스는 하루 동안 숙고한 끝에 결정을 내렸다. 푸트만스는 이 소식을 정지룡의 또 다른 거짓말로 간주하였고, 더 이상 고민하지 않고 공격을 개시할 준비를 했다. 푸트만스는 정지룡이 자신의 비밀 계획을 모를 거라고 확신하였다. 이때, 5~6척의 선박이 마닐라에서 장주로 막 돌아왔다. 정지룡의 동생은 명을 받아 수척의 병선을 지휘하며 안해에서 광동 해안으로 향했다. 광동에서 새로운 임무를 맡았을 때, 대다수 선박은 해적 유향과의 두 번째 해전을 치른 이후였기 때문에, 여전히 하문의 묘박지에 정박해 있었다.[38] 푸트만스가 공격을 감행했을 때 정지룡의 부대를 공격하는 것을 목표로 삼았을 가능성이 있었을까?

푸트만스는 3척의 쾌속선을 남겨 두고 나머지 선박들은 남오도南澳島 부근에 정박시켰다. 선박들은 마닐라, 광남꽈남, 캄보디아 혹은 모든 항구에서 남오도와 구룡강 하구 사이로 돌아오는 모든 중국 선박을 추포하라는 지시를 받았다. 푸트만스는 나머지 7척의 배를 이끌고, 계획에 따라 7월 12일 날이 밝은 무렵 하문에 정박해 있던 정지룡의 모든 병선을 파괴하고자 하였다. 이 기습 공격은 네덜란드 함대에 큰 승리를 안겨 주었는데, 이는 중국 함대가 기습을 당해 전투를 준비할 시간이 없었기 때문이었다. 네덜란드 함대가 포격을 개시했을 때 25~30척의 중국 대형 병선들은 닻을 내려 정박해 있었다. 많은 중국 선원들은 상황이 절망적이라 생각하고, 곧바로 전투를 포기한 채 하문 성 안으로 도망쳤다. 전투는 하루종일 계속되었다. 네덜란드인은 마침내 3척의 대형 병선을 나포하였고, 나머지는 불태우거나 침몰시켰다. 이 모든 일이 벌어지고 있을 때, 하문 주둔군 지휘관이자 천남 유격 장영산張永産은 그 자리에 없었다. 이때 장영산은 명을 받아 최고 정예 부대로 이루어진 대다수 병선을 이끌고 천주로 갔을 것이다. 안해에 거주하고 있던 정지룡은 정비를 위해 함대를 하문에 머물게 하였다. 순해도 증앵은 하문을 지키는 5척의 대형 병선만이 네덜란드군에 의해 파괴되었다고 보고하였다. 그러나 총 10척에서 19척의 병선이 침몰되었고, 이 중 절반 이상이 정지룡의 소유였다.[39]

저녁이 되자 중국 상인 홍욱과 정태 및 하문 수비守備가 와서 푸트만스와 협상하였다.[40] 그들은 네덜란드가 왜 이러한 공격을 하였는지 의문으로 가득 차 있었다.[41] 푸트만스는 전리품에 염두를 두고 있었던 것 같다. 왜냐하면 5~6척의 중국 선박이 이미 마닐라에서 돌아왔기 때문이었다. 푸트만스는 아마도 화물을 가득 실은 5~6척의 선박을 언제든 압수할 수 있다는 희망을 품고 있었던 것 같다.[42] 마침내 열흘 후인 7월 22일, 네덜란드 함대는 마닐라에서 돌아오는 중국 선박을 나포하였는데, 선박의 화물 총 가치가 현금 27,994리알을 포함한 약 30,766리알이었다.[43] 이때 천남 유격 장영산이 하문으로 돌아왔다. 순해도가 7월 26일에 푸트만스에게 보낸 편지에는 장영산과 정지룡의 서명이 있었다. 그들은 푸트만스에게 평화를 원하는지 전쟁을 원하는지 물었다.[44] 푸트만스는 3일 후에 답장하였다. 네덜란드인이 원하는 것은 대만에서 배정된 특정 상인들과 거래하도록 제한받는 것이 아니라, 구룡강 하구에서 모든 상인들과 대등하게 자유무역을 하는 것이었다.[45]

네덜란드인이 1622년 팽호澎湖군도에 도착한 이래로 요구하였던 이러한 조건은 공식적으로 관방의 허가를 받은 적이 없었다. 정지룡은 네덜란드 측을 설득하는 데 많은 시간과 에너지를 쏟았다. 이러한 조건은 중국 조정이 받아들일 수 없는 것이었지만, 푸트만스는 고집을 부렸다. 그가 고집부린 이유는 네덜란드가 대만에서 일본 상인과 경쟁할 방법이 없다고 확신하는 것에서 나왔을 것이다. 즉, 네덜란드인이 중일무역을 확보하고자 한다면, 두 가지 선택 사항이 남아 있었다. 대만에서 일본 상인을 배제하거나 구룡강 하구에서 중국인과의 직접 무역에 참여하는 것이었다. 네덜란드인들은 거의 확신하였다. 그들이 지속적으로 중국 연해를 침입하여 괴롭힌다면 구룡강 하구에서 중국 상인들과 밀무역에 참여할 기회를 얻을 수 있다고 여겼다. 그들에게는 사람들에게 말할 수 없는 또 다른 동기가 있었다. 그들은 대체적으로 아래와 같이 추측하였다. 만약 중국 수군의 선박을 파괴하게 되면, 마닐라에서 돌아오는 모든 중국 선박을 그들이 직접 포획하여 정지룡에게는 이러한 배를 처리하게 맡길 수 있을 것이라 여겼다. 요컨대 네덜란드인은 그들이 중일무역에서 정지룡의 지위를 거의 대신할 수 있다고 믿었던 것으로 보인다.[46]

8월에 정지룡은 네덜란드와 전면전을 벌이는 것이 최선의 선택이라고 결정하였다. 하지만 여전히 실제 전투는 일어나지 않았다. 8월 24일에는 하문지역에 매우 심한 태풍이 불어 닥쳐 양측 모두 적대 행위를 중단해야 했다. 8월 30일, 강풍과 폭우로 인한 위험한 상황이 닥치게 되면서 네덜란드 함대는 하문을 떠나 동산도로 돌아갔다. 다음 날, 그들은 약 13,694리알reaal 상당의 화물을 가득 싣고 광남에서 막 돌아온 대형 선박 2척을 나포했다.[47] 이 풍성한 수확을 거둔 이후, 몬순 시즌이 점차 끝나갔고, 그들은 더 이상 화물을 가득 실은 선박을 만나지 못했다. 북풍이 점차적으로 강해지고 있었기 때문에, 그들은 10월 16일에 이르러서야 하문으로 항해할 수 있었다.

몬순 시즌 내내, 네덜란드인은 기상 악화로 인해 하문 항구를 봉쇄하려는 전략을 실행할 수 없었다. 따라서 그들이 노획한 전리품은 그들이 예상했던 것보다 훨씬 적었다. 10월 22일, 8척의 쾌속선으로 구성된 함대는 바람을 거슬러 북상하여 구룡강 하구 외곽에 이르렀다.[48] 푸트만스는 상황을 잘 알고 있었기 때문에, 정지룡의 함대가 네덜란드 함대와 싸우기 위해 지난 두 달 동안 열성적으로 새로운 선박을 모집했다는 것을 모를 리 없었다.

정지룡은 신중하게 기회를 저울질한 끝에 전면전을 택하는 대신, 1629년 게릿 프레데릭슨 더 비트Gerrit Frederikszoon de Wit를 상대로 사용했던 전술을 새롭게 채택하였다. 그는 네덜란드 함대가 하문만으로 항해하도록 내버려 둔 다음, 자신들의 배에 불을 붙여 공격하여 바다 입구를 봉쇄하였다. 네덜란드 함대가 정지룡의 150척 선박을 맞닥뜨렸을 때, 네덜란드 사람들은 중국 선원들이 필요에 따라 언제든지 배를 포기할 사람이라는 것을 생각하지 못했다. 선박에 불을 질렀고, 떠다니는 거대한 횃불로 변하였다. 네덜란드는 이어진 전투에서 2척의 쾌속선을 잃었다. 푸트만스 총독은 이렇게 적었다.

(우리는) 그들의 화선의 자살식 공격에 대항할 방법이 없었습니다. (그래서 우리는) 닻을 올리고 멀리 도망쳤습니다. …… 불어오는 바람 때문에 쿠커켄 Couckerken호는 적이 있는 함대로 날아갔고, 쿠커켄호는 탈출을 위해 최선을 다했습니다. 하지만 너무 늦었습니다. 이 쾌속선은 15~16척의 대형 선박에 둘러싸였고, 곧바로 그들에 의해 습격당했습니다.[49]

푸트만스는 나머지 5척의 쾌속선을 이끌고 팽호군도로 향했고, 그는 팽호에서 평의회를 소집해 중국과의 전쟁을 중지한다고 선포하였다.[50]

4. 황실에서 발생한 태풍의 지렛대 효과

표면적으로는 정지룽이 네덜란드의 습격으로 피해를 입은 것처럼 보인다. 하지만, 자세히 살펴보면 실제로는 이미 상당한 영향력을 가지고 있던 정지룽이 세력을 강화하는 경향이 있었음을 알 수 있다. 8월 말과 9월 중순에 발생한 두 차례의 태풍으로 인해 네덜란드 함대는 하문만을 봉쇄하지 못했다. 그 결과 네덜란드인과 중국 주둔군 간의 전투는 하문 주변에서 발생한 것이 아니라 동산도 부근에서 발생하였다.

네덜란드인이 7월 5일 동산도에 도착하였는데, 그들은 매우 침착하게 행동했다. 5일 후인 7월 10일, 그들은 쾌속선 3척만 남겨 두고 하문으로 향하였다. 그들은 시기를 기다리면서 공격을 쉽게 하지 못하였다.

정지룡의 동생이 소유한 5척의 선박이 통과 허락을 받고 광동해역으로 출항했다. 네덜란드인은 하문의 정지룡 함대를 기습하려는 의도를 숨기고자 한다면, 이런 과묵함이 바람직하다고 생각했다. 7월 12일, 그들은 동산도의 중국 수비대에 속한 선박을 공격하기 시작했다. 네덜란드 선원 티즈 헨드릭센Thijs Hendricxen은 이렇게 보고하였다.

우리는 각하 명령에 따라, 남오에 정박해 있는 배들을 파괴하기로 했습니다. 이 임무를 성공시켰습니다. 우리는 28척의 선박을 공격하여 불을 질렀습니다. 이 선박들은 대부분 병선이었고, 배에는 병사로 가득했습니다. 그들은 우리가 본격적으로 공격하는 것을 보고 곧장 육지로 도망쳤습니다."[51]

주둔군의 보고에 따르면, 이 지역 수비군은 모두 13척의 병선으로 600명의 병사를 태우고 있었다. 그들은 격렬하게 반격하였지만, 5척의 선박이 불에 탔다. 선원들은 육로를 통해 동산도 성내로 안전하게 후퇴하였다.[52] 수비군의 지휘관은 남오 부총병 정응린程應麟, ?~?이었다. 그는 정지룡보다 계급이 높았고, 순무 추유련도 정응린을 믿을 수 있는 군인이라고 매우 편애하였다. 정지룡의 군대가 푸트만스에게 하문에서 격파된 후, 추유련 순무는 이번이 정지룡을 제거하거나 적어도 정지룡에게 좋은 교훈을 줄 기회라고 생각했다. 추유련은 정지룡을 심하게 비판하면서 정지룡의 붉은 머리 야만인에 대한 관용적인 태도가 이런 불행을 초래했다고 상주上奏하였다.[53] 추유련은 또한 네덜란드 함대가 동산도가 아닌 하문에 머물렀던 이유는 정응린 부총병이 영광스러운 승리를 거두었기 때문이라고 언급하였다.[54] 추유련이 정지룡을 이처럼 미워했기 때문에, 정지룡의 네덜란드 무역 정책의 가장 중요한 지지자였던 순해도 증앵이 교체를 당하게 되었다.

만약 두 번의 태풍으로 인해 네덜란드 함대를 정응린 부총병의 방어 지역인 남오도로 오지 않았다면, 순무 추유련은 이 소원을 이룰 수 있었을지도 모른다. 결과적으로 네덜란드 함대는 광남에서 돌아오는 가치가 매우 높은 중국선 2척을 나포하였을 뿐만 아니라, 연해에서 214마리의 소도 빼앗았다.[55]

10월 22일, 정지룡이 구룡강 하구로 돌아가는 네덜란드인을 격파하자, 대중들도 정지룡을 지지하였다. 정지룡의 또 다른 열렬한 지지자였던 순안어사 노진비는 이에 대해 한 마디도 하지 않았다. 노진비는 정지룡과 정응린 부총병을 서로 비교하면서, 전자정지룡는 방어지역 밖의 다른 해역에서 전투하여 큰 고생을 했을 뿐만 아니라, 하문 수비군이 영광스러운 승리를 거두도록 도왔다고 말했다. (순무 추유련은 증앵의 추천으로 이 작전을 정지룡에게 지휘를 맡겼다) 하지만 정응린은 입증된 군사적 기량과는 대조적으로, 적군이 동산도에서 하문을 공격하는 것을 막지 못하였다. 또 네덜란드인이 방어지역을 공격할 때 제대로 방어할 수 없었다. 결과적으로 이번 사건 이후, 순무 추유련은 황제에 의해 해임되었다.[56] 그의 몰락은 일부는 조정의 붕당 논쟁 때문이었고, 나머지는 그의 비협조적인 태도가 복건 출신 관원들을 자극하였기 때문이었다.[57]

순안어사 노진비가 고발한 결과로, 조정은 군사 업무, 지방 법률과 질서 유지 등에서 나타난 순무 추유련의 무능함을 더 이상 간과할 수 없었다. 황제는 추유련 자리에 다른 사람을 임명하라고 명령했다. 아이러니하게도 이 명령은 정지룡이 구룡강 하구에서 승리하기 하루 전인 10월

21일에 내려졌다.[58] 조정은 여전히 대만을 관방이 허가한 무역 대상으로 승인하지 않았지만, 복건의 현지 여론은 대만의 상업 가능성에 대해 확고하게 믿고 있었다. 1634년 2월 이후, 순해도 증앵은 천주 상인들에게 임시 통행증을 발급하였다.[59]

공교롭게도 이와 같은 시기에, 나가사키 상관의 대리가 막부 쇼군의 승인 없이 대만을 포함한 동남아시아로 항해하는 상선에게 통행증을 발급한 혐의로 기소되었다. 그는 경미한 처벌을 받았다. 이는 일본 선박이 막부의 주인장을 획득하여도 대만에 더이상 올 수 없다는 것을 의미했다.[60] 네덜란드인이 구룡강 하구에서 자유무역을 얻기 위해 그토록 열심히 싸워야 했던 긴박감이 갑자기 사라졌다. 첫 번째 중국 선박이 대만으로 항해하면서, 정지룡에 대한 적대적인 감정은 눈 녹듯 사라졌다. 돌이켜보면 정지룡은 1633년 여름과 가을에 복건해역에서 태풍을 만났고, 조정에서 자신을 해하려는 폭풍을 접하게 되었지만, 운과 인내심으로 폭풍을 이겨내었다. 후에 이 두 차례의 변고는 모두 정지룡에게 매우 유리하게 작용하였다.

제6장
서쪽 해상을 향한 험난한 길, 1631~1636

1. 서해상에 첫발을 담그다

중국과 대만 무역의 합법화는 정지룡鄭芝龍의 공식적인 지위가 높아진데 따른 당연한 결과였던 것으로 보인다. 정지룡은 대만의 동인도회사에 직접 관여하였고 정지룡의 군대는 용병의 성격을 띠고 있었다. 이것은 그 지역 평화를 유지하고 황실과 동인도회사 그리고 복건인과의 많은 이해관계 사이에서 균형을 유지할 수 있는 매우 효과적인 방법이었다. 정지룡이 황실을 설득할 수 있었던 핵심은 바로 네덜란드인이 칼라파 사람들의 후계자라는 것이었다. 바타비아는 칼라파Kalapa의 옛 지역에 세워졌기 때문에 대만과의 무역은 당연히 옛날의 칼라파와의 무역의 연속으로 보아야 한다는 것이다. 따라서 대만 무역은 마땅히 바타비아

무역이라는 명칭으로 분류되어야 하며, 정지룡으로 대표되는 천주泉州 상인의 무역 경로가 아닌 장주漳州 또는 해징海澄 상인의 전통적인 '서해 상' 무역 경로에 포함시켜야 한다는 것이다.

　앞서 언급했듯이 1630~1932년 동안 일본 상인 하마다 야헤이濱田彌兵 衛가 대만에서 저지른 폭력 사건으로 인해 일본과의 동인도회사 무역이 중단되었다. 그러나 대만과 안해安海 사이의 급격한 무역성장은 오랫동 안 지속된 하문廈門과 바타비아 간의 무역을 추월하고 있었다. 1629년 정지룡이 복건 해안지역을 약탈하기 시작한 이래로 중국의 대외 무역은 지방 당국에 의해 금지되거나 아니면 해적들에 의해 방해를 받았다. 당 연히 이러한 혼란으로 인해 중국인들이 바타비아로 향하는 정기적 방문 역시 중단되었다. 네덜란드 기록에 따르면 1629년 말까지 2년 동안 바 타비아를 방문한 중국 선박은 한 척도 없었다.[1] 바타비아에 거주하던 중 국 상인들은 바타비아-대만-하문으로 연결되는 경로를 통해 무역하고 자 최선을 다하였다. 림라코林六哥, Limlacco는 개인 사업을 위해 사위인 보 이코茂哥, Boyco를 앞세워 대만으로 자신의 선박을 보냈다.[2] 보이코와 바 타비아의 또 다른 중국 상인 양곤楊昆, Jancon은 힘을 합쳐 대만에 있는 네 덜란드 상인들에게서 후추를 구입한 뒤 해징에서 판매하려 했다.[3] 정태 鄭泰도 이들과의 거래에 깊이 관여했다. 나중에 하문 당국의 제한과 저채 로儲彩老의 방해로 인해 무역은 점차 안해로 옮겨갔다. 그리고 한스 푸트 만스 총독은 안해지역이 동인도회사에 유용한 상품을 제공할 수 있는지 조사하기 위해 양곤을 파견하였다.[4] 정지룡과 네덜란드의 파트너십이 공고해지자 바타비아의 중국 상인들은 사업을 위해 정지룡의 상인들과 더 가까이 접촉하려고 했다.

정지룡이 해적 저채로를 물리친 다음 해인 1631년, 중국 당국은 해상 금수 조치를 완화하고 복건의 선박들이 다시 동남아시아로 항해하는 것을 허용하기로 했다.[5] 일본의 중국 상인들이 네덜란드에 전한 소식에 따르면, 봄에 5척의 선박이 바타비아로 항해할 준비를 마쳤다는 것이었다.[6] 그리고 1631년 7월, 5척의 선박이 바타비아에서 중국으로 돌아왔다. 그중 1척은 마닐라로 가는 선박 평균 화물 가치의 2배에 달하는 약 6만 리알^{reaal}의 화물을 실었다.[7] 아마도 바타비아의 중국 화교들은 이러한 수익성 높은 무역에 매료되어 네덜란드 감독하에 선박을 보내는 대신에 다른 경로를 찾아 무역을 추진하고자 하였다. 해결책은 매우 간단했다. 그들이 장사를 하기 위해 필요한 것은 정지룡의 도움을 받아 하문에서 선박을 이용하는 것뿐이었다. 이때 네덜란드인들은 해징에서 상인 2명이 정지룡을 통해 중국 정부가 발행한 바타비아로 갈 수 있는 공식 통행증을 취득하려 한다는 소문을 들었다.[8] 1632년 봄, 정지룡이 선박을 바타비아로 보내기로 결정했고, 다른 상인들의 선박도 함께 보낼 것이라는 소식이 전해졌다.[9] 그는 조카 중 한 명인 황육관黃六官[네덜란드 자료에는 'Lacqua', 'Lacknio', 또는 'Lacknia'로 나타남]을 바타비아로 향하는 3척의 큰 선박 중 1척에 태워 보냈다.[10]

황씨 가족은 아마도 정지룡 계모의 고향인 마카오 부근에 거주하던 복건 상인들 중 하나였을 것이다. 정지룡은 부모로부터 가출하여 마카오에 있는 계모의 동생 황정黃程을 만나러 갔을 때 해외 모험을 처음 시작했다고 한다. 황육관은 광동에 있는 이 황씨 가문의 한 분파와 관련이 있었을 것이다. 그는 안해에서 네덜란드와 자주 거래하는 상인 중 1명으로, 정태와 홍욱 못지않게 유명했다.[11] 4월 24일 바타비아에 도착한 선박은 거의 2달 뒤 후추 300피쿨picul과 다량의 은화, 백단향을 싣고 떠났다.[12] 불행히도 이 선박은 고향으로 가는 길이 순탄치 않았다. 너무 늦게 출발한 데다 광동 해안에 가까워지면서 몬순 계절풍의 방향이 바뀌었기 때문이었다. 더이상 북쪽으로 항해할 수 없었던 선박은 9월 2일 주강 하구에 입항했다. 선박의 이 목적지 선택은 완전히 규정을 위반한 것이었다. 왜냐하면 사전에 허가 없이 어떠한 선박도 이 강으로 항해할 수 없었기 때문이었다. 황육관이 감히 이 법을 어긴 것은 아마도 정지룡의 오랜 친구이자 전 복건 순무巡撫이었고 현재 양광 총독인 웅문찬熊文燦을 알고 있었기 때문이었을 것이다. 황육관은 고의로 황실의 규정을 어겼지만, 1년 전에 복건 순무인 웅문찬이 직접 발급한 통행증을 소지하고 있었다.[13] 시간적 거리가 멀기 때문에 확실하게 말할 수는 없지만, 마카오에 거주하는 가족들도 현지 지방 관원과 유력한 인맥을 가지고 있었을 것이다.

바타비아에서 출발한 다른 큰 배 1척은 태풍을 만나 광남으로 피신해야 했다.[14] 세 번째 배는 파타니Patani, 14~19세기에 걸쳐 말레이반도에 있었던 말레이 왕조로 항로를 바꾸었고, 마침내 주강 하구의 마카오 앞바다에 있는 상천도上川島, Sancqqan에 도착했으며 첫 번째 배와 같이 곤경에 처해졌다.[15]

1632년 봄, 선박들은 동북 계절풍을 타고 출항했으며, 동시에 정지룡은 해적 유향劉香을 습격하라는 명을 받들어 복주로 갔다. 그리고 오호초五虎礁에 머물렀다. 저채로의 패배로 황실 당국이 해상 금수 조치를 해제하자 갑자기 해외 무역에 대한 새로운 야심이 불타올랐다. 비단과 일본 은을 교환하던 복건 상인들의 밀무역은 다시 번영을 되찾았게 되었다. 이 밀수선이 일본으로 가는 길은 복건 북쪽 해안과 절강 남쪽 해안을 따라 이어졌다. 해안 마을의 상인들도 한몫을 챙겼을 것이다. 1631년 늦여름, 해적 유향은 구룡강 일대를 습격한 후 복주 연안으로 이동해 정지룡의 함대를 파괴할 계획을 세웠다.[16] 정지룡이 복주로 소환되어 오호초에 거주할 수 있도록 허락을 받은 것도 이 때문이었다. 유향은 12월 7일경 어민 민병대의 도움을 받은 정지룡에 의해 오호초 인근의 소정小埕 해상에서 패배했다.[17] 유향은 남쪽으로 도망쳤다. 복건 순무 추유련鄒維璉은 정지룡에게 추격하라고 명령했고, 정지룡은 그의 전 상관인 양광 총독인 웅문찬의 도움을 받았다.[18] 네덜란드 동인도회사의 자료 중에 1633년 2월 21일 자의 정지룡이 보낸 편지에는 두 성廣東, 廣西의 협력으로 광동 해안에서 유향을 단번에 섬멸시키려는 광동 연안의 임무가 언급되어 있다.[19] 3월 22일 정지룡은 네덜란드인에 편지를 보내 장거리 원정을 떠난다는 사실을 알렸다.[20] 그는 출항하여 마카오에서 약 70킬로미터, 광주에서 50킬로미터 떨어진 주강 하구에 위치한 전략지인 적강두赤崗頭에 정박했다. 이곳은 마카오와 유향의 근거지인 대성大星[적강두에서 북쪽으로 130킬로미터 떨어진 곳으로 동인도회사는 'Pedra Branca백초(白礁)'라고 불렀다]의 중간에 위치하고 있다. 추측하자면, 정지룡은 군사적 임무보다는 바타비아에서 돌아오는 부하들을 보호하는 데 더 신경을 썼던 것 같다.[21] 1633년 3월 25일 정지룡의 함대는 이곳 인근에서 유향을 격파했다.[22] 그러나 한 달 후 네덜란드가 중국 상인들로부터 들은 소식에 따르면, 정지룡은 결정적인 승리를 얻지 못했다고 한다. 처음에는 유향에게 공격을 당했지만, 유향의 다음 기습을 감지한 정지룡이 전세를 뒤집고 승리할 수 있었다는 것이다. 그의 함대는 승리에도 불구하고 교전 과정에서 심각한 피해를 입었다.[23] 마카오를 경유하는 서해 항로에서 무역을 진행하려면 이 승리는 그만한 가치가 있었다. 이 때문에 정지룡은 이 피해를 작은 대가라고 생각했을 것이다. 만약 그가 승리하지 못했다면 광동 해안이 그의 통제하에 있지 않았고 그의 선박들은 큰 위험에 처했을 것이다.

앞서 언급했듯이 정지룡은 함대를 이끌고 유향을 추격하는 동안 완고한 신임 순무 추유련을 설득해 대만에서 네덜란드와의 무역을 합법화하기 위해 여론을 조작할 기회를 잡았다. 그러나 거의 성공할 뻔한 이런 상황에서 한스 푸트만스 총독은 인내심을 잃고 1633년 7월 하문에서 정지룡의 함대를 공격했다. 그러나 푸트만스 총독과 그의 함대는 그해 여름에 두 차례 이상 태풍을 만나게 되었고, 10월에는 정지룡의 화선 공격을 당해야 했다.[24] 비록 네덜란드가 목표를 달성하지는 못했지만, 그들의 공격으로 유향의 함대는 다시 회복하게 되었고 정지룡에게 새로운 공격을 계획할 수 있는 시간을 벌게 해 주었다.[25]

2. 광동 해적 쫓아내기

1633년 여름, 바타비아에서 복건 남쪽 해안의 동산도銅山島로 돌아온 푸트만스 총독은 중국의 모든 항구를 봉쇄하고 하문 또는 마카오를 점령하라는 지시를 받았다. 이러한 목표를 달성하기 위해 그는 해적 유향과 동맹을 맺으라는 조언도 받았다. 이 전략은 두 차례의 강력한 태풍으로 인해 양측의 공동 작전은 좌절되었다. 나중에 푸트만스 총독이 정지룡에 의해 하문만에서 쫓겨났을 때, 유향의 함대도 그에게 어떠한 지원도 제공하지 못하였다.[26] 이는 네덜란드와 유향 간의 동맹이 탄탄하지 않았기 때문이다. 게다가 중국 측이 네덜란드의 공습을 심각하게 받아들이지 않았다는 징후도 있었다. 1633년 12월 일본에서 출발한 네덜란드 쾌속선은 정지룡과 동인도회사 사이의 갈등을 전혀 알지 못한 채 하문에 도착했다. 당시 태풍 때문에 1척의 네덜란드 선박도 새로 전개된 충돌에 대한 메시지를 일본에 전달하지 못했다. 이전의 상황대로라면 중국인은 이 쾌속선을 압수할 충분한 이유가 있었을 테지만 그렇게 하지 않았다. 대신 그들은 여러 척의 선박을 보내 이 쾌속선을 팽호澎湖군도까지 호위했다. 중국 상인 한원翰遠도 현지 중국 관리들이 대만에서 이 선박의 무역을 허용하기로 합의했다는 메시지를 안해에서 보내왔다.[27]

거의 모든 고위 관리들은 황제에게 네덜란드가 하문을 습격한 것은 해상 금지령의 부정적인 결과라고 지적하며 충심으로 상주했다. 다시 말해, 정지룡 측의 관점이 지역 신사와 고위 관리들의 열렬한 지지를 받았다는 것을 알 수 있다. 실제로 이들의 지지가 워낙 강했기 때문에 홍천興泉순해도巡海道 증앵曾櫻은 대만 무역을 하는 안해 상인들에게 임시 통행증 3장을 발급해 주었던 것이다. 이 행위로 네덜란드는 적대감을 완화하고 푸트만스는 임시 휴전을 선언하고 다음 행동을 결정하기로 했다.

불행히도 바로 이 순간 유향이 다시 주도권을 잡게 되었다. 1633년 12월 30일 이후,[28] 정지룡은 수군 일부를 광동 해안에 파견했지만 1월에서 3월 사이에 유향에게 패배했다. 1634년 3월 15일, 유향의 함대는 금문구룡강 하구에 위치 외해에서 여러 선박을 나포하였고, 귀중품을 가득 실은 상선을 팽호군도에 묶어두었다. 유향은 큰 어려움 없이 이들 선박과 귀중한 무역품을 탈취할 수 있었다. 이 중 3척은 바타비아로, 1척은 캄보디아로, 6척은 마닐라로 향하려던 배들이었다.[29] 유향의 대담한 행동으로 이제 중국 해안 전체를 봉쇄하려는 푸트만스의 계획이 실행에 옮겨졌다. 유향은 자신의 군대를 유지하기 위해 모든 전리품을 대만의 네덜란드인에 팔고자 하였다. 그 수익의 일부로 다음 공습에 필요한 대포와 화약을 네덜란드인들로부터 구입하고자 하였다. 3월 22일, 푸트만스는 유향이 요구한 무역, 숙박, 식량 등에 관해 답신을 보냈다. 그는 유향이 하문의 선박에서 가져온 전리품을 구입하는 데 동의하지 않았고, 그의 함대가 대만이나 망항魍港, 인근 정박지에 머물 수 있도록 허락하지도 않았다.[30] 그는 대포와 탄약 요청에도 반응하지 않았고, 네덜란드가 복건 관리들의 답변을 기다리는 동안 휴전을 존중할 의무가 있다고 선언했다. 이러한 태도의 변화는 유향을 당황하게 했다. 그는 8척의 큰 함선과 35척의 작은 병선을 모았지만, 정지룡의 병사와 대포가 삼엄하게 지키고 있는 하문을 감히 공격할 엄두를 내지 못했다. 게다가 그가 약탈한 물건을 네덜란드에 팔지 않는 한 아무런 이익도 얻을 수 없었다. 몬순 계절풍이 끝나고 물품을 선적할 기회가 빠르게 사라지고 있다는 사실을 깨달은 그는 600명의 해적과 함께 네덜란드 요새를 성공적으로 습격할 수 있는지 다시 한번 시험해보기로 했다. 4월 9일 새벽, 유향은 30명으로 구성된 네덜란드의 소규모 수비대를 기습하려 했지만 실패했다. 얼마 지나지 않아 해적들은 식량이 떨어져 떠나야 했다.[31] 해적들은 대성大 롯으로 돌아왔다.

5월 중순경, 정지룡의 옛 상사 이단李旦의 아들이며 유향의 일본 밀무역 파트너인 이국조李國助, Augustin가 하문에서 정지룡에게 항복하기로 했다.[32] 유향은 다시 하문을 공격했지만, 또 한 번 실패로 돌아갔다. 얼마 후 정지룡은 동산도 부근에서 유향의 군대 일부를 격파했지만 주력군은 쫓아가지 못했다.[33] 7월과 8월 사이에 비단을 가득 싣고 일본으로 향하던 포르투갈 갤리언 5척이 태풍으로 항로를 이탈하였는데 유향의 함대는 이를 나포한 큰 성과를 거뒀다. 1척은 나포되었지만, 나머지 4척은 탈 없이 그대로 항해했다.[34] 유향의 이 나포에 광동 당국이 놀랐던 이유는 아마도 과거 정지룡에게 그랬던 것처럼 유향에게 수군 군관이 될 기회를 제안했기 때문이었다. 유향은 이런 제안에 큰 관심을 두지 않았다. 양광 총독 웅문찬이 몇 명의 관원을 파견하여 그와 이에 대해 협상하고자 했지만, 유향은 그들을 모두 인질로 잡아 버렸다.[35]

이때 네덜란드인과의 협상은 완전히 결렬된 상태는 아니었고 어느 정도 진전되고 있었다. 네덜란드인은 광동 당국이 제시한 조건에 만족하지 않았지만, 중국 해적과 협력하지도 않았다. 그리고 마닐라에서 돌아오는 선박을 나포하지도 않았다. 네덜란드인이 정지룡과의 전쟁을 추진하지 않은 이유는 모험할 만큼 충분한 선박이 남아 있지 않았기 때문이었다. 바타비아의 고등 행정당국은 지원군으로 쾌속선 몇 척을 대만으로 보내기로 했다. 그러나 몬순 계절풍이 늦게 시작되어 대부분의 중국 선박들이 돌아오는 6월 말까지는 그들은 마닐라와 하문 사이의 공격을 위한 거점을 확보할 수 없었다.[36]

끝으로, 그다지 중요하지 않지만, 마지막 이유는 바로 일본의 해양 정책이 갑자기 바뀌었다는 것이다. 1634년 이후 대만을 방문한 일본 선박은 하나도 없었다. 그해 7월 12일, 한스 푸트만스 총독은 복건의 모든 고위관리들에게 편지를 보내 다음과 같이 밝혔다.

우리는 또한 (유향이 다시 그곳에 나타날 경우) 중국 제국을 위해 봉사하고 그곳의 선량한 주민들과 우리와 무역하러 오는 상인들에게 안전을 제공할 수 있도록 팽호군도에 우리 배의 일부를 정박할 계획입니다. 특히 어떤 악의적인 사람들이 우리가 어떤 불순한 동기를 가지고 왔다고 여러분께 보고하여 이간질하는 것을 대비하기 위해 이 서한을 보냅니다. 여러분께서도 아시다시피 우리는 무역이 허락만 되면 대만에서 모든 상품을 충분히 제공할 것이며, 우리는 중국 제국에 대항한 적이 없기 때문에 사악한 무리의 말을 절대로 믿어서는 안 됩니다.[37]

비록 네덜란드가 다시는 하문으로 돌아오지 않겠다는 공식적인 보장은 아니었지만, 푸트만스는 충분한 상품을 제공할 수 있다면 대만 내 중국 상인들과 무역을 하겠다고 분명히 약속했다.[38] 이 주장은 대만 내 네덜란드와의 무역 합법화를 요구할 때 황제가 순안어사巡按御史 노진비路振飛에게 요구했던 조건을 충족하는 것이었다.[39] 새로 부임한 순무 심유룡沈猶龍은 순해도 증영이 발급한 3개의 임시 통행증을 승인하고, 10월에는 자신의 직권으로 추가 면허증을 발급하기도 했다.[40]

중국-네덜란드 관계가 확고한 기반을 마련하자 안해 상인들은 바타비아로 무역을 확대하고자 하였다. 중국 상인 한원과 정지룡 소속의 정태는 즉시 푸트만스 총독에게 바타비아와 무역할 수 있는 면허를 발급해 달라고 요청했다.[41] 푸트만스는 "그들이 우리 회사에 몇 가지 서비스를 제공했기 때문에 우리는 그들을 거절할 수 없다"라며 두 장의 통행증을 발급해 주었다.[42] 1635년 2월 중순, 작은 선박 1척과 큰 선박 3척이 바타비아로 출항했다.[43]

복건 당국은 일부 관원들이 유향에게 인질로 잡혀 있다는 사실을 알게 되자, 천주 근처에 살고 있던 그의 어머니를 체포했다. 그리고 얼마 지나지 않아 정지룡이 하문에서 함대를 이끌고 유향을 공격하기 시작했다. 양측의 함대는 1635년 5월 23일 전미田尾해역에서 맞닥뜨렸다.[44] 군인, 선원, 어부 민병대 등 7천 명이 전투에 투입되었다. 전투가 격렬해지자 유향은 자신의 배를 폭파하고 배 위에서 뛰어내려 스스로 목숨을 끊었다. 정지룡은 마침내 가장 강력한 적을 제거했다.[45]

이 전투 이후 해안 항로는 안전해졌고 복건 상인들은 다시 광주와 마카오에서 하문으로 수출 상품을 운송할 수 있었다. 때마침 포르투갈과 일본의 무역이 점차 돌이킬 수 없는 위기에 빠지고 있었기 때문에, 이런 일이 일어날 수 있었다. 푸트만스가 바타비아의 안토니 판 디먼 Antonio(Anthony) van Diemen, 1593~1645, 재임기간 1636~1645 총독에게 보낸 편지에 따르면 다음과 같다.

해적 유향이 패배하고 그의 추종자 중 한 명인 코한Kouhan이 항복한 이후, 우리는 이전과 동일한 품질과 수량으로 생강, 토복령, 갈랑갈galangal, 향신료의 일종, 아연, 각종 비단, 벨벳, 우사羽紗, 낙타털과 면으로 만든 천, 차울 실크chaul silk, 인도의 차울 (chaul)지역에서 생산되는 비단으로 나뭇결 무늬가 있다, 아모르armour 실크고대 국가 호르무즈에서 생산된 실크 등 필요한 물품을 계속해서 주문했습니다. 그러나 지금까지 우리는 비단 제품과 아연만 받았습니다. 상인 한원은 해적이 소탕되었으니 이번 몬순 시즌에 선박 몇 척이 이곳으로 항해하여 위에서 언급한 물품을 반드시 가져올 것이라고 약속했습니다. 이것은 이미 우리가 받은 소식에 의해 사실로 밝혀졌습니다. 하문에서 온 일부 선박이 해적 출몰지역을 통과하여 인근지역에서

설탕을 가져 왔다고 말했습니다.[46]

앞서 언급했듯이 이 천주의 쌀을 운반하는 선박들은 광동의 동쪽 국경으로 항해하여 조주의 쌀과 설탕을 실을 수 있는 허가를 받았다. 위의 기록은 그들이 수집하는 상품이 점차 대외 무역에서 요구하는 기준에 부합하는 상품을 포함하게 되었음을 보여준다. 광주의 비단 산업은 일본이 만든 은을 마카오로 수입하여 벌어들인 돈으로 번창하고 있었다. 이 때문에 일단 대만을 거쳐 일본으로 가는 중계 무역로가 개설되면 복건 상인들의 수요도 충족시킬 수 있었다.

3. 종국을 향하여 달려가다.

1631년 대외 무역 금지령이 해제된 이후, 남중국해 주변 연안 국가를 방문하기 위해 여러 척의 복건 선박이 정비되고 있었다. 파타니로 2척, 송클라Sangora(Songkhla), 태국 남부지역로 1척, 시암으로 2척, 캄보디아로 5척, 광남으로 5척이 출항했다.[47] 총 13척의 선박이 서해상 무역로를 항해할 준비를 하고 있었다. 13척의 선박이 모두 실제로 항해를 했는지에 대한 기록은 남아 있지 않지만, 바타비아로 향하던 5척의 선박은 확실히 목적지에 도착했다. 다른 선박들도 계획대로 항해하지 않았다고 믿을 만한 이유는 없었다. 1632년 봄, 정지룡은 3척의 선박을 바타비아로 파견했고, 3척의 큰 선박과 9척의 작은 선박이 하문에서 광남으로 항해했다.[48] 바타비아로 향하던 정지룡의 선박 중 하나가 실제로 파타니로 방향을 바꾸면서 모두 13척의 선박이 전년도와 마찬가지로 항해한 셈이 되었다. 광남은 서해 항로에서 무역선들이 중국을 출발하거나 귀국한 후 방문한 첫 번째이자 마지막 기항지였다. 이 때문에 이 기록에는 다른 목적지가 아닌 광남으로 향했다고만 보고했을 가능성이 높다. 이 2년 동안 일본 선박들도 같은 지역을 방문했다. 1631년에는 일본 선박 3척이 각각 광남, 캄보디아, 시암을 방문했다. 1년 후 또 다른 선박 3척이 광남으로, 4척이 캄보디아로 항해했다.[49] 이러한 활동은 이 시기에 서해 항로에 있는 국가들에서 전통적인 중일 삼각 무역이 다시 부활했음을 보여준다.

1630~1632년 동안 대만에서 안해로 수출된 가장 환영받는 열대 상품은 후추와 상아였다. 이것의 인기는 중국 시장의 수요를 반영했다. 1633년 여름 네덜란드가 하문을 봉쇄한 기간 광남으로 항해하던 6척의 선박 중 5척이 귀국 항해 중에 나포되었다.[50] 푸트만스 총독은 이 선박에서 가져온 전리품에 대한 정확한 목록을 작성했다.

목록부록 4 참조을 보면 이 선박의 화물 적재 용량은 45~148라스트lasts, 1라스트는 1,250킬로그램에 상응한다 사이로 다양했다. 한 가지 예외를 제외하고는 모두 작은 크기의 선박이었다. 첫 번째 선박이 운반한 화물 목록을 보면 약 50라스트lasts를 적재할 수 있는 선박도 약 13,760리알 상당의 화물을 운반할 수 있음을 알 수 있다. 가장 큰 148라스트의 화물표 B의 대부분은 쌀과 흑단으로 구성되어 있었으며, 그 화물의 가치는 50라스트의 화물표 A의 4분의 1에 불과했다. 화물의 크기가 반드시 화물의 가치를 결정하지는 않았다. 화물의 부피는 대형 선박으로 운송할지 그 여부를 결정하는 요소였다. 〈표 6-1〉에서 볼 수 있듯이 대형 선박은 주로 후추와 상아를 운반했다.

〈표 6-1〉화물 총 가치에서 후추와 상아가 차지하는 비율(단위 : 리알)

	제1선박의 가치	제2선박의 가치	제3선박의 가치	제4, 5선박의 가치	총 가치
후추	5,419.5			9,980	15,399.5
상아	2,025	2,400	182.5	1,283	5,890.5
기타 상품	6,316.2	2,640	289.17	2,431.2	11,676.57
합계	13,760.7	5,040	471.67	13,694.2	32,966.57
전체 상품 중 후추와 상아 비율	54.1%	78.9%	38.7%	82.2%	64.5%

출처 : Table A, B, C, D.

이 두 상품의 합계는 5개 선박의 총 가치의 약 64.5%에 달했다. (표 D 는 2개 선박에 나열된 상품이다) 1980.24피쿨의 후추가 대만을 경유하여 안 해로 판매되었다. 이 중 대부분은 표 A선박과 표 B선박이 운반했는데, 화 물의 양은 1218.5피쿨에 달했다. 장주의 시장은 연간 약 1,000~2,000 피쿨 또는 50~100라스트의 후추를 소비할 수 있는 것으로 보인다. 1632년 여름, 정지룡은 2척의 선박을 바타비아로 파견하여 선주 육관 六官을 통해 약 300라스트 정도의 후추를 구입했다. 정지룡이 1633년 4월 이후에도 양광 총독으로부터 몰수된 화물을 받았다고 가정하면, 그 는 그 해 내내 시장의 수요를 충족시킬 수 있었다. 정지룡은 서해상의 무 역에 깊이 관여하지 않았기 때문에 네덜란드의 봉쇄가 정지룡에게 피해 를 주지 않았다. 진짜 피해자는 해상 금지령이 해제된 후 광남으로 선박 을 보냈던 장주의 상인들이었다. 1634년 가을, 광남 인근에서 2척의 선 박이 네덜란드에 의해 나포되었다. 정지룡과 그의 부하들은 이 사건으로 피해를 입은 사람들에게 동정심을 아예 보이지 않았다. 피해자들은 바로 중국 상인 한원을 통해 네덜란드에 강력하게 항의를 제기한 장주의 향관 과 신사들이었다.[51]

중국과 광남 사이의 무역은 인도차이나반도와 시암만 주변지역, 그리고 말레이반도 주변지역의 무역이 불가하거나 부족한 일부지역에서 이루어졌다. 위에서 언급한 전리품 중 일부는 원래 시암에서 구입한 것이었다. 1633년 6월 30일 광남에서 출발한 2척의 선박이 소목蘇木, 사슴가죽, 캄보디아 견과류 등 중국인들이 주문한 상품을 싣고 시암에 도착해 중국으로 돌아갔다.[52]

시암에서 판매되는 후추는 바타비아를 포함하여 다양한 곳에서 생산되었음을 알 수 있다. 예를 들어, 1633년 7월 28일에 바타비아 중국인의 배가 후추를 싣고 시암으로 항해했다는 기록이 있는데,[53] 이는 시암이 중국 상인들에게 바타비아의 대체 항구일 수 있음을 시사한다. 즉, 후추를 구매하고자 하는 중국인들을 위한 대체 항구였음을 알려준다. 정지룡은 상인이자 조카인 육관으로부터 광동지역에서 완성해야 할 임무에 대해 배웠을 수도 있다.

이 정치적 혼란기에 일본 상인들은 시암에서 광남이나 캄보디아로 피신하여 중국-광남-일본 삼각 무역의 부흥에 기여했다. 한편 시암에서 일본인이 사라지자 그 자리는 중국인이 채웠다. 1634년 봄, 장주에서 온 2척의 선박이 많은 양의 조잡한 상품을 시암으로 가져왔다. 2척 모두 큰 수익을 노렸지만, 그해 겨울 장주 선박들은 네덜란드의 공격을 피하기 위해 중국으로 돌아가는 대신 광남에 머물렀다.[54] 같은 해 유향은 하문 인근에서 바타비아로 향하는 선박들을 약탈했고, 결과적으로 바타비아에 도착한 안해 선박은 단 1척뿐이었다.[55] 1636년 3월 30일, 정지룡의 수군 군관 중 한 명이 지휘하는 선박이 다른 중국 선박에 이어 5일 만에 시암에 도착했다.[56] 이 선박은 정지룡과 안해 상인들이 장주 상인들을 희생시키면서까지 무역을 확장하고자 한 신호였다. 새로 온 이들이 거칠게 무역을 확장하려 했기 때문에 장주 상인들의 반감을 샀다. 그뿐만 아니라 새로 온 이들의 무례함과 무자비함 역시 문제를 일으킬 수밖에 없었다.

제7장
정치의 위험 그리고 위험의 정치, 1636~1640

1. 용병이 정치에 관여하게 되다

광동 해적 유향劉香이 정지룡鄭芝龍의 함대에 의해 소탕된 후, 정지룡의 개인적 노력으로 그와 몇몇 군관들이 해안 방어 부대에 편입되었다. 안타깝게도 현존하는 중국 사료만으로는 1635년부터 1640년까지 정지룡이 역임했던 모든 공식 직책을 완벽하게 파악할 수 없는 것으로 밝혀졌다. 관련 공문이 어떠한 운명을 맞이했는지는 알 수 없다. 1644년 만주족이 북경을 침공했을 때 파괴되었을 수도 있고, 그 이후 동난 중에 언제든 사라졌을 수도 있다. 정지룡이 1636년에 처음으로 도독都督으로 승진한 것은 확실하게 알려져 있다. 명 제국 군사 기관의 일반적인 원칙에 따라 군 지휘관과 통솔 부대는 군대의 다른 영역에 속했다. 군 지휘관은 특정 임무가 진행되는 기간만 그 부대를 지휘했다. 임무의 성공 여부와 관계없이 지휘관은 나중에 다른 임무에 파견되었지만 병사들은 자신의 주둔지로 돌아갔다.[1] 비장備將 계급의 모든 지휘관은 도독부都督府의 일원이었다.[2] 병사는 위소衛所라고 불리는 병영에서 민간인과 따로 떨어져 주둔하는 직업군인이었다.[3] 군인 출신은 직업적, 사회적 지위를 계승하였기 때문에 자손들 또한 군인 신분을 유지했다. 이 원칙은 황제의 권위를 위협할 수 있는 군사력이 지방 세력화 하는 것을 방지하기 위해 고안된 것이었다. 장기간의 평화가 지속되자 시스템은 점차 부패했으며 인플레이션으로 인해 생계가 어려워지자 대부분의 병사들은 위소를 떠나 버렸다.

수군 병력의 숫자는 육지에 있는 위소의 병력보다 더 빠르게 감소했는데, 이는 그들이 눈앞에서 염분 때문에 함정과 무기가 부식되어가는 것을 지켜보아야 했기 때문이었다. 장비 유지 관리가 큰 부담이 되어 탈영이 늘어났다. 16세기 후반 해안 방어 병력이 급격히 줄어들었기 때문에 해적이 기승을 부렸고, 지역 관리들은 민병대를 조직하기 시작했다. 유향이 복주를 한창 약탈하고 있을 때 황실의 한 관리가 민병대를 재조직하고 새로운 해안 방어군 체계로 통합할 것을 제안했다.[4] 즉, 민간인과 세습 군인 계급 사이의 장벽은 불변하는 것이 아니었고 예외적인 상황에서는 무너질 수 있었다. 이러한 상황은 어부와 민병대의 유능한 병사들이 정지룡의 지휘 아래 해안 방어군에 쉽게 포섭될 수 있었던 이유를 설명해 준다. 유향이 패배한 후 정지룡에 소속된 많은 병사와 수군 지휘관들은 공식적인 관직을 부여받고 군인의 길을 걷게 되었다.[5]

정지룡의 눈부신 군사적 승리는 그가 뛰어난 군사 전략가였다는 것을 설명해 준다. 그는 제국의 제2 수도인 남경의 전군도독前軍都督으로 임명되었다.[6] 이는 그의 경력에서 중요한 전환점이 되었다. 이 직책에서 그는 더 이상 순무에게 종속되지 않고 황제 직속으로 근무했다. 그는 여전히 순무의 조언을 듣고 특정 명령에 복종했지만, 조정의 명령이나 황제가 직접 승인하지 않는 한 순무는 그를 해임할 수 없었다. 대만의 네덜란드인들은 한원翰遠이라는 화교 상인으로부터 다음과 같은 소식을 들었다.

> 화교 상인 한원은 중국 상인을 통해 정지룡이 복건의 제독네덜란드어 Toutock이 되었다는 소식을 전해주었습니다. 그는 여덟 명이 드는 가마를 탈 자격이 있습니다. 순무와 정지룡을 제외하고는 누구도 그런 영광을 누릴 수 없습니다. 그가 평계를 대어 황제를 알현하지 않고 대신 자신의 수하 중 한 명을 (북경으로) 보냈을 때도 (황제는) 이러한 무례한 행동을 용인했습니다. 그 결과 사람들은 정지룡이 이제 정치적으로 거물급 인사가 되었다고 말했습니다.[7]

순무는 더 이상 정지룡의 지위를 위협할 수 없었고, 정지룡은 황제가 복건에서의 자신의 영향력을 인정한다는 사실을 알고 안심할 수 있었다. 새로 모집된 수군은 모두 정지룡의 부하들이었고, 심지어 정지룡이 직접 군비를 대기도 하였다. 그의 입지가 워낙 강했기 때문에 병사와 지휘자 간의 유착을 최소화하도록 설계된 위소 제도와 거리를 둘 수 있었다. 게다가 남오南澳의 부총병副總兵, 명나라 초기 변경지역을 수비하는 군대의 지휘관이라는 직책으로 장주漳州에서 광주廣州까지 이어지는 연안해역을 통제할 수 있게 되면서 그는 거주지를 남오도로 옮겼다. 그는 한동안 직책을 유지했고, 이후 여러 차례에 걸쳐 복건과 광동의 총병으로 승진하여 1644년 만주족이 북경을 침공할 때까지 이 직책을 유지했다.[8]

정지룡은 네덜란드 동인도회사의 깃발 아래에서는 해상용병으로 활약했다. 이후 복건 순무의 명령을 받들어 해적 토벌 작전에서도 눈부신 활약을 하였다. 정지룡은 또한 쇠락한 명 제국이 제도적 기능을 상실했을 때, 여러 차례 탁월한 용기와 뛰어난 전략으로 이에 잘 대처했기 때문에 특별히 예외적인 대우를 받았다. 그러나 그럼에도 불구하고 정지룡은 제국의 해안 방어 시스템이나 해상 무역 시스템에 혁신을 도입하지도 않았고, 새롭거나 다른 제도를 만드는 데 자신의 재능을 쏟아붓지도 않았다. 그는 단지 주변 사람들에게 자신만이 사방에서 닥친 문제를 해결할 수 있다는 것을 알게 했을 뿐이었다.

남중국해지역에서의 동시대 인물들과 비교했을 때, 정지룡은 그리 특별한 인물은 아니었다. 다른 용병들도 다른 통치자 아래에서 일정한 경제 지위를 독자적으로 확보하는 데 성공한 적이 있었다. 일본 용병들은 이미 시암에서 그런 특권적인 지위를 누리고 있었다. 16세기 후반, 일본 선박은 시암을 포함한 동남아시아 국가로 진출하기 시작했다. 그들을 끌어들인 것은 시암과 일본 간의 사슴가죽과 은의 무역이었다. 이 거래는 수익성이 매우 높았기 때문에 일부 일본 상인들은 시암에 정착하여 이 무역에 전념하기로 했다. 총기와 검을 사용하는 군사기술에 아주 뛰어났기 때문에 일본 병사들은 시암 왕의 경호원으로 임명되었다. 그 결과 17세기 초에는 시암의 수도 아유타야Ayutthaya에 약 500명의 일본인이 거주하고 있었다. 이들 중 일부는 시암 국왕과 일본 막부의 공동 보호 아래 주인선朱印船 무역으로 알려진 시암과 일본 간의 무역에서 특권을 누렸다. 16세기 후반, 일본의 중앙 권력이 여전히 취약한 상태였기 때문에 이 무역이 가져다주는 번영은 다이묘들 간의 경쟁에서 이긴 자가 획득하는 전리품으로 여겨졌다. 이러한 상황은 1600년 세키가하라 전투 이후 일본 전체가 도쿠가와 통치하에 통일되면서 바뀌었다. 일본의 통일로 인해 많은 외국 상인들이 더욱 엄격하게 통제되었다.

야마다 나가마사山田長政라는 일본 사무라이가 1621년 시암으로 돌아온 뒤 일본인 사회의 수장으로 선출되었다. 같은 해에 그는 일본과 시암 두 나라 사이의 조공무역을 체계화하는 일을 맡기 시작했다.[9] 두 국가 주권자 사이의 중재자로서 그는 시암의 송탐Song Tham 국왕이 부여한 정치적 호의를 누렸다. 그러나 1628년 국왕이 사망하고 왕위 계승 투쟁이 시작된 후 선왕의 호의는 그를 어쩔 수 없이 시암의 궁정 갈등에 휘말리게 하여 독이 든 사과로 판명되었다.[10]

2. 정치의 위험 시암 국왕이 광동 무역에 뛰어들다

조공체제하에서 무역의 정당성은 왕권의 정당성과 불가분의 관계에 있다. 이는 제도적으로 공고하였기 때문에 일본 용병들은 합법적인 왕위 계승자의 편에 서려고 노력했다. 그들의 꿈은 1629년 9월 프라삿 통Prasat Thong이 왕위를 찬탈하여 국왕으로 즉위하면서 마침내 무너지고 말았다. 야마다가 새 통치자 밑에서 리고르Ligor 총독으로 임명되었지만,[11] 이듬해 여름 독살당했다. 그가 죽은 후 새 왕은 아유타야의 일본인 구역에 불을 지르라는 비밀 명령을 내렸다. 이 무자비한 파괴 행위로 인해 1630년 9월 일본인들은 캄보디아로 피신하거나 일본으로 돌아갈 수밖에 없었다.[12] 일본 용병의 위협은 제거했지만, 이 행위로 인해 수익성 높은 일본과의 무역도 잃게 되었다. 이 때문에 새로운 왕은 곧 제 발등을 찍었다는 사실을 깨닫게 되었다. 왕위를 찬탈한 자가 왕이 되었다는 소식이 말레이반도의 시암 가신들에게 알려지자 큰 혼란이 일어났다. 파타니Patani, 페구Pegu, 미얀마 페구강 유역의 왕조, 캄보디아 등 주변 국가들도 이 정통성 없는 왕의 권위에 도전하며 모두 전쟁을 선포했다.[13] 전쟁 자금을 채우기 위한 비용이 폭발적으로 증가함에 따라 대외 무역을 통해 획득한 수입이 차지하는 비중은 더욱 커지게 되었다. 이러한 상황 때문에 찬탈자 왕은 중국 및 일본과의 무역에 새로운 활력을 불어넣을 새로운 조치를 서둘러 통과시키고자 하였다. 그 결과 1631년 시암의 조공선이 주강 하구에 도착했다. 하지만 전년도 시암 왕이 포르투갈 선박을 나포한 것에 대한 보복으로 마카오 당국에 의해 즉시 압수당했다.[14] 이러한 어려움에도 불구하고 시암 사절단은 결국 1634년 중국 황제에게 조공을 바치는 것이 허용되었다.[15]

한편, 중국 연안을 휩쓸고 있던 해적의 약탈로 인해, 중국 선박은 1628년과 1630년 동안에 이전처럼 장주에서 시암으로 운항할 수 없었다. 1631년 복건에서 해상 금지령이 잠시 해제되자 2척의 선박이 시암으로 항해하기 위해 준비되었지만, 1척만 도착한 것으로 보인다.[16] 2년 후인 1633년, 2척의 중국 선박이 광남에서 시암으로 항해했고[17] 시암 왕도 동시에 광주로 보내기 위해 왕실 소속 선박을 준비했다.[18] 중국 조정 기록에 두 해 모두 북경에 사절단이 있었다고 언급되어 있기 때문에, 사절단은 1634년과 1635년 사이에 시암으로 돌아왔을 것이다.[19] 왕위를 찬탈했음에도 불구하고 프라삿 통 왕은 조공무역을 완수하였기 때문에 정통성을 재확인할 수 있었다. 그 후, 왕은 대외 무역에 전념했다.

1634년 광동 관리들이 과거 정지룡에게 했던 것처럼 유향을 투항시키고자 노력하고 있을 때, 정지룡과 유향 사이에 짧은 휴전이 체결되었다. 중국 선박 2척이 시암을 방문하여 필요한 화물을 충분히 확보할 수 있었다.[20] 하지만 이 평화는 단기간에 그쳤다. 왜냐하면 1635년 정지룡은 다시 유향과 싸우는 데 관심을 집중했기 때문이었다. 복건과 광동의 연안 해역은 모두 잠재적인 전쟁터였기 때문에, 항로가 다시 확보될 때까지 시암으로 항해하는 위험을 감수하는 선박은 더이상 없었다. 정지룡은 유향을 제압하는 과정에서 조정에서 내린 해상 금지령을 철저히 지켰다. 실제로 대만의 네덜란드인에서 나온 정보 또한 더이상 시암으로 향하는 해적선이 없다고 하였다.[21] 1636년 봄, 유향의 군대가 대부분 붕괴된 후 마침내 장주에서 출발한 중국 선박 2척이 시암에 도착했는데, 이 중 1척은 정지룡의 상단에 소속된 선박이었다.

장주에서 온 첫 번째 선박은 선장 묘야卯爺, Bouwija의 음역가 지휘하고 있었다. 그는 기회를 타서 배를 띄웠고 3월 25일 마침내 방콕에 도착했다. 묘야는 1635년 네덜란드에 바타비아로 항해할 수 있는 통행증을 신청했다. 신청은 바타비아의 화교 대표甲必丹, 화교사회의 지도자. 네덜란드어 'kapitein'의 음역으로, 본래 의미는 '수장'이며, 영어 'captain'과 어원이 같다 소명강蘇鳴崗, Bencon을 통해 이루어졌고, 총독은 정식으로 통행증을 발급했다. 1635년에는 해상 금지령이 엄격하게 시행되었기 때문에 묘야는 자바 방문 계획을 연기해야 했다. 시암의 네덜란드 상관에서는 그가 이 통행증을 시암 무역을 교란하기 위한 장치로만 사용했다고 의심했지만, 그가 오래된 통행증을 이용해 시암까지 항해하는 것을 막지는 못했다. 그는 이상하리만큼 서둘러 모든 상품[대부분 조잡한 그릇]을 아주 싼 가격에 팔아치웠는데, 시암 상인들은 네덜란드인에게서 동일한 상품을 다시는 구매하지 않을 정도였다.[22]

묘야는 도착한 후 고급 도자기와 비단 직물로 구성된 매우 호화로운 화물이 도착할 예정이라는 소문을 퍼뜨렸다.[23] 묘야는 얼마 후 도착한 정지룡의 선박에 대해 몇 가지 고약한 속임수를 썼다. 그가 시암에서 정지룡의 무역을 망치려는 의도였는지 아니면 단순히 말이 너무 많았던 것인지는 알 수 없다. 그가 오래전부터 무슨 속셈을 가지고 있었는지 상관없이, 시암 왕도 다음 광동 무역 원정을 준비하느라 바빴고, 이 소식은 왕실 소속 상관을 아주 당황스럽게 만들었다. 5일 후, 선장 오닝吳娘. Ghouneeuw의 음역이 지휘하는 선박이 마침내 도착하자 왕실 상관의 담당자는 즉시 왕실 근위대를 파견해 선박을 압류하였다. 그리고 선장은 왕실 상관 밖에서는 물건을 팔 수 없다고 선언했다.[24] 네덜란드인은 이 사건을 다음과 같이 기록했다.

이 선박이 방콕에 도착했을 때 국왕의 군사들이 엄격하게 감시를 하였으며, 선주는 아무리 작은 물건이라도 왕실 상관 밖에서는 감히 개봉하거나 판매하지 말라는 명령을 받았습니다. 그러나 해적이자 정지룡 휘하의 선장이었던 이 선주는 평상시와 다른 이런 접대에 굴복하지 않았습니다. 닻을 올리고 묘박지를 떠나면서 자신이 가져온 모든 것을 기꺼이 바닷속으로 던지겠다고 선언하였습니다. 그리고 시암인이 이런 식으로 일을 처리한다면 시암 재산의 손실을 가져다주는 복수를 하겠다고 큰소리쳤습니다.

시암의 군사들은 그런 위협에 겁에 질렸습니다. 방콕 총독은 선주가 돌아오게 설득하기 위해 직접 그의 모든 선박을 이끌고 중국인 통역사를 대동하여 중국 배가 있는 곳으로 갔습니다. 방콕의 총독은 선주에게 모든 지원과 호의를 베풀고 (원하는 대로) 화물을 팔 수 있는 자유를 약속했습니다.

선주는 그 약속을 수락하고 돌아와 상류로 항해했습니다. 그러나 이 배는 아유타야의 길목에 도착하자마자 다시 왕실 경비병에게 나포되었습니다. 중국인들은 다시 왕실의 상관 밖에서는 누구에게도 상품을 팔지 말라는 명령을 받았습니다. 선주는 인내심을 잃었지만 입을 굳게 다물고, 배에는 생사와 비단 제품이 없다고 주장했습니다. 왕실 상관 담당자는 이런 양면 작전을 통해 선주를 함정에 빠트렸습니다. 경솔한 국왕은 선주를 감옥에 가두라고 명령을 내렸습니다. 그리고 승선하여 명령을 수행하도록 조사관 몇 명을 파견했습니다.

선주와 그의 선원들은 운이 좋았습니다. 왜냐하면 구룽 루이歐龍 樓雅[올롱 치앗Olong Tziat, 시암에 거주하고 있었으며 궁정의 관원으로 왕에게 영향력이 있었다라는 중국인이 배에 타고 있었고 선물을 건네며 (개입하지 않도록) 조사관들을 설득했기 때문이었습니다. 그들은 저녁 동안 배에 머물러 있었지만 아무것도 조사하지 않았습니다. 나중에 그들은 직접 입궐하여 경과를 보고했습니다. 왕은 조정의 관료들에게 공정한 위원회를 구성하여 이 문제를 조사하라고 명령했습니다. 모든 정보를 자세히 조사한 결과 선주는 무죄이며 왕의 주장이 근거가 없다는 것이 밝혀졌습니다.

그럼에도 불구하고 선박은 이전처럼 계속 감시를 받았고, 감시가 너무 엄격해서 중국인들은 조잡한 도자기라도 팔 수 없었습니다. 하지만 선주는 간수들에게 몇 푼의 동전을 주어 중국 맥주를 사서 때때로 술을 마실 수 있도록 했습니다. 이런 식으로 그는 자신의 고급 도자기를 무슬림 상인들에게 매우 높은 가격에 몰래 팔았습니다.

교활한 왕실 상관 담당자들이 예상보다 낮은 수입에 좌절감을 느꼈을 때 아래와 같은 일을 발견하였습니다. 그들은 왕 앞에서 선주를 폄하하고 복수하기 위해 가능한 모든 기회를 모색했습니다. 그러던 중 선주의 선원 중 한 명이 다른 중국인궁정의 은세공인과 도박을 했다는 사실을 알게 되었습니다. 선원은 판돈을 모두 잃고 은세공인을 구타했습니다. 서로 실랑이를 벌이는 동안 (왕을 위해 만든) 은 조각상을 떨어뜨려 깨트렸습니다. 이에 은세공인은 (왕실 상관 담당자의 부추김을 받고서) 새로 도착한 중국인들이 폐하의 조각상에 불경한 짓을 저지르고 자신에게 위해를 가했다고 국왕에게 고발하였습니다.

국왕의 명령에 따라 선주는 대법관 앞에 출두하라는 소환을 받았습니다. 그는 (아무것도 모른 채) 항구 담당자와 통역사를 대동하고 평상복 차림으로 나타났습니다. 그는 곧바로 일행들과 함께 감옥에 갇혔습니다. 대법관은 선원 모두를 소환하여 제대로 조사할 수 있게 해달라고 요구했습니다. 이러한 요구를 선주는 정중하게 거절했습니다. 자신만이 이 싸움을 알고 있으며, 그의 선원 중 누구도 그 싸움에 대해 알지 못하며 그들이 부당한 강압을 받지 않게 하겠다며 공언했습니다. 한편 은 세공인과 그 무리들은 선주가 국왕의 명을 따르지 않는다고 악랄하게 비방하였고, 분노한 국왕은 선주와 그의 모든 선원들에게 사형을 선고하고 화물을 몰수하여 왕실 상관으로 가져가도록 명령하였습니다.[25]

이 성급한 판결은 집행되지 않았고 선주와 그의 승무원은 며칠 후 석방되었다. 이로써 시암 왕실에서 벌어진 협잡에서 정지룡의 선박이 강탈당하지 않고 위험에서 벗어날 수 있었다. 이 사건은 현지 관원의 도움으로 전세가 역전된 사례로, 궁정에서 중국인의 영향력 성쇠가 권세가 있는 대부들과 어떻게 관련되어 있는지를 보여주는 한 가지 예일 뿐이다. 같은 해 대만과 시암에 있는 네덜란드 상관은 현지 상품의 가격을 기록했다. 이 목록은 선박이 시암으로 항해할 경우 광남보다 더 높은 가격을 기대할 수 있었음을 보여준다.

〈표 7-1〉 1636년 시암산 상품의 예상 수익

	시암의 가격(단위 : 시암 테일/피쿨)	중국에서의 예상 수익
캄보디아 견과류	1.2~1.4	500~600%
셸락	13.5~14	200~500%
시암 사슴가죽	20~22(100개당)	200~300%(코친차이나에서)
빈랑	12~16마스(maas)/피쿨	170%~230% (코친차이나, 장주, 광주에서)
물소 뿔	4~6	100%(파타니)
등나무	14(100개당)	100%(파타니)
납	3.33테일/피쿨	100~130%(코친차이나에서)
제비집	2~2.5(캐티)	「80~90%(파타니)
상아	50(2개당) 48(3개당) 44(4개당)	50~60%
장뇌	7~14	50~60%(파타니로부터)
새 깃털	4	40~60%
제비집	4 1/2 5(3~4,000개당)	

출처 : VOC 1119, *Missive van den coopman Jeremias van Vliet in Siam aen den gouverneur generaal Van Diemen in Batavia*, Siam, 13 Nov. 1636, fos. 1278~1280.

앞서 언급했듯이 안해 시장에서 가장 귀한 상품은 후추와 상아였지만, 이 상품들은 중국인들이 생각했던 것만큼 쉽게 구할 수 있는 것이 아니었다. 1636년에 도착한 선박들은 이러한 상품을 대량으로 확보할 수 없었다. 예상했던 후추와 상아 대신 셸락shellac, 곤충에서 얻은 천연 수지로, 주로 광택제, 코팅제, 밀봉제 등으로 사용과 같은 다른 고가의 상품을 실었다. 그 결과,

적지 않은 셸락이 대만의 화물 창고에 판매되지 않은 채로 남아있었다. "왜냐하면 시암, 캄보디아 및 기타 지역의 중국 선박들이 광주 시장으로 가져왔기 때문이었다."[26]

시암에서 피쿨picul당 24리알에 구입한 셸락은 광주에서 이 가격의 3배가 조금 안 되는 60리알에 판매할 수 있었다.[27] 피쿨당 6리알에 구입한 납은 광주에서 이보다 두 배 이상 비싼 피쿨당 15리알에 팔렸다.[28] 이러한 거래 수치는 시암 시장이 광동 시장과 어떻게 상호 연결되었는지를 보여준다.

〈표 7-2〉 중국과 시암의 선박 무역

	장주에서 온 선박	시암국왕이 광주로 파견한 선박
1634	2[29]	0
1635	—	—
1636	2[30]	3[31]
1637	3[32]	0
1638	1[33]	0
1639	1[34]	0
1640	—	—
1641	1[35]	0
1642	0	3[36]

1636년 여름, 시암의 조공 사절단이 북경에 도착했다. 시암 왕과 그의 형제는 13,000피쿨의 소목蘇木과 기타 고급 화물을 실은 대형 선박 3척을 광주로 보냈다.[37] 불행히도 3척 중 1척에서 반란이 발생하여 선주는 캄보디아해역에서 선원들에게 살해되었고, 선박도 캄보디아 당국에 압수되었다.[38] 1635년 시암에서 출발한 시암 사신은 중국 황제의 조서일명 금책를 갖고 1639년 마침내 귀국했다. 중국 사절단도 동행하여 선물을 전달했다. 이 조서는 중국 조정이 새로운 시암 왕을 공식적으로 인정했음을 암시했지만, 중국 황제의 선물은 그다지 풍족하지 않았다. 게다가 중국 사절단은 시암 왕에게 무역을 통해 이익을 보려 하는 욕구를 억제하라고 말하기까지 했다.[39] 1642년, 왕과 그의 형제는 다시 한 번 화물을 가득 실은 선박 2척을 광주에 보냈다.[40] 중국 기록에 따르면 1643년 시암 사신이 북경

에서 황제를 만났다고 한다.[41] 시암 국왕이 광동 무역에서 성공적으로 틈새 시장을 개척한 이후, 장주나 안해 출신의 복건 상인들은 더 이상 시암의 수익성 있는 무역에 뛰어들지 못했다.

장주 상인들은 광주 무역에서 시암 왕과 사소한 충돌이라도 피하려 했다. 왜냐하면 자신들이 구매하고자 하는 물품은 왕의 상관을 통해서 만 구할 수 있었고, 신중함이 언제나 무모함보다 낫다는 것을 완벽하게 알고 있었기 때문이었다. 1637년, 3척의 장주 선박이 중국에서 출발하 여 시암에 나타났을 때, 왕의 상관은 이번에는 소목만 구매하도록 제한 을 두었다. 네덜란드인은 다음과 같이 기록하고 있다.

선주는 납, 상아, 셸락, 후추 또는 서각을 구할 수 없었습니다. 왜냐하면 바로 며칠 전 왕이 왕실의 상관 담당자 외에는 그 어느 누구도 이러한 물건을 판매하는 것을 금지하였기 때문이었습니다. (특히 새로 온 중국인에게 판매하는 것을 허가하지 않았습니다) 선주 역시 왕의 상관 담당자 외에는 누구에게서도 이러한 상품을 구매하지 말라는 명령을 받았습니다. 이러한 이유로 특히 자본이 부족했기 때문에 이 선박들은 소목만 구입해야했습니다.[42]

결국 12,000피쿨 이상의 소목만 장주로 수출되었다. 이러한 상품은 장주 상인들이 애초에 기대했던 것과 완전히 상반되는 것이었다. 그들 이 무엇보다도 원했던 것은 후추였지만 구할 수 없었다. 반란을 일으킨 육곤왕六崑王과 시암 왕 사이의 전쟁1631~1636으로 시암의 후추 농장이 파괴되었기 때문이었다.[43] 1639년에는 왕이 상아 1피쿨당 은 4테일의 세 금을 부과했기 때문에 장주 상인들은 상아조차도 구매할 수가 없었다.

이는 왕이 자금을 모아 자신의 금고를 보충하려 했기 때문에 광주 무역에서 시암 왕과 맞서 싸운다는 것은 그야말로 불가능에 가까웠다는 것을 증명해주고 있다. 요컨대, 시암의 정치적 상황은 궁극적으로는 복건 상인과 시암 왕국과 교역을 크게 제한하였다.

3. 위험의 정치 일본 무역에서 네덜란드와의 협력

한스 푸트만스 총독은 천주泉州와 장주 해안 방어 부대의 중국 관리 10명에게 서신을 보냈다. 서신을 받은 복건 당국은 고급스럽고 정교한 물품을 대만에 보낼 수 있는 통행증을 안해 상인들에게 발급하는 데 동의했다. 분명한 것은 복건과 대만 간의 주된 교류 상품이 비단과 은이었다는 점이다. 비단은 복건에서 생산된 것이 아니라 절강과 강소[당시 네덜란드인들은 절강과 강소 2개 성을 '남경'성이라고 통칭]에서 생산된 것이었다. 농부들은 매년 3월이나 4월이 되면 누에에게 먹이를 주기 시작했다. 애벌레가 누에나방으로 성장하는 데는 두 달이 걸렸다. 5월이나 6월에 누에가 고치를 짜면 수확기를 알리는 신호였다. 농부들은 고치를 삶아 귀중한 견사를 하나로 묶어주는 접착제 성분을 용해시켜 비단실을 추출하였다. 이 과정에는 깨끗한 물이 필요한데, 장마가 한창 때인 그달은 깨끗한 물을 잘 공급할 수 있었다. 새로운 생사는 6월에 시장에 출시되었다.[44] 이러한 시간의 흐름을 잘 알고 있는 복건과 광동 상인들은 봄이 되면 남쪽에서 절강으로 설탕을 운송하였고, 설탕 사업이 끝난 후 생사를 구매할 수 있었다. 가을이 시작되기 전에 그들은 복건이나 광동으로 돌

아와서 생사나 직조된 비단 직물을 대만의 네덜란드인이나 마카오의 포
르투갈인에게 직접 재판매할 수 있었다. 이런 방식으로 상인들은 일본
은으로 대금을 받을 수 있었다. 이를 통해 현지에서 설탕을 구매하여 규
모를 확대할 수 있었다. 또는 자본을 늘리거나 다음 무역 시즌에 일본으
로 선적할 비단을 더 많이 구매할 수 있었다.

〈표 7-3〉 대만의 중국 생사 수입 구조

시즌	중국으로부터 수입한 생사(단위 : 피쿨)*	화물을 가장 많이 적재한 전 선박이 제공한 비례*	네덜란드인이 일본에 판매한 중국 생사 (단위 : 피쿨)**
1634.10~1635.10	1,222	4 (51%), 6 (70%)	1,309.49
1635.10~1636.10	1,590	3 (63%), 5 (96%)	1,665.44
1636.10~1637.10	1,510.5	4 (58%), 6 (76%)	1,496.69
1637.10~1638.11	1,305.5	4 (52%), 6 (62%)	1,931.9[45]
1638.11~1639.11	1,167	4 (66%), 5 (77%)	1,462.89
1639.11~1640.10	–	–	1,522.31

*출처 : Revised from Lin Wei-sh'eng,
*He-chü shih-ch'i tung-yin-tu kung-ssu tsai t'ai-wan te mao-i
(1622~1662)*[The VOC trade in Taiwan during the period of Dutch rule],
(PhD dissertation, National Taiwan University, 1998), pp.111~113.
표 3-20 : 중국 선박이 대만으로 운반한 생사.
이 표는 Dagregister Zeelandia 및 Daghregister Batavia를 기반으로 한다.
**Nagazumi Yoko, Liu Hsü-feng(trans.),
'Yu Ho-lan shih-liao k'an shih-ch'i shih-chi te t'ai-wan mao-i
[Taiwan trade in the seventeenth century based on Dutch sources]',
in T'ang Hsi-yung(ed.), 2 vols.,
Chung-kuo hai-yang fa-chan-shih lun-wen chi(VII), vol. 1, pp.37~57 at 42.
Table 1 : The raw silk exports to Japan were carried on VOC ships.
This table is based on the *Negotie journaal* 1633~1660.

정지룡은 1635년 절강에서 광동으로 가는 해로를 개척했다. 당시 정
지룡은 복건과 광동 연안 사이의 교통을 감독하는 책임자로 일하고 있
었기 때문에, 복건 상인들의 해로가 확보되어 있었다. 매년 대만으로 들
어오는 선박 4~6척은 네덜란드에 공급되는 생사의 60~90%를 공급했
다. 나머지는 설탕, 도기 등과 같은 값싼 제품을 운반하는 다른 선박에

실려 들어왔다.

　이러한 상황을 통해 대만에서 네덜란드와 거래하던 안해 상인들이 두 그룹으로 나뉘어져 있다는 것을 알 수 있다. 한 그룹은 고급 상품을 취급하는 거상들이고, 다른 한 그룹은 조잡한 상품과 소수의 고급 상품을 취급하는 영세 상인들이다. 거상들은 400테일의 면허세를 지불해야 했지만, 영세 상인들은 80테일만 지불하면 되었다.[46] 거상들은 해외 무역에 관한 규정에 해당되기 때문에 마닐라와 바타비아로 항해하는 선박처럼 국세를 납부해야 했다. 영세상인들은 광동과 복건 사이의 쌀과 설탕 무역에 관여하는 사람들처럼 연안 상인의 범주에 속하므로 지방세만 납부하였다.[47] 엄밀히 말하면 영세상인이 대만의 네덜란드인에게 비단 제품을 수출하는 것은 불법이었다. 그러나 팽호군도가 중국의 경계를 형성하고 있었고, 네덜란드의 보호 아래 있었기 때문에, 중국 순해도巡海道들에게 보낸 편지에서 알 수 있듯이 당국은 이 무역을 눈감아주었다. 실제로 위의 표에서 볼 수 있듯이 거상들은 대부분이 고급 상품을 공급했으며 그들의 무역은 실제로 확대되고 있었다.

　5월이 되면 안해 상인들은 절강 생사를 수집하여 대만으로 운송하여, 네덜란드인들이 9월과 10월 초에 일본에서 은과 거래할 수 있도록 했다. 은은 봄에 남쪽으로 운송되어 여름까지 대만에 있는 창고에 보관되었다가 새 비단을 구입하는데 사용되었다. 네덜란드인들이 8월 이전에 다른 곳에서 일본 은을 너무 많이 소비하면, 대만에는 비단을 싣고 들어온 선박에게 지불할 은이 충분하지 않았을 것이다. 이러한 은의 과도한 지출은 분명 중국 상인들에게 재정적 문제를 초래했을 것이다.

　비단 무역은 기하급수적으로 성장했지만, 대만 식민지 자체에 필요한

〈표 7-4〉 중국 실크 제품을 일본에 판매하여 발생하는 수익과 대만 상관에 미치는 혜택

연도	중국산 생사가 일본에서 판매된 이윤 (단위 : 플로린)*	대만 네덜란드 상관의 소득수익 (단위 : 플로린)**
1635	759,971	-93,492
1636	1,135,187	91,207
1637	1,926,997	-49,505
1638	1,959,992	-84,325
1639	2,712,273	-170,247
1640	4,862,139	13,589

출처 : *Revised from : Nagazumi Yoko, Liu Hsü-feng(trans.),
'Yu Ho-lan shih-liao k'an shih- ch'i shih-chi te t'ai-wan mao-i',
pp.37~57 at pp.42~43.
Table 1 : The raw silk exports to Japan on VOC ships;
Table 2 : The silk product exports to Japan on VOC ships.
**Revised from : Tonio Andrade,
*How Taiwan Became Chinese : Dutch, Spanish, and Han Colonization in the
Seventeenth Century [online]*,
Appendix C : Income and Outlays in Dutch Taiwan, 1631~1661.

고정 투자도 그에 못지않게 빠르게 증가했다. 위의 표에서 볼 수 있듯이, 이 시기 대부분 기간 대만의 동인도회사는 수익성이 없었을 뿐만 아니라 심지어 적자를 기록하기도 했다. 생사 판매로 얻은 수익은 일반적으로 수입의 50%에 달했기 때문에, 다음 여름에 구매하는 상품 대금을 지불하기에는 충분했다.[48] 하지만, 은의 일부는 바타비아로 보내지거나 현지에서 사용되었다. 질란디아 성을 건설하는 비용으로, 즉 석회를 소성하고, 벽돌을 제조하고, 중국 노동자의 임금을 지불하는 데 사용되었다. 중국 상인들에게 지불할 현금이 충분하지 않았더라도, 귀중한 상품이 적의 손에 넘어가는 것을 원하지 않았기 때문에, 비단 제품을 안해로 가져가지 못하게 했다. 왜냐하면 이 기간 네덜란드인들은 여전히 마닐라에서는 스페인과, 마카오에서는 포르투갈과 전쟁을 벌이고 있었기 때문이었다.[49] 유일한 해결책은 중국 상인들로부터 물건을 빌려와 일본 은이 한겨울에 도착하기 전에 그들에게 이자를 지불하는 것이었다. 1637년 8

월, 대만의 요한 판 데르 부르흐Johan van der Burg 총독은 처음으로 이 방법을 사용했다. 그는 중국 상인들에게 어떤 이자율을 지불해야 하는지 한원韓遠, 함부안(Hambuan)에게 물어본 후, 차용증서로 정식 계약을 체결했다.[50] 나중에 이 소식이 안해와 하문에 퍼지자 상인들은 모두 은으로 지급하겠다는 한원의 약속에 따라 생사를 모았기 때문에 이 계약에 대해 불만을 제기했다.[51] 안해 상인들로부터 빌린 자본은 총 585,000길더 guilder. 약 177,272테일에 달했는데, 12월 12일 일본 은이 동인도회사 선박을 통해 대만에 도착했을 때 월 3%의 이자를 붙여 상환했다.[52] 하문을 떠나려던 선박 2척이 대만으로 항해하려던 계획을 포기한 것은 질란디아 성의 자금 부족이 직접적인 원인이었다고 한다.[53] 그 후 몇 년 동안 7월 중순까지 은을 모두 소진하게 되면 네덜란드 총독은 다시 중국 상인들에게 비단 상품을 빌려야 했다.[54] 이때 네덜란드인들은 대출 이자를 월 1.5% 이하로만 지급하기로 했다. 중국 상인들은 약 2.5~3퍼센트의 이자율로 개인 대출을 받아 비단 제품을 직접 조달해야 했기 때문에 큰 충격을 받았다.[55] 양측은 여러 차례 협상을 거듭한 끝에, 네덜란드가 최종적으로 금액의 일부를 후추로, 나머지는 은으로 지불하고 3%의 이자를 지급할 것을 제안했다. 양측은 타협했다. 중국 상인들은 후추 2,500 캐티catty를 캐티당 15.5리알에, 나머지는 2.5%의 이자를 은으로 받기로 합의했다.[56] 요한 판 데르 부르흐 총독은 이 협상에서 단호한 입장을 취하며, 동인도회사가 대만으로 운송한 열대 상품에 대한 지불금의 일부를 안해 상인들에게 받으라고 주장했다. 그의 고압적인 태도는 복건 상인들을 자극했다. 그들은 네덜란드인이 연체된 대금을 은과 은화로만 지불하겠다고 약속하지 않으면, 더 이상 안해 상인들이 현지 관리들을 뇌물로 매수하는 것을 지원하지 않겠다고 위협했다.[57] 네덜란드 당국은 이 문제로 잠을 이루지 못한 것 같다. 그들은 중국인들이 목숨을 걸고 일본으로 항해하지 않을 것이라고 확신했다. 그들이 처음부터 항해를 시작했다면 불법이었을 것이고, 설령 조심했다 하더라도 이 무역에서 얻은 모든 수입이 관청에 몰수당할 위험이 있었다. 그리고 이러한 위험 말고도 동중국해 몬순 시즌에 악명 높은 태풍의 위협이 도사리고 있었다.

네덜란드가 마지막으로 노린 것은 중국이 일본과 직접 무역을 할 경우, 보복으로 마닐라를 봉쇄하겠다는 위협이었다. 황실에서 내린 새로운 해상 금지령은 일반적으로 그러한 소동 이후에 내려지는 것이었기 때문에, 실제로 해상 금지령은 안해 상인들이 가장 두려워하는 일이었다. 17인 이사회에게 보낸 한 편지는 이에 대해 단호하게 말하고 있다.

> 우리는 모든 장애물을 제거하고 마닐라로 항해하는 중국 선박들이 우리 선박과 마주칠 때마다 무사히 통과하여 항해를 계속할 수 있도록 최선을 다해야 합니다. 우리는 그들에게 피해를 주지 말고, 그들을 돕고 물과 같은 생필품을 제공해야 합니다. 이 선박들은 황족이 발급한 통행증을 받았다는 것이 명백하고 의심할 여지가 없기 때문입니다. 저지른 모든 불법 행위에 대해 순찰 기간에 강력하게 복수할 것입니다.[58]

앞서 언급했듯이 대만의 네덜란드 당국은 장주와 마닐라 사이의 해상 항로를 순찰하려는 시도가 얼마나 비효율적인지 알고 있었다. 그들은 안해와 대만 간의 합법적인 무역을 위해 지불해야 하는 대가는 중국 선박이 마닐라로 자유롭게 항해를 하게 허용하는 것이라는 점을 인정했다.

1636년 이후 다른 여러 요인도 안해-마닐라 무역에 대한 압박을 줄이는 데 기여했을 수 있다. 새로 선출된 안토니 판 디먼 총독은 인도에 있는 포르투갈 적을 공격하기 위해 대부분의 자원과 선박을 비축하는 전략적 결정을 내렸다. 따라서 그의 가장 두드러진 목표는 고아Goa, 실론Ceylon, 스리랑카섬, 말라카Malacca, 말레이반도의 중남부지역였다.[59] 마닐라의 세관 기록은 1633년부터 1639년 사이에 안해-마닐라 무역이 번성했음을 확인할 수 있는 또 다른 자료이다.

〈표 7-5〉 마닐라를 방문한 중국 선박의 수(1633~1640)

	중국에서 온 선박
1633	30
1634	26
1635	40
1636	30
1637	50
1638	16
1639	30
1640	7

출처 : Pierre Chaunu,
Les Philippines et le Pacifique des Ibériques (XVIe, XVIIe, XVIIIe siècles)
[The Philippines and the Iberian Pacific Ocean],
Paris : S.E.V. P. E. N., 1968, pp.156~160. Série 13, Table 3.

기록에는 개별 연도에 대한 정확한 수치가 나와 있지 않지만, 납부된 관세를 면밀히 조사하면 수입된 중국 상품의 총 가치를 추정할 수 있다. 1631년부터 1635년까지 중국 상품의 총 가치는 571,396리알, 즉 연평균 114,279리알로 추정된다. 다음 기간인 1636~1840년에는 그 가치가 약간 하락하여 458,063리알, 즉 연평균 91,612리알로 떨어졌다.[60]

마닐라에서 판매되는 모든 상품이 은으로 교환되었다는 점을 감안할 때, 네덜란드가 대만에서 생사 구매를 위해 확보한 자본과 비교하면 마

〈표 7-6〉 중국 선박을 통해 대만으로 배송되는 생사의 가격

	중국으로부터 수입한 생사 (단위 : 피쿨)*	대만의 생사 구매가 (단위 : 리알/피쿨)**	비용 총액 (단위 : 리알)
1636.10~1637.10	1510.5	191	288,505.5
1637.10~1638.11	1305.5	190	248,045
1638.11~1639.11	1167	200	233,400
평균			256,650

출처 : *Lin Wei-sh'eng,
He-chü shih-c'i tung-yin-tu kung-ssu tsai t'ai-wan te mao-i
(1622~1662), pp.111~113. Table 3-20.
**Revised from : Peter W. Klein,
'De Tonkinees-Japanse zijdehandel van de Verenigde Oostindische Compagnie
en het inter-Aziatische verkeer in de 17e eeuw
[The Tonkin-Japanese silk trade of the Dutch East India Company
and the inter-Asian traffic in the seventeenth century]',
in Willem Frijhoff and Minke Hiemstra (eds.),
Bewogen en bewegen :
de historicus in het spanningsveld tussen economic en cultuur,
Tilburg : Uitgeverij H. Gianotten B.V., 1906, pp.152~177 at p.170.
Table 2 : De jaarlijkse gemiddelde prijzen (gld.) per catty ruwe zijde
in de factorij Deshima der VOC 1638~1668
[The average annual price (guilders) per catty of raw silk
in the Factory Deshima of the VOC 1638~1668].

닐라에서 지출한 금액은 약 35%에 달했을 것이다.[61] 따라서 안해의 대
만 무역과 마닐라 무역의 비율은 3 : 1이었다. 대만 무역이 이미 복건 수
출의 대부분을 흡수하고 있다는 사실을 알고 있었기 때문에, 네덜란드
는 안해-마닐라 무역을 굳이 망칠 필요성을 느끼지 못했다.

1638년 9월 마지막 네덜란드 선박이 대만을 떠나 일본으로 간 후, 안
해 상인들은 두 달 뒤인 11월에 30만 리알 상당의 비단 제품을 선박 3
척에 실어 일본에 전달했다. 그들은 12월에 일본에서 선적될 은에 대한
대금을 기다릴 준비를 하고 있었다. 12월 말 이전에 네덜란드 선박 7척
이 일본에서 대만에 도착했고, 일본은 228만 길더80만 일본 테일는 그들을
만족시키기에 충분했다.[62]

일본 당국은 포르투갈이 1637~1638년에 일어난 시마바라 폭동島原暴動

에 연루된 것으로 의심했기 때문에, 이후 포르투갈은 일본 무역에서 배제되었다. 1639년 여름에 도착한 포르투갈 갤리언 2척은 엄격한 감시를 받았고 몬순이 시작되면 귀항하라는 명령을 받았다.[63] 옆에서 지켜보던 일본에 거주하던 네덜란드인들은 포르투갈인들처럼 동일한 품질의 비단 제품을 제공할 수 있다면, 지금이 일본 내 포르투갈 사업을 인수할 수 있는 최고의 기회라고 판단했다. 1639년 몬순 시즌에 네덜란드는 2,963,018 길더 상당의 중국 상품을 일본으로 선적하여 60%의 수익을 기대했다.[64] 같은 해의 보고서에 따르면, 네덜란드인들은 원래 4,000,000길더 상당의 중국 상품을 구매할 준비가 되어 있었다. 네덜란드인들은 안해 상인들이 그들에게 1,000,000길더 상당의 상품을 대출로 제공한다고 가정하면, 대만에 있는 네덜란드 당국은 실제로 주문을 이행할 수 있었을 것이다. 그러나 안해 상인들은 2개월 동안 2% 또는 2.5%의 이자로 최대 224,959 길더까지만 제공할 수 있었다. 이러한 이유 때문에 네덜란드 상인들은 재정적인 문제가 생겨 원하는 만큼 일본 무역을 확장하지 못했다.[65] 안해 상인들이 네덜란드 무역의 급속한 확장 속도를 따라잡을 수 없을 것이 분명해 보였지만, 일본 히라도 상관을 책임지고 있던 프랑수아 카롱François Caron, 1600~1673 관장은 여전히 5,000,000길더에 달하는 중국 상품에 대한 야심찬 주문서를 제출했다.[66]

1639년 12월 네덜란드 선박 6척에 실린 은 1,050,000테일2,992,500길더이 일본에서 출발하여 대만에 도착했다.[67] 1640년 4월 말까지, 다른 선박 3척에 은 1,130,000테일3,220,500길더이 추가로 대만에 도착했다.[68] 은 공급이 그 어느 때보다 많았지만, 네덜란드인들은 여전히 실제로 지급할 수 있는 금액보다 더 많은 양을 구매했다. 결국 가을에 5,164,371

길더 상당의 중국 상품이 일본으로 운반되었다.[69]

여차하면 중국-마닐라 무역을 중단시키고 중국-일본 무역에서의 중국 밀수업자를 체포하겠다는 이러한 고압적 정책을 펼치면서, 대만의 네덜란드 동인도회사는 중국과 일본 간의 무역에서 차지하는 비중을 기하급수적으로 확대하는 데 성공했다. 1639년 포르투갈이 일본 막부에 의해 추방되었을 때, 네덜란드는 포르투갈이 포기할 수밖에 없었던 풍부한 무역을 모두 이어받을 수 있을 것이라고 자신했다. 하지만 운명이 개입했고 일본, 중국, 인도의 정치적 변화는 안해 상인들에게 또 다른 방식으로 영향을 미쳤다. 안해-대만 무역은 네덜란드가 기대했던 대로 광동-마카오 무역의 길을 따르지 않았다. 광동 상인과 복건 상인의 결정적인 차이점은 후자가 남중국해와 동중국해로 항해할 수 있는 통행증을 부여받았다는 점이다. 즉, 모험심이 강한 중국 상인들은 위험을 감수할 수 있는 권리를 부여받았고, 다음 장에서 설명하겠지만 그들은 기꺼이 모험에 나섰다.[70]

제8장
변화하는 세계에서 은을 찾다, 1640~1646

1. 마카오에서 은 무역 탈취

대만에 있는 네덜란드인의 가장 중요한 목표는, 마카오와 마닐라 두 지역의 복건과 광동 상인이 경영하는 비단-은 무역의 지위를 탈취하는 것이다. 이러한 점은 의심의 여지가 없다. 1639년, 도쿠가와 막부가 포르투갈인을 나가사키에서 추방하여 입국을 금지하기로 하였을 때, 네덜란드인들은 마침내 일본에서 포르투갈인을 완전히 대체할 수 있는 기회를 얻었다. 그들은 마카오의 포르투갈인에게 비단을 공급하는 광동 비단 상인과 직공들을 직접 접촉할 수 없었기 때문에, 안해安海에 있는 복건 지역 상인들에게 일본의 비단 주문에 응할 것을 촉구하였다. 안해 상인들은 이미 대만에 있는 네덜란드 상관에 필요한 생사를 대부분 공급하고 있었다. 하지만 일본 상인들은 생사에 그치는 것이 아니라, 채색견직물과 단자緞子 등의 완제품도 주문하였다.[1] 이러한 비단 수출의 확대는 결국 1639년에서 1640년의 남부 몬순 시즌에 이루어졌지만, 결코 순탄한 것은 아니었다. 주문이 갑자기 늘어남에 따라 네덜란드인들은 필요한 물품에 대한 대금을 은으로 제때 지불할 수 없었다. 안해 상인들은 불공평한 대우를 받는다는 것을 자각하게 되었고, 이에 화가 난 안해 상인들은 질 낮은 상품을 공급하였다. 이는 새롭게 확장하는 상업 시장에서 안해 상인들이 감수해야 하는 일종의 위험이었음을 예견할 수 있다.

안해 상인들의 수호자인 정지룡, 즉 니콜라스 이콴은 이 시기에 여전히 높은 지위를 유지할 수 있었다. 정지룡은 다른 임무도 수행해야 했고, 남오南澳, 광동지역 부총병 자격으로 민월閩粵, 복건과 광동 국경지역에서 군사임무를 수행하라는 명을 받았다. 그는 반드시 부하들과 함께 있어야 했기 때문에, 안해가 아니라 민월 국경에 머물 수밖에 없었다.

이 무렵 황제는 대만과의 무역과 남중국해 주변의 다른 여덟 지역과의 무역에 필요한 통행증을 발급했다고 전해진다.[2] 조정에서 통행증을 발급함에 따라, 정지룡과 복건성 고위 관리 사이에 체결된 협의가 문제가 되었다. 일단 무역이 공식화됨으로써, 세수 또한 정상적인 방식으로 분배되어야 했다.

시간적 간극이 오래되었기에, 안해 상인들이 일본에서 포르투갈인을 배제했다는 소식을 정확히 언제 들었는지 짐작하기 어렵다. 정지룡은 1639년 9월 북경에서 안찰사按察使가 국경의 치안을 감독하기 위해 광동으로 가는 중이라는 전갈을 받고, 남오도南澳島로 출발하여 부대와 회합하였다.[3] 11월 초, 그는 이 해역에서 좌초한 2척의 포르투갈 선박과 마주쳤다. 이 2척은 지난 8월 일본 당국으로부터 입국이 거절된 배였다. 정지룡은 그들의 화물을 모두 몰수하여 이 귀중한 비단 제품들을 안해로 운송하기로 결정했다. 그는 자신이 전리품을 가지고 돌아올 때까지 그 누구도 대만으로 물품을 보내지 말라는 명령을 내렸다.[4] 그러나 1척의 배가 정지룡의 충고를 무시하고, 1640년 11월 27일경 안해에서 출항하였다가 금문金門에서 현지 관리에게 법에 따라 압수당했다.[5]

포르투갈인들이 청일 무역에서 제외되었다는 것을 알게 된 정지룡은 지금이 바로 무역 사업을 과감하게 재정비할 완벽한 시기라고 판단하였다. 그는 안해에 선박을 잡아두라는 명령을 내림으로써, 마침내 그들에게 각각 1만, 2만, 3만 테일의 가치에 해당하는 개인 재산을 바치도록 강요하였다. 유리한 고지를 점한 그는, 안해 상인들에게 교역에 성공할 때마다 수익금의 20%를 선지급하도록 했을 뿐만 아니라, 대만해협을 항해하는 동안 선박에 사고가 발생할 경우 손실과 위험도 부담하게끔 명령하였다.[6] 이때 정지룡의 부하들은 다른 안해 상인들과의 분쟁에 휘말렸다. 그 이유는 안해 상인들의 배를 이용하려는 남경 상인들을 희생시켜서라도, 자신들의 물품을 적재해야 한다고 믿었기 때문이었다.[7] 1640년 1월 6일, 포르투갈 선박에서 압수한 비단 물품은 안해로 옮겨졌고, 정지룡도 자신의 배를 타고 직접 도착했다. 그의 직접 감독하에 큰 배에 실린 3척의 대형 선박이 한원翰遠, Hambuan의 지휘 아래 대만으로 떠났다.[8] 이 거상 한원은 임무를 받아 대만의 네덜란드 당국에 메시지를 전달하였다. 이 메시지의 내용은 정지룡이 일본 고객의 요구에 따라 최신 유행의 고품질 비단 제품 공급을 보장한다는 것이었다. 그는 또 의도적으로 직공과 비단 상인들을 설득하여 광동에서 안해로 이주하도록 유도하였다.[9] 정지룡은 이러한 협정을 체결한 직후 병사들과 함께 남오로 돌아와 새로운 군사 임무를 맡았다. 이 임무는 그가 원주민의 반란을 진압하기 위해 군대를 이끌고 광동과 호광지금의 호북과 호남 경계에 있는 산악 지대로 가는 것이었다.[10]

대만에 도착한 지 열흘 만에 한원은 네덜란드 총독의 집을 개인 자격으로 방문했다. 정지룡은 그에게 또 다른 임무를 맡겼다. 그것은 바로 '이 위대한 중국 무역이 영원하고 지속적인 기반을 가질 수 있도록'하는 협정 초안을 제안하는 것이었다.[11] 정지룡은 한밤중에 한원을 불러 개인적으로 만났을 때 이런 제안을 하였다. 한원은 협정 초안을 서면으로 작성해 달라고 요구하였다. 그러나 정지룡은 한원이 과거에 네덜란드인들에게 많은 자본을 빌려주었기 때문에 한원의 말을 믿을 것이라고 여겨서 다음과 같이 협정 초안만 제시하였다.

1. 그는 마닐라의 스페인인과 마카오의 포르투갈인이 이전에 교역에서 취급하였던 것보다 더 좋은 비단과 비단 제품을 회사에 공급할 것이다.
2. 그는 매달 2.5%의 이자만 지불하는 조건으로 매년 회사에 신용대출을 제공하여 자금에 부족함이 없도록 할 것이다.
3. 회사는 일본에서 1000만에서 1200만 길더의 중국 상품을 좋은 이익으로 판매할 수 있기에, 이에 정지룡의 명의로 매년 20만 길더를 일본으로 보내면 회사에 그 어떤 손실이 없을 것이다.
4. 최소 25만 길더의 금액이 매년 대관들의 예물로 사용될 것이다.[12]

11월 2일, 그 분기의 교역을 타당하게 처리한 후, 한원은 대만의 네딜란드 당국이 수정한 서면 계약서를 안해로 가져왔다.[13] 개정판 협정 내용은 다음과 같이 명시되어 있다.

1. 본인 정지룡은 과거에 80만 길더에 달하는 선박 화물을 일본으로 보냈지만, 더 이상 중국 상품을 일본으로 보내지 않을 것이다. 또한, 본인은 그곳으로 선박을 보내는 것을 중단할 것이다. 본인은 더 이상 일본으로 항해하도록 선박을 보내거나 명령하지 않을 것이다.

2. 나는 그러한 사업을 중단할 뿐만 아니라, 이 무역에 종사하는 그 어떤 고위 관료들이라 할지라도 엄격한 제재를 가할 것이다. 그 증거로 동인도회사는 일본으로 가는 중국 상품 총액이 이전보다 감소하는 것을 확인할 수 있을 것이다.

3. 본인은 마닐라의 스페인인과 마카오의 포르투갈인이 과거에 누렸던 것과 동일한 조건으로 동인도회사에 고급 비단과 비단 제품을 공급할 것을 보증할 것이다.

4. 본인은 동인도회사(대만 총독)가 보기에 일본이나 아시아의 다른 지역 혹은 네덜란드에서 가장 수익성이 있다고 생각하는 중국 상품을 동인도회사에 전달할 것이며, 동인도회사의 요구 사항을 충족시키는데 소홀히 하지 않을 것이다.

5. 본인은 3개월 이내에 2.5%의 이자를 지불받는 조건으로 매년 동인도회사에 충분한 신용대출을 제공함으로써, 화물 총액 가치가 100만 길더에 이르도록 하여 중국 상품이 결코 부족하지 않도록 할 것이다.

6. 동인도회사는 일본에서 약 1,000만에서 1,200만 길더 상당의 중국 상품을 판매 및 교역할 수 있다. 동인도회사는 정지룡의 명의로 5만 리알의

상품을 일본에 보내고, 또한 동인도회사 명의로 50,000리알의 상품(적절한 운송료는 여기에서 지불하며, 그 속에는 회사에서 필요한 물품과 기타 각종 물품이 포함되어야 함을 회사 선박을 통해 일본으로 보내도록 보장한다. 이러한 방안은 정지룡에게 명예를 가져다줄 것일 뿐만 아니라 동인도회사에게도 좋은 수익을 가져다 줄 것이다. 항해가 완료된 후에도, 동인도회사는 여전히 정지룡에게 상술한 총액 외에 40%의 이익을 더한 금액을 지불할 책임이 있다. 50,000리알마다 손실 위험 없이 총 70,000리알을 보장한다.[14]

이 두 제안 사이의 유일한 차이점은 사실 정지룡 개인 수당의 액수였다. 한원의 수정 계약서에 의하면 정지룡은 그의 명의로 매년 약 20만 길더의 물품을 네덜란드 선박이 운반해 줄 것을 요구하였다. 그는 이전에 일본에 보냈던 80만 길더의 물품을 검토한 후, 그 선적량을 75%로 줄이는데 동의하였다. 그러나 대만 총독 파울루스 트라우데니우스Paulus Traudenius는 고집을 꺾지 않고 5만 리알14만 길더상당의 물품을 운반하는데만 동의했다. 1640년 12월 21일, 정지룡은 대만 총독 트라우데니우스의 제안에 대한 답신으로 편지 1통을 대만에 보냈다. 정지룡은 네덜란드 동인도회사에게 10만 리알28만 길더의 화물을 선적해 보내달라고 요구함으로써, 트라우데니우스의 제안을 거부하였다.[15] 그 이유는 트라우데니우스의 제안이 그의 현재 선적량의 35% 밖에 되지 않았기 때문이다. 그 결과 1640년에는 양측의 합의가 이루어지지 못했다. 양측의 협상이 진행되는 동안 정지룡은 비단 제품을 실은 몇 척의 선박을 일본으로 보냈다. 이 중 2척만이 일본에 도착했고, 이 2척이 운반한 선적물의

<表 8-1> 일본으로 직접 및 대만을 경유하여 수출되는 중국산 생사 현황

	대만에 있는 네덜란드인이 일본으로 수출한 중국 생사(단위 : 피쿨)	안해 상인들이 일본으로 수출한 생사(단위 : 피쿨)
1639.11~1640.10	1,522.31	1,852.2
1640.11~1641.10	716.3	1,319.05
1641.11~1642.10	422.43	639.33
1642.10~1643.11	289.24	1,795.24

출처 : 永積洋子著, 劉序楓譯, 「由荷蘭史料看17世紀的臺灣貿易」,
湯熙勇主編, 『中國海洋發展史論文集(第7輯)』, 上冊, 頁42, 表1; 46, 表3.

가치는 대략 20만 테일660,800길더에 이르렀다. 그와 대조적으로 네덜란
드 상인은 대만에서 일본으로 비단을 포함한 다양한 상품을 수출하였는
데, 그 총액이 5,164,371길더에 이르렀다.[16]

안해 상인들은 네덜란드 상인보다 약간 더 많은 생사를 수출했으며,
정지룡의 수출은 안해 상인 총수출의 약 34%를 차지하였다. 일본 주재
네덜란드 수석 상무원 프랑수아 카롱François Caron, 1600~1673은 정지룡과
정식 계약을 체결할 것을 진지하게 고려했다. 그는 양측의 경쟁이 이익
을 감소시킬 것이라는 점에 동의했지만, 정지룡이 정말 약속을 지키고
다른 중국 선박이 중국에서 일본으로 항해하는 것을 막을 수 있을지 의
구심을 가졌다. 만약 그가 그 거래 약속을 지키지 못한다면, 그는 또 다
른 사람의 이름으로 일본과 거래할 골칫거리가 여전히 남아 있었다. 이
런 상황 속에서도 일본 당국의 태도는 여전히 예측불허였다. 그 이유는
일본 당국이 포르투갈 상인들을 막 추방하였고, 네덜란드 상인들과 교
역할 규정을 조정하고 있었기 때문이었다. 이에 네덜란드 상인들은 히
라도의 상관을 철거하고 또 보관하고 있던 물품을 가능한 한 빨리 매각
하라는 명령을 받았다.[17] 이러한 압박을 받고 또 중국 상인들과의 경쟁
에 직면한 네덜란드 상인들은, 자신들의 순수익이 겨우 85만 길더로 감

소하였음을 발견하였다. 이는 그들이 예상했던 60%가 아닌 13.5%의 이익만 얻게 된 것을 의미하는 것이었다.[18]

대만의 네덜란드 상인과 안해 상인들이 교섭을 벌이는 동안, 일본 당국은 판카도pancado, 이토왓부, 몬순시즌에 수입된 비단 양에 따라 결정된 고정 가격 시스템을 재차 도입하기로 하였다. 그 결과 일본 상인들은 막부 당국의 감시 아래 네덜란드 상인들과 공동으로 교역을 할 수 밖에 없었다. 이 시스템은 공매에서 일본 상인들 간의 경쟁을 막았고, 그 결과 생사 가격은 1639년 피쿨약 60~63kg당 292테일이었는데, 1641년에는 피쿨당 204테일로 떨어졌다. 이에 1639년 67%에 이르렀던 생사 판매 수익은 1641년에는 21%로 떨어졌다.[19]

네덜란드 상인들은 안해 상인들과 교역할 수 있는 대량의 은을 대만으로 가져갈 수 없었기 때문에 일본 무역을 확장하지 못했다. 정지룡과 안해에 있는 동업자들도 이로 인해 큰 손실을 입었지만, 그는 여전히 1641년 봄에 160만 길더에 달하는 비단 화물을 가득 실은 선박 3척을 직접 대만으로 보낼 수 있었다. 파울루스 트라우데니우스 총독은 바타비아에서 송금한 은화가 도착할 때까지 그들의 선박이 떠나지 않도록 요구하였다. 이때 그는 바타비아 당국이 코로만델 해안Coromandel Coast, 인도 남부 타밀나두주 동부에서 상품을 구매할 때 일본 은을 선호한다는 것을 알지 못했다. 왜냐하면 그들은 중국 무역의 전망이 인도 무역만큼 밝지 않다고 여겼기 때문이었다.[20] 이러한 교착 상태의 결과로 은의 공급이 불안정하여 대만과 안해의 무역은 정체에 빠지게 되었다. 트라우데니우스 총독은 자신의 제안에 대한 정지룡의 생각을 물었지만, 정지룡은 침묵을 지켰다.[21] 정지룡은 네덜란드 상인이 일본에서 거의 400만 길더를 수출했지만, 그 은화 대부분이 대만에 이르지 않고 바타비아로 보내졌다는 것을 알았다.[22] 트라우데니우스는 바타비아의 고위 정부에게 선박 3척에 가득 적재된 화물에 대해 적극적으로 보고하였다. 하지만, 그 이후 안해 상인에게 어쩔 수 없이 물품을 돌려줘야 하는 실망스러운 상황에 직면해야 했다. 왜냐하면 화물 대금 지불에 필요한 은은 바타비아 당국이 인도와의 거래를 위해 전용하였기 때문이었다.[23]

네덜란드 문서 기록에 따르면, 정지룡의 일본 무역은 1640년 이후 급속히 확장되었다. 일반적으로 매 시즌마다 30척 이상의 중국 선박이 일본을 방문했지만, 이 기간 무역 수익의 대부분이 점차 정지룡의 선박에 집중되었다. 1643년 가을까지, 정지룡의 선박 7척은 총 34척의 중국 선박이 운반한 비단 제품의 2/3를 차지하였다.

〈표 8-2〉 중일 무역에서 정지룡의 비단 상품 독점(1639년 11월~1643년 11월)

	일본에 도착한 중국선박*	일본에 도착한 정지룡의 선박**	정지룡의 선박이 일본에 수출한 비단 상품의 총 가치 (단위 : 일본 틸)	정지룡의 일본에 수출한 중국 비단 상품 비율
1639.11~1640.10	74	2	200,000[24]	—
1640.11~1641.10	89	6	(561,403)[25]	—
1641.11~1642.10	32	3[26]	500,000[27]	(52.8)[28]**
1642.10~1643.11	34	7[29]	850,000[30]	66[31]

출처 : *永積洋子, 『唐船輸出入品数量一覧, 1637~1833年』, 頁330~332, 附錄1.
**전 중국 비단 수출품의 총 가치에는 저가의 조잡한 제품이 포함되어 있다.

일본 당국이 실시한 해상 금지령海禁은 네덜란드 상인에게 포르투갈 상인을 대체하려는 야심 찬 계획을 실현할 수 있는 기회를 가져다주었다. 하지만 인도 무역에 대한 그들의 편향적인 선호로 인해, 정지룡은 상호 계약에 서명하기를 원하는 네덜란드 상인들의 진정성을 믿지 못하였다. 네덜란드 상인이 인도 무역에 집중했기 때문에, 정지룡 휘하의 안해 상인들은 네덜란드 상인들을 염두에 두지 않고, 일본과의 비단-은 무역에 계속해서 집중하기로 하였다. 이 모든 것이 발생한 시기는 네덜란드 상인들이 일본 은과 중국 황금으로 인도 무역에 자금을 조달하려는 전략적 전환이 이루어질 때였다. 하지만 이러한 전략의 전환은 그들로 하여금 안해 상인이 공급하는 상대적으로 저렴한 중국 황금에 의존하도록 만들었다. 다행스럽게 인도에서는 훨씬 더 높은 가격으로 판매될 수 있었다.[32]

　바타비아 총독 안토니 판 디먼Anthony van Diemen과 동인도 평의회가 코로만델에 대한 투자로 전환하기로 결정을 내렸기에, 대만에 은이 충분히 공급되지 못하였다. 그래서 앞서 언급한 것처럼 정지룡은 자신의 대형 선박 3척을 계속해서 일본으로 출항하라는 명령을 내렸다.[33] 간단히 말해서, 정지룡은 일본과의 직접 무역을 금지한 조정의 금지령을 위반했음에도 불구하고, 이 무역을 시작하기로 하였다. 그가 어쩔 수 없이 이러한 결심을 하게 되었는데, 그 이유는 대만의 네덜란드 상인들이 교역 파트너로서 신뢰할 수 없었기 때문이었다. 그의 결정에 대한 또 다른 이유는 1639년에 발생한 마닐라의 대학살과 관련 있었다. 이때 스페인인들은 수천 명의 중국인 거주자들을 학살하였다. 이러한 만행은 안해와 마닐라 사이의 무역을 뒤흔들어 놓았고, 중국으로 유입되었던 멕시코 은의 공급이 중단되었다. 이러한 상황으로 인해, 일본으로부터 은을 확보하는 것이 그 어느 때보다 시급해졌다. 마지막으로, 중국 조정은 여전히 정지룡에게 많은 군사 임무를 수행하도록 요구했기 때문에, 그는 마음 놓고 일본과 교역을 할 수 있었다. 왜냐하면 현지 관료들이 그의 대일본 밀무역을 들추어내지 않을 것이라 여겼기 때문이었다. 정지룡은 여전히 산지의 원주민 반란을 평정하는데 주력하고 있었고, 1642년 6월에 조정에서는 그를 동북 국경지역에 파견하여 만주족의 침략을 저지하고자 하였다.[34]

2. 마카오 후추 무역의 탈취

상업상의 많은 좌절로 인해, 일본 무역에 있어 광동-포르투갈 상인 간의 동맹을 대체하려는 네덜란드-복건 상인들의 원래 계획은 짧은 협상기간 후에 실패로 끝났다. 그 후 정지룡은 마카오와 일본의 은 교역에 단독으로 관여하였다. 그러나 아래에서 설명하겠지만, 1641년 1월 네덜란드가 포르투갈을 공격하여 말라카를 차지한 후, 마카오의 중국 금 수출은 점차 네덜란드 동인도 회사가 장악하게 되었다.[35] 네덜란드 상인은 1639년부터 말라카를 포위하여 공격하기 시작하였고, 그 결과 마카오와 인도 사이의 무역이 단절되었다. 같은 시기에 안토니 판 디먼 총독은 코로만델 상관의 방직물 구매에 필요한 자금을 제공하기 위해 대만 상관에게 중국 금의 공급을 요구하였다.[36] 총독의 명령에 따라 대만의 질란디아성Zeelandia Castle에서는 실제로 말라카해협을 통과하는 항로를 통해 일부 중국 금을 인도로 보내기 시작하였다.[37] 통계에 따르면, 1636년부터 1639년 기간 동안 구매가와 판매가의 차이로 인해, 중국 금은 인도의 마술리파탐Masulipatam과 풀리카트Pulicat에서 각각 11~15%, 35.5~38%의 이익을 창출한 것으로 추정된다.[38] 1640년 대만과 안해 사이의 무역이 중단되자, 네덜란드 국장인 니콜라스 쿠커바커Nicolaas Kouckebacker는 바타비아가 주문한 대량의 금 주문을 중국이 정말로 제공할 수 있는지에 대해 심각한 의구심을 품게 되었다. 그의 의심은 그가 아는 한 중국에 금광이 없다는 사실에 근거한 것이었다.[39] 네덜란드 상인이 마카오의 금 무역을 탈취하려는 계획은 그다지 실현 가능성이 없었다. 왜냐하면 1641년까지 총독 안토니 판 디먼이 대만 상관에게 정지룡의 비단 운반선에 지불할 대금으로 일본 은을 사용하는 대신 코로만델로 운송할 것을 요구하였기 때문이었다.[40]

〈표 8-3〉 대만을 경유하여 VOC로 운송되는 인도의 금 수요와 공급

연도	인도황금수요(단위 : 길더)	배송된 황금(단위 : 길더)	달성률(백분율)
1639	600,000[41]	201,759[42]	33.6
1640	800,000[43]	500,000[44]	62.5
1641	1,000,000*[45]	501,665[46]	50.2

*이것은 현금에 대한 수요로, 황금 혹은 은도 상관없다.

네덜란드가 말라카를 점령한 후 마카오도 점령할 수 있었다면, 복건-안해 상인들과의 추가 협력은 더 이상 필요하지 않았을 것이다.

만약에 네덜란드 상인들의 의도가 성공했다면, 그들은 광동성 상인들과 교역 파트너로 되어, 중화제국에서 포르투갈 상인들이 누리던 특권적인 지위를 대체할 수 있었을 것이다. 이는 그들이 1620년대에 복건 상인과 운명을 같이하기로 결정하기 전의 최초 계획이었다. 네덜란드인이 마카오 정복을 계획했던 이 기간 정지룡에 대한 믿음이 상실된 것은 당연한 것이었다. 그러나 포르투갈이 1640년에 독립을 되찾았을 때 그들의 손아귀에 있던 목표는 사라져버렸다. 포르투갈이 스페인으로부터 독립하였을 때, 네덜란드인들은 포르투갈이 차지했던 식민지를 계속 차지하려는 그 어떤 명분도 없었다. 1642년 10월 7일 바타비아에서 이러

한 정치적 상황의 변화에 대한 소식이 공식적으로 전해지자, 바타비아 최고 정부는 포르투갈에 대한 10년 동안 휴전을 선언했다.[47] 사실 1642년 4월 네덜란드가 내린 정식 명령이 바타비아에 도착하기도 전에, 마카오 정부는 이미 대표 1명을 바타비아로 파견하여 휴전을 요구한 상태였다. 마카오 대표가 바타비아에서의 무역 허용, 말라카와의 통상 회복 그리고 3년간의 관세 면제를 요청하였을 때, 바타비아 당국은 그들의 요청을 거부하였다. 하지만 그들은 중국 금을 획득하는데 도움이 되는 협상이라면 뭐든지 환영하였다.[48] 당시 마카오의 금 무역을 강제적으로 빼앗는 것이 불가능하였고 또한 광동-포르투갈 상인 간의 동맹과 경쟁을 해야 했기에, 네덜란드 상인들은 재차 복건 상인들과의 협력을 실현 가능한 선택으로 보았다. 대만 총독 파울루스 트라우데니우스는 정지룡에게 편지를 보내어 고품질의 금 구입에 도움을 요청하였다. 그는 편지에서 "각하, 우리를 위해 많은 금을 준비해 주십시오, 20~24캐럿보다 낮은 합금은 허용되지 않습니다. 우리는 원래 금 가격대로 지불할 것입니다. 금은 이전에 공급했을 때와 같은 방식으로 대금을 지불할 예정이니, 부디 안심하시기 바랍니다"라고 하였다.[49]

따라서 비단-은 무역은 정지룡과 네덜란드 상인이 마카오 상인들에게서 완전히 빼앗았다. 이와 대조적으로, 마카오의 금 무역만은 여전히 포르투갈 상인들이 장악하고 있었다. 이에 네덜란드 상인들은 안해 상인들에게 계속 의존해야만 하였기 때문에, 안해 상인들은 상당한 양의 중국 금을 안정적으로 공급해 주었다.

네덜란드와 포르투갈의 휴전으로 네덜란드가 더 이상 무력으로 마카오와 인도 간의 무역을 차단할 법적 근거가 사라졌다. 이 때문에 자유로

〈표 8-4〉 네덜란드가 대만을 경유하여 인도로 수출한 중국 금

	(단위 : 길더)
~1642.11	226,550
1642~1643	523,101
1643~1644	515,228
1644~1645	281,456
1645~1646	220,057

출처 : VOC 1222,
Memorie der quantiteijt en reductie van het becomene Taijouanse schuijtgout
[Memorandum of the quantity of and reduction in the gold received in Taiwan],
Taiwan, 25 Feb. 1657, fo. 15v.

운 상업활동을 위한 조건은 더욱 강화되었다. 따라서 휴전은 남중국해 지역의 모든 세력에게 중대한 의미가 있었다. 즉, 이러한 휴전이 자유로운 상업의 경쟁 공간을 열어 주었던 것이다.

앞에서 상술하였듯이, 중국에서 수요가 가장 많은 열대상품은 상아와 후추였다. 남중국해 주변의 상인들은 그들이 누구인지에 상관없이 — 시암 왕, 말라카와 마카오의 포르투갈 상인, 복건 상인 등 — 모두 이 두 종류의 상품을 거래하였다. 1630년대, 안해 상인들은 대만의 네덜란드 상인과의 협력으로 무역 규모를 점차 확장하였고, 점차 그들도 직접 이러한 상품을 얻으려고 하였다.

정지룡은 1636년부터 장주漳州와 아유타야Ayutthaya를 직접 연결하고자 하였다. 하지만 시암 왕이 공사貢使를 파견하여 광동을 방문하는데 성공함에 따라, 정지룡은 이 풍부한 무역에서 밀려나게 되었다. 시암 내전으로 대다수 후추 농장이 황폐화되었기 때문에 후추 무역도 침체되었다. 따라서 같은 해 정지룡은 후추가 풍부한 수마트라의 잠비Jambi 항구로 선박을 보내기로 하였다. 이 목적지는 전통적인 서양 항로에 위치하고 있었지만, 네덜란드 동인도 회사는 잠비의 후추 무역을 중단하고, 바

타비아로 항로를 바꾸었다. 정지룡의 선박이 잠비를 떠나려 할 때 곧바로 네덜란드 군함에 포로로 잡혔다. 네덜란드 선장은 정지룡의 선박이 바티비아로 향하도록 강요할 생각이었다. 이러한 이유로 후추와 현금 그리고 선원 중 일부를 자신의 배에 실었고, 네덜란드 선원 13인을 정지룡의 선박으로 보내어 중국 선원들을 지휘하게 하였다. 하지만 네덜란드 선장의 계획은 수포로 돌아갔다. 그 이유는 네덜란드 군함과 정지룡의 선박이 바타비아로 가는 중에 태풍을 만났을 때, 중국 선원들은 두 선박을 연결하는 케이블을 끊고 네덜란드 선원들을 죽여, 결국 중국으로 돌아가는데 성공하였기 때문이었다.[50] 네덜란드 배에 타고 있던 32명의 중국 선원은 여전히 네덜란드인의 통제 아래에 있었다. 1636년 가을, 정지룡의 부하인 정태鄭泰는 대만의 한스 푸트만스 총독에게 서한을 보냈다. 그는 총독에게 전리품 반환을 요구하였고, 또 일부 인질은 정지룡 수군의 병사이었기에 그 포로들을 돌려보내 줄 것을 요구하였다. 포로들 중 한 천총은 바로 정지룡의 친척이었다. 그는 편지에서 다음과 같이 말하였다.

저는 총독님께 확실히 말씀드릴 수 있습니다. 이 편지는 제가 개인적으로 보낸 것이 아니라, 복주福州 제독提督으로 임명된 정지룡 대인께서 보낸 것입니다. 대인의 직급은 순무와 비슷합니다. 그는 약탈한 물자 항목과 포로 명단을 알려달라고 요구합니다. 왜냐하면 선박, 선원 및 화물이 그의 소유이기 때문입니다. 게다가 이들 중 두 명이 정지룡 대인 전함의 선장이었다는 것을 알고 있습니다.[51]

네덜란드 군인은 정지룽의 선박에서 소량의 후추를 가져갔다. 그리고 중국 선박에 타고 있던 13명의 네덜란드 선원은 중국 선원이 학살했는지, 아니면 선박이 태풍으로 침몰할 때 익사했는지는 확인할 방법이 없다.[52] 그들 사이에 무슨 일이 일어났든 간에, 안해와 대만 교역이 절정에 달하고 있었기 때문에, 정지룽이나 네덜란드 상인 양측은 이 사건으로 말미암아 전면전으로 이어지는 것을 원치 않았다. 이러한 이유로 양측은 모두 자제력을 발휘하고자 하였다. 자제하지 않았다면, 조정은 다시 해금을 선포했을 것이다. 안해 상인은 1637년 혹은 1638년에 잠비로 항해하려는 시도를 더이상 하지 않았다. 그러나 1639년 봄, 복건 당국은 장주 상인에게 남중국해 주변 국가와의 무역을 위한 통행증을 발행하였다. 이에 정지룽의 부하인 정태는 즉시 대만에 2개의 네덜란드 통행증을 신청하였다. 이는 수마트라섬의 팔렘방Palembang과 잠비로 가서 후추를 구매하기 위함이었다.[53] 바타비아의 고위 당국은 이들의 신청을 거절하였고, 1월 말에 정지룽의 선박을 공격하기 위해 군함 2척을 파견하였다. 그러나 중국인은 이를 미리 알아채고, 네덜란드 군함이 팔레방 외해에 근접하였을 때, 2척의 선박을 안전하게 대피시켰다. 네덜란드 군함이 강 하구 밖에서 대기하고 있었기 때문에, 중국 상인은 바타비아로 대표단을 파견하여 중국으로 가는 자유통행증을 얻고자 하였다. 바타비아의 고위 당국은 네덜란드 동인도 회사의 극동지역 사업에 있어 안해와 대만 무역이 매우 중요하다는 것을 인지하였다. 그래서 "상술한 선박은 정지룽의 것이고, 이들은 우리와 중화제국과의 무역에서 매우 영향력 있다"라고 판단하였다. 이에 당국은 통행증을 부여하기로 결정하였고, 정지룽의 선박 2척이 팔렘방에서 500~600라스트lasts, 독일·네덜란

〈표 8-5〉 네덜란드인이 안해 상인에게 판매한 후추의 양

연도	바타비아에서 구매한 중국인 고객 수 (단위 : 라스트)	네덜란드 선박이 대만으로 운송한 금액 (단위 : 라스트)
1639	455[56]+(500~600)[57]	—
1640	300[58]	—
1641	170[59]	—
1642	450[60]	303[61]
1643	700[62]	320[63]
1644	300[64]	—
1645	150[65]	—
1646	0[66]	—
총계	2525+(500~600)	623

드 등에서 사용하는 중량 단위로 약 2t의 후추를 가져갈 수 있도록 허용하였다. 이에
따른 조건은 그들이 격년으로 바타비아로 돌아가 후추를 구매하는 것이
고, 향료군도의 다른 항구로 더 이상 가지 않는다는 것이었다.[54] 의심할
여지없이, 매우 이례적인 이러한 조치는 순전히 이 시기에 네덜란드 동
인도회사가 대만 무역의 대규모 확장을 예상하고 있었기 때문이었다.

바타비아에서 구입한 455라스트의 후추에다 팔렘방에서 구입한 후
추 500~600라스트를 더하면 총 955~1055라스트에 이르는데, 이는
엄청나게 많은 수량이다. 안해 상인이 갑자기 이렇게 많은 양의 후추를
조달하고자 한 이유는, 마카오에 있는 포르투갈 상인들이 광동 상인들
과 교역하는 것이 금지되어 발생한 시장의 공백을 메우기 위함이었다.
대만의 네덜란드 상인들은 안해로부터 다음과 같은 소식을 들었다. 그
소식은 "광주 관료들이 포르투갈 상인들로부터 매년 황실 세금을 거두
고 있었지만, 이들이 마카오에서 거주하는 것을 더이상 허락하지 않을
것이다"라는 것이다. (포르투갈 상인들은 이전부터 매년 세금을 내어 머물 곳을
확보하고 있었다)[55]

<表 8-6> 바타비아에 도착한 중국 선박

년도	바타비아에 도착한 중국 선박	안해에서 바타비아에 도착한 중국 선박
1639	7[72]	3[73]
1640	7[74]	1[75]
1641	2[76]	1[77]
1642	4[78]	2[79]
1643	5[80]	3[81]
1644	7[82]	—
1645	2[83]	—
1646	2[84]	—
총계	34	11

이 정보는 중국 자료 기록과 일치한다. 1639년 3월, 포르투갈 상인들은 몇몇 중국 군인들을 죽였다.[67] 정부의 공식 조사보고서는 "탐욕스러운 관료들이 너무 많은 뇌물을 요구하였기에, 포르투갈 상인들은 저항하였다. 이에 격분하여 군인 몇몇을 죽였다"라고 하면서, 이 사건을 반란으로 묘사하였다.[68] 이 사건이 발생하였을 때 어떤 조치가 취해졌는지에 대한 다른 기록은 없다. 하지만 동일한 문서에서는 포르투갈 상인이 1640년 이후 광주로 들어가는 것이 금지된 것으로 기록되어있다. 그 이후부터 중국 상인들만이 주강珠江을 따라 마카오로 상품을 운송하는 것이 허용되었다.[69] 이 사건으로 광동과 마카오 사이의 교통이 일시적으로 중단되었고, 이에 안해 상인들은 수익성 높은 후추 무역을 차지할 수 있는 좋은 기회를 가지게 되었다.

복건 상인이 매년 네덜란드 동인도 회사를 통해 수입한 후추는 연간 평균 약 346라스트였다.[70] 그 중 2/3는 바타비아를 왕래한 중국 선박을 통해 수입되었고, 선박 수량도 중국 황실에서 정한 바타비아 할당량과 크게 다르지 않았다.[71]

확실히 대만과 바타비아의 중국 후추 무역은 1642~1643년 사이에 상당히 순조롭게 진행되었다. 인도로의 금 수출도 같은 해에 처음으로 최고점에 이르렀다.[85] 네덜란드 동인도 회사가 중일 무역에서 정지룡과 파트너십을 구축할 기회를 잃었지만, 중국과 인도 시장을 연결하는데 성공하였다. 이러한 점에 있어, 안해 상인과 대만의 네덜란드 동인도회사 간의 파트너 관계는 적어도 여전히 유용하였다.

3. 난세 위기 속에서 은을 쫓다

명나라 군대는 동북 변경에서 만주족과 수십 년 동안 싸워왔다. 하지만 명나라 군대는 만주족이 동원할 수 있는 수에 비해 많았음에도 불구하고 점차 우위를 잃어가고 있었다. 1630년대에 만주 기병대는 장성을 넘어왔고, 심지어는 산동성과 하북성 연해지역을 침공했다.[86] 이러한 전술로 명나라 변방 부대의 보급선이 차단되었기 때문에, 일부 명나라 해안 방어 부대 및 수군은 그 결과를 두려워하였다. 이에 그들은 탈영하여 만청滿淸 진영에 합류하기로 하였다.[87] 그들의 배반으로 발해만의 제해권은 잘 익은 열매처럼 손쉽게 만청의 손아귀로 떨어졌다. 하늘이 준 이 선물로 만청은 해로를 통하여 조선으로부터 보급품을 얻을 수 있었고, 동시에 동북 변방의 중국 보급선을 계속 약탈할 수 있었다.

1640년대 초, 명나라의 북경 조정은 만청이 발해만을 통해 수도 북경을 공격할까 봐 심각하게 우려하였다. 일부 관리들은 정지룡을 소환하여 해상에서 만청 군대를 제압할 것을 제안하였다. 1642년 여름, 이에 황제는 광동의 연주連州 산지에서 원주민 반란을 진압하고 있던 정지룡을 소환하여,[88] 신병 3,000명을 지휘할 유능한 장수 2명을 파견하라고 명하였다. 정지룡은 이 임무를 수행하기 위해 새로운 총포를 주조하고 새로운 군함을 건조해야 한다고 즉각 대답했다.[89] 그는 지체하지 않고 1642년 10월 말에 복건으로 돌아왔다.[90] 대만의 트라우데니우스 총독은 이 문제에 대해 다음과 같이 말했다. "만청 군대에 맞서 도움을 청하기 위해 황제가 정지룡을 직접 조정으로 소환했다는 소문이 있었다. …… 다른 사람들은 정지룡이 이 제국의 대신들에 대한 신뢰가 거의 없었기에, 그가 직접 조정으로 가기보다는 돈을 보낼 것이다."[91] 지금까지의 자료를 종합해보면, 복건 순무와 양광 총독은 텅 빈 국고에서 지출해야 할 경비를 어떻게 충당할 수 있을지 계산하면서 난감해했다. 1643년 정지룡 자신의 무역 수입이 그 어느 때보다 큰 비중을 차지했음에도 불구하고 이 성의 국고는 이미 고갈된 상태였다. 정지룡은 황제에게 1643년 5월 경에 새로운 총포가 준비될 것이지만, 그 자신은 병이 나서 이 작전을 지휘할 수 없다고 상주하였다.[92] 그는 그의 동생인 정홍규鄭鴻逵가 지휘를 맡아야 한다고 제안했지만, 그 당시 농민 봉기로 인해 복건과 북경 사이의 연락이 단절된 상태였다. 이자성 휘하의 농민군들이 황하지역의 대도시들을 약탈하는 동안, 복건 당국은 약 4개월 동안 북경과 연락이 두절되었다.[93] 연락이 복구되었을 때, 북경 조정은 이전의 계획을 보류했다. 그럼에도 불구하고 황제는 이자성 휘하의 농민군 반란을 진압하기 위해 정지룡의 군대가 절실히 필요했다. 이에 1643년 11월 정홍규 휘하의 3천 명의 병사를 북상하도록 하였다. 얼마 지나지 않아 황제는 1644년 2월에 또 2천 명의 병사를 더 파견하라는 교지를 내렸다.[94]

1644년 4월, 농민군은 북경을 공격하여 점령하였고, 숭정제崇禎帝는 이들이 도착하기 직전에 매산煤山에서 자살을 하였다. 북경 함락 소식은 5월 중순에 제2의 수도인 남경에까지 전해졌다. 1644년 6월 19일에 원로 중신들은 새로운 황제 홍광제弘光帝, 1607~1646를 옹립했다. 남경은 장강에 둘러싸여 있었기 때문에, 새로운 조정은 농민군과 만청 군대가 장강을 건너는 것을 막기 위해, 정홍규를 소환하여 그의 군사들을 전략적인 위치에 주둔하게끔 하였다. 농민군과 만청 군대의 침략으로 폐허가 된 지역에서 멀리 떨어진 복건과 광동은 재편된 남명1644~1662 제국의 기둥이 되었다. 이 배후지를 확보하기 위해, 새 황제는 정지룡에게 작위를 부여하고 복건 지방에서의 패권적 지위를 인정했다. 1644년 10월 30일 이후, 그는 조정으로부터 절강지역을 포함한 모든 해안 방어를 담당할 수 있는 윤허를 받았다.[95] 이후 정지룡은 중국과 일본 사이의 비단 무역을 운영하는데 가장 전략적 가치가 있는 해안지역을 장악하고 통제하였다. 이처럼 그는 가장 중요한 기회를 염두에 두고 있었고, 실제로도 그 당시에 절강과 일본을 연결하는 직항로를 개설했다.

1644년 첫 몇 달 동안 중국 제국의 중심부에서 불어 닥친 소요 사태로 인해, 조정의 불법 무역에 대한 통제력이 약화되었다. 1644년 봄 북방 몬순 기간 남경과 복주 상선들이 비단 제품을 일본으로 운반하였다는 이것이 결정적인 증거이다.[96]

일본과 왕래하는 중국 선박의 수가 급증한 것은 네덜란드의 위협에 대한 반응으로 해석할 수도 있다. 왜냐하면 정지룡과 네덜란드 상인 간의 중일 무역 공유 협상이 파국으로 치달은 후, 네덜란드 상인들은 정지룡을 다시 협상 테이블로 유인하기 위한 몇 가지 조치를 취할 적절한 시기라고 판단했기 때문이다. 1643년 6월 2일에 대만 총독 막시밀리안 르 메르Maximilian Le Maire는 대만을 방문한 중국 상인들에게 다음과 같이 말했다.

바타비아 총독 안토니 판 디먼은 그들중국인이 왜 일본에 있는 회사에게 손해를 끼치고, 또 황제의 금지령을 정면으로 위반해 가면서 마닐라에 있는 우리의 적들과 교역하기 위해 온갖 종류의 상품을 실은 선박을 보냈는지 이해할 수 없다고 합니다. 우리는 이러한 선박 때문에 큰 손실을 입었습니다. 더 이상의 큰 손실을 막기 위해, 그총독는 함대를 파견하여 중국과 일본 사이의 해상 항로를 순찰할 것입니다. 당신들도 곧 아실 것이지만, 우리는 루손 북쪽 외해를 감시하기 위해 배 2척과 네덜란드 군함 1척을 파견했습니다. 이러한 조치는 올해 내내 계속될 것입니다. …… 이 사실을 널리 알려, 모든 중국 상인이 이곳으로 나아가지 말 것을 경고해 주십시오"[97]

이러한 위협을 어느 정도 인식한 정지룡은, 네덜란드 함대에 의해 선박이 나포될 위험을 줄이기 위해, 북방 몬순 기간임에도 불구하고 화물을 실은 선박을 바로 출항시켜 보냈다. 대만에서 루손으로 향하는 네덜란드 군함 2척은, 실제로 6월 4일 루손 부근에서 중국 선박 1척을 나포하여 배에 있던 모든 은을 몰수하였으며, 선원들에게는 마닐라와 더 이상 교역을 하지 말 것을 경고했다.[98] 바타비아의 고위 행정당국은 1642년 여름에 쾌속선 몇 척을 보내어 순찰하면서 일본으로 향하는 중국 선박을 저지하고자 하였다. 그러나 태풍과 악천후로 인해 그들은 이 계획을 실행하지 못하였다.[99] 네덜란드 당국도 일본인들이 어떤 반응을 보일지 궁금해 하고 있었기에, 1643년 여름 그들은 그들의 계획을 일본 정부에게 알렸다. 8월 1일, 안토니 판 디먼 총독이 작성한 편지는 데지마의 조닌町人 에비야 시오에몬海老屋權右衛門, Ebiya Shiōemon에게 전달되었는데, 이는 네덜란드가 군함을 파견하여 순찰을 하려는 계획에 대한 일본 측 반응을 살피고자 한 것이었다.[100] 에비야 시오에몬은 한 달 후에 모호한 답을 보냈다. 그는 일본 영해 밖에서 순찰이 이루어지면 관여하지 않겠지만, 해적 행위는 절대 허락하지 않는다고 하였다.[101] 이러한 군수의 회신은 현지 중국인들에게 즉시 알려졌고, 이에 그들은 분노하여 나가사키 봉행奉行, 헤이안시대부터 에도시대까지 사용되었던 관직명에게 격렬하게 항의했다. 그 결과, 나가사키 봉행은 데지마섬의 네덜란드인들에게 다음과 같이 명령하였다. 그것은 중국에서 일본으로 또는 일본에서 중국으로 항해하는 어떤 선박도 나포하지 말라고 경고하는 것이었다. "나가사키에서 천주와 천주 북쪽의 다른 항구들로 항해하는 선박들이 내년에 이곳으로 돌아왔을 때, 만약 일부 선박이 항구에 도착하지 않았거나 실종되었다는 신고가 있다면, 본관은 네덜란드가 이들을 나포했거나 파괴했는지의 여부를 조사할 것이다."[102]

네덜란드에 대한 이러한 경고는 막부의 쇼군이 아닌 나가사키 봉행이 보낸 것이었지만, 네덜란드는 그 메시지를 분명하게 받아들였다. 그 후 중국 선박은 네덜란드 선박에 의해 더 이상 손실을 입지 않았다. 이 합의는 중국과 네덜란드 사이의 암묵적인 양해로 발전하여 1662년 대만이 항복할 때까지 준수되었다.[103] 게다가 정지룡은 1643년에서 1644년 사이에 여전히 막대한 양의 중국 금을 대만에 제공하고 있었고, 또한 바타비아에서 후추를 구입하고 있었는데, 이러한 것 역시 간과할 수 없는

사실이었다. 여러 다양한 이유들로 인해 양측 간의 갈등은 제어할 수 있
는 수준으로 이어졌다.

〈표 8-7〉 천주 북쪽 항구에서 일본에 도착한 중국 선박들

연도	일본에 도착한 중국 선박 수*	천주 북쪽 항구에서 출발하여 일본에 도착한 중국 선박**	백분율
1642	34	6	18
1643	34	2	5
1644	55	18	33
1645	82	32	39
1646	54	39	72
1647	31	8	26
1648	20	11	55
1649	59	23	38

출처 : *Robert LeRoy Innes, "The Door Ajar", p.636.
표 A : 1604년부터 1715년까지 일본과 다른 나라(류큐와 조선 제외) 사이의 해상 운송.
**The Deshima dagregisters, XI : 1641~1650, XII : 1650~1660, passim.

일본 무역에 관한 합의가 상당히 힘들게 이루어졌음에도 불구하고,
네덜란드와 안해 상인들은 여전히 2개의 무역 경로를 두고 충돌하였다.
첫째, 마닐라와의 무역 경로이다. 네덜란드는 1643년부터 계절마다 대
만에서 함대를 파견하여 이 무역 경로를 순찰하였고, 1645년에 정지룡
의 선박 중 한 척을 나포하였다. 이에 정지룡은 격분하여 대만 현지의
중국인들에게 위협의 편지를 보냈다. 현지 중국인들이 네덜란드가 중국
선박을 수색하는 것을 도와준다면, 엄중한 처벌을 받을 것이라는 내용
이었다. 그가 사용한 거친 어조는 그가 이 문제에 대해 얼마나 많은 무
력감을 느끼고 있는지를 잘 드러내고 있다.[104]

쌍방이 참여한 무역에서 마닐라와의 무역 경로 다음으로 중요한 것은
사슴가죽 무역을 위주로 한 일본과의 무역 경로였다. 16세기 말부터 일
본인들은 대량의 사슴가죽을 수입하였는데, 주로 사무라이 갑옷 제조에

사용되었다. 1640년 쇼군이 로마 가톨릭을 탄압하고 사실상 쇄국을 단행하기 전까지, 이 무역은 해외 항구에 거주하는 일본인과 포르투갈인이 공동으로 경영하였다. 사슴가죽은 대부분은 대만, 시암, 캄보디아에서 생산되었다. 데지마에 있는 네덜란드 무역 상관 기록^{아래 표 참조}에 따르면, 사슴가죽 무역은 점차 증가한 것으로 나타났다.

〈표 8-8〉 광남과 캄보디아에서 일본으로 온 사슴가죽 운반 선박

연도	광남과 캄보디아에서 일본으로 온 선박들	광남과 캄보디아에서 시암으로 온 선박들	중국 선박이 일본으로 수입한 사슴가죽*
1638	—	3[105]	—
1639	—	—	14,050
1640	—	1[106]	23,890
1641	2[107]	2[108]	41,550
1642	3[109]	2[110]	183,216
1643	1[111]	1[112]	—
1644	3[113]	2[114]	67,832
1645	3[115]	—	25,730
1646	3[116]	1[117]	54,270
1647	1[118]	—	—

출처 : 永積洋子 著, 劉序楓譯, 「由荷蘭史料看17世紀的臺灣貿易」, 頁46. 表3

시암 왕은 왕실과 중국 간의 직접 무역으로 바빴기에, 중국과 시암 간의 무역을 장악하려는 정지룡의 시도가 실패로 끝났음을 앞에서 지적한바 있다. 시암 왕은 1643년 이후 안정적인 기반 아래 광동과의 직영 무역을 더욱 확고히 할 수 있었지만, 시암 사슴가죽의 유일한 경로는 아니었다. 왜냐하면 시암 사슴가죽은 캄보디아와 광남을 통해서도 일본으로 수출되었기 때문이다. 1630년대 시암에서 동란이 일어난 후, 많은 일본거주민들은 불안을 느껴 광남과 캄보디아로 이주했고, 그곳에서 시암의 사슴가죽을 계속 구입했다. 그들은 1636년부터 해외 무역 금지령으로

인해 일본 무역에서 제외되었기 때문에, 이러한 사슴가죽을 광남과 캄보디아의 중국 상인에게 팔았다. 1637년부터 1640년까지 아유타야의 네덜란드 상인들은 시암에 사슴가죽을 구입하러 온 '코친차이나Cochin China에 거주하던 일본인'에 대해 끊임없이 불평을 했다. 이 기간(1636~1640) 광남과 캄보디아를 방문한 중국 선박의 수에 대한 구체적인 기록은 없지만, 1639년 중국 관청은 광남통행증 8장과 캄보디아통행증 2장에 무역을 할 수 있도록 총 10장의 통행증을 발급한 것으로 기록되어 있다.[119] 1643년 통킹하노이를 중심으로 한 북부를 지칭과 광남사이공을 중심으로 한 남부를 지칭 사이에 벌어진 대규모 해상 전투의 결과 중 하나는, 그해 중국 선박을 통해 사슴가죽을 일본으로 수출하지 못했다는 것이다.[120] 1642년 포르투갈 선박은 광남 해안에서 좌초된 네덜란드 선박 2척을 나포하였고, 배에 있던 화물은 전리품으로 팔아버렸다. 네덜란드는 이 기회를 잡아 광남에 선전 포고를 하였고, 1643년 광남 항구로 오가는 중국 선박 3척을 나포했다.[121] 네덜란드가 대만으로부터 받은 정보에 따르면, 1644년 광남에서 일본으로 중국 선박을 직접 보내고 있었다고 한다. 정지룡은 네덜란드 동인도 회사가 1643년 광남에 전쟁 선포를 한 것을 알고, 1644년 네덜란드에 광남과 무역을 할 수 있도록 통행증을 요청하였다.[122]

정지룡이 이러한 통행증을 요청한 지 얼마 지나지 않아, 만청의 군대는 1645년 6월 3일에 장강을 건너 남경을 점령했다. 정지룡의 동생 정홍규는 상황의 급변으로 자신의 지위를 더 이상 유지할 수 없어서, 병사들을 이끌고 복주로 후퇴했다. 이때 그의 보호 아래 피신해 있던 명나라 친왕親王을 데리고 갔다. 정지룡과 정홍규는 이 친왕을 대명의 새로운 황제로 옹립하기로 결정하고, 연호를 '융무隆武'라고 하였다. 1645년 8월

21일, 복주에 새로운 조정을 세웠다. 정지룡의 아들 정성공은 새로운 조정에 영입되어 황제의 호위무사가 되었다. 새로운 조정은 이전 수준대로 군대를 유지하고, 신병을 훈련시켜 병력을 확충하는 것이 매우 중요하다는 점을 깊이 인식하였다. 이에 조정은 이러한 목적을 달성하기 위한 자금의 원천으로 대외 무역의 중요성을 인정하였다. 이러한 이유로 이 위기 기간 해상 금지령을 공표하지 않고, 중국과 일본 간의 직접 무역을 허용했다. 대만 총독 프랑수아 카롱François Caron은 다음과 같이 보고했다.

정지룡 대인은 모종의 세금을 낸다는 조건으로 일본과의 무역을 허용했습니다. 왜냐하면 이것은 수익을 가져다주기 때문이었습니다. 사실 이 무역은 이전부터 금지되었고, 또 이를 위반한 자는 사형에 처해졌습니다. 하지만 정지룡 자신은 연해지역 관료들을 매수하여 사사로이 무역을 지속하고 있었습니다.[123]

바타비아 총독 코르넬리스 판 데르 레인Cornelis van der Lijn, 1608~1679, 재임기간 1645~1650은 바타비아에서 대만으로 향하는 상인들에게 다음과 같은 사실을 상기시켰다.

중국에서 바타비아로 가져온 화물은 바타비아와 파트리아patria에서 주문한 화물에 비해 형편없었다. 이는 중국에서 장기화된 대규모 전쟁과 중국 정지룡의 악의적 개입 때문이다. 정지룡은 대만 무역을 방해하고 또 일본 무역이 가져다줄 풍부한 이윤을 독차지하기 위해 자신만의 무역을 강화하려고 하였다. 그는 거액의 돈을 받은 대가로, 모든 상인들이 나가사키로 항해하는 것을 허락하였고, 동시에 자신도 방대한 화물을 실어 날랐다. 이러한 이유로 작년 1645년에는 화물로 가득 찬 중국 선박 76척이 5,200,000길더 이상의 상품을 수출했다. 많은 상품의 가격이 하락하여 회사는 심각한 손실을 입었다. 우리는 이러한 중국과의 끊임없는 경쟁을 견딜 수 없다.[124]

복건의 새로운 조정은 조공무역을 회복시켜 황실의 직영 무역의 중요한 채널로 삼았다. 예를 들어, 1645년 9월에는 류큐 왕국의 사절단과 교섭을 시작하여, 비단과 유황을 교환하는 조공무역이 이루어지길 기대했다. 정지룡은 심지어 중국 황제의 명의로 일본 막부 쇼군과 정식적인 동맹을 맺을 계획도 세웠다. 그는 외교적 수단을 동원해 남중국해와 동중국해 주변의 모든 통치자들이 자신의 권리를 인정하도록 설득하였고, 이를 통해 네덜란드 동인도회사가 그의 선박에 대해 무력 개입하는 것을 막고자 하였다. 그는 수군 장군 중 한 명인 최지崔芝가 쇼군에게 편지를 보내 공식적인 무역과 군사적 지원을 요청하도록 허락하였다. 데지마에 있던 네덜란드 상인은 정지룡이 파견한 대표 1명이 1646년 1월 26일 막부에게 만청 군에 대항하기 위한 군사 지원을 요청한 사실을 알게 되었다.[125] 일본 당국에 보낸 이 반관반민 서한은 1646년 1월 28일자로 작성되었다.[126] 그러나 막부의 원로회의에서는 이 서한을 거부하였다. 막부는 당시에 이미 쇄국정책을 시행하였고, 중국과 일본 간의 조공무역이 진행될 가능성이 완전히 배제되었기 때문이었다.[127] 정지룡은 단념하지 않고 다시 시도하였다. 1646년 7월, 그는 공식 외교 사절단을 일본에 파견하기 위해 융무제에게 허가를 요구했다. 그는 직접 일본 천황과 막부 쇼군에게 편지를 써서, 융무제의 공식 허가를 받은 국서를 첨부하여 일본으로 보냈다. 이번에는 쇼군이 편지를 받았지만, 쇼군과 원로회의에서는 여전히 그러한 요청을 거부했다.[128] 이 사건에 대한 소식은 데지마에 있는 네덜란드인들의 귀에까지 들어갔다. 왜냐하면 쇼군이 몇몇 신하를 보내어 정지룡의 요청을 거절하였고, 이러한 조치는 대중의 관심을 끌었기 때문이다.[129] 일본 측이 어떻게 받아드렸든 간에, 융무제는 이미 중국과 일본의 무역을 합법화시켰다.

1646년 5월과 6월 사이에, 정지룡이 파견했다고 전해지는 중국 특사 1명이 안남[정씨 집안의 서국공 정조鄭祚]의 조정에 모습을 드러냈다. 그와 동행한 사절단은 약 2만 테일 상당의 비단 제품을 가져왔다. 이 특사는 자신의 임무는 안남 국왕으로 하여금 복건의 새로운 황제에게 조공을 잊지 말게끔 상기시키는 것이라 선언하였다. 그들은 1646년 7월 3일 떠나기 전에 실제로 금 600테일과 약간의 소총, 창, 칼을 교환하였다. 정조가 융무제에게 황금을 바쳤던 것은, 중국으로부터 더 높은 작위를 부여받으려는 숨은 의도가 있었기 때문이었다.[130] 정지룡도 "마치 그[정지룡]가 그[안남 국왕]의 형제인 것처럼"이라는 표현을 사용하여 안남 왕에게 사적인 편지를 보냈다.[131]

1645년과 1646년 사이에 일본, 류큐, 안남에 파견된 사절단은 모두 복주를 중심으로 한 새로운 조공 무역에 참여하라는 초청장을 보냈다. 정지룡의 계획은 이들 번속국과의 외교 관계를 재확립하고, 외교적 수단을 활용하여 모든 중국 무역을 독점하려는 것이었다. 그의 계획은 강력한 무기가 되어, 중국 상인의 희생으로 네덜란드 상인들이 획득한 모든 특권을 없애고자 한 것이었다. 하지만 그는 실망을 할 수밖에 없었다.

왜냐하면 새로운 황제는 정지룡의 계획이 새 조정에 결정적으로 중요하다는 사실을 확신하지 못하고, 정지룡에게 가능한 한 빨리 만청 군대와 전쟁을 벌일 준비를 하라고 명령했기 때문이다.

정지룡은 먼저 경제적 기반을 확보하지 않고는 그러한 임무를 위한 재정과 병력을 제공할 수 없다는 것을 알았고, 이에 융무제를 희생시켜 자신의 수군과 재산을 확보하기로 결정했다. 만청의 군대가 복건성에 접근했을 때, 자신의 부대에게 각 대도시에서 후퇴하라고 명령했다. 왜냐하면 그는 자신의 새로운 무역 시스템이 만청 황제에게도 가치가 있을 것이라고 확신했기 때문이다. 수년 후 정지룡은 만청 황제에게 보낸 편지에서 자신을 소개하면서, 무의식중에 그의 인생 마지막 단계에서 일생 동안의 사업에 대한 자신의 경력을 다음과 같이 드러내었다.

신이 명 왕조 때 절강 복건 광동 3개 성의 산적과 해적을 평정하였고, 붉은 머리 오랑캐네덜란드를 물리쳐서, 외국 왕국들에게 조공을 받치게 하는 공이 있었습니다. 이 때문에 평국공平國公이란 작위를 받았습니다.[132]

용병 출신으로서 중국 왕조를 위해 이보다 더 큰 성취를 이룬 사람은 없었을 것이다.

제9장
청나라의 열린 해안, 1646~1650

1. 남경과 절강 상인들의 막간극

만주족이 남경에서 절강성으로 침입하면서 안해 상인들이 남경^{당시 남}
^{직예성}과 절강에서 비단을 수집하기 위해 택한 육로가 전쟁터로 변했다.
이 때문에 안해 비단 무역은 타격을 입었다. 이러한 상황의 변화로 인해
절강 상인들은 안해 상인들의 중일 무역 독점으로부터 벗어날 수 있었
다. 1645년 여름 이후 복건과 절강 사이의 해상 무역이 중단되었다. 복
주, 장주, 안해에서 남경으로 출발하는 선박들은 나가사키로 항로를 변
경해야 했다. 이 갑작스러운 혼란으로 인해 정지룡이 병사들의 임금을
지불하기 위해 활용했던 수입원이 위태로워졌다.[1]

정지룡은 중일 무역을 합법화하는 데 성공하였고, 네덜란드 함대의

잠재적 위협을 피하기 위해 복주와 남경에서 비단을 운반하는 선박을 더 많이 파견하기 시작했다. 절강에서 벌어진 전쟁은 남경에 대한 정지룡의 투자에도 위협이 되었다. 만주족이 꾸준히 국경을 남쪽으로 밀어붙이면서 절강을 거쳐 복건과 남경 사이의 비단을 수송하는 데 필수적이었던 육로가 차단되었다. 1646년 봄, 이 상황에 대한 소식은 대만 총독 프랑수아 카롱François Caron에게도 전해졌다.

이것은 매우 우려되는 일입니다. 중국에서 일어난 전쟁이 일본을 방문하는 장주, 안해, 천주, 복주의 선박들에게 장애물이 될 것이라는 소문이 우리에게 전해졌습니다. 이는 나가사키 시장에서 판매되는 상품의 공급에 지장을 줄 것이며, 가격은 다소 오를 수도 있습니다. 그러나 신중히 생각해 보면, 한편으로는 안해의 비단 수출이 줄어들면 다른 한편으로는 남경지역의 비단 수출이 대폭 증가할 수 있기 때문에, 이러한 일은 일어나지 않을 수도 있습니다.

저는 총독님께서도 안해 해운이 중단되면 남경 상인들이 이익을 얻게 될 수 있다는 점을 이해해 주실 것으로 믿습니다. 이는 이전에 한 번도 일어난 적이 없고 들어본 적도 없는 일입니다. 따라서 저는 안해와 그 주변의 비단이 그곳으로 운송될 수 없기 때문에 더 비싸질 것이라고 확신합니다.[2]

이 소문은 사실로 입증되었다. 10개월 후, 카롱은 상황을 설명하기 위해 또 다른 보고서를 작성했다.

지난 남부 몬순 기간 동안 정지룡 또는 그의 이름으로 일본으로 운반된 비단과 비단 제품의 공급은 (과거와 같이) 원활하지 않았습니다. 비단은 이전과 같이 일반적인 무역 경로를 통해 얻은 것이 아니라, 정지룡의 지휘 아래 있는 모든 상가와 마을에서 긁어모은 것입니다. 또한 정지룡은 병사들의 임금을 지급하기 위해 비단을 비축하지 말고 시골에서 돈을 끌어오라는 특명을 내렸습니다. 더욱이, 북부 지방의 일부 비단은 정지룡의 형제가 황제의 이름과 명령으로 지키고 있던 (지방) 경계나 국경 성문에서 일정한 관세를 지불하는 조건으로 남쪽으로 운송되었습니다. 정지룡의 형이 저지른 약탈의 결과로, 이 많은 비단이 정지룡의 손에 넘어가 모두 일본으로 보내졌습니다. 따라서 저는 회사뿐만 아니라 정지룡 자신과 연해지역의 모든 상인이 비단 무역에서 제외되었음을 증언하고자 합니다.

전쟁으로 인해 중화제국의 남부 지방에서 비단을 한 올도 구할 수 없다는 것은 명백한 사실입니다. 그래서 정지룡은 우리처럼 일본에 비단을 거의 보내지 않았습니다. 앞으로 무슨 일이 일어날지는 시간이 가장 좋은 교사가 될 것입니다. 정지룡의 동생이 상인들에게 부린 더러운 속임수는 만주족 상인들 사이에 두려움과 분노를 불러일으켜, 다시는 그곳에서 장사를 할 수 없게 되었습니다. 통행 또한 적만주족에 의해 엄격하게 통제받고 있었습니다.[3]

카롱의 보고서에 언급된 조치는 중국 기록에 기록된 내용을 입증한다. 1646년 2월 정지룡의 요청에 따라 융무제는 광동성 정부에 재정 지원을 압박하기 위해 대표단을 보냈다. 정지룡은 또한 모든 관리들이 직급에 따라 황실 국고에 돈을 기부해야 한다고 촉구했다.[4] 정지룡은 1646년 4월 호부와 공부에 임명되었고, 그는 황제의 신하들로부터 마지막 한 푼이라도 더 거두기 위해 세무 관리들을 파견하여 복건 지방 모든 지역의 토지세를 조사했다.[5]

1646년 4월 5일, 융무제는 정지룡의 동생 정홍규에게 절강의 저항군을 지원하라고 명령했다. 그는 군대를 이끌고 복건성 북쪽 경계의 길을 거쳐 절강으로 가서 만주족을 몰아내라는 명령을 받았다. 그의 군대가 국경에 도착하자마자 그는 병사들에게 급여를 지불할 돈이 없으므로 국경 문을 넘어서는 모험을 하지 않겠다고 선언했다.[6] 사실, 정홍규는 절강 군대를 지원하는 대신, 절강 정부가 관할하는 국경 너머의 현들로부터 토지세를 징수하기 위해 군인들을 파견했다.[7]

1646년 5월, 정지룡은 지체 없이 융무 황제에게 예산 계획을 제시하였는데, 만주족을 격퇴하는 데 필요한 모든 무기, 임금, 식량을 지불하기 위해 매년 1,560,000테일이 필요하다고 주장하였다.[8] 이 모든 것은 절강 상인들이 정지룡에게서 중국과 일본 사이의 비단-은 무역을 빼앗아 왔기 때문에, 그와 그의 형제들은 이제 상업 경쟁자들에게 어떤 도움도 주기를 꺼려했다는 사실을 알려주고 있다. 1646년에 34척의 선박이 복건 해안에서 일본으로 출발했지만, 그들이 복주에서 운반할 수 있었던 생사[천주에서 조금 빼낸 것]는 201피쿨picules에 불과했고, 그해 일본이 수입한 중국 생사 총량의 약 17%에 불과했다.[9]

우리가 끌어낼 수 있는 유일한 결론은 그해 생사의 약 83%가 절강 상인들이 수출했음이 틀림없다는 것이다. 이 설득력 있는 진실이 밝혀졌을 때, 정지룡은 자신의 주머니에 아무런 도움이 되지 않는 전쟁에 자금을 대는 대신 만주족과 협상을 시작하기로 했다. 청나라 조정의 기록에 따르면 정지룡은 1646년 4월 초에 만주 관리들과 접촉했다고 한다.[10] 이때쯤 정지룡은 절강 상인들의 교묘한 속임수가 일본과의 비단 무역에 자신이 어떤 피해를 보고 있는지 깨달았을 것이다. 카롱의 보고서에 언급된 대로 정지룡은 5월과 7월 사이에 세금 징수 시스템을 활성화하여 최대한 많은 수익을 짜내기 위해 최선을 다했다. 그의 책략에도 불구하고 절강의 경쟁자들은 명목상으로는 복건 정부와 동맹을 맺고 있었기 때문에 움직일 수 없는 장애물이었다. 명목상 지도자인 노왕魯王이 소흥에 억류되어 있는 동안, 절강의 저항은 꾸준하게 이어졌다. 그들은 계속해서 전당강錢塘江 남쪽 기슭을 따라 자신들의 진영을 방어했다.[11] 불행하게도 1646년 여름 가뭄으로 인해 수위가 낮아졌고, 만주 기병대는 1646년 7월 18일 쉽게 강을 건넜고,[12] 그 후 절강 저항군은 곧 무너졌다. 이제 남경과 절강성이 모두 만주족의 수중에 들어갔기 때문에 정지룡은 일본과의 무역에 필요한 생사를 확보하기 위해서는 어쩔 수 없이 만주족과 협상할 수밖에 없었다. 8월에 그는 만주족과의 개인적인 타협의 표시로 복건 국경에서 모든 병력을 철수했다.[13] 만주족은 1646년 10월 상순에 아무런 저항도 받지 않고 국경을 넘었다. 정지룡의 명목상 상관이었던 융무제를 노렸으나 융무제는 얼마 지나지 않아 도주하던 중 사망했다. 그동안 정지룡은 모든 군사 업무를 정리하고 복주 항구에 정박해 있던 선박에 자본을 실어 1646년 10월 22일 함대를 이끌고 안해로 떠났다.[14]

정지룡은 복주에서 만주족 사령관이자 남부 원정 총사령관인 다라패륵 박락多羅貝勒 博洛, Boro, 1613~1652과 직접적인 의사소통을 하지 않았지만, 그는 이전에 만주군과 마주치면 모든 병사를 철수하겠다고 만주 조정에 약속한 바 있었다. 이것은 정지룡이 여전히 명나라 저항군의 지도자로 활동하면서 자신의 진정한 의도를 알리는 방법이었다. 1646년 11월 10일, 복주의 선박이 나가사키를 방문하여 정지룡의 계획과 복주에서 만주족을 처음 만났을 때 평화 협정을 체결하지 못한 사실을 보고했다.

정지룡이 복주에서 서너 명의 사신을 만주족에게 보냈다는 소식을 전해주었
다. (정지룡이) 만주족의 통치에 복종하고 그들의 방식으로 머리를 깎으면 광
동, 복주, 천주 3성을 통치하는 위대한 만주족이 될 수 있다고 제안했다. 그들
[만주족]은 이 말을 듣지 않고 아무런 사전 경고도 없이 곧장 복주로 진군했다.[15]

만주군이 천주를 점령한 후 안해로 마지막으로 접근하기 시작했을
때, 정지룡은 공식적으로 만주 황제에게 복종하기 전에 안해를 포기해
야 할지 망설였다. 며칠 전인 1646년 10월 16일, 그의 막내 동생 정지
표鄭芝豹, ?~1653가 병사들을 이끌고 천주에서 안해로 철수했다.[16] 정지표
가 안해로 철수한 후, 만주군은 천주 남부와 안해성을 연결하는 다리 근
처에서 정지룡의 군대와 교전을 벌였다. 만주족 사령관이 휴전을 명령
하기 전까지 거의 한 달 동안 교전이 벌어졌다.[17] 프랑수아 카롱의 보고
에 따르면, 만주군이 안해성으로 향할 때 정지룡이 지휘하던 안해 부대
는 그의 배를 타고 퇴각했다.

정지룡은 자신의 본거지였던 안해를 떠나 한 섬으로 도망쳤다. 총 600여 척
의 선박을 소유한 정지룡은 근처에 정박해 있거나 손이 닿는 곳이면 어디든
다른 폐선과 선박을 모두 불태워 이 선박을 이용하려는 자들로부터 자신을 보
호했다. 만주족이 (정지룡이 그들에게 항복했기 때문에) 성대하고 명예로운 환
영식을 열었다는 것은 확인되지 않았다. 그러나 만주족은 정지룡을 모욕하고
욕보이기 위해 그들의 군대가 안해의 여성과 소녀들을 강간하도록 허용한 것

은 분명했다. 그런 다음 그들은 인질들을 데리고 복주로 천천히 철수하기 시작했다.[18]

정지룡은 자신의 형제, 사촌, 장남 등 동료 장교들에게 자신의 진정한 의도를 분명히 밝혔을 것이다. 그는 안해에 있는 자신의 개인 성에서 후퇴하라는 명령을 내렸다. 만주 조정에 복종하라는 정지룡의 제안은 그의 추종자들에게 충격을 주었다. 정지룡은 명나라 황제 융무의 열렬한 후원자였기 때문에, 대부분의 사람들은 만주족이 모든 특권을 유지해 달라는 정지룡의 요청을 받아들일 것이라고 믿지 않았다.

정지룡이 안해에서 마지막 철수를 위해 모든 재산을 가지고 출항한 후에야 만주족 총사령관 박락은 정지룡과 친한 천주의 신하를 통해 정지룡에게 메시지를 보냈다. 박락은 청나라 조정이 정지룡과 협상할 의향이 있음을 확인하고, 정지룡이 현재의 지위를 유지할 수 있으며 청나라 황제의 이름으로 군대를 보내 광동성을 정복할 수 있도록 하겠다고 약속했다.[19] 12월 21일, 정지룡은 공식 협상을 시작하기 위해 복주에 도착했다.[20] 한편 청나라 총사령관은 복주 인근에 거주하는 신사 중 가장 대표적인 인물이 누구인지 알아내기 위해 조사를 시작했고, 그들을 본부로 소환하라는 전갈을 보냈다. 1647년 1월 14일, 청나라 황제의 명령에 따라 복주 귀족들은 인질로 잡혀 북경으로 보내졌다. 정지룡도 그들 중 하나였다.[21]

정지룡은 실질적인 협정이 체결되기도 전에 만주 총사령관 박락에 의해 갑자기 복건에서 끌려갔다. 만주 총사령관은 해외 무역에 대한 규정을 정하기 위해 어떤 종류의 질서도 마련하지 않았다. 간단히 말해서,

안해 상인들은 남경이나 절강 상인들이 청일 비단 무역에 개입하는 것을 막을 법적 수단은 아직 없었다.

하지만 해결책이 있었다. 만주 조정이 해상 무역 정책을 결정하지 않았지만, 일본 막부 정부는 침략자들에게 복종한 후 만주식으로 머리를 깎은 중국 상인들을 경멸하는 데 주저하지 않았다. 1646년 6월 17일, 65,500테일의 화물을 싣고 나가사키에 온 남경선은 선원들이 만주풍으로 머리를 깎았다는 이유로 무역 허가를 거부당했다.[22] 나중에 그들은 다시 오지 않는다는 조건으로 상품을 판매하는 것이 허용되었다.[23] 만약 정씨 일가의 안해 상인들이 만주에 굴복하지 않고 명에 충성하는 신분을 유지했다면, 일본에서 무역을 계속할 수 있는 유일한 중국인이라는 지위를 얻을 수 있었을 것이라 추측할 수 있다.

1647년 절강과 복건의 해안지역이 모두 개방되자 두 성의 수많은 상인들이 일본 무역을 위해 선박을 준비했다. 1647년 5월 13일, 남경에서 '변발한' 선원들을 태운 선박이 45,000~46,000테일의 화물을 싣고 나가사키에 도착했지만, 일본인들의 멸시 때문에 아무것도 팔지 못하도록 금지되었다. 그러나 선주가 이제 중국 전역이 만주족에게 정복되고 정지룡이 체포되어 북경으로 끌려갔다는 소식을 전하자[24], 막부 정부는 마음을 바꿔 7월에 선주의 화물 판매를 허용했다.[25] 이러한 정책 변경은 같은 해에 공식적으로 인정되었고, 이후 청나라의 선박은 환영받게 되었다.[26] 막부 정부가 입장을 바꾸기 전에도 정지룡은 선박 여러 척을 일본에 보냈다. 그의 수군 총병 중 한 명인 최지崔芝는 1647년 4월 복주로 돌아와 해구海口, 지금의 복청(福淸)시에 자리를 잡았다.[27] 그는 절강에서 명나라 저항군의 명목상 지도자였던 노왕의 이름으로 일본과 무역할 선박 4

척을 준비했다. 이 선박들은 1647년 5월 15일과 18일에 나가사키에 도착했다. 그들은 심지어 사절도 데려왔다.

이 선박을 타고 온 사신은 복주 총독의 남동생처럼 보이고 아주 거만하게 행동하였지만 다들 진지하게 받아들이지 않았다. 그는 여러 명의 여자와 마차 1대, 당나귀 3마리, 물소 3마리를 데려왔다. 봉행의 통역사가 승선했을 때 그는 선박의 선미 루각 위 안락 의자에 앉고 2명의 남자가 그 위에 캐노피를 잡도록 했다. 그는 선주, 즉 선박의 선장이 통역사와 대화하도록 했는데, 이는 통역사가 자신에게 입을 열 수 없을 정도로 자신보다 아래에 있다고 생각한다는 것을 보여주었다. 하루에 세 번씩 머스킷 총을 쏘고 악기를 연주하였다. 아침에는 국기를 게양하고 저녁에는 국기를 내렸다.[28]

남경에서 온 선박은 화물을 가득 실었던 것에 비해, 복주에서 온 선박은 가져온 화물이 몇 가지에 불과했다. 만주족과의 협상이 실패한 이후, 중일 생사 무역에 대한 정지룡의 독점권은 그의 손에서 빠져나간 것 같았다. 7월 7일과 9일, 노왕이 파견한 사신단은 2척의 배를 이끌고 나가사키에 도착했다. 그들은 여전히 주산군도에서 청나라에 저항하고 있던 명나라 충성파 선원들이었다.[29] 그들은 비단을 가지고 있지 않았지만 약간의 후추, 약재, 흑설탕을 가져왔다. 왜냐하면 그들이 제공할 수 있는 것이 거의 없었기 때문이다.[30]

1647년 5월 8일 수군 총병 최지는 만주군에 의해 복주에서 추방당했다.[31] 그러나 복주는 그 후 3개월 동안 포위 공격을 받았지만, 정채鄭彩, ?~1650의 군대는 이듬해 8월 복건성의 주변 마을과 북부 국경지역을 점령했다. 정채는 정지룡의 조카로 알려졌고, 노왕은 그를 원수로 임명해 배를 이끌고 복주를 공격하도록 했다.[32] 정지룡이 이전에 시도했던 것처럼 남경의 비단 수출을 억제하기 위해 정채는 이제 류큐 왕국에 조공 사절단 파견을 요청했고, 일본 에도 막부德川幕府와 조공무역에 관한 조약 체결도 모색했다.[33] 정채의 군대는 약 1년간 복건의 북쪽 국경을 따라 대부분의 지역을 통제할 수 있었다.[34] 1648년 중국 상인들은 총 19,415캐티 Cattie의 생사를 일본에 수출했는데, 이는 1643년의 10분의 1에 불과한 수치였다.[35] 정채가 해안지역을 장악한 것은 분명했지만, 중국 내륙지역에서 일본 무역을 위한 생사 수집은 여전히 전쟁으로 인해 방해받고 있었다. 만주군은 결국 1649년 복건 북부의 대부분을 다시 점령했다.[36]

다시 한번 청나라 조정은 남경과 일본 간의 무역을 금지했고, 1649년 3월 18일 중국 선박 중 한 척이 일본에서 돌아오자 만주 해안 방어군은 선원들을 체포하였다.[37] 따라서 북경의 개입으로 1649년 복건 상인과 절강 상인 간의 심각한 경쟁은 종식되었고, 복건 상인들은 그들의 고향이 아직 만주족에게 정복되지 않았다는 단순한 이유로 일시적으로 독점권을 되찾게 되었다.[38]

2. 새로 창설된 정성공 부대를 위한 은과 쌀 약탈

정지룡이 만주 조정과 합의에 이르지 못한 것은 그를 따르는 모든 추종자들에게 실망스러운 일이었지만, 안해 상인들은 금문金門과 하문과의 무역을 계속 추구했다. 더이상 일본 시장을 만족시킬 만큼 비단과 비단

제품을 충분히 수집할 수 없었지만, 그들은 굴복하지 않고 대만과의 금
-후추 무역을 계속 진행하였다. 1647년 4월과 8월 사이에 안해 상인들
은 약 70만 길더 상당의 금을 대만에 전달했고, 네덜란드인들은 은, 향
신료, 쌀로 대금을 지불했다.[39]

〈표 9-1〉 1647~1648년 대만에서 중국으로 수출한 추정치(길더)

연, 월	봄 초 은 보유량	사슴가죽과 설탕 구매한 은 비축*	바타비아의 은 수입	일본의 은 수입	중국 무역 은 소비*	대만이 중국 금 수출
1647.4 ~1647.11	594,000[40]	48,000*[41]	—	326,920*[42]	568,120	883,898[43]
1647.11 ~1648.12	304,800[44]	31,200[45]	668,418[46]	396,000[47]	728,418	1,605,661[48]
1648.12	770,000[49]	—	—	—	—	—

간단히 말해서, 일본과의 비단-은 무역이 공급 부족으로 중단되는 동
안, 안해상인들은 대만의 네덜란드 동인도회사에 금을 수출하여 은을
계속 확보했다. 1647년 여름에는 수출된 금의 65%가 은으로 지불되었
다. 1648년에는 그 비율이 약 45%였다. 분명히 은은 안해 상인들 사이
에서 가장 높이 평가되는 상품이었다.

이 모든 일이 진행되는 동안 정지룡의 아들 정성공의 지휘 아래 새로
운 세력이 등장했다.[50] 정성공은 절강 경쟁자들에 집중하기로 한 사촌
정채의 전철을 밟지 않았다. 융무제의 시위侍衛였던 그는 정채처럼 군대
의 일원은 아니었지만[51], 적어도 정지룡이 북경으로 끌려갈 때 남긴 재
산과 안해 성에 대해 소유권을 주장할 수 있었다. 동시대 인물 중 한 명
인 완민석阮旻錫, 1627~1712의 회고록에 따르면, 그는 민간 군대를 조직하
기 위해 다음과 같은 자원을 사용했다.

정성공은 싸울 계획을 세웠지만 병사나 선박을 지휘하지 않았다. 그래서 그는 남오에 가서 군대를 모집했다. 나중에 300명이 그를 따랐고, 그는 하문 근처의 고랑서鼓浪嶼에서 그들을 훈련시켰다. 그는 안해의 황개黃愷에게 군수품을 마련하라고 명령했다.[52]

이러한 상황은 빌렘 페르스티헨Willem Versteeghen이 일본에서 쓴 네덜란드 일지에서 확인된다. "정지룡의 아들과 그의 남동생이 최소 700척의 선박과 수많은 사람들을 데리고 팽호군도에 모였다고 들었다. 그들은 가장 저명한 상인들과 함께 상당한 양의 돈과 물품을 가지고 갈 수 있었다."[53]

대만에서 유입된 은이 새로 훈련된 군대의 비용을 지불하는 데 사용되었다고 가정하는 것은 무리가 아니다. 1647년 봄과 여름에 안해 상인들은 또 다른 중요한 군사 자원인 대만산 쌀도 확보할 수 있었다. 『질란디아성 일지』에는 5월 1일부터 7월 1일 사이에 중국 상인들이 2,636발렌balen, 쌀 1,372포대와 낟알 2,560포대를 중국 해안으로 수출했다고 기록되어 있다.[54] 이 무역은 1647년 말 대만의 네덜란드 의회가 쌀 수출을 금지하는 포고령을 발부해야 할 정도로 놀라운 비율을 차지했다.[55]

이러한 갈등이 늘 그렇듯이 내전으로 인해 복건과 광동 주변지역에 기근이 만연했다. 1648년 4월, 복주 주변지역에서는 쌀 가격이 '1토우Tou당 1,000전 피쿨당 10테일'에서 '피쿨당 20테일까지 올랐다.[56] 정채는 쌀을 구매하기 위해 광서성에 있는 고주高州까지 선박을 보내야 했다. 천주와 장주 주변지역도 기근에 시달렸기 때문에[57], 정성공 역시 같은 조치를 취할 수밖에 없었다.[58] 식량 공급을 광동에 의존하던 마카오의 포르투갈인들도 마찬가지로 굶주림에 직면해 있었다.[59] 그들은 막대한 양의 금을 실은 2척의 선박을 시암으로 보내 쌀을 구입했다. 돌아오는 길에 과적이 심했던 2척의 배는 모두 침몰했다.[60] 대만의 네덜란드인들은 중국으로의 쌀 수출을 금지하는 포고령을 내렸지만, 쌀 밀수는 이루어지고 있었다.[61] 바타비아의 코르넬리스 판 데르 레인 총독은 시암에 있는 네덜란드 상관에 시암 쌀 200~300발렌balen, 약250~375톤을 대만으로 선적하도록 명령했다.[62] 수많은 중국인 피난민들이 피난처를 찾아 대만으로 쏟아져 들어왔기 때문에, 이 대량의 쌀은 순식간에 소비되었다. 결국, 대만 총독 피터르 오버르트바터르Pieter Overtwater, 1610~1682는 일본에 도움을 요청해야 했다.[63] 1648년 11월, 나가사키의 네덜란드 상인들은 일본 쌀 6,000발렌balen, 309톤을 대만으로 운송할 수 있도록 허가받았다.[64]

정채와 정성공은 고주에서 쌀을 구입하기 위해 선박을 파견하는 동안 정지룡의 동생 정홍규는 남오에서 1630년대에 정지룡과 함께 쌀을 구입했던 게양揭陽으로 항해했다. 이제 상황이 바뀌게 되어, 정지룡은 쌀을 구입하는 대신 무력을 사용하여 독립된 여러 마을과 성을 정복했다. 이 일이 완료되자 정지룡은 농민들에게 토지세를 벼로 납부할 것을 촉구했다.[65] 이 이유는 광동 동부에 위치한 이 지역은 흉작의 영향을 받지 않아서 정홍규는 1648년에 쌀과 설탕을 충분히 확보할 수 있었기 때문이었다. 이듬해 명 왕위 계승권자인 영력제永曆帝, 1623~1662가 남서쪽 광서성에 조정을 세웠다는 소식이 복건에 전해졌다. 얼마 후 청나라의 제독 광동의 이성동李聲東과 강서의 김성환金聲桓이 북경의 청 조정에 반기를 들었다. 그들의 반란으로 인해 중국 중부에서는 전쟁이 계속되고 있었다. 하지만, 해안지역은 비교적 평온한 상태를 유지했다. 남명 왕조의 영력제는 정성공의 사병을 정식 명나라 군대로 인정하고 그가 새로운 조정에 제공할 지원을 환영하기 위해 사신을 파견했다.[66] 이제 정성공은 조주 주변의 독립된 지역을 정복할 수 있는 법적 기반을 갖게 되었고, 삼촌인 정홍규의 도움을 받아 이 일을 시작했다. 이는 꽤 성공적으로 진행되었다. 1649년 12월 11일 정성공은 약 1만 피쿨625톤의 낟알을 실은 화물과 함께 세금 징수원인 황개黃慨를 하문으로 보냈기 때문이었다.[67] 1650년 1월, 정성공은 홍욱洪旭을 조양朝陽, 조주의 항구에 거주하게 하고 그곳에서 쌀 수출을 담당하게 했다.[68] 그 결과 5월에 수만 피쿨의 벼가 하문으로 보내졌다.[69] 네덜란드 소식통에 따르면 이 시기 중국 연안의 쌀 무역은 매우 수익성이 높았다고 한다. 1649년 3월, 바타비아의 고위 당국은 대만의 쌀 가격을 라스트당 약 60리알1피쿨당 2.5테일로 유지하기 위해 600~700라스트750~875톤의 쌀을 대만으로 선적하기로 했다.[70] 피터르 오버르트바터르 총독은 1649년 일본으로 편지를 보내 일본에서의 쌀 가격도 오를 것이라 알려주었다. 그러나 그는 "쌀 가격이 작년과 재작년 가격인 베일 당 1테일 2마스maas, 피쿨당 1.46테일 이하일 때만 쌀과 밀을 구입하는 것이 좋다"라고 조언했다.[71] 나가사키의 중국 무역상들 또한 "1649년 6월 29일, 적어도 7척 이상의 배가 바타비아에서 대만에 도착했는데, 화물의 대부분은 중국으로 가는 쌀이었다"고 증언했다.[72]

10월 19일 나가사키의 네덜란드 수석 상무관은 일본 당국으로부터 6,000발렌309톤의 쌀 수출 허가를 받았다.[73] 얼마나 많은 쌀이 대만으로 운송되었는지는 알 수 없지만 피터르 오버르트바터르 총독은 이 공급량에 대해 다음과 같이 말했다. "이곳의 복지에 크게 기여했다"라며 "바람직한 사업"이라고 평가했다.[74] 쌀 가격이 높았기 때문에 황개와 홍욱 등의 안해 상인들은 1648년부터 1650년까지 중국 금을 손에 넣는 데 전혀 어려움을 겪지 않았다. 조주-안해 항로의 개통은 광동의 일부 상품이 대만으로 유입되기 시작하면서 네덜란드 상인들의 주목을 받게 되었다.[75]

3. 마카오를 겨냥한 수익성 높은 후추 무역

대만에 보관되어 있던 향신료는 1647년 3월에서 6월 사이에 거의 매진되었다.[76] 후추 가격의 등락과 중국에서 전해오는 소식은 밀접한 관련이 있었다.

〈표 9-2〉 1647년 3월부터 9월까지 대만의 후추 가격

연, 월	가격(피쿨당 리알)	중국 해안에서 판매되는 후추에 대한 소문	후출 수출 수량 (피쿨)	후추 수출 수량 (포대)
1647, 3	15 5/8	400피쿨		
	15 3/4			
1647, 4	18 1/2	2척의 선박은 바타비아에서 광남으로 돌아가고, 1척의 광남 선박은 광동에 도착	165	30
	14 1/2			
1647, 5	15 11/16		142	42
1647, 6	—		20	225
1647, 7	15 1/4	1,500피쿨	1,716	1,452
	15 3/4			
	16			
	16 1/4			
	17	500피쿨		
	17 1/4			
	17 5/8			
	17 3/4			
1647, 8	19 1/2		1,145	230

연, 월	가격(피쿨당 리알)	중국 해안에서 판매되는 후추에 대한 소문	후출 수출 수량 (피쿨)	후추 수출 수량 (포대)
1647, 9	16 16 3/8	중국의 불안정한 정세에 관한 소문	900	
1647, 10			17	195
1647, 11			32	59
총계			4,137	2,233

출처 : VOC 1164,
Missive van Pieter Antoniszoon Overtwater naer Batavia
aen gouverneur generaal Cornelis van der Lijn
[Letter from Pieter Antoniszoon Overtwater to Batavia
for the Governor-General Cornelis van der Lijn],
Taiwan, 24 Sept. 1647, fos. 624v~625r; *Dagregister Zeelandia*, II : 1641~1648.

1647년 9월 이전에 안해 상인들은 그해 1월 만주군이 광동을 침공하기 시작했기 때문에 후추 무역에서 얻을 수 있는 이익에 대한 기대가 높았던 것으로 보인다. 정지룡의 군대 중 일부가 이 원정에 참여했기 때문에, 안해 상인들은 광동의 전반적인 상황을 잘 알고 있었을 것으로 보인다.[77] 1월 만주 기병대가 성문 앞에 도착하자 광동성은 항복했지만, 명나라에 충성하는 군대는 1647년 3월 16일 광주성을 포위했다. 포위 공격은 한 달 동안 지속되었다.[78] 저항 투쟁은 해안지역 전역으로 확산되었고, 그 결과 4월에 명나라 군대는 동완東莞, 신안新安, 경원慶遠지역을 다시 점령했다.[79] 명나라 군대는 8월에 광동을 점령하려고 시도하기도 했다.[80]

광동과 마카오 사이의 지역에 전쟁이 장기화되자 광동과 마카오 사이의 무역로가 사실상 봉쇄되었다. 안해성은 만주군의 공격을 견뎌야 했지만, 복건의 상황은 상당히 평화롭게 유지되었다. 나가사키에 있는 데지마 상관의 네덜란드인 책임자 빌렘 페르스티헨Willem Versteeghen은 당시 상황을 이렇게 묘사했다.

만주족은 평화롭게 진군하여 모든 사람을 그들의 멍에 아래 두었다. 타르타르만주족는 (정지룡의) 아들들이 항복하는 조건으로 정지룡을 풀어주고 그에게 높은 관직을 주겠다고 제안했다. 그의 일본인 아내는 죽었다. 타르타르의 대정복은 피지배자들이 만족할 수 있도록 가장 문명화된 방식으로 수행되었다. 누구라도 그 어느 누구에게서 한 푼도 강탈하거나 도둑질을 할 수 없었다.[81]

이러한 상황에서 후추 무역은 차질 없이 진행될 수 있었고, 이로 인해 대만의 후추 가격이 상승했다. 그러나 호황은 지속되지 않았다. 정채가 절강과 강서 지방을 잇는 주요 무역 통로를 따라 위치한 복주를 공격하면서 9월 초에 급격한 하락세가 시작되었다. 정성공 역시 같은 기간에 천주와 해징을 공격했지만 이듬해 초까지 단 한 곳도 점령하지 못했다.

납, 정향, 몰약, 호박, 왁스, 장뇌, 소목 등 네덜란드가 대만으로 운송한 다른 모든 상품들은 그해 말까지 모두 팔렸다.[82] 네덜란드 동인도회사 선박은 일반적으로 수마트라섬의 잠비와 팔렘방에서 피쿨당 10리알의 가격으로 후추를 구입하여, 대만에서 그 두 배에 가까운 가격에 판매했다. 그해 네덜란드가 대만에서 벌어들인 순수익 155,655길더의 약 70% 109,643길더가 후추 판매에서 발생했다.[83]

1648년, 중국 내전으로 인해 포르투갈계 마카오의 무역 상황은 여전히 암울했다. 중국에서 벌어지고 있는 상황에 대한 정보를 입수한 바타비아의 총독 코르넬리스 판 데르 레인은 대만과의 무역이 증가한 이유가 바로 이 때문이라고 여겼다. "중국 내전이 길어질수록 마카오의 무역은 더욱 감소한다. 그들포르투갈은 올해 식량과 생필품을 거의 공급받지 못했다. 따라서 회사 상품은 대만에서 더 나은 시장을 누리고 있다."[84]

<표 9-3> 1648년 대만에서 판매된 일부 열대 상품의 이익

	테일 당 구매가(리알)	테일 당 판매가(리알)	이윤
납	1.8	3.6	100%
소목(蘇木)	1.25	10	800%
		10 1/2	
		11	
주석	15	30 1/2	203%
		31	
		31 1/2	
육두구	2 7/16	33	1,358%
		34	
		40	
밀랍(蠟)	20	35	150%
후추	10	19	190%
		20	
		20 1/4	
		20 5/8	
		20 3/4	
		20 7/8	
		21	
		21 1/2	
		22 3/4	227.5%
단목(檀木)	15	25	160%
		26	
		27	
		30	
		31	
		36	
		37	
		37 3/4	251%
야자 기름 (병당)	1.25	16	1,280%
		17	

출처 : Missive van Pieter Antoniszoon Overtwater
naer Batavia aen Cornelis van der Lijn,
Taiwan, 2 Nov. 1648, VOC 1170, fos. 567r~569r.

금을 제외하고는 중국 상품 중 대만에 도착한 것은 거의 없었지만, 인도네시아의 네덜란드 동인도회사에서 대만으로 운송한 열대 상품 대부분은 중국 상인들에게 높은 가격에 팔렸다〈표 9-3〉 참조. 1649년에 대만으로 운송된 후추는 총 1,645,982캐티882.91라스트로, 이는 바타비아와 시암에서 대만으로 파견된 15척의 네덜란드 동인도회사 선박 화물 가치의 40%에 달했다.[85] 이러한 상품의 대부분은 중국 금으로 교환되었다.[86]

4. 정성공의 중국 해외 무역에 대한 민남 독점의 재편성

1649년 여름, 재개된 복건 지방에서 일본으로의 비단 수출은 여러 가지 이유로 다시 증가했다. 광동과 강서의 일부 만주족 장군들이 반란을 일으켜 내전의 전장이 내륙으로 이동했고, 그 결과 청나라 해안 방어군은 남경 비단의 수출을 금지했다. 7월에 정성공 소유의 선박 1척과 정지룡의 선박 2척이 일본에 도착했다.[87] 그 사이 안해 상인들이 광남과 캄보디아와의 무역을 확대하는 조짐이 있었다. 나가사키의 네덜란드 상인 디르크 스노크Dircq Snoecq는 중국 선박 13척이 갑자기 이 두 나라에서 일본으로 대량의 사슴가죽을 가져왔다고 보고했다.

> 우리는 중국 선박 13척[모두 초대형 선박]이 우리의 적인 캄보디아와 광남으로부터 가져온 상품이 너무 많아서 동인도회사가 시암 상품으로 큰 이익을 얻을 수 있을지 불확실합니다. 이것은 일본에서의 우리의 무역을 방해하는 것입니다. 이 나라의 배신자들이 동인도회사에 매일 손해를 끼치고 있습니다.[88]

광남에서 전쟁이 일어나는 동안 네덜란드 동인도회사는 광남에서 들어오는 모든 선박을 차단하기 위해 최선을 다했지만 별 소용이 없었다.[89] 그 외에도 복건 상인들은 시암 왕이 중국과 왕실 무역을 할 수 있는 유일한 통로이기도 했다. 1649년 말 청나라 군대가 광동을 향해 진군하고 1650년 3월 다시 광동을 포위하였기 때문에, 광동과의 시암 왕실 무역은 심각한 차질을 빚게 되었다. 이러한 상황으로 인해 생긴 기회를 포착한 안해 상인들은 즉시 시암을 방문하기 위해 선박 10척을 준비했다.[90] 광주의 포위 공격은 마카오 무역에 심각한 영향을 주었다. 마카오에서 말라카에 도착한 포르투갈 상인 프란시스코 브라보Francisco Bravo는 이에 대해 다음과 같이 말했다.

> 그는 만주족이 9개월간의 포위 공격 끝에 작년 12월[1650년] 무력으로 어떻게 광동을 점령하였는지 그 과정을 말해주었습니다. 그들은 도시 주민들을 해변으로 강제 이주시키고 대부분을 학살했습니다. …… 광서성까지 함락시키면 중국 전체가 만주족의 지배를 받게 됩니다. 또한 그는 전쟁으로 인한 혼란으로 마카오에서 사업이 이루어지지 않고 있기 때문에 마카오의 포르투갈 상황이 매우 위태롭다고 말했습니다. 그러나 이제 광주가 만주족에게 항복했기 때문에 그들[마카오 사람들]은 내년에 상거래가 회복되기를 바라고 있습니다.[91]

복건 상인들은 많은 양의 사슴가죽을 수입해 일본 내 동인도회사의 무역을 망쳤을 뿐만 아니라[92], 다른 지역의 네덜란드 상인들과도 경쟁 관계에 놓여 있었다. 안해 상인들이 후추와 주석을 구입하기 위해 리고르Ligor, 태국 남부도시에 선박 2척을 파견했기 때문에, 약간 늦게 도착한 네덜란드 선박은 이러한 상품을 충분하게 구입할 수 없었다.[93] 당연히 1650년 대만에서의 후추와 기타 열대 향신료 판매는 기대에 미치지 못했다.[94]

분명히 안해 상인들은 절강에서 시행된 해상 금지 조치와 광동 포위 공격 덕분에 중국 대외 무역의 대부분을 차지할 수 있었다. 시암 항로를 운항하는 대형 무역선이 안전하게 정박할 수 있는 유일한 중국 항구는 하문뿐이었다. 안해 상인들이 무역을 보존하고 확대하려면 무슨 수를 써서라도 하문 항구를 확보해야 했다. 따라서 지역 수비대가 이 프로젝트에서 핵심 역할을 맡았다. 완민석은 회고록에서 다음과 같이 기록하고 있다. 정성공의 상업 대리인이자 수군 총병인 정지완이 하문과 금문의 총병인 정채와 정련(鄭聯, 정지룡의 조카)과 함께 하문 항구의 대외 무역을 누가 차지할 것인가를 두고 다투었다고 한다.[95] 1650년 5월, 대만 총독 니콜라스 퍼버흐Nicolaes Verburch는 정련이 팽호군도에 관리를 파견하여 그곳의 모든 선박, 특히 대만으로 향하는 선박들에 세금을 부과했다고 비난하는 안해 상인들의 불만을 접수했다.[96] 정련은 나중에 페르부르흐에게 대만으로 가는 선박들에 통행증을 발급해주고 앞으로는 선박이 괴롭힘을 당하지 않도록 하겠다고 변명했다. 그는 하문에서 자신이 관할하는 지역 어부들에게서 세금을 징수해야 한다고 설명했다. 그는 이 자금으로 명나라 황제 영력제에게 재정적 지원을 제공할 수 있었다.

돌아가신 황제의 사촌이 만주족으로부터 광동성을 다시 수복했다고 한다. 그는 만주족에게 더욱 큰 피해를 입히기 위해 가능한 모든 지원을 필요로 한다. …… 나는 잘 갖춰진 군대와 선박으로 그를 지원하기로 했다. 우리는 많은 비용을 지불할 돈이 부족하므로 나는 황제의 이름으로 매년 세금을 부과해야 한다. 팽호군도 주민들도 다른 신민들과 똑같이 세금을 내야 한다. …… 그래서 나는 연간 세금을 징수하기 위해 팽호군도에 부하들을 보냈다.

이곳에서 출발해 해당 목적지로 향하는 모든 선박들은 내가 발행한 통행증을 소지하고 일정한 세금을 내야 한다. 그렇게 하는 사람은 더 이상의 세금을 내지 않아도 되고 괴롭힘도 당하지 않을 것이다. 이 모든 선박들은 다른 어떠한 세금을 내지 않아도 된다. 나는 내 부하들에게 이를 어기는 자는 죽음에 처하게 될 것이라고 엄명을 내렸다. 나는 그런 불법적 수탈이 일어나는 것을 결코 허용하지 않을 것이다.[97]

정련은 통행증 발급 및 세금 부가권을 포함해 모든 하문 선박을 통제할 수 있는 권한을 가지고 있었다. 이 때문에, 안해 상인들은 정련을 더 기쁘게 하는 다른 상인들로 임의로 대체될까 봐 두려워했을 것이다. 그들은 이 악몽이 현실화되는 것을 막기 위해 누군가가 조치를 취해야 한다고 생각했다. 시암과 리고르로 향하던 선박이 1650년 여름에 돌아왔다. 그 이후 안해 상인들은 정성공에게 하문을 탈취해야 한다고 설득했다. 1650년 9월 10일, 정성공은 쌀 수송 선박을 호위한다는 명목으로 게양에서 하문으로 돌아왔다. 그는 계략으로 정련을 살해하고 사촌의 군대를 자신의 군대에 편입시켰다.[98] 얼마 지나지 않아 정성공 소유의 화물을 잔뜩 실은 선박이 하문에서 출발하여 나가사키로 향했고, 1650년 10월 18일 정식으로 나가사키에 도착했다.

막강한 무역 세력이 형성되고 있었다. 수군의 보유, 하문의 심해 항구가 제공하는 시설, 안해 상인들의 무역 자본이 이제 한 지도자 아래 통합되었다. 그 지도자는 바로 정성공이었다.

제10장
정치적 프로젝트로 변모한 복건의 예외주의, 1650~1654

1. 생사 수출 독점을 위한 새로운 투쟁

1650년 9월, 정성공은 그의 사촌인 정련鄭聯을 살해하고, 정련의 형인 정채鄭彩가 복건 북부 해안을 순찰하는 동안 하문과 그 주둔지를 장악했다. 그해 일본으로 수출된 생사 963피쿨 중 최소 50.4%485.5피쿨는 안해와 장주에서, 7%는 남경과 주산舟山에서, 16.7%는 복주에서 선적되었다.[1] 주산의 노왕魯王과 복주의 정채가 1650년에도 여전히 중국 생사 수출량의 약 22.7%를 통제하고 있었던 것은 분명하다. 얼마 지나지 않아 1651년 3월이나 4월에 노왕의 추종자들이 복건-절강 국경 해상에서 정채의 함대를 격파하였다.[2] 이 패배로 인해 정채의 세력은 매우 약화되었다. 그러난 노왕은 승리에도 불구하고 무역에서 차지하는 비중을 확대하지 못했다. 자연도 노왕을 돕지 않았다. 이듬해 계속된 여름 가뭄으로 절강성에 기근이 발생했고, 남경강소과 절강 상인들의 수출 길이 막혔다.[3] 청나라 해안 방어군은 이 기회를 놓치지 않았고, 1651년 9월 하순에 주산 앞바다에 주둔하고 있던 주력 함대를 격파한 후 이 군도를 점령했다.[4] 1652년 2월, 패배한 주산 함대의 나머지 함선들은 하문으로 항해하여 정성공国姓야에게 항복했다.[5] 노왕은 함대와 함께 도주하였고 주산에 있던 조정도 완전히 와해되었다.[6] 정채의 함대 중 일부는 주산 전투 후 적군에 합류하기로 하고 만주족에게 항복했다.[7] 그의 수군 장수 중 한 명인 장운비章雲飛는 새로 창설된 해안 방어군에 배치되었다. 장운비는 정채 진영으로 가기 전에 복주에 있던 청나라 수비대의 일원이었다. 결과적으로 그는 돌아온 후 다시 예전 직위에 임명되었고, 다시 한 번 복주의 생사 수출을 통제할 수 있게 되었다.[8]

1648년 이후 청나라 조정과 정지룡 사이의 협상이 중단된 것을 고려하면, 그해부터 안해 상인과 만주족의 지배하에 있던 복주와 천주의 이북지역과 왕래가 중단되었을 것이다. 하지만, 안해 상인들은 이러한 상황에 전혀 개의치 않았다. 네덜란드 소식통에 따르면 1654년 10월 이전에 정지룡이 발행한 통행증을 소지한 안해 상인들은 여전히 만주족이 지배하는 모든 영토에서 무역을 진행하고 있었다고 한다.[9] 일본으로 항해한 선박들은 정지룡의 이름으로 등록되기도 했지만, 실제 소유자는 계모인 황黃부인과 동생 정지표鄭芝豹였다. 정성공이 자신이 살해한 정련의 함대를 점령했을 때, 그는 아마도 계모와 삼촌의 선동으로 이런 행동을 취했을 것이다.[10] 1650년 12월 또는 1651년 1월, 정성공은 만주족의 광동성 포위 공격에 맞서 버티고 있는 명나라 군대를 구출한다는 명분으로 수군 병력을 새로 모집하였다. 그리고 잘 훈련되고 경험이 풍부한 수군 병력을 이끌고 남쪽으로 향했다.[11]

사실 그보다 더 긴급한 임무가 있었다. 청나라 군대는 이미 광동을 공략했고, 조주潮州가 만주에 항복할 준비가 되어 있다고 발표했기 때문에, 정홍규와 정성공이 이미 정복한 남부 영토를 방어하는 것이 최우선 과제였다. 신중하게 전략을 세운 정성공은 청나라 군대가 복건으로 진입하는 것을 막겠다는 안정적인 조치를 취하고 복건과 광동 사이의 국경지역에 병력을 유지했다.[12] 그의 함대는 5개월 동안 국경지역에 정박해 있었다. 그는 광동을 구출하기 위해 서둘러 전면전을 벌이기보다는 예년처럼 광동성 동부에서 쌀을 모으는 데 집중했다.

안해 상인들은 이러한 군사 원정에 방해받지 않고 평소처럼 무역을 계속했고, 그 덕분에 대만의 네덜란드인들은 1650년 말 약 60만 길더 상당의 중국 금을 코로만델로 운송할 수 있었다. 비록 큰 금액이었지만 바타비아가 주문한 금액의 약 52%에 불과했다.[13] 정성공의 광동 원정은 이 무역에 어떠한 장애도 일으키지 않았으며, 만주 통치하의 안해와 북부지역 사이의 무역은 여전히 허용되었다. 안해 상인들은 만주 정권에 복종하는 척하며 무역을 허가받았기 때문에, 청나라 조정은 정성공이 없는 동안 군대를 하문으로 수송하는 데 이들을 이용하기도 했다. 1651년 4월 20일, 새로 도착한 청나라 천주진泉州鎮 총병 마덕공馬德功은 복건성 순무 장학성張學聖으로부터 하문을 습격하라는 명령을 받았다. 이는 그의 '피정복자subjects'들에게 세금을 부과하는 것처럼 위장하기 위한 것이었다.[14] 만주 해안 방어선인 홍천도興泉道의 황주黃澍는 안해 상인의 지도자이자 정지룡의 동생인 정지표에게 정지룡을 인질로 잡고 선박들을 수송할 준비를 하라고 명령했다.[15] 총병 마덕공이 하문에 도착하기 하루 전, 그는 류오점劉五店에서 정성공 주둔군과 전투를 벌이고 있었다. 마침내 청나라 군대를 직접 대면하게 된 하문 수비대 대장 정지완鄭芝莞은 보직을 버렸고 수비대와 주민들 대부분은 배를 타고 도망쳤다.[16]

따라서 만주군은 아무런 저항도 받지 않고 상륙했고, 4월 20일 이후 며칠 동안 하문을 무자비하게 약탈했다.[17] 이 소식을 들은 정홍규는 3일 후 금문에서 함대를 이끌고 하문을 봉쇄했다. 그러나 총병 마덕공은 안해에서 인질로 잡은 그의 어머니를 죽이겠다고 위협했고, 이를 빌미로 1651년 5월 16일 청나라 군대를 천주로 이동시킬 준비를 하라고 강요했다.[18] 이틀 후, 정성공은 정홍규의 긴급한 지원 요청을 받고 함대를 서둘러 하문으로 보냈다.[19] 대만 주재 네덜란드 총독 니콜라스 퍼버흐Nicolaes Verburch도 이 사건에 대해 다음과 같이 보고했다.

만주족이 해안지역 거의 모든 지역에서 세금을 징수하고 있으며, 작년 4월 하문성을 정복하여 막대한 전리품을 약탈했다는 사실을 우리는 확실히 알고 있었습니다. 그러나 (곧) 그들은 정지룡의 아들 정성공에 의해 (다시) 추방되었습니다. 그는 현재 그곳에 거주하고 있으며, 안해를 자신의 통제하에 두면서 만주족이 자신의 백성에게 행한 것처럼 폭력을 행사하고 있습니다."[20]

정지완은 1651년 5월 28일 정성공에게 사형 선고를 받고 참수당했다.[21] 정성공은 6월 22일 천주만 주변의 적 진영을 습격했고, 마침내 안해를 장악할 수 있었다. 청나라 군대가 하문에서 수만 피쿨의 쌀을 약탈했기 때문에 정성공은 이 전리품을 무력으로 되찾아야 했다. 정성공은 7

월에 해징에 상륙했으나 얼마 지나지 않아 하문으로 철수했고, 그곳에서 1651년 12월, 동안同安을 다시 공격했다.[22] 그는 천주와 장주 두 곳의 청나라 수비대와 교전하여 청나라 군대가 돌파할 수 없는 지역을 점령했다. 1651년 2월부터 8월까지 정성공이 이 전쟁을 치르는 동안 안해 상인들은 감히 어떤 사업도 하지 못했다. 대만의 네덜란드인들이 이 7개월 동안 받았던 중국 금으로 200,000길더를 넘지 않았는데, 이는 그들이 예상했던 것보다 훨씬 적은 금액이었다.[23] 정성공은 이 두 원정 사이에 휴식을 취하며 군대에 대한 보상을 위해 잠시 하문으로 돌아갔다. (정성공에 의해 하문으로 옮겨졌어야 했던) 안해 상인들은 11월 8일에 안해와 하문에서 72,000길더 상당의 중국 금을 대만으로 가져왔다.[24] 그들은 귀국 화물로 후추 1,518.6피쿨을 구입했고, 같은 달에 피쿨당 14¼ 리 알에 팔렸는데, 모두 56,264길더였다.[25] 그들은 다른 상품을 거의 구입하지 않았기 때문에, 나머지 15,736길더는 아마도 네덜란드인이 은으로 지불했을 것이다.

앞서 언급했듯이 광주는 1650년 3월 7일부터 11월 24일까지 청나라 군대의 포위 공격을 받았다. 마침내 도시가 함락되자 약 4만 명의 시민이 도시에서 쫓겨나거나 살해당했다.[26] 마카오의 포르투갈인들은 1650년 12월 20일 만주군 사령관인 정남왕靖南王 척계무戚繼茂에게 항복 서한을 전달했고, 이에 대해 척계무는 1651년 1월 31일 정식 서한으로 답장을 보냈다.[27] 3년간의 심각한 상황1648~1650년을 견뎌낸 광주-마카오 무역은 점차 회복세를 보이기 시작했다. 아마도 이러한 변화는 광동성이 포위 공격을 받고 있던 전년도에 비해 1651년 말부터 금 수출이 46%까지 감소한 이유를 설명할 수 있을 것이다. 다음 해에도 비슷한 수준으로 계속 유지되었다. 그때 3척의 포르투갈 선박이 마카사르Makassar에서 마카오로 소목과 후추를 가져왔다. 대만의 네덜란드인이 판매했던 것 이상으로 열대 상품을 중국에 제공하였다. [28]

정성공은 광주성의 반청 세력을 구출할 수 없었지만, 그의 수군 장령將領 임찰林察은 광동 해안에서 활약하고 있었다. 『전백현지電白縣志』에는 1650년 8월 말 임찰이 고주高州에서 멀지 않은 전백電白을 점령했다고 기록되어 있다.[29] 이 상황이 계속 이어지자 1650년 9월 3일 고주에서 출발한 선박이 나가사키에 도착했다.[30] 광동성 저항군의 지도자 두영화杜永和는 도시가 점령당했을 때 만주족에게 항복하지 않고 해남섬으로 항해하였다가, 1651년 10월 결국 청나라 정남왕 척계무에게 항복했다. 해남에서 버티고 있을 때에도 그는 여전히 고주 무역에서 중요한 역할을 했고, 적어도 3척의 선박이 그의 비호 아래 고주에서 일본으로 운항했다.[31] 이 중 하나는 정성공의 것으로, 이는 정성공이 복건에서 청나라와 싸우는 동안에도 여전히 광동무역에 적극적으로 참여하고 있었다는 증거이다.[32]

1651년 절강의 반청 세력이 점차 붕괴되면서 청나라 해안 방어군이 절강과 복건 북부 해안을 장악했고, 광동도 그들의 손아귀에 넘어갔다. 그들의 꾸준한 침략에도 불구하고, 네덜란드 기록에 따르면 1651년 중국 선박들이 일본으로 수출한 생사량은 937¾ 피쿨로, 전년도와 거의 같은 양이었다.[33] 1651년 여름 중국 해안의 여러 곳에서 출발한 선박들이 각기 다른 선단을 위해 항해했지만, 1652년 초 일본에서 돌아왔을 때는 중국 전 해안을 따라 열려 있던 항구는 하문이 유일했다. 일본 무역의 부활과 더불어 안해와 마닐라 간의 무역도 재개되었다. 1648년 네딜란드와 스페인이 베스트팔렌 조약을 체결한 후, 네덜란드는 마닐라로 항해하는 중국 선박을 순찰하고 막을 수 있는 법적 근거를 잃게 되었다. 1651년 마닐라에서 안해로 밀랍, 설탕, 사슴고기, 사슴가죽, 쌀을 가져온 정지완이 소유한 선박 2척은 운이 좋게도 제재를 피할 수 있었다.[34] 이듬해인 1652년, 안해 상인들은 약 300피쿨의 생사를 피쿨당 350리알에 마닐라로 가져왔다.[35] 청나라 해안 방어 수군은 하문에서 번성하는 상업을 포착한 후 하문 함대의 패권에 도전했다. 1652년 4월, 장운비는 정성공의 하문 함대를 공격할 목적으로 천주에서 청나라 수군을 이끌고 출동했지만 두 달 뒤 패배했다.[36] 이는 정성공의 수군이 복주 해안에서 점차 우위를 점하고 있었음을 보여주는 한 가지 증거이다. 1652년 12월 일본에서 돌아온 선박 1척을 나포할 수 있었다.[37]

1652년 3월 11일 해징성에 주둔하고 있던 청나라 군대가 항복한 후, 정성공은 해안에 기지에서 장태현長泰縣을 통해 내륙으로 30킬로미터를 밀고 들어갔다. 1652년 4월 20일, 장태성 외곽에서 그는 절강 복건 총독 진금陳錦이 이끄는 복주의 청나라 군대를 상대로 승리를 거두었다.[38] 정성공은 이제 내륙에 위치한 장주를 포위했고, 이 포위 공격은 청나라 지원군이 도착하는 5월부터 10월 말까지 지속되었다. 이때 황제는 남경과 절강 현지에서 청나라 부대를 충원했다.[39] 1652년 11월 1일 두 군대가 충돌했을 때, 정성공은 전투에서 패배하여 해징으로 후퇴해야 했다.[40]

비록 패배했지만, 장주가 포위되기 전부터 장주와 조주 사이의 마을들이 모두 정성공의 통제하에 있었기 때문에 정성공의 군대는 식량 공급에 대해 걱정할 필요가 없었다. 정성공은 이 지역을 여러 차례 습격하며 자신의 세력을 확장했고, 중앙집권적인 군사 조직을 구축하는 데 성공했다. 중국 해안을 따라 벌어진 투쟁은 분명히 하문에 있는 정성공의 재정적 기반에 기여했고, 안해 상인들은 마카오의 포르투갈 상인들을 제외하고는 대외 무역에 대한 지배력을 꾸준히 확장할 수 있었다.

2. 중국과 일본에서의 '서양' 무역의 확장

정성공이 하문을 장악하기 전부터 안해 상인들은 1650년 시암에 도착한 10척의 중국 선박 중 일부에 물건을 싣는 일에 종사하고 있었다.[41] 그들은 청나라가 광주시를 포위하기 시작한 바로 그 시점에 항해에 나섰다. 시암에서는 소목, 용뇌고[42], 주석, 납, 초석硝石, 캄보디아 견과류, 검은 옻칠납락, 쌀, 소가죽, 물소 뿔, 등나무, 다양한 크기의 사슴가죽, 설탕, 후추 등 열대 상품을 대량으로 구입했다.[43] 이러한 선박들의 등장으로 네덜란드 상인들이 가오리 가죽로흐벨렌, 물소 뿔, 파타니 등나무, 왁스, 주석의 수량을 채우지 못하였고, 이로써 네덜란드 상인들의 사업에 찬물을 끼얹었다. 그들의 기록에 따르면 중국인들의 대규모 구매로 인해 가격이 상승하고 일부 상품의 공급이 고갈되기도 했다.[44]

1646년에 네덜란드 동인도회사는 시암의 사슴가죽 수출에 대한 독점권을 부여받았다.[45] 그러나 이 10척의 중국 선박이 막 출발하려고 할 때, 현지 네덜란드 상인들은 시암 관리들에게 중국인들이 네덜란드의 특권을 침해했는지 조사해달라고 촉구했다. 시암 관리들은 실제로 551개의 소가죽을 압수했으나, 곧 옥야 솜바티반Okya Sombatthiban, 왕실 재무 관리의 명령에 따라 이 모든 것을 중국인에게 돌려주었다.[46] 수석 상인 폴케루스 베스터볼트Volckerus Westerwolt는 바타비아에 다음과 같이 보고했다.

우리는 이 모든 일이 중국인이 그에게 준 선물 때문에 이루어졌다고 생각합니다. 시암 왕이 우리에게 부여한 특권에도 불구하고, 중국인들이 소가죽과 사슴가죽으로 큰 이익을 얻으면서 귀족에게 계속 선물을 준다면, 이 특권은 종잇조각에 불과할 것입니다. 게다가 우리가 반테나우Camon Bantenauw 세관에서 조사를 할 수 있다고 해도 그들이 반티엔피아Bantienpia에서 불법 사슴가죽과 소가죽을 페구Pegu 선박으로 운송해버리면 어떻게 되나요? 아니면 올해처럼 (선박들이) 조사를 받은 후 다른 날에 세관에서 사슴가죽과 소가죽을 가져가기로 되어 있지 않았을까요? 하류에서 사슴가죽과 소가죽을 적재하기 위해 그들이 일부 선박 화물칸의 4분의 1을 예약하였다는 소식을 들었습니다.[47]

그해 아유타야를 방문한 10척의 중국 선박 외에도 또 다른 2척의 중국 선박이 리고르Ligor를 방문하여 엄청난 양의 주석을 구매했다. 중국인들이 떠난 후 네덜란드 동인도회사 상인들은 주석이 충분하지 않아 바타비아의 주문을 이행할 수 없다는 것을 깨달았다.[48] 아유타야에서 수집된 정보를 통해 네덜란드인들은 중국 선박 6척이 시암에서 일본으로 직접 항해할 계획이라고 믿게 되었다.[49] 1650년 나가사키의 동인도회사의 기록에 따르면 실제로 동물 가죽을 실은 6척의 선박이 일본에 도착했는데, 4척은 광남에서, 2척은 캄보디아에서 출발한 것으로 나타났다.[50] 분명히 그들은 시암을 방문한 6척의 선박이었고, 일본으로 향하기 전에 광남과 캄보디아에 들렀던 것으로 보인다.

일본인에게 열대상품을 공급하기 위한 중국과 네덜란드 상인 간의 경쟁은 1649년에 본격적으로 시작되었다. 이때 광남과 캄보디아에서 온 13척의 중국 선박이 동인도회사가 시암에서 수입한 것과 기본적으로 동일한 상품을 가지고 나가사키에 도착했다.[51] 네덜란드는 또한 1649년 9월 메콩강 하구 근처의 생자크만Saint Jacques에서 2척의 중국 선박을 나포한 적이 있었다.[52] 데지마 상관의 책임자 디르크 스노크Dircq Snoecq는 이러한 조치에 대한 일본의 반응을 살피기 위해 최선을 다했다. 그는 나가사키 총독으로부터 다음과 같은 답변을 받았다. "일본 영토 밖에서 일어난 일인 만큼 네덜란드가 가장 잘 할 수 있는 일을 하면 됩니다."[53]

따라서 스노크는 대만의 피터르 안토니순 오버르바터르Pieter Anthoniszoon Overwater 총독에게 편지를 보내, 캄보디아해역의 순찰을 강화하기 위해 무장한 선박을 배치해 달라고 요청했다.[54] 시암-일본 또는 말라카-일본 경로를 따라 항해하는 대부분의 네덜란드 선박은 풀로 칸도르Pulo Candor에 정박하여 신선한 식량과 식수를 공급받았다. 풀로 칸도르에서는 생자크만 인근에서 순찰을 쉽게 할 수 있었다. 당시 광남과 캄보디아는 여전히 네덜란드와 전쟁 중이었고, 중국 선박과 동인도회사 선박의 항로가 겹쳤기 때문에 동인도회사 선박은 세인트 자크만에서 중국 선박을 자주 나포했다.

대형 선박 6척이 나가사키에 도착한 후, 중국 선장들은 네덜란드가 귀항하는 길에 메콩강 하구 인근 캄보디아해역에서 중국 선박을 나포할 가능성이 높다는 것을 깨달았다. 1650년 겨울 일본을 떠나기 전에 예방조치를 취하려는 노력의 일환으로 광남 선박 4척의 선장들은 네덜란드의 데지마 수장인 피터르 스테테미우스Pieter Sterthemius에게 4장의 통행증과 동인도회사 깃발[왕자의 깃발]을 발급해 줄 것을 요청했다. 피터르 스테테미우스는 그들의 요청을 거절했지만 광남으로 돌아가는 선박들은 공격하지 않겠다는 약속을 해주었다.[55] 중국 상인들도 나가사키 총독에게 보호를 요청하기도 했다. 동인도회사 기록에 따르면 중국인 선장들의 탄원서가 막부의 조정에까지 전달되었을 수도 있다.[56] 대만 총독인 니콜라스 퍼버흐Nicolaes Verburch는 일본에 있는 그의 동료들로부터 일본이 "더 이상 일본으로 향하는 캄보디아 선박을 네덜란드인에게 나포되거나 괴롭힘을 당해서는 안 된다"고 발표했다는 통보를 받았다.[57]

1651년 봄, 6척의 선박이 시암을 방문했다.[58] 네덜란드의 독점에도 불구하고 중국인들은 가죽을 놓고 네덜란드 상인들과 다시 한번 공개적으로 경쟁했다. 이번에도 아유타야의 동인도회사 상관은 계획된 양의 가오리 가죽과 물소 뿔을 확보할 수 없는 난처한 상황에 처해 있었다.[59] 이처럼 대담하게 독점권을 침해하려는 시도에도 불구하고, 바타비아의 카럴 레이니르스Carel Reyniersz, 재임기간 1650~1653 총독은 일본 당국을 화나게 할까 봐 두려워 중국 선박의 억류 명령을 미뤘다.[60]

일본 막부와 시암 귀족들의 보호 아래 중국 상인들은 동인도회사가 구축한 상업적 장벽을 돌파하는 데 성공했다. 1652년 중국 선박 4척이 시암을 방문했는데, 이들은 네덜란드가 구매할 수 있는 충분한 양의 소 가죽을 남겨두지 않아 또다시 네덜란드에 어려움을 안겨주었다.[61]

1653년, 6척의 중국 선박이 시암을 방문했다. 사슴가죽 시장을 걱정하던 시암의 폴케루스 베스터볼트 총독은 국왕에게 직접 호소하며 시암 정부가 네덜란드의 사슴가죽 수출 독점권을 존중해야 한다고 주장했다. 그는 외무부 장관 오야 프라클랑Oya Phrakhlang을 여러 차례 찾아가 중국 선박들이 사슴가죽을 빼돌리는 것을 직접 목격했다고 알렸다. 프라클랑은 왕실 헌장을 가지고 왕에게 호소하러 갔고, 네덜란드가 중국 선박을 조사하도록 허용하라고 조언했다. 6척의 중국 선박이 수도 아유타야를 떠나 차오프라야Chao Phraya강을 따라 하류로 항해했을 때, 네덜란드 책임자와 프라클랑은 즉시 국왕의 허가를 받아 검사를 실시했다. 그러나 국왕은 이 문제를 다룰 기분이 아니라고 말함으로써 항상 이 문제를 다루는 것을 피했다.

5월 20일, 네덜란드 상인들은 중국 선박이 시암 관리들에 의해 구금되었는지 확인하기 위해 바테나우Batenauw 세관으로 갔다. 프라클랑은 선박들이 사라졌기 때문에 네덜란드의 청원을 진지하게 받아들이지 않았음이 분명하다. 이런 일이 일어날 수 있다는 것을 알고 있던 네덜란드 상인 얀 판 레익Jan van Rijk은 말라카의 동인도회사 기관에 도움을 요청하는 편지를 보냈다. 이에 대응하여, 말라카 주지사 발타자르 보르트 Balthazar Bort는 리고르 임무를 마친 헤크룬드 리에프데Gecroonde Liefde호를 시암으로 보냈다. 배가 차오프라야강 어귀에 도착했을 때 5척의 선박은 여전히 해안에 정박해 있었다. 네덜란드 선박이 닻을 내리고 슬루프를 내리는 것을 본 5척의 선박은 즉시 닻을 올리고 출항했다. 네덜란드는 분명히 그러한 작전을 예상하고 있었고, 1653년 7월 14일 해안에서 약 7~8네덜란드 마일 떨어진 지점에서 선박 3척을 따라잡았다. 네덜란드 선원들은 배에 타고 있던 모든 선주를 소환한 후 선박을 조사하고, 그중 2척에서 사슴가죽 26,366점을 압수했다.[62]

1653년 7월 말 일본에 도착한 중국 상인들은 막부[63]에게 불만을 제기했다. 네덜란드의 몰수로 인해 일부 일본과 시암 상인들의 투자가 피해를 입었기 때문에 나가사키 총독은 모든 관련 당사자의 이익을 위해 네딜란드의 이러한 행동을 중단시킬 것을 요구했다.[64] 11월 10일, 데지마의 상인 프레데릭 코예트Frederick Coyett, 1647년에 데지마 상관장에 임명되었음, 네덜란드 국왕의 동생는 다음과 같은 말을 들었다.

> 그들은 시암에서 이곳으로 항해할 계획이었던 선박에서 사슴가죽을 가져온 이유에 대한 우리의 설명을 좋아하지 않았습니다. 우리가 시암에서 사슴가죽을 수출할 수 있는 유일한 권리를 갖고 있었다면, 우리는 그곳에서 사슴가죽 구매를 중단하고, 이미 그 왕국을 떠나 바다에 나가 있는 중국인들에게 해를 끼치지 말았어야 했습니다. 우리는 우리와 다시 전쟁을 벌이고 있는 광남 사람들을 마음대로 공격할 수 있었습니다. 그러나 그들은 쇼군과 그의 신하들에게 비단과 침향목을 먼 곳에서부터 공급하는 우리의 친구인 중국인들을 어떤 식으로든 해치지 말라고 분명히 명령했습니다. 우리가 이 제국에서 계속 환영받으려면 (안드리스Andries) 프리시우스Frisius 대사가 에도에 있을 한 약속을 따라야 합니다.[65]

나가사키 관리들은 이 사건에 대해 심각하게 우려를 표했다. 중국 상인들은 또한 네덜란드가 자신들의 손실을 보상하도록 도와달라고 일본 당국에 간청했음이 틀림없다. 이러한 문제에 대한 기록이 남아 있지 않기 때문에 막부는 그들의 요청을 거절하고 중립을 유지하기로 했을 가능성 있다.

정성공의 상인들은 이 분쟁에 대해 그에게 비밀을 유지한 것으로 보인다. 1652년 대만에서의 중국 농민 반란이 유혈 학살로 끝났지만,[66] 그는 중국 해안에서 난파된 일부 네덜란드 선원들에게 피난처를 제공하고, 같은 해에 이들 생존자들이 대만이나 바타비아로 돌아갈 수 있도록 교통편을 마련했다.[67] 1653년 10월 말, 정성공과 그의 삼촌[정홍규 또는 정지표]은 대만 총독 코르넬리스 카이사르Cornelis Caesar, 1610~1657에게 "회사와 우호적으로 지내겠다. 현재의 (대만과의) 무역을 계속하고 싶다. 따라서 그들은 상무원들에게 그들의 힘이 닿는 한 도움의 손길을 빌려 달라고 요청했다. 정성공은 또한 대만과의 무역을 위해 10척의 큰 선박을 준비했다"라고 밝혔다.[68]

남오 근처에서 네덜란드 선박이 난파되었다는 소문을 들은 카이사르 총독은 홍욱에게 편지를 보내 도움을 요청했다. 그는 편지에서 정성공이 이전 편지에서 밝힌 의도를 언급했다.

> 우리는 (정성공 편지의) 내용을 잘 알고 있으며, 각하와 정성공이 전해준 인사에 대해 매우 감사하게 생각합니다. 우리는 또한 모든 중국 상인, 특히 전하 정성공가 추천한 상인들을 정중히 대할 것입니다. 전하께서는 우리의 약속과 명성을 전적으로 신뢰하셔야 합니다."[69]

즉, 정성공이 대만 총독에게 보낸 편지 원본은 보존되어 있지 않지만, 그 안에는 인사말뿐만 아니라 정성공을 섬기는 공신들의 명단도 포함되어 있었던 것으로 보인다. 따라서 동인도회사는 매우 조심스럽게 그들을 다루었을 것이다. 이듬해 북쪽 몬순 시즌에도 정성공은 비슷한 서한을 바타비아에 보내 요안 마차위커르Joan Maetsuijcker, 재임기간 1653~1678 총독에게 자신과 동맹을 체결할 것을 요청했다.[70] 이 편지들은 정지룡이 안해 상인들에 대한 지도력을 잃은 이후 정성공이 새로운 무역 시스템을 구축하려고 노력했음을 나타내는 명시적인 신호이다.

3. 복건 예외주의의 정치화

1653년 6월 10일, 지원군으로 지원을 받고 있던 청나라 군대는 정성공의 군대를 해안에서 몰아내기 위해 필사적으로 해징을 포위했다. 청나라 군대는 만주기인滿洲旗人이 이끌었다. 그들의 초기 전술은 기병이 돌격을 시작하기 전에 하루 반나절 동안 모든 진영을 둘러싼 성벽을 대포로 포격하는 것이었다. 정성공은 그들의 전술을 예측하고 그들을 막기 위해 지뢰를 매설했다. 그의 전략적 사고 덕분에 만주군의 공격을 성공적으로 격퇴할 수 있었고, 이 전투에서 3만 명의 청나라 병사가 사살되었고 1만 명의 병사가 도망친 것으로 알려져 있다.[71] 이 중요한 전투가 끝난 후 절강과 복건 총독[72] 유청태劉淸泰는 청나라 황제와 정성공 사이의 협상을 다시 중재하기로 했다.

실록에 따르면, 순치제는 1652년 10월 11일 북경에 인질로 잡혀 있던 정지룡에게 명령하여 아들에게 편지를 쓰고 협상의 중재자 역할을 하라고 했다. 황제는 네 가지 조건을 내걸었다. 첫째, 정성공이 청나라 해안 방어군에 항복하면 현재 살고 있는 곳에 계속 거주할 수 있다. 둘째, 그는 그의 아버지처럼 북경으로 소환되지 않을 것이다. 셋째, 모든 무역 선박들로부터 세금을 징수하는 일을 계속 담당할 것이다. 넷째, 절강, 복건, 광동 연해의 모든 해적들을 격퇴시킬 것을 보장한다.[73] 거의 1년이 지난 1653년 9월이 되어서야 그의 아버지의 하인이 이 편지를 가지고 정성공에게 도착했다.[74] 정지룡이 보낸 원본 편지는 보존되지 않았지만, '만주 조정이 정지룡에게 부府를 떼어주겠다'는 의사가 있다라고 한 정지룡의 언급이 기록으로 남아 있다.[75]

정성공은 아버지에게 답장을 보내고 같은 편지로 청나라와 협상을 시작했다. 그는 공세를 취해 절강과 복건의 총독 유청태가 별도의 표지로 비밀리에 전달한 편지에서 정지룡의 말이 황제의 말과 일치하지 않는다는 비판부터 시작했다. 불일치에 당황한 정성공은 청 조정으로부터 어느 지역, 얼마나 넓은 지역, 얼마나 많은 권한을 부여받을 수 있는지 확인하고 싶었다. 그는 "해안지역은 원래 우리 소유였기 때문에" 협상 대상에 포함되어서는 안 되며 무조건 자신의 소유로 간주해야 한다고 주장했다. 그는 현재 병력 수로 볼 때 최소한 복주현을 자신의 거주지로 삼아 합법적인 세수를 확보해야 한다고 주장했다.[76] 이 협상은 비밀이 아니었다. 왜냐하면 대만에 있는 네덜란드인들도 곧 그 섬을 자주 방문하는 중국 상인들로부터 이 협상에 대해 듣게 되었기 때문이었다. 대만 총독 코넬리스 케이사르는 이 정보를 바타비아 당국에 보고했다.

> 최근 정지룡의 아들인 정성공이 청 조정과 평화를 맺기 위한 협상을 시작했다는 소문이 돌기 시작했습니다. 그리고 청 조정은 그에게 복주부와 천주부에 예속된 모든 도시와 마을을 다스리는 것에 대한 권한을 줄 것이라고 합니다.[77]

협상 기간 정성공과 만주족은 휴전을 체결했다. 정성공은 이를 최대한 활용하여 관리들을 파견하여 복건 해안지역의 모든 예속된 도시와 마을에서 세금을 징수했다. 10월에 그는 천주의 각 마을에서 은 200,000냥을 징수했고, 11월에는 장주의 내륙지역에서 쌀 50,000피쿨을 징수했다. 12월에 그는 천주의 내륙지역에서 은 30만 테일을 추가로 징수했다.

그 사이에 광서에서 이정국李定國 장군이 지휘하는 명나라 저항군은 해안을 따라 동쪽으로 진격해 광동의 조경肇慶으로 향했다.[78] 조경을 점령하면 광주도 차지할 수 있기 때문에 이정국은 정성공에게 자신을 지원할 군대를 파견해달라고 요청했다. 정성공은 휴전을 존중하여 이 요청을 거절했다.

아버지 정지룡에게 보낸 정성공의 답장을 읽은 후 순치제는 정성공에게 어떠한 관할권도 양보하지 않겠다고 선언했다. 그러나 순치제는 정성공의 군대가 주둔하고 세수를 거둘 수 있는 지역으로 해안 현 네 곳, 즉 천주, 장주, 조주, 혜주惠州를 그에게 할당할 용의가 있었다. 이 협정을 선택할 때 청 조정은 명 조정이 1629~1636년에 정지룡과 맺은 합의의 발자취를 따르고 있었다. 그 협정은 정지룡의 상당한 영향력을 인정하고 그의 군대를 해안 방어 시설에 흡수하는 것을 허용했다. 이는 정지룡이 대외 무역에 참여할 수 있는 어느 정도의 자율성을 현명하게 허용한 것이었다. 황제의 동의를 얻어 지방 차원에서 정지룡과 중재자 역할을 한 것이 바로 순무들이었기 때문에 후자의 합의에 대해서는 입을 굳게 다물고 있었다.

정성공이 구상한 합의안은 청나라 황제와 조정이 제안한 것과는 완전히 달랐다. 그는 복주를 자신의 거주지로 삼고 그 땅에 대한 완전한 관할권을 허용해달라고 요구했다. 그의 요구는 그가 1646년 이후 융무제와 정지룡이 합의한 조건을 고수하고 있음을 보여준다. 그 합의 조건에 따라 정지룡은 복주에 거주하며 세금을 부과하고 군대와 민정을 유지할 권리를 포함해 복건 지방에 대한 관할권을 갖기로 했다. 정성공은 이 합법적인 권한이 명 융무제로부터 부여받은 것이라고 주장했고, 청나라 조정도 1646년 합의를 근거로 협상을 받아들일 것이라고 생각했다. 지방 정치 문제 차원에서는 두 제안이 모두 대외 무역 수입으로 해안 방어군을 유지한다는 점에서 큰 차이가 없었지만, 대외 무역 방식에 관해서는 큰 차이가 있었다. 정지룡은 1646년 협정의 조건에 따라 1644년 이후 중일 무역을 합법화했다. 그리고 동중국해와 남중국해에서 동인도회사가 제기한 경쟁 심화에 저항하기 위해 융무제의 이름으로 복주를 중심으로 한 새로운 조공 제도를 개발했다. 청나라 조정은 1645년 이후 중일 무역의 합법화에 대해 잘 알고 있었던 것으로 보인다. 이는 1653년 4월 복건 포정사布政使 도국기圖國器가 1653년 4월 청 황제에게 보낸 편지에서 청 황제는 융무와 정지룡이 조율한 명 조정과의 이전 합의 조건에 따라 복주, 천주, 장주의 주민들에게 중일 무역을 개방할 것을 제안했다.[79] 앞서 조공 사절단으로 북경을 방문한 류큐 특사들이 정지룡이 조공 무역을 시작했다는 사실을 몰랐던 것은 아니었다.[80]

정성공은 하문을 장악한 후 조공 무역 시스템을 부활시키고 동중국해와 남중국해 주변의 통치자들과 공식적인 관계를 구축하려고 노력했다. 중국 자료에는 이러한 시도가 언급되어 있지 않지만, 말라카의 네덜란드 상관은 정성공과 이 지역의 다른 여러 국가들 간의 공식적인 커뮤니케이션에 대한 정보를 입수했다. 1654년 2월 24일, 중국 선박 1척이 말라카에 도착해 요안 티센 파야트Joan Thysen Payart 총독이 바타비아 당국에 보고했다는 소식을 전했다. "시암과 캄보디아의 대사가 (하문에) 도착했습니다. 한 명은 쌀을 선물로 가져왔고, 다른 한 명은 코끼리 두 마리와 다른 귀중한 물건들을 가져와 정성공에게 경의를 표했습니다."[81] 앞서 언급한 바와 같이, 정성공이 대만 총독 카이사르에게 보낸 편지는 그의 조공 무역이 1653년 여름에 이러한 규모에 이르렀다는 단서를 제공할 수 있다. 확실히 1654년 봄이 끝날 무렵 정성공은 풍성한 물건을 실은 19척의 선박을 남쪽으로 보냈다. 여기에는 바타비아로 향하는 8척, 시암으로 향하는 7척, 캄보디아로 향하는 2척, 리고르와 파타니Patani로 향하는 1척의 선박이 포함되었다.[82] 이 선박의 수는 현존하는 네덜란드 기록과 일치하는 한 것이다.[83] 따라서 이 정보는 신뢰할 수 있는 정보임에 틀림없다. 또한 정성공은 정지룡에게 보낸 편지에서 "일본과 캄보디아의 외국 군인들이 언제든 하문에 도착할 수 있다"고 적었다.[84] 이는 정지룡이 1647년 이후 융무제의 명의로 조공제도를 구축한 것처럼, 자신이 상당한 규모의 왕실무역crown trade을 하고 있었다는 주장의 표현으로 볼 수 있다. 이러한 추정이 맞다면, 정성공이 복건성에서 최고의 권위를 가지고 있었으며 절강, 복건, 광동의 해안 방어군과 왕실무역에 대한 지휘권을 행사했음이 분명해진다. 정성공의 목표는 조선과 같은 속국의 통치자로 인정받는 것이었다. 1654년 2월, 황제가 북경에서 파견한 대표단이 복건성에 도착했고, 정성공은 대표단에게 공공연하게 다음과 같이 말했다. "병마의 수가 너무 많아서 이를 유지하기 위해 여러 성의 면적이 필요하다. 청나라와 조선 사이의 사례를 따라야 한다."[85] 이 발표는 정성공이 정지룡이 1643~1647년 명 황제로부터 부여받은 모든 제도적 장치를 보존하기를 원한다는 사실에 대해 아무런 언급도 하지 않았다. 명시적으로 언급되지 않은 유일한 것은 정성공이 독립 왕국을 통치할 경우에만 왕실무역조공무역의 형식이 존재할 수 있다는 것이었다.

청 조정의 대표단이 복건에 도착했을 때 정성공의 함대는 이미 북쪽으로 항해해 절강 연안으로 향하고 있었다.[86] 이 함대의 진정한 임무는 절강 해안에 침투하여 그곳에 주둔하고 있는 청나라 해안 방어군의 선박을 제압하고 일본으로 비단을 수출하는 무역선을 호위하는 것이었다. 같은 기간에 나가사키에 도착한 안해의 선박은 비단과 새로운 소식을 가져왔는데, 데지마의 수석 상무원 하브리엘 하파르트Gabriel Happart는 이에 대해 다음과 같이 기록했다.

> 며칠 전 안해와 다른 곳에서 온 일부 선박들이 꽤 많은 양의 생사와 비단 제품 및 다양한 상품을 들여왔다. 그들은 정성공이 만주족과 화친할 것이라는 소문을 가져왔다. 그는 여러 항구와 광동성 일부의 관리로 임명될 것이다.[87]

이 소문의 수집 자료는 정성공 밑에서 일하던 대부분의 상인들이 평화 협상에서 합의된 조건에 대한 정보를 이미 알고 있었다는 증거이기도 한다. 동시대 인물 중 한 명인 전숙도錢肅圖의 기록에는 정성공의 의도가 명확하게 명시되어 있다. "1654년에 …… 정성공은 복건 지방을 자신에게 양도해 줄 것을 요청했지만 청나라 황제는 이를 거부했다."[88]

대표단은 정성공의 조건을 순치제에게 전달했지만, 순치제는 이를 거부하고 원래의 조건을 약간 수정하여 협상을 시작했다. 1654년 9월, 북경에서 정지룡과 함께 살고 있던 정성공의 막내 동생을 포함한 다른 대표단이 도착했다. 청 조정의 대표단은 협상을 할 의사가 전혀 없었기 때문에 양측의 입장 차이는 좁힐 수 없을 정도로 커졌다. 정성공은 대외 무역을 통해 독립적인 재정 자원을 확보하는 데 자신감을 갖고 있었다. 청나라 황제가 결국은 자신과 평화 조약을 체결할 것이며, 청나라 순무들이 자기보다 더 안정적인 다른 수입원을 찾지 못할 것이기 때문에 이들보다 더 안정적으로 지역을 유지할 수 있을 것이라 굳게 믿고 있었다.

1567년 명 조정은 해안 방어군과 선박을 지원하기 위해 안정적인 수입원을 창출할 필요가 있다고 판단하여 복건의 신민들에게 대외 무역을 허용했다. 이 특권적인 무역 시스템은 일종의 복건 예외주의를 만들어 내었고, 이를 다른 모든 해안 지방과 차별화시켰다.

1636년 이후 용병으로 활동한 정지룡은 정치적 수단을 잘 활용하여 사병을 관방의 해안 방어군으로 전환시켰고, 외국 무역의 지원을 계속 받을 수 있는 시스템을 만들었다. 1646년 이후, 정지룡은 융무의 이름을 딴 조공 체제하에서 왕실 무역 모델을 개발함으로써 복건의 예외주의에 정치적 형태를 부여했다. 그의 아들이자 후계자인 정성공은 청나라 조정의 승인은 아니더라도 최소한 청나라 조정의 관용을 받아 복건 지방의 예외적인 정치적 지위를 유지하고자 했다. 그는 공개적으로는 이것이 자신의 궁극적인 목표라고 주장했지만, 실제로는 청나라 조정의 중앙 권력에 도전할 계획이 없었다. 실제로 그가 원했던 것은 복건에서 자신의 권력을 유지하고 청나라 조정으로부터 인정을 받는 것뿐이었다. 간단히 말해서, 그의 궁극적인 목표는 복건 예외주의가 정치적 형태로 수용되는 것을 보는 것이었다.

제11장
상인 왕자의 열정, 1654~1657

1. 모든 한계에 도전하다 1654~1656년

1650년대 초, 정성공鄭成功은 새로 모집한 사병들을 성공적으로 장악하고 대만과의 왕성한 무역을 이용하여 마카오 무역을 대체할 수 있었다. 또한 정성공은 끊임없는 노력으로 하문에 있던 명 주둔군을 자신의 사병으로 편입시킬 수 있었다. 정성공은 명나라 영력제永曆帝를 자신의 현지 지도력을 정당화하기 위한 상징으로 선택하였다. 정성공은 1652년과 1653년 장주지역에서 청과의 여러 전투에 명 주둔군을 투입하여 통합 군단의 결속을 다졌다.

청 순치제가 협상을 위해 대표단을 파견했을 때, 안해 상인들과 하문 군대의 지도자로서 정성공의 지위는 이의를 제기할 여지가 없었다. 반면 중국의 대외 무역 변화는 이미 가시화되고 있었다. 1651년 절강의 명나라 저항군이 무너지고 청나라 군대가 광동과 마카오를 포위하고 있었다. 따라서 대부분의 청나라 연안에서 대외 무역 금지령이 시행되었을 때 하문은 유일하게 활발한 해외 무역항으로 남아 있었고 비단 수출은 이곳에 집중되었다.

1652년 정성공과 청나라 군대가 장주와 해징 인근에서 전투를 벌일 때 수출량이 가장 크게 변하였다. 이 두 전장의 근접성으로 인해 청나라 군대는 안해에서 복주로 이어지는 주요 육로 무역의 요충지를 집중적으로 감독할 수 없었다. 이러한 부담에서 벗어난 안해 상인들은 정지룡이 발급한 통행증으로 복주에서 남경에 이르는 지역[중국 비단 생산의 중심지인 강남지역 전체 포함]에서 생사 및 비단 제품을 자유롭게 이용할 수 있었다.[1]

〈표 11-1〉 1651~1654년 중국 생사 수출 집중도

년도	총계(캐티)	정성공지역에서 수출(캐티)	%
1651	66,717	5,950(안해+장주)	8
1652.11~1653.11	88,150	49,150(안해+장주) 58,150(안해+장주+복주)	55 65
1653.10~1654.9.25	71,900	744,050(안해+천주) 56,500(안해+천주+복주)	61 78

출처: Nagazumi, *To-sen yushutsunyu-hin su-ryo-ichiran*,
pp.336~337 · 48~50 · 52~61.
총 금액은 네덜란드 동인도회사 계정의 보고서에서 직접 인용한 것이다.
각 지역의 수치는 각 선박의 단일 재고량을 합산한 것이지만,
일본에 도착하는 모든 선박을 포함하지는 않았다.
따라서 서로 다른 지역의 금액이 더 낮은 추정치이다.
다양한 재고에 있는 생사와 흰색 실크는 모두 생사로 간주된다.

1653년 9월 이후 휴전이 됨에 따라 안해 상인들은 활동을 강화하였다. 정성공의 세금 징수원들은 해안지역 곳곳으로 가서 장주, 천주, 흥화 부의 모든 지역과 마을을 책임졌다. 얼마 되지 않은 청나라 군대는 주요 도시에 숨어버렸기 때문에, 정성공의 관리들은 도착하는 곳마다

포고령을 내걸고 세금으로 쌀을 거두어들일 수 있었다.[2] 이런 식으로 중일 비단 무역은 표에서 보는 것처럼 안해 상인들의 손에 넘어갔다.

불만을 품은 청 대표단은 1654년 11월 3일 안해를 떠났다.[3] 정성공은 순치제에게 공식적인 답장을 보내지 않았다. 하지만, 아버지 정지룡에게 편지를 써서 개인 수하를 통해 북경에 전달하도록 했다. 정지룡은 12월 22일 순치제에게 자신의 뜻을 전달했다. 5일 후, 황제와 조정은 더 이상 정성공의 상인들이 연안까지 진출하는 것을 허용할 수 없다는 결론을 내렸다. 하지만 정성공이 진출한 곳은 그곳까지였다.[4] 그는 새로운 계획을 위한 보다 포괄적인 전략을 아직 세우지 못했다.

정성공은 남쪽 조주지역에서 쌀을 수매하였고, 쌀 무역을 계속 유지하기 위해 최선을 다했다. 정성공은 1630년대에 정지룡이 그랬던 것처럼 조주지역에 군대를 파견했다. 그리고 1654년 11월 30일에는 쌀을 구입하거나 징수하기 위해 육로로 게양과 조양지역에 군대를 파견했다.[5] 이 군대는 청나라 군대에게 항복하고 이 지역에서 활동하고 있던 150척의 선박으로 구성된 지역함대로부터 공격을 받을 위험에 처했다. 이 함대는 갈석碣石에 거주하던 소리蘇利의 지휘 아래에 있었다.[6] 소리는 원래 명나라 정권이 붕괴된 후 조직된 독립적 부대의 지도자였다. 대만 총독 코르넬리스 카이사르Cornelis Caesar 바타비아 당국에 "소리는 한때 만주족과 정성공의 친구였으나 최근 청에 투항했습니다"라고 보고했다.[7] 평남왕과 정남왕靖南王은 청 조정에 보낸 편지에서 다음과 같이 말했다.

소리는 갈석에 뿌리를 둔 명문세가 출신입니다. 그의 병사들이나 자위대는 모두 토착민이며 대부분 개인 선박을 소유하고 있습니다. 그들은 어업과 소

금 수출로 생계를 유지합니다.[8]

　　1651년 청나라 군대는 광주를 침공하여, 명나라 군대를 해남도로 쫓아내었다. 그후 소리는 자신의 선박을 청나라 군대에 맡겼다.[9] 1654년 5월, 광동의 청 당국은 순치제에게 소리의 부하들을 자신들의 관할지역의 해안 방어군으로 모집할 수 있게 허락해 달라고 청원했다.[10] 공식적으로 청에 투항한 후, 그들은 "특별한 사정이 없는 한" 고향 항구에 머물면서 평소와 같이 생계를 유지해야 했다.[11] 청 조정은 정성공의 광동 침입을 막는 데 병사를 지원하는 대가로 이들에게 어느 정도의 자치권을 부여하였다.

　　갈석은 전미양田尾洋 인근 혜주惠州 연해에 위치해 있다. 갈석은 1633년 정성공의 아버지 정지룡이 광동의 숙적이자 악명 높은 해적 유향劉香을 물리친 적이 있던 곳이다. 이 수역은 마카오에서 일본으로, 해남에서 하문으로 가는 항로의 일부이며, 정성공이 광동 및 '서쪽 바다동남아시아'로 무역을 하던 요충지였다. 소리의 함대 전력을 확인하기 위해 정성공은 제독 임찰林察 휘하 100척의 병선을 파견해 연안 해역을 순찰하게 하고 소리의 군대를 봉쇄하게 하였다. 임찰의 함대는 1655년 1월 1일 쯤 하문을 출발해 1월 12일경 전미양 부근에 도착하였다.[12]

　　그 사이 장주시는 1654년 12월 10일 정성공에게 항복했고,[13] 주변지역과 마을들도 항복하였다. 정성공은 군대를 천주부로 향하게 하였고, 1655년 1월 17일 천주와 흥화興化를 포위하였다.[14] 정성공의 전략은 복건 남부의 도시를 점령하고 있던 청군을 몇몇 외딴 지역에 가두어 정성공의 상인들이 장사를 자유롭게 할 수 있는 상황을 만들어 주는 것이었다.

3월에 정성공은 자신이 그들에게 군사적으로 위협하지 않으면, 북경의 청 조정이 자신의 정치적 제안에 응하지 않을 것이라는 결론을 내렸다. 따라서 정성공은 자신을 중심으로 한 잘 조직된 내각을 구성하기로 결정하고 명나라 조정을 모델로 삼았다.[15] 정성공이 모든 대상 지역에서 거둬들인 세수는 매우 풍부했다. 거둬들인 세수는 장주성 6개 지역에서 108만 테일, 천주부의 7개 지역에서 75만 테일이었다.[16] 정성공은 수익 일부를 그해 북서 계절풍이 불 때 남쪽으로 항해한 25척의 선박[바타비아로 8척, 통킹으로 2척, 시암으로 10척, 광남으로 4척, 마닐라로 1척]에 장비를 장착하는 데 사용했을 것이다.[17]

무역품을 가득 실은 이 선박들은 소리의 수군이 경계하고 있는 전미양을 지나서 항해해야 했다. 실제로 소리는 이들을 가로채려고 시도했지만, 임찰이 지휘하는 함대는 공격을 성공적으로 막아냈다. 이것은 네덜란드 소식통이 알려준 내용이다.

해남도 출신으로 만주족의 친구인 소리라는 중국 해적이 있습니다. 그는 꽤 오랫동안 해안지역을 약탈해 온 수많은 병선을 지휘해 왔습니다. 그들은 위에서 언급한 (임찰) 제독을 만났고, 정성공이 남오 남부에서 그들을 처리하도록 맡겼습니다. 치열한 전투 끝에 40척의 배를 잃고서 (소리는) 쫓겨나 바다로 떠내려간 것으로 추정됩니다. 이 소식은 해상 상인들을 기쁘게 했는데, 이 해적소리은 예전에 항로를 위험에 빠뜨리고 상인들을 괴롭혔기 때문입니다.[18]

거의 동시에 청나라는 천주와 안해에서 복주로 이어지는 무역로를 폐쇄해 나갔다. 그들의 움직임은 절강[그리고 더 멀리 남경]에서 생사를 가져오는 데 사용되는 해상 무역로도 차단되었음을 의미하였다. 대만 총독 코르넬리스 카이사르가 일본 수석 상무원인 레오나르 비닝스Leonard Winninx에게 보낸 편지에 따르면 "청이 중국의 모든 항로를 봉쇄했기 때문에 안해와 천주에 있는 정성공 상인들이 더 이상 복주로 물건을 보낼 수 없습니다. 청이 장악하고 있는 지역에 정성공의 상인이 나타나는 순간 모든 물품은 압수당했습니다. …… 이런 상황은 (1654년 8월부터) 8~10개월 동안 지속되었습니다"라고 적혀 있었다.[19]

안해와 천주 상인들은 긴장이 고조되어 비단 구매를 중단했다. 하지만, 북서 계절풍을 거슬러 항해해야 했지만, 1월과 3월 사이에 21척의 선박[대부분 정성공 소유]에 131,600캐티의 생사를 나가사키에 보낼 수 있었다.[20] 비정상적으로 많은 양의 비단이었기 때문에 일본 상인들은 정해진 판카도pancado 가격으로 지불하길 꺼려했다. 판카도는 1654년 9월 28일까지 지난 몬순시즌에 수입된 비단 양에 따라 결정된 고정 가격이었다. 그러나 1655년 봄에 새로 도착한 비단이 예상치 못하게 대량으로 유통되면서, 국내 유통 시장 가격이 하락했을 것이다. 1655년 5월 말 막부가 일본 상인들에게 가격을 낮출 수 있는 시간을 줄 때까지 나가사키 총독은 21척의 선박을 나가사키 항구에 머물게 했다.[21] 정성공은 1655년 6월경 귀국하는 선박으로부터 가격 단속 소식을 전해 들었다. 정성공은 자신이 막부 조정으로부터 부당한 대우를 받았다고 생각했고, 이에 대한 대응책으로 다음 시즌에는 중국 선박이 "흰 생사를 일본으로 가져가면 사형에 처하게 하여 흰 생사 한 올도 일본에 반입하지 못하게 하겠다"라고 선언했다.[22] 청나라가 복건과 강남의 비단 생산지 사이의 주요 무역로를 차단했기 때문에, 이 명령은 다른 비단 수출업자들이 일본 비단 사업에 뛰어들지 못하도록 막는 일만 남았다는 뜻이었다. 따라서 정성공이 비단에 대한 독점권을 유지하기 위해 금수 조치를 취한 것은 이번이 처음이었다. 수출되는 생사의 양은 실제로 급격히 줄었지만, 안해와 천주의 비단 운반이 엄격하게 금지된 것은 아니었다.

3월 말에 천주 성에 대한 공격이 멈추었다.[23] 한편 청 조정은 정성공의 추가 침입을 막기 위해 절강성과 남경에 주둔하고 있던 군대를 통합해 복주로 파견하라는 명령을 내렸다. 군대의 본대가 1655년 5월 21일에 도착했다.[24] 당시의 중국 사료에 따르면, 정성공이 지휘하는 병사의 총 수는 10만 명에 달했다고 한다.[25] 네덜란드 사료에 따르면 1655년 6월에 청나라 군대 4만~5만 명과 기병대 2만 명이 복주에 파견되었다고 한다.[26] 계속되는 전쟁에 자금을 조달하는 비용이 엄청났기 때문에, 정성공은 1655년 봄에 일본에서 귀국할 예정인 22척의 선박들이 재정 부담을 어느 정도 덜어주기를 바랬음이 틀림없다. 자금을 보다 효율적으로 배분하기 위해 진지하게 고민해야 했던 정성공은 장주와 천주의 내륙 도시 요새를 강화하는 데 돈을 쓰지 않고, 이익이 높은 목표에 군대를 집중하도록 지시했다. 정성공은 안해, 동안성, 안계성安溪城 요새를 포함한 안해만 연안의 작은 요새들을 철거했다.[27] 그는 철거된 건축물에서 나온 벽돌과 돌을 사용하여 '병주丙洲'라는 이름의 새로운 성을 건설하였다. 금문 반대편 해안의 위두만圍頭灣을 교두보로 삼아 정성공 삼촌정홍규의 무역선이 대부분 정박해 있던 백사항白沙港을 보호했다.[28] 정성공은 하문 맞은편 해안에 있는 고포성高浦城을 철거하고 그 자재로 하문 주변에 3개의 보루redoub를 재건해 진격하는 청나라 군대를 막았다.[29] 이 모든 공사가 진행되는 동안 하문에서 50킬로미터 이내에 있는 모든 쌀을 모아 하문과 해징성 내에 비축했다.[30] 정성공은 해징성을 광범위한 방어 계획의 일부로 만들기 위해 하문만을 둘러싸고 하문과 금문도를 포함하는 방어선을 구축했다. 이것은 정성공에게 청나라 군대가 상륙할 수 있는 모든 해안을 통제할 수 있게 해주었다. 나중에 정성공은 장주시의 성벽을 허물도록 명령하여 청나라 군대가 그 안에 군영을 세울 때 성벽이 없도록 했다.[31] 정성공은 성벽에서 나온 벽돌과 돌을 이용해 해징 성벽을 확장했다.[32]

정성공은 자신의 요새를 이전하고 강화하는 데 모든 자금을 쏟아 부었다. 하지만, 중국-마닐라 무역에서 얻은 은의 양이 기대에 미치지 못하자 또 한 번 실망을 하였다. 이 무역은 1630년대 안해 상인들의 중요한 수입원이었지만, 1642년 이후 네덜란드가 중국-마닐라 무역을 방해하면서 상황은 변하기 시작했다. 네덜란드와 포르투갈 사이에 체결된 휴전으로 네덜란드는 스페인이 차지한 마닐라를 공격할 기회를 얻었다. 오랜 적을 쫓는 과정에서 네덜란드의 대만 상관은 중일 비단 무역에 대한 독점권을 부여하는 계약에 서명하도록 강요하기 위해 정지룡의 마닐라행 선박을 공격하기도 했다. 안해 상인들은 1644년에서 1648년 사이에 고집스럽게 마닐라로 항해를 계속했지만, 네덜란드는 때때로 그들을 계속 위협했다. 그러나 1648년 스페인이 네덜란드와 베스트팔렌 조약을 체결한 후 적과 거래하는 중국 선박을 순찰할 수 있는 법적 근거가 사라졌다.

마닐라에서 중국 선박에 실려 반출된 은의 양에 대한 신뢰할 만한 통계는 없지만, 마닐라의 세관 기록을 통해 그 규모를 짐작할 수 있다.

표에서 알 수 있듯이 1650년대 상반기에는 아카풀코에서 마닐라로 운

송되는 은의 양이 적었다. 이는 1640년
대 후반부터 중국산 상품 수입이 감소하
면서 경제 상황이 더욱 악화되었기 때문
이었다. 간단히 말해서, 1646~1650년
동안 풍부했던 은의 공급은 1651~1655
년 동안 더욱 부족해졌다. 1651년과
1653년 사이에 은 부족 현상이 발생했
다. 네덜란드의 기록에 따르면 은을 싣고
온 갤리온선이 마닐라를 방문한 적이 이

〈표 11-2〉 마닐라를 방문하는 중국 선박 수

연도	중국 선박
1649	14
1650	10
1651	9
1652	4
1653	8
1654	8
1655	3
1656	0
1657	0

출처 : Chaunu, *Les Philippines et le Pacifique des Ibériques*, pp.148~160.

3년 동안 없었다.[33] 1654년 봄에 2척의 은 갤리온선이 도착하게 되면서
상황은 개선되었다. 중국-마닐라 무역이 회복되어야 했지만 1655년에
는 아카풀코에서 온 갤리온선이 나타나지 않았다.[34] 1655년 마닐라를 방
문한 3척의 선박 중 적어도 1척은 정성공의 소유였다. 은 부족을 감안할
때, 돌아오는 화물은 정성공의 기대에 미치지 못했을 것이다.

1655년 7월 중순, 화가 난 정성공은 이전에 일본에게 취했던 조치와
마찬가지로 마닐라 무역에도 엄격한 금수 조치를 취했다. 정성공은 스
페인 상인들이 대금 결제를 미루거나 선적된 상품 가격의 절반만 지불
한다고 비난했다. 정성공은 중국 상인들이 몇 년 동안 계속되는 부당한
대우를 견뎌야 한다고 주장했다. 이러한 이유 때문에 중국 상인들은 지
쳐서 더 이상 그런 대우를 받아들일 준비가 되어 있지 않았다.[35] 정성공
의 가장 큰 불만은 상인들에게 가해진 부당한 대우가 아니라, 대금으로
지급받은 은이 양이 실망스러울 정도로 적었다는 것이었다. 정성공은
대만 주재 네덜란드 총독 코르넬리스 카이사르에게 도움을 요청하며 네

〈표 11-3〉 은 수입에 대한 세금 수입과 중국 상품 수입

연도	은 수입에 따른 세수(리알)	중국 상품에 대한 세수(리알)
1631~1635	6,321	22,673.2
1636~1640	2,551.8	23,831.8
1641~1645	2,464.2	12,249.4
1646~1650	2,857	9,991
1651~1655	1,488.6	4,905
1656~1660	2,553.8	2,786.2

출처 : Chaunu, *Les Philippines et le Pacifique des Ibériques*, pp.200~219.

덜란드 영토에 거주하는 중국인들에게도 이 칙령을 선포해 줄 것을 요청했다.[36] 정성공의 요청은 그의 금수 조치의 본질을 드러내었다. 중요한 점은 마닐라에게 복수를 하는 게 아니라 어떤 식으로든 이 무역에 참여하기로 한 중국 해상 상인들에게 그의 궁극적인 권위를 선포하는 것이었다. 또 다른 가능성은 정성공이 필요한 은을 구할 수 없다는 진짜 문제를 감추기 위해 필사적으로 금수 조치를 내렸을 가능성도 있다.

정성공은 새로 수립한 정부와 군대를 위한 식량 공급을 준비하였다. 그리고 3만 명의 병사들에게 장주와 조주 사이의 들판을 천천히 행진하며 쌀을 징수하여 일본 시장에 공급할 식량과 설탕을 보충하라고 명령했다.[37] 청나라가 복주의 육로 비단길을 막았기 때문에, 그는 3만 명의 병사를 거느린 함대를 복주로 우회하여 절강 연안으로 북상시켜 남경지역에서 직접 비단을 조달할 수 있게 하였다.[38]

이 함대가 무역 상품을 준비하는 동안, 정성공은 자신이 은괴와 후추, 그리고 백단향 등과 같은 열대상품을 제공해야 함을 명심해야 했다. 이러한 상품들은 일본, 대만, 바타비아, 광남, 캄보디아, 시암 등 상당히 광범위한 지역에서 구입할 수 있었다. 대부분의 후추는 남부지역, 특히 후추를 재배하는 수마트라 서부지역에서 왔다. 1642년 네덜란드인들이

말라카를 점령하고 후추 생산지에 대한 지배력을 점차 확대했기 때문에, 정성공은 더 낮은 가격으로 후추를 구입하려면 네덜란드 동인도회사와 협의할 수밖에 없었다. 정성공의 명의로 하문에서 바타비아로 간 8척 상선의 선주들은 1655년 4월 23일 바타비아의 고등 행정당국에 후추와 납의 가격을 낮춰 달라는 청원서를 제출했다. 고등 행정당국은 그들에게 후추 1피쿨당 1리알을 할인하여 주었는데, 다시 말해 피쿨당 7리알에 판매한 것이다. 바타비아 당국은 이런 할인 가격을 제공하면 하문 상인들이 후추 해안Pepper Coast에서 벗어나 바타비아로 유인할 수 있을 것이라 생각했다.[39] 대만에서 판매되는 후추[피쿨당 13.5~14리알]와 비교하면 거의 절반 가격이지만,[40] 후추 해안에 있는 잠비의 후추 가격 4리알에 비하면 거의 두 배 가까이 비쌌다.[41] 네덜란드 동인도회사는 팔렘방 통치자와의 계약 덕분에 피쿨당 2.5리알이라는 저렴한 가격에 후추를 구매할 수 있었고, 이를 통해 대만에서 440%의 이윤을 올릴 수 있었다.[42]

정성공은 네덜란드인을 끊임없이 말다툼하는 경쟁자로 여겼고, 마카오 상인들은 후추 무역의 라이벌로 여겼다. 포르투갈인들은 네덜란드인들에게 말라카를 빼앗겼지만, 마카오는 여전히 후추 해안 무역 네트워크와의 연계를 유지하고 있었다. 1654년 2월 마카오에서 일본, 포르투갈 메스티소, 중국 상인들을 태운 작은 선박이 잠비에 도착하였다. 그들은 후추와 교환하기 위해 양면 새틴, 중국 금실, 도자기, 철제 솥 등을 가져왔다. 마카오 선박 4척이 추가로 팔렘방에 정박해 있다는 소문이 퍼졌는데, 이는 명백히 후추를 구매하기 위한 것이었다.[43]

이때는 정성공이 '조공' 무역을 확대하려는 꿈을 품고 있던 시기이기도 했다. 마카오 선박이 팔렘방에 도착한 것과 거의 같은 시기에 하문에서 온 선박도 유사한 물품을 싣고 말라카에 도착했다. 싣고 온 물품은 투박한 도자기 34,000점, 구리 50피쿨, 크고 작은 철제 솥 810개, 우산, 중국 금실, 토복령±茯笭, 생사 및 24캐티의 화려한 새틴, 면직물 3,000장 등이었다.[44] 그해 정성공의 상선도 팔렘방을 방문했을 가능성이 있다. 1654년 4월, 후추와 면화를 거래하기 위해 크고 작은 선박이 팔렘방에 도착했다. 그들은 코친차이나 출신이었다고 한다. 팔렘방에 거주하는 중국 교민 1명은 이번에 온 선박편으로 후추를 중국에 보낼 계획까지 세웠다. 이 배 선원들은 항해 중에 이전에 지역 통치자가 그들에게 무역을 허가한 잠비를 방문하고자 하였다.[45]

소형 선박이 말라카에 입항했을 때, 이 선박의 선주는 1652년 잠비의 네덜란드 상인이 발급한 통행증을 소지하고 있다고 주장하였다. 이 통행증은 선주가 중국인들이 향후 말라카로 돌아올 수 있도록 요청한 것이었다.[46] 오랜 협상 끝에 말라카 장관은 그들에게 무역을 허용했다. 그들은 대부분의 화물을 팔고 다시 돌아오지 않겠다는 조건으로 피쿨당 8리알의 가격으로 후추를 구입했다.[47] 돌아올 때 화물 대부분은 등나무였다고 한다.[48]

후추를 더 싼 가격에 구매하려는 정성공의 바람은 1655년에 눈에 띄게 커졌다. 바타비아를 방문한 8척의 선박 외에도 1년 전에 말라카를 방문했던 하문의 선박이 1655년 2월 20일에 다시 돌아왔다. 선박편으로 정성공과 그의 '삼촌'인 홍욱洪旭, 그의 존칭인 충진백(忠振伯)의 편지 2통을 가져왔다. 홍욱은 편지에서 네덜란드인이 무역에 부과한 규정에 대해 의문을 제기했다.

네덜란드인들이 말라카에서 무역을 금지한 동기가 무엇인가요? 말라카는 우리가 항상 우호 관계를 유지해온 대만이나 바타비아와 다르지 않습니다. 그곳에서 무역을 하기 위해 수많은 선박을 보낸 사람들은 긔흥웍가 왜 차별 대우를 받았는지 이해할 수 없었습니다. 긔흥웍는 사람들이 자신의 선박을 그곳에서 배제하는 것이 유익하다고 생각할 어떤 이유도 찾을 수 없었습니다. 또 긔흥웍는 정성공이 바타비아에 편지를 써서 이 선박을 다시 말라카로 보 낸 것에 대해 사과하고, (네덜란드인에게) 압수하지 말 것을 요청했다고 언급 했습니다. 긔정성공는 그의 병사들을 위한 방패를 만들기 위해 등나무를 구 해야 했기 때문에 이 선박을 보냈던 것입니다.[49]

네덜란드 총독은 1655년 7월 12일 이 선박이 하문으로 돌아갈 수 있 도록 허용했고, 다음번에는 대신 바타비아로 항해해야 한다는 조건을 달았다. 이 선박은 피쿨당 8리알에 팔린 후추 650피쿨과 등나무를 가져 갔다.[50]

1655년 6월 17일 중국 선박 8척이 바타비아 정박지를 떠날 무렵, 총 독 요안 마차위커르는 바타비아와 말라카에서 더 저렴하게 후추를 구입 하고자 하는 정성공의 요청에 대한 답신을 보냈다. 이 편지에서 마차위 커르는 중국 선박이 말라카나 팔렘방에서 무역하는 것을 허용하지 않겠 다는 자신의 입장을 분명하게 밝혔다. 마차위커르는 정성공의 선박은 대만과 바타비아에서만 교역을 해야 한다고 완강히 주장했다. 마차위커 르는 중국 상인들이 "더 많은 이익을 얻거나 더 나은 대우를 받을 수 있 는 다른 곳을 찾지 못할 것"이라고 믿었다.[51] 그는 정성공이 네덜란드의 동맹자이자 좋은 이웃이라는 사실에도 불구하고, 정성공과의 후추 무역에 대해 어떠한 양보도 거부했다.

마차위커르는 구두로만 그치지 않고, 그 문제에 대해 실제적인 조치를 취했다. 1655년 7월, 네덜란드 동인도회사 상무원인 안토니 보이 Antony Boey는 팔렘방에서 돌아오는 길에 큰 선박을 나포하여 바타비아로 끌고 갔다.[52] 보이는 정박지에서 후추 1,900피쿨과 면직물 400피쿨을 실은 중국 선박 3척을 발견하고서, 이에 팔렘방과 네덜란드 동인도회사 사이에 체결된 계약을 언급하면서 팔렘방의 친왕 판제란Pangeran에게 이 선박들을 압류할 것을 독촉하였다. 보이는 이 중국 선박들이 현재 네덜란드와 전쟁 중인 광남에서 왔기 때문에, 네덜란드의 충성스러운 동맹국으로서 친왕 판제란이 우리 적국의 선박을 압수해야 한다고 주장했다. 보이는 크고 튼튼한 선박 1척을 바타비아로 가져갔다. 하지만 다른 오래된 2척의 배는 실린 화물을 몰수한 후 불태웠다. 그 화물에는 얼마 전 팔린 면화가 포함되어 있었다.[53] 보이는 후추 1,900피쿨 중 400피쿨을 팔렘방의 친왕에게 주었다. 보이는 네덜란드와 체결한 독점권 계약 조건에 따라 이 중 일부를 네덜란드에 재판매했다. 중국 선박의 선주는 바타비아에 도착한 후, 바타비아 평의회에 항소를 제기하여, 이 선박이 실제로 정성공의 소유임을 증명했다. 중국인 선주는 네덜란드 동인도회사가 정성공과 여전히 동맹과 우정을 유지하고 있기 때문에, 평의회가 화물과 선박을 정성공에게 돌려주어야 한다고 주장했다. 선주는 그 선박이 광남에서 온 것이 아니라 팔렘방으로 항해를 계속하기 전에 일시적으로 그곳에 정박했을 뿐이라고 주장했다. 평의회의 자체 조사 결과, 위원회는 이 선주가 광남에 거주하였기에 이 선박이 압수될 수 있다는 사실을 알아냈다. 그 결과 이 선박과 화물은 모두 경매로 팔렸다.[54]

마차위커르 총독의 편지가 1655년 8월 중순 하문에 도착했을 때, 정성공은 절강과 남경 시장에서 판매할 물품을 모으고 있었다.[55] 홍욱이 이끄는 함대가 하문을 떠나 북쪽으로 항해하는 것과 거의 동시에, 정성공은 대만 내 중국인 공동체 지도자들에게 편지를 보내 카이사르 총독에게 자신의 메시지를 한 글자도 빠지지 않고 전달해 달라고 요청했다. 첫째, 정성공은 네덜란드 동인도회사가 바타비아에 있는 그의 상인들을 더 정중하게 대해 달라고 요청했다. 그는 선주들이 제출한 후추 가격 인하에 대한 청원을 언급하고 있었던 것이 틀림없었다. 둘째, 네덜란드 동인도회사가 중국 선박이 말라카, 리고르, 파항Pahang 및 기타 인근지역으로 항해하는 것을 배제해서는 안 된다는 것이었다. 이 항구들은 모두 '후추 해안' 주변에 위치하고 있으며, 대만에서 이 상품은 동인도회사 고정 가격의 20%에 판매되고 있었다. 정성공은 네덜란드 상무원인 안토니 보이가 팔렘방에 억류했던 선박들에 대해서도 우려를 표했다. 그는 바타비아에서 선박들이 어떻게 되었는지에 대한 정보를 아직 알지 못했다. 정성공은 자신의 요구가 충족되지 않으면, 다음 계절풍 시즌에 바타비아와 대만에 금수 조치를 취하겠다고 말했다.[56]

1655년 7월 중순, 홍욱 제독이 이끄는 함대 본대가 북쪽으로 출발하기 2주 전, 15,000명의 병사를 태운 선봉 함대는 절강과 복건 두 성의 경계에 있는 가장 중요한 항구인 사정沙埕, 네덜란드어 스바티아(Swatea)에 상륙했다.[57] 네덜란드 사료에 따르면, 이 항구는 청나라와 정성공 간에 중립적 지위를 유지했음에도 불구하고 정성공의 군대가 이곳을 점령했다고 기록하였다.[58] 이 함대는 1655년 11월까지 절강 해안을 계속 순찰하며 연안의 여러 지역을 장악했다.[59] 이 함대의 병사들은 일본으로 향하는 선박을 호위하고 쌀을 징수하는 임무를 수행하는 것 외에도, 임무 수행 중에 약 20만 테일의 전리품을 '약탈'했다.[60] 정성공은 다른 부대를 남쪽으로 보냈고, 이들은 1655년 8월 20일 복건의 남쪽 국경에 도달했다.[61] 이 군대는 함대의 지원을 받아 1655년 9월 8일부터 게양을 포위하였다.[62] 한 달 후인 1655년 10월 6일에 정성공의 군대가 이 도시를 점령했다.[63] 관병들은 계속해서 그곳에 남아 1656년 3월 15일까지 반년 동안 조주부의 대부분 지역을 점령하였다. 그 후 그들은 쌀 10만 피쿨과 은 10만 테일을 하문으로 가져왔다.[64] 동시에 정성공은 남쪽으로 항해하는 상선을 호위하던 함대로 하여금 전미양을 순찰하여 소리蘇利의 함대를 막도록 하였다. 함대는 1656년 5월 9일에 목적지에 도착했다.[65] 카이사르 총독의 견해에 따르면 다음과 같다.

300척의 선박은 남오 이남의 해안을 따라 쌀을 징수하기 위해 남쪽으로 항해했다. 정성공의 최정예 병사들로 구성된 그들은 무기와 탄약을 충분히 공급받았다. 그러나 이것은 모두 핑계에 불과했다. 그들은 실제로 전미양네덜란드어 Groeningens baij 주변의 갈석위碣石衛, 네덜란드어 Kitsjehoij에 은신처를 두고 있던 해적 소리의 선박을 공격하고자 준비를 한 것이었다. 소리에 대한 정성공의 첫 번째 공격은 매우 성공적이었다. 당시 소리의 많은 선박들은 모래사장 위에서 물기를 말리고 있었기 때문에 쉽게 공격을 받아 전부 불에 타버렸다. 나머지 약 100척의 선박은 나포되어 정성공의 함대와 함께 하문으로 끌려갔다.[66]

정지룡은 1630년대 몇 차례의 전투를 통해 기술적인 측면에서 소리의 오미선烏尾船이 복건의 병선보다 우월하다는 것을 알게 되었다. 소리의 수군은 단지 약 5,000명의 병력과 200척의 병선뿐이었지만, 하문에 있는 정성공의 기지와 그의 경무장된 병선에 실제로 위협할 수 있는 유일한 수군이었다.[67]

육지에서는 청나라 군대가 정성공의 방어선을 돌파하려고 시도했다. 1655년 11월, 신임 청나라 정남대장군 정친왕鄭親王의 세자 제도濟度가 10만 명의 병사를 이끌고 복건성에 도착했다. 그는 도착한 직후 장주의 성벽과 정성공의 군대가 파괴한 다른 여러 도시의 성벽을 재건하라고 명령했다.[68] 제도는 정성공에게 평화 협상 재개를 희망하는 화해 편지를 보냈다.[69] 네덜란드인의 견해에 따르면, 정성공은 청 조정이 자신에게 흥화와 혜주 두 곳을 양보해야 한다고 암시했다.[70] 천주와 하문 사이에는 몇 달 동안의 휴전이 체결되었고, 정성공의 상인들은 복주와 사정당시청이 지배하던 곳에서 자유롭게 무역을 할 수 있게 되었다.[71] 1656년 4월, 제도는 사전 경고 없이 휴전을 깨고, 모든 상선을 압수하여 청나라 기병과 병사들의 하문 상륙을 위한 수송 수단으로 삼았다.[72] 이 청나라 함대는 1656년 5월 9일에 출항했지만 매우 강력한 태풍을 만났다. 이로 인해 이 대담한 시도는 실패로 돌아갔고 대부분의 선박은 다시 정성공의 손에 넘어갔다.[73]

이 짧은 휴전 기간 동안 마닐라와 바타비아에 대한 무역 금수 조치가 발효되었다. 그해 봄이 되자 민다나오섬Mindanao Island 일대에서는 정성공이 필리핀을 정복하기 위해 대규모 함대를 준비하고 있다는 소식이 퍼졌다.[74] 나중에 이 소문은 코랄랏Coralatt의 원주민 왕이 이 상황을 이용해 그의 경쟁자 중 하나와 스페인의 동맹을 약화시키려는 의도로 퍼뜨린 것으로 밝혀졌다.[75] 마닐라의 상황은 평소와 거의 비슷하게 유지되었다. 아카풀코로부터 은을 실은 배 한 척이 도착할 예정이었지만 루손 북쪽 끝에 있는 아파리Aparri 근처에서 좌초되었다.[76] 그 후 마닐라 당국은 나중에 난파선에서 은화를 인양하려고 시도했다.[77]

금수 조치로 인해 1656년 북서 계절풍 시즌에는 하문에서 말라카와 바타비아를 방문한 선박이 없었다.[78] 그러나 정성공은 바타비아의 중국인 지도자 반명엄潘明嚴과 안이관顏二官을 통해 총독 마차위커르에게 편지를 보냈다. 그는 1655년 안토니 보이가 팔렘방 정박지에 있던 그의 명의로 된 선박에서 후추 400피쿨을 압수한 것에 대해 바타비아의 고등정부에 항의했다. 그는 또한 1653년 시암 외해에서 몰수된 자신의 사슴가죽을 돌려달라고 요청했다. 1656년 3월 7일, 평의회는 첫 번째 요청에 동의하면서 선주가 직접 자신의 주장을 제기하러 온다면 팔렘방의 가격에 따라 후추에 대한 보상을 지불하겠다는 의사를 밝혔다. 평의회는 두 번째 요청에 대한 승인을 거절하였는데, 이 사건은 오래전에 시암 조정의 판결로 종결되었고, 또 네덜란드인들이 조치를 취하기 전에 중국 상인들에게 사슴가죽을 구매하지 말라고 경고했기 때문이었다. 이 사건을 계기로 네덜란드 평의회는 중국 선주들이 네덜란드 상인들을 협박하려 했다고 비난할 기회를 잡았다.[79] 편지의 원본은 기록보관소에 더 이상 남아 있지 않지만, 정성공의 의도는 일본과 중국 시장에서 매우 수익성이 높은 두 가지 품목인 사슴가죽과 후추에 대한 네덜란드의 독점에 도전하려 했던 것이 분명했다.

6월 27일 정기 북방 원정을 위해 함대를 정비하던 정성공은 바타비아로부터 아무런 답장을 받지 못했지만, 100일 후 (1656년 10월 5일) 대만에 대한 금수 조치가 시작될 것임을 알리는 포고령을 발행했다.[80] 이 포고령에는 그의 행동에 대한 두 가지 이유가 명시되어 있었다. 첫째, 금수 조치는 네덜란드에게서 더 좋은 가격을 받아내기 위해 바타비아 당국을 직접 겨냥한 것이었다. 둘째, 대만 내 중국인 공동체를 흔들기 위한 것이었다. 정성공은 대만 내 중국인 공동체가 자신이 중국 무역을 독점하는 것에 방해가 될 수 있다고 걱정했다. 그리고 베스트팔렌 조약에 의해 네덜란드가 마닐라와의 무역을 개방할 수 없다는 점을 이용해 대만 내 중국인 공동체가 대만-마닐라 무역에서 많은 이익을 얻을 것을 우려했다. 정성공은 중국인 공동체를 위협하여 자신의 진영에 합류하거나 중국 무역에서의 지분을 포기할 것을 선택하게 했다.[81]

세자 제도의 하문 상륙 시도는 실패했지만, 본토에 있는 정성공의 교두보인 병주성을 점령하겠다는 목표를 포기하지 않았다. 하지만 병주성은 주둔군이 잘 구축되어 있었고 청나라 군대는 빈손으로 복주로 돌아가야 했기 때문에 제도는 실망할 수밖에 없었다.[82] 3개월 후, 정성공 부대에 예기치 않은 내부 위기가 닥쳤다. 정성공의 휘하 장수 중 황오黃梧, 황이야(黃二爺)가 청나라에 대패한 후 정성공의 분노를 두려워하여, 1656년 8월 12일 갑자기 해징 수군을 이끌고 청에 투항하였다.[83] 그의 투항으로 인해 정성공의 방어선은 구멍이 뚫렸을 뿐만 아니라 네덜란드 기록에 따르면 귀중한 자원도 잃었다고 한다.

이들처럼 황오도 정성공의 돈을 가져갔다. 황오가 지키고 있던 이 성은 외부가 넓은 바다로 둘러싸여 있고 내부는 세 겹의 성벽으로 둘러싸여 있어 공략하기 어렵다고 알려져 있었다. 정성공에게는 정말 큰 손실이었다. 중국 소식통에 따르면 정성공의 주요 보물은 오랜 기간 축적된 것으로, 엄청난 양의 식량과 군사 자원이 그곳에 보관되어 있었다고 한다. 따라서 정성공은 자신의 재산 3분의 2 이상을 잃었다. 또한 정성공이 선박들에게 모든 생필품을 공급할 수 있는 유일한 장소였기 때문에 문제가 발생했다. 따라서 그의 선박은 곧 돛대, 널빤지, 못 및 기타 보급품이 긴급히 필요하게 될 것이며, 그는 다른 곳에서는 조달할 방법이 없었다.[84]

이 끔찍한 상황은 과장이 아니었을지도 모른다. 중국 기록에 따르면 이 성에서 생산된 벼 374,000피쿨, 화약 410,000캐티가 청나라의 손에 들어갔다고 한다.[85] 상품 대부분은 하문과 금문에 보관되어 있었지만, 이 상품들이 군수품으로 전환되기 위해서는 더 많은 교역이 필요했다. 이러한 사실을 깨달은 정성공은 자신의 정치적 야망을 달성하기 위한 수단으로 무역 활동에 더욱더 의존하게 되었다.

중국 무역을 독점할 수 있는 하문 수군의 유일한 지도자로 권력을 잡은 정성공은 자신의 목표를 추구하기 위해 군사력과 경제력을 모두 사용하는 데 주저하지 않았다. 요약하자면 정성공은 복건성의 상황과 조선의 상황을 비교하여 새로운 정치 체제를 창안함으로써 청의 정치 체제에 도전했다. 정성공은 북서 계절풍이 불 때 일본에 선박을 기습적으로 파견함으로써 일본의 판카도 제도에서 요구하는 고정 가격에 도전했다. 정성공은 마닐라로 향하는 모든 중국 선박에 대한 금수 조치를 선언함으로써 멕시코의 은 공급에 대한 스페인의 통제에 도전했다. 그는 또한 수마트라 후추와 시암 사슴가죽에 대한 네덜란드의 독점적 지위에 도전해 상품 구매를 위한 공식 협상을 진행하고 다시 한 번 금수 조치를 취했다. 정성공의 유일한 희망은 이 모든 사업을 밀어붙여 모든 신하들을 하나로 묶어두는 것이었기 때문에, 그는 때때로 자국민 위에 군림하는 폭군 역할을 해야 했다. 장수 황오에게 선택은 분명했다. 정성공 치하에서 사는 것이 청나라에 항복하는 것보다 쉽지 않은데, 왜 굳이 청나라와 계속 싸워야 하는가?

2. 전쟁과 무역의 확대 1656~1657년

해징이 함락되었기 때문에 정성공은 선박을 유지하고 수리하는 데 필요한 대부분의 자재를 잃게 되었다. 이로 인해 무역함대를 증설하려는 계획이 중단되었을 것이다. 정성공은 즉시 모든 종류의 목재가 수출되는 복주 해안을 습격하여 점령하였다. 그렇게 함으로써 조선업 계획에 차질이 생기지 않도록 하였고 자신의 야망이 좌절되지 않도록 했다. 정성공의 계획은 자신의 군대가 모든 조선소를 장악하고 필요한 모든 자재를 탈취하는 것이었다. 정성공은 이러한 계획이 있었기에, 복주부도 정성공의 다음 북방 원정의 주요 목표가 되었다.[86] 정성공의 함대는 민강으로 항해하여 1656년 8월 23일 민안진閩安鎮을 점령했다.[87] 이 공격에 경각심을 느낀 청나라 군대 총사령관은 서둘러 모든 병사를 소집하여 부대를 복주성으로 철수시켰다. 그리고 성 밖의 여러 지역에 흩어져 있던 전초 기지를 이용하여 방어를 강화하였다.[88] 민안진은 복주시와 해안 사이의 민강 북쪽 기슭에 위치해 있었기 때문에 정성공 부대는 민강 하구에서 청나라 군대가 반격하려는 시도를 봉쇄할 수 있는 유리한 위치에 있었다. 하구를 점령한 것 외에도 사정을 비롯한 해안을 따라 일련의 항구를 개방하였다. 정성공은 1656년 10월 20일 민안진에 도착하자마자 복주시에 있는 청나라 군대를 봉쇄하기 위해 여러 보루를 건설할 준비를 했다.[89] 11월에 정성공은 복주와 사정 사이에 위치한 영덕현寧德縣을 포위하기 위해 자신의 함대를 삼도도三都島로 항해하라고 명령하였다. 정성공이 영덕과 그 맞은편에 있는 삼도도를 모두 장악하면, 하문에서 사정으로 가는 해로를 확보할 수 있었다. 이를 통해 강남의 비단 시장과 연결되는 절강을 경유하는 육로를 확보할 수 있었다.[90] 정성공의 복주 봉쇄로 청나라 군대가 복주 성 내에 갇히게 되자 하문과 절강 사이의 교역은 재개되었다. 데지마의 네덜란드 상관장 자카리아스 바게나르 Zacharias Wagenaer는 다음과 같이 썼다. "중국인들이 자기 지역의 전쟁이 끝났다는 소식을 가져왔다. 타르타르청는 그들이 있는 자리를 지키며 조용히 지내고 있었다. 반대로 정성공은 전투가 소강상태에 접어든 틈을 타 무역에 바빴고, 때로는 한 곳에 2~3척의 선박을 동시에 보내거나 더 많은 화물을 실은 선박을 다른 곳으로 보내기도 했다."[91]

1656년 2월 1일부터 9월 15일까지 중국과 동남아시아에서 온 52척의 선박이 나가사키를 방문했다. 그 시즌에 중국에서 온 34척의 선박은 모두 정성공이 지배하는 지역[안해, 장주, 복주]에서 온 것이었다. 그런데 남경에서 온 선박 2척은 몇 가지 물건만 싣고 왔다.[92] 한마디로 정성공은 중국의 대일 비단 수출을 완전히 장악했다. 일본의 네덜란드 상무원은 정성공이 발행한 통행증을 선박이 소지하고 있다는 사실에 처음으로 주목했다.[93] 삼도도에서 머무는 동안 정성공은 계획을 완성하였고, 목재를 충분히 수집하여 조선造船 프로젝트를 원만하게 수행할 수 있었다.[94]

1657년 2월 11일 정성공이 영덕에 대한 공격을 시작했을 때, 매륵장

경梅勒章京, **부도통**(副都统) 아격상(阿格商), 覺羅阿克善, ?~1657이 이끄는 청나라 기병과
보병은 정성공 부대의 침공을 저지하기 위해 복주를 떠났다. 정성공의
주력 군대가 영덕을 포위하는 동안, 다른 병사들은 기습공격으로 청나
라 기병을 격파했다.[95]

정성공은 절강의 무역로를 다시 이용할 수 있게 되자마자, 중국 금을
포함한 다양한 종류의 상품을 적재한 2척의 선박을 바타비아로 보냈다.
정성공은 그 선박편으로 바타비아의 중국인 선장인 반명엄과 안이관에
게 보내는 편지를 보내 자신의 메시지를 마차위커르 총독에게 전달하도
록 요청했다.[96] 정성공은 중국인이 대만과 무역하는 것을 금지하는 포고
령을 내걸었지만 대만을 공격할 의도는 없었다고 설명했다. 정성공의
동기는 순전히 대만에 있는 상인들이 더 나은 대우를 받도록 하기 위한
것이었다.

다음으로 정성공은 바타비아 당국이 일부 상품[후추를 언급한 것으로 보
임]의 가격을 인하하지 않으면 더 이상 선박을 그곳으로 보내지 않겠다
는 뜻을 내비쳤다. 이 서한에서는 이전에 후추 가격을 낮춰 달라는 요청
과 후추 해안으로 선박을 보낼 수 있게 허용해 달라는 요청이 생략되었
다. 이 편지의 목적은 갈등이 전면전으로 확대되는 것을 방지하는 것이
었다. 정성공은 금수 조치를 유지하면서 네덜란드가 자신의 선박을 괴
롭히는 것에서 벗어나 자신의 선박을 보호할 수 있는 더 나은 방법을 찾
고 있었다.

아마도 정성공은 이번 금수 조치로 무엇을 얻을 수 있을지 명확히 알
지 못했지만, 금수 조치가 무역에 해가 되지 않을 것이라는 점은 확실했
다. 1655년에 선박 1척이 홍욱의 편지를 갖고 말라카로 향했고, 화물을

가득 실은 하문 선박 1척과 광남 선박 2척은 조호르Johor를 방문했다. 다른 선박 3척은 리고르, 송클라Songkhla, 파타니로 향하였다.[97] 다른 중국인들도 파항Pahang과 팔렘방Palembang에 갔다고 하였다.[98] 이들 선박 대부분은 후추, 주석, 등나무를 싼 가격에 구매했을 것이다. 왜냐하면 같은 해 바타비아를 방문한 선박 8척도 후추, 주석, 등나무를 비교적 높은 가격에 16,000피쿨 이상 구매했기 때문이다.[99] 대만의 네덜란드 총독 카이사르는 정성공의 선박이 네덜란드가 대만을 경유해 하문에 제공한 것과 같거나 약간 더 많은 양을 구입했을 것으로 추정했다.[100] 네덜란드 동인도회사 상인 안토니 보이Antony Boey가 팔렘방 길목에서 이 선박 중 하나를 포획했다. 하지만, 정성공은 선박을 후추 해안으로 보내는 것을 중단할 필요가 없다고 생각했다. 예를 들어, 1656년 봄에도 캄보디아나 광남에서 온 중국 선박 한 척이 잠비를 방문했다.[101]

정성공과 대만의 네덜란드 동인도회사 사이에 가장 중요한 교역품은 중국산 금이었다. 인도로 운송되는 금 무역은 대만에서 중국-네덜란드 무역의 실질적인 중심이었다.

앞서 언급했듯이, 정성공이 첫 번째 군대를 모집했을 때 그와 안해 상인들은 1648~1650년에 대만을 통해 거액의 금을 수출했다. 당시 광동성은 포위당하였고, 정지룡이 발급한 통행증은 청나라 통치지역에서도 여전히 유효하였다. 1651년 이후 청나라 군대가 광주를 점령하였고, 마카오 무역이 회복된 후, 하문에서 대만으로 수출하는 중국 금은 점점 감소했다. 정성공과 청나라 군대 사이의 휴전 기간인 1653년 6월부터 1654년 3월까지 금 수출은 다시 증가했다. 네덜란드 동인도회사는 벵골에서 수출되는 비단, 특히 코로만델 해안의 직물에 대한 대금을 중국 금으로 지불하기를 원했다. 하문 상인들은 네덜란드 동인도회사가 대만에서 제공하는 열대상품을 구매하지 않고 대신에 중국 금으로 일본 은을 거래하는 것을 선호했다. 그들은 열대상품을 다른 곳에서 더 싸게 구할 수 있다는 것을 알고 있었다. 그리고 1652년 이후 대만의 은 가격이 중국보다 낮아지기 시작하였다. 그래서 그들은 동일한 화물을 대만에서 더 많은 은으로 교환할 수 있었다.[102] 바타비아의 고등 행정당국은 일본의 은을 다른 곳[특히 인도]에 투자해야 한다고 결정했다. 이에 따라 1653년 여름에 카이사르 총독에게 중국 금에 대한 은 지불을 중단하라고 명령했다. 카이사르는 자신의 재량에 따라 부분적으로만 명령을 따르기로 하고, 수요가 없고 회사 창고를 채우고 있는 상품을 없애기 위한 수단으로 중국 상인들에게 절반은 은으로 절반은 열대상품으로 지불했다.[103] 이러한 제한 정책이 1653년 중국 금의 대량 수출에 기여한 것은 분명했다. 하지만, 하문 상인들에게는 역효과를 가져왔다. 왜냐하면 네덜란드가 대금 지불을 연기한데다가 그들을 가두었고, 그들에게 하문에서 수요가 없는 물품을 받도록 강요했기 때문이다. 이러한 수법에도 불구하고 카이사르 총독은 막대한 채무로 인해 압박을 받았고, 어쩔 수 없이 1654년에 회사 창고에 있던 은화를 부채를 갚는 데 사용해야 했다.[104]

일본과 마닐라에 대한 정성공의 금수 조치와 대만에 대한 불평등 정책은 공급자로부터 더 많은 은을 짜내기 위해 고안된 것이었다. 금수 조치가 발표된 1655년 2월부터 1656년 6월까지 하문과 대만 간의 무역은 점차 감소하고 있었다.[105] 이전에 정성공이 일본에 대한 생사 교역 금수 조치를 발표했을 때와 마찬가지로, 현재 대만에 대한 금수 조치 역시 중국이 요구하는 물품을 제공할 수 없다는 것을 감추기 위한 것이었다.

당연히 정성공이 소유한 선박은 무역 금지 대상에서 제외되었고, 그는 여전히 대만에 금을 팔았다. 예를 들어, 1657년 2월에 몇몇 선박이 48,000길더 상당의 중국 금을 대만으로 운반했다.[106] 따라서 정성공의 금지령에도 불구하고 금 수출은 낮은 수준이지만 여전히 유지되었다. 금 거래 제한은 그의 거래자들에게 특별한 해를 끼치지 않았는데, 그 이유는 다음 두 가지 때문이다. 첫째는 후추 산지에서 직접 더 낮은 가격으로 후추를 구매할 수 있었다는 점이고, 다른 하나는 중국 내 금 가격이 5% 상승해 수출 상품으로서의 수익성이 떨어졌다는 점이다. 1657년 3월 이후 대만의 은 가격이 중국에 비해 상승하자, 금-은 무역은 하문 상인들에게 더 이상 매력적이지 않게 되었다.[107]

대만의 네덜란드인들은 코로만델 비단 무역의 확대를 위해 더 많은 양의 중국 금을 손에 넣고 싶어 했다. 1650년대 초부터 네덜란드 동인도회사는 일본 시장에 공급하기 위해 코로만델의 생사 수출에 점점 더 의존하게 되었다. 1655년 이후에는 코로만델 해안이 일본과의 생사 무역의 유일한 공급처가 되었다. 인도의 네덜란드 동인도회사 상무원들은 현지 상인들로부터 돈을 빌려 신용을 확장했고, 그 이자 때문에 막대한 부채를 떠안게 되었다. 인도에서는 금 가격이 은 가격보다 높았기 때문에 금 무역에서 거둔 막대한 이익은 인도에서의 부채를 탕감하는 데 큰 도움이 되었다.

이러한 상황에서 1655년 코로만델 해안 상관에서 대만으로 보낸 주문량은 중국 금 100만 길더에 달했지만 실제로 전달된 것은 10%에 불과했다.[108] 이듬해인 1656년 코로만델 해안 상관은 더 많은 양인 최대 120만 길더의 중국 금을 요구했다.[109] 〈표 11-4〉에서 볼 수 있듯이 대만 상관은 이 양의 약 14% 정도만 공급할 수 있었다.

〈표 11-4〉 네덜란드 동인도회사 기준 대만의 금 수출량

연도	대만을 경유하여 수출되는 중국 금(길더)*
1646~1647	291,665
1647~1648	910,595
1648~1649	1,962,697
1649~1650	1,321,351
1650~1651	1,423,761
1651~1652	668,410
1652~1653	629,086
1653~1654	1,110,525
1654~1655	312,229
1655~1656	104,497[110]
1656~1657	168,200[111]
1657~1658	424,736[112]
1658~1659	525,000[113]
1659~1660	180,000[114]
1660~1661	141,901[115]

출처 : *VOC 1222,
Memorie der quantiteijt en reductie van het becomene Taijouanse schuijtgout
(수령한 대만 금괴의 수량과 가격 하락에 대한 각서이다), 25 Feb. 1657, fo.15v.
주(註) : 이곳의 금의 대부분은 중국에서 온 것이다.

1656년 12월 27일, 프레데릭 코예트Frederick Coyett가 코르넬리스 카이사르의 뒤를 이어 대만 총독이 되었다. 코예트는 이 문제를 해결하기 위해 1657년 3월 말 중국인 통역관 하정빈何廷斌을 하문에 파견하였다.[116] 1657년 4월 4일 특사가 하문에 도착했을 때, 정성공과 그의 주력 함대는 민강 하구 외곽 삼도도에 머물고 있었다. 그곳에서 절강 연안 무역 확장을 위해 더 북쪽으로 항해할 준비를 하고 있었다.[117] 하정빈은 카이사르가 보낸 편지를 금문에 있는 정성공의 삼촌인 정홍규그의 이름은 네덜란드어로 'Sikokon'으로 기록되어 있음. 즉, 사국공(四國公)와 정태그의 별명은 조야(祚爺)에게 각

각 전달하고 5일 동안 함께 머물렀다.[118] 하정빈은 배를 타고 정성공을 따라잡으려 했지만, 하문-삼도도 사이의 해상 항로가 청나라 함대의 위협을 받고 있었기 때문에 하문에서 2주일 동안 머물렀다.[119] 4월 말, 예상치 못한 강한 북풍으로 인해 함대 전체가 북쪽으로 항해할 수 없게 되자, 정성공은 하문으로 돌아가야 했다.[120] 5월 초, 하정빈은 귀환하는 정성공의 함대를 만나 정성공에게 코예트의 편지를 전달했다. 다음 날 아침, 정성공은 위원회를 소집하여 하정빈에게 정지룡과 전 대만 총독 요한 판 데르 부르흐Johan van der Burg 사이의 계약이 이행되지 않은 것에 대해 물었다. (하정빈은 정지룡의 이름을 언급하지는 않았지만) 정성공과 그의 부하들은 계약이 실제로 체결되었는지 의심했다. 그리고 정지룡이 북경으로 떠난 1647년 이후 네덜란드가 연간 관세나 임대료를 지불했는지 여부에 대해서도 의구심을 품었다. 이러한 의심은 하정빈에 의해 누그러졌는데, 하정빈은 자신이 대만에 거주한 이후로 이에 대해 한 마디도 들어본 적이 없으며, 네덜란드 문서에는 이에 대한 기록이 없다고 단언했다.[121] 정성공은 하정빈을 데리고 하문으로 가서 1657년 5월 25일 이 사건을 다루기 위해 회의를 열었다.[122] 이 회의에서 정성공은 대만 내 중국 상인들의 처우와 관련된 몇 가지 사소한 문제를 제기했다. 그리고 전임 총독 카이사르가 왜 모든 중국 상인들에게 은화가 아닌 상품으로 대금을 받도록 강요했는지 궁금해 했다.[123] 정성공은 코예트 총독에게 편지를 보냈는데, 이러한 모든 문제를 상세하게 언급하는 대신 전임자의 잘못을 비난하면서 신임 총독이 문제를 바로잡을 것이라는 높은 기대를 가지고 있다고 하였다. 정성공의 주장에 의하면 '오랜 우정의 회복'이었다. 정성공은 금수 조치 해제를 위해 두 가지 조건만을 언급하였다.

첫째, 네덜란드가 시암, 캄보디아, 팔렘방 또는 남중국해의 다른 지역을 방문하는 중국 선박에 해를 끼치지 않기를 요구했다. 둘째, 네덜란드인이 중국 선박에서 압수한 물품에 대한 보상을 요구했다.[124]

하정빈은 1657년 6월 13일 이 메시지를 대만에 전달했다.[125] 이 메시지는 네덜란드어로 번역되어 대만 평의회에서 공개되었다. 코예트 총독과 평의회는 중국 상인들에게 신속한 지불을 약속하고 정성공의 요청을 바타비아의 고등 행정당국에 전달할 것이라고 약속하는 답변 초안을 작성했다. 그러나 코예트 총독과 평의회는 화물 손실에 대한 배상에 대해서는 침묵으로 일관했다.[126] 코예트 총독은 정태에게 보낸 편지에서 "오랜 우정의 재개를 환영한다"며 "옛 관습에 따라 이곳대만에서 자유 무역이 시작되는 것"을 환영한다고 밝혔다.[127] 코예트는 하정빈에게 일을 처리하도 맡겼지만 어떠한 확실한 승낙을 주지 않았다. 정성공 측에서도 구체적인 양보를 얻어내기 위한 협상을 기대하고 있었기 때문에 하정빈은 매우 곤란한 상황에 처해 있었을 것이다. 정태는 상품 목록을 작성하여, "가능한 시기에 금과 교환하기 위해" 상품 가격을 낮춰 주기를 요청하였다. 그는 후추 10,000피쿨, 붉은 백단향 2,000피쿨, 납 500피쿨, 주석 500피쿨, 그리고 정향, 목향, 훈향과 같은 향신료를 요구했다. 네덜란드는 이 목록에 대해 논의했지만, 정태가 제안한 가격이 너무 낮아서 받아들이기 어렵다는 이유로 판매를 거부했다. 하정빈은 공식 편지와 구두 통신을 들고 대만을 떠나 하문으로 향했다.[128] 하정빈은 1657년 7월 14일에 도착했고,[129] 사흘 뒤 정성공에게 소환되었다. 지난 몇 주 동안 정성공은 네덜란드 선박이 광남 앞바다에서 자신의 선박 중 1척을 나포됐다는 소식을 들었다.[130] 이 소식을 들은 정성공은 네덜란드의 진짜 의도에 대해 더욱 더 의심하게 되었다. 하정빈은 대만 당국도 이 사건을 들었고, 압수한 물품을 회수할 수 있을 때까지 보관할 의향이 있다고 답했다. 이에 따라 정성공은 분쟁을 종식시키고 금수조치가 해제되었음을 알리는 포고령을 준비하도록 그의 내각에 명령했다.[131] 이 포고령은 1657년 8월 6일 관인을 찍어 하문 전역에 공식적으로 게시되었다.[132]

한편, 정성공은 절강으로 북방 원정을 떠나기 전 선주, 관리, 병사 그리고 그들의 가족들을 위한 성대한 연회를 준비하고 있었다.[133] 하정빈은 서둘러 떠나야 하는 상황이었지만, 연회에 초대받았다. 포고령이 선포된 지 하루 만에 시암에서 돌아온 중국 선박이 조호르에서 귀국하는 중에 네덜란드 선박이 또 다른 중국 선박을 잡아갔다고 보고했다.[134] 이 보고로 정성공은 당황했고 새로 게시된 모든 포고령을 철거하라고 지시했다. 그는 곤경에 빠졌다. 북방 원정이 위태로웠고 절강 시장의 요구도 충족시켜야 했기 때문에 대만의 상품이 필요했다. 하정빈의 중재 덕분에 대만에 있는 네덜란드인과 신뢰할 수 있는 통신망이 열렸다. 정성공은 1657년 8월 19일 함대가 출항하기 전에 분쟁을 제쳐두고 금수 조치를 해제하기로 했다.[135] 1657년 8월 21일, 남오南澳의 충용후忠勇侯 진패陳覇 소속의 중국 선박이 금괴 20개와 은 1,005테일을 싣고 하문을 경유해 대만에 도착했다.[136] 이 선박의 도착은 중국의 금 무역이 재개될 수 있음을 의미했다. 12월 말까지 대만 상관은 금 393,256길더를 수입했고, 후추 11,000피쿨을 피쿨당 10¾ 리알에서 12리알에 판매했다.[137] 하정빈은 정성공과 정태가 보낸 편지와 중국 포고령을 대만으로 가져갔다.[138] 정태는 편지에서 상선이 나포되었다는 소식이 전해졌을 때 정성공을 진정시킬 수 있었다고 썼다. 그는 코예트 총독이 조호르 선박의 손해배상을 처리해 줄 것이라고 믿었다.[139]

1657년 9월 말경, 정성공이 바타비아로 파견한 2척의 선박은 총독 마차위커르의 답장을 받고 돌아왔다.[140] 이 편지는 네덜란드가 정성공과 화해하고 그의 상인들을 환영한다는 것을 확인시켜 주었다. 하지만, 마차위커르는 후추 해안 무역에서는 사소한 양보만 했다. 그럼에도 불구하고 바타비아의 고등 행정당국은 정성공이 2, 3척의 선박만을 말라카로 보내는 것을 허락했다.[141] 편지에는 이 내용이 언급되지 않았지만, 이 소식을 전달한 2척의 선박은 후추를 구매하였는데, 피쿨당 0.5리알을 할인해 주겠다는 제안을 받았다.[142]

〈표 11-5〉 VOC 벵골(코로만델 해안) 생사의 대일 수출량

연도	벵골 생사를 일본으로 수출하는 네덜란드 동인도회사(피쿨)*	전체 대일 생사 수출에서 네덜란드 동인도회사가 차지하는 비중**
1652	525.22	43.6
1653	979.69	64.9
1654	453.86	56.3
1655	810.77	100.0
1656	1,394.82	75.1
1657	1,097.03	88.2
1658	1,446.83	100
1659	1,321.42	81.7
1660	1,567.18	100

출처 : *Nagazumi, 'Yu Ho-lan shih-liao k'an shih-ch'i shih-chi te T'ai-wan mao-i', 42, Table.1.
**중국, 통킹, 벵골에서 일본으로 연간 수출되는 실크의 총량 중 네덜란드 동인도회사가 차지하는 비율이다.
다른 지역에서의 실크 수출은 미미하여 생략했다.

정성공의 절강 연안 북부 원정은 순조롭게 진행되었다. 그 이유는 절강 연안에는 소수의 청나라 기병이 방어하고 있었고, 청나라 군대의 대

부분이 청에 투항한 한인漢人이었기 때문이었다. 청나라 군대는 성 전체에 흩어져 있었고 35,000~39,400명에 불과했다. 반면 정성공은 최소 4만 명 이상의 병력을 보유하고 있었다.[143] 요새화된 곳에 있는 청 주둔지의 병력은 500명이 넘지 않았지만, 정성공의 함대는 한 번에 1만 명이상의 병력을 수송하는 데 아무런 문제가 없었다.[144] 이 중요한 시점에 정성공은 병력을 대주臺州로 보냈다.[145] 1657년 9월 21일 2만 명의 병력이 대주 인근에 상륙했고,[146] 나흘 뒤에 대주를 포위했다. 25일, 대주성은 정성공에게 항복했다.[147] 그 후 몇 주 동안 대주부의 관할 내 모든 인근 도시는 항복하였고, 더 이상 저항하지 않았다. 정성공의 관리들이 점령을 완료하자마자 시장은 다시 개방되었다.[148] 정성공의 주력 부대가 하문의 기지에서 절강 해안으로 이동했다는 사실을 알게 된 청나라 절강과 복건 총독 이솔태李率泰는 민안진에 있는 정성공의 여러 교두보에 대한 대규모 공격을 서둘러 준비했다. 1657년 10월 20일, 청나라 군대는 민안진 성을 격파하였다. 이는 복주에서 절강 해안으로 가는 육로가 다시 열리고, 복주에서 절강 해안으로 가는 육상 및 해상 원조가 가능해졌다는 것을 의미했다.[149] 이러한 이유 때문에 정성공은 진격을 중단하고 11월에 하문으로 돌아와야 했다.

한편 정태는 코예트 총독에게 압수한 선박과 화물을 돌려주고 중국 선박이 남중국해지역의 모든 항구를 방문할 수 있도록 보장하겠다는 약속을 지킬 것을 요구했다. 그는 이러한 조건이 충족되지 않을 경우 정성공이 격노하여 다시 한번 금수 조치를 선포할 수 있다는 점을 암묵적으로 내비쳤다.[150]

코예트 총독과 대만 평의회는 1657년 9월 4일에 선박 압수에 대해 이미 논의했고, 정태의 수하가 이미 그에게 결과를 알려줬다고 믿었다. 코예트 총독과 대만 평의회의 결의안은 금수 조치가 네덜란드에 대한 악의적인 행동으로 해석되었기 때문에, 조호르 선박의 몰수는 합법적이라고 선언했다. 압수된 중국 선박을 대만으로 가져오라는 명령을 내렸지만 조호르 선박은 태풍으로 유실되었다. 이러한 이유 때문에 네덜란드 동인도회사는 나포되었거나 인양된 화물만 돌려주겠다고 했다. 광남 앞바다에서 나포된 선박의 경우 중국인 소유주가 제출한 손실 화물 목록이 정확하지 않은 것으로 간주되었다. 그럼에도 불구하고 평의회는 선박을 압수한 선장을 처벌했고, 정태의 수하는 정태가 원한다면 네덜란드 선장을 자유롭게 고소할 수 있었다. 결국 바타비아 당국과 정성공은 1654년 광동 외해에서 나포한 선박 사건을 해결했다. 따라서 대만 당국은 여러 가지 이유로 정태의 보상 요청을 거부했다.[151]

정성공이 다음 계절풍 시기를 위해 상선을 정비하고 남쪽으로 호송할 준비를 하고 있었다. 그때, 정태는 코예트 총독에게 시암, 팔렘방, 말라카, 조호르에 대한 통행증을 발행해 달라고 요청했다.[152] 코예트 총독은 정성공의 요구를 모두 들어주지 못한 것을 걱정해서인지 요청에 응하기로 했다. 코예트 총독은 정태에게 보낸 편지에서 이것이 예외적인 조치로 간주되어야 한다고 강조했다.[153] 코예트는 마차위커르 총독에게 자신의 결정을 설명하면서 "캄보디아와 팔렘방, 그리고 회사와 계약을 체결한 다른 곳의 왕들만 약속을 제대로 지키고, 신하들에게 지정된 상품을 회사 이외의 다른 사람에게 판매하지 말라고 명령한다면 회사는 아무런 피해를 입지 않을 것입니다. 그들은 또한 그들 왕국에서 범죄자들을 처벌해야 하며, 이는 우리가 선박을 확인하고 그들의 물건을 압수해야 하는 것보다 더 적절합니다. 이로 인해 우리는 일본과 중국으로부터 많은 비난을 받았고, 1653년 이후 시암에서 이전에 누리던 특권을 잃게 되었습니다"라고 적었다.[154]

일본 막부도 최근 네덜란드가 중국 선박에 대해 취한 행위를 알고 있었다. 조호르Johor 선박이 태풍에 휩쓸린 후, 몰수된 일부 화물과 살아남은 선원들은 1657년 8월 23일 네덜란드 선박 우르크Urk호를 통해 일본으로 보내졌다. 이로 인해 나가사키에 있던 중국인들은 '죽어라', '네덜란드 강도선'이라 외치며 소요를 일으켰고, 우르크호 선원들이 구금되어 있었음에도 불구하고 그들을 향해 돌을 던졌다.[155] 중국 상인들이 막부 봉행관奉行官에 항소를 제기하자, 막부는 이 배의 법적 소유자에게 선적과 화물의 손실은 대만에서 보상을 받아야 한다는 판결을 내렸다. 막부 봉행관은 네덜란드인들에게 다시는 그러한 해적 행위를 하지 말라고 하였고, 그렇지 않으면 일본에서 영원히 추방당하게 될 것임을 경고했다.[156] 결과적으로 중국 금에 대한 절박한 수요와 일본 당국의 압력으로 인해 코예트 총독이 어느 정도 양보할 수밖에 없었다.[157] 하문에 상주하고 있던 정태는 코예트 총독이 발행한 4장의 통행증을 받은 후, 정성공의 진짜 의도는 네덜란드인들의 통행증 시스템에 도전하는 것이라고 밝혔다.

총독께서 제게 4장의 통행증을 보내주셨는데, 이는 매우 훌륭한 조치입니다. 동서로 항해하는 정성공의 선박들이 수백 척이 넘음에도 불구하고 저는 이 조치에 매우 만족하고 있습니다. 제 수하 병석炳錫, Pingsick, 음역이 총독께서 우리 선박들이 귀국의 장소로 자유롭게 항해할 수 있게 하셨다고 저에게 편지를 보냈습니다. 설령 우리가 귀국의 선박들과 마주치더라도, 우리는 친구처럼 대할 것이며 이전과 같은 적대감은 없을 것입니다. 이렇게 되면 모든 선박들은 이제 자유롭게 바다를 항해할 수 있고, 더 이상 이곳에서 (네덜란드의) 어떤 방해도 받지 않을 것입니다.[158]

1646년 정지룡은 네덜란드 동인도회사 순찰대의 약탈로부터 자신의 사업을 보호하기 위해, 조공무역을 통합하여 중국 조공 체제를 재편하려는 시도를 했다. 1647년부터 1653년 사이에 정성공은 네덜란드 동인도회사가 수익성이 좋은 특정 무역에서 자신을 배제하기 위한 법적 근거로, 그들과 지역 통치자가 체결하여 취득한 특권을 사용할 수 있다는 사실을 여전히 인식하지 못했다. 정성공과 하문 상인들은 네덜란드 동인도회사가 시암의 차오프라야 하구에 있는 그의 선박에서 사슴가죽을 압수한 후에야, 일본 막부의 경고가 그들에게 유일하고 효과적인 안전 보장의 원천임을 깨달았다. 따라서 그들은 네덜란드 동인도회사 상무원들에게 하문으로 돌아갈 때와 일본으로 항해하는데 필요한 통행증을 발급해 줄 것을 요구하기 시작했다. 1652년 5월 초, 시암 상관장 폴케루스 베스터볼트Volckerus Westerwolt는 중국 선주에게 천주泉州로 돌아가는 통행증을 발급했다.[159] 1654년 여름, 8척의 중국 선박 선주들은 베스터볼트에게 그들의 안전한 통행을 확보하기 위해 통행증을 발급해 달라고 재차 요청했다. 베스터볼트는 통행증은 거절했지만, '중국 선박의 안전을 보장하라'는 시암 왕의 경고에 따라 선박들이 해상에서 더 이상 포획되지 않을 것이라 보장했다.[160] 1655년 여름, 9척의 중국 선박이 시암을 방문했고, 그중 5척은 시암에서 곧바로 일본으로 항해할 계획이었다.[161]

<표 11-6> 시암으로의 중국 무역 확대 1650~1661년

연도	시암을 방문한 중국 선박	시암에서 일본으로 직항하는 중국 선박
1650	10[163]	—
1651	6[164]	—
1652	4[165]	1[166]
165	6[167]	—
1654	8[168]	—
1655	9[169]	—
1656	9[170]	—
1657	10[171]	3[172]
1658	10[173]	6[174]
1659	21[175]	7[176]
1660	14[177]	7[178]
1661	3[179]	—

출처 : 483~484쪽, 미주 163~179 참조.

그들은 태풍을 만나 되돌아가야 했지만, 일부 선박은 광남에서 피난처를 찾았다. 1656년 7월, 그 가운데 한 척은 마침내 일본에 도착하였는데, 그 선박은 베스터볼트가 발급한 통행증과 '오라네 왕실 만세Vive Orangie'라는 문구가 새겨진 친왕의 깃발을 매달고 있었다.[162]

정성공의 상인들이 네덜란드 통행증 체제에 대항하여 벌인 투쟁에서 시암 왕의 지원은 매우 중요한 역할을 하였다. 과거 중국과 시암의 무역은 조공 사절단과 함께 선박을 광동에 파견한 시암 왕이 독점하고 있었다. 1630년대에 정지룡이 이 무역에 뛰어들려고 시도했을 때 그는 제외되었다. 하지만 1645년 융무제가 빈사 상태인 명나라의 합법적인 황제로 선포되자, 정지룡은 즉시 이 기회를 포착하고 조공체제를 위장하여 조공무역을 시도하려 했다. 앞서 언급했듯이 1653년 시암 조공 사절단이 실제로 하문을 방문했다. 그 순간 하문 상인들은 일시적으로 광동 상인들의 손에서 중국과 시암 간의 무역을 빼앗은 것처럼 보였다.

중국 선박이 시암으로 무역을 확장한 것은 1640년대 네덜란드 동인도회사와 베트남, 광남, 캄보디아 간의 전쟁이 초래한 결과였다. 네덜란드 동인도회사 선박은 이 두 나라의 항구를 자주 봉쇄했기 때문에 중국 선박은 다른 곳으로 항해할 수밖에 없었다.

1646년 말레이반도에 있던 가신家臣 중 한 명이 반란을 일으킨 이후, 시암 왕은 이 지역을 평정하기 위해 장거리 군사 원정을 할 때마다 네덜란드의 원조를 자주 요청했다. 1648년 네덜란드 동인도회사는 7척의 배를 보내 케다Kedah, 말레이시아 북서부를 공격했고, 케다의 통치자로 하여금 다시 시암에게 경의를 표하도록 강요했다. 1649년 송클라Songkhla, 태국 남부, 리고르, 파타니Patani, 파탈룽Patalung, 태국이 반란에 합류했을 때, 아유타야의 네덜란드 동인도회사 사람들은 프라삿 통Prasat Thong 왕을 도와 원정군을 구성하여 출정하였다. 1650년까지 대부분의 반란은 진압되었지만,[180] 시암 왕은 1651년 송클라에 대한 또 다른 원정을 위해 네덜란드에게 더 많은 지원군을 요청했다. 하지만 이번 요청은 그렇게 용이하지 않았다. 왜냐하면 1652년에 네덜란드 군사 자원의 대부분이 몰루카스Moluccas와 암보이나Amboina에 묶여 있었기 때문이었다.[181]

네덜란드가 다른 일들로 바빠 시암 왕실의 팽창주의 정책 추진을 도울 수 없게 되자, 네덜란드인들은 시암 국왕과 소원해졌음을 알았다.[182] 일본 데지마 상관의 새로운 직원들은 다음과 같은 소식을 들었다.

> 그[시암 왕]는 바타비아로부터 군사 지원 요청을 거부당해 화가 나 있습니다. 그의 불만은 우리[네덜란드]에 대해 악의를 품은 몇몇 중국인과 일본인들에 의

해 더욱 심해졌고, 이 기회에 우리들의 무역 특권을 억누르려고 했습니다.[183]

네덜란드와 시암 간의 관계가 악화됨에 따라, 중국과 일본 상인들이 시암 왕실에서 더 많은 영향력을 갖게 되었다. 이는 시암 왕이 시암과 일본 무역을 직접 통제하려는 야망을 키웠기 때문이다. 17세기 초 수십 년 동안 시암과 일본 사이의 조공 무역은 꾸준하게 이어왔지만, 1629년 프라삿 통이 시암 왕위를 찬탈한 후 중단되었다. 프라삿 통은 일본 용병 대장 야마다 나가마사山田長政를 독살했고, 설상가상으로 1630년 아유타야의 일본인 거주지역을 불태워 일본과의 기존 관계를 사실상 끊어버렸다.[184] 그가 1634년에 관계 재개를 위해 일본에 파견한 상선과 조공 사절단은 당연히 거절당했다. 1634년부터 1655년까지 프라삿 통은 여섯 차례에 걸쳐 일본에 사절단을 보냈지만, 모두 일본 막부로부터 거부당하거나 태풍에 휩쓸려 실종되었다.[185] 1653년과 1656년에 파견된 두 차례 사절단은 대부분 중국 상인들과의 협정에 따라 파견된 것으로 보인다. 첫 번째 사절단은 개인 선박을 타고 파견되었지만, 두 번째 사절단은 중국과 시암 선원들과 함께 네덜란드 양식으로 건조된 시암 왕 소유의 선박을 타고 갔다.[186] 이 배는 1656년 10월 일본에서 출항하여 귀국하는 도중에 하문을 방문했다. 그리고 1657년 2월 25일에 다른 2척의 중국 선박과 함께 그곳을 떠났다.[187] 이러한 방식은 일본-하문-시암 조공무역 시스템을 구축하기 위한 목적으로 고안된 행동으로, 이는 정성공이 이번 항해를 주제하였다는 것을 보여주는 매우 유력한 단서이다.

네덜란드의 소가죽과 사슴가죽의 매입 독점권에 대한 시암 왕실의 소극적인 태도는, 정성공의 무역 확장을 강화하였고, 반면 시암에서 네덜란드 동인도회사의 입지를 약화시켰다. 1654년 아유타야 상관장은 중국 상인들과의 경쟁으로 인해 가격이 상승하고 있다고 불평했다.[188] 1년 후인 1655년, 아유타야 상관장은 더 이상 일본 시장에 필요한 수량의 가죽을 구매할 수 없었다.[189] 그 결과 시암의 네덜란드 상관은 1652년, 1655년, 1656년에 모두 적자를 기록했다.[190] 이에 사슴가죽에 대한 네덜란드의 독점이 유명무실하게 되었음이 분명해졌다. 1657년 10월 프라삿 통 왕이 세상을 떠나고 그의 막내아들이 나라이Narai 왕으로 즉위하면서 시암 왕국이 네덜란드에게 보여준 우정과 호의는 더욱 어려운 상황에 놓이게 되었다.[191] 그해에 중국 상인들은 사슴가죽을 대량으로 구매했으며, 인도 상인과 무슬림 상인들도 인도산 면직물을 판매하기 위해 시암 시장으로 몰려왔다.[192]

또한 그해 정성공의 선박들은 시암으로 항해할 수 있는 네덜란드 동인도회사의 통행증을 획득했다. 이 선박들은 무역을 할 수 있는 흔치 않은 기회를 누렸는데, 그 이유는 시암 왕의 모든 가신들이 새로 즉위한 왕에게 경의를 표하기 위해 아유타야로 몰려들었기 때문이었다. 말레이 반도, 파타니, 조호르, 파항 등의 지역에서 온 선박들이 항구를 가득 메웠다.[193] 이듬해인 1658년, 중국 상인들은 최소 70,000장의 사슴가죽과 그에 상응하는 수량의 소가죽을 구입할 수 있었는데, 이는 프라삿 통 왕이 죽은 이후 네덜란드에게 부여한 특권이 더 이상 인정을 받지 못했기 때문이었다.[194] 분명히 그것은 놓칠 수 없는 기회였고 그 기회를 잘 알고 있던 정성공의 상인들은 네덜란드 동인도회사의 코앞에서 사슴가죽 무역을 가로채어갔다.

필리핀에서 마닐라 정부가 파견한 스페인 신부들과의 협상을 통해 정성공은 1657년 봄에 마닐라에 대한 무역 금수 조치를 해제했다.[195] 정태가 대만 상관에게 통행증 몇 장을 발급해 달라고 요청했을 때, 마닐라에서 돌아온 선박들은 이미 몰루카군도에서 생산한 향신료를 판매하기 시작했다.[196] 심지어 1656년 말 정성공이 대만에 대한 금수 조치를 해제하기 전에 그의 상인들은 마닐라의 수요를 충족시키기 위해 일본에서 이미 30만 테일 상당의 면직물을 구입한 상태였다.[197] 1658년 봄, 20척의 선박들은 캉간cangan, 면직물, 철제 기구, 밀 등의 투박한 물품을 마닐라로 운반하여, 더 많은 스페인 은을 얻을 수 있을 것으로 기대했다.[198]

결론적으로 정성공은 중국의 비단 수출을 독점하는 데 성공하였다. 그리고 시암과 말레이반도의 네덜란드 무역 요충지까지 침투하여, 일본과 마닐라 무역에 본격적으로 뛰어들기 시작했다. 정성공의 무역 제국이 확장됨으로써 막대한 수입이 쏟아져 들어왔다. 이를 기반으로 하여 정성공은 청 제국의 가장 취약한 연해지역을 공격하였고, 북경 조정이 재차 평화 회담 테이블로 돌아오도록 했다.

제12장
패배에서 승리로, 1658~1662

1. 남경으로 가는 멀고 험한 길 1658~1659년

청나라 기병대는 정성공이 봉쇄한 복주항을 뚫고 얼마 지나지 않아 북경으로 돌아왔다. 1657년 12월 말, 절민 총독 이솔태李率泰는 순치제順治帝, 1638~1661에게 즉시 서신을 올려 또 다른 청나라 기병대를 파견해 줄 것을 요청하였다. 이 요청은 1658년 1월 14일에 거절되었다. 왜냐하면 당시 순치제는 중국 남서부 운남과 귀주 2성에서 저항하고 있던 명 영력제永曆帝의 잔존 세력을 박멸하기 위해 청나라 기병대를 파견하기로 했기 때문이었다.[1] 이에 대한 공식 유지諭旨는 1658년 2월 18일에 내려 졌다.[2] 2월 말, 2개의 청나라 대부대가 하문에서 약 900km 떨어진 호남성 서쪽 국경의 배후지에 재편성되었다.[3]

1657년 12월 5일, 정성공은 정기적인 임무 수행을 위해 함대를 이끌고 남오南澳섬으로 나아갔고,[4] 그곳에서 2월과 3월 사이에 쌀을 수매하고 징수했다.[5] 6월에 함선들이 떠나기 전에, 그들은 게양揭陽 부근 연해의 2현을 공격하여 정복했다.[6] 그들은 게양과 조주의 방어시설이 이전보다 더 강화되었음을 발견했다. 청 조정 당국은 용강榕江 연안에 두 개의 요새를 구축하여, 정성공의 수군이 상류로 항해하여 게양에 도달하는 것을 막았다.[7] 정성공은 3월 이전에 청나라의 움직임을 분명 감지했을 것이다. 왜냐하면 그 무렵에 네덜란드인들도 이 소식을 들었기 때문이었다. "만주족의 적수인 영력제가 호남성 주변에서 많은 소란을 일으키고 있어, 그곳에 병력을 파견해야 했다. 이로 인해 그곳에서 멀리 떨어진 해안지역은 전란을 피할 수 있었다. 이곳大灣에서 사정沙埕으로 가는 직항로와 안해에서 출발하는 북상 육로가 모두 더욱 안전해졌다."[8] 복건과 절강 2성의 청나라 군대는 여러 지방에 분산되어 있어 하문과 금문을 침공하는 데 필요한 대규모 병력을 신속하게 집결시킬 방법이 없었다. 이에 정성공의 장거리 원정은 생각했던 것보다 위험이 적었다. 1654년부터 그의 전략은 대규모의 청나라 군대를 복건으로 끌어들임과 동시에 그들을 연해지역으로 진입하지 못하게 하는 것이었다. 이 전략은 강남지역으로 향하는 무역로에서 야기될 수 있는 문제들을 줄일 수 있었다. 이는 매우 중요한 움직임이었다. 왜냐하면 정성공은 일본과 동남아시아에 공급할 필요한 물자를 충분히 확보했기에, 무역 확대에 가장 좋은 방법은 바로 강남지역과 일본을 직접 연결하는 것이었다. 정성공은 그가 만약 남경을 포위하여 청나라 군대가 강남지역에 흩어져 있던 주둔군을 철수하도록 압박한다면, 소주 및 다른 인근지역과 같은 비단 생산지에서 자유롭게 무역을 할 수 있을 것이라 판단하였다. 그리고 남경에 대한 포위는 북경의 청 조정을 압박하여 그와 평화 회담을 갖게 하는 추가적인 이점이 있는 것이었다.

1658년 6월 13일, 정성공은 모든 선박을 이끌고 북상하여 강남지역으로 향했다.[9] 이 함대는 절강 해안을 따라 항해하다가 온주부溫州府 일대에서 충분한 양의 쌀을 징수하여 외해의 삼반도三盤島에 보관하였다. 8월에 이 모든 함대는 주산군도로 계속 항해하여 나아갔다.[10] 정성공은 온주부를 하루 동안 포위하여 공격했지만, 알 수 없는 이유로 갑자기 철수했다. 7월 24일에 정성공의 사절단을 태우고 일본에 도착한 한 선박은 이 갑작스러운 철수 이후에 출발했을 것이다. 아마도 온주 당국은 자신의 도시 안전을 보장받는 대가로 이 귀중한 선박을 정비하는데 도움을 주었을 것이다. 이 선박은 '많은 깃발'을 날리며 '약 6만 테일에 달하는 진귀한 비단으로 구성된 선물'을 지니고 나가사키에 도착했다.[11] 일본 사료에 따르면, 사절단의 일행은 147명으로 구성되었으며, 사절단 특사는 에도 막부에 직접 보내는 공식 외교 서한을 지니고 있었다고 한다.[12] 네덜란드 수석 상무원인 요안 부첼용Joan Boucheljon은 이들의 독특한 모습을 목도했다.

40명으로 구성된 수행원이 특사보다 먼저 해안에 올랐다. 그들은 이상한 복장을 하고 있었다. 해안에 오르자 그들은 모든 장신구, 깃발, 부채, 단창, 단검, 쇠사슬, 나팔 등을 지니고서 질서 있게 대오를 갖추었다. 그런 다음 특사는 바지선 비슷한 것을 타고 와서는 의자에 앉았는데, 특사의 가마와 경호원이 함께 동행하였다. 특사는 계단 상단에서 잠시 휴식을 취했다.[13]

정성공은 편지에서 일본에 대한 몇 마디 칭찬을 한 후, 청나라를 물리칠 수 있다면 일본과의 조공 관계를 공식적으로 회복할 것이라는 뜻을 내비쳤다.[14] 그러나 이는 협상의 표면적인 부분만 드러낸 것에 불과했다. 대만 총독 프레데릭 코예트가 얻은 정보에 따르면, 정성공은 이 특사를 통해 직접 요청을 했다고 한다. "이런 식으로 그는 (100% 확실하지는 않지만) 동생을 데려오기 위해 2명의 부하를 태운 배를 일본으로 보낼 것이며, 아울러 그는 보답으로 그들[일본군]에게 일부 지역을 주겠다는 약속 조건으로 잘 무장된 병사로 구성된 군대를 요구했다. 사실 그는 남경성 지역의 가장 좋은 도서를 기꺼이 그들에게 주겠다고 했다."[15] 이 소식은 또한 나중에 나가사키의 요안 부첼용에 의해 부분적으로 확인되었다.

그는 또한 자신의 이복형제[위에 언급한 여성의 아들이고, 그녀는 일본인과 함께 남겨져 지금까지 나가사키에 머물고 있음]도 자신의 진영에 들어 올 수 있도록 해 달라고 요청했습니다. 그 외에 우리 측 통역관의 말에 따르면, 정성공 측은 청과의 전쟁에 대한 지원 요청 서한이 전달되었는지 확신할 수 없었기 때문에, 통역관에게 이 특사는 중국에서 일본의 쇼군만큼이나 큰 권위를 지니고 있음을 은근히 드러내었습니다.[16]

정성공은 숭명도崇明島 점령을 유지하기 위해 일본의 원조가 필요했다. 1650년대부터 정성공의 군대는 양자강 하구에 전략적으로 아주 중요한 위치에 있는 숭명도를 점령하기 위해 여러 차례 시도했다. 나가사키와 숭명도 사이의 거리는 숭명도와 하문 사이의 거리와 거의 같으며, 어느 방향에서나 약 800킬로미터이다. 관건은 숭명도 주둔군 유지에 필요한 식량을 일본으로부터 조달하는 것이 하문에서보다 훨씬 쉽다는 점이다. 네덜란드 기록에 따르면, 남경과 강남지역의 비단 가격은 광동의 절반에 불과했으며 후추는 피쿨당 25테일 또는 31리알에 판매되었다고 한다.[17] 숭명도와 일본 간의 직접무역은 시암, 중국, 일본 간 삼각 무역의 이익을 극대화할 것이 분명했다. 쇼군과 그 측근들은 정성공의 대담한 요청에 아무런 답을 주지 않았고, 중국 대륙의 내전에 대해 중립적인 입장을 취했다. 10월 8일 정성공의 대표단이 나가사키를 출발하기 전에, 그는 이미 함대를 이끌고 주산에서 북쪽으로 향했다. 불행히도 1658년 9월 6일 이 함대는 강력한 태풍을 맞닥뜨렸고, 장마철이 곧 다가오고 있었기에 더 이상의 항해가 힘든 상황이 되었다.[18]

정성공의 함대는 영파 주변의 여러 지역과 마을을 습격하기 전에 주산군도에서 전열을 재정비하였다. 그가 하문을 출발하여 이번 습격 때까지, 주둔하고 있던 청나라 군대는 정성공 군대와 실제로 교전을 벌이지 않았다. 공격이 시작된 후에도 전투의 규모는 매우 작았다. 정성공이 섬 안에 있는 지방 도시 상산象山을 포위하자, 그 지방 신사는 대표를 보내 정성공과 협상하여 그의 무역 사업에 협력할 것을 약속했다. 그래서 그는 이 지방 도시를 공격하지 않았다.[19] 양측 모두 전쟁보다 무역을 더 중요하게 여겼던 것이다. 이후 10월에 정성공의 군대는 또 온주부와 대주부臺州府를 점령했다.[20] 청나라 정찰병의 보고에 따르면, 정성공의 병사들은 대체로 성벽 안에 수비대를 두는 예방 조치를 취한 후, 마을 간에 평화롭게 무역을 하고 있었다고 한다.[21] 삼반도는 모든 병력의 식량을 저장하는 기지로 사용되었다. 주산군도는 일본 무역의 거점으로 변모했고, 사정沙埕항은 하문과의 통신을 유지하기 위해 활용되었다. 네덜란드 소식통에 따르면, "정성공은 절강의 두 도시를 점령하였고, 남경성으로 진격할 계획이었다"라고 하였다.[22] 그는 1657년 10월부터 1658년 5월까지 온주와 사정에 거주하면서 청나라 군대와 휴전을 유지했다.[23] 12월과 1월에 그는 각종 다양한 종류의 비단 제품과 설탕을 실은 5척의 큰 선박을 일본으로 파견하였는데, 그 가치가 총 27만 테일에 달하였다.[24] 비단의 가치가 20만 테일로 추정되었기 때문에, 네덜란드 상관장인 자카리아스 바게나르Zacharias Wagenaer는 이 경쟁으로 인해 벵골 비단의 수익이 감소하지 않을까 걱정하기 시작했다.[25] 1659년 5월 13일, 정성공은 모든 함대와 병력을 온주 해안에 집결시켰다. 남쪽으로부터 계절풍이 불어오자 그는 북벌 계획을 계속 진행했다.[26] 앞서 4월 11일, 일본 막부로부터 거절을 받았던 정성공은 숭명도에 일본군을 주둔시키려 했던 당초 계획을 포기하고, 대신 최정예 병력과 그 가족들을 그곳에 주둔시키기로 했다. 따라서 정성공은 그 휘하의 대장들과 병사들에게 이 원정에 배우자를 데리고 와야 한다는 이례적인 명령을 내렸다.[27] 그는 북쪽으로 이동하면서, 계절풍이 부는 시기에 또 10척의 선박을 일본으로 파견했다. 네덜란드 기록에 따르면, 이 10척의 선박들은 총 641.2피쿨의 생사를 수출했는데, 이는 한 분기 운수량의 2/3에 해당하는 양이었다.[28] 이 시기에 중국의 생사 수출은 분명 정점에 도달했을 것이다. 왜냐하면 청나라 주력 부대가 호남성에서 운남성으로 진군하여 강남지역은 청나라 군대의 지배에서 멀리 벗어나 있었기 때문이었다.

정성공은 청나라 군대의 소송제독蘇松提督 마진보馬進寶와 비밀리에 접촉하고 있었기 때문에, 숭명도를 점령하면 남경지역, 더 정확히 말하면 강남지역을 장악할 수 있을 것이라 확신했다. 1659년 7월 7일 그의 함대

선봉이 숭명도의 정박지에 정박했을 때, 그는 즉시 다음과 같이 선언하였다. '숭명도와 그 주변 섬들은 하문만큼 중요한 우리의 진정한 기지가 될 것이며, 우리는 가족들을 이곳으로 데려와 살게 할 것이다. 군대는 이곳 주민들과 잘 지내야 한다. 이 지역의 사람들을 괴롭히는 자는 누구든지 사형에 처할 것이다.'[29]

다음날 정성공은 소송제독 마진보에게 전령을 보냈지만, 마진보는 정성공과의 합류를 주저하면서 정성공의 병사가 남경성에 접근하면 도움을 주겠다는 답변만 보냈다.[30] 정성공은 숭명도를 무역 기지로 확보하려 했기 때문에, 그는 전면적인 공격 대신 수비군을 겁줘서 항복하도록 하였다. 그는 자신의 함대로 10만 명에 달하는 대군을 이끌고 왔기 때문에, 성공하지 못할 것이라는 걱정은 전혀 하지 않았다. 9월 말부터 남쪽 계절풍이 시작될 것이라 예상되어 시간이 매우 촉박했다. 만약 청 조정으로부터 일정한 정치적 양보를 얻어내지 못하면, 선택의 여지 없이 남쪽으로 돌아갈 수밖에 없었기 때문이었다. 숭명도는 북풍이 강할 때에는 방어하기 어렵고, 보급 루트도 약해져 청나라 군대의 공격을 막을 방법이 거의 없었다. 정성공은 두 달 내에 청 조정을 협상 테이블로 복귀시키는 것이 유일한 합리적인 선택이었기에, 그는 마진보 제독의 말을 믿기로 결정하고 함대를 상류로 향하도록 명령했다.

숭명도에서 양자강으로 진입하면 남경까지의 거리는 약 380킬로미터이다. 270킬로미터 거슬러 올라가면 남경 침공의 결정적인 출발점으로 여겨지는 진강鎭江이 있다. 8월 10일, 정성공은 이 도시 앞에서 수비대를 격파했다.[31] 그의 함대는 8월 25일 마침내 남경성 외곽에 정박했고, 나흘 후 그는 북쪽과 서쪽의 장강 연안을 포위 공격하기 시작했다.

남경성의 동쪽은 산지가 많았지만 남쪽은 여전히 통행할 수 있었다. 정성공의 군대가 성벽을 치고 올라가고자 했다면 이 남경성은 바로 정성공의 것이 되었겠지만, 정성공은 여전히 성의 남쪽을 봉쇄하기 위해 마진보 제독의 지원을 기다리고 있었다. 그는 9월 4일에 마진보 제독에게 사자를 보냈고, 9월 8일부터 북쪽 성문을 포격할 계획이었다.[32] 불행히도 청나라 기병대가 포격이 시작되기도 전에 진지를 돌파하여 정성공의 포위 전선에 틈을 만들었다. 청나라 기병은 3,000명도 되지 않았기 때문에 정성공은 그들을 들판으로 유인하여 단번에 섬멸하기로 했다. 정성공은 전군을 양자강 강변 언덕에 4곳으로 분산 배치하여 광활한 들판에서 청나라 기병대와 맞섰다. 하지만 노련한 청나라 군대는 진영의 중앙으로 돌진하는 실수를 범하지 않고 우회하여 오른쪽 측면을 공격하였다. 중무장한 정성공의 병사들은 그 이동 속도가 너무 느려, 청나라 기병대의 측면 공격을 막을 수 없었다. 결국 측면은 기병의 공격을 받아 무너졌다. 정성공의 최정예 병사들과 지휘관 대부분이 이 전투에서 전사했다. 9월 13일, 정성공은 전 함대를 이끌고 후퇴하기로 하였고, 도중에 생존자들을 데리고 나왔다. 그의 최대 관심사는 당시에 하류로 항해하던 청나라 병선의 공격으로부터 병사들의 가족을 보호하는 것이었다.[33] 6일 후 숭명도에 도착한 그는 다시 마진보 제독에게 사자를 보내 청 조정과의 협상 중재를 요청했다.[34] 25일, 정성공은 숭명도를 공격하려는 당초 계획을 재개했지만, 바로 하루 뒤에 마진보 제독은 정성공에게 사자를 파견해 공격을 중단하도록 요청하였다. 이렇게 해야만 청 황제에게 평화 회담을 상주할 수 있다고 하였다. 정성공은 이에 동의하고 그의 함대를 이끌고 온주 해안으로 남하하였다.[35]

정성공의 숭명도 점령 계획은 무산되었지만, 중일 무역은 이번 전투의 영향을 받지 않고 계속 확대되었다. 대만 장관 프레데릭 코예트의 보고서에 따르면, 중국의 무역로는 아무런 방해도 받지 않았다고 밝히고 있다. "육로는 매우 안전하고 최근 적대 행위도 이미 중단되었기에, 정성공에게 유리한 조건으로 평화가 제공되고 있다. 그는 현재 청 조정과의 협상을 위해 남경 앞바다의 주산도에 머물고 있다"라고 하였다.[36]

〈표 12-1〉 중국과 네덜란드의 일본 은 수출 및 일본의 중국 생사 수출량

연도	중국선박이 수출한 은* (관, *kanme*)	네덜란드가 수출한 은* (관, *kanme*)	중국선박이 일본으로 수출한 중국생사(피쿨)
1650	6,828	3,940	963[37]
1651	4,749	4,896	937.75[38]
1652	5,687	5,719	881.5[39]
1653	3,517	6,191	719[40]
1654	8,181	3,848	1,400[41]
1655	4,655	4,002	1,401[42]
1656	5,241	6,190	1,900[43]
1657	2,450	7,562	1,120[44]
1658	11,029	5,640	1,360[45]
1659	19,401	5,960	2,247[46]
1660	20,151	4,269	1,988[47]
1661	25,769	5,544	–
1662	12,943	5,960	–
1663	5,411	3,672	–

출처 : *폰 글란(Von Glahn), 행운의 샘(*Fountain of Fortune*), 227쪽, Table 21.

위의 〈표 12-1〉에서 드러나듯이, 정성공이 남경성에서 패배했음에도 불구하고 중국과 일본의 은-비단 무역의 동력은 여전히 쇠락하지 않았다. 게다가 정성공은 퇴각하는 동안에 원래 북경에 세금을 지불하기 위해 모아두었던 쌀과 식량을 대량으로 노획하였다.[48] 따라서 그가 함대

와 군대를 이끌고 온주로 갔을 때, 이전에 했던 것처럼 쌀을 징수하기 위해 함대를 다시 조주로 보낼 필요가 없었다. 그는 순치제와 평화 교섭을 위해 대표단을 파견했기 때문에 무역도 어느 정도 용인되었다. 1658년 정성공은 하문 대신 온주에 거주하기로 결정했고, 더 이상 광동 해안을 순찰하기 위해 장비를 갖춘 함대를 파견하지 않아도 되었다. 같은 해 청나라 황제는 광동의 평남왕平南王 상가희尙可喜에게 광서성에 있는 영력제에 충성하는 명나라 군대를 공격하라고 명령했다. 이는 정성공 군대가 숨통을 틔울 수 있는 공간을 제공한 계기가 되었다. 네덜란드 문건에 따르면, 정성공이 북쪽으로 이동한 이유는 "광동 인근 남오도 주변의 해적들을 통제할 수 없었기 때문"이라고 기록되어 있다.[49] 정성공의 주력 부대가 북방 원정에 나서고 광동 연안을 떠나 있을 때, 평남왕은 1657년에서 1659년까지 조주 지역여러 항구에 분산 배치된 수군을 구축하였다.[50] 네덜란드인 역시 광동 연해에서 조선업이 활발하게 이루어지고 있음을 목격했다.[51] 비록 소리 휘하의 수군은 청나라의 지휘하에 있었지만, 남오섬과 하문에 있는 정성공의 부대와 계속 연락을 주고받았다. 예를 들어, 1657년 5월 하정빈何廷斌이 하문에 있을 때, 그는 그곳에서 광동에서 막 하문에 도착한 4척의 선박들로부터 얻은 광동의 정황을 알려줬다.[52] 또 한 번은 1658년 여름, 태풍에 강타당한 선박 1척이 마카오로 밀려 들어왔다. 청나라 해안 방어 함대에 억류되어 있던 선주는 다른선박이 광주 해안에 이르기 전에 풀려났다. 그래서 "이 선주는 우여곡절 끝에 정성공과 합류하였다".[53] 이밖에 온갖 중국 상품을 실은 광동의 대형 선박이 1659년 봄에 하문의 선박과 함께 조호르Johor를 방문했다.[54] 1659년 7월, 일본에 왔던 광동의 선박도 하문에 먼저 정박했다.[55] 이 2

척의 선박은 실제로 평남왕이 마닐라, 시암, 일본으로 파견한 함대의 일부였다.[56] 정성공과 소리 또는 평남왕 사이에 어떤 합의가 있었든, 정성공이 남경 원정길에 떠나 있는 동안 광동 무역이 회복된 것은 부인할 수 없다.

마카오에 거주하고 있는 포르투갈인들의 오랜 경쟁자였던 네덜란드인들도 1653년과 1655년에 광동의 청나라 당국과 접촉하기 위해 사절을 파견했다.[57] 1652년 네덜란드와 포르투갈 간의 휴전 종식은 네덜란드가 광동의 청나라 당국과의 접촉을 촉발하였다. 휴전 제약에서 벗어난 네덜란드인들은 아시아에 있는 포르투갈 식민지를 다시 공격하기 시작했다. 광동의 청나라 당국은 1655년에 도착한 네덜란드 특사를 조공사절단으로 맞이하기로 했다. 특사인 피터르 더 호이저Pieter de Goijer와 야콥 더 케이저Jacob de Keijser는 1656년 7월 17일 북경에 도착했다.[58] 순치제의 공식 답신을 받고 광동으로 돌아오기 전, 평남왕은 이들에게 캄보디아에서 무역할 수 있는 통행증을 발급해 달라고 요청했다. 이 통행증을 지니고 파견된 선박은 화물을 가득 싣고 광주로 돌아왔다. 이때, 등나무, 백단향, 가오리 가죽, 사슴가죽을 가득 실은 캄보디아 왕의 또다른 선박 1척도 함께 왔다.[59] 이듬해 캄보디아 왕은 후추, 벤조인, 옻칠 게멜락을 실은 또 다른 대형 선박 1척을 광동으로 보냈다.[60]

한편 1654년 영-네덜란드 전쟁이 끝나면서 네덜란드는 영국이 동남아와 중국 무역에 참여하는 것을 막을 권리가 없어졌다. 1657년 반탐자바, 수라트인도, 영국에서 각각 출항한 3척의 영국 선박이 마카오를 방문하여, 평남왕 휘하의 중국 상인들의 중개로 상호 무역을 시작했다.[61] 1659년에는 또 다른 영국 선박 2척이 광주를 방문했지만 그 어떤 무역

도 하지 않고 떠났고, 포르투갈의 소형 선박 13척이 마카사르인도네시아술
라웨시섬, 시암, 캄보디아에서 마카오로 상품을 가져왔다. 평남왕은 철권
통치로 광주 무역을 통제하여, 지역 주민들이 외국 선박과 교역하는 것
을 막았는데, 이는 그가 소유한 선박의 선주들에게만 이 특권을 부여한
것이었다.[62] 시암 왕이 광주로 파견한 조공 선박들도 이 독점 정책의 희
생양이 되었다. 조공 선박의 선원들은 3년 동안 광주에 억류되었다가
1660년 1월이 되어서야 빈손으로 시암으로 돌아왔다.[63]

마카오 무역에 관심을 보인 또 다른 당사자는 스페인 식민지인 마닐
라였다. 1659년 마닐라의 스페인 상인들은 비단과 철제 냄비와 같은 전
형적인 중국 상품을 실은 쾌속선 1척을 마카오로 파견하였다.[64] 그 후
이 선박은 선원들이 마카오로 가져갈 후추를 구하기 위해 조호르 남쪽
으로 항해를 계속했다. 한편 청 황제는 1655년 네덜란드가 사절단을 보
내 '조공'을 받친 후 제안한 자유무역 요청을 거절했다. 황제는 그들에
게 광주에서 자유 무역을 허용하지 않고 그 대신 8년마다 한 차례 조공
을 허용했다. 이로써 네덜란드인들은 광동 무역에서 불리한 위치에 빠
지게 되었다. 스페인 상인인 호안 베르구에세Joan Verguesse는 마카오를
떠나 마닐라로 되돌아오는 허가를 얻어 1659년 1월 조호르를 다시 방
문했다.[65] 광동의 평남왕도 이 무역에 참여하려는 열의를 보이자, 상황
은 더욱 악화되었다.

2. 네덜란드 동인도 회사와 득실을 따지다 1660~1662년

이러한 배경에서 네덜란드 동인도회사와 정성공은 추가 협상을 시작했다. 대만에 대한 금지령이 해제되자, 정성공은 1658년 2월 7일에 요안 마차위커르Joan Maetsuijcker 총독에게 편지를 보냈다. 이 서한에서 정성공은 통역관 하정빈이 대만 총독 프레데릭 코예트가 중국 선박을 나포한 선장들을 체포했고, 동인도회사가 18만 테일의 보상금을 지급할 것을 보증했다고 자신에게 알려주었기 때문에, 금지령 해제에 동의한다고 강조했다.[66] 정성공은 또 마차위커르가 자신에게 보낸 선물에 감사를 표하기 위해 바타비아로 3척의 선박을 보냈다. 그러나 30개의 금괴, 약간의 금실, 거친 도자기, 그리고 일본산 구리 막대를 실은 선박 2척만이 도착한 것으로 보인다.[67] 정성공이 바타비아의 중국 선장 또는 우두머리를 통해 보낸 편지의 내용은 마차위커르에게 보낸 편지의 내용과 같았지만, 이번에는 보상금으로 18만 테일이 아닌 20만 테일을 요구했다. 그는 또한 편지 끝에 한 줄을 추가하여 네덜란드가 약속을 지키지 않으면, "나 정성공은 다시는 대만과 바타비아에 선박을 보내지 않을 것이다. 게다가 나는 네덜란드가 더 이상 무역 파트너로 삼을 가치가 없는 사악한 민족임을 알리는 편지를 사방에 보낼 것이다"라고 적었다.[68]

정성공의 선박은 1658년 6월 8일 바타비아에서 출발할 때 후추 3,323피쿨을 실었다.[69] 그들은 네덜란드 선장이 처벌을 받았음에도 불구하고, 정성공이 요구한 보상이 과도하다고 주장하는 내용이 담긴 마차위커르 총독의 서한도 가지고 있었다. 그는 이 기회를 이용하여 네덜란드인들이 이전에 중국과의 자유 무역 권리를 얻기 위해 무력을 사용해야 했다는 점을 지적하였다.

각하께서 중국 해안의 이전 역사 기록을 검토하신다면 그 증거를 찾을 수 있을 것입니다. 각하께서는 우리가 60년 동안 중국이 다른 나라에 허용한 것처럼 중국과 자유 무역을 하기 위해 모든 수단을 동원했다는 사실을 알게 될 것입니다. 모든 문명인은 누릴 권리가 있는데 (중국인들은) 우리가 누릴 권리를 거절하고 있습니다. 따라서 우리는 부득불 중국인들에게 큰 상처와 깊은 불명예를 안겨주지 않을 수 없습니다. 정직한 상인으로서 우리는 다른 사람에게 해를 끼치지 않을 것이며, 다른 사람에게 잘못을 저지르거나 해를 입는 것을 좋아하지도 않습니다. 그렇기 때문에 우리는 중국 당국과의 우호적인 대화가 효과적이지 않다는 사실을 알게 되었을 때, 더 나은 이해를 얻기 위해 한 치의 망설임도 없이 무기를 압수했습니다. 몇 번의 승리와 패배 끝에 결국 당국과 합의 또는 계약이 이루어졌습니다. 그래서 우리는 적대 행위를 중단하고 대만과 바타비아에서, 중국의 모든 항구에서 (모든 선박들이) 자유 무역을 누렸습니다. 이것은 우리의 기록에서 반복적으로 확인되는 바입니다.[70]

마차위커르는 정성공이 대만과 바타비아 무역을 금지한 것은 이 '협정'을 위반한 것이기에, 네덜란드인은 필요하다면 그에 대항하여 무기를 사용할 권리가 있다고 여겼다. 그는 다음과 같이 말했다.

각하께서 명엄明嚴과 이관二官에게 보낸 편지에서 위협하신 것처럼, 당신의 주장을 고집하여 모든 국가와 사람들에게 우리가 악한 사람임을 알리고 또 우리를 보이콧하기를 원하신다면, 우리는 우리대로 그것을 충분히 고려할 것입니다. 각하께서는 우리가 보복하고 각하의 해외 무역을 방해할 수 있는 수단이 많다는 것도 아셔야 합니다.[71]

2척의 중국 선박은 7월에 무사히 하문으로 돌아왔다.[72] 대만의 네덜란드인들은 1660년까지 이 문제에 대한 회신을 받지 못했지만, 그럼에도 불구하고 위의 표에서 볼 수 있듯이 1659년 여름 이전까지 중국산 금을 지속적으로 공급받을 수 있었다. 표면적으로 볼 때 분쟁은 일시적으로 보류되었다. 이런 상황이 벌어지는 동안에도 하문 상인들은 코예트 총독이 발급한 통행증을 지니고 수마트라의 후추 해안에서 자유롭게 무역을 했다. 또 그들은 1658년에 수익성이 높은 또 다른 상품인 주석을 구매하기 위해 리고르에 3척의 선박을 파견했다.[73] 영국 선박이 하문을 방문했을 때 그곳 상인들은 영국인들을 환영했다.[74] 이제 동방 무역에서 자유로워진 영국 상인들은 하문과 광주에서 후추를 판매하려고 했다.

사실 금 거래는 표에서 보는 것처럼 순조롭게 진행되지는 않았다. 중국 금값이 상승하고 있었기 때문에, 하문 상인들은 금을 넘겨주기보다는 은으로 대만에 지불하는 것을 선호했다. 따라서 코예트 총독과 대만 평의회는 1658년 봄 이후 중국으로부터의 은 수입을 금지하기로 결정했다.[75] 더 높은 가격으로 황금을 판매하기 위해, 하문 상인들은 1659년 봄에 조호르와 말라카에 각각 선박 1척씩 보냈다. 대만에서 금은 1테일당 은 12.5테일에 거래될 수 있었는데, 말라카에서는 14테일에 거래되었다. 또 다른 유혹 요인은 중국 상인들이 말라카의 코로만델인도 ^{벵골만} 출신의 무슬림 상인들을 만날 수 있다는 점이었다. 이들 무슬림 상인들은 금 구매에 15.5테일까지 지불하여 구매할 의향이 있었다. 결국 그들은 말라카에서 네덜란드인들에게 금을 $97\frac{1}{4}$ 리알3,636.8길더에 팔았지만 코로만델 상인들에게는 28리알1,050길더에 팔았다.[76]

이제 코로만델의 무슬림 상인들도 중국, 포르투갈, 스페인, 영국의 경쟁자 대열에 합류하였고, 또 동남아시아와의 면직물 무역을 점차 확장하느라 바빴다. 그들은 1655년 테나세림Tenasserim, 현재의 미얀마 타닌타리을 경유해 시암으로 값싼 면화를 수출했고,[77] 같은 경로로 마칠리파트남Machilipatnam, 인도 안드라프라데시주 중부에 위치한 항구 도시과 벵골에서도 계속 수출했다.[78] 1659년에 그들은 심지어 잠비Jambi와 케다Kedah에서도 나타났다.[79]

시암의 나라이Narai 왕도 마찬가지로 시암 국경의 두 위협 세력에 맞서 싸우는 데 필요한 군대의 자금을 마련하기 위해 왕실 무역을 확보하고자 갈망했다. 1659년 광남의 캄보디아 침공으로 인해 시암 왕은 자신의 영토를 지키기 위해 10만 명의 군인을 동쪽 국경으로 보내야 했고,[80] 또 영력제를 쫓아 미얀마 깊숙이 들어온 청나라 군대에 맞서기 위해 1660년 6만 명의 군인을 북쪽 국경으로 보내야만 했다.[81] 중국 및 일본과의 왕실 무역이 그다지 순조롭게 진행되지 않는 것에 실망한 나라이 왕은 1659년에 사슴가죽과 소가죽을 구매할 수 있는 독점권을 달라는 네덜란드의 요청을 승인했다.[82] 시암 왕은 중국 선박과 일본 거류지의 창고에서 모든 사슴가죽과 소가죽을 아무런 경고 없이 몰수하도록 명령하고, 압수한 가죽에 대해 중국인이 현지인으로부터 구입한 것과 동일한 가격으로 네덜란드인들에게 팔았다.[83] 이제 사슴가죽 경쟁에서 밀려난 중국 상인들은 새로운 기회를 포착하고, 점차적으로 인도 무슬림 상인들과 새로운 사업 관계를 열었다. 심지어 이듬해에 22명으로 구성된 무슬림 상인들은 중국의 선박을 타고 시암에서 일본으로 가기도 했다.

그들은 테나세림^{미얀마}을 통해 수입된 벵골 면직물을 나가사키 시장으로 가져왔는데, 이는 네덜란드 상인들보다 한발 앞선 것이다.[84]

일본의 수석 상무원인 부첼용은 정성공 휘하의 중국 상인들이 일본 무역에서 코로만델 무슬림 상인들과 더 큰 규모의 협력을 계획하고 있다고 주장했다.

> 시암에서 온 중국 선박들의 무역이 해마다 증가하기 시작하여, 회사의 품위 있는 무역을 방해하고 있습니다. 그들은 하인을 거느리고 큰 집에서 호화롭게 살고 있으며, 또 일본인을 고용해 일을 시키고 있습니다. 그들은 갖가지 종류의 옷감과 벵골 비단의 일부를 즉시 이곳으로 가져올 것처럼 말입니다.[85]

부첼용은 코로만델의 동료 로렌스 피트^{Laurens Pitt}에게도 자신의 우려를 털어놓았다.

> 올해 우리에게 흰 면직물을 더 많이 제공받지 못한 것은 유감스러운 일입니다. 그렇지 않았다면 우리는 더 많은 수익을 올릴 수 있었을 것입니다. …… 이제 무슬림들은 중국 선박을 타고 시암에서 상당한 양을 가져왔습니다. …… 이 사람들이 많은 이윤을 공유했습니다. 이제 성공의 단맛을 보았으니 벵골과 코로만델의 면직물 그리고 다른 지역의 비단 및 기타 상품을 즉시 수입할까 봐 두렵습니다. 이러한 과중한 부담으로 인해 회사는 수출 가격을 낮추어야 할 것입니다.[86]

정성공과 그의 상인들은 시암을 경유 항구로 삼아서 중국 금, 벵골 비단, 일본 은의 삼각 무역을 시작하려는 계획을 세웠는데, 동인도회사도 말라카를 경유하는 삼각 무역을 진행했다. 일본 에도 막부와 시암 왕이 중국 선박이 자국 항구 사이를 항해한다는 생각에 힘을 실어준다면, 동인도회사는 이 계획을 저지할 수단이 없을 것이다. 이 계획이 성공한다면 중국의 금 수출은 더 이상 대만으로 흘러들어가지 않고 시암이나 후추 해안으로 직접 전달되어 인도 무슬림 상인들의 손에 들어가게 될 것이다.

정성공이 금의 흐름을 대만에서 시암이나 수마트라 주변의 후추 해안으로 옮기기로 했다 하더라도, 그가 원하는 대로 모든 것을 가질 수는 없었을 것이다. 네덜란드는 마카오를 점령해 중국의 금 공급원을 확보할 때까지 정성공에게 대만에 금 공급을 유지하도록 모든 힘을 다했을 것이다. 네덜란드가 마카오를 점령하면 정성공의 직접적인 경쟁자가 될 수 있었기 때문에, 대만에 있는 네덜란드 기지는 정성공에게 있어 잠재적인 가시가 되었다. 어쨌든 하문과 대만 간의 금과 후추 거래가 없었다면 정성공과 네덜란드의 동맹은 의미가 없게 되었을 것이고 전쟁도 피할 수 없었을 것이다. 머지않아 정성공이나 동인도회사 중 한쪽이 상대방에 대해 먼저 조치를 취했을 것이다.

중국의 한 기록에 따르면, 정성공의 대표단이 1660년 1월 남경에서 돌아와 청 조정이 평화 회담 요청을 거절했다는 보고를 하자, 정성공은 대만을 공격하자는 제안을 했다고 한다.[87] 네덜란드의 한 기록에 따르면, 정성공은 1660년 12월 대만 주변 어장에서 일부 어부들로 하여금 어업 조세포괄 구역 경영에 참여하도록 주선했다고 한다. 이는 대만 남서해안 침공에 대비하여 비밀리에 어항을 장악하기 위한 책략이었다.[88] 그는 기다리는 동안 모든 중국 선박을 하문으로 돌려보내라고 명령했다, 이는 아마도 동인도회사가 보복 행동을 전개한 이후에 남중국해에서 자신의 선박에 대한 피해를 줄이기 위함이었을 것이다.[89] 대만의 네덜란드 당국은 정성공이 1660년 3월 10일에 대만을 침공할 계획을 세웠고, 거의 같은 시기에 바타비아에 긴급 메시지를 보냈다고 믿었다.[90]

1659년 8월 25일, 순치제는 청나라 기병 1만 명을 복건으로 파견했고, 이들은 1660년 3월 2일 마침내 복주에 도착했다.[91] 순치제의 신중한 조치로 인해 정성공은 대만에 대한 계획을 당분간 연기해야 했다. 4월, 안남의 청나라 군 총사령관 달소達素는 천주에 도착해 모든 병선을 정비하기 시작했다.[92] 정성공은 대만을 기습할 최고의 기회가 지나갔다고 판단했다. 네덜란드가 자신의 준비를 선전포고로 이해하면 청나라 군대와 네덜란드 군대를 상대로 동시에 전쟁을 벌여야 했기 때문이다. 1660년 5월 25일, 네덜란드의 오랜 무역 파트너였던 홍욱은 코예트 총독에게 정성공의 침략 계획에 대한 모든 소문이 거짓이며 "정성공은 동인도 회사를 상대로 모험을 벌일 생각을 한 적이 없다"라는 내용의 편지를 대만에 보냈다.[93] 이는 아마도 정성공의 지시였을 것이다. 한편 정성공은 군대를 재편하고 사기를 높이는 데 여념이 없었다.[94] 1660년 5월까지 그는 방어에 최선을 다했다. 그는 청나라 군대가 대형 선박이 부족하기 때문에 작은 배에 기병대를 태우고 하문 해안을 습격할 것이라 확신했다. 따라서 1660년 5월 11일, 그는 모든 군인과 관리의 가족에게 금문으로 이주할 것을 선포했다.[95] 그는 자신의 우수한 대형 선박을 활용하여 바다에서 청나라 군대를 격파하기로 했다. 청나라 군대는 1660년 6월 19일 아침, 북쪽과 서쪽에서 하문과 장주만 사이의 가장 좁은 해협을 건너기 위해 출항했다. 정성공의 전략은 매우 효과적이었다. 청나라 기병대의 소형 함선은 정성공의 대형 함대가 쏟아붓는 포화를 뚫지 못해 해안에 접근하지 못하였다.[96] 이 해전에서 정성공은 큰 승리를 거두었는데, 전하는 바에 따르면 양측 병사 1만여 명 이상이 전사했고, 그중 3분의 2 이상이 청나라 병사였다고 한다.[97] 이 패배 후 청나라 장군은 남은 기병대를 이끌고 복주로 가서 11월에 북경으로 돌아갔다. 복건 당국은 청 해안 방위군의 모든 선박이 나포될 것을 우려해 해변에 정박하기로 결정했고, 정성공은 1660년 10월 6일 이후 민간인들의 하문 귀환을 허용했다.[98] 금문에서 가장 큰 위협은 청나라 제독 소리가 지휘하는 조주의 수군이었다. 제독 소리는 1659년 복건 총독으로부터 병선을 보내라는 명령을 받았지만, 정성공의 군대로부터 평남왕을 지키기 위해 남오에는 배가 필요하다는 핑계를 대며 금문 주변에 나타나지 않았다.[99]

네덜란드 측에서는 바타비아의 고위 행정당국이 1660년 7월 6일 12척의 배와 600명의 군인으로 구성된 함대를 대만으로 파견하기로 했다.[100] 그러나 네덜란드가 1658년 순치제로부터 공식적인 회신을 받은 이후, 어떠한 대가를 치르더라도 대만을 중국 무역의 거점으로 유지해야 하는지에 대한 의문이 쟁점으로 부상했다. 바타비아 당국은 17명의 이사회에 이 사실을 보고했다.

우리는 마카오를 점령하는 것이 북부지역[중국과 일본]에서 평화무역을 하는 것보다 더 중요한지 신중하게 고려해야 합니다. 중국과의 무역이 허용되더라도 많은 장애에 직면하게 될 것입니다. 이러한 문제를 없애기 위해서는 포르투갈이 점령하고 있는 마카오와 우리가 있는 대만과 같은 가까운 곳을 점령하여 무역을 전개해야 합니다. …… 마카오보다 더 적합한 곳은 없다고 생각합니다. 회사는 대만에서의 사업을 축소해야 하며, 무역이 더 좋아지지 않

는다면 그곳에서 철수해야 합니다. 회사는 어떤 식으로든 대만을 떠나야 할 것입니다.[101]

마차위커르 총독과 의회는 대만에 함대를 파견하기로 결의하면서도 마카오를 공격하는 것을 선호한다는 의사를 밝혔다.

우리 이사회[이사회 17인]의 서신에 따르면, 회사가 가진 모든 무력을 가지고 가능한 한 빨리 회사 무역에 가장 큰 장애를 일으키는 우리의 적 포르투갈인에게 가능한 많은 피해를 입혀야 한다. 그리고 포르투갈인이 거주하는 마카오가 만주인이나 중국인이 그들의 하인을 통해 회사를 의심하여 중화제국과 회사와의 무역을 방해하는 원인을 제공하는 곳이 되지 않도록 해야 한다.[102]

요컨대, 북쪽 계절풍이 불기 시작한 후 고위 행정 당국은 대만에서 마카오를 공격하도록 함대에 명령을 내렸다.[103] 이 함대의 사령관 얀 판 데르 란Jan van der laan은 코로만델 해안에서 포르투갈 군대와 전투를 치른 경험이 있었다. 그의 부관은 1656~1657년 북경 주재 조공 사절단에서 특사를 지낸 야콥 더 케이저였다.[104] 얀 판 데르 란의 임무는 포르투갈을 물리치고 마카오를 점령하거나 파괴하는 것이었고, 드 케이저의 임무는 평남왕에게 네덜란드가 포르투갈의 후계자로서 순치제가 필요로 하는 모든 것을 충족시킬 수 있는 적임자라고 설득하는 것이었다.[105]

함대는 1660년 7월 17일에 출발해 9월 19일에 대만에 도착했다.[106] 함대는 10월에 마카오를 공격할 준비를 했지만, 코예트 총독과 대만 평의회는 함대가 대만과 팽호군도 주변에 머물러야 한다고 주장했다. 얀 판 데르 란과 코예트 사이에 발생한 불화를 해결하기 위해, 다소 천진한 조치로서, 정성공이 정말로 대만을 공격할 계획이 있는지 물어보기 위해 두 명의 대표단을 3척의 배와 함께 하문에 보냈다.[107] 청나라 군대에 대한 승리의 결실을 즐기고 있던 정성공은 대만 공격 계획을 세우는 것을 단호하게 부인했지만, 코예트는 이 답장을 받은 후에도 함대의 마카오 항해를 허가하지 않았다. 얀 판 데르 란이 마카오 원정을 포기하고 1661년 2월 27일 대만을 출발해 바타비아로 돌아갔을 때, 지원 함대 10척 중 6척은 이미 다른 임무를 수행하기 위해 떠난 상태였다.[108]

이는 정성공이 다시 대만을 침공할 계획을 세운 시기와 거의 일치한다.[109] 1660년 12월, 그는 쌀을 구입하거나 징수하기 위해 최정예 병력을 조주지역에 파견했다. 1658년 초여름에 무역 기지를 절강 해안의 대주로 옮긴 후로 강남 원정을 준비하기 시작했을 때부터 남오섬에 있던 정성공의 군대는 조주에 주둔하고 있던 소리의 수군과 휴전 상태를 유지하고 있었다. 휴전 중에도 하문 상인들은 이 지역에서 쌀을 자주 구매했고, 정성공은 1659년 소리가 해외 무역을 할 수 있도록 약간의 여유를 줬던 것 같다. 하지만 끔찍한 일이 기다리고 있었다. 청의 관료는 휴전을 틈타 용강의 요새 주변에 지상군을 집결시켰고, 이를 통해 조양과 게양지역에 대한 지배력을 확대할 수 있었다. 정성공의 군대는 1657년 이후 게양에 접근하지 않았다. 1660년 겨울, 조주의 청 관료들은 정성공 군대가 성벽 안쪽의 식량창고로 접근하지 못하도록 막는 데 성공했다.[110] 조주지역에서 쌀을 안정적으로 공급받지 못하여 정성공과 그의 조정은 식량 부족의 위험에 처하게 되었다.

휘하 모든 장군들이 대만 침공을 꺼려했지만 정성공은 자신의 계획을 실행해야 한다고 고집했다.[111] 그는 일부 장군들의 충성심이 의심스러운 조주지역에서 더 이상 패배를 당할 여유가 없었다.[112] 실패하면 식량 공급이 끊기고 관원과 군대를 유지할 수단이 사라지게 되었다. 병력이 줄어들게 되면 소리의 수군은 해상을 통해 하문과 금문을 쉽게 공격할 수 있었을 것이다. 정성공이 병사들의 가족과 재산의 안전을 더 이상 보장할 수 없다면 결국 군대 전체가 무너질 것이다. 정성공이 대만을 공격한다고 해서 충분한 보급품이 보장되는 것은 아니었다. 하지만 네덜란드에 패배하더라도 적어도 병사들이 중국 본토로부터 멀리 떨어지게 하여 청나라 군대에 투항하는 것을 막을 수 있었다.

공격을 결정한 정성공은 1661년 4월 21일 3만 명의 병사를 태운 300척의 선박을 이끌고 금문에서 출항해 4월 30일 대만 해안에 상륙했다. 9개월에 걸친 긴 포위 공격이 이어졌다. 1662년 2월 1일, 프레데릭 코예트 총독은 정성공에게 항복하고 대포, 소총, 화약, 식량 및 1,200,000길더에 달하는 상품과 현금 모두를 양도했다.[113] 이 승리는 막대한 대가를 치렀는데, 정성공의 병사 다수가 병들고 굶어 죽었기 때문이다.[114] 예상대로 남오에 있던 정성공의 주둔군은 1662년 4월 또는 5월에 청나라 군대에 항복했다.[115] 정성공 자신도 가혹한 생활방식의 희생양이 되었던 것 같다. 정성공은 대만을 점령했지만 1662년 6월 23일, 자신의 해상 사업을 어떻게 영속시킬 것인지에 대한 한마디 말도 남기지 못한 채 갑작스럽게 사망했다.[116] 열정이 목표를 달성하기 위해 끊임없이 누군가를 집요하게 몰아붙이는 집념이라면, 정성공은 해상왕이 되려는 열정에 심하게 시달렸다고 보는 것이 맞을 것이다.

제13장
왕들이 인정한 모든 것들, 1663~1667

1. 대만과 하문 상인의 균열

1662년 2월 1일, 프레데릭 코예트Frederick Coyett 총독은 9개월간의 포위 공격을 견뎌내었지만, 결국 하문과 금문에서 군대를 이끌고 온 정성공에게 대만의 질란디아 요새를 넘겨주었다. 정성공 병력의 주력부대는 서부 해안을 따라 재편성되어 청나라와의 교전에 대비했으며, 청나라 군대가 대만해협을 넘어오는 것을 성공적으로 막아 내었다.[1] 이러한 상황을 현명하게 대처한 정성공은 식량 부족으로 인해 추종자들 사이에서 반란이 일어날 뻔했지만, 자신의 통솔을 위협하는 위기를 해소할 수 있었다. 그는 하문과 금문에 있던 대부분의 부하들을 대만으로 이동시킴으로써, 이 두 항구를 광활한 영토에 새로 세워진 청 제국에 맞서는 전진 기지로 전환할 수 있었다. 그는 이 두 섬을 필요에 따라 점령할 수 있고, 또한 부득이할 때에는 언제든지 버릴 수 있는 국경 지대로 전환시켰다. 청나라 군대가 대만 기지에 접근하기가 어려웠기 때문에, 정성공은 언제든 중국 해안에 대한 전략적 우위를 효과적으로 발휘할 수 있었다. 정성공은 1659년 남경 원정을 통해서, 자신의 군대가 바다와 강이 연결된 지역이라면 어느 곳이든 적을 괴롭힐 수 있는 전략적 능력을 갖추고 있음을 입증하였다.[2] 새롭게 일어난 청나라는 주변국과 전략적 동맹을 맺어 명 제국 전체를 정복하느라 여전히 바빴다. 그래서 청 황제는 정씨 일가가 청에 복종하는 대가로 중국 연안의 무역 독점권과 같은 다양한 특권을 부여하는 것을 배제하지 않았다.[3]

일부 복건 상인들이 수익성이 좋은 일본 무역을 장악하기 위해 대만에서 상관을 잃은 네덜란드인들과 공모하여 음모를 꾸미지 않았다면, 이 문제는 더 간단했을 것이다. 당시 청 왕조의 관할에 있던 하문 상인들은 일본과의 무역이 평소대로 진행될 수 있을 것으로 기대했다. 그들의 동맹인 네덜란드가 청 황제로부터 영구적인 자유무역 특권을 부여받는 대가로 정씨 수군을 격파할 계획을 세우고 있었기 때문이었다.[4] 청 황제가 독자적인 함대를 구축하기 전에 먼저 선제공격을 하여 중국 해안을 지배하는 사람이 되면 그 누구든 정성공의 후계자가 될 수 있고, 또 일본과의 독점 무역으로 풍부한 이득을 차지할 수 있었다. 정성공이 건재하고 있는 한, 그의 뛰어난 군사적 명성 때문에 하문 상인이나 네덜란드인들이 그와 청 황제 사이의 협상에 간섭하는 것은 불가능했다. 그러나 정성공은 1662년 여름 서른아홉 살의 나이로 갑작스럽게 세상을 떠났다. 청 황제와 정성공 사이의 협상이 성공할 것이라고 믿을 수 있는 가장 설득력 있는 이유는, 일관되고 견고한 군사 조직을 구축하려는 황제의 단호한 추진력과 정교한 해상 물류 네트워크를 뒷받침하는 정성공의 지도력이 있었기 때문이었다. 정성공이 죽자 이런 이유는 사라졌다. 정씨 정권의 붕괴가 임박했음을 예고하는 이 소식은 복건과 네덜란드 도전자들에게 중일 무역에서 특권적 지위를 획득할 수 있는 운신의 여지를 어느 정도 제공하였다.

정씨 군대와 그 가족들이 대만으로 이주했을 때 정씨의 상선들은 여전히 하문과 금문 두 섬에 남아있었다. 이 두 섬의 수비 대장은 정태鄭泰로, 그는 정성공 휘하에서 중일 무역을 담당한 세관戶官 관리자였다. 또한 1662년부터 1663년까지 청 조정과의 협상이 진행될 때 수석대표였다. 아버지가 공식적인 유언을 남기지 않고 사망했기 때문에 정성공의 큰아들 정경鄭經은 무력으로 왕위를 계승하기로 했다. 병관兵官 홍욱洪旭과 총병 주전빈周全斌이 그를 지지했고, 이 세 사람은 그해 가을과 겨울 동안 대만에 있던 불만을 품은 군대를 진정시키기 시작했다.

정태는 아마도 청나라 조정과의 협상 내용을 조카인 정경과 자세히 공유하지 않았던 것 같다. 정경은 정태가 뭔가를 숨기는 것이 있다는 것을 감지하고, 그의 신뢰성에 대해 의심을 품기 시작했다. 특히 정태가 그에게 즉시 경의를 표하지 않았기 때문에 더욱 그러하였다.

구체적 상황은 알 수 없지만, 자금이 절실히 필요했던 어린 후계자 정경은 자신의 삼촌인 정태를 제거하고 재산을 몰수하여 자신의 군대에 자금을 조달하기로 했다. 이 사실을 알게 된 정태의 동생 정명준鄭鳴駿은 나머지 일가를 설득해 청나라 왕조에 선박과 무역 자본을 넘겨주었고, 1663년 6월 정명준과 그의 추종자들은 금문을 포기하였다. 정성공의 후계자들이 입은 진정한 피해는, 바로 이 반역자들이 수년간 중일 무역을 전문적으로 운영해온 경험이 풍부한 상인 집단이라는 점과 관련이 있다.[5]

그 결과 정씨 정권 상인들의 통합은 무너졌고 두 개의 반대 세력으로 분열되었다. 청 조정은 새로 확보한 선박들을 사용하여 정경 군대를 하문과 금문에서 몰아내기 위한 원정을 계획했다. 1663년 11월 네덜란드 함대의 도움으로 정경의 함대를 공격했지만, 정경 군대는 교전을 성공적으로 피하고 민남과 광동의 남쪽 국경에 있는 남오섬으로 후퇴하여 대부분의 선박을 보존할 수 있었다.[6]

1663년 7월, 정태의 부하들이 청나라에 투항한 시기는 남서 계절풍 시즌이 거의 끝날 무렵으로서, 이때는 전통적으로 선박들이 일본으로 항해하는 시기이기도 했다. 정씨 정권의 분열 소식은 나가사키에 이미 도착해 있던 중국 상인들을 불안하게 만들었다. 왜냐하면 그들이 중국으로 돌아가면 어느 한 편에 서야 한다는 것을 깨달았기 때문이었다. 그 중 6척은 안해安海에서 온 선박이었다. 정태가 평화 협상의 조건으로 요구한 휴전 기간 동안, 이 선박들은 청나라 통치하에 있던 도시인 천주에서 물건을 가득 실었다.[7] 정씨 정권하의 선주 대부분은 일본에서 신뢰할 만한 정보를 얻기 어려웠기 때문에 어떤 결정도 내리기 어려웠다. 북동 계절풍 시즌이 끝날 무렵인 1월 1일경 8척의 선박이 하문으로 출항했지만, 나머지 13~14척의 선박과 선원들은 어디로 갈지 결정하지 못했다.[8] 네덜란드의 사료에 따르면, 10척의 선박이 최종적으로 안해로 항해하겠다는 의사를 밝혔다.[9] 정씨 측이 남긴 관련 기록이 부족하기에, 최종적으로 얼마나 많은 선박들이 청나라로 건너가기로 결정했는지 추정하기는 어렵다. 다음 남서 계절풍 시즌에 광동성과 그 주변 지역[아마도 고뢰렴高雷廉 또는 갈석碣石]에서 온 33척의 선박 중 15척이 아래에 설명된 대로 일본으로 돌아왔다. 정씨가 남오에서 쌀을 자주 구입했다는 사실과 1663년 겨울 일본에 쌀이 부족했다는 사실을 고려하면, 이들 중국 선박들이 대부분 쌀을 구입하기 위해 남오에서 정씨 진영에 다시 합류했다고 추론하는 것이 합리적이다.[10]

한편 1663년 8월, 정성공에게 피해를 입은 것에 대한 복수를 갈망한 네덜란드인은 북부 사정沙埕항에 있던 정씨 선박들을 모두 불태웠는데, 이 작전은 정씨 일가가 절강성의 비단을 수집하는 경로를 우선적으로 차단하기 위함이었다.[11] 이후 남경에서 하문까지 이르는 해안지역은, 바다는 네덜란드 함대가, 육지는 청나라 군대가 장악하고 있었다. 이 큰 좌절과는 별개로, 1664년 3월 정씨 군대의 일부 병사는 남오에서 청나라에 항복했다.[12] 복주 인근의 다른 여러 항구에 있던 정씨 군대도 얼마 지나지 않아 뒤이어 청나라에 투항하였다.[13] 그 결과 하문과 복주 상인들은 더 이상 정씨 군대의 습격을 두려워할 필요가 없었다. 청 조정과 연맹을 맺은 복건 상인들은 1664년 4월 생사를 새롭게 생산하는 시기가 되자, 절강에서 비단을 안전하게 구매하여 나가사키로 운송할 수 있었다.

안해로 도망갔던 상인들도 이러한 상황을 반겼다. 1664년 남서 계절풍 시즌에 1척의 복주 선박이 '30년 만에 가장 많은 상품'을 싣고 일본에 도착했다. 이 화물의 가치는 약 90만~100만 길더, 즉 31만 5천~33만 테일로 추산되었다.[14] 안해에 거주하던 네덜란드 관리가 쓴 편지에 따르면, 이 대형 선박은 정태의 동생 정명준[작위명인 동안백同安伯]의 소유였다는 것이 확인되었다.[15] 이 무역은 1662년 강희제의 칙령을 명백히 위반한 것이었다. 이 칙령에 의하면 대외 무역이 금지됐고, 그뿐만 아니라 연해에서 30리약 15킬로미터 이내에 거주하는 모든 주민은 자신의 가옥과 전답을 버리고 새로 요새화된 내륙으로 이주해야만 했다. 청 조정은 이 조치가 정씨의 무역 네트워크를 근절하고 재정 기반을 무너뜨릴 것이라고 확신했다. 그러나 이 칙령이 효과를 발휘하기 위해서는 피난지역에 대한 전권을 지방 수사 제독에게 부여하여야만 했다. 1664년 3월 24일 복건 총독 이솔태李率泰가 황제에게 상주한 보고에서도 이러한 전권 부여가 확인되었다.[16]

청 조정의 복건 수군 제독 시랑施琅은 1664년 여름에 대만을 침공할 수 있는 충분한 선박을 보유하고 있었음에도 불구하고, 연이은 태풍으로 인해 선박이 심각하게 손상되어 침공이 불가능하다고 주장하며 공격하지 않았다.[17] 복건 수군 제독 시랑이 가졌던 수익성 있는 무역 기회는 이 원정의 연기와 관련이 있었던 것으로 보인다.

청나라 수군의 지연 전술에서 나타난 갑작스러운 심적 변화는 네덜란드 동맹국의 눈에는 이해할 수 없는 것이었다. 그들은 1664년 남서 계절풍 시즌에 바타비아에서 대만해협으로 1척의 함대를 이미 파견했기 때문이었다. 그들 함대는 7월에 복주에 도착하기 전에 먼저 팽호군도에 있는 정씨의 요새를 격파했고, 대만 북단의 계롱鷄籠을 다시 점령하였다. 이는 청나라 군대가 대만을 침공할 경우 안전한 상륙 지점을 제공하기 위함이었다.[18] 청나라 군대가 대만에 상륙할 수 있는 교두보가 있었기 때문에, 네덜란드인들은 교전을 연기할 이유가 없다고 여겼다. 일본과 민간 무역으로 자신감을 얻은 복건 당국은 여전히 시간을 끌며 늑장을 부렸다. 그리고 복건 당국은 네덜란드인들이 열대 무역상품을 보관할 수 있는 창고를 건설해, 이에 대한 보상을 주려 했다. 복건 당국은 황제 칙령의 의미를 왜곡하였다. 대만 원정에 앞서 네덜란드 동맹국에 보급품을 공급하라는 황제의 윤허를 네덜란드와의 대외 무역 금지 조치를 회피하기 위한 핑계로 이용했다.[19] 나중에 일본 당국에 보고된 정보에 따르면, 네덜란드 동인도회사는 복건에서 5만 테일 상당의 후추, 백단향, 정향을 판매할 수 있었다. 그에 상응하여 네덜란드인들은 중국산 흰 비단 500피쿨을 포함하여 대량의 물품을 구입했다. 게다가 복건 당국은 1663년 네덜란드 함대가 복주에 도착한 직후 네덜란드인에게 예물을 보낼 것을 황제에게 건의했다. 예물을 증정한다는 것은 네덜란드인들이 이후에 중국과 더 많은 무역을 할 수 있음을 암시하는 것이다.[20]

청-네덜란드 연합 함대는 1664년 11월 27일에 출항했지만, 얼마 지나지 않아 기상이 악화되었다. 피난처를 찾던 함대는 위두만圍頭灣으로 돌아가 그곳에서 민속 축제를 즐기고 연극을 관람하며 즐거운 시간을 보냈다. 네덜란드 선원들은 항해 중에 대만 해안선을 충분히 볼 수 있었지만, 청나라 함대가 중국 해안으로 철수하기로 결정했기 때문에 위두만으로 돌아갈 수밖에 없었고, 12월 24일까지 한 달 내내 위두만에 머물러야 했다. 그때 수군 제독 시랑은 다시 대만해협을 건너가려고 시도했지만, 이 원정은 몇몇 병선이 항구 밖에서 네덜란드 선박과 서로 충돌하면서 중단되었다.[21]

그 사이 12월 2일, 2척의 선박이 복주를 출발해 일본으로 향했다. 놀랄 것도 없이 이처럼 대량의 물건을 실은 선박은 복건성의 최고 군사 통수統帥인 정남왕 경계무耿繼茂, ?~1671 소유였다. 이 2척의 선박이 떠난 시간은 바로 동안후東安侯와 해징공海澄公[정씨의 투항장군 황오黃梧, 1618~1674]의 선박 2척이 일본에서 많은 화물을 싣고 돌아오기 직전이었다.[22] 북쪽으로 향하던 2척의 선박은 각각 1665년 1월 21일과 23일에 복주에서 온 다른 작은 선박 1척과 함께 나가사키만에 입항했다. 일본인들은 이 선박 3척의 총 화물 가치를 약 70만 테일, 즉 200만 길더에 상당하는 것으로 평가했다.[23] 청 황제의 대외 무역 금지령으로 중국 내 비단 제품 구매 가격이 낮아진 반면 일본 시장의 수요는 일정했다는 점을 고려하면 나가사키에서 화물을 판매해 얻은 이익은 엄청났을 것이다.

물론 그해 겨울 기상 조건이 매우 나빴기 때문에 400척의 선박으로 조성된 함대를 이끌고 대만해협을 건너 침략하기는 어려웠을 것이다. 그러나 엄격히 금지된 나가사키 무역이 복건 당국에 막대한 이익을 안겨주었기 때문에 군사 작전을 꺼렸을 가능성도 배제할 수 없다. 그들은 네덜란드와의 협력은 악천후 속 항해의 어려움으로 인해 더욱 어려워졌다고 주장하며 변명했다. 따라서 그들은 황제가 더 이상 네덜란드 지원 제안을 거부해야 한다고 정중하게 제안했다. 하지만 네덜란드인들은 이러한 사실을 전혀 알지 못했다. 복건 당국은 황제를 설득해 자유무역 특권을 네덜란드에 부여하도록 하겠다고 약속했지만, 실제로는 네덜란드 함대를 보호선으로만 활용함으로써 정씨 군대의 위협으로부터 위험을 줄이겠다는 것이었다.

2. 대만과 광동 상인 간의 협력

네덜란드 기록에 따르면, 1664년 남서 계절풍이 불 때 광동에서 12척의 선박이 일본에 도착했다. 당시 이 선박이 출항할 때, 선원들이 정씨의 깃발을 달고 항해했다고 가정한다면, 1664년 2월부터 5월까지 그들은 광동에서 또 무엇을 했을까? 1663년 여름 이전까지 청나라 통치하의 광동 상인들은 하문과 남오에 주둔하고 있던 정경의 군대와 쌀 무역을 하고 있었다. 광동 당국이 작성한 최소 6개의 다른 보고서에 따르면, 광동 동쪽 국경에 배치된 수군 관병들이 하문과 남오섬에 있는 정경의 진영으로 곡식을 보내는 것을 방임했다고 고발했다.[24] 예를 들어, 1663년 5월 8일경 쌀을 가득 실은 70여 척의 선박이 광동 동쪽에서 하문으로 항해했다.[25] 1663년 6월 30일 남오 앞바다에서 정경의 함대와 청나라 수군 간의 교전이 벌어졌을 때, 청나라 수군 함장들은 갈석진碣石鎭 총병 소리蘇利가 정경의 군함이 고의로 포위망을 빠져나가게끔 놓아주는 것을 목격했다.[26] 정성공이 대만을 점령한 후, 청 조정은 1662년 4월, 1663년 3월과 9월, 1664년 4월에 해안으로 관원을 파견하여 금수조치와 천계령遷界令 정책이 성실히 집행되고 있는지를 감독하게 했다.[27] 이 조치와 정책은 매우 엄격하게 시행되었고, 그 결과 소리는 망명하였다. 하문에 주둔한 수군과 마찬가지로 갈석섬에 정박해 있던 소리 휘하의 함대는 금수조치와 천계령으로 획정된 새로운 경계선 밖에 있었지만, 소리의 함대 또한 어떠한 무역을 할 수가 없었다. 1664년 일본에 도착한 광동 선박 중 2척은 소리의 소속이라고 말했다. 일본 측에서는 이 두 선박의 화물 가치를 70만 길더로 추산했다.[28] 『데지마 일기出島日記』에는 이러한 화물의 정확한 성격이 언급되어 있지 않지만, 비단과 비단 제품을 가져온 또 다른 1척의 광동 선박이 있었다는 정황으로 볼 때, 이 두 선박에는 절강에서 밀수한 비단 제품이 실려 있었을 가능성이 높다.[29] 소리 또한 해상 무역 금지로부터 자신이 이익을 얻을 수 있을 것이라 정확하게 이해하고 있었음은 의심할 여지가 없다. 이 물품은 광동의 긴 해안선을 따라 아무도 감시하지 않는 틈을 타 밀수한 것이 틀림없다. 무슨 일이 벌어지고 있는지에 대한 소문이 복주에 있는 네덜란드인들에게 전해졌다. "정성공의 아들과 가장 가까운 사람인 홍욱이 정성공을 배반하고 광동으로 도망쳤다는 정보를 입수했다.[30] 이 정보는 홍욱이 광동에서 밀수 활동에 참여하였음을 암시한다. 이들 광동 선박들에 대해 주목할 만한 또 다른 점은, 그 가운데 2척이 고뢰렴지역에서 출발했다는 것이다.[31] 이곳은 천계령에 제외된 광동 해안의 뇌주雷州반도에 위치한 3개 지역의 부府였다. 뇌주반도에서는 광동과 베트남 북동부 사이의 해로를 완전히 장악할 수 있었다. 기존 사료에 따르면, 일부 지역 주민들은 천계령에 저항했고 심지어 1663년 수군을 동원해 광동을 보복 공격하기도 했다고 한다.[32] 다른 자료에서도 고뢰렴지역에 거주하던 사람들이 정경의 군대에 협력했다고 한다.[33]

1664년 가을, 광동 선박이 나가사키만에 정박해 있는 동안 청 조정은 소리를 지켜보고 있었다. 10월 1일, 광동 당국은 군사를 보내 갈석에 있는 소리의 진영을 공격했다. 이후 그는 패배하여 참수당했지만 1만 명의 부하들은 항복하여 목숨을 건졌다.[34] 앞서 언급한 정남왕의 선박들이 이 소식을 나가사키에 전했을 것이다.[35] 대만 수복의 책임을 맡은 복건 당국과 달리, 광동 당국은 그때부터 해상 금수조치와 천계령을 철저하

게 집행하는 데만 몰두했다. 광동성 최고 군사 통수인 평남왕 상가희尙可
喜는 일찍이 1661년에 2척의 선박에 비단 제품을 싣고 일본으로 보내려
시도했다. 하지만, 출항하기도 전에 광동 당국이 금지령을 어겼다는 이
유로 배를 압수하였다.[36] 소리가 죽은 후 나머지 광동 선박 무역상들은
소리의 동료인 허룡許龍의 비호 아래 무역 활동을 계속할 수 있었다.
1665년 봄, 말라카에 도착한 마카오의 포르투갈 선박 선장은 "중국 황
제가 해안에 거주하는 모든 중국인과 수군을 총동원해 대만인들과 전쟁
을 벌이라는 명령을 내렸지만, 마카오 근처 좁고 긴 지역에 살고있는 사
람들은 여전히 이 명령에 따르지 않는다"라고 보고했다.[37]

1665년 남서 계절풍 기간에 광동에서 일본으로 가는 선박이 4척에
불과했다. 이 4척은 모두 허룡의 소유였다.[38] 나중에 리고르의 네덜란드
인들은, 1666년에 시암을 방문했던 '장발'의 중국 상인, 즉 청의 통치에
복종하지 않은 사람들에 대해 들었다. 이 중국 상인들은 소리의 관할하
에 있던 섬 출신들이었다고 했다. 알고 보니 원래 갈석섬에 기반을 둔
상인들이 탈출하여 일본에서 재집결한 후 시암으로 항해한 것으로 밝혀
졌다. 그들은 그해 6월에도 자신들의 섬 상황을 점검하고자 하였다.[39]
광동 상인들과 광동지역 무역상들은 청 조정이 공포한 금수조치와 천계
령 정책으로 중국 연안의 항구에서 쫓겨나게 되자, 대만에 기반을 둔 정
경 정권과의 무역에 점차 참여하기 시작하였다.

앞서 언급했듯이 시랑은 1664년, 여름 태풍 때문에 공격을 꺼렸다.
그해 겨울에 강희제가 공식적으로 대만을 정경의 손에서 빼앗으라고 명
령했음에도 불구하고, 그는 침공을 원하지 않았다. 어쨌든 시랑은 황제
의 명령을 따라야 했다. 그러나 예기치 못한 일이 일어났다. 1665년 5

월 31일, 함대가 팽호군도 앞바다에 정박해 있었을 때 강력한 태풍을 만났다.[40] 데지마의 네덜란드 수석 상무원은 복주의 선박으로부터 "우리 함대[네덜란드]와 청나라 함대가 작년 11월 팽호군도 앞바다에서 폭풍우을 만났다. 우리 함선 1척과 청나라 함대[최소 400척의 선박으로 구성되어 있었다]가 파괴되었다. 이 보고가 사실인지는 시간이 말해 줄 것이다"라는 소식을 들었다.[41]

이 재난은 복건 당국에게 엄청난 손실을 가져다주었다. 왜냐하면 대부분의 선박 건조 비용이 개인 사비로 충당되었기 때문이었다. 250척은 수군 제독 시랑과 해징공의 소유였고, 다른 100척은 정남왕의 소유였다. 그 나머지는 복건성의 여러 관리들의 소유였다.[42] 이러한 소유권 양상은 이후 강희제에게 대만과의 평화회담을 건의하였던 것이 광범위한 지지를 얻었고, 강희제가 더 이상의 원정을 중단하기로 한 이유를 설명하고 있다.

하늘이 보낸 이 강풍 덕분에 정경 정권은 대만에 주둔한 군대를 비생산적인 섬 방어 임무에서 해방시킬 수 있었다. 정씨 정권 깃발 아래 상인들은 즉시 해상 무역에 힘을 쏟아부었고 해상 무역의 독점권을 회복했다. 그들이 가장 먼저 하고자 했던 것은, 일본 시장에서의 점유율을 높이는 것이었고, 특히 약화된 중국 비단 수출 사업의 피해를 복구하는 것이었다.

1664년에서 1665년 사이, 청 조정의 복건 당국이 비단을 실은 선박을 일본으로 보내기 시작하자 대만의 정씨 정권은 광동에 불만을 품은 사략 상인 및 반란군과 적극적으로 협력하였다. 네덜란드인들이 사정에 있는 정씨의 항구를 파괴했기 때문에, 정씨 선박 무역상들은 절강과 복주 항로를 따라 남경의 비단을 구할 수 있는 대체 항구를 찾아야 했다. 이제 사실상 중국 해안 전체가 봉쇄되었기 때문에, 베트남에서 오는 육로가 대체 방안으로 떠올랐다. 베트남과 중국 사이의 국경이 개방되면, 남경 비단을 육로로 운송한 다음 베트남 북쪽 항구를 통해 일본으로 운송하는 것이 가능하기 때문이다. 청나라의 침공이 시작된 이래로, 중국과 베트남 사이의 연안 해역에는 반청 세력이 장악한 수군이 순찰하고 있었다. 네덜란드인들도 1661년 9월, 약 1,200명의 '장발'의 반청 군대가 중국의 가장 서쪽에 있는 용문龍門 항구를 점령한 것을 목격했다.[43] 1662년 청나라 군대가 이 침입자들을 몰아내자 반청세력들은 안남국의 승룡昇龍으로 피신했을 것이다.[44] 앞서 언급했듯이, 홍욱이 광동에서 줄을 놓아 접촉한 결과, 그들은 대만의 정씨 정권과 연결되었다. 확실히 정경의 무역 선단들은 일본에서 베트남으로 선박을 보냈고, 1663년 봄에는 100명의 무장한 병사를 태운 선박 1척이 통킹하노이에 도착했다. 이 선박은 일본에서 왔으며, 후추, 납, 등나무 등을 가득 싣고 있었는데, 네덜란드인들은 이 화물들이 대만의 네덜란드 요새 질란디아에서 약탈한 전리품으로 의심했다.[45] 이 무장 선박이 통킹에 도착하기 직전, 그곳에 거주하던 중국 상인 수십 명이 통킹 주재 네덜란드 상무원에게 국경 무역을 촉진하라고 건의하였다. 그는 바타비아에 다음과 같이 보고했다.

　　용주龍州와 교주交州로 가는 길에서 우리는 10여 명의 중국 상인을 만났는데, 남경에서 용주까지 27일간 걸어서 왔다고 합니다. 만약 그들이 강서성江西省을 경유하지 않았더라면, 호광성湖廣省 전체를 경유하여 이 국경[용주 근처]에 도착했었을 것입니다. 곧바로 광동으로 향했다면, 그들은 강서성의 전 구간을 가로질러 넘어와야 했을 것입니다. 광동성은 이곳에서 동쪽으로 바다를 끼고 약 450킬로미터[60네덜란드 마일] 떨어진 곳에 위치해 있습니다. 광주[특히 마카오]는 지리적으로 동쪽으로 뻗은 곳에 위치해 있기 때문에, 광주는 용주보다 남경에서 더 멀리 떨어져 있는 것으로 보입니다.[46]

이 중국 상인들은 통킹의 네덜란드 상무원들에게 광주나 마카오를 경유하는 해로보다 육로와 수로를 이용하는 것이 더 편리하다고 설득하기 위해 최선을 다했다. 사실 네덜란드인들은 1661년 초에 현지 중국 상인들로부터 이 계획에 대한 소문을 들었다.[47] 이 제안자들이 언급하지 않은 것은, 광주 상인들이 직면할 문제가 천계령과 해상 금수조치로 인해 발생했다는 점이다. 통킹에서 이러한 건의를 제안한 중국 상인들은 남경 출신이었기 때문에, 그들의 상품 대부분이 비단 제품이었다는 것을 합리적으로 추론할 수 있다. 그들이 그토록 열렬히 주장했던 육로는 강희제를 알현하러 북경에 온 베트남安南昇龍 사신을 맞이했던 진남관鎭南關, 지금의 우의관(友誼關)을 통과하는 것이었다. 이 관문에 가까워지면 상인들은 광서성 경내의 용주, 빙상馮祥, 사명부思明府, 태평부太平府 등을 포함한 다른 국경 도시를 방문할 수 있었다. 1662년 5월 안남 왕安南國主[서정왕 정조]은 이 경로를 통해 명나라의 마지막 왕손을 청 조정에 넘긴 것으로 악명이 높았다.[48] 이 사건 이후 양국 관리들은 철저하게 진남관을 지켰다.

1664년 1월 24일, 나가사키에서 1척의 선박이 안남국 승룡으로 출항했다.[49] 이 선박은 위구관魏九官이라는 중국 상인의 개인 소유였을 것이다.[50] 캄보디아에서 먼저 출항한 이 선박은 예정된 시간보다 일찍 통킹에 도착했다.[51] 이 선박은 2월 3일 20만 테일 상당의 화물을 싣고 도착했고, 1664년 여름에 일본으로 돌아갔다.[52] 그러나 1663년 5월 초 네덜란드 선박들은 일본으로 항해하는 모든 중국 선박을 봉쇄하라는 명령을 받았다.[53] 1664년 8월 네덜란드 선박들은 각각 10만에서 20만 길더 상당의 화물을 실은 중국 선박 2척이 항구를 떠나고 있는 것을 알아차렸다.[54] 그 중 1척이 위구관의 소유라고 가정한다면, 다른 한 척은 정씨 정권의 명령에 따라 운영되는 것이라 결론을 내리는 것이 합리적일 것이다. 그러나 두 선박 모두 네덜란드의 봉쇄로 인해 일본에 도착하지 못했다.[55] 네덜란드인들의 봉쇄 행위는 큰 손실을 입은 통킹과 일본 당국의 강력한 반발을 불러일으켰다. 이 사건의 여파로 1665년 여름, 네덜란드 동인도회사는 마침내 통킹에 대한 봉쇄령을 해제했다.[56] 얼마 지나지 않아 일본은 다시 한번 통킹에서 선박이 안전하게 돌아오는 것을 목격하게 되었다.[57]

일본과 안남 당국이 공동으로 압력을 가하여 네덜란드가 봉쇄를 해제하도록 강요했지만, 광동의 반청 세력이 꾸민 밀수 계획은 다른 장애물에 부딪혀 와해되었다.

1662년 이후 중국청 조정과 베트남트린 왕조, the Thrinh court, 안남 이후 이조(黎朝) 간의 공식 외교가 점차 안정을 되찾았을 때, 트린 왕鄭王은 갑자기 국경 내 모든 중국인들을 베트남 문화에 동화시키는 급진적인 조치를 내렸다. 1663년 9월 27일, 국왕鄭王은 모든 외국인에게 베트남에 남고 싶다면 베트남 풍습에 따라 즉시 머리를 묶고 이빨을 검게 하고 맨발로 다녀야 한다는 내용의 고시를 공표했다. 또한 네덜란드인을 제외한 모든 외국인은 통킹 성 밖으로 옮겨가야 한다고 선언했다.[58] 이러한 규정은 중국인 정체성을 고수하는 '장발'의 반청 세력을 베트남인과 쉽게 구별하고 또 이들을 쉽게 감시할 수 있게 했다. 광동 총독의 보고에 따르면, 1665년 4월 이전에 일군의 반청 세력이 광동의 한 항구를 점령했다고 한다.[59] 통킹의 동화 정책이 시행되던 동안, 1662년 통킹으로 후퇴한 이 반청 집단은 청 조정이 자신들을 도망자로 선언하면 통킹 당국이 그들에게 더 이상 피난처를 제공하지 않을 것이라는 눈치를 채고 있었음이 틀림없었다. 예상대로 청 조정은 통킹 왕에게 반란군들을 인도할 것을 요구했다. 트린 왕에게 보낸 공식 서한은 베트남 경내에 있는 이 도망자들을 넘겨주지 않으면 전쟁을 벌이겠다고 위협했다.[60] 알 수 없는 이유로 트린 왕은 복종하지 않았고, 이로 인해 국경의 긴장 국면은 더욱 악화되었다. 청 조정의 요구가 있은 지 얼마 지나지 않아, 4척의 중국 선박이 통킹을 방문하여 후추와 백단향을 매우 경쟁력 있는 가격으로 팔아, 청나라 상인들이 국경을 넘어 무역을 하게끔 유인했다. 상품 자체는 저렴했지만 트린 왕이 징수하는 세금이 무거웠기 때문에, 청에서 온 상인들과 정씨 정권의 상인들은 이런 세금을 피하기 위해 국경 근처의 외딴 마을에서 무역을 하였다. 결국 이 비밀 장소를 알게 된 트린 왕은 즉시 모든 무역을 공식적인 감독하에 특정 장소로 제한하였고 1,000명의 군인이 지키도록 명령하여 누구라도 채무 불이행을 하지 않도록 했다. 지정된 장소는 통킹 성의 강 건너편에 있었다.[61]

1665년 초여름, 통킹의 분위기가 점차 중국 해상 상인들에게 불리하게 돌아가고 있을 때, 태풍이 대만해협에서 청 수군 제독 시랑이 이끄는 함대에 큰 피해를 입혔다. 날씨의 도움으로 막강한 청 수군의 위협에서 벗어난 대만의 정경 세력은 광동의 사략 상인들과 관계를 더욱 돈독하게 하였다. 특히 1666년 허룽[정경 군과 비밀리에 밀수를 하던 소리의 후계자]

이 명을 받들어 해안에서 철수할 수밖에 없었던 후 더욱 그러하였다.[62]
두 집단의 상호 이익은 중일 무역을 위한 새로운 통로 개발을 고려하게
끔 했다. 이 두 연합군은 광동해역을 장악하여 광동 연안에서 남경 비단
을 밀수하거나 통킹에서 비단을 안전하게 운송할 수 있는 항로를 확보
하고자 하였다. 1666년 여름 이후, 이 계획은 네덜란드 동인도회사 함
대와 청 조정의 방해에 부딪히면서 점차 그 매력을 잃어갔다. 이러한 좌
절에도 불구하고 복건의 경쟁자들이 해협에서 물러난 후, 대만의 정씨
정권은 점차 힘을 회복하여 해상 무역을 되살릴 기회를 갖게 되었다. 대
만과 고뢰렴지역의 연합군은 이제 이 해역의 유일한 경쟁자인 네덜란드
동인도회사에 관심을 돌렸다.

3. 복주 진압, 시암 철수, 캄보디아에 집중

일본에 있던 네덜란드 상인들은 1척의 장주 선박[귀한 물품을 가득 실은
동안후와 해징공의 소유로 추정되는 선박]이 1665년 늦여름 일본으로 향하던
중 정경의 병선에 나포되었다는 소식을 들었다.[63] 복주에 거주하는 네덜
란드 상인들은 이 선박에 600피쿨의 흰 생사가 실려 있었다고 주장했
다. 그들은 또 정경의 수군이 같은 시즌에 귀중한 물품을 싣고 일본으로
항해하는 다른 3척의 선박을 나포했다고 보고했다.[64] 1665년 5월 태풍
으로 청의 함대가 초토화된 이후, 여러 차례의 나포행위는 정경의 수군
이 확실한 우위를 점하는 전환점이 되었다. 얼마 지나지 않아[1665년 10
월] 대만 남서부 평야에 주둔하고 있던 정씨 당국은 대만해협과 마주하

고 있는 대만 북서쪽 끝의 항구인 담수淡水에 6척의 선박을 파견하기로 결정했다. 70명의 무장 병사들이 (1661년 네덜란드군이 철수한 후 비어 있던) 이 보루를 수리하고 여러 대의 대포를 배치하는 포대를 수리하여 이 지역의 방어를 강화하였다.[65] 1661년 대만을 침공한 이후, 정경의 군대는 섬의 이 지역에 수비대를 주둔하는 것을 고려하지 않았고, 단지 이 작은 보루는 섬 북동쪽 끝에 있는 계룡鷄籠의 네덜란드 주둔군에 대한 대응으로 간주하였다.

1666년 봄, 정경의 군대는 담수의 수비군을 강화하여, 총 병력을 7백여 명에서 8백여 명으로 늘렸다. 그들은 목책 방어벽으로 둘러싸인 대나무 막사에서 생활했다.[66] 정경은 계룡의 네덜란드인들과 평화협상을 전개하기 위해 안평에서 담수로 대표를 보냈다. 1666년 3월 2일, 네덜란드군 대장은 계룡의 노르트 네덜란드 요새Fort Noord Holland에서 그들을 공식적으로 맞이했다.[67] 정경은 네덜란드인들에게 질란디아 요새 근처에 있는 북선미北線尾라 불리는 모래섬을 제공하고, 네덜란드 동인도회사 상무원이 이 모래섬에 화물창고를 지을 수 있도록 제안했다. 그 대가로 네덜란드인들은 정씨 정권과 평화롭게 무역하는데 동의해야 했다. 자신의 적들을 대만 북부에서 몰아내기를 간절히 바랐던 정경은, 네덜란드 군이 계룡에서 철수하고 또 정씨 정권 깃발 아래의 모든 선박에 대한 일체의 적대 행위를 중단할 것을 요구했다. 그의 제안이 거부된 후 정경은 5월 하순에 6천 명의 군사를 파견해 계룡 요새를 공격했다. 그러나 네덜란드 군은 열흘간의 전투 끝에 공격군을 격퇴했고, 이 기간 정경군은 약 천 명의 사상자를 냈다.[68] 이때 정경의 군대는 다른 전술을 채택해야 했다. 그래서 그들은 원주민들이 계룡 주둔군에 제공하는 식량 공급을 차단하려고 했다. 그런 다음 그들은 뒤로 물러나서 계롱의 네덜란드 군을 감시했다. 이 원정 기간 군대를 담수와 계롱 사이로 수송하려면 적어도 20척의 선박이 필요했다. 복주에서 계롱으로 보급품을 운반하는 네덜란드 선박은 한두 척에 불과했기 때문에, 계롱의 요새에 있던 300명의 네덜란드 수비군들은 거의 무력했다. 그리고 1666년 사건 이후 정경의 선박들은 자신들이 네덜란드 선박보다 훨씬 많다는 사실을 알고서 원하는 대로 안전하게 대만해협을 건널 수 있었다. 결국 청 조정이 네덜란드인의 자유무역에 대한 청원을 무조건 거부하자, 네덜란드 군대는 1668년 7월 6일 요새를 포기했다.[69] 이로써 정경은 마침내 대만해협을 통한 무역로 확보라는 전략적 목표를 실현했다. 그러나 이는 무역로의 한 부분에 불과했기 때문에, 정경은 이제 코친차이나반도의 항구를 확보해야만 했다.

앞서 언급했듯이 1663년 사건 이후 중국과 일본 간의 비단 무역을 확보하는 것이 정씨 정권의 최우선 과제였다. 1663년 가을 이후 청으로 망명한 하문 상인들이 주요 경쟁자가 되었지만, 네덜란드인들의 봉쇄로 인해 청의 상인들은 여전히 남중국해 주변의 모든 항구로 자유롭게 선박들을 보낼 자신이 없었다. 네덜란드 동인도회사의 전략은 통킹, 캄보디아, 시암의 항구를 막으려는 것이었는데, 실제로 네덜란드 거주인들은 정경의 상인들을 추방하도록 현지 통치자들을 압박할 수 있는 충분한 영향력을 가지고 있었다. 예상했던 대로 네덜란드인들의 이 강경한 전술은 바로 반발을 샀다. 그것은 시암 왕실의 분노를 불러일으켰고, 나라이 왕이 일본 및 중국과의 왕실 무역을 확대하려 결심하게 했다. 중국과 네덜란드 상인 간의 독점 무역에 시암 왕이 뛰어든다면, 네덜란드인들이 얻을 수 있는 무역 비중은 필연적으로 줄어들 수밖에 없었다. 게다가 실제로 1650년대부터 10여 년 동안 네덜란드인들은 정성공의 부하들이 동물 가죽, 특히 사슴가죽 수출에 대한 네덜란드의 독점권을 침해해 왔다고 자주 비난해 왔다.[70] 정성공의 대만 침공으로 최고의 사슴가죽 공급원 중 한 곳이 차단되자, 네덜란드인들은 다른 곳에서 자신들의 권리를 보호하기 위해 더 강력한 수단을 사용해야 했다. 이와 관련된 주목할 만한 사건은 1661년 8월 16일에 발생했다. 그것은 네덜란드 동인도회사 함선이 중국과 포르투갈 선원들이 승선하고 있다는 이유로 안남의 승룡에서 일본으로 항해하던 시암 왕실 선박을 가로막고 공격했던 것이었다.[71] 1662년 3월에 왕실 선박의 몰수 소식이 시암에 전해지자 네덜란드 주재 인원에 대한 현지 중국인 집단들의 분노는 더욱 커졌다. 약 800명의 중국인이 아유타야에 있는 네덜란드 무역관 주변에 모여 네덜란드인의 귀와 코를 잘라버리겠다고 외쳤다.[72] 이에 고무된 나라이 왕은 즉시 8만 4천 길더 상당의 선박[그리고 그 화물]을 압수한 것에 대한 보상을 네덜란드 동인도회사에 요구했다. 네덜란드인에 대한 신민들의 경멸감을 표현하기 위해, 시암 왕은 1662년 봄 정성공의 특사를 직접 맞이했다. 선물을 받았고, 이에 보답하기 위해 자신의 특사와 선물을 정성공에게 보냈다. 나라이 왕 또한 네덜란드 상관에 정성공 특사의 선박을 포함하여 중국과 일본으로 항해하는 자신의 모든 선박들에게 무료 자유 통행증을 발급해 줄 것을 요구했다.[73]

이러한 상황에서 가치 있는 물품을 얻을 수 없다는 것을 깨달은 네덜란드 동인도회사는 1663년 11월 아유타야 상관을 폐쇄했다. 그리고 바타비아의 명령에 따라 차오프라야 하구 인근 해역을 순찰하기 시작했다.[74] 대략 이 시기와 비슷한 시기에 정경의 부하들은 하문과 금문을 떠나 남오섬에 먼저 자리를 잡고, 그런 연후에[1664년] 중국 해안의 모든 섬에서 완전히 철수하였다.

1664년과 1665년 사이에 대만이나 일본에서 출항하여 시암을 방문한 선박은 한 척도 없었다. 대만 정씨 당국은 네덜란드인들이 시암만을 봉쇄했다는 소식을 접했음이 틀림없었다. 네덜란드인들이 캄보디아 해안에서 일본에서 귀항하던 시암 왕실의 선박을 나포한 후, 시암 왕실은 굴복하게 되었다. 시암 왕과 네덜란드 사이에 체결된 평화 조약에서, 시암 왕실은 상선의 목적지나 출발지에 관계없이 자신의 상선에 중국인을 고용하지 않는다는 원칙에 합의했다.[75] 네덜란드인들이 시암 왕에게 현지 중국 상인들을 모두 추방할 것을 요청했지만, 왕은 시암에 거주하는 약 천 명에 달하는 중국인들은 모두 정경 정권의 신민이 아니라 자신의 신민이라고 주장하며, 그러한 요구를 거부했다. 시암 왕은 자신의 주장을 강화하기 위해 현지 중국 상인들에게 왕실에 대한 충성을 맹세하도록 압력을 가했다.

안남과 시암의 상황과는 달리 광남의 네덜란드인들은 현지 당국과 공식적인 관계를 건립하지 않았다. 아마도 이런 원인으로 광남 왕실[용국공勇國公 완복빈阮福瀕]은 중국 상인들에게 보호를 제공하고자 하였다. 네덜란드 군함이 통킹만과 시암만을 감시하고 있었음에도 불구하고, 1664년 여름에 4척의 선박이 광남을 출발해 일본으로 향했다. 하지만 광남은 우호적인 태도를 보이려 했지만, 정씨의 선박 무역상들에게 사슴가죽과 가오리 가죽을 제공할 수는 없었다, 이 두 상품은 정경 정권이 일본과의 무역을 유지하는 전략 가운데 가장 중요한 것이기 때문이었다.

정성공이 1661년부터 1662년까지 질란디아 요새의 네덜란드군을 포위하고 있는 동안, 캄보디아의 정치 상황은 큰 혼란에 빠졌다. 왕위를 찬탈한 동생 술탄 이브라힘Ibrahim이 16년간[1642~1658] 통치한 후, 합법적인 왕위 후계자인 낙프라 보엠톤Nacpra Boemton 왕자가 반란을 일으켰다. 반란의 주된 이유가 이브라힘이 급진적인 이슬람 운동을 캄보디아에 도입했다는 것이었다. 이 합법적인 왕자는 캄보디아 국민에게 고유의 불교 신앙을 회복하고 술탄이 임명한 말레이계 고위 관리들을 모두 추방할 것을 요구했다.[76] 반란이 발발하자 낙프라 보엠톤은 어머니의 조언을 받아들여 광남 왕실에 지원군을 요청했고, 1658년 10월 요청이 받아들여졌다. 광남의 군대는 캄보디아를 침공해 술탄 이브라힘과 그의 가족을 사로잡고 약탈을 일삼았다. 그 흉악함은 캄보디아의 새로운 왕실마저 주변 산으로 도망갈 정도로 심했다. 광남의 군대는 동맹국의 우의를 드러내지 않고 도리어 새로운 압제자가 되었다. 이들은 일본에서 시암으로 가는 도중 태풍을 만나 메콩강으로 피신했던 1척의 중국 선박을 약탈했다.[77] 이것은 치명적인 사건이 되었고, 시암 왕은 10만 대군과 1000척의 선박을 이끌고 캄보디아에서 광남 침략자들을 축출하겠다고 선언했다.[78] 시암왕의 출병 선언 소식이 전해지자 광남의 군대는 1659년에 철수했다.[79] 1663년 초 캄보디아의 경제 상황이 회복되기 시작했다. 예를 들어, 같은 해 위구관魏九官 소유의 중국 선박 1척이 캄보디아에서 39,350마리의 사슴가죽을 수출했다.[80] 다른 2척의 선박도 총 53,360장의 사슴가죽을 일본으로 운반했다.[81] 시암에서 나가사키에 도착한 다른 2척의 중국 선박의 화물은 13,087장의 사슴가죽을 실은 것에 불과해 비교가 되지 않았다.[82] 네덜란드인들의 아유타야 봉쇄가 이 시기에 막 시작되었고, 시암과의 위기에 처한 네덜란드 동인도회사 상무원들이 캄보디아의 새로운 왕 낙프라 보엠톤의 초청을 받았다는 점에 주목해야 한다.[83]

무역 협상은 1665년 2월에 공식적으로 시작되었다. 네덜란드인들은 국왕과 참모들에게 13가지 조건을 제시했다. 그중에는 사슴가죽 무역에서 중국을 완전히 배제하고 네덜란드가 메콩강 삼각주를 순찰할 수 있는 권한이 있어야 한다는 조항이 포함되어 있었다. 왕은 이에 대해 의아해했다. 그리고 네덜란드인들은 중국 선박이 캄보디아 연안 해역을 떠난 이후에야만 비로소 앞서 제시한 조건을 더할 수 있다고 말했다.[84] 이런 양보에 대한 보답으로 왕은 네덜란드인들에게 사슴가죽을 일본으로 수출하는 독점권을 20년 동안 부여하고자 했다.[85]

1665년 3월 8일, 상무원인 피터르 케팅Pieter Ketting은 샤반다르[세관원]와 몇몇 캄보디아 귀족들에게 네덜란드 동인도 회사가 왕으로부터 사슴가죽을 수출할 독점권을 부여받았다는 사실을 발표하도록 촉구했다. 따라서 현지의 모든 가죽 수집상들은 어떠한 상품도 중국 선박에 팔 수 없고 그렇지 않으면 몰수당할 수 있다는 경고를 받았다.[86] 중국 사슴가죽 무역상들은 즉시 왕에게 다음과 같은 내용의 탄원서를 작성했다.

작년에 우리는 우리의 친구들이 사슴가죽을 구입하고 수집하는데 상당한 자본금을 조달했습니다. 폐하께서 사슴가죽의 1/3을 (우리가 마음대로 처분할 수 있도록) 허락해 주신다면, 우리는 그 투자자들에게 사슴가죽을 공급할 수 있을 것입니다. 게다가 네덜란드인들은 모든 사슴가죽을 구입할 만큼 충 분한 현금을 가지고 있지 않습니다. 따라서 사슴가죽을 팔지 않고 창고에 남겨

두었다가, 큰 선박들과 거래하여 상당한 금액을 가져오지 못한다면, 이 또한 우리 모두에게 불리한 상황이 될 것입니다.

가죽 수집상들은 탄원서에서 네덜란드인들의 특권 기간을 20년에서 10년으로 단축하고 또 캄보디아에서 연간 가죽 수출량을 절반으로 줄여달라고 왕에게 요청했다. 그 결과 국왕은 중국인들이 매년 수출하는 동물 가죽 총량의 1/3을 수출할 수 있도록 허용했다. 이때 네덜란드 상인들은 그 어떤 이의도 제기하지 않았는데, 그 이유는 캄보디아 관료들이 이 명령은 그해 한 해에 중국 가죽 수집상들을 달래기 위한 임시방편일 뿐이라고 말했기 때문이었다.[87]

1665년 3월과 4월 사이에 2척의 중국 선박이 일본에서 캄보디아로 은화, 구리, 도자기를 싣고 도착했다.[88] 4월 24일에는 또 다른 선박이 남오에서 캄보디아에 도착했다.[89] 이 선박들은 아마도 광동의 사략선과 정씨 정권 연합군의 비호 아래 시암의 사슴가죽 무역 상황이 악화되고 있음을 알아차린 선장이 지휘를 맡았을 것이다. 중국 선박이 일본에서 캄보디아에 도착하자마자 중국 선박 무역상들과 네덜란드 거류민들 사이에 격렬한 경쟁이 벌어졌다. 5월 초, 네덜란드 동인도회사 상무원들은 국왕을 알현하고, 왕에게 중국 수집상 수중에 있는 사슴가죽을 네덜란드인들에게 팔도록 강요할 것을 촉구했다. 그러나 캄보디아 왕실은 중국 수집상들이 구리 주회鑄鐵 부족으로 인해 대량의 사슴가죽을 얻지 못할 것이라는 모호한 대답을 하였다.[90]

네덜란드는 그러한 얼버무림을 용납하지 않았고, 모든 중국 무역상에게 이미 갖고 있는 사슴가죽을 수량에 상관없이 즉시 네덜란드 상관에 보내도록 왕이 명령해 줄 것을 요구했다. 국왕은 신하 중 한 명인 나크프라 테포르티오엔Nacpra Theeportioen에게 왕의 명의로 네덜란드인들의 요구를 이행할 것을 선언하는 짧은 문서를 작성하도록 명령했다.[91] 6월 26일, 1척의 중국 선박이 프놈펜을 떠날 준비를 하고 있다는 소식이 전해졌다. 이 소식을 들은 네덜란드 수석 상무원은 이 선박이 출항하기 전에 실려있는 화물을 검사할 수 있도록 허가를 요청했다.[92] 허가를 받은 그는 나크프라 테포르티오엔과 몇몇 조사관들을 데리고 문제의 선박을 조사하기 시작했다.[93] 그러나 중국인들이 그들의 선박 조사를 격렬하게 저항하자 조사관들은 이 선박의 출항을 허용했다. 나크라 테포르티오엔은 크게 분개했지만, 중국인 관료 차우포니아 시저모스Tjauponia Sisermoth는 왕이 이 선박에 대해 어떠한 상해도 입히지 말라는 또 다른 적절한 명령을 내렸기 때문에, 조사관들이 이 선박을 내버려 두는 것이 현명했다고 선언했다. 결국 왕이 대포를 주조하기 위해 중국 선박의 선주로부터 일본 구리를 구입하고, 선주에게 사슴가죽으로 지불했다는 사실이 밝혀졌다.[94] 이것은 왕의 사적인 무역과 관련된 것이기에 그 선박은 아무런 피해를 입지 않았다. 요점은 캄보디아에 있는 네덜란드 주민들이 자신의 특권을 행사하는데 비참하게 실패했다는 것이다. 그 이유는 그해 말의 남서 계절풍 시기에 사슴가죽을 가득 실은 3척의 선박이 캄보디아를 떠나 일본으로 향했기 때문이다.[95] 설상가상으로, 이러한 선박들이 나가사키로 운반한 사슴가죽은 정씨 정권이 네덜란드인들이 얻을 수 있는 것보다 더 많은 은을 벌어들일 수 있게 해주었다.[96]

4. 피아우자洗彪, Piauja 휘하의
'동녕 왕국대만의 중국인' 군대의 도착

앞서 언급했듯이 1665년 초여름 태풍이 복건 함대에 큰 피해를 입힌 후, 대만해협의 해상 세력 균형은 다시 정경의 손으로 넘어갔다. 광동 해안을 따라 청 조정이 시행한 천계령 정책은 공백을 만들었고, 방황하며 떠돌아다니는 광동 해적들이 이 공백을 열심히 메웠다. 그들은 1664년 소리가 와해된 이후 더욱 활발하게 활동했다. 광동의 사략선과 해적들 중 일부는 베트남에서 비단 무역의 대체 경로를 개척하려고 시도했지만, 안남국, 청 조정, 네덜란드인들의 방해로 인해 실패했다. 이 단계에서 시암 국왕이 정씨 상인들에게 네덜란드인들을 선호한다고 선언하자, 정씨 정권은 캄보디아 사슴가죽의 중요성을 감지하고 이 무역에서 네덜란드인을 배제할 필요성을 절실하게 느꼈다. 피아우자는 1663에서 1664년 네덜란드의 통킹 봉쇄로 생겨난 희생자 중 한 명이었다. 그는 사략 상인이자 해적으로서, 이후 중국인이 캄보디아의 네덜란드 상관을 습격하는데 중요한 역할을 하였다. 그의 회고에 따르면 다음과 같다. 네덜란드인들은 통킹만을 봉쇄하는 동안 그를 네덜란드 동인도회사 선박에 감금하였는데, 이 조치로 인해 그는 재산 대부분을 잃었고 부유한 상인이었던 과거의 영광 대신 초라한 군인 수준으로 전락했다고 한다.[97] 1666년 2월 20일, 그는 8~9척의 광동 선박으로 구성된 함대를 이끌고 캄보디아해역에 도착했다. 그와 그의 부하들은 메콩강 삼각주에서 강줄기를 따라 항해하여 그곳에 정박해 있던 말레이 선박 7~8척을 약탈했다. 피아우자와 그의 부하들은 심지어 포르투갈 신부가 타고 있던 마카오행 선박을 나포하기도 했다. 그 후, 그는 습격에서 얻은 전리품을 4척의 광동 선박에 가득 싣고 대만으로 향하면서 다음 북동 계절풍 시기에 더 큰 병력을 이끌고 올 것이라고 발표하였다. 그리고 그는 4척의 선박을 메콩강에 남겨두었다.[98]

프놈펜의 네덜란드 수석 상무원이었던 피터르 케팅은 모든 사슴가죽에 대한 독점적 특권을 여전히 주장했다. 하지만 그의 운명은 점점 더 나빠지기 시작했다. 그가 의지했던 가장 중요한 캄보디아 상인이 갑자기 죽었고, 그의 보호자였던 수군 총사 옥센자 칼라혼Occenja Calahon이 결혼하여 휴가를 가버렸다. 그들의 보호와 지원 없이는 그는 중국 상인들이 사슴가죽을 일본으로 수출하는 것을 막을 수 없었다.[99] 이 계절이 끝날 때쯤 케팅은 일본을 위해 약 6,262테일 상당의 상품만 구매할 수 있었고, 중국인이 7만 여장의 가죽을 실은 5척의 선박을 일본으로 보냈을 때 그는 아무것도 할 수 없었다.[100] 사실은 메콩강 삼각주에 있는 피아우자와 그의 부하들이 네덜란드에 대한 캄보디아 조정의 태도에 강력한 영향력을 미치고 있었다.

1667년 2월 15일, 중국 밀수 상인이 작은 배를 타고 메콩강 하구에서 강 상류 200킬로미터 떨어져 있는 프놈펜으로 왔다. 불과 한 달 전, 2척의 중국 선박이 일본에서 왔는데, 약 600명의 대만 병사를 태우고 왔다.[101] 피아우자의 부하들과 힘을 합친 이 군인들은 왕의 이름으로 메콩강 일대에 사는 거의 모든 광남인을 학살했는데, 죽은 자가 천여 명에 달했다.[102] 네덜란드인들은 캄보디아 왕이 이 행동의 배후에 있다고 의심했는데, 왜냐하면 그들은 왕이 본질적으로 양의 탈을 쓴 늑대라고 묘사했기 때문이다.[103]

캄보디아 왕실에서 피아우자의 영향력은, 왕이 그의 충성스러운 봉사를 공식적으로 인정한 후 더욱 커졌다. 그는 이때 3척의 선박과 5척의 현지 병선을 지휘하고 있었고, 또 다른 선박 5척을 건조하고 있었다.[104] 매우 위태로운 상황에 처했다고 느낀 프놈펜 상관의 네덜란드 동인도회사 직원들은 두려움에 떨었고, 이에 캄보디아 고문인 츄폰자 잠Tjuponja Zam에게 의견을 구했다. 케팅은 츄폰자 잠을 통해 왕실 관료인 챠우폰자 테세못Tjauponja Tesemot과 연락을 취했고, 이 관료에게 네덜란드인들이 프놈펜을 안전하게 떠나는 대가로 그를 대신해 피아우자에게 1,000테일을 전달해 달라고 요청하였다. 피아우자는 이 제안을 거절하고 도리어 케팅에게 자신의 부하에게 이 도시 중국인 1명이 피아우자에게 진 빚을 갚을 수 있게 자신의 선박 2척이 바타비아로 항해할 수 있는 통행증을 발행해 주기를 제안했다. 네덜란드인들은 터무니없는 소리라며 이 요청을 거부했다. 얼마 후 그들의 고문은 챠우폰자 테세못과 고성을 지르며 싸웠다. 3월, 피아우자가 프놈펜의 중국인지역에서 중무기로 무장한 300명의 병력을 동원하자, 네덜란드인들은 어쩔 수 없이 도움을 요청해야 했다. 이때 중국 선박들도 메콩강을 항해하며 순찰 활동을 수행했다.[105]

6월 20일, 피아우자는 170~180명의 병사를 이끌고 프놈펜에 있는 네덜란드 상관으로 향했다. 그들은 방어벽을 뚫고 들어가 케팅의 인도를 요구하는 포르투갈어로 번역한 서한을 전달했다. 피아우자는 수석 상무원과 그의 부하 일부를 인질로 잡고, 다른 네덜란드인들에게 은화 4,873테일의 몸값을 모으라고 지시했다. 이 돈이 전달된 후 위기는 완화되는 듯했다.

6월 25일, 바타비아에서 온 네덜란드 동인도회사의 작은 선박이 메콩 강으로 항해했을 때 프놈펜의 케팅은 캄보디아 국왕에게 보호를 요청하면서, 네덜란드 지원군과 많은 화물이 왕국으로 향하고 있다고 확신시켜 주었다. 작은 선박에는 사슴가죽과 교환할 수 있는 화물을 실어왔지만, 거래가 미처 시작되기도 전인 7월 9일 자정에 피아우자는 네덜란드 상관을 습격했다.[106] 그날 일찍, 피아우자의 부하들은 프놈펜의 스페인 구역에 있는 친구를 방문하여 하룻밤을 보내려고 했던 네덜란드 선박의 선원 두 명을 붙잡았다. 포로들은 피아우자에게 바타비아로부터 더 이상의 지원을 기대할 수 없다고 밝혔을 때, 피아우자는 그 날 밤 네덜란드 상관을 공격하기로 결심했다.[107]

80명의 중국군이 방어벽을 뚫고 들어와 잠자고 있던 네덜란드 동인도회사 직원들을 기습 공격했다. 작은 선박이 근처에 정박해 있었지만, 하류의 수위가 낮아 선상의 선원들과 포병은 높은 지대에 위치한 상관을 향해 사격을 가할 수 없었다. 화염에 휩싸인 상관의 피비린내 나는 학살 현장을 멀리서 지켜보던 선원들은 감히 육지로 나갈 수 없었다. 학살은 새벽까지 계속되었다.[108]

5. 제왕들의 공감

'동녕 왕국 중국인'의 이러한 폭력행위는 남중국해 주변에서 정경의 세력이 얼마나 컸던지 보여주었다. 이 사건은 1683년 청 조정이 대만을 탈환하고 정씨 정권을 정복한 한 후 정씨 정권의 공식 문서를 대부분 파기했기 때문에 중국 기록에서는 거의 언급되고 있지 않다.

대일 무역을 통해 수익을 추구하는 중국 상인들의 얽히고설킨 역사와 대만에 기반을 둔 정씨 정권의 군사 작전은 수십 년 전 리고르의 야마다 나가마사山田長政와 대만의 하마다 야헤이濱田彌兵衛 같은 일본 사무라이가 해외에서 벌인 행동과 아주 유사하다.

1666년에서 1667년까지 동녕[대만 정경 정권의 영역]에서 진행된 군사 작전은 정경이 어떻게 대만을 화물, 정보 및 군사 자원이 교환될 수 있는 중계항으로 발전시키려고 노력했는지를 보여준다. 정씨의 상인과 병사들은 전략적 우위를 유지하기 위해 신속하고 유연하게 대응할 수 있도록 조직화되어 있었다. 1663년 상당수의 관리, 장교, 병사들이 청나라에 항복했지만, 정씨의 수군은 여전히 많은 병선을 유지하고 있었다.[109] 정씨는 상업 기지를 하문에서 대만으로 옮긴 후 광동 해안을 따라 은신처를 건설했다. 1665년 시랑의 함대가 태풍으로 큰 피해를 입은 이후로, 정씨 정권은 복주와 담수 사이의 해역을 장악할 수 있었다. 네덜란드인들은 1666년과 1667년에 시암의 사슴가죽 수출을 통제하는데 성공했지만, 캄보디아의 사슴가죽 시장을 확보하려다 대만 중국인의 강력한 반대에 부딪혔다.

의심할 여지없이 이 사건의 가장 중요한 원인은 사슴가죽에 대한 일본의 수요였다. 16세기 중반부터 일본은 동중국해와 남중국해 주변지역으로 은을 수출해 왔다. 일본 당국은 중국과 일본 사이의 해역에서 어떤 중국 선박도 피해를 입어서는 안 된다는 선언을 함으로써, 정씨 정권의 무역선에 보호 우산을 펼쳐 네덜란드인들의 공격으로부터 안전하게 보호했다.[110]

네덜란드 동인도회사의 함대는 거의 모든 항구를 봉쇄할 수 있는 능력이 있었다. 하지만 현지 통치자들에게 약속을 지키도록 압력을 가할 수 없다면 그러한 행동은 아무런 소용이 없는 것이었다. 네덜란드 동인도회사도 일본인의 심기를 건드려 일본 은의 공급을 상실할 위험도 감수할 수 없었다. 캄보디아의 경우, 수도 프놈펜이 메콩강 삼각주 상류 200킬로미터에 위치해 있었기 때문에, 네덜란드인들은 이 주변 해역을 효과적으로 봉쇄할 수 없었다. 이러한 이유로 그들은 개별 현지 공급업체를 감시할 수 없었고, 그리고 그들이 누구와 협력하고 있는지 확인할 수 없었다. 게다가 네덜란드 동인도회사는 현지 통치자의 도움 없이는 필요한 물품을 수집할 수도 없었다. 동인도회사는 현지 시장을 장악하기에 너무 약했기 때문에 자신의 특권을 효과적으로 행사할 수 없었다.

프놈펜에 상륙한 정씨 병사 600명은 작전 경험에서 네덜란드 상인들보다 훨씬 더 노련하였다. 캄보디아 국왕의 동의 아래 대만의 정씨 군인들은 네덜란드 상관을 마음대로 약탈할 수 있었다. 4년 전, 시암 왕은 해상 항로에서 네덜란드인들의 보복을 두려워하여, 네덜란드 동인도회사와 화해하기로 했다. 하지만 1667년 캄보디아 왕은 네덜란드 동인도회사가 육로로 충분한 지원을 받을 수 없다는 것을 알아차린 후 정경과 동맹을 맺었다. 캄보디아와 대만 통치자 사이의 새로운 관계는 상호 이익에 대한 인식을 바탕으로 구축되었다. 대만 통치자는 캄보디아 왕을 도와 광남 적군을 추방했고, 일본 막부 쇼군은 동녕 왕국의 중국인이 자국과 캄보디아 간의 통행에 네덜란드 동인도회사의 간섭을 받지 않을 것이라고 보장했다.

정경은 해외 시장에서 유럽 경쟁자들을 물리친 조부 정지룡. 그리고 군사 동맹을 바탕으로 해외 통치자들과 무역 관계를 구축한 아버지 정성공이 구축한 무역 시스템을 사실상 완성했다. 그러나 그가 예측하지 못한 것은 바로 눈앞에 닥친 일본과 필리핀의 은 수출 감소였다. 이러한 불리한 상황을 감지한 그는 새로운 시장을 찾아야만 했다. 아시아 해상무역의 패턴 변화가 결국 어떻게 대만 통치자의 쇠퇴와 몰락으로 이어졌는지는 다음 장에서 설명하겠다.

제14장
사라지는 독점적 지위, 1669~1683

1. 무역 네트워크의 재편성 1663~1670년

1665년 초여름 태풍으로 인해 청나라 함대가 혼란에 빠지자 정경鄭經의 수군이 유리한 고지를 점령하게 되었다. 거의 동시에 정경의 수군은 3척의 복주 선박과 1척의 장주 선박을 나포했는데, 이들 선박에는 총 600피쿨의 생사를 싣고 있었다.[1]

이 시기에 광동의 수출이 고뢰렴高雷廉에 있는 정경의 새로운 파트너들이 통제하고 있었기 때문에, 정경은 중국 무역을 확고히 장악할 수 있는 유리한 위치에 서게 되었다. 그는 또 정태의 동생인 정명준鄭鳴駿이 이끄는 망명자[청나라에 항복한 자]들이 나가사키에 있는 정태의 돈을 인출하려 한다는 사실도 알아냈다. 1665년 그는 먼저 나서서 50만 테일에 달하는 돈을 청구했다.[2] 비록 막부 조정은 정태의 후계자가 이 돈의 정당한 소유자라고 판결을 내렸지만, 정경의 대표들은 자신들의 주장을 포기하지 않았다. 이에 일본 당국은 누구에게 이 돈을 넘겨야 할지 난처한 상황에 처하게 되었다.

정경도 신중하게 행동해야 했다. 왜냐하면 그의 부하들이 이 4척의 배에서 노획한 물건을 일본에 팔면, 이는 일본으로 향하는 어떤 선박도 해를 입혀서는 안 된다는 막부의 칙령을 위반하는 것이기 때문이었다. 이러한 비난을 피하기 위해 정경은 약탈한 물품을 팔 수 있는 다른 거래처를 찾아야 했다. 위의 이유로 일본이 배제됨에 따라 차선책으로 선택한 것은 마닐라의 스페인 사람들이었다. 그러나 과거 정경의 아버지 정성공은 1662년에 대만을 정복한 후 마닐라 당국에 한 차례 조공을 바치라고 요구한 적이 있었다. 이러한 공격적인 행동은 마닐라 당국에 공포를 불러일으켰다. 이로 인해 1662년에 피비린내 나는 대학살을 초래하여 2~3천 명에 달하는 중국인이 학살되었고 그들의 재산이 몰수되었다.[3] 정성공의 갑작스러운 죽음과 그에 따른 후계자 분쟁으로 마닐라 정벌 프로젝트는 보류되었다. 마침내 정경은 자신의 계승권을 정당화하는데 성공한 후, 1663년 봄에 하문, 금문 그리고 대만을 장악했다.[4]

흉작과 식량 부족에 직면했을 때, 그는 아버지의 강경한 정책을 교묘하게 뒤집고 대신 마닐라에 상호 이

〈표 14-1〉 1663~1670년
마닐라를 방문한 중국인 선박들

	중국에서 온 선박	대만에서 온 선박
1663	2	-
1664	4	1
1665	10	3
1666	2	2
1667	-	2
1668	-	4
1669	-	3
1670	-	8

출처 : Chaunu,
Les Philippines et
le Pacifique des Ibériques, pp.148~160.

익이 되는 무역 방안을 제
안했다.[5] 그의 사절이자 예
수회 신부 빅토리오 리치오
Victorio Riccio는 다음과 같이
말했다. "(조약의) 주요 관심
사는 마닐라에 있는 그들중
국인에게 빚진 막대한 재산
과 은이 반환되어야 한다"
는 것이었다.[6] 1663년 5월
쌍방 간에 조약이 체결되
고 이듬해 무역이 재개되
었다.[7]

〈표 14-2〉 중국과 대만에서 마닐라로 수출되는 생사 수출량

연도	피쿨당 가격 (단위 : 리알)	총 수 (단위 : 피쿨)	총 가격 (단위 : 리알)
1664	650	4.9	3,185
1665	450~400	27.5	11,675
1666	400	11.8	4,720
1668	500~450	3.4	1,640
1670	400	22	8,900

출처 : AGI Philipinas 64, vol. 1,
cited in Fang Chen-chen,
Ming-mo ch'ing-ch'u t'ai-wan
yü ma-ni-la te fan-ch'uan mao-i (1664~1684)
[명나라에서 청나라로 넘어가는 시기 대만과 마닐라 사이의 선박 무역]
Taipei : Tao-hsiang, 2006, pp.191~192. Appendix II;
Fang Chen-chen, "Chung-kuo, T'ai-wan, yü fei-lu-pin
chih-chien te ssu-ch'ou mao-I : 1657~1686
[The silk trade between China,
Taiwan and Philippines, 1657~86]",
in Chung-kuo hai-yang-shih fa-chan lun-wen-chi,
ed. Tang Shi-yeoung, X,
pp.267~328 at pp.320~323, Table 2.

위의 〈표 14-1〉과 〈표 14-2〉에서 볼 수 있듯이 대만과 마닐라 사이
의 정기 운송 루트가 복원되었지만, 실제로 마닐라로 수출된 생사는 극
소량에 불과했다. 청나라 선박에서 압수한 생사는 네덜란드인들이 예상
했던 것처럼 마닐라로 향하지 않았다. 사실 일본 당국은 정경의 행동에
자극을 받지 않았으며, 나가사키와 마닐라 사이의 가격 차이가 전리품
을 어느 지역에 팔 것인지 결정하는 주요 요인이었다.〈표 14-3〉 참조

1664년에서 1670년 사이에 나가사키의 생사 가격은 550리알에서
600리알로 상승한 반면, 마닐라에서는 650리알에서 400리알로 오히려
훨씬 더 하락했다. 다시 말해 정경은 마닐라와 새로운 관계를 발전시키고
있었음에도 불구하고, 그는 자신이 획득한 대부분의 비단을 여전히 일본
에 판매했다. 〈표 14-4〉에서 볼 수 있듯이, 1646년부터 중국과 마닐라

〈표 14-3〉 일본의 생사 가격
1668~1670년

연도	피쿨당 가격 (테일)	피쿨당 가격 (리알)
1668 1668*	440	(550)
1669*	520 450	(650) (562.5)
1670**	(480)	600

출처 : *The Deshima dagregisters, XII : 1660~1670, pp.259 · 298 · 287, 19 June 1668 · 19 Jan. 1669 · 4 May 1669. **Chang Hsiu-jung, The English Factory in Taiwan 1670~1685, 69. 예상 값은 다음 기준에 따라 괄호 안에 표시된다. 1테일=70스타이버 (after 1666)(VOC-glossarium, 112); 1리알=56스타이버 (VOC 11207, Uijtrekening van de Goude en Silvere Munts waardye, 12).

무역량은 17세기 초 교역량의 30%로 감소했다. 그러나 1661년부터 1670년 사이 중국 화물의 수입 비율은 여전히 마닐라의 수입 총량의 40~50%에 달했다. 이러한 화물의 중요성은 1663년 여름에 양측이 기꺼이 화해할 수 있었던 이유를 설명하고 있다.

영국 상인들이 대만에 무역 상관을 설립하도록 요청받은 후, 그들 중 한 명인 상무원 사이먼 델보Simon Delboe는 정경의 선박이 일본, 대만, 마닐라 사이를 오간 상황을 다음과 같이 설명했다. "왕[정경]은 5~6척의 선박을 가지고, 매년 1월에 마닐라로 가서 4월이나 5월에 돌아온 다음, 물건을 가득 싣고 일본으로 갔습니다. 통상 6월에 출발해서 7월 12일이나 14일 또는 그 이후에 일본에 도착했습니다. 이후 11월이나 12월에 다시 이곳으로 돌아왔습니다."[8] 이는 〈표 14-5〉에서 확인할 수 있다.

1663년 이후 대만 선박 대부분은 설탕과 사슴가죽을 일본으로 운반했다. 영국 상무원인 엘리스 크리스프Ellis Crisp는 이 무역을 다음과 같이 설명했다.

사슴가죽은 전적으로 국왕의 독점 상품으로 매년 20만 장을 제공합니다. 만일 왕이 원한다면 그 양의 절반을 더 가질 수 있을 것입니다. 이 섬에서는 매년 50,000피쿨의 설탕을 생산합니다.[9]

네덜란드 기록에서 알 수 있듯이, 영국 상무원은 아마도 중국인 정보원에게 약간 속았던 것 같다. 정성공이 대만을 점령하기 전에 매년 약 16,000피쿨의 설탕이 생산되었기 때문이다.

1663년부터 청 황제가 중국의 설탕 수출을 금지했기 때문에, 일본은 설탕 대부분을 대만과 동남아시아의 다른 지역에서 수입했다. 그 수입량은 단번에 매년 26,000피쿨을 뛰어넘었다.

1663년 일본으로 수입된 설탕 중 대만에서 수입된 것은 10,790피쿨에 불과했다. 이 수량은 1682년 대만 선박들이 일본으로 운반한 10,112.82피쿨의 설탕과 큰 차이가 없었다.[24] 그러나 1641년 중국 선박들은 중국과 남중국해 주변에 있는 다른 지역에서 일본으로 57,269피쿨의 설탕을 운반하였다. 크리스프의 증언은 정경의 상업규모에 대한 모호한 추정치일 뿐이다. 영

〈표 14-4〉 마닐라의 관세 수입

연도	마닐라에서 중국상품의 관세수익 (리알)	총 관세수입에서 중국 상품이 차지하는 비율
1616~1620	31,045	73.5**
1626~1630	10,192.25	67.3**
1631~1635	22,673.2	75.8**
1636~1640	23,831.8	88.3**
1641~1645	12,249.4	83.81**
1646~1650	9,991	69.8
1651~1655	4,905	65.05
1656~1660	2,786	41.7
1661~1665	2,501.8*	51.5
1666~1670	1,581*	40.16

출처 : Chaunu, *Les Philippines et le Pacifique des Ibériques*, pp.200~219.
*대만 상품의 관세 수입이 포함되어 있다.
**마카오에서 수입되는 상품의 관세 수입이 포함된 비율이다.

〈표 14-5〉 일본 방문 및 귀국 대만인

	일본에서 대만으로부터 선박	일본에서 대만으로 간 선박
1665.6 ~1666.6	8[10]	15[11]
1666.7 ~1667.6	12[12]	7[13]
1667.7 ~1668.7	7[14]	5[15]
1668.7 ~1669.6	8[16]	13[17]
1669.7 ~1670.6	10[18]	10[19]
1670.7 ~1671.5	10[20]	8[21]
1671.6 ~1672.5	13[22]	16[23]

<표 14-6> 대만의 설탕 생산량 1659~1661년

연도	대만에서 생산되는 설탕(피쿨)
1659	17,500[29]
1660	15,000[30]
1661	8,000[31]

<표 14-7> 대만으로부터 설탕 수입 1663~1665년

	중국 선박으로 일본에 가져간 설탕(피쿨)
1662.10.~1663.10.	19,811.1[25]
1664	23,902.1[26]
1665	25,631.71[27]

국인들은 나중에 대만에서 매년 약 10,000피쿨의 설탕이 생산된다는 사실을 알아냈는데, 이는 우리들의 추정치와 일치하는 양이다.[28]

네덜란드인이 사슴가죽을 가장 많이 수출한 것은 1638년에 151,010장이었지만, 1663년 영국 보고서에 따르면 정경의 배로 수출한 사슴가죽은 약 30만 장이었다.[32] 그러나 여기에는 시암과 캄보디아의 사슴가죽도 포함되었다.

<표 14-8> 중국 선박이 일본으로 운반한 사슴가죽(단위 : 장)

	총수	대만에서 가져온 사슴가죽	캄보디아에서 가져온 사슴가죽
1663	348,081[33]	117,200[34]	92,710[35]
1664	234,342[36]	—	128,000[37]
1665	148,168[38]	—	(많이)[39]
1666	—	—	70,000[40]

1667년 정경은 캄보디아 사슴가죽을 확보하기 위해 광동의 사략 상인 및 해적 집단과 힘을 합쳐 캄보디아에 있던 네덜란드 무역 상관을 철저히 파괴했다. 그의 목적은 매년 사슴가죽 10만 장을 확보하는 것이었다.[41]

청 조정이 해상 금수 정책을 엄격하게 시행했을 때에도 일본으로 항해하는 중국 선박의 수입액은 꾸준히 유지되었다.

1667년 이후 도쿠가와 막부가 은의 지속적인 유출에 경각심을 갖고 수출량을 줄이는 조치를 취한 이후 일본의 은 수출은 급격히 감소했다.

<표 14-9> 일본과 필리핀의 중국 무역 계정 1663~1672년(단위 : 테일)

연도	중국선박 일본으로 수입*	중국선박이 일본에서 은 수출**	대만산 마닐라 수입***
1663	1,108,976.8	541,100	
1664	2,084,075.3	1,666,400	
1665	1,269,057	804,200	9,035.5
1666	1,309,970.4	723,600	2,626.2
1667	1,015,422	454,700	3,634.5
1668	1,754,147.7 (280,000)[42]	341,500	16,166.5
1669	1,640,836.1	29,600	-
1670	1,528,203.7	39,500	28,411.5
1671	1,442,611.5	95,000	3,197.4
1672	1,508,217	896,400	8,644.4

출처 : *Innes, "The Door Ajar", p.410.
**Von Glahn, *Fountain of Fortune*, p.227, Table 21.
***Fang Chen-chen, Ming-mo ch'ing-ch'u t'ai-wan
yü ma-ni-la te fan-ch'uan mao-i (1664~1684), 200, Table 5.23.
리알은 다음 기준에 따라 테일로 변환되었다.
1 tael=70스타이버 (after 1666)(VOC-glossarium, 112);
1리알=56스타이버 (VOC 11207, Uijtrekening
van de Goude en Silvere Munts waardye, 12).
그러므로 1리알=0.8테일.

일본 당국은 은 수출 금지 이후 무역 수지의 균형을 맞추기 위해 1664
년 금 수출 금지를 해제하기도 했다. 네덜란드인들은 이러한 정책 변화
에 대해 상당히 낙관적이었다. 왜냐하면 그들은 유럽에서 스페인의 은
을 충분히 얻을 수 있었고, 또 페르시아 은에도 의존할 수 있었기 때문
이었다. 일본의 금은 코로만델 해안에 투자되어 그들이 과거 정성공에
서 얻었던 중국 금을 대체할 수 있었다.[43] 결과적으로 일본의 새로운 수
출 정책은 대만을 되찾거나 중국에 또 다른 무역 기지를 설립하려는 네
덜란드 동인도회사의 동기를 약화시켰다. 해상 금수 조치가 정경의 무
역 네트워크에 더이상 타격을 입히지 못하게 되자, 청 조정은 1667년
공원장孔元章을 파견하여 정경의 항복을 권유했다. 정경의 답장에는 청 조
정에 대한 적대적인 감정이 전혀 드러나지 않았다.

지금 동녕東寧, 대만은 저 멀리 바다에 있으며, 중국 영토의 일부였던 적이 없습니다. 여기에서 우리는 동쪽으로는 일본과, 남쪽으로는 루손과 무역을 합니다. 이에 인구가 증가하고 사업이 번창하고 있습니다. 나는 이곳에서 합법적으로 왕좌의 자리에 앉았고, 우리 왕조는 영원히 지속될 것입니다. …… 만일 폐하께서 이 해안 주민들이 평화롭게 살 수 있도록 배려해 주신다면, 나는 기꺼이 폐하와 평화조약을 맺을 것입니다. …… 우리에게 대표단을 파견하여 우리 사이의 무역 개방을 주선해 주십시오.[44]

1667년 정경은 결국 설탕과 사슴가죽 무역의 독점을 기반으로 한 무역 네트워크를 재편성하였다. 1668년, 잔류하고 있던 복건 함대는 해안 수호를 포기하라는 명령을 받았고, 수군 제독인 시랑施琅은 정경의 문제를 가장 효율적으로 해결하기 위한 방법을 강희제와 협의하기 위해 북경으로 갔다.[45] 1669년부터 강희제는 더 이상 군대를 보내어 정벌하려는 생각을 포기하였고, 그와 동시에 공식적인 무역 관계를 수립하자는 정경의 제안도 무시하였다. 다시 말해, 양측은 서로 다른 이유로 전쟁을 멈췄다.[46]

2. 무역 운영을 위한 다양한 방안 1670~1678년

1667년에서 1669년 사이 공식적인 평화 회담이 진행되는 동안 해상 금수 조치가 완화되자 정경의 상인들은 재빨리 중국 해안에 거점을 확보하고 밀수를 통해 무역용 물품을 확보하려고 했다.

〈표 14-10〉 중국 해안지역에서 일본을 방문하는 선박

	복주·보타산·남경에서 온 선박	일본에서 출발하여 복주·보타산·남경으로 간 선박
1665.6~1666.6	2[47]	1[48]
1666.7~1667.6	—	(9~10 to coast of China)[49]
1667.7~1668.7	6[50]	6[51]
1668.7~1669.5	4[52]	8[53]
1669.6~1670.6	12[54]	2[55]
1670.7~1671.6	7[56]	4[57]
1671.7~1672.5	3[58]	1[59]
1672.6~1673.3	1[60]	2[61]

1667년 12월 10일 청나라 대표단이 대만에서 하문으로 돌아온 지 2주가 조금 지난 후, 1667년 12월 29일에 청나라 밀수선이 나가사키에 도착했다.[62] 정경도 일본에 갔던 상선들을 복주로 파견했다. 그 상선들은 1668년 3월 15일 은 2,300테일을 가지고 일본에 도착했지만, 청군 해안 수비대의 엄격한 감시로 인해 이러한 돈을 쓸 수 없었다. 이 상선들은 항해를 떠날 때 새로운 무역 기회가 있을 것을 기대하며 일부 상품과 상인들을 그곳에 남겨 두었다. 1668년 4월 2일, 대만 상인들이 소유하고 있는 또 다른 복주 선박 2척이 다량의 비단 제품을 싣고 일본에 도착했다.[63] 1668년 10월 29일, 약 13만 5천 테일에 달하는 비단 제품을 실은 복주의 작은 선박이 도착했다. 12월 15일에는 또 다른 1척이 그 뒤를 따라 왔다.[64] 남경과 보타산普陀山, 절강 연안에 위치에서 온 선박도 도착하기 시작했지만, 그 선박들이 어느 진영에 속했는지 확실하게 알 수 없었다. 실제 상황이 어찌되었던 간에, 1667년에서 1668년 동안 이 밀수 사업에 종사했던 6척의 선박이 일본을 오고 간 것은 사실이다.

1669년, 강희제는 적대 행위를 중단하고 엄격했던 천계령遷界令을 철회하였다. 그리고 농민들은 황폐한 밭으로 돌아가고 어부들도 인근 어

장으로 가서 고기를 잡을 수 있도록 했다. 그러나 해상 금수 조치는 여전히 유효했으며 해안가 근처에서 거주하는 것도 여전히 금지되었다.[65] 이에 1669년 여름에 밀수선의 수가 14척으로 이전 여름철에 비해 2배 이상 증가했다. 대만에서 온 한 선박은 약 18만 5천 테일 상당의 생사와 비단 제품을 일본으로 운반했는데, 이는 대만 상인들이 이 밀수에 큰 역할을 했다는 것을 명백히 보여준다.[66]

밀수꾼들은 때때로 해안 수비대에 잡히기도 했다. 1670년 2월 10일, 보타산에서 온 중국 선박 한 척이 약 71,600테일 상당의 생사와 비단 제품을 싣고 나가사키에 도착했는데, 이 선박의 선원들은 또 다른 2척이 항해 도중에 붙잡혔다고 보고했다.[67] 아마도 이에 맞서기 위해 정경의 일부 병선도 밀수꾼들의 은신처 주변을 순찰하기도 했을 것이다. 정경의 병선이 출현하자 청나라 선박 2척은 나포를 피하기 위해 도망쳐야 했고, 그 중 1척은 보타산으로 도망갔다.[68] 1670년 9월 26일 보타산으로 돌아오던 또 다른 청나라 선박 2척은 복주 근처에서 예기치 않게 정경의 병선을 만난 후 나가사키로 도망쳤다.[69] 결국 1670년 5월, 5척의 청나라 선박의 선장들은 나가사키 봉행奉行에게 북 계절풍이 올 때까지 머물 수 있게 해달라는 청원서를 제출해야 했다. 그들은 정경의 병선이 그곳에 나타났다는 소식을 듣고서 감히 복주나 보타산으로 돌아갈 엄두를 내지 못했다.[70] 중국 해안에 정경의 병선이 존재한다는 사실은 영국 상무원들의 보고에도 보인다. 대만의 헨리 데이크레스Henry Dacres는 "그들이 중국 국경에서 무역을 하고 있지만, 그것은 은밀하게 이루어지고 있습니다. 그 이유는 그들이 중국을 통치하는 청나라와 아직 화해를 하지 않았기 때문입니다. 그러나 그[정경 왕]는 하문, 금문, 보타산이라 불리는 중국 근처의 섬에 사람들을 정착시켰습니다.[71] ...... 그들은 (영국의) 핑크호pink ship에 실린 후추를 상술한 마지막 섬으로 보냈습니다."[72]

정경의 사람들은 중국 연해에서 영국인과 다른 나라 사람들이 공급한 후추와 기타 열대 상품을 판매했다. 사실, 이 무역은 1666년 후추를 가득 싣고 중국 연해로 향하던 정경의 선박 3척이 태풍을 만나 광남에 표류하면서 시작되었다.[73] 1667년에는 일본에서 출발한 대만 선박 3척이 파타니Pattani에 도착했고, 또 다른 선박은 후추와 열대 상품을 구매하기 위해 시암에서 조호르를 방문한 것으로 보인다.[74] 결과적으로 이러한 수단을 통해 공급되는 물량은 충분하지 않았다. 특히 1668년 일본으로부터의 은 수출이 제한된 이후 중국 연안에서 번성했던 밀수 활동은 대만 상인들에게 더 많은 양의 후추를 요구했다. 1670년 영국 상무원들은 정성공이 질란디아 성을 정복했을 때 포획한 후추 중 3,000피쿨만이 대만에 남아 있다고 보고했다.[75] 정성공이 1655년과 1657년에 네덜란드인들에게서 각각 16,000피쿨과 11,000피쿨의 후추를 구입한 것을 고려하면, 위에서 언급한 양은 시장을 충족시키기에 충분하지 않았을 것이다.[76] 따라서 대만 상인들은 시장의 압력에 대응하기 위해 1669년 나가사키의 네덜란드 동인도회사로부터 후추, 백단향, 목향과 같은 열대 상품을 구매해야만 했다.[77] 영국 상인들이 반탐Bantam에서 대만으로 이러한 열대 상품들을 운반했으며, 이러한 관행은 그다음 해까지 지속되었다.[78]

소리의 추종자들과 그들의 함대는 앞서 언급한 대로 정경에게 투항했다. 그러나 1667년 청과 대만 사이의 평화 회담이 열린 후 해상 금수 조치의 시행은 완화되었다. 1668년 5월, 광동 순무는 황제의 윤허를 전제로 천계령의 완화를 제안했다.[79] 공식적인 칙령은 없었지만, 지역지 자료에 따르면, 1670년 이전에 쫓겨난 주민 대부분이 광동 해안 부근의 고향으로 돌아갈 수 있었다는 것은 분명하다.[80]

마카오의 포르투갈인들도 천계령으로 인해 거의 추방될 뻔했다. 그 조건대로라면 포르투갈인들도 광동의 내륙으로 이주해야 했지만, 해상 금수 조치가 시행된 후에도 마카오는 중국의 값싼 상품을 싣고 마닐라, 조호르, 마카오 사이를 항해하는 일부 국가 상인들을 계속 환영했다.[81] 천계령의 책임자였던 광동 총독 노숭준盧崇峻은 1663년 마카오에서 포르투갈 주민들을 추방할 것을 제안하고 귀국 명령을 내렸지만, 북경의 청 조정은 이들의 잔류를 허용하기로 했다.[82] 대만과 청 사이의 평화 회담에 대해 들었거나 혹은 단순히 그들이 처한 곤경 때문이었을 수도 있다. 아마도 마카오 사람들은 고아Goa의 총독에게 무역 개방을 청원할 사절을 중국 조정에 파견해달라고 간청했을 것이다.

1667년 8월 4일, 마누엘 더 살다냐Manuel de Saldanha 대사가 마카오에 도착했다.[83] 같은 해 여름, 4척의 중국 선박이 청에 조공을 바치려는 시암 사신을 대표한다고 주장하며 마카오에 도착했다. 그러나 마카오의 무역 업무를 관리 감독하는 향산香山 현령 요계성姚啓聖은 3척의 시암 선박에 실린 화물 가운데 절반이 왕위중王位中이라는 복건 상인의 소유물이며, 또 1척은 왕위중의 아들이 소유한 물건이 실려있다는 사실을 알게 되었다. 따라서 그는 그들이 국서를 지닌 적법한 사절인지, 아니면 이익만을 도모하는 해상 금수 조치 위반자인지 의문을 제기했다. 비록 시암의 조공 사신은 정식적으로 인정받지 못했지만, 무역은 여전히 은밀하게 진행되었다.[84]

이 외에도 5척의 선박이 캄보디아, 마카사르, 말라카, 소순다열도Lesser

Sunda Islands, 인드라기리indragiri에서 마카오로 돌아왔다. 이들 총 9척의 선박이 가져온 후추는 735피쿨에 달했고, 그 외에도 다양한 열대 상품이 있었다. 이들 화물은 광동 당국의 감시를 받으며 거래를 했는데, 그들은 모든 화물을 몰수하는 척했다.[85] 네덜란드 기록에 따르면, 시암 왕은 실제로 광동에 사절 1명을 파견했지만 광동 당국이 실제 사절을 거부하였는데, 이는 네덜란드인의 입장에서 아주 곤혹스러운 일이었다.[86]

이러한 반쯤 위장된 밀수는 마카오의 옛 번영을 보장하지는 못했지만, 확실히 더 많은 국가의 상인들을 항구로 끌어들였다. 1669년에는 시암에서 3척, 캄보디아에서 2척, 금문에서 2척, 티모르, 마닐라, 바타비아에서 각각 1척, 그리고 바타비아에서 돌아온 포르투갈 선박 1척 등 동남아시아 항구에서 11척의 선박이 마카오에 도착했다. 바타비아의 총독은 이 선박들은 "모두 밤에 포르투갈 및 중국인과 비밀리에 무역을 합니다. …… 그들이 도시에서 공개적으로 무역하는 것은 금지되었으며, 이를 위반한 자는 사형에 처해졌습니다"라고 보고했다.[87] 포르투갈 사절은 마카오에서 3년 동안 억류되었다가 1670년 1월 4일 명령을 받고서 북경으로 갔다.[88] 공식적 무역 승인의 가능성이 점차 커지자, 마카오 총독은 반탐 술탄에게 대표를 파견했다. 그는 반탐으로부터 직접 후추를 얻길 열망했다.[89] 통킹의 네덜란드 상무원인 코넬리스 팔케니어Cornelis Valckenier는 이렇게 보고했다. "마카오는 은 부족에 시달리고 있었기 때문에 모든 중국 상품을 싸게 팔고 있었습니다."[90] 1671년, 중국인 선원들을 태운 시암 왕의 선박은 다른 2척의 포르투갈 선박과 함께 마카오에서 일본을 거쳐 시암으로 돌아왔다. 비단 제품, 토복령土茯苓, 아연 및 중국의 각종 값싼 상품이 적재되어 있었다.[91] 바타비아의 중국 상인들도 이익의 냄새를 맡고서 1671년 여름에 마카오로 항해하기 위해 6척의 선박을 준비했는데, 태풍으로 유실된 1척을 제외하고는 모두 비슷한 상품을 가지고 돌아왔다. 그들의 보고서에 따르면 후추 가격은 피쿨당 13릭스달러16.25리알까지 올랐다고 하였다.[92] 이 선박들은 바타비아의 중국 상인들이 마카오를 경유하는 중일 무역의 새로운 대리상으로 자리를 잡았고, 보타산을 경유해 중일 무역을 운영하던 대만 상인들의 경쟁자가 되었음을 보여주는 증거이다.

정경이 경쟁자들의 밀수에 직면하여 더 많은 양의 후추와 열대 상품을 공급해야 하는 어려움을 극복하기 위해 고군분투하고 있을 때, 청나라와의 평화 회담이 진행될 때 마카오의 중일 무역이 재개되었다. 시암 왕과 네덜란드 당국의 깃발 아래 항해하는 이 특권 상인들은 열대 상품을 공급하는데 아무런 어려움이 없었다. 그 대가로 광동 상인들도 비단 제품을 절강지역보다 더 저렴한 가격으로 기꺼이 제공하였다.

정경은 열대 상품을 얻기 위해 새로운 공급 루트를 열어야 한다는 것을 깨달았다. 그래서 1668년 또는 1669년에 그는 '모든 상인은 그[폐하]의 관할 구역에서 무역을 할 것'을 촉구하는 초청장을 보냈다.[93] "죽은 정성공의 아들이 우리[영국인] 또는 그곳에서 무역하는 다른 모든 사람을 위해, 그의 경내인 항구에서 무역을 할 수 있도록 장려하겠다"라는 내용이었다.

이 선언은 "공개 문서로 작성되어 인접한 여러 항구와 장소로 보내졌다".[94] 이에 호응하여 영국 동인도회사 반탐 상관에서는 1670년 5월 엘리스 크리스프Ellis Crisp 상무원의 지휘 아래 핑크호pink ship 1척과 스루프sloop, 작은 범선 1척을 준비하여 대만과의 무역을 전개했다.[95] 정경은 또한 반탐의 중국인 샤반다르彈主를 통해 바타비아의 네덜란드 동인도회사에 이 메시지를 전달하여, 네덜란드인들과 평화를 체결하고 싶다는 의사를 표명했다.[96] 반탐의 거상巨商인 키나비Ki-nabbi는 대만을 방문하기 위해 선박 1척을 준비했으나 태풍을 만나게 되었는데, 정경 정권의 하문 수비대가 인양권을 얻어 배를 압류했다.[97] 정경은 어떤 식으로든 이 오해를 풀고 키나비와 무역을 했는데, 아마도 반탐 술탄의 배가 얼마 지나지 않아 도착했다는 사실에 자극을 받았을 것이다.[98] 1672년 3월, 대만 선박 2척이 자바의 동부 해안으로 왔다. 키나비는 자신의 이름으로 네덜란드 동인도회사에 4장의 통행증을 신청하려 했지만, 그의 비밀 거래가 샤반다르에게 발각되었다.[99] 정경도 키나비를 통해 자바 렘방rembang에서 선박 1척을 건조하라고 명령했다.[100] 그는 새로 건조된 이 선박을 이용해 키나비의 화물을 영국 동인도회사EIC의 보호 아래 대만으로 운반할 계획을 세웠다.[101]

정성공 휘하의 하문 상인들은 1650년대부터 시암 무역에 종사해 왔다. 그러나 정성공과 네덜란드 동인도회사 간의 전쟁이 발발하자, 시암 왕은 네덜란드 동인도회사와 동맹을 맺었다. 앞서 언급했듯이, 시암-네덜란드 조약은 1665년 정경 상인들을 광남과 캄보디아로 이주하게끔 하였다. 1667년 이후 청과 정경 사이의 긴장 관계가 완화되자 대만 상인들은 시암과의 무역을 다시 시도했다. 1670년 영국 상무원들이 목격한 것처럼, 시암에서 일본으로 향하던 이들 선박 중 일부는 대만을 거쳐 갔을 수도 있었다. 이는 시암 왕이 대만 상인들이 무역을 하러 오는 것을 허용했을 뿐만 아니라 그들을 보호해 주었을 수도 있음을 보여준다. 그러나 대만 상인들이 네덜란드 동인도회사 선박의 공격을 피할 수 있는 가장 좋은 방법은, 시암의 주요 항구를 우회하여 리고르와 같은 작은 항구로 항해하는 것이었다.[102] 그곳의 고위 관료들은 시암 왕의 위임을 받아 현지에서 생산된 주석을 국왕에게 구리로 대신 바꾸어 주었다. 리고르는 속국으로서 매년 시암 왕에게 충성의 표시로 조공을 바쳤다. 리고르는 시암만 남쪽 해안의 말레이반도에 위치해 있었기 때문에, 대만 선박들은 차오프라야 하구 일대의 네덜란드 동인도회사 선박들의 봉쇄를 피할 수 있었다. 리고르의 주석 수출량은 약 800~900바하르bahar, 2,400~3,600피쿨에 상당로 추산되었다.[103] 리고르는 이 금속 외에도 약 500 바하르1,500피쿨의 후추를 생산했다.[104] 1666년 수척의 대만 선박들이 리고르를 방문하여 비단 제품, 다량의 도자기, 일본 타원형 금괴와 일본 구리를 팔았다. 일본에서는 타원형 금괴 1냥의 가치가 6테일 8마스maas 였고, 리고르에서는 7테일에 팔렸는데, 2퍼센트라는 미미한 이윤을 남겼다. 구리도 마찬가지였다. 일본에서는 12테일 4마스로, 리고르에서는 15테일 5마스에서 16테일 사이로 평가되었다. 이 경우 이윤은 25~29% 에 불과했다.[105] 주석은 리고르에서 바하르당 20테일피쿨당 6테일 6마스에 구입했지만 1667년 복주에서 피쿨당 15테일에 판매할 수 있었기 때문에, 대만인이 네덜란드 동인도회사와 거의 같은 가격을 얻을 수 있다고 가정하면 127%의 엄청난 이익을 창출할 수 있었다.[106] 1666년, 리고르에서 대만 상인들은 네덜란드인들이 얕잡아볼 수 없는 경쟁자가 될 것처럼 보였다. 왜냐하면 네덜란드인들은 그들이 희망했던 양의 절반 정도밖에 구매할 수 없었기 때문이었다.[107] 1668년 일본 막부가 은의 수출을 제한한 후, 일본의 금과 구리가 캄보디아에서 그다지 수익성이 없었기 때문에, 대만의 정경 정권에 있어서 리고르 무역의 중요성은 더욱 커

〈표 14-11〉 정씨 상인들이 구매한 후추와 주석(단위 : 피쿨)

	후추	주석	방문 상인
1666	—	(대량)[111]	정씨 정권 깃발[112]
1668	450[113]	900[114]	일본에서 온 중국인[115]
1669	450[116]	1,500[117]	일본에서 온 중국인[118]
1671	주요화물[119]	주요 화물[120]	일본 혹은 광주에서 온 중국인[121]
1672	—	600[122]	대만에서 온 선박 2척[123]

졌다.[108] 1668년 2월, 정경의 선박 1척이 금, 은, 구리, 도자기를 싣고 리고르를 방문했는데, 주석 900피쿨과 후추 450피쿨을 물물교환했다.[109] 1669년에는 정경의 선박이 주석 1,500피쿨과 후추 450피쿨을 운반해 갔다.[110]

네덜란드 상인들은 시암 왕에게 리고르의 주석에 대한 독점 구매권을 부여해 줄 것을 요청했지만, 왕은 1670년에야 승인해주었다. 그렇지만 리고르의 고위관리와 왕실 상관 중개인인 오이자 프라클랑Oija Phraklang 은 그들과 아유타야Ayutthaya 사이의 거리는 아주 멀어 안전하였기에, 밀수를 눈감아 주었다. 그럼에도 불구하고 네덜란드 동인도회사는 국왕의 주석 공급에 만족하였다. 이는 바타비아 고등 행정당국이 '매년 리고르를 방문하는 대만 선박들'을 몰수하면 '증오와 적대감, 분쟁'이 더 많이 발생해 이익보다 손해가 더 많을 것이라고 믿었기 때문이었다.[124]

1672년, 대만 선박 2척이 주석을 구매하기 위해 리고르를 다시 방문했을 때, 네덜란드인들은 그들의 독점권을 지키기 위해 매우 열심이었다. 그들은 정경의 상인들과 여전히 교역하기를 원하는 지역 고위관리에게 계속 압력을 가했고, 동시에 네덜란드가 정성공 군대와 계속 전쟁을 벌이고 있는지를 물었다.[125]

1665년 이후 시암의 나라이Narai 왕은 아버지 프라샷 통Prasat Thong의

〈표 14-12〉 중국과 일본에 파견된 시암 왕의 선박

	일본 도착	중국으로 출발	시암으로 돌아감
1669.7~1670.6	3[129]	–	3[130]
1670.7~1671.6	1[131]	3[132]	4[133]
1671.7~1672.6	1[134]	3[135]	(4)[136]
1672.7~1673.6	1[137]		(1)[138]
1673.7~1674.6	1[139]		3[140]
1674.7~1675.6	3[141]	–	–
1675.7~1676.6	–	3[142]	2[143]
1676.7~1677.6	1[144]		
1677.7~1678.6	1[145]	–	2[146]

즉위 이후 중단되었던 시암과 일본 간의 직접 무역 관계를 성공적으로 복원시켰다.[126] 1667년 나라이 왕은 중국에 조공 사절을 파견했는데, 이 사절은 포르투갈 대사와 함께 마카오에서 몇 년 동안 억류되었다. 중국 기록에 따르면, 시암 조공 사절은 1671년 1월에 마침내 북경에 도착했다.[127] 이 알현 덕분에 광동에서 중단되었던 중국과 시암 간의 무역이 회복되었다. 바타비아계 중국인이 마카오와 일본 간의 항로로 다시 돌아왔다. 뿐만 아니라, 시암의 나라이 왕과 그의 보호를 받는 중국인과 시암 상인들은 시암-마카오-나가사키 항로에서 활약했다. 광동성의 통치자인 평남왕 상가희도 이러한 화해를 계기로 중일 무역에 참여하기를 열망했고, 아울러 조선造船 사업에 투자를 했다.[128]

1671년 나라이 왕은 관계 회복의 상징으로 청 황제가 하사한 칙서를 받기 위해 또 다른 사절을 보냈다.[147] 중국-시암-일본 삼각 무역으로 확대시켜 무역의 이윤을 공유하기 위해, 나라이 왕의 선박들은 주로 마카오를 경유하는 중일 무역에 참여했다. 하지만 시암 왕은 청 조정과 직접적인 관계를 회복한 유일한 군주는 아니었다.

명나라 초기 극동과 동남아시아의 중개자 역할을 했던 류큐 왕국도

사쓰마 다이묘를 통해 도쿠가와 막부에 조공을 바치던 시기에, 다시 중일 무역의 중개자 역할을 자처하였다.[148] 1667년 대만이 북경과 교섭을 시작하기 전인 1663년과 1665년에 이미 류큐 왕은 전통적인 방식으로 복주를 거쳐 청 조정에 사신을 파견했다.[149] 청 황제는 류큐 사절에게 3년에 한 번씩 복주에서 무역할 수 있는 권리를 부여했다.

1670년 청 황제가 대만의 정경과 평화 회담을 계속하길 거부하자, 정경은 선박을 복주 해안으로 보내 류큐의 조공선을 나포해 대만으로 끌고 왔다. 이것은 정경이 자신이 관여할 수 없는 상황에서 중국과 일본 간의 무역 관계를 발전시키고자 하는 기타 세력의 시도를 억제하려는 전략이었다. 류큐 선박의 일부 선원들은 모국으로 도망쳤고, 이 소식은 그들의 보호자인 사쓰마의 다이묘에게 알려졌다. 이에 다이묘는 1672년 막부에 손해배상을 청구했다. 그 결과 정경 소유의 대형 화물선 3척이 나가사키에 억류되었고, 3만 테일의 벌금을 내고서야 풀려나게 되었다.[150]

1669년 이후 정경은 평화로운 상인의 자세를 취했고, 네덜란드, 시암, 류큐의 깃발을 든 중국 상인들은 모두 중국 무역에서 한 자리를 차지하려고 노력했다. 한편 1670년과 1671년 멕시코산 스페인의 은을 실은 갤리온선이 오지 못해, 중국과 마닐라의 무역은 기대만큼 확대되지 않았다.[151] 정경이 15,000명의 군사를 이끌고 마닐라를 기습 공격할 것이라 전해졌다. 하지만, 1672년 여름 필리핀 총독이 특사 돈 프란시스코 아리키 데 로라데Don Francisco Arriki de Lorade를 정경에게 보내었고, 이로 인해 정경의 기습공격은 재고된 것으로 보인다.[152]

그 무렵 정경은 그의 경쟁 상인들이 그와 청 정부 간 일시적 평화를 이용하고 있다는 사실을 알았고, 중국과 일본 간의 무역에 개입할 기회를 엿보았다. 나가사키의 막부가 자신의 선박에 벌금을 부과한 것에 불쾌감을 느낀 정경은 자신의 독점권을 훼손하려는 경쟁자들에게 무력을 사용하기로 했다. 1673년 봄, 그는 일본으로 항해하는 모든 선박들에 대한 봉쇄를 선언했다.[153] 그는 일본으로 향하는 모든 선박들을 제지했을 뿐만 아니라 심지어 광동 연해에 병선 1척을 파견했다. 일본으로 향하던 4척의 선박이 공해상에서 나포되었을 때, 단 1척만이 탈출에 성공했다.[154]

정경은 또 나라이 왕에게도 자신의 봉쇄 소식을 알렸다. 1673년 4월, 나라이 왕은 정경으로부터 서신을 받았는데, 여기에서 정경은 자신의 손실을 보상받기 위해 병선을 일본 주변 해역에 보내 상선을 나포하라고 명령한 것이라고 설명했다. 시암 왕이 정경과 평화를 유지하고 있었기 때문에, 시암 깃발을 단 선박들의 통행은 허가되었다.[155] 실제로 1673년 여름, 시암 왕의 선박이 대만을 거쳐 일본에 무사히 도착하였다.[156]

1673년 8월 28일, 정경의 특사가 25만 테일 상당의 생사와 비단 제품을 싣고 일본으로 항해했다. 그는 선의의 표시로 일본인 조난자 몇 명도 함께 데려갔다.[157] 막부 쇼군과 원로회의가 정경의 예상치 못한 도전에 어떻게 대처할지 논의하는 동안, 청나라와 류큐 그리고 청나라와 시암 간의 무역이 갑자기 중단되었다. 1674년 봄, 광동에서 돌아온 시암 왕의 선박은 평서왕平西王 오삼계吳三桂가 이끄는 남부 3성[운남, 귀주, 사천]에서 반란이 일어났다는 소식을 전해왔다. 같은 소식통은 또 정경이 이 사실을 알게 되었고 이에 즉시 200척의 선박을 중국 연안에 파견했다고 보고했다.[158] 이번 반란의 발발은 시암 왕이 광동과 직접 무역을 해서는 안 된다는 경고였다.

복건의 정남왕 경정충耿精忠은 반란군에 동조하기로 했기 때문에, 더이상 류큐 조공 사절이 북경과 무역 활동을 촉진하는 것을 거부하였다.[159] 이처럼 예기치 못한 상황의 결과로 1674년 봄, 정경의 일본 무역 독점 위기가 갑자기 완화되었다. 이러한 상황에서 정경은 일본과의 무역을 재개하였다. 류큐 상인들의 손실이 보상되었기 때문에 도쿠가와 막부는 이 문제에 대해 초연하게 중립적인 태도를 유지하였다.

복주에서의 정남왕의 반란으로 중국과 일본 간의 무역에 공정한 경쟁의 계기가 마련되었다. 이는 그 다음 해의 선박 동향에서 알 수 있다. 이 사건은 중국과 일본 간의 무역에 큰 영향을 미쳤다. 보타산과 하문을 통해 밀수를 하던 대만 상인들보다 복주 상인들은 남경의 비단 제품을 얻는데 훨씬 유리하였다. 복주 선박들은 일본 막부와 네덜란드 동인도회사 선박의 보호를 동시에 받았기 때문에, 이 무역의 위험이 경감될 수 있었다. 복주 선박의 한 선주는 정남왕이 현지 중국 상인들에게 복주에는 해상 금수 조치가 더 이상 유효하지 않으며, 1674년에는 아무 제한 없이 무역을 자유롭게 진행할 수 있다고 선포했음을 알려주었다.[160] 정남왕은 1674년 초 청 조정으로부터 독립을 선언했을 때, 현지 주둔군이 동참하지 않을 것을 우려해 정경에게 지원을 요청했다. 하지만 그는 얼마 지나지 않아 자신이 지나치게 걱정했다는 것을 깨닫고, 정경에게 무역에 있어 너무 많이 양보한 것을 후회했다.[161] 정경은 정남왕의 공허한 약속에 즉각적으로 봉쇄를 단행하며 대응했다.

정경은 복건 상인들에 맞서 자신의 우위를 유지하기 위해 약 200척의 선박을 중국 연안에 파견했다.[162] 정남왕은 평서왕의 중재로 1674년 겨울에 다시 정경과 동맹을 맺기로 합의했다. 이는 대만 상인들의 복건 방문이 허용되었음을 의미했다.[163] 1675년 정남왕은 정경을 따라 하문에 정착한 영국 상인들에게 통행증을 부여하고 복주로 와서 무역하는 것을 환영했다. 그는 또한 두 명의 중국 상인을 바타비아에 파견하여, 복주가 네덜란드인에게도 개방된 자유 항구임을 선언했다.[164] 이에 대한 대응책으로 정경은 다른 지역의 모든 상인들이 하문에서 무역을 할 수 있으며, 3년 동안 관세를 면제하겠고 선언했다.[165] 이 외에도 그는 1675년 3월 갑옷으로 무장한 관병을 태운 선박 1척을 시암 궁정으로 파견했다. 그들이 아유타야에 도착했을 때, 그들과 일부 네덜란드 선원들 사이에 다툼이 벌어졌다. 왕실 측근과 선주가 개입하지 않았다면, 이 150명의 병사들이 네덜란드 상관을 파괴했을 것이다.[166] 선주는 정경이 내년 봄에 바타비아에 사절을 보내 요안 마차위커르 총독과 회담을 준비하고 있다고 말하면서, 시암의 네덜란드 상무원에게 통행증 1장을 요구했다.[167] 이러한 행위는 네덜란드 선박이 이제 다시 복주에서 무역을 할 수 있게 되었기 때문에, 복주 상인들과 동등한 지위를 얻으려는 시도로 볼 수 있다. 정경의 선박 뿐만 아니라 정남왕의 선박도 4월에 시암에 나타났다. 나라이 왕은 광동과 하문의 두 항구가 이제 서로 다른 두 진영의 수중에 있다는 사실을 알고서 선박 2척을 각각 나누어 이 두 지역으로 파견했다.[168] 어떤 이유에서인지는 모르지만 정경의 사절은 바타비아로 가지 않았다. 그러나 정남왕의 사절은 바타비아로 갔고 그곳에서 성공적으로 무역을 진행했다.[169]

복주 상인들은 해상 금수 조치가 해제된 후 중일 무역에서 자신들의 몫을 차지할 수 있기를 꿈꿨다. 하지만, 청나라와 정남왕이 민남과 절강 양측 사이에서 새로운 대치 전선을 형성하였기에, 그들이 강남 비단 생

산지로 접근하는 것이 차단되었다.[170]

정경은 절강 해안을 따라 밀수 네트워크를 유지하고 광동 연해에서 성공적인 사업을 운영하는 등 다른 방식으로 문제를 해결했다. 1674년 7월, 중국 선박 2척이 1,200피쿨의 생사를 싣고 광동에서 출발해 나가사키에 도착했는데, 그곳에서 1피쿨당 300테일에 팔았다.[171] 1674년 6월에 그의 군대가 광동성 동쪽 국경 근처에서 평남왕의 지방 수비대를 물리쳤기 때문에, 이 2척이 모두 정경의 선박이었다고 추론하는 것이 합리적이다.[172] 이듬해 여름, 고주진高州鎮 총병 조택청祖澤淸이 청나라 광동 당국에 대항하는 반란에 가담했다. 그의 합류로 고뢰렴지역의 항구는 정경의 통제하에 들어가게 되었다.[173] 이 하문과 고뢰렴을 장악하였다는 가시적인 성과로, 1676년 나가사키를 방문한 4척의 광동 선박은 생사 1,282.29피쿨을 운반했다.[174] 1676년 4월, 광동을 지키던 평남왕도 반란에 동참했다.[175] 그 결과 정경은 복주와 광동 당국과 힘을 합칠수 있었는데, 이는 정경과 네덜란드 동인도회사 사이의 적대감을 완화하는데 도움이 되었다.[176]

광동 당국도 반란에 가담하여 정경의 군대와 동맹을 맺자, 동남쪽의 모든 해안지역이 하나로 연결되었다. 정경의 수군이 천주에서 광동에 이르는 연해지역을 통제하고 또 대량의 열대 상품이 중국으로 운송되고 있었다. 그러나 수입 물품을 강남지역의 비단과 교환하려는 그의 시도는 도로가 끊겼다는 간단한 이유만으로 좌절되었다. 평서왕의 군대는 호남성에서 청나라와 전투를 벌이고 있었고, 정남왕은 강서성에서 청나라와 전투를 벌이고 있었다. 이 두 전투는 광동에서 남경 부근의 비단 생산지로 가는 두 경로를 모두 차단했다.[177] 정경이 연해지역을 따라 영

〈표 14-13〉 중국 선박이 일본으로 수출한 액수,
1673~1684년(테일)

연도	수출 액수
1673	(1,152,198.3)
1674	1,827,031.4
1675	(1,670,687)
1676	739,988
1677	959,988.2
1678	1,277,997.7
1679	956,820.9
1680	1,142,857
1681	147,756
1682	952,940
1683	486,929.1
1684	418,184.9

출처 : Innes, "The Door Ajar", p.416, Table 23.
Numbers enclosed in parentheses are estimates.

토를 확장하면서 자신의 영토를 지키기 위해 필연적으로 더 많은 군인을 고용해야 했고, 이로 인해 재정적 부담이 가중되었다.

1676년 10월, 정남왕의 군대는 강서성과 절강성의 최전선에서 무너졌기에, 그는 청의 대장군 화석강친왕和碩康親王 걸서愛新覺羅 杰書, 1645~1697에게 항복해야만 했다.[178] 복주가 다시 청나라에 항복했다는 사실을 알게 된 해안 방어 총병 주천귀朱天貴, 1647~1683는 함대를 이끌고 정경에게 투항하기로 했다.[179]

1676년 11월, 정경의 2만 군대는 청나라 군대와 약 3만 명의 병사를 거느린 정남왕의 연합군에 의해 패배했다.[180] 그해 겨울 청나라 군대는 정경이 점령한 대부분의 도시에서 그의 군대를 서서히 밀어냈다. 정경의 주력 부대는 하문과 정해定海, 복녕福寧 등의 여러 해안 거점으로 후퇴하였고, 이로 인해 청나라 함대는 복주 항구 근처 해역과 광동으로 향하는 항로를 감시하였다.[181] 이러한 사건으로 인해 중국과 일본 간의 무역이 둔화되었지만, 〈표 14-13〉에서 볼 수 있듯이 광동과 시암 간의 무역은 도리어 확대되었다.

복주, 하문, 광동의 통치자들이 서로 동맹을 맺어 그들의 모든 선박들이 시암을 방문할 수 있는 길이 열렸기 때문에 수익이 감소했다. 1677년 정경은 일본으로부터 은을 얻고자 통킹의 생사에 투자하려 했지만,

연도	도착한 선박	
1674	2[187]	일본에서 옴 1척은 마카오를 경유하여 옴
1675	1~2[188]	
1676	6~7[189]	3척은 광동에서 옴 1척은 복주에서 옴 2척은 하문에서 옴
1677	5[190]	3척은 하문에서 옴(2척은 시암인이 소유) 2척은 광동에서 옴(1척은 시암인이 소유)
1678	7[191]	1척은 복주에서 옴 2척은 하문에서 옴(1척은 시암인이 소유) 3척은 광동에서 옴(1척은 시암인이 소유) 1척은 시암 중국인이 소유
1679	1[192]	하문에서 옴
1680	3[193]	2척은 하문에서 왔고, 시암 중국인이 소유 1척은 광주에서 왔고, 시암 중국인이 소유

그해 수확이 좋지 않아 일본으로의 생사 수출은 감소했다.[182] 평서왕의 깃발 아래 무역을 하는 운남성 출신 중국 상인들도 경쟁에서 자유로울 수 없었다. 삼번三藩의 내전 기간 평서왕은 통킹으로 구리를 운송하고 있었고, 이러한 구리 수출은 정경의 선박으로 수출되는 일본산 구리에 대한 이윤을 필연적으로 감소시킬 수밖에 없었다.[183] 일본의 당시 무역 정책에 따라 비단 가격도 피쿨당 290테일까지 하락했다.[184] 1678년 복주에서 장주로 전선이 바뀌었다. 이로 인해 주천귀가 지원하는 하문에서 복주까지의 해상 밀수 루트가 점차 그 가치를 입증하기 시작했다.[185] 1678년 7월 19일, 대만 선박 1척이 약 151,952테일 상당의 물품을 일본으로 운반했다.[186] 이어서 1678년 10월 31일에 또 다른 복주 선박 한 척이 97,000테일 상당의 물품을 싣고 일본에 도착했다. 이러한 자료는 이 시기에도 밀수입이 여전히 활발했다는 사실을 증명한다.

3. 상실된 경쟁력 1677~1683년

1678년 10월에 이르러 중국 본토에서 발생한 반청反淸 반란은 모두 진압되었다.[194] 새로운 병선 건조 계획이 진행된 후, 청나라 대장군 강친왕 걸서는 1679년 9월에 북경으로 돌아갔다.[195] 네덜란드 상무원 야콥 판 데르 플랑켄Jacob van der Plancken의 보고에 따르면, 같은 해 9월 정경은 강친왕[그가 북경으로 떠나기 전]에게 사신을 보내어 자신의 계획을 정중하게 제시했다. 그의 생각은 "'중국과 휴전 및 자유 왕래를 위한 조약을 체결한다. 이 조약의 규정에 따라 청 황제는 정경을 대만, 하문, 금문의 왕으로 인정해 준다. 다시 말해 정경은 자유롭고 주권적인 군주로 인정을 받는다"라는 것이다.[196]

강친왕은 이 사절의 접견을 거부하고, 그렇게 하기 전에 정경이 본토에서 점령한 모든 영토를 청 황제에게 반환해야만 황제를 접견할 수 있다고 했다. 이러한 청 조정의 반대 조짐에도 불구하고, 10월 3일 하문으로 돌아가기 전에 이 사절은 복건 총독 요계성姚啓聖의 영접을 받았다.[197] 1680년 3월 새로운 병선의 건조가 완성되자 청나라 함대는 정해定海에 있는 주천귀의 함대를 공격하기 위해 복주항에서 출항했다.[198] 청나라 조정은 주천귀가 이전에 정남왕의 신하였기 때문에, 정경이 주천귀의 충성심을 줄곧 의심하고 있다는 사실을 알고 있었다. 그래서 그들은 의도적으로 주천귀의 선박들을 살려주었다.[199] 정경의 일부 선박들은 이 전쟁 이후 하문으로 도망갔고, 이로 인해 정경은 주천귀가 자신을 배신하고 복주 수군에 합류했다고 오해하게 되었다. 결국 정경은 1680년 3월 26일에 하문과 금문을 버리고 그의 부하들을 모두 대만으로 데려가

기로 결정했다.[200]

대만으로 돌아온 후 정경은 다시 광동에 집중했고, 평남왕과 협력하여 29만 테일 상당의 화물을 실은 선박 2척을 일본으로 보냈다.[201] 네덜란드 기록에 따르면, 그는 유국헌劉國軒, 1628~1693 제독에게 '상당한' 수의 선박을 이끌고 가서 마카오 부근의 여러 섬을 점령하고 대만에서 생산된 소금을 판매할 준비를 하라고 명령했다. 포르투갈인들은 그들을 격퇴하기 위해 2척의 배를 파견했지만, 아무런 소득 없이 돌아왔다. 그들은 포르투갈 선박이 떠난 후에도 이 섬들을 계속 점거했다.[202]

〈표 14-15〉 네덜란드동인도회사에 의해 유럽과 일본의 귀금속 수출(길더)

연도	유럽에서 옴	일본에서 옴
1640~1649	8,800,000	15,188,713
1650~1659	8,400,000	13,151,211
1660~1669	11,900,000	14,549,133
1670~1679	10,980,000	11,541,481

출처 : Gaastra, "The Dutch East India Company and Its Intra-Asiatic Trade in Precious Metals", p.104, Table 2.

캄보디아, 리고르, 마닐라를 연결한 정경의 해상 네트워크는 일본과 중국 시장에 물품을 공급하고 대만의 번영을 유지하였지만, 1679년 이후 더 이상 지속하기 어려워졌다. 시암 왕은 일본과 광동과의 직접 무역을 재개하였고, 캄보디아에서는 내전이 발발했다.[203] 반탐과 직접 관계를 건립하려는 시도는 네덜란드 동인도회사의 방해로 좌절되었다. 한편, 한때 동맹이었던 반탐과 바타비아의 중국 상인들도 영국 동인도회사와 네덜란드 동인도회사의 보호 아래 점차 일본 무역에 참여하기 시작했다. 1678년 반탐 술탄은 심지어 10,000릭스달러rixdollar 상당의 상품을 실은 선박 1척을 일본으로 보냈는데 영국 국기를 달고 있었다.[204]

<표 14-16> 마닐라에 도착한 선박

	중국과 일본에서 온 선박	인도차이나에서 온 선박	마닐라군도에서 온 선박	인도와 말라카에서 온 선박
1660~1669	65	15	21	1
1670~1679	53	15	17	10
1680~1689	87	8	4	43
1690~1699	169	17	9	38

출처 : Chaunu,
Les Philippines et le Pacifique des Ibériques, pp.200~219.

<표 14-17> 마닐라 관세 비율의 다양한 출처

	중국과 일본	인도차이나	인도네시아군도	인도와 말라카
1666~1670	42.46%	11.18%	12.6%	–
1671~1675	20.81	2.27	7.91	27.37%
1676~1680	37.17	3.88	11.57	19.74
1681~1685	33.35	0.87	2.13	28.73

출처 : Chaunu,
Les Philippines et le Pacifique des Ibériques, pp.148~160.

1668년 이후 인도 시장에서 소비하기 위한 네덜란드 동인도회사의 금 수요는 1668년 이후 일본에 의해 충족되었고, 또 은의 수요는 유럽을 통해 멕시코 은화가 꾸준히 공급되고 있었다. 결과적으로 네덜란드 동인도회사VOC가 바타비아 중국 상인들이 일본 무역에 참여하는 것을 용인하였던 것은 정경과 나가사키 간의 무역에 손해를 끼칠 수 있기 때문이었다.

정경의 선박들이 동남아시아 무역에서 큰 수익을 올리지 못한 또 다른 이유는, 1670년대부터 눈에 띄는 인도양 무역의 팽창 때문이었다. 인도양 무역이 확대되면서 점점 더 많은 수라트 상인들이 동남아 무역에서 자신의 수완을 발휘하고자 했으며,[205] 무역 네트워크를 자바 서부의 반탐까지 확장했다.[206] 바타비아 당국은 회사 본사가 있는 길목에 인도 선박이 들어오는 것을 환영하지 않았다. 하지만 이러한 억제 정책은 이웃한 반탐을 '위대하고 대담하며 부유하게' 만드는 역효과를 낳았다.[207] 반탐의 엄청난 번영으로 인해 이 술탄국은 이로부터 중국과 일본 무역에서 틈새시장을 개척할 수 있었다.

인도 무역의 확장은 마닐라 무역에도 영향을 미쳤다. 말레이군도와 시암에서 유통된 멕시코 은의 공급원이었던 마닐라는, 보다 직접적인 무역 경로를 찾는 인도 상인들에게 인기 있는 목적지가 되었다. 그 결과 1670년 이후 인도와 마닐라 무역은 꾸준히 증가했다.

앞에서 제시한 자료는 1679년 아유타야에 거주했던 조지 화이트 George White가 관찰했던 것과 일치한다.

> 이 나라시암가 은을 공급받은 곳은 일본과 마닐라이다. 전자는 이 제국 황제 쇼군에 의해 몇 년 전부터 수출이 금지되었고, 후자는 코로만델의 선박이 직접 그곳으로 항해한 이후로 많이 감소했다. 은괴는 이곳에서 매우 희소해졌다. 현금을 비축하려는 욕구 때문에 상업 계약이 물물 교환으로 변경되어 매우 불편하였다.[208]

더 많은 멕시코 은을 확보하기 위해 바타비아 당국은 마닐라의 스페인 사람들과 계약을 체결하려고 했다. 이에 당국은 마닐라에서 멕시코 은을 획득할 수 있는 권리를 얻는 대가로 네덜란드가 향신료를 제공하는 조건을 제시하였다. 이 협상은 1668년 실패로 돌아갔다. 1648년 평화 조약에서 어떤 네덜란드 선박도 동방의 스페인 항구를 방문하는 것이 허용되지 않는다는 조항을 근거로 삼았기 때문이었다.[209] 네덜란드 동인도회사 당국은 향료군도의 현지 상인들이 네덜란드와 스페인 간의 무역에 개입하는 것을 원치 않았고, 그 대신 이 사업을 바타비아의 중국 상인들에게 맡기는 것을 선호했다.[210] 바타비아 중국 상인은 네덜란드 동인도회사의 보호 아래 인도네시아군도와 마닐라 간의 무역을 공유할 수 있었다. 이러한 그들의 자유가 정경의 대만과 마닐라 간의 무역을 억제했다고 보는 것이 타당해 보인다.

이러한 모든 상황은 불행한 사실을 초래하였다. 이는 대만 동녕東寧 상인들이 1678년 이후 마닐라, 시암, 말레이군도 및 반탐의 무역에서 점차 점유율을 잃었고, 유럽 회사나 현지 통치자의 비호 아래 있는 현지 중국 상인들에게 자리를 양보할 수밖에 없었기 때문이었다. 그럼에도 불구하고 정경은 1680년 군대를 이끌고 대만으로 돌아온 후에 이러한 역경을 극복하고, 중국과 일본 사이의 밀무역을 여전히 강력하게 통제하였다. 1681년 3월 26일, 강희제가 해안지역 주민들이 집으로 돌아갈 수 있도록 천계령을 폐지하기로 합의함으로써, 정경은 마침내 그 이점을 모두 잃게 되었다.[211] 청나라는 하문과 금문에 상시 주둔군을 배치했다. 하지만 해상 금지령에 대한 가장 엄격한 감시와 통제는 복건 총독 요계성의 휘하 군대에 의해 이루어졌다. 정경이 대만으로 귀국하겠다고 발표한 지 3일 만에 청나라에 투항한 수군 총병 주천귀가 새롭게 재편한 함대가 이를 수행했다.[212] 이러한 결정의 결과로 중일 무역은 전년도 대비 약 13% 수준으로 감소했다.

정경은 1681년 3월 17일 갑자기 세상을 떠났고, 둘째 아들인 정극상鄭克塽이 뒤를 이었다.[213] 정씨 정권은 정극상이 집권한 순간부터 흔들리기 시작했다. 청나라 침략의 위협을 막고 동남아시아 무역에서 우월적 지위를 찾으려 했지만, 그는 해남도에 대한 우회 공격을 감행할지 아니면 주력 함대를 대만에 유지할지 결정하지 못했다.[214] 1681년 4월, 총병 양언적楊彦迪 휘하의 함대는 대만 함대의 지원을 얻지 못해 해남도 부근에서 광동 수군 함대에 의해 바로 흩어졌고, 그 후 마카오를 정복하려는 유사한 계획도 연기되었다.[215] 1681년 8월, 대만 정권은 청나라 함대의 공격으로부터 팽호군도를 방어하기 위해 모든 자원을 동원하였다.[216] 공교롭게도 청 조정이 대만 원정을 개시하는 것이 현명한지에 대해 계속 논쟁을 벌였기 때문에, 이 위협은 실현되지 않았다.[217] 그럼에도 불구하고 1681년 이후 무역이 급격히 감소하면서 대만에서는 생필품 부족 현상이 발생했고, 정경이 중국 본토에서 퇴각한 후 새로운 이민자가 쏟아져 들어와 인구가 급격히 증가했다. 네덜란드 사료에 따르면, 35,000명의 군인이 대만으로 이송되어 총 인구가 50만 명 이상으로 늘어났다. 대만의 농토는 식량 생산의 한계에 부딪혔다.[218] 정씨 정권은 백성들에게 쌀을 공급하기 위해 군인들에 대한 월급 지급을 미루었고, 그 돈으로 시암에서 쌀을 구입하는데 사용했다.[219] 1682년 봄, 쌀을 사기 위해 6척의 선박이 시암에 파견되어 쌀을 가득 싣고 돌아왔다.[220] 이 시기에 중국 남부와 베트남 북부 대부분이 가뭄에 시달렸고, 그 결과 각지에서 온 25척의 선박이 쌀을 구하러 시암에 왔다.[221] 정씨 정권은 1683년 봄에 쌀을 구하기 위해 또다시 4척의 선박을 시암에 파견해야 했다.[222] 그해 여름, 청나라 함대는 7월 16일 팽호군도 앞바다에서 유국헌의 함대를 격파했다.[223] 정씨 정권은 2주 동안 숙고한 끝에 청나라에 항복하기로 했다. 대만에서 일어난 이 모든 과정을 목격한 영국 상무원인 토마스 앵거Thomas Angeir와 토마스 울하우스Thomas Woolhouse에 따르면 다음과 같다.

이곳의 왕과 대신들은 쌀이 부족한 가난한 백성들과 군대의 계속되는 불평을 목도해야 했습니다. 그리고 이 고통의 시기에 약 열흘 동안 곡물을 가져오지 못하면 (비축된 곡식을) 아주 비싼 가격에 팔아야 했기 때문에, 가난한 사람들은 쌀과 감자를 섞지 않으면 배를 채울 수 없었습니다. 만약 시암과 마닐라에서 공급되는 물자가 도착하지 않았더라면 대신들과 백성들 가운데 일부는 고통 속에 죽어야만 했을 것입니다. 따라서 그들은 팽호군도를 잃은 후 더 이상 그들 전임자들의 특권을 유지할 수 없다고 결정했습니다. 이는 무역 없이는 이 나라를 유지할 수 없고, 팽호군도가 없으면 외국인과의 그 어떤 무역도 불가능하기 때문입니다.[224]

식량 부족으로 인한 위기와 팽호군도의 상실은 치명적인 결정타였다. 설상가상으로 토사로 인해 대만의 안평만安平灣의 수심이 너무 얕아져 쌀 운반선이 들어갈 수 없게 되자 어쩔 수 없이 팽호군도에 쌀을 내려야 했다. 청나라 함대가 외부로부터의 원조 기회를 원천적으로 차단함으로써, 내부 위기가 필연적으로 닥치게 되었다. 정씨 정권을 해상용병에서 대외무역에 입각한 번왕藩王으로 끌어올린 쌀 무역이 도리어 정씨 정권의 몰락을 이끌었던 것이다.

결론

방어적 독점과 공격적 독점

중국 남동부 해안지역의 사회적 혼란은 정씨 해상 제국 부상의 가장 중요한 요소였다. 민남지역의 해상용병 세력 집단인 이 제국은 해외 무역과 무력을 통해 해상권을 장악하였다. 해상용병의 기원은 원래 명나라의 농업 기반 조세 행정에서 파생된 것이었다. 세수 관리가 절박한 시기에 세수가 충분히 징수되지 않았고, 게다가 외세의 침입에 해안지역을 방어하기 위한 상설 수군 함대가 필요하였다. 바로 이러한 과정에서 해상용병이 등장하였던 것이다. 출로를 찾기 위해 복건 당국은 다른 어떤 선택의 여지가 없이 해상 무역에서 얻은 수입을 활용하여 해안 경계를 강화하였다. 복건 당국은 해상용병들에게 무역 수익을 약속하는 편법을 통해 북경의 조정이 만족할 만큼의 연안 해역 질서를 유지하고자 하였다. 이를 위해 복건 당국은 해상용병들이 원하는 대로 행동할 수 있는 상당한 자율권을 인정해주었다.

명나라가 1567년 칙령으로 민남지역의 해상 금수 조치를 부분적으로 해제하였는데, 역사학자들은 이를 해외 무역을 통해 이익을 얻기 위한 현지 상인과 선원들의 오랜 투쟁의 결과로 보고 있다. 이 예외적인 '특권'은 장주 해징현에 있는 월항月港이라는 항구 한 곳에서만 허용되었다. 이 정책은 두 가지 목적을 위해 고안된 것으로 보인다. 하나는 일자리가 없는 선원들에게 합법적인 일자리를 제공함으로써 해적 행위를 억제하는 것이었다. 또 다른 하나는 해안 방어를 위한 해상 전투력을 상시적으로 유지하는 것이었다. 어떤 기준으로 보면 잘 계산된 결정으로 보인다. 하지만 최근 연구에 따르면 이는 조정이 해외 무역을 장악하기 위해 잘 고안된 조치라기보다는 해적의 위협으로부터 상선을 보호하기 위한 임시방편에 불과했다.[1] 요컨대, 이 조치는 명나라 조정이 포르투갈의 마카오 잔류를 허용한 '마카오 조약Macau formula'와 유사했다. 연안 해역을 평정하고 해적에 최대한 효과적으로 대처하기 위한 이 정책의 시행은 해안 방위군을 유지할 수 있는 재정적 토대를 마련했다. 이러한 상황에서 해안 방위군과 관공서의 허가를 받아 해외 목적지로 항해할 수 있게 된 선주 및 선장과의 관계는 유연한 협정으로 발전했다.

우선순위를 올바르게 정해야 할 책임은 해안 방위군의 어깨에 공정하게 주어졌다. 해안 방위군 또는 그 지도자들은 많은 선택의 기로에 섰다. 단순히 상선들을 호위하고 그들을 보호하기 위해 이처럼 많은 대가를 치러야만 하는가? 해적을 적극적으로 압박하여 체포하고 해적과 밀수꾼이 섬을 이용하지 못하도록 인근 섬에 초토화 정책을 시행해야 할 것인가? 아니면 그런 번거로운 의무를 아예 무시하고 자체 상선을 활용하여 보다 미래 지향적인 전략을 추구하는 것이 더 나을 것인가? 징수된 무역 수입 중 어느 부분을 해안 방어 유지에 사용할 것인지는 각 지방 당국, 주로 지방 예산을 담당하는 순무의 판단에 따라 결정되었다.

해상용병의 증가와 감소는 외세의 침략에 대한 두려움의 정도와 밀접한 관련이 있었다. 세계화의 초기 단계였던 명나라시대, 중국 연해 지방의 순무들은 국제 해역에서 일어나는 일에 대해 포괄적으로 파악할 수 있는 능력을 갖지 못했다. 중국이나 일본 해적, 네덜란드 밀수상인 등 해양 침략자들의 위협이 커질수록 조정은 해안의 평화를 유지하기 위해 해상용병의 해상 무역 독점권을 더욱 강력하게 지원했다. 결과적으로 해상용병의 지위는 난공불락의 위치에 있었기 때문에 이 '방어적 독점' 정책은 무역 수입 증가에 큰 기여를 했다.

16세기 말 일본의 내전이 끝나고 도요토미 히데요시와 그의 후계자 도쿠가와 이에야스가 일본을 통일하던 이 시기에는 중국 연안에서의 일본 해적 활동도 감소하고 있었다. 막부의 통행증을 획득한 일본 상인들은 평화적이고 합법적인 무역을 바탕으로 중국 해안과 새로운 연결고리를 구축하고자 했다. 하지만, 그들의 희망은 아직 취소되지 않은 대일무역 금지령으로 인해 방해받았다.

1617년, 장주의 신사이자 상인이었던 조병감趙秉鑒은 복건 당국이 해안 방위 부대를 모집한다는 소식을 들었다. 그리고 이때가 일본사람들이 대만으로 이주하려 한다는 소문이 퍼지기 시작할 때였다. 중일 밀수업자와 은밀히 거래하고 있었던 그는 자신의 공적 지위를 이용해 밀수 거래에서 다른 밀수업자들을 배제하고자 했다. 일본의 '위협'이 현실화되지 않자 복건당국은 더 이상 그가 필요하지 않았고 그를 처형해 버렸다. 마찬가지로 일본을 근거지로 밀수를 하던 유명한 밀수꾼 이단李旦은 1622년에서 1624년 사이에 명나라 해안 방위군과 팽호군도의 네덜란드 점령군 사이를 중개하였다. 그 역시 중국과 일본 사이에서 밀수 네트워크를 조직하기 전에는 해안 방위군의 하급 장교로 근무하였다. 이단은 중국 조정과 네덜란드 동인도회사를 중재하여 해안 방어의 중심적인 위치를 확보하려 했지만, 계획이 실현되기 전에 죽었다.[2] 그의 죽음으로 이단의 밀수 네트워크의 일원이었던 니콜라스 이콴Nicolas Iquan이라는 이름의 정지룡에게 길이 열렸다. 그는 1629년 용병으로 네덜란드 동인도회사와 잠시 협력한 후 부하들을 이끌고 복건 해안 방어에 합류하였다.

1624년 네덜란드가 대만을 점령하고 무역 관계를 개방하도록 복건 당국을 계속 압박하자, 1630년대에 정지룡 휘하의 해안 방어군의 힘은 전례 없이 강력해졌다. 일본과의 무역 — 처음에는 대만의 네덜란드를 통한 밀수, 나중에는 나가사키와의 직접 무역 — 은 정지룡의 '방어적 독점'을 발전시키는 데 막대한 기여를 했다. 사실상 그는 해상용병으로 활동하면서 동시에 해안 방위군의 고위 장교로 복무했다. 연안의 안보와 번영을 위해 양보해야 한다는 것을 깨달은 일련의 순무들은 그의 야망에 힘을 보태어 주었다. 정지룡의 '방어적 독점'은 1640년대에 명 조정이 제국 북동쪽 국경에서 만주족의 위협에 직면했을 때 절정에 달했다. 당시 명 조정은 만주족과의 장기간 전쟁으로 국고가 고갈된 상태였고 복건 순무들은 정지룡의 일본과의 불법 무역을 거의 공공연하게 용인했다.

이 모든 일은 네덜란드에게 불리한 것들이었다. 1639년 네덜란드가 일본에서 추방된 포르투갈을 대신할 수 있을 것으로 기대하던 시기에 정지룡의 대외 무역 독점이 급격히 확대되어 중국-일본 항로에서 네덜란드 동인도회사의 무역에 위협적인 존재로 떠올랐기 때문이었다. 1646년 복건성에서 융무제를 추대하고 남명 조정을 세우려고 했는데, 이때 정지룡은 조공 체제로 위장하여 직접 왕실 무역을 할 수 있는 완벽한 방법을 찾아냈다. 이것을 통해서 그는 시암, 수마트라, 말레이반도, 코친차이나에서 네덜란드 동인도회사의 무역 특권에 대항할 수 있었다. 기회가 왔다는 것을 깨달은 정지룡은 중국 내 모든 연안 해양 활동에 대한 유일한 권한을 장악하고 해상 금지령을 실행할 수 있는 권한을 갖게 되었고 이를 '공격적' 무기의 권한으로 전환했다. 정지룡의 아들 정성공은 콕싱가Coxinga라는 이름으로 1653년 복건 해안 용병의 리더가 되었고 이후 성공가도를 달렸다. 그는 일본, 네덜란드, 스페인 등 다양한 무역 파트너 혹은 경쟁자들을 상대하면서 해상 금수 조치를 무기로 삼아 더 많은 이익을 얻었다. 그의 모든 군사 행동은 그의 해상 네트워크가 가장 필요로 하는 지역에 집중되었다. 그가 남경과 대만을 상대로 벌인 마지막 두 차례의 전면적인 공격은 일본과의 비단 무역을 보호하고 인도와의 금 무역에 진출하기 위한 것이었다.

마찬가지로 그의 후계자 정경이 대만의 계롱과 캄보디아 프놈펜에 있던 네덜란드인들을 공격한 것도 공격적인 독점을 시행한 상징적 사건이었다, 이는 무력으로 자신만의 무역 네트워크를 확보하려는 지속적인 노력의 일환이었다. 1663~1670년 (그리고 복건에서는 1684년까지) 청 조정의 해상 금지령과 천계령 정책이 시행되는 동안에도 대만의 정씨 정권은 그 위치를 확보한 채 해안의 여러 거점에서 밀수품을 교환하며 중국과의 무역을 계속하였다.

1662년 정성공이 대만을 점령하면서 정씨 가족은 중국 청 조정과 협상할 수 있는 거점을 마련했다. 17세기 초기에 대만은 중국과 일본 사이에 있는 하나의 '무국적' 공간이었다. 1624년 네덜란드 동인도회사가 대만을 점령하면서 이 국면을 혼란에 빠뜨렸다. 그리고 1636년 새로 설립된 도쿠가와 막부하에서 일본이 스스로 '쇄국' 정책을 채택하면서 이 국면은 더욱 복잡해졌다. 원래 민남지역의 해상용병들은 팽호군도와 대만의 기지에서 중국과 일본 사이의 중간자 역할을 하는 데 그쳤다. 하지만, 1630년대에 정성공이 안해-대만 해상 네트워크에서 중국과 네덜란드 동인도회사 사이의 중개자 역할을 하면서 상황이 급격히 바뀌었다. 이후 1650년대에 정성공은 시암과 일본으로 네트워크를 확장했다. 중국의 지정학적 조건의 극적인 변화는 정성공의 '공격적 독점'을 강화하는 데 크게 기여했다. 이는 지역 무역을 뒤흔들어 네덜란드 동인도회사로 하여금 1663~1665년에 청 수군과 동맹을 맺게 만들었다. 여러 선택지를 검토한 네덜란드인들은 정씨 정권을 무너뜨린다는 공통의 이해관계를 바탕으로 청 조정과 굳건한 관계를 맺는 것이 최선의 길이라고 판단했다.

1673년 화남 각 지역에서 반청복명의 명분으로 새로운 반란이 발생하였다. 정씨 정권과 반란을 일으킨 복건 및 광동성의 통치자 간의 대외무역 경쟁이 본격적으로 시작되었다. 정씨 정권은 과거 동맹국이었던 복건성, 광동성 두 성과 전쟁을 벌일 수 있는 상황이 아니었기 때문에 '공격적 독점'은 사라졌다. 단지 중국과 일본 간의 무역에서 수많은 경쟁자 중 하나로 전락한 것이다. 1677년 복건 반군이 청 조정에 항복한 후, 청 조정이 중국 남부 해안선을 지키기 위해 배치한 새로운 복건 해안 방어군은 정씨 정권과의 초기 투쟁에서 잃었던 지위를 점차 회복하기 시작했다. 그리고 정씨 정권을 공공이익에 대한 큰 위협으로 묘사하면서 '방어적 독점'을 채택했다.

정성공의 과거 부하였던 수군 제독 시랑은 이 기회를 포착하여 하문의 해안 방어군을 지휘하고 대만의 정씨 정권을 공격했다. 그러나 그의 결정은 부적절했다. 왜냐하면 청 조정은 해안을 확보하려는 노력의 일환으로 해안 전체를 철수하는 것을 고려했는데, 이러한 결정은 방어군을 불필요한 것으로 만들어 그의 개인적 입지가 불확실해졌기 때문이다. 시랑은 자신이 오랫동안 계획한 모든 것이 무너지는 것을 보고 싶지 않았기 때문에 가능한 한 빨리 정씨 정권을 제거해야 했다. 그러나 그는 부분적으로만 승리했다. 팽호군도 앞바다에서 정씨의 수군을 격파하고 대만에서 항복을 받아낸 후, '방어적 독점' 유지의 주된 이유였던 해상 위협은 사라졌다. 어렵게 얻은 지위를 지키기로 결심한 시랑은 네덜란드 동인도회사를 대만으로 유인하였다. 이는 네덜란드 동인도회사가 외환으로부터 대만을 지켜줄 것이라고 선전하기 위한 것이었다.[3]

시대가 변했고 네덜란드 동인도회사는 그의 계획에 끼어들지 않으려했다. 이미 중국 복주와의 직거래에서 철수했고, 일본은 아시아 내 무역에 필요한 은 수출을 중단한 상태였다. 중국 상품이 일본에서 점차 수익성이 떨어지고 있다는 사실에 직면한 네덜란드는 대만의 항구가 점점 지리적 이점을 상실하고 있다고 재평가하였다. 그리고 네덜란드 선박이 이 항구를 이용하기에는 너무 얕아졌다고 판단했다. 모든 조건을 검토

한 결과, 1685년 바타비아의 총독 요하네스 캄푸이스Johannes Camphuijs
는 대만에서 중국과의 자유 무역권을 확보하지 않는 한 더 이상 대만에
정착할 필요가 없다고 판단했다.[4] 청 조정에서도 정치적으로 안정되자
더 이상 해상에서 외적 위협이 없다고 판단하고 해안을 개방하기로 결
정했다. 그 결과 군비와 독점적인 무역 수입이 분리되었다. 이는 해안
방위군의 성격과 목적에 근본적인 영향을 미쳤는데, 이후 다른 해상용
병이 더 이상 필요하지 않게 되었기 때문이다.

중국의 오랜 역사에서 살펴지듯, 동한 말기, 당 말기, 명 말기는 물론
이고 불과 한 세기 전의 청나라 말기처럼 중앙 정부의 힘이 쇠퇴할 때마
다 지방의 군벌들이 권력을 쟁취하려 했다. 이러한 현상이 발생한 공통
적인 원인은 반란을 통제할 수 없는 무력한 조정이 지방 방어군에게 지
역 반란을 자체적으로 진압할 수 있도록 자율권을 주었기 때문이다. 예
를 들어 황건적의 난184년, 안사의 난755년, 태평천국의 난1850년은 모두
군벌의 득세와 중앙 정부의 권력이 쇠퇴한 결과였다. 이러한 관점에서
볼 때 정씨 가족의 부상은 남명 황제 치하의 다른 지방 군벌과 크게 다
르지 않았다. 정씨 정권이 다른 군벌과 구별되는 점은 해상 능력이었다.
이를 통해 해외 무역 수입에 독점적으로 접근할 수 있었고, 충분한 자금
으로 자신들의 계획을 수행할 수 있었다. 그들은 농업 수입과 육지의 군
사력에 의존하는 대신 해상 무역로를 확보하고 유용한 상품을 안정적으
로 공급할 수 있는 능력에 의존했다. 중국 해상용병 체제의 탄생은 새롭
게 등장한 해양세력과의 접촉 그리고 세계화란 새로운 물결의 결과였
다. 정씨 정권이 동아시아든 유럽이든 해외 무역 파트너를 상대하는 방
식은 중국 중심의 명나라 조공 시스템보다 말레이 항구 도시국가들의

무역 방식과 더 많은 공통점을 가지고 있었다.

중국 중앙 권력의 쇠퇴는 공교롭게도 정씨의 항구 도시국가를 세우게 했다. 그러나 다른 많은 항구 도시국가들이 그랬던 것처럼, 정씨 정권도 역시 해양무역의 변화와 다른 연안 도시 국가들의 경쟁으로 인해 쇠퇴했다. 중국 제국의 해양 금수 조치 때문만은 아니었다. 하지만 중국 해양 개척의 오랜 역사에서 볼 때 예외적인 사례로 꼽힌다. 중국 연안지역에서 정씨 정권이 중앙 권력의 통제에서 벗어날 뻔했던 유일한 예외적 사례로 꼽히는 이유는 초기 두 통치자의 뛰어난 리더십 덕분인 것 같다.

주석

서문

1 Ralph C. Croizier, *Koxinga and Chinese Nationalism : History, Myth and the Hero*, Cambridge : East Asian Research Center, Harvard University, 1977, p4.

2 羅香林,「朱希祖先生小傳」, 朱希祖,『朱希祖先生文集』6冊, 臺北:九思出版社, 1979, 冊1, 頁2~3.

3 朱希祖,「史館論議」,『朱希祖先生文集』冊42, 頁441.

4 例如:『明季和蘭人侵據彭湖殘檔』,『(延平王戶官楊英)從征實錄』,『清代官書記明臺灣鄭氏亡事』,『明實錄閩海關係史料』,『思文大紀』,『南渡錄』,『爝火錄』.

5 朱希祖,「延平王戶官楊英從征實錄序」, 楊英,『延平王戶官楊英從征實錄』, 北平:中央研究院歷史語言研究所, 1931, 頁6.

6 例如:石源道博,『國姓爺』, 東京:吉川弘文館, 1985; 石源道博,『明末清初日本乞師の研究』, 東京:富山房, 1945.

7 Leonard Blussé, *Japanese Historiography and European Sources*, in P. C. Emmer and H. L. Wesseling(eds.), *Reappraisals in Overseas History*, Leiden : Leiden University Press, 1979, pp.195~222 at pp.207~208.

8 岩生成一,「近世日支貿易ヲ關すゐ數量的考察」『史學雜誌』62, 1931, 頁62~71.

9 Blussé, *Japanese Historiography and European Sources*, pp.205~206.

10 Charles R. Boxer, "The Rise and Fall of Nicholas Iquan", *Tien-hsia Monthly 11*, 1941, pp.401~439.

11 Croizier, *Koxinga and Chinese Nationalism*, 56; Lynn A. Struve, *The Ming-Qing Conflict, 1619-1683 : A Historiography and Source Guide*, Ann Arbor : Association for Asian Studies, 1998, pp.101~104.

12 Ibid., pp.93 · 119, nn.25 · 27.

13 그녀는 아카데미아 시니카(Academia Sinica) 회원이자 타이베이 국립도서관장이기도 한 굴만리(屈萬里)의 도움을 받았다. Ibid., xii~xiii.

14 博衣凌,「我是怎樣研究明清資本主義萌芽問題的?」,『博衣凌治史伍十年文編』, 福建:廈門大學, 1989, 頁45~50.

15 博衣凌,「關於鄭成功的評價」, ibid., 頁335, 註1.

16 中村孝志,「關於I.V.K.B.譯國姓爺攻略臺灣記」, 嗚密察·翁佳音編驛,『和蘭時代臺灣史研究』下冊, 臺北:稻鄉, 1997~2002, pp.183~218. 이 논문은 1957년에 최초로 발표되었다.

17 曹永和,「從和蘭文獻談鄭成功之研究」,『臺灣早期歷史研究』, 臺北:聯經, 1979, 頁369~397. 이 논문은 1961년에 최초로 발표되었다.

18 John K. Fairbank, "Introduction : Maritime and Continental in China's History", in Fairbank(ed.), *The Cambridge History of China, vol. 12, Republican China 1912-1945*, part 1, Cambridge : Cambridge University Press, 1983, pp.9~20.

19 John E. Wills, Jr., "Maritime China from Wang Chih to Shih Lang", in Jonathan D. Spence and Wills(eds.), *From Ming to Ch'ing : Conquest, Region, and Continuity in Seventeenth-Century China*, New Haven : Yale University Press, 1979, pp.204~238.

20 Leonard Blussé, "The VOC as Sorcerer's Apprentice : Stereotypes and Social Engineering

on the China Coast", in Wilt Lukas Idema(ed.), *Leyden Studies in Sinology : Papers Presented at the Conference Held in Celebration of the Fiftieth Anniversary of the Sinological Institute of Leyden University*, December 8~12, 1980, Leiden : E. J. Brill, 1981, pp.87~105.

21 Blussé, "Minnan-jen or Cosmopolitan? The Rise of Cheng Chih-lung Alias Nicolas Iquan", in Eduard B. Vermeer(ed.), *Development and Decline of Fukien Province in the 17th and 18th Centuries*, Leiden : E. J. Brill, 1990, pp.245~264.

22 村上直次郎譯, 『長崎オランダ商館の日記』, 東京 : 岩波書店, 1956~1958; 永積洋子譯, 『平戸オランダ商館の日記』4冊, 東京 : 岩波書店, 1969~1970; 東京大學史料編纂所譯, 『オランダ商館長日記』11冊, 東京 : 東京大學史料編纂所, 1976~2011.

23 林春勝·林信篤·浦廉一編, 『華夷變態』3冊, 東京 : 東洋文庫, 1958.

24 Leonard Blussé, Margot E. van Opstall, Ts'ao Yung-ho, Wouter E. Milde(eds.), *De dagregisters van het kasteel Zeelandia : Taiwan 1629-1662 [The diaries of Zeelandia castle]*, 4 vols. Rijks Geschiedkundige Publicatiën, 's-Gravenhage : Martinus Nijhoff, 1986~2000.

25 江樹生譯註, 『熱蘭遮城日誌』4冊, 臺南 : 臺南市政府文化局, 1999~2011.

26 Leonard Blussé and Natalie Everts, *The Formosan Encounter : Notes on Formosa's Aboriginal Society : A Selection of Documents from Dutch Archival Sources, 1624-1636*, 4 vols, Taipei : Shung Ye Museum of Aborigines, 1999~2010.

27 Leonard Blussé and Cynthia Viallé, *The Deshima Daghregisters, 1640-1670*. Intercontinenta Series XXII, XXIII, XXIV, Leiden : Centre for the History of European Expansion and Global Interaction 2001~2010.

28 Willem Philippus Coolhaas, et al.(eds.), *Generale Missiven van gouverneur-generaal en raden aan Heren XVII der Verenigde Oostindische Compagnie*, 11 vols, 's-Gravenhage : Rijks Geschiedkundige Publicatiën, 1960~2004, vols. 1-4.

29 Cheng Shao-gang, *De VOC en Formosa, 1624-1662*, Dl. II, Ph. D diss., Leiden University, 1995; 程小剛譯編, 『和蘭人在福爾摩莎』, 臺北 : 聯經出版, 2000.

30 林仁川, 『明末淸初私人海上貿易』, 上海 : 華東師範大學出版社, 1987.

31 陳支平主編, 『臺灣文獻匯刊』7部, 100冊, 北京 : 九州出版社, 2004.

32 『明淸時期澳門問題檔案文獻匯編』6冊, 北京 : 人民出版社, 1999.

33 永積洋子, 『唐船輸出入品數量一覽, 1637~1833年 : 復元唐船貨物改帳, 歸帆荷物買渡帳』, 東京 : 創文社, 1987.

34 George William Skinner(ed.), *Modern Chinese Society : An Analytical Bibliography*, 3 vols, Stanford : Stanford University Press, 1973, II, lvi-lvii.

35 Ibid. I, lix~lx.

제1장 조공체제가 도전을 받다

1 John King Fairbank, "Tributary Trade and China's Relations with the West", *The Far Eastern Quarterly 1/2*, 1942, pp.129~149, at pp.131~133. '중국적 세계질서'라는 개념이 오랫동안 지속되었음에도 불구하고, 중국을 중심으로 한 동아시아 국가들 사이에서 통일된 틀이 된 '조공체제'는 1425년에서 1550년 사이에만 작동했다. Cf. John E. Wills, Jr., *Embassies and Illusions : Dutch and Portuguese Envoys to K'ang-his, 1666-1687*, Cambridge : Harvard University Press, 1984, pp.7~24.

2 Fairbank, "Tributary Trade and China's Relations with the West", 137. 이러한 '보증'이

어떻게 작동했는지에 대해서는 영락제의 베트남에 대한 명나라의 개입이 현실적인 사례가 될 수 있다. 참조 Lo Jung-pang, "Intervention in Vietnam : A Case Study of the Foreign Policy of the Early Ming Government", *The Tsing-hua Journal of Chinese Studies, New Series*, vol.8, No.1~2, 1979, pp.154~185. 명나라 조공체제와 해외 무역과의 관계에 대한 보다 포괄적이고 자세한 설명은 'Chang Pin-ts'un(張彬村), "Chinese Maritime Trade : The Case of Sixteenth-Century Fu-chien", Dissertation : Princeton University, 1993, pp.8~11을 참조.

3   Fairbank, "Tributary Trade and China's Relations with the West", pp.138~139; Hok-Lam Chan, "Chinese Barbarian Officials in the Foreign Tributary Missions to China during the Ming Dynasty", *Journal of the American Oriental Society* vol.88, No.3, 1968, pp.411~418, at p.417; Chang, "Chinese Maritime Trade", pp.11~36.

4   Ronald P. Toby, *State and Diplomacy in Early Modern Japan : Asia in the Development of the Tokugawa Bakufu*, Princeton : Princeton University Press, 1984, 24; Richard von Glahn, *Fountain of Fortune : Money and Monetary Policy in China*, Taipei : SMC Publishing, 1996, 90. 이전 단계에서 중국과 일본이 국내 제도의 본질적인 차이에도 불구하고 공식적인 중일 관계가 어떻게 상호 인정에 도달했는지를 보여주는 고전적인 연구는 왕이동(王伊同), *Official Relations between China and Japan 1368-1549*, Cambridge : Harvard University Press, 1953 이다.

5   Marius Berthus Jansen, *The Making of Modern Japan*, Cambridge : The Belknap Press of Harvard University Press, 2000, p.4.

6   Asao Naohiro, "The Sixteenth-Century Unification", trans. Bernard Susser, in John Whitney Hall, James L. McClain(eds.), *The Cambridge History of Japan* [hereafter cited as *CHOJ*], 6 vols, Cambridge : Cambridge University Press, 1991, IV, pp.40~78, at p.67; Toby, *State and Diplomacy in Early Modern Japan*, p.24. 명 조정은 이러한 조공 교환에 따른 재정적 부담 때문에 1430년대부터 조공 교류를 금지했다; Chang, "Chinese Maritime Trade", pp.39~45 참조.

7   Von Glahn, *Fountain of Fortune*, pp.114~115.

8   Jurgis Elisonas, "The Inseparable Trinity : Japan's Relations with China and Korea", in Hall(ed.), CHOJ, IV, pp.235~265, at pp.238~262; Ray Huang(黃仁宇), "The lung-ch'ing and Wan-li reigns, 1567~1620", in Frederick W. Mote and Denis Twitchett, eds., *The Cambridge History of China* [hereafter CHOC], vol. 7, *The Ming Dynasty 1368-1644, part 1*, Cambridge : Cambridge University Press, 1988, pp.511~589 at pp.580~583.

9   Ray Huang(黃仁宇), *Taxation and Governmental Finance in Sixteenth-Century Ming China* (十六世紀明代中國之財政與稅收), Cambridge : Cambridge University Press, 1974, pp.65~67. 필자는 원저자를 따라 '위소'를 '군사 식민지'로 번역했다. 독자들은 이 국면을 유럽에서 말하는 '식민지'와 동일시하지 않도록 주의해야 한다. '군사 시설'이 오해를 피하기 위한 더 나은 번역일 수 있지만, 자급자족하는 경제적 실체로서의 군사 단위의 의미를 전달하지는 못한다.

10 Ibid..

11 范中義·仝晰綱, 『明代倭寇史略』, 北京 : 中華書局, 2004, 頁202. 1547년 경 복건 관리들은 장주부의 이전 특정 해안에 있는 병력은 18.5%에 불과했지만, 복건 남부 해안 수군 기지에 남아있는 군인들은 원래 정원의 42.8%라고 보고했다. Chang, "Chinese Maritime Trade", pp.204~208. 참조.

12 Ray Huang, *1587 : A Year of No Significance : The Ming Dynasty in Decline*, New Haven :

Yale University Press, 1981, p.160.

13 Ibid., p.169.

14 이 논문의 중국 관직명은 찰스 허커(Charles O. Hucker)의 *A Dictionary of Official Title in Imperial China*의 번역본을 바탕으로 한다.(Taipei : Southern Materials, 1988.)

15 Huang, *Taxation and Governmental Finance*, p.292; 范中義·仝晰綱, 『明代倭寇史略』, pp.244~248.

16 「明實錄閩海關係史料」, 『臺灣文獻叢刊』第296種, 1971, 頁29; Huang, *1587 : A Year of No Significance*, p.164; John E. Wills, Jr., "Maritime China from Wang Chih to Shih Lang", in Jonathan D. Spence and John E. Wills, Jr.(eds.), *From Ming to Ch'ing*, New Haven : Yale University Press, 1979, pp.204~238, at pp.211~213. 서광계(徐光啓)는 호종헌(胡宗憲)이 왕직(汪直)을 조정에 귀순시키고 진심으로 노력했다고 주장했고, 황제는 이를 허락하지 않고 사형을 명했다. 徐光啓, 「海防迂說」, 下册, 『臺灣文獻叢刊』第289種, 1971, 頁212 참조.

17 范中義·仝晰綱, 『明代倭寇史略』頁189.

18 林仁川, 『明末淸初私人海上貿易』, 上海 : 華東師範大學出版社, 1987, 頁76~77.

19 Chang, "Chinese Maritime Trade", pp.247~248. 장빈촌(張彬村)은 이들을 '지원병'이라고 불렀다. 그는 또한 그들의 지위가 위소병의 신분과는 다르다는 점을 지적했다.

20 Huang, *1587 : A Year of No Significance*, p.260.

21 Ibid., p.172.

22 Chang, "Chinese Maritime Trade", pp.70~71.

23 Huang, *1587 : A Year of No Significance*, p.162; Hucker, *A Dictionary of Official Titles*, p.80.

24 Huang, *Taxation and Governmental Finance*, p.291.

25 李金明, 「明朝中葉福建漳州月港的興起與福建海外移民」, 湯熙勇編, 『中國海洋發展史論文集』, 臺北 : 中央研究院人文社會科學研究中心, 2008, 第10輯, 頁72~76; Chang, "Chinese Maritime Trade", pp.251~257.

26 梁兆陽, 『海澄縣志』, 林有年等編, 『日本藏中國罕見地方志叢刊』, 32册, 北京 : 書目文獻出版社, 1992, 第30册, 頁526.

27 梁兆陽, 『海澄縣志』, 頁527.

28 李金明, 「明朝中葉福建漳州月港的興起與福建海外移民」, 76; 陳宗仁, 「晚明月港開禁的敍事與實際」, 湯熙勇編, 『中國海洋發展史論文集』, 第10輯, 頁122.

29 譚論, 「條陳善後未盡事宜以備遠略以圖治安疏」, 頁24~25, 轉引自陳宗仁, 「晚明月港開禁的敍事與實際」, 頁120.

30 陳宗仁, 「晚明月港開禁的敍事與實際」, 頁133.

31 林仁川, 『明末淸初私人海上貿易』, 頁107.

32 陳宗仁, 「晚明月港開禁的敍事與實際」, 頁134.

33 Ibid..

34 Ibid., 頁126.

35 16세기 중국 해안의 해적 침입과 비슷한 시기에 유럽인들이 동아시아해역에 도착하여 이 혼란스러운 상황에 휘말리게 되었다. 이 책에서는 포르투갈인들이 마카오에 어떻게 정착했는지는 다루지 않겠지만, 이를 주제로 한 권위 있는 작품들이 많이 있다. 예를 들어, John E. Wills, Jr., "Relations with Maritime Europeans", in Mote and Twitchett(eds.), CHOC, VIII, pp.333~373, at pp.333~347, and "Maritime Europe and the Ming", in Wills(ed.), *China*

and Maritime Europe 1500~1800 : Trade, Settlement, Diplomacy, and Missions, New York : Cambridge University Press, 2011, pp.24~77, at pp.24~42.

36 黃鴻釗, 「葡萄牙人居留澳門考略」, 『文化雜誌』, 66期, 2008, 頁176; 湯開建, 張照, 「明中後期葡人幫助明朝剿除海盜史實再考」, 『湖北大學學報(哲學社會科學版)』, 32卷 2期, 2005, 頁195.

37 陳宗仁, 「晩明月港開禁的敍事與實際」, 頁125~126.

38 湯開建, 張照, 「明中後期葡人幫助明朝剿除海盜史實再考」, 頁195.

39 林仁川, 『明末清初私人海上貿易』, 頁108.

40 陳宗仁, 「晩明月港開禁的敍事與實際」, 頁135~139.

41 Ibid..

42 張燮, 『東西洋考』, 北京 : 中華書局, 1981, 頁7.

43 Leonard Blussé, "No Boats to China : The Dutch East India Company and the Changing Pattern of the China Sea Trade, 1635~1690", *Modern Asian Studies* vol.30, No.1, 1996, pp.51~76, at p.59.

44 黃鴻釗, 「葡萄牙人居留澳門考略」, 頁179.

45 Blussé, "No Boats to China", p.59.

46 Ibid., p.60.

47 Von Glahn, *Fountain of Fortune*, pp.118~119.

48 林仁川, 『明末清初私人海上貿易』, 頁108~111. 예를 들어, 임도건(林道乾)은 대만에 발을 들여놓으려고 했고, 임봉(林鳳)은 루손의 한 지역을 점령하려 했다.

49 張燮, 『東西洋考』, 頁132. 명나라 세제 개혁, 즉 '일조편법(一條鞭法, one single whip system)'도 이러한 엄청난 수요에 기여했다. 그 개혁은 1578년 복건에 도입되었다. Chang, "Chinese Maritime Trade", pp.222~224.

50 Jansen, *The Making of Modern Japan*, pp.11~17.

51 Asao, "The Sixteenth-Century Unification", pp.40~95, at 68; Elisonas, "The Inseparable Trinity", 264; 岩生成一, 『新版朱印船貿易史の研究』, 東京 : 吉川弘文館, 1985, 頁57; Yoshi S. Kuno, *Japanese Expansion on the Asiatic Continent : A Study in the History of Japan with Special Reference to her International Relations with China, Korea, and Russia*, 3 vols, Berkeley : University of California Press, 1937, I, pp.124~125.

52 岩生成一, 『新版朱印船貿易史の研究』, 頁9~10.

53 Ibid., pp.14~15.

54 Asao, "The Sixteenth-Century Unification", pp.68~69; Jansen, *The Making of Modern Japan*, 19; Kuno, *Japanese Expansion on the Asiatic Continent*, pp.143~145.

55 岩生成一, 『新版朱印船貿易史の研究』, 頁49~54.

56 Asao, "The Sixteenth-Century Unification", pp.68 · 70.

57 岩生成一, 『新版朱印船貿易史の研究』, 頁24~25.

58 Asao, "The Sixteenth-Century Unification", pp.72~73; Kuno, *Japanese Expansion on the Asiatic Continent*, pp.160~170. 이전에 조사되지 않았던 직접 자료를 바탕으로 한 케네스 M. 스워프(Kenneth M. Swope)의 최근 연구는 외교적 관여와는 별개로 실제 상황을 이해하는 데 기여했다. 이를 통해 전장에서의 통찰을 통해 이 전쟁에 대한 보다 포괄적인 그림을 그릴 수 있다. Kenneth M. Swope, *A Dragon's Head and a Serpent's Tail : Ming China and the First Great East Asian War, 1592~1598*, Norman : University of Oklahoma Press, 2009 참조.

59 Ibid., pp.16~17.
60 岩生成一, 『新版朱印船貿易史の研究』, 頁12~13.
61 Ibid., p.30; Hsü Kuang-ch'i, 'Hai-fang yü-shuo', p.213.
62 岩生成一, 『朱印船と日本町』, 頁22~25.
63 岩生成一, 『新版朱印船貿易史の研究』, 頁60~61.
64 岩生成一, 『朱印船と日本町』, 頁22, 頁28~29; 岩生成一, 『新版朱印船貿易史の研究』, 頁64.
65 岩生成一, 『朱印船と日本町』, 頁10.
66 Toby, *State and Diplomacy in Early Modern Japan*, p.27.
67 Ibid., p.30.
68 Ibid., pp.32~33.
69 Ibid., pp.38~39.
70 Ibid., p.45.
71 Ibid., p.39.
72 林復齋編, 『通航一覽』, 8冊, 東京 : 國書刊行會, 1912~1913, 第5冊, 頁340.
73 林復齋編, 『通航一覽』, 第5冊, 頁340~344; 林羅山, 『林羅山文集』, 第1冊, 東京 : ぺりかん社, 1979, 頁130.
74 林復齋編, 『通航一覽』, 第5冊, 頁340~344; 林羅山, 『林羅山文集』, 第1冊, 頁131.
75 『明實錄閩海關係史料』, 頁103.
76 范金民, 「販番販到死方休; 明代後期(1567~1664年)的通番案」, 『東鳴歷史學報』, 18, 2007, 頁80.
77 『明實錄閩海關係史料』, 頁106.
78 林復齋編, 『通航一覽』, 第5冊, 頁344.
79 『明實錄閩海關係史料』, 頁109~110.
80 Ibid., 頁113~114.
81 Ibid., 頁115.
82 張燮, 『東西洋考』, 頁118.
83 張燮, 『東西洋考』, 頁250~252; 『明實錄閩海關係史料』, 頁118~120.
84 張燮, 『東西洋考』, 頁118.
85 黃承玄, 「條議海防事宜疏」, 『明經世文編撰錄』 下冊, 頁113~114.
86 黃承玄, 「條議海防事宜疏」, 頁210.
87 黃承玄, 「條議海防事宜疏」, 頁205.
88 Ibid..
89 陳小沖, 「張燮 『霏雲居續集』 涉臺史料鉤沉」, 『臺灣研究集刊』, 91, 2006, 頁76. 황승현의 편지에서 조병감의 직책은 문자 그대로 '부총병'인 '협총'의 직책임을 유추할 수 있다. 최근 연구에서 서효망(徐曉望)은 조병감의 사례를 더 넓은 맥락에서 파악하기도 했다. 徐曉望, 『早期臺灣海峽史研究』, 福州 : 海風出版社, 2006, 頁166~170 참조.
90 陳小沖, 「張燮 『霏雲居續集』 涉臺史料鉤沉」, 頁76.
91 Ibid., p.77.
92 林復齋編, 『通航一覽』, 第5冊, 頁557. 이 편지는 일본 쇼군(일본 막부)에게 복건 해안을 습격하는 해적들을 체포해 달라는 요청이었다. 이 편지가 쇼군에게 보낸 것이기 때문에, 일본당국은 이를 받아들이는 것이 적절하지 않다고 판단해 정식으로 답장을 보내지 않았다.
93 Huang, *1587 : A Year of No Significance*, pp.169~170. 유대유는 왜구를 퇴치하는 가장 좋은

방법은 바다에서 왜구를 공격하는 것이라고 주장했다.

94   岩生成一, 『新版朱印船貿易史の研究』, 頁24~27.

95   Ibid., p.127.

96   이러한 '무국적' 상황은 존 윌스 주니어(John Wills, Jr.)가 공식화한 '무국적 해양 공간'의 개념과 관련이 있을 수 있다. "Hansan Island and Bay (1592), Peng-hu (1683), Ha Tien (1771) : Distant Battles and the Transformation of Maritime East Asia", in Evert Groenendijk, Cynthia Viallé, and Leonard Blussé(eds.), *Canton and Nagasaki Compared, 1730-1830 : Dutch, Chinese, Japanese Relations*, Leiden : Institute for the History of European Expansion, 2009, pp.255~260, at p.255.

97   Toby, *State and Diplomacy in Early Modern Japan*, pp.65~67.

98   林復齋編, 『通航一覽』, 第5冊, 頁345; Toby, *State and Diplomacy in Early Modern Japan*, pp.61~64.

99   Toby, *State and Diplomacy in Early Modern Japan*, 32.

100   Ray Huang(黃仁宇), "The Lung-ch'ing and Wan-li Reigns, 1567~1620", in Mote and Twitchett(eds.), CHOC, VII, pp.511~584, at pp.580~583.

제2장 1627년 이전의 정지룡(니콜라스 이콴)

1   Femme Simon Gaastra, *The Dutch East India Company*, Zutphen : Walburg Pers, 2003, pp.13~23.

2   Dirk Abraham Sloos, *De Nederlanders in de Philippijnsche wateren voor 1626 [The Dutch in Philippine waters before 1626]*, Amsterdam : J. H. de Wit, 1898, pp.11~12.

3   Sloos, *De Nederlanders in de Philippijnsche wateren*, pp.23~25.

4   Ibid., pp.24~25.

5   Ibid., pp.30~31.

6   Ibid., p.33.

7   Ibid., pp.39~40.

8   Ibid., pp.41~42. 이 해전의 자세한 연구를 위해, Tien-tse Chang, "The Spanish-Dutch Naval Battle of 1617 outside Manila Bay", *The Journal of Southeast Asian History*, 7, 1966, pp.111~121. 참조

9   Sloos, *De Nederlanders in de Philippijnsche wateren*, pp.41~42.

10   Ibid., p.47.

11   張燮, 『東西洋考』, 頁130 참조. Tien-tse Chang, "The Spanish-Dutch Naval Battle of 1617", p.117, n.20.

12   Sloos, *De Nederlanders in de Philippijnsche wateren*, p.48.

13   Richard Cocks, Diary of Richard Cocks, *Cape-merchant in the English Factory in Japan, 1615-1622 : with Correspondence*, ed. Edward Maunde Thompson, 2 vols, London : Whiting, 1883, II, p.9 · 19 · 21, 26 Jan. 1618 · 27 Feb. 1618 · 1 Mar. 1618 · 4 Mar. 1618 · 6 Mar. 1618.

14   Sloos, *De Nederlanders in de Philippijnsche wateren*, p.53.

15   Ibid., p.54.

16   Diary of Richard Cocks, II, p.321. 리처드 콕스(Richard Cocks)가 1620년 12월 13일 동인도회사에 보낸 편지. 필자는 현재 영어 스타일에 맞게 본문을 약간 수정했다. 인용된 원본 텍스트는

"이를 위해 네덜란드인, 군인은 감히 눈여겨볼 사람이 거의 없을 정도로 무역을 중단했다"이다.

17 Willem Pieter Groeneveldt, *De Nederlanders in China : eerste stuk : de eerste bemoeiingen om den handel in China en de vestiging in de Pescadores (1601-1624)*, 's-Gravenhage : Nijhoff, 1898, p.56; Diary of Richard Cocks, II, p.170.

18 *Diary of Richard Cocks*, I, p.233, 28 Dec. 1616.

19 森山恒雄, 村上晶子, 「加藤正權の支配」, 『玉名市史, 通史編』, 玉名 : 玉名市, 2005, 上卷, 頁490; 轉引自中島樂章, 「朝鮮侵略與呂宋貿易 : 十六世紀末加藤淸正的唐船派遣計量」, 東鳴大學歷史學系編, 『全球化下明史硏究之新視野論文集』, 臺北 : 東鳴大學歷史學系, 2008, 册2, 頁21.

20 『明實錄閩海關係史料』, 頁125.

21 沈演, 「答海澄」, 『止止齊集』, 卷55, 頁20; 轉引自陳宗仁, 『鷄龍山與淡水洋 : 東亞海域與臺灣早期硏究(1400~1700)』, 臺北 : 聯經, 2005, 頁172; 왕직(汪直)사건에 대해서는 위의 1장을 참조.

22 沈演, 「答海澄」, 『止止齊集』, 卷56, 頁32~33; 轉引自陳宗仁, 『鷄龍山與淡水洋 : 東亞海域與臺灣早期硏究(1400~1700)』, 頁173, 註86.

23 *Diary of Richard Cocks*, II, p.53, 12 July 1618.

24 Ibid., p.321. 리처드 콕스가 1620년 12월 13일 런던의 동인도회사에 보낸 편지. 여기에서 필자는 현재 영어 스타일에 맞게 원본 텍스트를 수정했다. 원본 텍스트는 다음과 같다. '중국인(Cheenas)은 모든 책임을 네덜란드인과 영국인에게 전가하려고 생각하면서 바다에서 서로 강탈하였다. 그러나 일부는 일본의 일부 지방에 침입하여 막대한 대가를 치렀다. 그리고 다른 중국 선박은 실크 무역을 위해 자신의 선원이 이슬라 페르모사(Isla Fermosa)(타카상가(Tacca Sanga)라고 함)로 가기 위해 낭가사케(Nangasaque)에서 출발하여 모든 돈을 가지고 중국으로 도망쳐, 일본에 있는 선원을 곤경에 빠뜨렸다.'

25 Ibid., p.309, 1619년 3월 10일. 그 자리의 또 다른 잠재적 후보였던 이단의 동생 구화우(歐華宇, Whaw)는 1619년에 사망했다.

26 '무국적' 상황으로 인해 대만은 아직 중요한 환승(중개) 항구가 되지 못했기 때문에, 영국-네덜란드 함대는 이 잠재적인 중-일 만남을 그냥 건너뛰었다.

27 Sloos, *De Nederlanders in de Philippijnsche wateren*, pp.72~73.

28 Seiichi Iwao(岩生成一), "Li Tan(李旦) : Chief of the Chinese Residents at Hirado, Japan in the Last Days of the Ming Dynasty", *Memoirs of the Research Department of the Toyo Bunko 17*, 1958, pp.27~83, at p.44.

29 Iwao, "Li Tan : Chief of the Chinese Residents at Hirado", pp.41~44.

30 Sloos, *De Nederlanders in de Philippijnsche wateren*, p.77.

31 레이예르센(Reyersen)은 마카오 점령에 실패했다. Cf. Groeneveldt, *De Nederlanders in China*, pp.87~90; Charles R. Boxer, "Midsummer Day in Macao, Anno 1622", chap. 5 in *Fidalgos in the Far East 1550-1770*, Hong Kong : Oxford University Press, 1968, pp.72~92. 16세기 후반 이후 마카오에서 포르투갈의 존재에 대한 전체적인 개요는 존 윌스 주니어(John E. Wills, Jr.) 참조, "Maritime Europe and the Ming", chap. 1 in *China and Maritime Europe, 1500-1800 : Trade, Settlement, Diplomacy, and Missions*, New York : Cambridge University Press, 2011, pp.24~77, especially pp.40~70.

32 Groeneveldt, *De Nederlanders in China*, pp.107~108.

33 'Nieuwenrode'는 'Nieuwenroode' 또는 'Neyenroode', 'Nijenrode'로 표기할 수 있다.

34 Groeneveldt, *De Nederlanders in China*, pp.127~128.

35 陳夢雷編,『古今圖書集成』, 卷1,110, 第147冊, 臺北：鼎文書局, 1985, 頁37~38. 이것은 1701년에서 1728년 사이에 편찬된 참고서적 모음집으로, 명나라 말기의 직접적인 자료가 많이 보존되어 있다. 인용된 문단은『方興彙編』, 職方典,「臺灣府部紀事」이다.

36 Ibid..

37 Ibid., 서일명(徐一鳴)이 전투에서 지휘(총병)한 것은 분명하지만, 언제 복건을 떠났는지는 명확하게 기록되어 있지 않다.

38 그의 이름은 아래에서 '방여(方興)'로 확인할 수 있다.

39 Groeneveldt, *De Nederlanders in China*, p.137.

40 陳夢雷編,『古今圖書集成』, 頁5~7. 네덜란드가 도착했을 때 순해도는 고등룡(高登龍)이었는데, 휴전이 시작되었을 때 이 직책을 떠난 것으로 보인다. 따라서 나중에 네덜란드 뇌물수수 혐의로 기소된 정재이(程再伊)가 이 직책(순해도)을 맡은 적임자라고 추론한다.

41 Groeneveldt, *De Nederlanders in China*, p.134.

42 Leonard Blussé, "De Chinese nachtmerrie : Een terugtocht en twee nederlagen", in *De verenigde oost-indische compagnie tussen oorlog en diplomatie*, ed. Gerrit Knaap and Ger Teitler, Leiden : KITLV, 2002, pp.208~237 at pp.216~217.

43 Groeneveldt, *De Nederlanders in China*, p.379.

44 Ibid., pp.135 · 378.

45 Ibid., p.156.

46 Ibid., pp.157~158.

47 네덜란드 기록에는 'Hong sinton'이라고 적혀 있다. 이는 '방천총(方千總)'(National Squadron Leader, 팡 : 국가편대장, 팡)과 같은 의미이다. 그의 이름인 Yü는 예의를 위해 생략했다.

48 董應擧,「答黃撫臺」,『臺灣文獻叢刊』第237種, 1967, 頁16.

49 黃承玄,「題報倭船疏」,『明經世文編選錄』, 下冊, 附錄, 頁252.

50 陳小冲,「張燮『霏雲居續集』涉臺史料鉤沉」, 頁77.

51 순무가 직접 고용한 파총은 '명색파총(名色把總)' 또는 '색총(色總)'이라 불렸다. 정식 시험에 합격하여 획득하였거나 세습되어 온 파총이라는 관직은 '흠의파총(欽依把總)'이라 부르는데, 간단하게 '흠총(欽總)'이라고 부르기도 한다. 周凱,「廈門志」,『臺灣文獻叢刊』第95種, 1961, 頁80.

52 Groeneveldt, *De Nederlanders in China*, pp.171~172; Iwao, "Li Tan : Chief of the Chinese Residents", p.52.

53 Groeneveldt, *De Nederlanders in China*, 172; Iwao, "Li Tan : Chief of the Chinese Residents", p.52.

54 Groeneveldt, *De Nederlanders in China*, p.392.

55 Ibid., p.176; Iwao, "Li Tan : Chief of the Chinese Residents", p.52.

56 Groeneveldt, *De Nederlanders in China*, pp.401~402. Supplement 5, Journaal van Reyersen [Journal of Reyersen], 26 July 1623. 그들은 1624년 봄에 바타비아에 도착했다. cf. *Daghregister gehouden int Casteel Batavia vant passerende daer ter plaetse als over geheel Nederlands India (hereafter Daghregister Batavia).*[바타비아 성에서 동인도지역 곳곳에서 일어나는 상황에 대해 기록한 일기], 31 vols., ed. J. A. van der Chijs, H. T. Colenbrander, J. de Hullu, F. de Haan, and W. Fruin-Mees (Batavia and The Hague : Ministerie van Koloniën, 1888~1931),

I, pp.1~2·6~8. 바타비아로 보내진 선박 2척은 몬순을 잡지 못해(몬순 날씨의 악화로) 그곳에 도착하지 못했다.

57 『明實錄閩海關係史料』, 頁133.

58 Groeneveldt, *De Nederlanders in China*, p.200.

59 『明實錄閩海關係史料』, p.133.

60 Groeneveldt, *De Nederlanders in China*, pp.226~230.

61 Ibid., p.278; Blussé, "De Chinese nachtmerrie : Een terugtocht en twee nederlagen", pp.218~219.

62 Iwao, "Li Tan : Chief of the Chinese Residents", p.55.

63 Groeneveldt, *De Nederlanders in China*, p.279.

64 Iwao, "Li Tan : Chief of the Chinese Residents", p.58.

65 Groeneveldt, *De Nederlanders in China*, pp.282~290. According to Groeneveldt, p. 279, n. 1, 이 부분적인 메시지는 팽호 의회의 결의안이나 송크가 바타비아 총독에게 보낸 서한에서 발췌한 것이다. Jan E. Heeres, Frederik W. Stapel(comp.), *Corpus diplomaticum Neerlando-Indicum : verzameling van politieke contracten en verdere verdragen door de Nederlanders in het Oosten gesloten, van privilegebrieven aan hen verleend, enz.*, 6 vols, 's-Gravenhage : Martinus Nijhoff, I, 1596~1650, 1907~1955, pp.195~197. 이 문서는 '중국 의 네덜란드인(De Nederlanders in China)'에서 인용한 것이므로 다른 출처가 아니다; 周凱, 『廈門志』, 頁666. 이 책을 통해 당시 하문에 거주하고 있었음이 확인되었다. 이 결정적인 메시지의 원본은 VOC 기록 보관소에 보존되어 있지 않지만, 스위스 대위인 엘리 리폰(Élie Ripon)이 이를 목격하고 자신의 개인 일지에 그 내용을 기술했다. Élie Ripon, *Voyages et aventures du capitaine Ripon aux grandes Indes : journal inédit d'un mercenaire 1617-1627 [Voyages and adventures of Captain Ripon in Greater India : Unpublished journal of a mercenary 1617-1627]*, ed. Yves Giraud, Thonon-les-Bains, Haute-Savoie : Éditions de l'Albaron, 1990, pp.117~118. 참조. 다른 모든 기록과 달리 리폰(Ripon)은 중국 당국이 네덜란드가 마닐라로 향하는 중국 선박을 잡을 수 있다는 데 동의했다고 썼다.

66 Iwao, "Li Tan : Chief of the Chinese Residents", p.62, n. 140. (이와오(Iwao)의 번역은 약간 수정되었다.)

67 Ibid., p.63, n.142. 이와오의 번역은 약간 수정되었다.

68 『明實錄閩海關係史料』, 頁127.

69 丘部, 「條陳彭湖善後事宜殘稿(二)」, 『臺灣文獻叢刊』第154種, 1962, 頁24, 1625年 5月16日

70 曹履泰, 「上朱撫臺」, 『臺灣文獻叢刊』第33種, 1959, 頁5.

71 VOC 1093, Resolutie genomen bij den E heer gouv. Martinus Sonck za : [ende sijn raedt] op Piscadores ofte Pehou ende op Taijauwan op 't Eijland Formosa 고인이 된 대만 총독 마르티누스 송크(Martinus Sonck)와 그의 페스카도르스 또는 팽호 위원회가 포모사섬 근처의 대만만에서 발표한 결의안], Taiwan, 14 July 1625, fo. 354r.

72 Sloos, *De Nederlanders in de Philippijnsche wateren*, p.91.

73 VOC 1093, Resolutie genomen bij Martinus Sonck, Taiwan/Pescadores, 12 Dec. 1624, fo. 341v.

74 VOC 1083, Missive van gouverneur Martinus Sonck naar Batavia aan de gouverneur-generaal Pieter de Carpentier [Letter from Governor Martinus Sonck to Governor-General Pieter de Carpentier in Batavia], Taiwan, 12 Dec. 1624, fo. 52r; cf. Chiang Shu-sheng(ed.),

De Missiven van de VOC-gouverneur in Taiwan aan de Gouverneur-generaal te Batavia (hereafter De Missiven) [Letters from the governor of Taiwan sent to the Governor-General in Batavia], Taipei : Nan-t'ien, I, 1622~1626, 2007, p.153. 네덜란드 도착 이전에 사슴가죽 수출 사업을 운영하던 전설적인 인물인 안사제(顏思齊)가 '페드로 차이나(Pedro China, 중국인 피터)'와 동일하다고 믿을 만한 충분한 이유가 있다. *De Missiven*, pp.118~119, n. 47.

75 VOC 1093, Resolutie genomen bij Martinus Sonck, Taiwan/Pescadores, 25 Jan. 1625, fos. 347v~348r.

76 Leonard Blussé, "Minnan-jen or Cosmopolitan? The Rise of Cheng Chih-lung alias Nicolas Iquan", in *Development and Decline of Fukien Province in the 17th and 18th Centuries*, ed. Eduard B. Vermeer, Leiden : Brill, 1990, pp.245~264, at p.254.

77 Iwao, "Li Tan : Chief of the Chinese Residents", p.78.

78 Charles Ralph Boxer, "The Rise and Fall of Nicholas Iquan (Cheng Chilung)", *T'ien Hsia Monthly*, Apr.~May 1941, pp.1~39, at pp.11~15.

79 Iwao, "Li Tan : Chief of the Chinese Residents", pp.72~75.

80 VOC 1087, Resolutien genomen op de tocht van Manilha 't sedert 27 Januarij 1625 tot 22 Meij 1625 [Resolutions made by the fleet council on the journey to Manila during 27 January 1625 and 22 May 1625], 20 March 1625, fo. 286r.

81 VOC 1087, Cort verhael van de voijagie gedaen met 't jacht Victoria naer de cust van Manilha int affweesen van de vloot van 27 Januarij tot 26 Februarij 1625 (hereafter 'The report of the yacht the *Victoria*') [The short log of the voyage of the yacht the *Victoria* to the coast near Manila after she was separated from the Main Fleet, 27 Jan.~26 Feb. 1625], fo. 354r~v.

82 VOC 1085, Missive van Martinus Sonck aan de gouverneur-generaal Pieter de Carpentier, Taiwan, 19 Feb. 1625, fo. 232r; cf. Chiang(ed.), De Missiven, p.174.

83 VOC 1087, Journael van den tocht gedaen van Taijouan naer de baeij van Manilha ende custe van Luconia mette scheepen 't *Wapen van Zeelandt, Noorthollant ende Orange*, mitsgaders de jachten *den Haen, Fortuijn* en *Victoria* onder 't commandement van Pieter Jansen Muijser van 27 Januarij tot 22 Meij 1625 [Journal of the ships the *Wapen van Zeeland*, the *Noortholland* and the *Orange* and the yachts the *Haen, the Fortuijn*, and the *Victoria* on their voyage from Taiwan to Manila Bay and the coast of Luzon under the command of Pieter Jansen Muijser, 27 Jan.-22 May. 1635.], 22 May. 1625, fo. 377r (here-after, "Journal of the Ship *Wapen van Zeeland*"); cf. "Bijlage III : Journael van den tocht gedaen van Taijouan naer Manila anno 1625", in Sloos, *De Nederlanders in de Philippijnsche wateren*, p.130.

84 Sloos, *De Nederlanders in de Philippijnsche wateren*, 130; VOC 1087, "Journal of the Ship *Wapen van Zeeland*", 22 May. 1625, fo. 377r.

85 Ibid., fo. 377r~v.

86 Sloos, *De Nederlanders in de Philippijnsche wateren*, p.130.

87 Ibid..

88 VOC 1087, "Journal of the Ship *Wapen van Zeeland*", 22 May 1625, fo. 377v; Sloos, *De Nederlanders in de Philippijnsche wateren*, p.131.

89 VOC 1087, "Journal of the Ship Wapen van Zeeland", 22 May 1625, fo. 377v; Sloos, *De Nederlanders in de Philippijnsche wateren*, p.131.

90 Sloos, *De Nederlanders in de Philippijnsche wateren*, pp.131~132.

91 Ibid., p.132. 각주 1에서 슬루스(Sloos)는 올바른 스페인어 형태는 'haz muchos grando mar'라고 지적한다. 존 윌스(John Wills) 교수는 올바른 포르투갈어 형태는 'Faz muito grande mar'라고 주장한다. 이 특이한 표기는 정지룡의 발음이나 피터르 뮈저(Pieter Muijser) 사령관의 청각 때문일 수 있다.

92 VOC 1093, Resolutie genomen bij Martinus Sonck, Taiwan/Pescadores, 20 Mar. 1625, fo. 349r~v.

93 이는 정지룡이 '원래 그를 조종하려던 두 당사자의 통제를 벗어나 자신만의 위치를 확보한' '제3의 인물'이라는 레너드 블뤼세(Leonard Blussé)의 가설과 깔끔하게 맞닿아 있다. Cf. Leonard Blussé, "The VOC as Sorcerer's Apprentice : Stereotypes and Social Engineering on the China Coast", in *Leyden Studies in Sinology : Papers Presented at the Conference held in Celebration of the Fiftieth Anniversary of the Sinological Institute of Leyden University, December 8-12, 1980*, ed. Wilt Lukas Idema, Leiden : Brill, 1981, pp.87~105, at pp.104~105. 그러나 나는 중국 밀수업자들이 정지룡의 활동 초기에 그를 지원하도록 요청받지 않았을 것이라고 믿는다. 그렇다면 중국 밀수업자들도 똑같이 그를 제거하기를 원했던 '당사자'에 포함되어야 한다.

94 VOC 1087, Missive van Gerrit Fredericksen de Wit aan de gouverneur-generaal Pieter de Carpentier, Taiwan, 29 Oct. 1625, fo. 394v; cf. Chiang(ed.), *De Missiven*, p.216.

95 VOC 1090, Missive from Gerard Frederiksz de Wit to Batavia, 4 Mar. 1626, fo. 179r; Chiang(ed.), *De Missiven*, p.234.

96 VOC 1093, Resolutie genomen bij de gouverneur Martinus Sonck, Taiwan/ Pescadores, 9 Jun. 1626, fo. 370r.

97 VOC 1093, Resolutie genomen bij de commandeur Gerrit Fredericksz de Wit ende den raet, Taiwan/Pescadores, 22 Sept. 1625, fo. 359v.

98 VOC 1093, Resolutie genomen bij de commandeur Gerrit Fredericksz de Wit ende den raet, Taiwan/Pescadores, 24 June 1626, fos. 340v~341r.

99 VOC 1093, Resolutie genomen bij de commandeur Gerrit Fredericksz de Wit ende den raet, Taiwan/Pescadores, 15 Jun. 1627, fo. 385r, "······ 마닐라로 항해하는 선박들을 가로채기 위해 우리 통행증을 그곳에서 출발한 선박 3척을 이끌고"

100 VOC 1093, Resolutie genomen bij de commandeur Gerrit Fredericksz de Wit, Taiwan/Pescadores, 15 Jun. 1627, fo. 385r.

101 朱欽相, 「丙部題行「兵科抄出福建巡撫朱題」稿」, 時日不詳, 「鄭氏史料初編」, 『臺灣文獻叢刊』 第157種, 1962, 頁5.

102 VOC 1093, Instructie voor de Commandeur Pieter Jans Muijser ende Raet vande schepen '*T wapen van Zeelant, Noorthollandt, Orangie*, mitsgaders de jachten *de Haen, de Fortuijn* ende *Victorie* gaende in vloote naer de custe van Manilha, Taiwan, 30 Dec.1624, fo. 345v.

103 VOC 1087, Memorie voor de overhooffden van 't schip *Noorthollandt* gaende van hier langs de cust van China naer de baijen van Chincheu, Commorijn ofte Pandorang ende soo voorts naer Batavia [Memorandum for the Officers of the ship the *Noorthollandt* which is bound for Batavia from here via the coast of China, Chang-chou bay, Cam-ranh

or Phan-rang bay], Taiwan, 22 May 1625, fo. 313r.

104 VOC 1092, Missive van Cornelis van Nijenroode aen den gouverneur generaal Pieter de Carpentier, Firando,1 Oct. 1627, fo. 358v.

105 曹履泰, 「答朱明景撫臺」, 『靖海紀略』, 頁3.

106 王世懋, 「閩部疏」, 車吉心編, 『中華野史』, 16冊, 濟南; 泰山出版社, 2000, 第2冊, 1911 : '장주와 천주 주변 언덕에는 우물이 없다. 개울은 짧고 물이 거의 없다. 이런 이유로 주민들은 비가 오면 환영하고 가뭄이 닥칠까 걱정한다. 가뭄이 시작되면 사람들은 흉작으로 인해 폭동이 일어날까봐 불안해한다. 반면에 사람들은 조주에서 쌀을 자주 수입한다.' 복건의 쌀 생산과 관련된 일반적인 상황에 대해, Chang, "Chinese Maritime Trade", pp.155~160. 참조.

107 VOC 1090, Missive van Gerrit Fredericksen de Wit uijt het jacht *Erasmus* aen den gouverneur generaal, Chiu-lung River, 4 Mar. 1626, fo. 176v; also in Chiang(ed.), De Missiven, 230 : 3일 후 (1626년 2월 12일), 허심소가 이곳에 와서 "광동에서 쌀을 사서 장주로 돌아오는 여러 선박을 호위하는 임무를 마치고 막 돌아왔다"고 말했다. 兵部尙書閻鳴泰等題行稿, 「爲閩將不可不去, 閩撫不可不留等事」(崇禎元年二月初八日)', 陳雲林總主編, 中國第一歷史檔案館, 海峽兩岸交流出版中心編, 『明淸宮藏臺灣檔案匯編』, 230冊, 北京, 九州, 2009, 第3冊, 頁92. 참조.

108 蔡獻臣, 「與馮揭陽令鄢仙丙寅」, 『淸白堂稿』, 下冊, 金門 : 金門縣政府, 頁859~860; 鳴廷燮, 『明代督撫年表』, 臺北 : 中華書局, 1982, 頁668.

109 董應擧, 「答張蓬玄」, 『崇相集選錄』, 頁69. '전임 순무는 해적들의 행동 방식을 이해하지 못했다. 그는 해적을 퇴치하기 위한 해결책으로 모든 선박들에게 쌀 구매를 금지하도록 명령했다', '쌀 금지령을 선포하기 전에는 정지룡(이콴)의 지휘하에 있던 선박은 100척 정도에 불과했다. 쌀 금지령이 내려진 후 그의 휘하에 있던 선박은 1,000척으로 늘어났다.' 같은 책 43쪽에 그는 다음과 같이 썼다. '정지룡이 경력을 시작했을 때 그가 가진 배는 수십 척에 불과했다. 1626년에는 그 수가 120척으로 늘어났다. 1627년에는 700척에 이르렀다.' 이 기록은 1627년 여름에 순무 주흠상이 쌀 금지령을 선포했음을 입증한다.

110 董應擧, 「答朱軍門書」, 『崇相集選錄』, 頁38. 토우(tou)는 건식 측정 단위이다. 토우는 곡물 낟알 등의 체적의 계량 단위이다. 각 토우는 탠(tan)의 1/10에 해당한다. 1탠(tan)은 약 107.4리터이고, 1토우는 10.74리터이다. Cf. Ray Huang, *Taxation in Sixteenth-Century Ming China*, Cambridge : Cambridge University Press, 1974, xiv.

111 江日昇, 『臺灣外紀』, 臺北 : 世界書局, 1985(原版 1704), 頁32. 「工科給事中顏繼祖參兪咨皇疏」. 인용된 문서가 누락되었지만 다른 공식 문서에 언급되어 있어 신뢰할 수 있다. 李魯生, 「爲閩寇猖獗閩省動搖等事(崇禎元年2月24日)」, 臺灣史料集成編輯委員會編撰, 『明淸臺灣檔案彙編』, 110冊, 臺北 : 遠流, 2004, 第1冊, 明崇禎, 頁304 참조. 인용된 동일한 문단은 전쟁부(the Ministry of War)가 작성한 다른 서한과 동일하다.. 閻鳴泰等, 「爲備陳閩省官員去留並海上情形事(崇禎元年2月12日)」, 臺灣史料集成編輯委員會編撰, 『明淸臺灣檔案彙編』, 第1冊, 明崇禎, 295.참조.

112 兵部尙書王之臣題行稿, 「題爲海寇披猖官兵撓敗謹據實馳報叅失事官員事」, 陳雲林總主編, 中國第一歷史檔案館, 海峽兩岸交流出版中心編, 『明淸宮藏臺灣檔案匯編』, 第3冊, 頁11~15. 정지룡은 한때 동산 요새를 공격하고 1627년 4월 7일부터 5월 2일까지 하문만 주변의 해안 방어 함대와 전투를 벌였다. 이러한 행동을 통해 정지룡은 자신의 경쟁 해적 중 일부에 대한 복수만을 원한다고 주장했다. 그리고 그는 관군과는 싸울 생각이 없었다.

113 曹履泰, 「答朱明景撫臺」, 『靖海紀略』, 頁3; 周昌晉, 「丙部題行「丙科抄出江西道御使周昌晉題」稿(崇禎元年4月初7日行訖)」, 『鄭氏史料初編』, 頁8~9.

114 VOC 1093, Resolutie genomen bij de commandeur Gerrit Fredericksz de Wit ende raed,
Taiwan, 12 Oct. 1627, fos. 387v~388r.

115 VOC 1093, Resolutie genomen bij de commandeur Gerrit Fredericksz de Wit ende raed
in't jacht *Erasmus* leggende ter rede voor Aijmoij inder revier in Chincheu [Resolution
issued by Commander Gerrit Fredericksz de Wit and the council on the yacht the *Erasmus*
in the roadstead of Amoy in the Chiu-lung River], 6 Nov. 1627, fos. 389v~390r.

116 Generale missive, 6 Jan. 1628, in Cheng Shao-gang, *De VOC en Formosa 1624~1662*,
2 vols, II, Diss., Leiden University, 1995, p.69. Beeren Bay is Ta-hsing, 사진1 참조.

117 VOC 1093, Resolutie genomen bij de commandeur Gerrit Fredericksz de Wit ende raed
int jacht *Erasmus* leggende ter reede in Haerlemsbaij op de custe van China [Resolution
issued by Commander Gerrit Fredericksz de Wit and council on the yacht the *Erasmus*
in the roadstead of P'ing-hai Bay on the Coast of China], 18 Nov. 1627, fo. 390r.

118 曹履泰, 「與李任明」, 『靖海紀略』, 頁22.

제3장 용병들의 서바이벌 게임, 1628~1631

1 VOC 1094, Missive van Pieter Nuijts uijt het Fort Zeelandia aen den gouverneur generaal,
Taiwan, 15 Mar. 1628, fo. 134r. 20,000명은 중국 자료에 따른 것이다. 蘇琰, 「爲臣鄉撫寇情形
並陳善後管見事(崇禎元年六月十伍日)」, 臺灣史料集成編輯委員會 編『明清臺灣檔案彙
編』冊一, pp.318~319.

2 曹履泰, 「與鄉宦黃元眉」, 『靖海紀略』頁16. "12월 초에 해적 정씨가 다시 하문(廈門)에
왔습니다. 장군은 도주하고 병사들은 흩어졌습니다. 그들은 모든 병선과 무기를 탈취했습니다.
하문은 위험에 처했고 T'ung-an 현의 주민들은 공황 상태에 빠졌습니다."

3 『明清臺灣檔案彙編』冊一, 頁318~319. 蘇琰, 「爲臣鄉撫寇情形並陳善後管見事(崇禎元年
六月十伍日)」, pp.318~319.

4 曹履泰, 「上朱撫臺」, 『靖海紀略』, 頁14.

5 VOC 1094, Missive van Pieter Nuijts uijt het Fort Zeelandia aen den gouverneur generaal,
Taiwan, 15 Mar. 1628, fo. 134r.

6 이 시기 복건에서 지역 신사들의 일반적인 역할과 그들이 해양 문제에서 차지한 영향력
있는 위치에 대해서는, Chang, "Chinese Maritime Trade", pp.217~221을 참조.

7 蘇琰, 「爲臣鄉撫寇情形並陳善後管見事(崇禎元年六月十伍日)」, 頁318~319.

8 周昌晉, 「兵部題行「兵科抄出江西道御使周昌晉題」稿(崇禎元年4月初7日行訖)」, 『鄭氏史
料初編』, 頁10.

9 VOC 1098, Resolutie genomen [bij gouverneur Pieter Nuijts c.s.] [Resolution of Governor
Pieter Nuijts], Taiwan, 5 Jun. 1628, fo. 404r.

10 '군문(軍門)'은 '지방 군사 지휘관'을 의미한다. 이전 장에서 언급했듯이, 이 시기에 순무는
군사를 지휘할 권한을 부여받았다. 이에 '군문'은 순무라는 직함의 총칭이 되었다. Hucker,
A Dictionary of Official Titles, p.202 참조.

11 VOC 1098, Resolutie genomen [bij gouverneur Pieter Nuijts c.s.], Taiwan, 5 Jun. 1628,
fo. 404r. 이 기록은 주일풍(朱一馮)이 황제에 보고한 내용과 일치한다. 복건 순무 주일풍이
기록한 「爲採通國之論納巨寇之降等事(崇禎元年六月初四日)」, 陳雲林 總主編, 中國第一
歷史檔案館, 海峽兩岸交流出版中心 編, 『明清宮藏臺灣檔案匯編』, 第3冊, 頁123~129.

12 VOC 1098, Resolutie genomen [bij gouverneur Pieter Nuijts c.s.], Taiwan, 5 Jun. 1628,

fo. 404r.

13 趙胤昌,「爲酌採興情招降劇寇等事(崇禎元年六月十二日)」, 頁310. 순무 주일풍은 제안서를 제출하기까지 약 두 달간의 평화를 지켰다고 보고했다. 그러므로 정지룡은 1628년 4월 또는 5월에 이 제안서를 받았다.

14 谷應泰,「附錄I, 鄭芝龍受撫」, 彭孫貽,「靖海志」,『臺灣文獻總刊』第35種, 頁100에 수록, "1628년, 구월(음력으로, 10월 말 또는 11월), 정지룡은 순무 웅문찬(熊文燦)의 부하가 되었다."

15 汪楫,「附錄I, 崇禎長編選錄」,『明實錄閩海關係史料』147. TW, No. 296, 147. Hucker, A Dictionary of Official Titles, p.211 참조.

16 蘇琰,「爲臣鄕撫寇情形並陳善後管見事」, 頁320~321.

17 曹履泰,「上熊心開撫臺」,『靖海紀略』, 頁27.

18 Ibid., p.22. "지금은 정지룡이 쌀 운송 함대를 호위하고 있다."

19 VOC 1105, Missive van Hans Putmans uijt het jacht Der Goes aen de camer Amsterdam [Letter from Governor Hans Putmans on the yacht Der Goes to the Amsterdam Chamber], Chiu-lung River, 14 Oct. 1632, fo. 198v. 각 라스트는 1,250킬로그램을 상응한다. 따라서 20~25라스트는 25~31톤에 해당한다. Judith Schooneveld-Oosterling 및 Marc Kooijmans, VOC-glossarium : Verklaring van termen, verzameld uit de RGP-publicaties die betrekking hebben op de Verenigde Oost-Indische Compagnie, The Hague : Instituut voor Nederlandse Geschiedenis, 2000, p.67 참조.

20 曹履泰,「答熊撫臺」,『靖海紀略』, 頁41; "최근에 쌀 상인의 선박 30척이 해적 함대와 함께 항해했으며 해적들이 전혀 괴롭히지 않았다. 이는 이 해적들이 투항했음을 증명하는 것이었다." 쌀 운반선 30척은 네덜란드 목격자들이 보고한 수보다 적을 수 있지만, 중국은 계절마다 각기 다른 규모의 선박을 파견했다.

21 Ibid., p.29. "그의 무리는 여전히 4천에서 5천 명으로 구성되어 있었다. 이를 해산시키고 싶었지만 불가능해 보였다."

22 董應擧,「寄張蓬玄」,『崇相集選錄』, 頁71.

23 熊文燦,「福建巡撫熊殘揭帖」,『鄭氏史料初編』, 頁22.

24 曹履泰,「上趙按臺」,『靖海紀略』, 頁29. "그들은 해적들을 죽이겠다고 주장하는 이웃들 때문에 해산될 수 없었다. 마을 사람들은 이전에 해적들과 맞서 싸웠을 때는 이길 수 없었지만, 항복하여 무장 해제된 해적들은 죽일 수는 있었다. 그들이 아직도 하문으로 몰려들고 있는 것은 당연하다. 그들은 고향으로 돌아갈 수 없었기 때문이었다."

25 熊文燦,「福建巡撫熊殘揭帖」,『鄭氏史料初編』, 頁22. "정지룡은 자신의 부하들과도 나누지 않고 수십만 냥의 현금을 저장했다." 曹履泰,「上熊撫臺」,『靖海紀略』, 頁31. "정지룡은 부유한 가문, 귀족, 관리들과 친구가 되는 것을 좋아한다. 그는 자신의 귀한 손님들을 매우 자랑스러워하며 그들을 접대하는 데 많은 돈을 썼다."

26 Ibid., p.32. "도곤(都閫, 청대 4품 무관) 장(張)은 정지룡의 가장 친한 친구라고 한다. 이후 이괴기는 그를 배신하고 떠났으며, 정지룡은 최대한 평상시처럼 보이려고 노력했고, 물자 책임자 왕과 침착하게 대화를 나눴다. 오직 도곤 장을 만난 후에야 그는 소리내어 울었다."

27 VOC 1093, Resolutie genomens bij den commandeur [Gerard. Frederiksz] de Wit ende den raet, Taiwan, 16 Oct. 1626, fos. 378r~v. 대만의 네덜란드인들은 이괴기를 잡기 위해 그들의 정착지 북쪽에 위치한 소롱사(蕭壠社)에 군인을 보내기로 했다.

28 曹履泰,「上蔡道撫尊」,『靖海紀略』, 頁31.

29 Ibid., p.28.

30 Ibid., p.32.

31 朱欽相, 「兵部題行「兵科抄出福建巡撫朱題」稿」, 『鄭氏史料初編』, 頁5. 날짜는 미상.

32 Ibid., p.7. "이제 순무의 제안에 따라 1628년 해상 무역이 금지되기로 결정되었다. 모든 선박은 항해가 금지되었다."

33 川口長孺, 「臺灣割據志」, 『臺灣文獻叢刊』, 第1種, 1957, 頁8. "3월(따라서 1628년 4월)에 황제의 칙령으로 장주와 천주 주민의 해상 무역을 금지한다."

34 VOC 1098, Missive van Pieter Nuijts naer Batavia aan gouverneur generaal [Jan Pietersz.] Coen, Taiwan, 1629년 8월 14일, fos. 408r~v; Generale missive, 1628년 1월 6일, in Cheng, *De VOC en Formosa*, pp.69~71. 허심소(許心素)의 모든 생사는 한 근에 142냥의 고정 가격으로 판매되었기 때문에 이는 194.5리알(1냥=3.5플로린=70스터버스; 1리알=51스터버스)에 해당하며, 이는 34,200근의 생사를 사기에 충분했어야 한다. 여기서 리알은 스페인의 은화 피아스트라 푸에르테를 가리키며, 네덜란드어로 'reaal van achten' 또는 'reaal'로 쓰이지만 영어로는 piece-of-eight로 불린다. 참조 : Kristof Glamann, *Dutch-Asiatic Trade 1620-1740*, The Hague : Martinus Nijhoff, 1958, p.50.

35 VOC 1094, Missive van Michiel Sael naer Taijouan aen gouverneur Pieter Nuijts, Haerlemsbay [P'ing-hai Bay], 7 Dec. 1627, fo. 197r; Generale missive, 6 Jan. 1628, in Cheng, *De VOC en Formosa*, pp.69~71. 합련만(哈連灣)은 평해만(哈連灣)이다.

36 VOC 1094, Missive van gouverneur Pieter Nuijts naer Batavia aen gouverneur generaal [Pieter de Carpentier], Taiwan, 28 Feb. 1628, fo. 130v.

37 Ibid..

38 VOC 1094, Missive van gouverneur Pieter Nuijts naer Batavia aen gouverneur generaal [Pieter de Carpentier], Taiwan, 15 Mar. 1628, fo. 134r.

39 Generale missive, 1629년 2월 10일, in Cheng, *De VOC en Formosa*, pp.77~78. 1628년 대만에서의 네덜란드-일본 갈등에 대한 보다 자세한 연구는 Tonio Andrade, *How Taiwan Became Chinese : Dutch, Spanish, and Han Colonization in the Seventeenth Century*, 0-231 -50368-7, Gutenberg「e」, Columbia University Press, 2006, http : //www.guten-berg -e.org/andrade/help.html, pp.27~43 참조.

40 VOC 1098, Resolutie [bij gouverneur Pieter Nuijts c.s] genomen in Taijouan, Taiwan, 5 Jun. 1628, fo. 404r.

41 VOC 1103, Missive van Pieter Nuijts naer Amsterdam aen de Camer Amsterdam, Batavia, 30 Sept. 1631. fos. 389v~390r.

42 VOC 1094, Missive [van Pieter Nuijts] aan Icquan te seinden, Zeelandia, fo. 127v. 1628년 3월 날짜 미상. 이 편지는 일본에서 고위 상인 코르넬리스 판 네이젠로데(Cornelis van Neijenroode)가 바타비아 총독에게 보낸 편지의 첨부 문서이다. 본 편지는 남아 있지 않지만, 당시 대만 공장을 관리하던 피터르 누이츠가 작성했을 것이다.

43 Generale missive, 10 Feb. 1629, in Cheng, *De VOC en Formosa*, p. 79; VOC 1096, Missive van gouverneur Pieter Nuijtz naer Batavia aen gouverneur generaal [Jan Pietersz. Coen], Taiwan, 26 Oct. 1628, fo. 203r.

44 Generale missive, 1629년 2월 10일, in Cheng, *De VOC en Formosa*, p.79; VOC 1096, Missive van gouverneur Pieter Nuijtz naer Batavia aen gouverneur generaal [Jan Pietersz. Coen], Taiwan, 26 Oct. 1628, fo. 203v. 총독 피터르 누이츠의 보고서에 따르면, 이 적대적인 제스처는

일부 상인이 원사를 낮은 가격에 판매하는 것을 허락하지 않으려는 정지룡의 꺼림칙한 태도에서 비롯되었다. 그러나 정지룡이 피쿨당 130냥이라는 가격에 실크를 제공한 것으로 알려져 있는데, 이는 허심소가 제안한 142냥보다 낮은 가격이었다. 그러나 그가 10월 1일 피터르 누이츠와 합의한 가격인 140냥보다도 낮은 가격이었기 때문에, 누이츠의 설명은 신빙성이 없었다.

45　VOC 1096, Resolutie [bij gouverneur Pieter Nuijts c.s.] getrokken in de rivier Chincheo, Chiu-lung River, 12 Aug. 1628, fo. 216r; cf. VOC 1103, Missive van Pieter Nuijts naer Amsterdam aen de Camer Amsterdam, met bijlage, Batavia, 28 Dec. 1631, fos. 413v~414r.

46　Ibid. 쾌속선 5척 일반 선박 4척이 왔는데, 이 중 1척의 배가 바타비아 총독의 자유 무역 조약 체결 명령이 막 도착했다고 언급하였다.

47　VOC 1096, Missive van Pieter Nuijts naer Batavia aen gouverneur generaal [Jan Pietersz. Coen], Taiwan, 26 Oct. 1628, fos. 203v~204r.

48　VOC 1103, Missive van Pieter Nuijts naer Amsterdam aen de Camer Amsterdam, met bijlage, Batavia, 30 Sept. 1631, fo. 390r.

49　VOC 1096, Missive van Pieter Nuijts uijt Zeelandia aen den gouverneur generaal [Jan Pietersz. Coen], Taiwan, 26 Oct. 1628, fo. 204r. 이 사건에 대한 중국 자료의 침묵은 당국이 정지룡을 구출할 능력이 없었거나 그를 제거할 기회라 기뻐했다는 것을 암시한다.

50　정지룡의 아버지는 두 명의 아내와 결혼했다. 첫 번째 아내 서씨(徐氏) 사이에서 네 명의 아들이 태어났고, 두 번째 아내 황씨(黃氏) 사이에서 다섯 번째 아들이 태어났다. 피터르 누이츠가 누구를 언급했는지는 확실하지 않다. 정지룡의 가족 구성원은 『鄭氏族譜』에 기록되어 있다. 陳支平主編, 『臺灣文獻匯刊』, 7部, 100冊, 北京：九州出版社, 2004年, 第1輯 5冊, 597 참조.

51　VOC 1103, Resolutie over het accoord met Iquan [Resolution pertaining to the contract concluded with Iquan], Chiu-lung River, 1 Oct. 1628, fo. 415r.

52　Ibid..

53　VOC 1096, Het accoordt getrocken tusschen Pieter Nuijts ende Iquan, overste Mandorijn van Aijmoij op Taijouan [Contract concluded in Taiwan between Pieter Nuijts and Iquan, Chief Mandarin of Amoy], Chiu-lung River, 1 Oct. 1628, fos. 124~125; VOC 1103, Missive van Pieter Nuijts naer Amsterdam aen de Camer Amsterdam, met bijlage, Batavia, 30 Sept. 1631. fos. 390r~391r.

54　曹履泰,「報熊撫臺」,「海上近事與黃東崖, 顔同蘭, 丁哲初, 林讓菴」,「上熊撫臺」, 氏著, 『靖海紀略』, 頁36~39.

55　Ibid.,「海上近事與黃東崖, 顔同蘭, 丁哲初, 林讓菴」頁39. 張延登,「兵科抄出浙江巡撫張延登題本」(崇禎二年四月二十四日到),『鄭氏史料初編』, 頁14. "이괴기가 정지룡을 배신하고 떠난 후, 그의 일당은 600척의 선박을 타고 복건과 광동의 경계지역으로 항해했다. 여기에는 진성우(陳成宇)도 포함된다."

56　曹履泰,「答熊撫臺」,『靖海紀略』, 頁41.

57　VOC 1098, Missive van gouverneur Hans Putmans uijt 't Casteel Zeelandia aen de Ed. heren bewinthebberen [in Amsterdam], Taiwan, 15 Sept. 1629, fo. 32v.

58　蔡獻臣,「與熊撫臺請援師公書」『清白堂稿』, 下冊861, "이괴기와 같은 반란 해적들이 다시 침입했다. 그들의 선박은 광동에서 제작되었으며, 따라서 정지룡과 정지호(鄭芝虎)의 복건산 선박보다 크다. 후자의 작은 크기로 인해 전자와 경쟁할 수 없었다." 曹履泰,「上熊撫臺」,

『靖海紀略』, 頁48. 이 큰 광동산 선박은 문자 그대로 '검은 선미의 큰 선박'을 의미하는 '오미대선(烏尾大船)'이라고 불렸다.

59 VOC 1098, Missive van gouverneur Hans Putmans uijt 't Casteel Zeelandia aen de Ed. heren bewinthebberen [in Amsterdam], Taiwan, 15 Sept. 1629, fo. 32v.

60 蔡獻臣, 「與熊撫臺請援師公書」, 頁861, "복주에서 건조된 선박과 흥화현(興化縣) 해안에서 제작된 어선은 광동산 선박만큼 크고 안정적이다."

61 VOC 1098, Missive van Hans Putmans uijt 't Casteel Zeelandia aan d'Ed. heer gou- verneur generaal Jan Pietersz. Coen, Taiwan, 28 Sept. 1629, fo. 41v.

62 汪楫, 「附錄I, 崇禎長編選錄」, 『明實錄閩海關係史料』, 頁150. "복건의 해적 이괴기가 정지룡과 함께 관료들에게 항복했다. 이후 그는 정지룡과 다툼이 생겨 다시 해적질로 돌아갔다. 그 후 이괴기는 자신이 항복하겠다고 발표했다."

63 '저채로(褚彩老)'는 공식 중국 사료에서 '종빈(鍾斌)'으로 표기될 가능성이 크다. 그러나 그는 네덜란드 기록에서 주로 '저채로(楮彩老)'로 언급되기 때문에, 이 이름을 사용한다. 沈雲의 「臺灣鄭氏始末記」 『臺灣文獻叢刊』, 第15種, 1958, 頁5 참조.

64 曹履泰, 「上蔡道尊」, 『靖海紀略』, 頁56. 순무는 범법자들의 수를 줄이기 위해 '분열 지배(分而治之)' 전략을 채택했다.

65 그는 응문찬(熊文燦)이 도착한지 얼마 되지 않아 총병 유자고(兪咨皐)의 후임으로 임명되었다. 비록 조정에서 그를 공식적으로 임명하였지만, 하문의 주둔군은 오랫동안 무인 상태였다. 그의 지휘 아래 있는 새로운 주둔군은 정지룡 새로 모집된 병력의 수와 비슷했다. 熊文燦, 「福建巡撫熊殘揭帖」, 『鄭氏史料初編』, 頁24. 兵部尚書閻鳴泰, 「爲閩將不可不去, 閩撫不可不留等事(崇禎元年二月初八日)」 陳雲林 總主編, 中國第一歷史檔案館, 海峽兩岸交流出版中心 編, 『明清宮藏臺灣檔案匯編』, 第3冊, 頁113~115. 1628년 3월 13일 조정(趙廷)은 황제의 명령으로 총병이 되었다.

66 曹履泰, 「與趙副總」, 『靖海紀略』, 頁47. "조정은 해적들과 잘 지냈다."

67 汪楫, 「附錄I, 崇禎長編選錄」, 頁150. "장주 남쪽의 복건해역은 이괴기의 통제하에 있으며, 장주 북쪽의 복건해역은 정지룡의 통제하에 있다."

68 VOC 1101, Missive van Tousailack [Ch'u Ts'ai-lao] naer Taijouan aen Hans Putmans, [received in] Taiwan, 8 Apr. 1630, fo. 474r.

69 VOC 1101, Resolutie des Comptoirs Taiwan [genomen bij Hans Putmans], Taiwan, 27 Feb. 1630, fo. 424r.

70 VOC 1101, Resolutie des Comptoirs Taiwan [genomen bij Hans Putmans], Taiwan, 6 Mar. 1630, fo. 425r.

71 VOC 1101, Missive van Hans Putmans naer Batavia aen den gouverneur generaal Jacques Specx, Taiwan, 5 Oct. 1630, fo. 422v; Leonard Blussé, Margot E. van Opstall, Ts'ao Yung-ho, Wouter E. Milde(eds.), *De dagregisters van het kasteel Zeelandia : Taiwan 1629~1662* [The Diary of Castle Zeelandia], 4 vols, 's-Gravenhage : Nijhoff, 1986, I : 1629~1641, 21, 6 Mar. 1630 (이후 Dagregister Zeelandia로 인용).

72 VOC 1101, Missive van Tousailack [Ch'u Ts'ai-lao] naer Taijouan aen Hans Putmans, [received in] Taiwan, 8 Apr. 1630, fos. 473v~474r.

73 VOC 1101, Missive van Paulus Traudenius naer Taijouan aan Hans Putmans, Chiu- lung River, 11 Apr. 1630, fo. 475r.

74 曹履泰, 「上蔡道尊」, 『靖海紀略』, 頁50. "해적들이 극도로 무모해졌다. 그들은 하문 주변지역

을 닥치는 대로 약탈하며 사람들을 납치하며 항해했다. …… 성벽 위에서 대장군은 이러한 혼란을 보면서도 단 한 발의 총알도 발사하지 말 것을 명령하여, 해적들을 공격하는 어떠한 행동도 저지르지 않으려 했다."

75 VOC 1101, Missive van Hans Putmans naer Batavia aen den gouverneur generaal Jacques Specx, Taiwan, 5 Oct. 1630, fo. 412r.

76 VOC 1101, Missive van Nicolaas Kouckebacker naer Taijouan aen Hans Putmans, Chiu-lung River, 2 Jun. 1630, fo. 484r.

77 VOC 1101, Missive van Hans Putmans naer Batavia aen den gouverneur generaal Jacques Specx, Taiwan, 5 Oct. 1630, fo. 412r.

78 VOC 1101, Missive van Tousailack naer Taijouan aen Hans Putmans, [received in] Taiwan, 18 May 1630, fo. 480v. 그의 새로운 임무는 남오섬 인근지역을 점령한 해적 '누팅(Nooting)'을 제거하는 것이었다.

79 VOC 1101, Missive van Iquan naer Taijouan aen Hans Putmans, [received in] Taiwan, 22 Jun. 1630, fo. 486v.

80 VOC 1101, Missive van Hans Putmans naer Batavia aen den gouverneur generaal Jacques Specx, Taiwan, 5 Oct. 1630, fos. 413r~v・421v.

81 曹履泰,「上熊心開撫臺」,『靖海紀略』, 頁58~59.

82 Ibid., p.46.

83 Ibid., p.58.

84 Ibid..

85 VOC 1101, Missive van Iquan naer Taijouan aen Hans Putmans, [received in] Taiwan, 26 Aug. 1630, fo. 497r~v.

86 VOC 1101, Missive van Hans Putmans naer Batavia aen den gouverneur generaal Jacques Specx, Taiwan, 5 Oct. 1630, fo. 413v.

87 Ibid., fo. 414r.

88 Ibid., fo. 423r.

89 VOC 1102, Resolutie in de rivier Chincheo gearresteert [door Hans Putmans ende raedt int Jacht *Bommel* ter reede voor Aijmoij inde rivier Chincheo], Chiu-lung River, 15 Oct. 1630, fo. 511v. 천남(泉南)은 천주부(泉州府) 남쪽을 의미한다. 오동(浯銅)은 오서(浯嶼)와 동산(銅山)을 의미한다.

90 Ibid..

91 VOC 1102, Resolutie in de rivier Chincheo gearresteert [door Hans Putmans ende raedt int Jacht *Bommel* ter reede voor Aijmoij inde rivier Chincheo], Chiu-lung River, 28 Nov. 1630, fo. 515v.

92 Ibid., fo. 517r.

93 VOC 1102, Resolutie in Taijouan gearresteert [door Hans Putmans ende raedt], Taiwan, 21 Dec. 1630, fo. 521r.

94 Ibid., fos. 522v~523r; 汪楫,「附錄I, 崇禎長編選錄」, 157. "종규(鍾珪)[종빈(鍾斌) 혹은 저채로(褚彩老)]은 1630년 12월 16일 평림만(平林灣) 해전에서 패배했다. 그는 사망하고 그의 추종자들은 도망쳤다…28일에는 해적의 나머지 병력이 평해(平海)에 도착했다. 그들은 Cheng의 병사들에 의해 접근을 받았다. 그러한 위협에 직면하여, 그들은 전쟁선과 탄약을 버리고 작은 배로 광동으로 도망쳤다."

95 VOC 1102, Resolutie in Taijouan gearresteert [door Hans Putmans ende raedt], Taiwan, 4 Jan. 1631, fo. 523v.

96 VOC 1102, Resolutie in de rivier Chincheo gearresteert [door Hans Putmans ende raedt int Jacht *Wieringen* ter reede Aijmoij inde riviere Chincheo], Chiu-lung River, 27 Jan. 1631, fo. 524r.

97 VOC 1102, Resolutie in de rivier Chincheo gearresteert [door Hans Putmans ende raedt int Jacht *Wieringen* ter reede voor Aijmoij inde riviere Chincheo], Chiu-lung River, 8 Feb. 1631, fos. 524v~525r.

98 VOC 1102, Resolutie in de rivier Chincheo gearresteert [door Hans Putmans ende raedt in t jacht *Wieringhen* liggende ter reede voor Aimoij], Chiulung River, 1 Mar. 1631, fo. 525r; *Dagregister Zeelandia*, Ⅰ : 1629~1641, p.45, 5 Apr. 1631.

99 VOC 1102, Resolutie in Taijouan gearresteert [door Hans Putmans ende raedt], Taiwan, 29 May. 1631, fos. 532r~v・fo. 533r.

100 汪楫,「附錄Ⅰ, 崇禎長編選錄」, 頁158.

101 VOC 1102, Resolutie in Taijouan gearresteert [door Hans Putmans ende raedt], Taiwan, 4 Jul. 1631, fo. 533v. 순무 추유련(鄒維璉)에게 보낸 정지룡의 서신에 따르면, 그는 정지룡을 남오(南澳)에 있는 장주(漳州) 참장(參將) 직책에 추천하여 격려하려고 했고 그의 형제 정지호를 오호유격(伍虎 遊擊)으로 추천했다. 따라서 이 서신에서 'Sicia'는 실제로 정지룡을 의미할 수 있다. 鄒維璉,「與鄭參戎」,『達觀樓集』,『四庫全書存目叢書』, 426冊, 臺南縣 : 莊嚴文化, 1997, 集部, 第183冊, 頁269.

102 VOC 1102, Resolutie in Taijouan gearresteert [door Hans Putmans ende raedt], Taiwan, 30 Jul. 1631, fo. 534r. 청구된 가격은 1,900리알이었다.

103 VOC 1102, Resolutie in Taijouan gearresteert [door Hans Putmans ende raedt], Taiwan, 6 Aug. 1631, fos. 534v~535r.

104 *Daghregister gehouden int Casteel Batavia vant passerende daer ter plaetse als over geheel Nederlands India* [Diary kept in Batavia Castle about what has happened all over the East Indian area], ed. Jacobus Anne van der Chijs, H. T. Colenbrander, J. de Hullu, F. de Haan, and W. Fruin-Mees, 31 vols, Batavia and The Hague : Ministerie van Koloniën, 1888~1931, 1631~34・Ⅱ・20 Nov. 1631 (here after cited as *Daghregister Batavia*).

105 VOC 1102, In het Comptoir Tijouan den 10en Augusteo 1631 Joctee Chinesen weever met eenige Coopmanschap jongst uijt China alhier g'arriveert zijnde ende van dit tegenwoordige zuijder musson in Manilha geweest hebbende, is door last van D Hr Gouverneur Putmans onder vraecht vande gelegentheijt derselver plaetse ende heeft geant- woordt [Answers given after his arrival in Taiwan by the Chinese weaver *Joctee* who has been in Manila during the current south monsoon to the questions raised by Governor Putmans about the situations in that place] (henceforward cited as 'Information about Manila'), Taiwan, 10 Aug. 1631, fo. 555r. 이 보고서에 따르면, 이전에 12척의 배가 운반하던 화물을 운반하는 데 53척의 선박이 필요했다. 이는 정지룡의 어부 민병대에 속한 선박일 가능성이 있으며, 각 선박의 톤수가 절반으로 줄어들었고 수익도 절반으로 줄어들었을 것이다.

106 董應擧,「與馬還初書」,『崇相集選錄』, 頁84.

107 VOC 1102, Missive van de Chinese mandarijn Soutongiou naer Aijmoeij aen Hollanders

[Letter to the Dutch in Amoy from the Chinese Mandarin Mobile Corps Commander of Wu-t'ung (Wu-yü and T'ung-shan)], Chiu-lung River, 8 Sept. 1631, fo. 556r.

제4장 안해(安海) 무역상회의 설립, 1630~1633 ─────

1 　梁兆陽, 『海澄縣志』, 頁382. "'1631년에 해상 무역이 다시 허용되었다. 그러나 세관 수입은 여전히 미미했다." 조정의 기록은 이 정보와 일치하여, 황제가 1631년 8월 4일에 무역을 개방하라고 명령한 것을 보여준다. 병부상서 웅명우(熊明遇), 「籌議福建開海禁利害」陳雲林 總主編, 中國第一歷史檔案館, 海峽兩岸交流出版中心 編, 『明淸宮藏臺灣檔案匯編』, 第3冊, 頁192~193 참조.

2 　VOC 1102, The Information about Manila, Taiwan, 10 Aug. 1631, fo. 555r; William L. Schurz, Manila Galleon, New York : E. P. Dutton, 1959, 71. 반면에 피에르 쇼뉴(Pierre Chaunu)에 따르면, 그 수는 39척이었다. Pierre Chaunu, Les Philippines et le Pacifique des Ibériques : XVIe, XVIIe, XVIIIes [The Philippines and the Spanish Pacific : 16th~18th century], Paris : S.E.V.P.E.N, 1968, p.156.

3 　2장, n.105 참조.

4 　VOC 1102, Resolutie in Taijouan gearresteert [door Hans Putmans ende raedt] [Resolution of Governor Hans Putmans and Council in Taiwan], Taiwan, 4 Oct. 1631, fos. 543v~544r. 비록 어선을 '크다'고 묘사했지만, 이것이 시암과 자바로 항해하는 해외 무역 선박만큼 크다는 것을 의미하지는 않는다. 계롱(鷄籠)의 적은 스페인 사람들을 지칭한다.

5 　張延登, 「兵科抄出浙江巡撫張延登題本」(崇禎二年四月二十四日到)」, 『鄭氏史料初編』, 頁 14.

6 　Robert LeRoy Innes, "The Door Ajar : Japan's Foreign Trade in the Seventeenth Century", Ph.D. dissertation, University of Michigan, 1980, 185. Blussé, "Bull in a China Shop : Pieter Nuyts in China and Japan (1627~1636)", in Blussé(ed.), Around and About Dutch Formosa, Taipei : NanTien Publisher, 2003, pp.95~110 at pp.103 · 106.

7 　Innes, "The Door Ajar", p.266.

8 　Ibid., p.280, Table 10.

9 　VOC 1102, Information about Manila, 10 Aug. 1631, fo. 555r. 생사 가격은 피쿨당 350리알이었 다. 일본의 테일당 58스타이버였고 1리알은 51스타이버였으므로, 1리알은 0.89테일이었다. 이 환산에 따르면, 마닐라의 생사 가격은 피쿨당 311테일이었다.

10 　1631년의 가격은 135테일이었다. Generale Missiven, Generale Missiven, 1 Dec. 1632, in Cheng, De VOC en Formosa, p.103 참조.

11 　Innes, "The Door Ajar", p.635, Table A.

12 　Daghregister Batavia, 1631~1634, p.61, 21 Jan. 1632.

13 　曹履泰, 「上朱撫臺」, 『靖海紀略』, 頁16~17. "정지룡을 배신한 해적들은 붉은 머리 오랑캐를 하문 수역으로 유인하여 문제를 일으켰다."

14 　梁天奇, 「會剿廣東山寇鍾凌秀等功次殘稿」, 『鄭氏史料初編』, 頁39. "8월 또는 9월쯤에 순무 웅문찬이 정지룡과 정지호로 하여금 2,000명의 군사를 이끌고 상항(上杭)으로 가게 했다."

15 　VOC 1102, Missive van de Chinese mandarijn Soutongiou naer Aijmoeij aen Hol- landers [Letter written by Chinese Mandarin Soutongiou (Mobile Corps Commander of Wü-tung) to the Dutch in the vicinity of Amoy], Chiu-lung River, 8 Sept. 1631, fo. 556r.

16 　VOC 1102, Missive van den oppercoopman Jan Carstens naer Batavia aen gouverneur

generaal Jacques Specx, Taiwan, 30 Oct. 1631, fo. 560r~v.

17 1632년에 1리알은 50스타이버였고, 한 중국 테일은 약 70스타이버였다. 따라서 한 테일은 1.4 리알이었다. 부록 I, 표 E : 1624~1661년대 대만 주변에서의 리알과 테일의 가치 참조.

18 VOC 1102, Resolutie in Taijouan gearresteert [door Hans Putmans ende rade], Taiwan, 4 Jan. 1631, fo. 523v; VOC 1103, Missive van Hans Putmans naer Amsterdam aen de Camer Amsterdam, Taiwan, 10 Oct. 1631, fo. 339r. 첫 번째 출처는 푸트만스가 중국 해안으로 현금을 가져가기로 결정했다고 언급했고, 두 번째는 대부분의 현금이 1631년 2월 2일 이전에 지급되었다고 보고했다.

19 VOC 1101, Missive van Paulus Traudenius naer Taijouan aen Hans Putmans, Chiu-lung River, 7 May 1630, fo. 478v; VOC 1101, Missive van Nicolaas Kouckebacker naer Taijouan aen Hans Putmans, Chiu-lung River, 2 Jun. 1630, fo. 484r. 홍욱과 정태는 정씨 가문을 위해 일하는 두 명의 가장 저명한 상인이었다. 그들의 활동 시기와 역할은 네덜란드 기록의 홍욱(감페아)과 정태(벤디옥)와 일치한다. 그러나 그들의 신원에 대한 직접적인 증거는 추적되지 않는다. 'Bendiok'은 또한 'Bendiock'과 'Bindiok'으로도 쓰인다.

20 *Dagregister Zeelandia*, I : 1629~1641, p.46, 5 Apr. 1631.

21 VOC 1102, Resolutie in Taijouan gearresteert [door Hans Putmans ende raedt], Taiwan, 5 Sept. 1631, fo. 537v.

22 VOC 1102, Resolutie in Taijouan gearresteert [door Hans Putmans ende raedt], Taiwan, 20 Sept. 1631, fo. 539r.

23 VOC 1102, Missive van den oppercoopman Jan Carstens naer Batavia aen gou- verneur generaal Jacques Specx, Taiwan, 2 Sept. 1632, fo. 227r. 둘 다 정지룡의 '수하'로 언급된다. VOC 1109, Missive van Hans Putmans naer Amsterdam aen de Camer Amsterdam, T'ung-shan, 30 Sept. 1633, fo. 227v.

24 VOC 1102, Resolutie in Taijouan gearresteert [door Hans Putmans ende raedt], Taiwan, 20 Sept. 1631, fo. 539r.

25 VOC 1102, Resolutie in Taijouan gearresteert [door Hans Putmans ende raedt], Taiwan, 27 Sept. 1631, fo. 543v.

26 VOC 1105, Resolutie gearresteert [door Hans Putmans ende sijn presente raaden] in 't Jacht *Wieringen* ter reede voor 't Eijlandt Lissua in de rivier Chincheou], Chiu-lung River, 8 Nov. 1631, fo. 214r.

27 다음 순무 추유련은 정지룡과 네덜란드 동인도회사 사이의 밀수 무역이 이전 순무 웅문찬에 의해 용인되었다는 사실을 확인했다. 鄒維璉, 「奉剿紅夷報捷疏」, 『達觀樓集』, 『四庫全書存目叢書』, 集部, 第183冊, 卷18, 頁240.

28 VOC 1105, Resolutie genomen bij Hans Putmans ende sijne presente raeden int jacht *Catwijck* ter reede onder 't eijlandt Lissuo inde revier Chincheo, Chiu-lung River, 1 Dec. 1631, fo. 215v.

29 Ibid..

30 VOC 1105, Resolutie genomen bij Hans Putmans ende sijne presente raeden in 't jacht *Zeeburch* ter reede onder 't Eijlant Lissuw in de riviere Chincheo, Chiu-lung River, 28 Jan. 1632, fo. 219v.

31 VOC 1105, Resolutie genomen bij Hans Putmans ende sijne presente raeden in 't jacht *Catwijck* ter reede onder 't Eijlant Lissuw in de revier Chincheo, Chiu-lung River, 7 Jan.

1632, fo. 218r~v; Generale missive, 6 Jan. 1632, in Cheng, *De VOC en Formosa*, p.96.

32 *Daghregister Batavia*, 1631~1634, p.10, 2 Apr. 1631.

33 VOC 1105, Resolutie genomen bij Hans Putmans ende sijne presente raeden int jacht *Catwijck* ter reede onder t Eijlant Lissuw in de revier Chincheo, 7 Jan. 1632, fo. 217v. 네덜란드 사람들은 일본에서 7~8척의 선박이 마닐라로 출항할 준비를 하고 있다는 보고를 들었다. 그들은 이를 가로채지 않기로 결정했는데, 이는 고의로 총독 자크 스펙스(Jacques Specx)의 명령을 무시한 것이었다. 그들은 이 문제에 대해 정지룡과도 협의했다.

34 VOC 1105, Missive van Hans Putmans uijt het jacht *der Goes* liggende ter reede onder het eijlandt Lissuw [naer Batavia aan gouverneur generaal Jacques Specx] [Letter from Hans Putmans on the yacht *Der Goes* at the anchorage nearby Lieh-yü to Governor- General Jacques Specx], 14 Oct. 1632, fo. 206r. 이 서신은 또한 한 척의 선박이 귀항 중에 중국 해적 유항(劉香)에 의해 나포되었다고 언급하고 있다. 스페인 기록에 따르면, 중국에서 마닐라에 도착한 선박은 16척에 불과했다. Chaunu, *Les Philippines*, p.156.

35 Chaunu, *Les Philippines*, pp.200~219. 1631년부터 1635년까지 마닐라에서 수입된 중국 상품의 총량은 약 571,396.67리알 가치였으며, 따라서 매년 평균 가치는 약 114,279리알이었다. 쇼뉴(Chaunu)는 스페인 '페소'를 사용하여 계산했으며, 이는 유통 시 1리알과 동일했다. Chaunu, *Les Philippines*, p.30 참조. 페소는 8리알과 같았다. Cf. Oskar Hermann Khristian Spate, The Spanish Lake, Canberra : The Australia National University Press, 1979, xxi.

36 VOC 1105, Missive van Hans Putmans uijt het jacht *der Goes* liggende ter reede onder het eijlandt Lissuw [naer Batavia aan gouverneur Specx], Chiu-lung River, 14 Oct. 1632, fo. 206r. tael과 리알 간의 환율에 대해서는 부록 I, 표 E : 1624~1661년대 대만에서 유통되는 리알과 테일의 가치 참조.

37 Ibid., fo. 197r. 정지룡은 산악 임무에서 돌아와 안해에서 잠시 머물렀다. 그는 또한 새로운 해적 유항에 대항하기 위한 전략에 대해 순무 웅문찬과 회의를 가졌다.

38 *Daghregister Batavia*, 1631~1634, p.73, 3 May. 1632. 선박은 1632년 7월 6일 Batavia를 떠났다.

39 VOC 1105, Resolutie genomen bij Hans Putmans ende sijne presente raeden in 't jacht *der Goes* leggende ter reede buijten t Eijlant Quemoij voor de reviere Chincheo, 24 Aug. 1632, fo. 227v; VOC 1105, Missive van Hans Putmans uijt het jacht *der Goes* liggende ter reede onder het eijlandt Lissuw naer Batavia, 14 Oct. 1632, fo. 201r. 네덜란드 당국은 구룡강 하구로 32,000리알을 운반하기로 했지만, 나중에 실제로 운반된 것은 16,000리알에 불과하다고 보고했다.

40 VOC 1105, Resolutie genomen bij Hans Putmans ende sijne presente raeden int jacht *der Goes* leggende ter reede ondert eijlant Taota in de revier Chincheo [Resolution issued by Governor Hans Putmans and his current Council on board the yacht *Der Goes* in the roadstead of Ta-tan Island in the Chiu-lung River], 2 Sept. 1632, fo. 228r~v; *Dagregister Zeelandia*, I : 1629~1641, p.75, 2 Sept. 1632.

41 VOC 1105, Resolutie genomen bij Hans Putmans ende sijne presente raeden in 't jacht *der Goes* ter reede onder t eijlant Aijmoij in de revier Chincheo, Chiu-lung River, 17 Sept. 1632, fo. 228r; *Dagregister Zeelandia*, I : 1629~1641, p.77, 17 Sept. 1632.

42 Generale missive, 1 Dec. 1632, in Cheng, *De VOC en Formosa*, p.103.

43 *Daghregister Batavia*, 1631~1634, p.148, 1633년 2월 7일. 1632년 말에 대만에는 16,000리알만 남아 있었다. 따라서 그때까지 적어도 77,600리알이 방출되었음에 틀림없다.

44 Ibid., p.151, 22 Feb. 1633.

45 Ibid., pp.160~161, 4 Apr. 1633.

46 汪楫, 「附錄」, 崇禎長編選錄」, 『明實錄閩海關係史料』頁161. "1632년 5월 22일 …… 정지룡은 유격이란 공식 직위를, 정지호는 수비대장의 공식 직위를 받았다."

47 梁天奇, 「會剿廣東山寇鍾凌秀等功次殘稿」, 頁48·54~55·57·63.

48 예를 들어, 도자기는 강서성에서 수입되었고, 생강 절임은 광동성에서 수입되었다. 두 항목 모두 네덜란드 주문 목록에 포함되어 있었다.

49 梁天奇, 「會剿廣東山寇鍾凌秀等功次殘稿」, 頁37.

50 Ibid., p.39.

51 VOC 1102, Missive van den oppercoopman Jan Carstens naer Batavia aen gou- verneur general Jacques Specx, Taiwan, 30 Oct. 1631, fo. 557v. 이 서신에는 정지룡이 수로를 통해 '동고장(銅鼓嶂)'에 접근했다고 언급되어 있지 않지만, 네덜란드 사람들은 그가 하문을 떠났다는 것을 알고 있었다. 나중에, 12월 31일, 그들은 정지룡이 하문을 떠나 동고장으로 향할 것이라는 소식을 들었다. 네덜란드 사람들은 아마도 그가 복건의 남서쪽 모퉁이에 있는 무평(武平) (네덜란드어로 'Boupijningh'라고 씀)보다 더 멀리 여행했다는 것만 알고 있었을 것이다. VOC 1105, Resolutie genomen bij Hans Putmans ende sijne presente raeden, Chiu-lung River, 31 Dec. 1631, fo. 216v.

52 梁天奇, 「會剿廣東山寇鍾凌秀等功次殘稿」, 頁39.

53 Ibid., pp.39~40.

54 Ibid., p.37.

55 Ibid., p.40.

56 Ibid..

57 Ibid., pp.37~38.

58 Ibid., p.41.

59 川口長孺(Kawaguchi), 『臺灣割據志』, 頁8.

60 曹履泰, 「答熊撫臺」, 『靖海紀略』, 頁45.

61 Ibid., p.31.

62 Generale missive, 10 Feb. 1629, in Cheng, *De VOC en Formosa*, p.79.

63 江日昇, 『臺灣外紀』, 頁43.

64 VOC 1113, Missive van Gampea aan Nicolaas Kouckebacker, Chiu-lung River, 12 Apr. 1633, fo. 537v; VOC 1113, Missive van Bendiock aan Nicolaas Kouckebacker, Chiu-lung River, 12 Apr. 1633, fo. 537v.

65 VOC 1105, Resolutie genomen bij Hans Putmans ende sijne presente raeden in 't jacht *Catwijck* ter reede onder t Eijlant lissuw inde Rivier Chincheo, Chiu-lung River, 31 Dec. 1631, fo. 216v; VOC 1105, Resolutie genomen bij Hans Putmans ende sijne pre- sente raeden, Chiu-lung River, 7 Jan. 1632, fo. 217v. 정지룡이 하문에서 출발하지 않고 안해에서 직접 떠났기 때문에, 네덜란드 사람들은 그가 육로를 택해 다시 전장으로 돌아갔다고 믿었다. 梁天奇, 「會剿廣東山寇鍾凌秀等功次殘稿」, 頁52. "정지룡은 인근 지방으로 깊이 들어갔으나 군인들이 식량이 부족하여 일부는 병에 걸렸다. 따라서 그는 새로운 군인을 모집하고 식량을 구매하기 위해 돌아왔다."

66 Ibid., p.54. "1631년 12월부터 1632년 1월까지 …… 강서성 순무의 요청에 응하여 복건성 순무가 복건성의 무이유격(撫夷遊擊)인 정지룡을 파견되었다. 그는 3개월 동안 충분한 식량과

선원, 탄약을 지닌 2,000명의 군인을 이끌고 그 방향으로 향했다."

67 Ibid., p.52.

68 Ibid., p.64.

69 Ibid., p.55·64.

70 汪楫, 「附錄I, 崇禎長編選錄」, 『明實錄閩海關係史料』 頁164.

71 VOC 1105, Resolutie genomen bij Hans Putmans ende sijne presente raeden in 't jacht *Catwijck* leggende ter reede onder t Eijlant Lamao, Nan-ao, 22 Aug. 1632, fo. 224r. 네덜란드 선박이 7월 마지막 날에 남오(南澳)에 도착했을 때, 그들은 선박 한 척을 통해 소식을 들었다. 그 선박은 12일 전에 남오에서 출발하여 이 소식을 대만에 알렸다.

72 汪楫, 「附錄I, 崇禎長編選錄」, 『明實錄閩海關係史料』 頁161.

73 Innes, "The Door Ajar", p.635, Table A.

74 張廷玉等編, 『新校本明史』 332卷, 臺北 : 鼎文書局, 1987, 卷,235, 列傳123, 「鄒維璉傳」 頁6138.

제5장 황실과 중국 남부 해안의 폭풍우, 1632~1633

1 汪楫, 「附錄I, 崇禎長編選錄」, 『明實錄閩海關係史料』, 頁165 "1632년 10월 15일, 복건성 해적 유향은 170척의 선박에 수천 명의 추종자를 이끌고 민안진(閩安鎭)을 습격했다. 그들은 약탈하고 학살하며 모든 집을 깨끗이 쓸어갔다. 모든 주민들이 도망쳤고 복주의 시민들은 공포에 휩싸였다. …… 유격 정지룡은 강서에서 새로운 임무를 준비하기 위해 복주에 있었기 때문에, 순무는 그의 생각을 복주를 방어하는 데로 돌렸다. …… 해적들은 그들이 잘 준비된 것을 알고 있었기 때문에 철수하기로 했다."

2 VOC 1105, Missive van Hans Putmans uijt het jacht *Der Goes* liggende ter reede onder 't eijlant Lissuw in de riviere Chincheo aen gouverneur generaal Specx, Chiu-lung River, 14 Oct. 1632, fo. 204v.

3 Ibid..

4 Ibid..

5 VOC 1105, Missiven door Iquan aen den heer Putmans [Letter written by Iquan to Mr Putmans], 23 Sept. 1632, fo. 209r.

6 Ibid..

7 모든 노력은 *Daghregister Batavia*, 1631~1634, p.119, 24 Nov. 1632에 간략히 기록되어 있다.

8 黃任, 郭賡武, 『泉州府志選錄』, 臺灣文獻總刊 第233種, 1967, 頁68. 「曾櫻傳」. "1631년, 증앵(曾櫻)이 흥천(興泉, 홍화와 천주)의 해안 방어 관리로 임명되었다. …… 이는 순무 웅문찬의 추천에 의한 것이었다."

9 葉農, 「西來孔子 : 艾儒略中文著述與傳教工作考述」, 『暨南大學學報(哲學社會科學版)』 142, 2009, 頁121; 顧衛民, 「明鄭四代與天主教會的關係」, 『文化雜誌』, 50, 2004; 頁72~73.

10 汪楫, 「附錄I, 崇禎長編選錄」, 頁165, 1632년 10월 15일, "황제가 답변하였다. '추유련은 막 새로운 순무로 임명되었으므로 해적 습격 때문에 사임해서는 안 된다. 복건 정부의 모든 성과와 실패는 지역 검사관이 보고할 것이다.'" 計六奇, 「路文貞公傳」, 路振飛『路文貞公集』, 陳支平主編, 『臺灣文獻匯刊』, 第1輯 第4册, 頁498. 이러한 전기는 이 순안어사(巡按御史)가 노진비(路振飛)임을 확인시켜준다; Hucker, *A Dictionary of Official Titles*, p.253.

11 VOC 1109, Translaet missive van den mandorijn Iquan aen den gouverneur generaal

[Jacques] Specx [Translation of the letter from the Mandarin Iquan to Governor-General Jacques Specx], Chiu-lung River, [received on] 6 Nov. 1632, fo. 213r.

12 Ibid., fo. 213v.

13 VOC 1109, Translaet missive van den mandorijn Iquan aen den gouverneur generaal [Jacques] Specx, Chiu-lung River, [received on] 6 Nov. 1632, fo. 213v.

14 VOC 1109, Resolutie bij d hr gouverneur [Hans] Putmans en den Raedt in Taijouan op 't vertreck vanden E' Willem Jansen (raeckende de medegebrachte contant als anders) genomen, Taiwan, 28 Jan. 1633, fo. 220v; *Daghregister Batavia, 1631~1634*, 151, 22 Feb. 1633. 'Anachoda', 때로는 'Annakhoda' 또는 'Nachoda'로 쓰이며, '조타수' 또는 '선장'을 의미한다. Marc Kooijmans and Judith Schooneveld-Oosterling, *VOC-glossarium : verklaringen van termen, verzameld uit de Rijks Geschiedkundige Publicatiën, die betrekking hebben op de Verenigde Oost-Indische Compagnie*, Den Haag : Instituut voor Nederlandse Geschiedenis, 2000, p.12. 참조.

15 VOC 1109, Missive van Hans Putmans naer de rivier Chincheo aen Iquan [The letter from Hans Putmans to Iquan at Chiu-lung River], Taiwan, 12 Feb. 1633, fo. 237v.

16 VOC 1109, Missive van Iquan naer Taijouan aen Hans Putmans, Taiwan, [received on] 16 Feb. 1633, fo. 235v. 칼라파(Kalapa)는 중국에서 여러 세대에 걸쳐 기록된 바타비아의 이름이다.

17 John K. Fairbank, "Tributary Trade and China's Relations with the West", *The Far Eastern Quarterly* vol.1, no.2, 1942, pp.129~149.

18 VOC 1109, Missive van Iquan naer Taijouan aen Hans Putmans, Taiwan, [received on] 16 Feb. 1633, fo. 235v. 정지룡은 5~6척의 선박이 출항할 준비가 되어 있다고 언급했다. 관방이 통행증을 발행하지 않았기 때문에, 그들은 대만으로 떠날 엄두를 내지 못했다.

19 Ibid..

20 VOC 1113, Per het Comptoir Taijouan aen het Comptoir generaal op Batavia ƒ 503,817 : 17 : 2 voor sooveel de naervolgende contanten, coopmanschappen, scheeps behoeften, victualien, ammonitien van oorloge ende andere restanten als uijtstaende schulden comen te monteren [The factory of Taiwan had been lent ƒ 503,817 : 17 : 2 in cash, commodities, provisions, ammunitions by the general factory in Batavia], Taiwan, 18 Feb. 1633, fo. 527r.

21 VOC 1109, Missive van Iquan naer Taijouan aen Hans Putmans, Chiu-lung River, [received on] 21 Feb. 1633, fo. 236r~v.

22 VOC 1109, Missive van Hans Putmans naer Hocchieuw aen Combon van de provin- cie van Hocchieuw [Letter from Governor Hans Putmans to the Grand Co-ordinator of Fukien in Foochow], Chiu-lung River, 25 Feb. 1633, fo. 238v.

23 VOC1113, Missive van Iquan aen Hans Putmans, Chiu-lung River, [received on] 23 Mar. 1633, fo. 536r.

24 范咸, 「重修臺灣府志」, 『臺灣文獻總刊』, 第105種, 1961, 4册, 頁588. 이 기록은 순안어사 유진비의 책 『안민적략(按閩摘略)』에서 발췌되었다. 이 책은 이미 망실되어 현재 전해지지 않는다.

25 VOC 1113, Missive van Pongsipij aen Nicolaas Kouckebacker [Letter from Lieutenant Peng to Nicolaas Kouckebacker], Taiwan, [received on] 12 Mar. 1633, fo. 537r.

26 VOC 1113, Missive van Iquan aen Hans Putmans, 23 Mar. 1633, fo. 536r~v.

27 VOC 1113, Commissie ofte credentie brief door sioupij van Aijmoij bij den coop- man Sidnia [Letter of credence from the Lieutenant of Amoy delivered by the Chinese merchant Sidnia], 25 Mar. 1633, fo. 538r~v.

28 VOC 1113, Missive van Nicolaas Kouckebacker naer de rivier van Chincheo aen Iquan, Taiwan, 6 Apr. 1633, fo. 532r.

29 VOC 1113, Missive van Gampea aen Nicolaas Kouckebacker, Chiu-lung River, [received on] 12 Apr. 1633, fo. 537v; Missive van Bendiok aen Nicolaas Kouckebacker [not located], [received on] 12 Apr. 1633, fos. 537v~538r.

30 VOC 1113, Missive van Silouja aen Nicolaas Kouckebacker, [received on] 12 Apr. 1633, fo. 537v. 당시 장영산(張永産)은 천남유격(泉南遊擊) 근무 중이었다. Tsou Wei-lien, 'feng -ch'ao hung-i pao-chieh shu', p.236 참조.

31 VOC 1113, Missive van Thee Silongh [Iquan] aen Nicolaas Kouckebacker, [received on] 22 May 1633, fo. 539r.

32 VOC 1113, Missive van Nicolaas Kouckebacker aen de gouverneur commandeur oft overhoofden comende met de schepen van Batavia naer Taijouan [Letter from Nicolaas Kouckebacker to the Governor, Commander or officers outward bound to Taiwan from Batavia], Taiwan, 31 May 1633, fo. 540r~v. 기존 시스템에 따라, 통행증은 '해방동지(海防同知)'라는 칭호를 가진 장주부(章州府)의 관료가 발급했다. 李慶新, 『明代海外貿易制度』, 北京 : 社會科學文獻出版社, 2007, 頁320~325 참조. 이 칭호는 후커(Hucker)의 사전에 포함되어 있지 않으며 가장 가까운 용어로 번역되었다.

33 VOC 1105, Missive van Hans Putmans uijt het jacht *der Goes* liggende ter reede onder het eijlandt Lissuw [naer Amsterdam aen de Camer Amsterdam], 14 Oct. 1632, fo. 197r.

34 *Daghregister Batavia,* 1631~1634, pp.161 · 163~164, 4 Apr. 1633 · 22 Apr. 1633.

35 VOC 1109, Missive van Hans Putmans naer Amsterdam aen de Camer Amsterdam, T'ung-shan, 30 Sept. 1633, fo. 228r.

36 *Daghregister Batavia*, 1631~1634, pp.186~187, 2 June 1633; Generale missive, 15 Aug. 1633, in Cheng, *De VOC en Formosa*, p.110. '바르몬트(Warmont)호'는 당시 바타비아에 없었지만 이 작전에 합류하도록 예정되어 있었다.

37 *Dagregister Zeelandia*, I : 1629~1641, p.93, 19 May 1633; VOC 1109, Missive van Hans Putmans naer Amsterdam aen de Camer Amsterdam, T'ung-shan, 30 Sept. 1633, fo. 230r. 요트 '캄파엔(Kamphaen)호'는 바타비아에서 오는 새로운 함대를 만나기 위해 파견되었다.

38 VOC 1109, Missive van Hans Putmans naer Amsterdam aen de Camer Amsterdam, T'ung-shan, 30 Sept. 1633, fo. 230r.

39 路振飛,「兵部題行'兵科抄出福建巡按路振飛題'稿」,『鄭氏史料初編』, 頁88. "정지룡의 군대는 10척 이상의 선박을 불태웠고, 장영산의 군대는 오동유격(澳銅遊擊)의 선박 5척을 불태웠다.

40 '*pei*(備)'는 확실히 '守備'를 의미하지만, 'Ang'이 무엇을 나타내는지 알 수 없다.

41 *Dagregister Zeelandia*, I : 1629~1641, p.108, 12 July 1633.

42 VOC 1109, Missive van Hans Putmans naer Amsterdam aen de Camer Amsterdam, T'ung-shan, 30 Sept. 1633, fo. 230r.

43 VOC 1109, Missive van Hans Putmans naer Amsterdam aen de Camer Amsterdam,

T'ung-shan, 30 Sept. 1633, fo. 230v; Inventaris vande Haer volgende contant ende coop- manschappen uijt een joncquen comende van Manila in dato 22en Julij anno 1633 bij t jacht den *Zalm* voordesen Rievier Chincheo verovert [Inventory of cash and commodities on a junk outward bound from Manila on 22 July 1633 captured by the yacht the *Zalm* in the vicinity of the Chiu-lung River], [not located], 22 July 1633, fo. 290v.

44   *Dagregister Zeelandia*, I : 1629~1641, p.112, 26 July 1633.

45   Ibid., p.114, 29 July 1633.

46   레오나르 브뤼세는 총독 푸트만스의 프로젝트가 마카오의 포르투갈인들처럼 중국 조정으로부 터 자유무역 특권을 얻기 위해 중국 해안 수역을 순찰하는 다른 세력을 제거하는 것이라고 정확히 강조했다. 그는 또한 정지룡의 부재가 푸트만스의 공격적인 행동을 촉발한 요인이라고 지적했다. 그러나 필자 생각으로는 푸트만스의 공격적인 태도를 촉발한 것은 신임 순무 추유련 이 구룡강 하구에서 행상인과 네덜란드동인도회사 사이의 불법 무역을 차단하기로 한 결정이었 다. Leonard Blussé, "The VOC as Sorcerer's Appentice : Stereotypes and Social Engineering on the China Coast", in Wilt Lukas Idema(ed.), *Leyden Studies in Sinology : Papers Presented at the Conference held in Celebration of the Fiftieth Anniversary of the Sinological Institute of Leyden University, December 8-12, 1980*, Leiden : E. J. Brill, 1981, pp.87~105, at p.101. 참조.

47   *Dagregister Zeelandia*, I : 1629~1641, p.123, 31 Aug. 1633; VOC 1109, Inventaris van de coopmanschappen bevonden in twee joncquen, onder de stadt Tangsoa op de wal sitende ende op 31 Augs-anno 1633 aengehaelt, ende voor een goede prijse verclaert [Inventory of the commodities loaded in the two junks captured in the vicinity of T'ung- shan], [location unknown], 31 Aug. 1633, fo. 291r. 상품의 총 가치는 같은 문서의 재고 및 가격 목록에서 계산되었다. 부록 I : 표 A, B, C 참조.

48   토니오 안드라데(Tonio Andrade) 교수는 이 해전의 생생하고 화려한 그림을 제공하여 그들의 실질적인 전술적 군사적 장점과 단점을 비교했다. Tonio Andrade, *Lost Colony, The Untold Story of China's First Great Victory over the West*, Princeton : Princeton University Press, 2011, pp.34~53 참조.

49   VOC 1114, Missive van Hans Putmans aen de Camer Amsterdam, Taiwan, 28 Oct. 1634, fo. 2r.

50   *Dagregister Zeelandia*, I : 1629~1641, p.140, 31 Oct. 1633.

51   VOC 1111, Missive van Thijs Hendricxen aen Hans Putmans, onder zeijl voor Wierings baeij [Letter from Thijs Hendricxen to Hans Putmans under sail in front of Ching-hai-t'ou Bay], 23 July 1633, fo. 542v. 비에린(Wierings)만은 '정해두(靖海頭)'만이다.

52   路振飛, 「兵部題行'兵科抄出福建巡按路振飛題'稿」, 頁86. "장주 주둔지의 13척의 배와 600 명의 병사들이 서로 발포했다. (…중략…) [전투] 초반에 선박 3척이 네덜란드인들에 의해 불탔고, 나머지 4척의 배도 불탔다. …… 선원들과 병사들은 배에서 내려 남오 요새에 자리잡았 고 네덜란드 배들은 공격을 중단했다.'

53   Ibid., p.83. 순무 추유련이 황제에게 보낸 편지로, 제목은 「爲夷難突發, 臣言已驗, 謹糾疏防召 侮倖之實, 以責剿夷贖罪之效事」 순안어사 노진비는 이 편지가 정지룡을 언급하며 그를 비난 하는 것이라고 생각했다.

54   Ibid., p.84.

55   *Dagregister Zeelandia*, I : 1629~1641, p.127, 14 Sept. 1633.

56   鄒維璉, 「附錄 : 兵部行'兵科抄出福建巡撫鄒題'稿」, 『淸代官書記明臺灣鄭氏亡事』, 臺灣文

獻叢刊第174種, 1963, 頁47~48. "1633년 10월 23일, 황제는 추유련(鄒維璉)의 상소에 대한 성지를 내렸다. 어떻게 순무가 자기 아래의 군인들을 비난할 수 있는가? 그는 그들의 업적과 능력에 따라 상벌을 분배했어야 했다. 추유련은 직무 태만의 죄를 지고 있다."

57 「明史選輯」, 『臺灣文獻叢刊』第307種, 冊1, 1972, 頁153~154, 「鄒維璉傳」 "베이징에서 복건 출신의 모든 관리들이 황궁에서 그를(鄒維璉) 비난했으며, 그 결과 그는 황제에 의해 직위에서 해임되었다."

58 兵部, 「附錄 : 兵部行 '吏部咨'稿」, 『淸代官書記明臺灣鄭氏亡事』, 頁46. 새로운 복건 순무 심유용(沈猶龍)이 1633년 10월 21일에 임명되었다.

59 Dagregister Zeelandia, I : 1629~1641, pp.196~197, 21 Oct. 1634. 새로운 순무 심유룡은 1634년 10월 이전에 발행된 임시 통행증을 승인했으나, 일부 관리는 이미 그 이전에 이를 발행했다. 1639년에 작성된 편지에서, 채헌신(蔡獻臣)은 순해도 증앵이 양광총독 웅문찬(熊文燦)의 인정과 함께 하문의 배들이 광둥에서 무역할 수 있도록 통행증을 발행했다고 언급하고 있다. 이 문서는 임시 통행증을 발행할 수 있는 위치에 있던 관리가 증앵(曾櫻)임을 확인해준다. 蔡獻臣, 「與關耐庵海道公書」, 『淸白堂稿』, 下冊, 頁889~890.

60 Daghregister Batavia, 1631~1634, pp.249~250, 19 Feb. 1634.

제6장 서쪽 해상을 향한 험난한 길, 1631~1636

1 VOC 1098, Missive van Pieter Nuijts naer Amsterdam aen de Kamer Amsterdam, Batavia, 15 Dec. 1626, fos. 319v~320r.

2 VOC 1101, Missive van Hans Putmans naer Batavia aen den gouverneur generaal Jan Pietersz Coen, Chiu-lung River, 5 Oct. 1630, fo. 420r; Resolutie des Comptoirs Taijouan, Taiwan, 27 Feb. 1630, fo. 424r. 총독 한스 푸트만스의 주장으로 인해, 의회는 총독 자크 스펙스의 지시를 무시하고 보이코(Boyco)와 양곤(楊昆)에게 400피쿨의 후추를 대출하기로 결정했으며, 바타비아에 있는 림라코(林六哥, Limlacco)의 재산을 담보로 받아들였다.

3 VOC 1101, Missive van Paulus Traudenius naer Taijouan aen Hans Putmans, Chiu-lung River, 11 Apr. 1630, fo. 475r~v.

4 VOC 1102, Resolutie in de rivier Chincheo gearresteert [Chi-lung 강에서 채택된 결의안], 15 Oct. 1630, fo. 511v. 이 시기에 바타비아에서 활동하던 중국 상인들에 관한 내용은 레오나르 블뤼세의 "Chapter IV Testment to a Towkay : Jan Con, Batavia and the Dutch China Trade"를 참조할 것. id., *Strange Company : Chinese Settlers, Mestizo Women and the Dutch in VOC Batavia*, Dordrecht : Foris Publications, 1986, pp.49~96.

5 梁兆陽, 『海澄縣志』, 頁382.

6 Daghregister Batavia, 1631~1634, p.9, 28 Mar. 1631.

7 Daghregister Batavia, 1631~1634, p.30, 18 July 1631.

8 VOC 1107, Missive van Hans Putmans naer Batavia aen gouverneur generaal Jacques Specx, 9 Nov. 1631, fo. 197r. 그때 신임 순무 추유련이 복주 방어를 위해 정지룡을 소환하였는데, 이는 해적 유향이 접근하고 있다는 정보가 도착한 후였다.

9 VOC 1105, Resolutie genomen bij Putmans ende sijne presente raeden, Chiu-lung River, 7 Jan. 1632, fo. 218r.

10 VOC 1105, Missive van Iquan naer Lissuw [Lieh-yü] aen Hans Putmans, 23 Sept. 1632, fo. 209r. 그는 정지룡의 조카로 불렸기 때문에 매우 가능성이 높은 사람은 황징명(黃徵明)으로, 정성공의 외가 6촌이다. VOC 1109, Missive van Hans Putmans naer Batavia aen den

gouverneur generaal Jacques Specx, Taiwan, 6 Nov. 1632, fo. 218v; VOC 1105, Missive van Hans Putmans uijt het jacht *der Goes* liggende ter reede onder het eijlandt Lissuw [Lieh-yü] in de rivier van Chincheo aen Paulus Traudenius, Chiu-lung River, 14 Oct. 1632, fo. 202v. 이 편지에는 전 복건 순무 웅문찬이 정지룡의 사람들에게 3개의 통행증을 발급했다는 내용이 언급되어 있다. 육관(六官)이 'Lacqua'라는 음역에 가장 잘 맞는 사람의 이름이지만, 두 사람이 동일인물이라는 직접적인 증거는 없다.

11 VOC 1105, Resolutie genomen bij Putmans ende sijne presente raeden, Chiu-lung River, 9 Mar. 1632, fo. 220v. 네덜란드인들은 홍욱과 정태에게 금을 대가로 1,000리알을 미리 지급했다.

12 *Daghregister Batavia*, 1631~1634, p.73·86, 3 May 1632·6 July 1632; *Dagregister Zeelandia*, I : 1629~1641, p.76, 11 Sept. 1632.

13 VOC 1105, Missive van Hans Putmans uijt het jacht *der Goes* liggende ter reede onder het eijlandt Lissuw [Lieh-yü] in de rivier van Chincheo aen Paulus Traudenius, Chiu-lung River, 14 Oct. 1632, fo. 202v.

14 VOC 1109, Missive van Hans Putmans naer Batavia aen den gouverneur generaal Jacques Specx, Taiwan, 6 Nov. 1632, fo. 218v.

15 VOC 1105, Missive van Hans Putmans uijt het jacht *der Goes* liggende ter reede onder het eijlandt Lissuw [Lieh-yü] in de rivier van Chincheo aen Paulus Traudenius, Chiu-lung River, 14 Oct. 1632, fo. 202v.

16 VOC 1105, Resolutie genomen bij Putmans ende sijne presente raeden, Nan-ao Island, 22 Aug. 1632, fo. 224r.

17 *Dagregister Zeelandia*, I : 1629~1641, p.81, 17 Dec. 1632; 汪楫,「附錄I, 崇禎長編選錄」,『明實錄閩海關係史料』, 頁165.

18 佚名,「海寇劉香殘稿」,『鄭氏史料初編』, 頁140.

19 VOC 1109, Missive van Iquan naer Taijouan aen Hans Putmans, Taiwan, [received on] 21 Feb. 1633, fo. 237r.

20 VOC 1113, Missive van Iquan aen Hans Putmans, [received in] Taiwan, 23 Mar. 1633, fo. 536r.

21 약 1년 후, 정지룡은 그의 군대를 위한 이익을 얻기 위해 광동성에서 외국 무역을 관리한 혐의로 기소되었다. 兵部尙書張鳳翼,「嚴禁閩船出海並鄭芝龍勿偸南澳(1634, 5, 18)」, 陳雲林 總主編, 中國第一歷史檔案館, 海峽兩岸交流出版中心 編,『明淸宮藏臺灣檔案匯編』, 第3冊, 頁305.

22 佚名,「海寇劉香殘稿」, 頁140.

23 *Dagregister Zeelandia*, I : 1629~1641, pp.91~92, 26 Apr. 1633.

24 Blussé, "The VOC as Sorcerer's Appentice", pp.87~105.

25 *Dagregister Zeelandia*, I : 1629~1641, p.153, 21 Feb. 1634. 유향과 그의 부하들은 백초(白礁)와 자염만(煮鹽灣)에 머물면서 30척의 대형선박을 빼앗고 염주(鹽洲)라는 도시를 점령했다. (네덜란드어로 'Jamsieu'로 표기됨). 백초는 '대성(大星)'이고 자염만은 염주성의 외곽에 있는 만이다 (네덜란드어로 'Kamptsou'로도 표기됨).

26 Generale missive, 15 Aug. 1634, in Cheng, *De VOC en Formosa*, p.143.

27 *Dagregister Zeelandia*, I : 1629~1641, pp.149~150, 22 Jan. 1634.

28 Ibid., pp.147~148, 30 Dec. 1633.

29 Ibid., p.150, 15 Mar. 1634.

30 Ibid., pp.158~159, 22 Mar. 1634.

31 Ibid., p.162, 8 Apr. 1634.

32 佚名,「海寇劉香殘稿」,『鄭氏史料初編』, 頁139. *Dagregister Zeelandia*, I : 1629~1641, p.175, 20 May 1634.

33 佚名,「海寇劉香殘稿」,『鄭氏史料初編』, 頁139. *Dagregister Zeelandia*, I : 1629~1641, pp.183~184, 29 June 1634.

34 VOC 1114, Missive van Hans Putmans aen de Camer Amsterdam, Taiwan, 28 Oct. 1634, fo. 14r~v. C. R. Boxer, *Fidalgos in the Far East*, Hongkong : Oxford University Press, 1968, 111.

35 彭孫貽,『靖海志』, 頁5; VOC 1116, Missive van Hans Putmans naer Batavia aen gouverneur generaal Hendrick Brouwer, Taiwan, 9 Mar. 1635, fol. 329v; *Dagregister Zeelandia*, I : 1629~1641, p.207, 10 Jan 1635.

36 VOC 1116, Missive van Hans Putmans naer Batavia aen gouverneur generaal Hendrick Brouwer, Taiwan, 28 Sept. 1634, fo. 338v; Generale missive, 15 Aug. 1634, in Cheng, *De VOC en Formosa*, pp.151~152.

37 VOC 1114, Missive van Hans Putmans aen diverse mandorijns van het coninckrijck van China, onder verscheijdene tijtels versonden [Letter written by Hans Putmans to various Mandarins under the Chinese Emperor], Taiwan, 12 July 1634, fo. 74v. 같은 편지는 복주(福州) 순무, 복녕(福寧) 순해도(巡海道), 흥천(興泉) 순해도, 장남(漳南) 순해도, 천주(泉州) 해방동지(海防同知), 장주(漳州) 해방동지, 진강현(晉江縣) 지현(知縣), 동안현(同安縣) 지현, 해징현(海澄縣) 지현, 천남(泉南) 유격(遊擊), 팽호(澎湖) 유격 등에게도 보내졌다.

38 구양태(歐陽泰)는 네덜란드 동인도회사 당국이 중국 당국이 이 무역을 유지하도록 압력을 가하기 위해 새로운 해적들과 동맹을 맺기 위해 항상 폭력을 사용할 준비가 되어 있었다고 정확히 지적했다. 이것이 위 인용문의 진정한 의미이다. Tonio Andrade, "The Company's Chinese Privateers : How the Dutch East India Com- pany Tried to Lead a Coalition of Privateers to War against China", *Journal of World History* 15 : 4, 2004, pp.415~444, at p.440. 참조.

39 范咸,『重修臺灣府志』, 頁588.

40 *Dagregister Zeelandia*, I : 1629~1641, pp.196~197.

41 Ibid., p.198.

42 VOC 1116, Missive van Hans Putmans naer Batavia aen gouverneur generaal Hendrick Brouwer, Taiwan, 3 Nov. 1634, fo. 309r.

43 *Dagregister Zeelandia*, I : 1629~1641, p.210, 7 Mar. 1635.

44 佚名,「海寇劉香殘稿」,『鄭氏史料初編』, 頁110.

45 VOC 1116, Missive van Hans Putmans naer Batavia aen gouverneur generaal Hendrik Brouwer, Taiwan, 19 Sept. 1635, fo. 374v.

46 VOC 1120, Missive van den gouverneur Hans Putmans naer Batavia aen den gouverneur generaal Antonio van Diemen, Taiwan, 7 Oct. 1636, fo. 269.

47 *Daghregister Batavia*, 1631~1634, p.9, 28 Mar. 1631.

48 VOC 1105, Missive van Hans Putmans uijt het jacht *der Goes* liggende ter reede onder het eijlandt Lissuw [Lieh-yü], Chiu-lung River, 14 Oct. 1632, fo. 202v.

49 岩生成一,『南洋日本町の研究』, 東京 : 岩波書店(Iwanami Shoten), 1966, 頁11.

50 VOC 1109, Missive van Hans Putmans naer Amsterdam aen de Camer Amsterdam, T'ung-shan, 30 Sept. 1633, fo. 229v.

51 Generale missive, 27 Dec. 1634, in Cheng, *De VOC en Formosa*, p.143.

52 VOC 1113, Missive [van Joost Schouten] aen den gouverneur generaal [Hendrik Brouwer], Siam, 8 July 1633, fo. 344v; VOC 1109, Extract uijt de journaelse aen- teijckeninghe van 't notabelste, dat in 's Comps. affairen, onder de directie van mij Joost Schouten voorgevallen is [Extract from remarkable happenings concerning the Company affairs under my, Joost Schoten's, command] (hereafter cited as Dagregister Siam), Siam, 29 May 1633, fo. 43v. 상관 일지에 따르면 2척의 선박은 광남으로 돌아가고 있었다.

53 VOC 1109, *Dagregister Siam*, 28 July 1633, fo. 46v.

54 VOC 1113, Missive [door den heer Joost Schouten] aen den gouverneur generaal [Hendrik Brouwer], Siam, 26 July 1634, fo. 518v.

55 *Daghregister Batavia*, 1631~1634, p.278, 27 Mar. 1634.

56 VOC 1119, Missive [door Joost Schouten] aen d'E. Hans Putmans [in Taiwan], Siam, 20 May 1636, fo. 1396.

제7장 정치의 위험 그리고 위험의 정치, 1636~1640

1 Hucker, *A Dictionary of Official Titles*, pp.79~80.

2 Ibid., p.72.

3 張廷玉,『新校本明史』, 卷76, 志52,「職官伍」, 伍軍都督府, 頁1856~1857. 卷76, 志52,「職官伍」, 道司, 頁1873. Hucker, *A Dictionary of Official Titles*, 79.

4 汪楫,「附錄I, 崇禎長編選錄」,『明實錄閩海關係史料』, 頁166~167. "이제 시작된 오랜 평화 기간에 상비군과 그들의 배의 수가 감소했다. 군 관료들은 성벽 밖에서 싸우는데 큰 열의를 보이지 않았다. 해상 순찰이 중단되었다. 오늘날 보안을 보장하기 위해, 우리는 민병대와 용병을 모집하고 지역 자위대와 어부 민병대를 조직한다. 현재 군대는 다섯 가지 범주의 병사들로 구성되어 있다. 과거에는 한 종류의 병사만으로도 효과적인 힘을 발휘했지만, 오늘날 에는 다섯 종류의 병사로도 상비군을 유지하기에 충분하지 않다. 해적들이 활개를 치고 관리들 은 좌절하고 있다. 내 제안은 상비군의 수를 복원해야 한다는 것이다. 순찰을 해야 한다. 민병대와 용병은 [적절히] 선발되어 통합되어야 한다. 지역 방어대는 불필요한 임무에서 해방되어야 한다."

5 예를 들어, 장영산(張永産) 군대의 꽤 유능한 두 지휘관인 진붕(陳鵬)과 호미(胡美)는 모두 어부 출신이었다.

6 鄭鵬程,「石井本宗族譜」,『鄭氏關係文書』, 臺灣文獻叢刊第69種, 1960, 頁36. "1628년에서 1644년 사이의 어느 해에, 정지룡은 그의 뛰어난 군사적 업적으로 인해 前軍都督의 칭호를 받았다."

7 VOC 1120, Missive van Jan der Burch naer Batavia aen den gouverneur generaal Antonio van Diemen en raeden van India, Taiwan, 14 Nov. 1636, fo. 362.

8 汪楫,「崇禎長編」,『臺灣文獻叢刊』, 第270種, 1969, 頁11. "1643년 12월 14일, 복건의 총병인 정지룡은 건강상의 이유로 명예로운 퇴직을 요청했다. 황제는 '정지룡은 오랫동안 조장(潮漳) 지역을 맡아왔으며 역할을 훌륭하게 수행했다. 나는 그가 주둔지에 남아 사임하지 않도록 정중히 요청할 것이다.'라고 답했다." 1642년에 정지룡은 광동지역 총병으로 임명되었다.

「廣東總兵鄭芝龍戴罪圖功請恩准開復(1642,5,4)」참고. 陳雲林 總主編, 中國第一歷史檔案館, 海峽兩岸交流出版中心 編, 『明清宮藏臺灣檔案匯編』, 第3冊, 頁345.

9   Chris Baker, Dhiravat na Pombejra, Alfons van der Kraan, and David Wyatt(eds.), *Van Vliet's Siam*, Chiang Mai : Silkworm Books, 2005, pp.329~330. Appendix IV : Yamada Nagamasa.

10   Ibid..

11   George Vinal Smith, *The Dutch in Seventeenth century Thailand*, Detroit : The Cellar Bookshop, 1977, p.22.

12   Ilwao Seiichi, "Reopening of the Diplomatic and Commercial Relations Between Japan and Siam During the Tokugawa Period", *Acta Asiatica : Bulletin of the Institute of Eastern Culture 4*, 1963, pp.2~3.

13   Smith, *The Dutch in Seventeenth century Thailand*, pp.22~23.

14   VOC 1109, *Dagregister Siam*, 18 Sept. 1633, fo. 48r.

15   張廷玉, 『新校本明史』, 卷23, 本紀23, 「莊烈帝朱由檢」, 頁317.

16   VOC 1113, Missive [door Joost Schouten van Siam] naer Japan, Siam, 8 July 1633, fo. 347r.

17   VOC 1109, *Dagregister Siam*, 29 May 1633, fo. 43v.

18   Ibid..

19   張廷玉, 『新校本明史』, 卷23, 本紀23, 「莊烈帝朱由檢」, 頁317 · 319.

20   VOC 1113, Missive [door den heer Joost Schouten] aen den gouverneur generaal [Hendrik Brouwer], 26 July 1634, fo. 518v.

21   VOC 1116, Missive van Hans Putmans naer Batavia aen gouverneur generaal Hendrick Brouwer, Taiwan, 9 Mar. 1635, fo. 329v.

22   VOC 1119, Missive aen [gouverneur van Taijouan] d' E. Hans Putmans, Siam, 20 May 1636, fo. 1396.

23   VOC 1125, Missive van Jeremias van Vliet aen Johan van der Burch raet van India ende gouverneur in Taijouan, Siam, 9 May 1637, fo. 564r.

24   VOC 1119, Missive aen [gouverneur van Taijouan] d' E. Hans Putmans, Siam, 20 May 1636, fo. 1396.

25   VOC 1125, Missive van Jeremias van Vliet aen Johan van der Burch, raet van India ende gouverneur in Taijouan, Siam, 9 May 1637, fo. 564r. 이전 기록에 따르면, 1636년의 왕실 금위군들은 '브라스 핀타도스(bras pintados)', 즉 '팔에 문신을 한 사람들'이라고 불렸다. 참조. VOC 1119, Daghregister gehouden bij den E. Jeremias van Vliet van 10 Maert tot 14 November 1636 [hereafter cited as 'Dagregister Siam 1636'], Siam, 17 Apr. 1636, fo. 1345; Chris Baker, ibid., p.51, note 20. 참고. 대법관은 Balleije van Ija Innaerath라고 불렸다. 1637년의 통역관은 오프라 통후이(Opraa Thonhuij)였고 1636년에는 오프루 통후 (Oprou Thonghu)가 이 직책을 맡았다. 참조. VOC 1119, *Dagregister Siam 1636*, Siam, 16 May 1636, fo. 1370. 참고. 선주를 두 번이나 감옥에서 구출한 중국 상인은 '올롱 치앗(Oloangh Tziat/Oloangh Tsiar)'였다. VOC 1109, *Dagregister Siam 1636*, fo. 1345, 17 Apr. 1636 · fo. 1370, 16 May 1636. 참조. 도움을 제공한 또 다른 영향력 있는 지역 상인 '올롱 사르파르티반 (Oloangh Sarpartiban)'도 위 일기에 기록되어 있다. '지앗(Tziat)'은 조지 스미스(George Smith)의 설명에 따르면 시암의 무슬림 공동체의 샤반다르(항구 관리자)였던 '치앗(Chiat)'일

가능성이 있다. '사라브티반(sabartiban)'은 왕실 재무부 장관인 '솜바티반(Sombatthiban)'일 것이다. Smith, *The Dutch in Seventeenth century Thailand*, pp.179~180 참조.

26 VOC 1120, Missive van gouverneur Hans Putmans naer Batavia aen den gouverneur generaal Antonio van Diemen, Taiwan, 7 Oct. 1636, fo. 279r.

27 VOC 1125, Missive van Jeremias van Vliet opperhoofd des comptoirs Siam aen gouverneur [Johan] van der Burch raet van India ende gouverneur in Taijouan, Siam, 6 July 1637, fo. 580v.

28 Ibid.; VOC 1120, Missive van gouverneur Hans Putmans naer Batavia aen den gouverneur generaal Antonio van Diemen, Taiwan, 7 Oct. 1636, fo. 279r.

29 VOC 1113, Missive [door den heer Joost Schouten] aen den gouverneur generaal [Hendrick Brouwer], Siam, 26 July 1634, fo.518v.

30 VOC 1119, Missive van d' E. Jeremias van Vliet aen den gouverneur generaal Hendrick Brouwer, Siam, 28 July 1636, fo. 1253.

31 Ibid.; VOC 1119, Missive [van Jeremias van Vliet] aen d' E. Hans Putmans [gouverneur van Taijouan], Siam, 20 May 1636, fo. 1396.

32 VOC 1125, Missive van Jeremias van Vliet aen Johan van der Burch raet van India ende gouverneur in Taijouan, Siam, 14 May 1637, fo. 568r.

33 VOC 1127, Missive [van Hendrik Nachtegael] aen den oppercoopman Abraham Ducker in Quinam [letter written by Hendrik Nachtegael in Siam to Senior Merchant Abraham Ducker in Quinam], Siam, 3 May 1638, fo. 372v.

34 VOC 1131, Missive van Van Vliet aen den gouverneur generaal [Antonio van Diemen ende raaden in Batavia], Siam, 14 July 1639, fo. 1008.

35 VOC 1139, Rapport van den commissaris Jeremias van Vliet aengaende sijn bevin- dinge in Siam ende bocht van Pattany [van Johan van Twist uijt Malacca aen gouverneur generaal Antonio van Diemen en raden in Batavia] [Report written by Commissioner Jeremias van Vliet about his experiences in Siam and the Bay of Pattani, forwarded from Malacca to Governor-General Antonio van Diemen and Council in Batavia by Johan van Twist], Siam, 28 May 1642, fo. 802v.

36 VOC 1144, Missive van Reijnier van Tzum aen den gouverneur generaal [Antonio van Diemen], Siam, 13 Oct. 1642, fo.619r.

37 張廷玉, 『新校本明史』, 卷23, 本紀23, 「莊烈帝朱由檢」, 頁320.

38 VOC 1119, Missive van den coopman Jeremias van Vliet aen den gouverneur generaal [Antonio] van Diemen, Siam, 13 Nov. 1636, fo. 1287.

39 VOC 1131, Missive van Van Vliet aen den gouverneur generaal [Antonio van Diemen], Siam, 10 Oct. 1639, fo. 1042.

40 VOC 1144, Missive van Reijnier van Tzum aen den gouverneur generaal [Antonio van Diemen], Siam, 13 Oct 1642, fo. 619r.

41 張廷玉, 『新校本明史』, 卷23, 本紀23, 「莊烈帝朱由檢」, 頁334.

42 VOC 1125, Missive van Jeremias van Vliet aen Johan van der Burch raet van India ende gouverneur in Taijouan, Siam, 14 May 1637, fo. 568r.

43 VOC 1119, Missive van den coopman Jeremias van Vliet aen den gouverneur generaal [Antonio] van Diemen, Siam, 13 Nov. 1636, fo. 1278.

44 張海英,『明淸江南商品流通與市場體系』, 上海:華東師範大學出版社, 2001, 頁105~107.

45 Generale missive, p.22 Dec. 1638, in Cheng, *De VOC en Formosa*, p.176. 중국 생사 1421.94피 쿨이 일본으로 운송되었다고 기록되어 있다. 이 숫자는 데지마에서 기록된 나가즈미의 수치와 약간 다르다.

46 *Dagregister Zeelandia*, I : 1629~1641, p.210, 7 Mar. 1635. 해안 통행증 요금으로 50냥이 기록되어 있다; VOC 1116, Missive van Hans Putmans naer Batavia aen gouverneur generaal Hendrick Brouwer, Taiwan, 9 Mar. 1635, fo. 329v.

47 兵部尙書熊明遇,「籌議福建開海禁利害(1631년 9월)」, 陳雲林總主編, 中國第一歷史檔案 館, 海峽兩岸交流出版中心編,『明淸宮藏臺灣檔案匯編』, 第3冊, 頁173. 두 종류의 면허가 있었다. a) 매년 신청할 수 있는 해외 무역 선박을 위한 '양인(洋引)' b) 몇 달마다 신청할 수 있는 해안 무역을 위한 '조신(照身)'

48 VOC 1123, Missive van Jan van der Burch naer Batavia aen gouverneur generaal Antonio van Diemen ende raden van India, Taiwan, 12 Dec. 1637, fo. 920r.

49 VOC 1123, Resolutie genomen bij den gouverneur Johan van der Burch ende raedt van Taijouan, Taiwan, 8 Sept. 1637, fos. 831v~832r.

50 VOC 1123, Resolutie genomen bij den gouverneur Johan van der Burch ende raedt van Taijouan, Taiwan, Taiwan, 21 Aug. 1637, fo. 825r~v; *Dagregister Zeelandia*, I : 1629~1641, p.366.

51 *Dagregister Zeelandia*, I : 1629~1641, p.368; VOC 1123, Resolutie genomen bij den gouverneur Johan van der Burch ende raedt van Taijouan, Taiwan, 8 Sept. 1637, fos. 831v~832r.

52 Generale missive, 9 Dec. 1637, in Cheng, *De VOC en Formosa*, p.166; VOC 1123, Missive van Jan van der Burch naer Batavia aen gouverneur generaal Antonio van Diemen ende raden van India, Taiwan, 12 Dec. 1637, fo. 920r.

53 VOC 1123, Resolutie genomen bij den gouverneur Johan van der Burch ende raedt van Taijouan, Taiwan, 8 Sept. 1637, fos. 831v~832r.

54 Generale missive, 22 Dec. 1638, in Cheng, *De VOC en Formosa*, p.173. 일본 무역에서 얻은 모든 수익이 1638년 8월 중순까지 완전히 소진되었다고 기록되어 있다.

55 *Dagregister Zeelandia*, I : 1629~1641, pp.427~428, 12 July and 15 July 1638.

56 Ibid., pp.429~430, 20 July and 22 July 1638.

57 Ibid., p.429, 20 July 1638.

58 VOC 1128, Missive van Jan van der Burch naer Amsterdam aen de Camer Amsterdam, Taiwan, 28 Nov. 1638, fo. 368r~v. 총독 Johan van den Burch는 중국 조정에서 발행한 합법적 통행증을 소지한 마닐라로 향하는 모든 중국 대형 선박을 무사히 통과하도록 허용하기로 했다.

59 Ernst van Veen, *Decay or Defeat? : An Inquiry into the Portuguese Decline in Asia, 1580-1645*, Leiden : Research School of Asian, African, and Amerindian Studies, Universiteit Leiden, 2000, p.200.

60 鳴玉英,『西班牙統治菲律賓時期的中菲貿易』, 香港:私立新亞研究所史學組博士論文, 1992, 頁125. 表 7. 이 표는 Chaunu, *Les Philippines*, p.204. Série 14, 표 3을 기반으로 한다. 이 표는 1646년부터 1665년까지 중국 상품의 수입 관세를 기록하고 있다. 이 수치를 세율 6%로 나누면 수입된 중국 상품의 총 가치를 추정할 수 있다.

61 Richard von Glahn, *Fountain of Fortune*, California : University of California, 1996, 232. 표 23에서 리차드 폰 글란(Richard von Glahn)은 두 개의 다른 기간 일본과 필리핀을 통해 중국으로 유입된 은의 양에 대한 별도의 추정치를 제시하고 있다. 이 두 곳에서 수입된 은의 비율에서 마닐라의 비율은 각각 21%와 11%로 낮았다. 이러한 차이는 일본에서 수입된 은의 추정치가 수입 가치의 80%를 기준으로 했기 때문일 수 있다.

62 Generale missive, 30 Dec. 1638, in Cheng, *De VOC en Formosa*, p.179.

63 Charles R. Boxer, *Fidalgos in the Far East*, Hongkong : Oxford University Press, 1968, p.121.

64 VOC 1133, Missive van Jan van der Burch naer Cambodja aen den oppercoopman Joannes van der Hagen, Taiwan, 31 Dec. 1639, fo. 170v. 그러나 'The Report of Commissioner Nicolaas Kouckebacker'에는 이 금액이 2,898,802 : 18 : 4 길더라고 기록되어 있다. VOC 1131, Rapport [van Nicolaas Kouckebacker] aen den gouverneur generaal Antonio van Diemen ende de raeden van India, nopende Kouckebacker's besendinge naer Tonckin ende gedaene visite des Comptoirs ende verderen ommeslag uijt Taijouan, gelegen op het eijlandt Formosa [Report of Commissioner Nicolaas Kouckebacker to Governor-General Antonio van Diemen and the Council of the Indies, concerning his mission to Tonkin and his visit to the Taiwan Factory and other Company establishments in the Island of Formosa] (hereafter cited as 'Report of Commissioner Nicolaas Koucke-backer'), [on the ship] *de Rijp*, 8 Dec. 1639, fo. 312.

65 Ibid., fo. 312.

66 Generale missive, 18 Dec. 1639, in Cheng, *De VOC en Formosa*, 188; VOC 1132, Missive van gouverneur Johan van der Burch aen Adam Westerwolt president van 't comp- toir Persien, Taiwan, 30 Nov 1639, fo. 307.

67 Generale missive, 8 Jan. 1640, in Cheng, *De VOC en Formosa*, pp.190~191; VOC 1133, Missive van Johan van der Burch naer Cambodja aen den oppercoopman Joannes van der Hagen, Taiwan, 31 Dec. 1639, fo. 170v.

68 *Dagregister Zeelandia*, I : 1629~1641, p.488, 26 Dec. 163 · p.493, 13 Jan. 1640 · p.495, 23 Apr. 1640.

69 *Daghregister Batavia*, 1640~1641, p.111, 6 Dec. 1640. 12월 6일. 첫 번째 배인데 데 로흐(de Roch)호를 제외하고, 나머지 여섯 척의 화물 총액에서 추산되었다. 데 로흐 호의 화물 대부분은 통킹(東京)에서 온 것이었다.

70 Blussé, "The VOC as Sorcerer's Apprentice", pp.87~105, at p.104. 블뤼세는 네덜란드 동인도회사가 결국 중국 조정을 해안 질서의 또 다른 요소로 순응시키는 데 실패했다고 정확히 지적했다. 제국의 인정을 얻지 못한 그들의 실패는 정지룡과 같은 중재자에게 중요한 위치를 만들어주었다. 복건 상인들은 중재자 역할을 할 수 있을 뿐만 아니라 남중국해의 다른 지역에서 항해하고 무역할 권리도 가지고 있었다. 따라서 위에서 언급한 모순된 구조가 이 대립의 결과로 나타났다.

제8장 변화하는 세계에서 은을 찾다, 1640~1646

1 VOC 1131, The Report of Commissioner Nicolaas Kouckebacker, [on board the ship] De Rijp, 8 Dec. 1639, fo. 298r~v; Pol Heyns and Cheng Wei-chung(eds.), *Dutch Formosan Placard-book Marriage, and Baptism Records*, Taipei : SMC, 2005, p.130 · 132. 공고문은 1638 년 4월 6일과 1639년 8월 13일에 각각 발표되었다.

2   Generale missive, 12 Jan. 1639, in Cheng, *De VOC en Formosa*, p.182.

3   VOC 1133, Missive van gouverneur Joan van der Burch naer Batavia aen gouverneur generaal Antonio van Diemen, Taiwan, 28 Jan. 1640, fo. 185r.

4   VOC 1132, Missive van gouverneur Joan van der Burch naer Choromandel aen den gouverneur Arent Gardenijs, Taiwan, 30 Nov. 1639, fo. 302; VOC 1132, Missive van gouverneur Joan van der Burch naer Batavia aen gouverneur generaal Antonio van Diemen ende raden van India, Taiwan, 10 Dec. 1639, fo. 284.

5   VOC 1132, Missive van gouverneur Joan van der Burch naer Batavia aen gouverneur generaal Antonio van Diemen ende raden van India, Taiwan, 10 Dec. 1639, fo. 285. 압수의 이유는 선장이 황제의 통행증을 소지하지 않았기 때문이다. 다른 기록에 따르면 이 선장의 이름은 '사량(土良, Sualiangh)'이었으며, 보통 통행권을 지불하고 소지하며 다녔다고 한다. VOC 1131, Report of Commissioner Nicolaas Kouckebacker, [on board the ship] *De Rijp*, 8 Dec. 1639, fos. 297~298 참조.

6   VOC 1131, Report of Commissioner Nicolaas Kouckebacker, [on board the ship] *De Rijp*, 8 Dec. 1639, fos. 297~298.

7   VOC 1133, Missive van gouverneur Jan van der Burch naer Batavia aen gouverneur generaal Antonio van Diemen, Taiwan, 28 Jan. 1640, fos. 180v~181r.

8   Ibid., fo. 181r.

9   Ibid., fos. 186~187. '…… 포르투갈의 손아귀에서 그들을 빼내기 위해 ……'

10   Ibid., fo. 186v. 중국 소식통에 따르면 이곳은 연주(連州)에 위치해 있었다. 蕭奕輔,「福建巡撫蕭奕輔題本」,『鄭氏史料初編』, 頁178.

11   VOC 1133, Missive van gouverneur Jan van der Burch naer Batavia aen gouverneur generaal Antonio van Diemen, Taiwan, 28 Jan. 1640, fo. 190v.

12   Ibid., fos. 191v~192r.

13   *Daghregister Batavia*, 1640~1641, p.112, 6 Dec. 1640; Generale missive, 8 Jan. 1641, in Cheng, *De VOC en Formosa*, p.198. 불행하게도 한원은 난파선으로 사망했기 때문에 나중에 다른 상인이 편지를 배달했다.

14   VOC 1134, Contract tusschen gouverneur [Paulus] Traudenius ende den Mandorijn Iquan getroffen anno 1640 [Contract between Iquan and the Governor of Taiwan Paulus Traudenius in 1640], Taiwan, 1640 [date not recorded], fo. 121r~v.

15   *Daghregister Batavia*, 1640~1641, p.175, 29 Jan. 1641.

16   VOC 1136, Missive van den Ed. president Franchois Caron aen den gouverneur generaal [Antonio] Van Diemen, Japan, 20 Nov. 1640, not foliated; *Daghregister Batavia*, 1640~1641, p.111, 6 Dec. 1640. 오터(Otter), 오스트카펠(Oostcappel), Broeckoort(브렉코르트), 더 로트(De Rocht), 더 리프(De Rijp) 및 포우(Pauw)의 화물은 대만에서 일본으로 운송되었다. 여기에는 비단 제품 및 기타 상품이 포함되어야 한다.

17   VOC 1136, Missive van den Ed. president Franchois Caron aen den gouverneur generaal [Antonio] Van Diemen, Japan, 20 Nov. 1640, fo. 771r~777v; *Daghregister Batavia*, 1640~1641, pp.147~148, 20 Aug. 1640; 66, 13 Dec. 1641. 메시지는 대만에서 전달되었다.

18   Oskar Nachod, *Die Beziehungen der Niederländischen Ostindischen Kompagnie zu Japan im XVII Jahrhundert* [[The relationship between the Dutch East India Company and Japan in the seventeenth century] (Inaugural Dissertation, Rostock University, 1897, 289. 850,000

길더를 총 수입액 6,295,367길더로 나눈 값이다.

19   Peter W. Klein, "De Tonkinees-Japanse zijdehandel van de Verenigde Oostindische Compagnie en het inter-Aziatische verkeer in de 17e eeuw [The Tonkin-Japan silk trade of the Dutch East India Company and the Inter-Asian trade in the seventeenth century]", in Willem Frijhoff and Minke Hiemstra(eds.), *Bewogen en bewegen : de historicus in het spanningsveld tussen economie en cultuur* [To be moved and to move : Historians caught between economics and culture], Tilburg : Uitgeverij H. Gianotten B.V., 1906, pp.152~177, at 170, table 2.

20   VOC 665, Resolutie van gouverneur-generaal Antonio van Diemen ende raden, Batavia, 20 Mar. 1641, not foliated.

21   *Daghregister Batavia*, 1640~1641, p.59, 6 Nov. 1641. An extract of the letter sent from Taiwan on 17 March 1641.

22   Nachod, *Die Beziehungen der Niederländischen Ostindischen Kompagnie*, appendix, ccii~cciii.

23   VOC 664, Resolutie van gouverneur-generaal Antonio van Diemen ende raden, Batavia, 4 May 1641, not foliated.

24   VOC 1136, Missive van den Ed. president François Caron aen den gouverneur generaal [Antonio] Van Diemen, Japan, 20 Nov. 1640, not foliated.

25   VOC 665, Resolutie van gouverneur-generaal Antonio van Diemen ende raden, Batavia, 20 Mar. 1641, not foliated. 정지룡의 귀국 화물은 1,600,000길더에 달했는데, 이는 일본 561,403테일에 해당한다.

26   VOC 1140, Missive [van Johan van Elseracq] uijt het jacht Ackerslooth zeijlende door de straate Palimbangh aen den gouverneur generaal [Antonio] van Diemen, Palembang, 2 Dec. 1642, fo. 40v; VOC 1140, Missive [van den edelen Johan van Elseracq aen de edele heer gouverneur Paulis Traudenius] na Taijouan, Japan, 2 Oct. 1642, fo. 47r.

27   VOC 1140, Missive [van Johan van Elseracq] uijt het jacht Ackerslooth zeijlende door de straate Palimbangh aen den gouverneur generaal [Antonio] van Diemen, Palembang, 2 Dec. 1642, fo. 40v; VOC 1140, Missive [van den edelen Johan van Elseracq aen de edele heer gouverneur Paulis Traudenius] na Taijouan, Japan, 2 Oct. 1642, fo. 47r.

28   VOC 1140, Missive [van Johan van Elseracq] uijt het jacht *Ackerslooth* zeijlende door de straate Palimbangh aen den gouverneur generaal [Antonio] van Diemen, Strait Palimbang, 2 Dec. 1642, fo. 40v. 이 기록에는 총 947,200테일에 팔린 중국 화물이 모두 기록되어 있다. 가장 가치 있는 상품이 비단 상품이었기 때문에 이를 분모로 삼아 정지룡의 독점 비율을 추정했다.

29   The Deshima dagregisters : their original tables of contents [*hereafter cited as The Deshima dagregisters*], Cynthia Viallé and Leonard Blussé(trans. and eds.), 12 vols, Leiden : Institute for the History of European Expansion, 1986~2005, XI : 1641~1650, p.112, 12~13 Aug. 1643.

30   *The Deshima dagregisters*, XI: 1641~1650, p.112, 12~13 Aug. 1643.

31   Generale missive, 22 Dec. 1643, in Cheng, *De VOC en Formosa*, p.215.

32   Tapan Raychaudhuri, *Jan Company in Coromandel, 1605-1690 : A Study in the Inter-relations of European Commerce and Traditional Economies*, 's-Gravenhage : Martinus Nijhoff, 1962, p.140. 레이차우두리(Raychaudhuri)는 중국 금이 대만에서 인도로 수출되면서 네덜란드

동인도회사가 인도아대륙(subcontinent)에 대한 투자를 **빠르게** 확대하기 시작하는 새로운 국면을 맞이했다고 주장하였다.

33 *The Deshima dagregisters* XI : 1641~1650, p.5, 26 June·p.7, 1 July·p.8, 4 July 1641.

34 沈猶龍, 「兩廣總督沈猶龍題本」, 『鄭氏史料初編』, 頁174; Missive van Paulus Traudenius naer Amsterdam aen de Camer Amsterdam, Taiwan, 3 Nov. 1642, fo. 451r.

35 말라카 점령의 일반적인 영향은 다음과 같다. Van Veen, Decay or defeat?, 201. 참조. 그러나 마카오에서 인도로의 중국 금 수출 상황은 여전히 더 많은 연구가 필요하다.

36 Generale missive, 22 Dec. 1638, in Cheng, *De VOC en Formosa*, p.175.

37 Generale missive, 18 Dec. 1639, in Cheng, *De VOC en Formosa*, pp.185~186.

38 레이차우두리(Raychaudhuri) 연구에 따르면, 포모사에서 나온 중국 금은 1636년부터 1639년 까지 Pulicat에서 35%%~38%의 수익에, 마술리파탐(Masulipatam)에서는 11~15%의 수익으 로 판매되었다. 중국 금의 일반 수익은 21%였다. 1643년에는 30%에서 1643년에는 6%에서 9¼%로 떨어졌다. Raychaudhuri, *Jan Company in Coromandel*, p.187, n. 360; p.190, n. 363.참 조

39 VOC 1131, Report of Commissioner Nicolaas Kouckebacker, [on board the ship] De Rijp, 8 Dec. 1639, fo. 300r.

40 VOC 665, Resolutie van gouverneur-generaal Antonio van Diemen ende raden, Batavia, 20 Mar. 1641, not foliated. 그러나 히라도에서 퇴각하기 위해서는 오래된 빚을 청산해야 했고, 그 대가로 일본 당국은 그들에게 금 638,689달러(638,689길더)를 제공했다. 대만 당국은 코로만델 요구량의 50.2%인 501,665달러만 선적했다.

41 Generale missive, 22 Dec. 1638, in Cheng, *De VOC en Formosa*, p.175; VOC 661, Resolutie van gouverneur-generaal Antonio van Diemen ende raden, Batavia, 16 July 1638, not foliated.

42 Generale missive, 30 Dec. 1638, in Cheng, *De VOC en Formosa*, p.180. 134,759길더 상당의 중국 금이 수라트(Surat, 인도 서부)로 운송되었다고 기록되어 있다; VOC 662, Resolutie van gouverneur-generaal Antonio van Diemen ende raden, Batavia, 1 Mar. 1639, not foliated. 중국 금 67,000개가 코로만델로 선적된 것으로 기록되어 있다.

43 VOC 1132, Missive van gouverneur Joan van der Burch naer Souratta aen directeur Barent Pietersz, Taiwan, 30 Nov. 1639, fo. 310r; W. Ph. Coolhaas, J. van Goor, and J. E. Schooneveld-Oosterling, *Generale Missiven van gouverneur-generaal en raden aan Heren XVII der Verenigde Oostindische Compagnie*, 11 vols., ed.('s-Gravenhage : Rijks Geschiedkundige Publicatiën, 1960~2004), II : 1639~1655, p.60, 18 Dec. 1639. 그들은 일본에서 대만을 통해 보낸 일본 은과 대만에서 얻은 중국 금을 합치면 금 70만 길더, 은 10만 길더에 달할 것으로 예상했다.

44 VOC 1132, Missive van gouverneur Joan van der Burch naer Choromandel aen den gouverneur Arent Garadenijs, Taiwan, 30 Nov. 1639, fos. 302~303; Generale missive, 8 Jan. 1640, in Cheng, *De VOC en Formosa*, p.192.

45 VOC 665, Resolutie van gouverneur-generaal Antonio van Diemen ende raden, Batavia, 20 Mar. 1641, not foliated.

46 Ibid..,

47 Veen, *Decay or defeat?*, p.202. *Dagregister Zeelandia*, II : 1641~1648, p.146, 2 June 1643.

48 VOC 665, Resolutie van gouverneur-generaal Antonio van Diemen ende raden, Batavia,

11 Apr. 1642, fos. 60v~61v.

49 VOC 1146, Missive van gouverneur Paulus Traudenius naer China aen den grooten Mandorijn Iquan, 15 Oct. 1642, fo. 747v.

50 VOC 1120, Missive van Jan van der Burch naer Batavia aen den gouverneur generaal Antonio van Diemen, Taiwan, 14 Nov. 1636, fo. 367.

51 VOC 1120, Missive van Jan van der Burch naer Batavia aen gouverneur generaal [Antonio van Diemen] en raeden van India, Taiwan, 19 Nov. 1636, fo. 329. 이 중위의 성은 중국 성씨 '오(嗚)' 또는 '황(黃)'과 같은 '오이지(Oiji)'로 기록되어 있다.

52 VOC 1120, Missive van Jan van der Burch naer Batavia aen den gouverneur generaal Antonio van Diemen, Taiwan, 14 Nov. 1636, fo. 367. 후추 '단위(單位, petack)' 두 개를 가져갔다. 여기서 '단위'는 선박에서 두 개의 벽 사이의 공간을 말한다.

53 VOC 662, Resolutie van gouverneur-generaal Antonio van Diemen ende raden, Batavia, 24 Jan.1639, not foliated.

54 VOC 662, Resolutie van gouverneur-generaal Antonio van Diemen ende raden, Batavia, 30 Apr. 1639, not foliated; Generale missive, 18 Dec. 1639, in Cheng, *De VOC en Formosa*, p.185; Judith Schooneveld-Oosterling and Marc Kooijmans, *VOC-glossarium*, p.67. 마지막 은 20피쿨, 약 1,250킬로그램이다.

55 VOC 1133, Missive van gouverneur Jan van der Burch naer Batavia aen gouverneur generaal Antonio van Diemen, Taiwan, 28 Jan. 1640, fos. 181v~182r.

56 Generale missive, 18 Dec. 1639, in Cheng, *De VOC en Formosa*, p.184.

57 Ibid., p.185.

58 Generale missive, 9 Sept. 1640, in Cheng, *De VOC en Formosa*, p.196.

59 Generale missive, 12 Dec. 1641, in Cheng, *De VOC en Formosa*, p.200.

60 VOC 665, Resolutie van gouverneur-generaal Antonio van Diemen ende raden, Batavia, 19 May 1642, fo. 88v.

61 Generale missive, 12 Dec. 1642, in Cheng, *De VOC en Formosa*, p.202.

62 VOC 666, Resolutie van gouverneur-generaal Antonio van Diemen ende raden, Batavia, 3 June 1643, not foliated.

63 Generale missive, 22 Dec. 1643, in Cheng, *De VOC en Formosa*, p.211.

64 VOC 667, Resolutie van gouverneur-generaal Antonio van Diemen ende raden, Batavia, 8 June 1644, not foliated.

65 VOC 667, Resolutie van gouverneur-generaal Antonio van Diemen ende raden, Batavia, 29 May 1645, not foliated.

66 VOC 669, Resolutie van gouverneur-generaal Antonio van Diemen ende raden, Batavia, 11 June 1646, not foliated. 중국 선박들이 운반한 물품은 거의 없었고, 화물 적하목록에 후추가 기록되지 않았다.

67 孫嘉積, 「兵部爲糾參通夷納賄之官員事行稿(崇禎12年正月30日)」, 中國第一歷史檔案館 · 澳門基金會 · 曁南大學古籍硏究所合編, 『明淸時期澳門問題檔案文獻匯編』, 6冊, 北京 : 人民出版社, 1999, 第1冊, 頁20~21.

68 佟養甲, 「兩廣總督佟養甲題請準許濠鏡澳人通商貿易以阜財用本(順治4年5月初3日), 中 國第一歷史檔案館 · 澳門基金會 · 曁南大學古籍硏究所合編, 『明淸時期澳門問題檔案文獻 匯編』, 第1冊, 頁22~23.

69 Ibid., p.22.

70 1643년 바타비아에서 구입한 후추의 3분의 2가 바다에서 유실되었다. 이는 인용된 수치에 포함되지 않았다.

71 1589년에 주장된 할당량에 따르면, 매년 4명의 선박이 반탐(바타비아와 같은 지역)을 방문하도록 허용되었다. 林仁川, 『明末清初私人海上貿易』, 頁262. 참조

72 Generale missive, 18 Dec. 1639, in Cheng, *De VOC en Formosa*, p.184.

73 VOC 662, Resolutie van gouverneur-generaal Antonio van Diemen ende raden, Batavia, 11 Feb. · 25 Feb · 5 Mar. 1639, not foliated.

74 Generale missive, 9 Sept. 1640, in Cheng, *De VOC en Formosa*, p.196.

75 VOC 663, Resolutie van gouverneur-generaal Antonio van Diemen ende raden, Batavia, 9 Mar. 1640. 이 선주(나초다)는 안해 상인 정태(벤디옥)의 아들이었다.

76 Generale missive, 12 Dec. 1641, in Cheng, *De VOC en Formosa*, p.199.

77 Ibid.. 정지룡의 것이다.

78 VOC 665, Resolutie van gouverneur-generaal Antonio van Diemen ende raden, Batavia, 19 May 1642, fo. 88v.

79 VOC 665, Resolutie van gouverneur-generaal Antonio van Diemen ende raden, Batavia, 8 Feb. · 12 Feb. 1642, not foliated.

80 Generale missive, 22 Dec. 1643, in Cheng, *De VOC en Formosa*, p.214.

81 VOC 666, Resolutie van gouverneur-generaal Antonio van Diemen ende raden, Batavia, 10 Feb · 25 Feb · 6 Mar 1643, not foliated.

82 VOC 667, Resolutie van gouverneur-generaal Antonio van Diemen ende raden, Batavia, 8 June 1644, not foliated; *Generale Missiven, II : 1639-1655*, p.254, 23 Dec. 1644. 여기에는 대형 선박 8척과 소형 선박 1척이 기록되어 있다.

83 VOC 668, Resolutie van gouverneur-generaal Cornelis van der Lijn ende raden, Batavia, 29 May 1645, not foliated.

84 VOC 669, Resolutie van gouverneur-generaal Cornelis van der Lijn ende raden, Batavia, 11 June 1646, not foliated.

85 그 정점은 1648년경이었다. 표 7-4.참조

86 William Atwell, 'The T'ai-ch'ang, T'ien-ch'I and Ch'ung-chen reigns, 1620~1644', in Mote and Twitchett(eds.), CHOC, VII, pp.579~707, at pp.615~617.

87 Ibid., pp.688~689.

88 沈猶龍, 「兩廣總督沈猶龍題本」, 『鄭氏史料初編』, 頁178. 전장은 광동성의 연주(連州)에 있다.

89 Ibid..

90 Ibid., pp.175 · 181.

91 VOC 1140, Missive [van gouverneur Paulus Traudenius en den verderen raad te Taijouan] aen de camer Amsterdam [Letter from Taiwan to Amsterdam Chamber], Taiwan, 3 Nov. 1642, fo. 451r.

92 兵部, 「爲遵賞潮漳副總兵鄭芝龍等員銀兩等事」, 臺灣史料集成編輯委員會編撰, 『明清臺灣檔案彙編』第1冊, 頁438.

93 *Dagregister Zeelandia*, II : 1641~1648, p.142, 23 May 1643; William Atwell, 'The T'ai-ch'ang, T'ien-ch'I and Ch'ung-chen Reigns, 1620~1644', in Mote and Twitchett(eds.), *CHOC*,

VII, pp.579~707, at pp.634~636.

94 不著撰人,「崇禎實錄」,『臺灣文獻叢刊』第294種, 卷16, 1971年, 頁302; 萬言,「崇禎長編」, 『臺灣文獻叢刊』第270種, 卷2, 1969, 頁64.

95 李清,『南渡錄』, 浙江: 浙江古籍出版社, 1988, 頁95. 1644년 9월 26일 정지룡이 '남안백(南安伯)'이라는 고귀한 작위를 받았다는 기록이 있다. 그 후 10월 30일에 그는 복건과 다른 지역의 사령관으로 임명되었다. 새로 출간된 책의 서문에서 그는 자신의 정식 직함을 '欽命鎮守福建等處並浙江金溫地方總兵官, 太子太師, 救賜蟒衣南安'으로 서명했다, 이는 "복건 등지와 절강 금화 온주 등지에 군대를 주둔시켜 지키도록 황명을 내렸다. 태자태사, 남안에게 망의를 하사하다"로 직역할 수 있다. 鄭太郁,「經國雄略」, 季羨林等編,『美國哈佛大學哈佛燕京圖書館藏中文善本彙刊』, 第19冊, 北京: 商務印書館, 2003, 頁5.

96 *The Deshima dagregisters*, XI : 1641~1650, 16 Feb. · 11 Mar. · 20 Apr. · 27 Apr. · 28 Apr. · 30 Apr. 1644, pp.159~160.

97 *Dagregister Zeelandia*, II : 1641~1648, pp.145~146, 2 June 1643.

98 Dagregister gehouden door opperstuurman Simon Cornelissen Clos, 25 mei tot 30 juni 1643, 4 June 1643 [Diary kept by senior mate Simon Cornelissen Clos, from 25 May to 30 June 1643], in : *Dagregister Zeelandia*, II : 1641~1648, p.160.

99 VOC 666, Resolutie van gouverneur-generaal Antonio van Diemen ende raden, Batavia, 10 Apr. 1643, not foliated.

100 *The Deshima dagregisters*, XI : 1641~1650, p.106, 1 Aug. 1643.

101 Ibid., p.118, 12 Sept. 1643.

102 Ibid., p.123, 29 Sept. 1643.

103 복서(Boxer)는 일본 당국의 태도가 정지룡의 중일 무역 독점에 대한 네덜란드 동인도회사 봉쇄를 막는 결정적인 요소 중 하나였다고 정확하게 지적한다. Charles R. Boxer, "The Rise and Fall of Nicholas Iquan (Cheng Chih-lung)", *T'ien Hsia Monthly*, Apr.~May 1941, pp.1~39, at pp.33~35.참조

104 *Dagregister Zeelandia*, II : 1641~1648, pp.406~407, 7 July 1645.

105 VOC 1127, Missive [van Hendrik Nachtegael in Siam] aen den edelen Abraham Ducker in Couttchin-China, Siam, 3 May 1638, fo. 363v. 선박 2척 중 한 척은 1만 개의 사슴가죽을 광남으로 가져왔고, 다른 선박 1척은 사슴가죽이 없었다.

106 VOC 1139, Missive uit Siam [van Reijner van Tzum] aen den gouverneur generaal [Antonio van Diemen], Siam, 7 Nov. 1641, fo. 744v.

107 永積洋子,『唐船輸出入品數量一覽, 1637~1833年』, 頁36.

108 VOC 1139, Missive uit Siam [van Reijnier van Tzum] aen den gouverneur generaal [Antonio van Diemen], Siam, 7 Nov. 1641, fo. 744v; VOC 1139, Rapport van den commissaris Jeremias van Vliet aengaende sijn bevindinge in Siam ende bocht van Pattany [van Johan van Twist uijt Malacca aen gouverneur generaal Antonio van Diemen en raden van India in Batavia], Siam, 28 May 1642, fo. 803r.

109 *The Deshima dagregisters*, XI : 1641~1650, pp.63 · 69 · 70, 22 July · 17 June · 26 July 1642.

110 VOC 1139, Rapport van den commissaris Jeremias van Vliet aengaende sijn bevindinge in Siam ende bocht van Pattany [van Johan van Twist uijt Malacca aen gouverneur generaal Antonio van Diemen en raden van India in Batavia] [Report written by Commissioner Jeremias van Vliet about his experiences in Siam and the Bay of Pattani, sent from Malacca

by the Said Johan van Twist to Governor-General Antonio van Diemen in Batavia], Siam, 28 May 1642, fo. 803r; VOC 1144, Missive van Reijnier van Tzum [in Siam] aen den gouverneur generaal [Antonio van Diemen in Batavia], Siam, 13 Oct. 1642, fo. 619r.

111 *The Deshima dagregisters*, XI : 1641~1650, p.112, 16 Aug. 1643.

112 Ibid., p.108, 11 Aug. 1643.

113 Ibid., p.164 · 169 · 170, 8 July · 9 Aug · 27 Aug 1644.

114 VOC 1151, Missive door het opperhoofd Reijnier van Tzum aen den gouverneur generaal [Antonio van Diemen], Siam, 25 Nov. 1643, fo. 661v; VOC 1157, Journaelse aenteeckening van 15 Januarij tot 8 September 1644 [The ship's log signed between 15 Jan. to 8 Sept. in 1644], Siam, 23 Feb. 1644, fo. 658r.

115 *The Deshima dagregisters*, 208 · 209, 16 July · 21 Aug · 22 Aug. 1645.

116 Ibid., p.231 · 234, 27 July · 18 Aug. 1646.

117 VOC 1157, Missive [van Jan van Muijden in Siam aan] aen Reijnier van Tzum president van Japan, Siam, 26 June 1646, fo. 494.

118 *The Deshima dagregisters,* p.288, 7 July 1647.

119 VOC 1151, Missive door het opperhoofd Reijnier van Tzum aen den gouverneur generaal [Antonio van Diemen], Siam, 25 Nov. 1643, fo. 661v.

120 *Generale Missiven*, II : 1639~1655, p.259, 20 Jan. 1644.

121 *Daghregister Batavia*, 1644~1645, p.161, 11 Mar. 1645.

122 VOC 1160, Missive van François Caron [naer gouverneur generaal Cornelis van der Lijn], Taiwan, 31 Jan. 1646, fos. 166v~167r.

123 VOC 870, Missive van Batavia [van Cornelis van der Lijn] voor den oppercoopman Willem Verstegen ende de verdere opperhooffden van 't jacht *de Zeerobbe* ende de fluijt *de Salm*, waernaer hun in 't seijlen van hier tot de Pescadores ende Taijouan sullen hebben te reguleren [Letter from Batavia written by Governor-General Cornelis van der Lijn to Chief Merchant Willem Verstegen and other chief officers on the yacht the *Zeerobbe* and the flute ship *de Salm*, assigning them how to conduct themselves from Batavia to Taiwan and the Pescadores], Batavia, 18 June 1646, fo. 180.

124 蔡鐸等編,『歷代寶案』, 轉引自楊雲萍,「南明時代與琉球關係之研究」, 氏著,『南明研究旅臺灣文化』, 臺北 : 臺灣風物, 1993, 頁316~328, 1645年10月18日條. 게다가 류큐 상인들은 1570년대 무렵 동남아시아 국가들과의 무역을 중단했다. 이후 17세기 초반 수십 년간 중일 관계가 악화되면서 명나라 조정에 의해 류큐사절단은 해체되었다. 1637년 무역을 되살리려는 마지막 시도가 실패로 돌아간 후 중국과 류큐 간의 지류 무역도 파탄에 이르렀다. Chang, "Maritime Chinese Trade", pp.195~197 참조.

125 *The Deshima dagregisters*, XI : 1641~1650, p.231, 13 Apr. 1646.

126 Hayashi Gaho, Hayashi Nobuatsu, Ura Renichi(eds.), *Kai Hentai* [Conditions accompanying the change from the Ming Dynasty to the barbarian Ch'ing], 3 vols, Tokyo : Toyo bunko, 1958, I, pp.11~14; Ishihara Michihiro(石原道博), *Nihon kinshi no kenkyu* [Studies of Cheng's request for military aid from Japan], Tokyo : Fuzanbo, 1945, p.32.

127 楊雲萍,「南明時代與日本的關係」, 氏著,『南明研究與臺灣文化』, 頁283~288.

128 楊雲萍,「南明時代與日本的關係」, 頁283~288.

129 *The Deshima dagregisters*, XI : 1641~1650, p.245, 9 Nov. 1646.

130 VOC 1160, Missive uijt Tonquin [door Antonio van Brouckhorst] aan François Caron gouverneur van Taiwan, Tonkin, 31 July 1646, fos. 177v~178v.

131 VOC 1160, Missive uijt Tonquin [door Antonio van Brouckhorst] aan François Caron gouverneur van Taiwan, Tonkin, 31 July 1646, fos. 177v~178v. 이 임무에 대한 중국 기록은 매우 불분명하다. 1646년 1월 또는 2월에 융무 황제가 통킹에 사절단을 파견했다는 기록이 있다. 베트남 땅에 상륙하지도 못한 채 6월이나 7월에 복주로 돌아갔다고 한다. 瞿其美, 「粵遊見聞」, 留雲居士編, 『明季稗史彙編』, 第9冊, 上海 : 掃葉山房, 1900, 頁1.

132 鄭芝龍, 「精奇尼哈番鄭芝龍題爲遵旨招撫事本」(順治8年6月), 中國第一歷史檔案館編, 『淸初鄭成功家族滿文檔案館編』, 陳之平主編, 『臺灣文獻匯刊』, 第1輯 第6冊, 頁5.

제9장 청나라의 열린 해안, 1646~1650

1 *The Deshima dagregisters*, XI : 1641~1650, p.209, 1645년 8월 16일. 이 선박 대부분은 설탕으로 가득찼다.

2 VOC 1161, Missive van Pieter Antonissen Overwater naer Batavia aen Cornelis van der Lijn, 31 Jan. 1646, fo. 682v.

3 VOC 1160, Rapport van't gepasseerde op t eijlant Formosa 't sedert 27 Februarij 1646 tot 13 November daeraen volgende door den gouverneur François Caron, Taiwan, 13 Nov. 1646, fos. 76r~77r.

4 倪在田, 「續明史記事本末」『臺灣文獻叢刊』第133種, 卷7, 1962, 頁141.

5 不著撰人, 「思文大紀」『臺灣文獻叢刊』第111種, 卷5, 1961, 頁84.

6 不著撰人, 「隆武紀略」陳支平主編, 『臺灣文獻匯刊』, 第1輯 第1冊, 頁137.

7 錢肅圖, 「尊攘略」, 陳支平主編, 『臺灣文獻匯刊』, 第1輯 第9冊, 頁180. "그들은 전당강(錢塘江)지역에는 군대를 파견하지 않고 금화(金華), 구주(衢州), 온주(溫州)지역에서만 식량을 모았다."

8 不著撰人, 「思文大紀」 卷5, 頁95; 倪在田, 「續明史記事本末」 卷7, 頁144.

9 이 계산은 데지마 대장의 기록에 근거한 것이다. 나가즈미에 따르면, 1646년 중국인들은 약 117,475캐티의 생사를 수출했다. 또한 대만의 정보에 따르면 중국 상인들은 일본에 약 1,200피쿨(12만 캐티에 해당)을 판매했다. 永積洋子著, 劉序楓譯, 「由荷蘭史料看17世紀的臺灣貿易」, 湯熙勇主編, 『中國海洋發展史論文集(第7輯)』, 上冊, 頁42, 表1; 頁46, 表3. 참조.

10 黃熙允, 「招撫福建黃熙允題爲招撫鄭芝龍情形事本(順治3年8月)」, 『淸初鄭成功假家族滿文檔案譯編』, 陳之平主編, 『臺灣文獻匯刊』, 第1輯 第6冊, 頁1.

11 汪光復, 「航澥遺聞」, 陳湖逸士編, 『荊駝逸史』, 不著出版項, 1911, 頁1.

12 不著撰人, 『隆武紀略』 頁147.

13 정지룡이 성에 주둔하고 있던 병사들을 모두 철수시킨 방법, 徐曉望, 「淸軍入閩與鄭芝龍降淸事考」, 『福建論壇 : 人文社科版』, 卷7期, 福州, 2007, 頁70~77. 참조.

14 不著撰人, 「隆武紀略」 頁155.

15 *The Deshima dagregisters*, XI : 1641~1650, p.245, 10 Nov. 1646. 일부 중국 기록은 실제로 만주족이 정지룡을 3개 성의 총독으로 임명할 것을 제안했다고 발명하였다. 楊英, 『從征實錄』, 臺灣文獻叢刊第32種, 1958, 頁42; 江日昇, 『臺灣外紀』, 頁86.

16 李天根, 「爝火錄」, 『臺灣文獻叢刊』第177種, 卷16, 1963, 頁869.

17 華廷獻, 「閩遊月記」, 陳湖逸士編, 『荊駝逸史』, 頁50.

18 VOC 1160, Rapport van 't gepasseerde op 't eijlant Formosa 't sedert 27 Februarij 1646

tot 13 November daeraen volgende door den gouverneur François Caron [Report about what happened in Formosa from 27 Feb. to 13 Nov. 1646 by Governor François Caron], Taiwan, 13 Nov. 1646, fo. 78r.

19 不著撰人,「隆武遺事」・顧炎武,「聖安本紀」,『臺灣文獻叢刊』第183種, 1964, 頁205; 李天根,『爝火錄』, 卷16, 頁885; 林時對,「荷牐叢談」,『臺灣文獻叢刊』第154種, 卷4「鄭芝龍父子祖孫三世據海島」, 1962, 頁156; 計六奇,「明季南略」,『臺灣文獻叢刊』第148種, 卷11 閩紀, 「鄭芝龍降大淸」, 1963, 頁328.

20 不著撰人,「隆武紀略」頁159; 李天根,『爝火錄』, 頁885; 計六奇,「明季南略」, 頁328; 不著撰人, 顧炎武「隆武遺史」, 頁218.

21 不著撰人,「隆武紀略」頁164.

22 *The Deshima dagregisters*, XI : 1641~1650, p.231, 17 June 1646.

23 Ibid., p.236. 10 Sept. 1646.

24 Ibid., p.284, 13~14 May 1647.

25 Ibid., p.287, 1 July 1647.

26 *Generale Missiven*, II : 1639~1655, p.324, 31 Dec. 1647.

27 西亭凌雪,『南天痕』,『臺灣文獻叢刊』第76種, 1960, 卷24, 列傳37, 武臣傳,「鄭遵謙, 鄭彩, 阮進, 周鶴芝」, 頁414. "1647년 4월, 그는 해구진(海口鎭) 동쪽을 점령하고 양아들을 안창왕과 함께 파견하여 일본의 군사 지원을 요청했다." 南沙三餘氏,「南明野史」,『臺灣文獻叢刊』第85種, 1960,「附錄 魯監國載略」, 頁256; 倪在田,『續明史記事本末』卷6, 頁113; 徐鼐,「小腆紀傳」,『臺灣文獻叢刊』第138種, 1963, 補遺 卷1,「列傳 宗藩」, 頁955; 張麟白,「浮海記」,『臺灣關係文獻集零』,『臺灣文獻叢刊』第309種, 1972, 卷2, 頁11.

28 *The Deshima dagregisters*, XI : 1641~1650, p.284, 18 May 1647. 이 설명은 중국 자료와도 일치한다. 查繼佐,「罪惟錄選輯」,『臺灣文獻叢刊』第136種, 三, 外國列傳 日本國, 1962, 頁269. "노왕(魯藩)은 주산(舟山)을 지키기 위해 주번(周藩) 안창왕에게 병사를 이끌고(당나귀와 소달구지타고) 일본을 통제하라고 명하였다.", 李天根,『爝火錄』卷17, 頁913. 따라서 네덜란드 기록에서 언급된 '복주 총독의 동생'은 실제로는 안창왕 본인이었으며, 명나라 종실 중 한 명이었다. 이는 그가 '형제'로 기록된 이유를 설명한다.

29 *The Deshima dagregisters*, XI : 1641~1650, p.288, 7 July 1647.

30 Ibid., 9 July 1647.

31 張存仁等,「爲塘報官兵水陸連戰大獲全捷事(順治4年6月20日)」, 臺灣史料集成編輯委員會編撰,『明清臺灣檔案彙編』, 第2冊, 頁98.

32 西亭凌雪,『南天痕』, 卷2,「紀略史 魯監國」; 南沙三餘氏,『南明野史』, 頁257; 邵廷采,『東南紀史』, 卷11,「鄭成功(上)」, 頁133;『清世祖實錄選輯』, 臺灣文獻叢刊第158種, 1963, 頁44; 順治4年 12月24日(庚寅); 錢肅圖,『尊攘略』, 頁190. 정채는 정지룡의 형제는 아니었지만 '정'이라는 같은 성을 가졌을 뿐이었다. 그들은 서로 친했기 때문에 보통 한 가족인 척했다.

33 楊雲萍,「南明時代與琉球之關係研究」, 頁328~333.

34 『清世祖實錄選輯』, 頁48, 順治5年8月初7日(己亥, 1648年9月23日).

35 永積洋子著, 劉序楓譯,「由荷蘭史料看17世紀的臺灣貿易」, 頁44.

36 西亭凌雪,『南天痕』, 頁40, 己丑年7月壬戌(1649年8月12日).

37 土國寶,「爲報明盤獲洋船, 仰祈聖鑒事(順治6年10月)」臺灣史料集成編輯委員會編撰,『明清臺灣檔案彙編』, 第2冊, 頁221.

38 永積洋子著, 劉序楓譯,「由荷蘭史料看17世紀的臺灣貿易」, 頁44.

39 VOC 1164, Resolutie genomen [door Pieter Antonissen Overtwater] in 't Casteel Zeelandia, Taiwan, 8 Aug. 1647, fo. 532r.

40 Generale missive, 14 Apr. 1647, in Cheng, *De VOC en Formosa*, p.245.

41 7월부터 11월까지 대만의 공장은 약 20,000리알의 부채를 지속적으로 유지했기 때문이다. 사슴가죽과 설탕을 구매하기 위해 현금을 확보한 것으로 추정된다. VOC 1164, Resolutie genomen [door Pieter Antonissen Overtwater] in 't Casteel Zeelandia, 19 July 1647·8 Aug. 1647·9 Nov. 1647, fos. 530v~531r·532r·553v.

42 Generale missive, 31 Dec. 1647, in Cheng, *De VOC en Formosa*, p.249. 존커(Jonker)호의 상자 52개, 베르크하우트(Berckhout)호의 상자 55개, 힐게어스버그(Hillegaersbergh) 호의 상자 35개를 합치면 142개의 상자가 된다. 한편, 1리알은 52스타이버(stuiver), 1테일은 57스타이버이므로 1테일은 1.1리알, 1리알은 2.6길더이다. 142 상자는 142,000테일, 즉 406,120길더이다. 그중에는 시암으로 파견된 30,000테일(79,200길더) 상당의 은화 상자가 있었으므로 대만에는 326,920길더만 남아있었다.

43 VOC 1222, Missive van Frederick Coyett naer Batavia aen Joan Maetsuijcker, Taiwan, 30 Mar. 1657, fo. 15v.

44 Generale missive, 31 Dec. 1647, in Cheng, *De VOC en Formosa*, p.250. 127,000리알은 304,800길더와 같다.

45 VOC 671, Resolutie van gouverneur-generaal Cornelis van der Lijn ende raden, Batavia, 11 Apr. 1648, not foliated. 1648년 2월 25일 베르크호우트(Berckhout)호가 대만을 떠난 뒤에는 12,000리알(31,200길더)만 남아 있었다.

46 Generale missive, 18 Jan. 1649, in Cheng, *De VOC en Formosa*, p.253. 은화 155,270리알은 372,648길더에 해당하고 131,571테일은 315,770길더에 해당한다. 이를 모두 합치면 688,418 길더가 된다. 하지만 이 은화는 더 이상 화폐로 유통할 수 없어 금괴로 녹여버렸기 때문에 20,000길더의 가치가 떨어졌다. 이 금액을 공제하고 나면 대만에 대한 은화 원조는 668,418길더가 된다.

47 Generale missive, 26 Jan. 1649, in Cheng, *De VOC en Formosa*, p.259. 은 15만 테일은 396,000길더에 해당한다.

48 VOC 1222, Missive van Frederick Coyett naer Batavia aen Joan Maetsuijcker, Taiwan, 30 Mar. 1657, fo. 15v.

49 Generale missive, 26 Jan. 1649, in Cheng, *De VOC en Formosa*, p.259. 90만 길더는 금화 13만 길더를 제외한 금액이다.

50 '국성야(Coxinga)'는 문자 그대로 '황실 성의 군주'로 번역할 수 있다. Charles Ralph Boxer, "The Rise and Fall of Nicholas Iquan (Cheng Chih-lung)", *T'ien Hsia Monthly* 11 : 5, Apr.~May 1941, pp.1~39, at p.36. 참조

51 楊雲萍, 「鄭成功焚儒服考」, 『南明研究與臺灣文化』, 頁383~386.

52 阮旻錫, 「海上見聞錄」, 『臺灣文獻叢刊』 第24種, 卷1 順治4年, 1958, 頁5. 300명은 혹은 군관을 가리키고, 그들이 데리고 있는 사병은 포함하지 않는다.

53 *The Deshima dagregisters*, XI : 1641~1650, p.285, 29 May 1647.

54 *Dagregister Zeelandia*, II : 1641~1648, pp.568~582, 1647년 5월 1일~1647년 7월 1일·pp.584~585, 1647년 7월 15일~1647년 7월 24일·p.592, 1647년 9월 1일·p.599, 1647년 10월 11일·pp.605~607, 1647년 11월.

55 VOC 1164, Resolutie genomen [door Antonissen Overtwater] in 't Casteel Zeelandia,

9 Oct. 1647, fo. 545v. 질란디아 일지에는 포고령이 발표된 날짜가 기록되어 있지 않지만, 1648년 4월 이후 대만에서 출발한 중국 선박들은 선원들을 위한 충분한 쌀만 가지고 있었다.

56 錢肅圖, 『尊攘略』, 頁194~195. '1648년 4월 복주에 심각한 기근이 발생해 쌀값이 1탄(tan)당 20테일로 올랐고, 도시 내에서는 40테일에 굶주린 사람들이 거리를 방황했다. …… (정채 치하의) 군인들은 광동에서 쌀을 수입하여 굶주림을 피했다.', 阮旻錫, 『海上見聞錄』, 頁6. "복건의 쌀값은 1탄당 1,000마스(maas)에 달했다", 1탄은 약 60킬로그램으로 1피쿨(62.5킬로그램)과 거의 같았다. 1탄은 10토우, 1테일은 1,000원에 해당하므로 '1토우당 1,000원(마스)'은 '1탄당 10테일'이 된다.

57 沈定均等修, 『漳州府志』, 卷47 災祥, 臺南 : 登文印刷局, 1965, 頁10. '1648년에는 모든 현에 기근이 닥쳤고 쌀 가격은 1토우당 6마스에 달했다.'; 黃任等修, 『泉州府志』, 卷73 祥異, 臺南 : 登文印刷局, 1965, 頁12. "5년(1648년) …… 기근이 있었다."

58 阮旻錫, 『海上見聞錄』, 頁6. "1648년 복건은 심각한 기근에 시달렸고, 정성공과 정채는 쌀을 구입하기 위해 고주(高州)로 선박을 보냈다."

59 盛熙祚, 『鳴川縣志』, 古宮博物院編, 『古宮珍本叢刊』, 海口 : 海南出版社, 2001, 冊183, 卷5, 職官, 「名臣 佟養甲」, 頁458. '1648년 쌀값이 치솟아 1토우당 7마스에 이르렀다. 일부 가족은 식인 풍습을 위해 자녀를 바쳤다.'

60 NFJ 282, [Missive] aan d' E. heer Frederick Coyett, President in Japan, van Jan van Muijden in Judia op 't Comptoirs Siam [Letter to the president of the factory in Japan, Frederick Coyett, written by Jan van Muijden in Ayutthaya in Siam], Siam, 24 June 1648, not foliated. 시암, 단락이 없는 상태이다.

61 VOC 1170, Resolutie des Casteel Zeelandia [genomen door Pieter Antonissen Overtwater], Taiwan, 8 May 1648, fo. 524r.

62 VOC 1170, Brieff door den coopman Jan van Muijden opperhooft in Siam 26 Junij 1648 aen den praesident Pieter Antonisz. [Overtwater] [Letter sent by Chief Merchant Jan van Muijden in Siam to the Taiwan President Pieter Antonisz. Overwater], Siam [in 't fluijt schip de Witte Duijf ter rhede voorde Reviere van Siam on the ship the Witte Duijf in the roadstead of the Siamese River)], 26 June 1648, fo. 484v. 1라스트는 1,250킬로그램에 해당; cf. Judith Schooneveld-Oosterling, VOC-glossarium, p.67.

63 NFJ 282, Missive van Pieter Anthonisz. Overtwater naer Japan aen den E. Frederick Coyett, oppercoopman en operhooft in Japan en den voorderen raedt des Comptoirs aldaer [Letter from Pieter Anthonisz. Overtwater in Taiwan to Chief Merchant Frederick Coyett and the Council in Japan], Taiwan, 24 Aug. 1648, not foliated; The Deshima dagregisters, XI : 1641~1650, p.322, 15 Sept. 1648.

64 The Deshima dagregisters, XI : 1641~1650, p.329, 8 Nov. 1648; VOC 11207, Uijtreke- ning Van de Goude en Silvere Munts Waardye, Inhout der Maten en Swaarte der Gewichten, in de respective Gewesten van Indiën [Calculation of the value of the gold and silver, content of weights and measures in different regions of East India], Middelburgh : Johannes Meertens, 1691, p.11. 나가사키에서는 1베일(bale)의 무게가 82~83캐티이고, 1캐티의 무게는 0.625킬로그램이었다. 따라서 1베일의 무게는 약 51.5킬로그램이었다.

65 阮旻錫, 『海上見聞錄』, 頁6; 藏憲祖, 『潮陽縣志』, 古宮博物院編, 『古宮珍本叢刊』, 冊176, 卷3, 「紀事」, 頁463. "1648년, 정홍규가 세금을 부과하고 임대료를 징수하기 위해 진표(陳豹)를 이 마을에 파견했다. 지역 도적들이 포위 공격을 시도했지만 포위 공격은 약 한 달 만에 무너졌다."

66 阮旻錫, 『海上見聞錄』, 頁6; *The Deshima dagregisters,* XI : 1641~1650, p.355, 17 July 1649. '정지룡의 아들, 얼마 전에 광동의 위대한 만다린이 되었다고 전해지는 사람.'

67 楊英, 『從征實錄』, 頁5.

68 Ibid., p.7.

69 Ibid., p.9.

70 VOC 672, Resolutie van gouverneur-generaal Cornelis van der Lijn ende raden, Batavia, 13 Mar. 1649, not foliated. 라스트당 60리알은 라스트당 50.7테일과 같다. 따라서 피쿨당 2.5테일과 같다.

71 NFJ 282, Missive van Pieter Anthonisz. Overtwater naer Japan aen den E. Dircq Snoucq, oppercoopman over 's Compagnie ommeslagh in 't keijzerrijck Japan, Taiwan, 26 July 1649, not foliated.

72 *The Deshima dagregisters,* XI : 1641~1650, p.355, 17 July 1649.

73 Ibid., p.371, 19 Oct. 1649.

74 NFJ 283, Missive van Nicolaas Verburgh naer Japan aen d' E. Anthonio van Brouckhorst, oppercoopman en opperhooft over 's Compagnies negotie in 't keijzerrijck Japan [Letter from Nicolaas Verburgh to Chief Merchant Anthonio van Brouckhorst about the Company trade in Japan], Taiwan, 21 July 1650, not foliated. 모든 '바알(baal)'은 40 '간팅(ganting)'과 같아야 한다.

75 VOC 1170, Missive van Pieter Antonisz. Overtwater naer Batavia aen Cornelis van der Lijn, Taiwan, 2 Nov. 1648, fo. 573v.

76 VOC 1164, Missive van Pieter Antonisz. Overtwater naer Batavia aen gouverneur generaal Cornelis van der Lijn, Taiwan, 24 Sept. 1647, fos. 624v~625r.

77 不著撰人, 『隆武紀略』頁165. "청나라 다라패륵 박락은 그의 부관인 시복(施福)을 파견해 기병대를 이끌게 하고 정홍규에게 수군을 이끌고 고주(高州), 뇌주(雷州), 염주(廉州), 경주(瓊州)를 향하게 했다. 정홍규가 건강이 좋지 않다는 이유로 불참하여, 시복은 징제백(澄濟伯) 정지표와 먼저 움직였다."

78 佟養甲, 「南明史料」, 『臺灣文獻叢刊』第169種, 卷1「兩廣總督佟養甲殘揭帖(順治4年7月初10日到)」, 1963, 頁70; 不著撰人, 「行在陽秋」, 『臺灣文獻叢刊』第234種, 1967, 頁9.

79 不著撰人, 「行在陽秋」, 頁12~15.

80 Ibid., p.17.

81 *The Deshima dagregisters,* XI : 1641~1650, p.286, 29 May 1647.

82 Generale missive, 31 Dec 1647, in Cheng, *De VOC en Formosa,* p.248.

83 *Generale Missiven,* II : 1639~1655, p.328, 31 Dec. 1647.

84 Ibid., p.343, 18 Jan. 1649.

85 Generale missive, 31 Dec. 1649, in Cheng, *De VOC en Formosa,* p.261.

86 Ibid., p.263.

87 *The Deshima dagregisters,* XI : 1641~1650, p.355, 23 and 26 July 1649.

88 NFJ 282, Missive van Dircq Snoucq naer Taijouan aen de heer Pieter Anthonisz. Overtwater, Japan, 24 Oct. 1649, not foliated.

89 *Generale Missiven,* II : 1639~1655, p.351, 18 Jan. 1649. 네덜란드 동인도회사는 1636~1644년에 캄보디아에, 1634~1639년에 광남에 상관을 설립했지만, 나중에 두 곳에서 철수하고 순찰을 자주 하였다.

90 Ibid., p.448, 20 Jan. 1651.

91 VOC 1187, Missiven [aen haer Eds. gouverneur generaal Carel Reyniersz. te Batavia] [door Joan Thijssen, Joan Verpoorten, en Jan Willemse], Malacca, 26 Jan. 1651, fos. 794v~795r.

92 *Generale Missiven*, II : 1639~1655, p.448, 20 Jan. 1651.

93 VOC 1175, Missiven door den gouverneur Joan Thijssen aen de Ed. heer gouverneur generaal [Carel Reyniersz.] ende heeren raaden van India, Malacca, 26 Nov. 1650, fo. 389r.

94 Generale missive, 20 Jan. 1651, in Cheng, *De VOC en Formosa*, p.274.

95 彭孫貽, 『靖海志』, 頁20. "하문에서는 정채와 정련이 정지붕(鄭芝鵬)과 갈등을 겪었다. ……" '정지붕'은 정지완(鄭芝莞)을 가리키는 것으로 추정된다. 또한 정성공 휘하의 수군 4진이었으며, 조주에서 하문으로 쌀을 운송하는 일을 담당했다. 楊英, 『從征實錄』, 頁5.

96 *Dagregister Zeelandia*, III : 1648~1655, p127, · 128. 1650년 7월 2일 Salackja가 Nicolaes Verburgh에게 보낸 편지에서 서명 'Teibing, Thunbingh, Thseij-souw Tingwanhouw'는 정련의 공식 직위와 귀족 계급을 나타낸다. 바로, '大明總兵太師定遠侯'는 정련이 관직과 작위를 가리킨다. 따라서 'Sablackja'는 정련의 또 다른 이름임이 분명하다.

97 VOC 1176, Translaat missive door de groot mandorijn Sablacja uijt Emoij aen den gouverneur Nicolaes Verburch geschreven [Translated letter written by the Great Mandarin Sablacja to the governor of Taiwan Nicolaes Verburch from Amoy], Amoy, 2 July 1650, fo. 877r.

98 阮旻錫, 『海上見聞錄』, 頁9; 彭孫貽, 『靖海志』, 頁20.

제10장 정치적 프로젝트로 변모한 복건의 예외주의, 1650~1654 ─────────

1   *Generale Missiven*, II : 1639~1655, p.423, 10 Dec. 1650. 안해와 복주를 포함한 중국산 생사 963필이 일본으로 수출되었다고 언급되어 있다. 일본으로 수입된 생사의 양은 다음과 같다. 138.5 piculs from An-hai, 347 piculs from Chang-chou, 160.7 piculs from Foochow, 59.7 from Chou-shan, and 7.5 from Nanking. 수치는 선박의 화물 적하목록에서 가져온 것이다. 永積洋子, 『唐船輸出入品數量一覽, 1637~1833年 : 復元唐船貨物改帳. 歸帆荷物買渡帳』, 頁42~48. 네덜란드 기록에 따르면 1650년 일본으로 수입된 생사의 총량은 동남아시아에서 수출된 양을 포함하여 1081.2피쿨로 기록되어 있다. Ibid., p.336. 총 963피쿨이 안해와 복주 수출만을 의미한다면, 이는 그해 중국 생사의 대일 수출의 90%를 차지한다. 총계의 숫자는 세부 목록의 합계와 일치하지 않기 때문에 위의 수치가 실제로 무엇을 의미하는지 더 자세히 조사할 필요가 있다.

2   錢肅圖, 『尊攘略』, 頁201.

3   *The Deshima dagregisters*, XII : 1650~1660, p.17, 18 June 1651.

4   錢肅圖, 『尊攘略』, 頁203.

5   楊英, 『從征實錄』, 頁20.

6   錢肅圖, 『尊攘略』, 頁203.

7   陳錦, 「爲續陳追剿逋寇情形及招撫流亡·安插周山善後機宜, 仰祈聖鑒事(順治8年10月11日)」, 臺灣史料集成編輯委員會編撰, 『明淸臺灣檔案彙編』, 第2册, 頁354.

8   陳錦, 「浙閩總督陳錦殘揭帖(順治6年2月19日到)」, 『鄭氏史料續編』, 臺灣文獻叢刊 第168種, 1963, 頁26.

9   NFJ 287, Missive van gouverneur Cornelis Caesar naer Japan aen den E. Leonard Winninx, opperhooft over des Compagnies ommeslagh in Japan, ende den raat aldaar, Taiwan, 3 Aug. 1655, Taiwan, fo. 1. 정지룡은 북경에 갇혀 있었지만, 청 황제가 하사한 자신의 저택에서 구금되었다. 그의 가족들도 사업에 종사할 수 있었다.

10 두 사람 모두 사건 직후 거래 수익금을 정성공에게 기부했다.

11 楊英, 『從征實錄』, 頁13.

12 Ibid..

13 VOC 1183, Missive van Nicolaes Verburch naer Batavia aen [gouverneur generaal] Cornelis van der Lijn, Taiwan, 20 Dec. 1650, fos. 542~543. 추정치에는 다른 공장의 은 주문량도 포함되어야 하므로 근사치일 뿐이다.

14 王應元, 「福建巡安王應元題爲廈門等地得失情形事本(順治1年正月15日)」, 『淸初鄭成功家族滿文檔案譯編』, 頁6.

15 巴哈納, 「刑部尙書巴哈納等題爲劣撫輕貪啟釁廈門等地失陷事本(順治10年9月17日)」, 『淸初鄭成功家族滿文檔案譯編』, 頁28; 楊英, 『從征實錄』, 頁16~17.

16 阮旻錫, 『海上見聞錄』, 頁10~11.

17 巴哈納, 「刑部尙書巴哈納等題爲劣撫輕貪啟釁廈門等地失陷事本(順治10年9月17日)」, 頁6.

18 阮旻錫, 『海上見聞錄』, 頁10.

19 楊英, 『從征實錄』, 頁16.

20 VOC 1183, Missive van Nicolaes Verburch naer Batavia aen Carel Reyniersz., Taiwan, 25 Oct. 1651, fo. 888r.

21 楊英, 『從征實錄』, 頁18.

22 Ibid., p.20.

23 VOC 1183, Missive van Nicolaes Verburch naer Batavia aen Carel Reyniersz., Taiwan, 25 Oct. 1651, fo. 867v.

24 Dagregister Zeelandia, III : 1648~1655, p.284, 8 Nov. 1651; VOC 1194, Missive van Nicolaes Verburgh naer Batavia aen Carel Reyniersz., Taiwan, 16 Dec. 1651, fo. 51r. 이 편지에는 272,000길더 상당의 금을 코로만델로 보낼 것이라고 기록되어 있다. 이전 편지에서 1651년 2월과 8월 사이에 20만 길더 미만을 모았다고 언급했으므로, 11월과 12월 사이에 72,000길더 이상을 모았어야 한다.

25 VOC 1183, Missive van den commissaris Willem Verstegen naer Batavia aen den gouverneur generaal Carel Reyniersz. [Letter from Commissioner Willem Verstegen to Governor-General Carel Reyniersz. in Batavia], Taiwan, 24 Oct. 1651, fo. 842v; 151.4 piculs were sold between May and October; VOC 1183, Missive van Nicolaes Verburch naer Batavia aen den gouverneur generaal Carel Reyniersz., Taiwan, 24 Nov. 1651, fo. 514v. 피쿨당 14¼리알에 1,670피쿨이 판매되었으므로 총 21,640리알의 고추가 판매된 셈이다.

26 林子雄, 「淸初兩藩攻占廣州史實探微」, 『嶺南文史』, 第3期, 1996, 頁8~11.

27 陳文源, 「南明永曆政權與澳門」, 『暨南學報』, 22卷 6期, 2000, 頁64; VOC 1184, Missive uijt Tonquin [bij Jacob Keijser] aen den gouverneur generaal Carel Reyniersz. ende raden van India, Tonkin, 8 Aug 1651, fo. 46r~v; 李棲鳳 「廣東巡撫李棲鳳題報澳門夷目祈請同仁一視等情本(順治8年閏2月13日)」, 中國第一歷史檔案館, 澳門基金會, 暨南大學古籍硏究所合編, 『明淸時期澳門問題檔案文獻匯編』, 第1冊, 頁23~24.

28 VOC 1222, Missive van Frederick Coyett naer Batavia aen Joan Maetsuijcker, Taiwan, 10 Mar. 1657, fo. 15v; VOC 1197, Missive van Nicolaes Verburch naer Batavia aen den gouverneur generaal Carel Reyniersz., Taiwan, 29 Dec 1652, fo. 769r; *Generale Missiven*, II : 1639~1655, p.658, 31 Jan 1653.

29 相斗南, 『電白縣志』, 古宮博物院編, 『古宮珍本叢刊』, 第183冊, 頁330. 임찰(林察)의 정확한 계급과 직책은 확인되지 않았다.

30 永積洋子, 『唐船輸出入品數量一覽』, 頁47.

31 Shao, *His-nan chi-shih*, p.94.

32 *The Deshima dagregisters*, XI : 1641~1650, p.17, 4 Aug. 1651 · pp.19~20, 7 Aug. 1651.

33 *Generale Missiven*, II : 1639~1655, p.542, 19 Dec. 1651.

34 VOC 1183, Missive van den commissaris Willem Verstegen naer Batavia aen den gouverneur generaal Carel Reyniersz., Taiwan, 24 Oct. 1651, fo. 841v.

35 *Generale Missiven*, II : 1639~1655, p.658, 31 Jan. 1653.

36 楊英, 『從征實錄』, 頁22 · 25.

37 *The Deshima dagregisters*, XII : 1650~1660, p.101, 14 Feb. 1653.

38 楊英, 『從征實錄』, 頁27.

39 Ibid., pp.28~31.

40 楊英, 『從征實錄』, 頁32.

41 VOC 1175, Missive door Volckerus Westerwolt aan de Ed. heer Anthonij van Brouckhorst president in Japan, Siam, 4 July 1650, fo. 547v; NFJ 284, Missive in dato 4 en Julij anno 1650 aen d' Edle Hr Gouverneur Generaal Cornelis van der Lijn ende d'E. H-rn Raden van India ter rheede voor Siam door Pieter Sterthenius in 't schip *de Vrede*, Siam, 4 July 1650, fo. 3r. 여기에는 중국 선박이 다른 지역에서 왔다는 기록이 있지만, 일부 선박은 중국 자체에서 온 것임에 틀림없다.

42 A concoction of coconut and sandalwood oil and crocus.

43 VOC 1175, Missiven uijt Judia aan de Ed. heer Carel Reyniersz. gouverneur generaal ende d'Ed. heeren raden van India door Volckerus Westerwolt, Siam, 13 Oct. 1650, fo. 530r.

44 NFJ 284, Missive in dato 4 en Julij anno 1650 aen d'Edle H-r Gouverneur Generaal Cornelis van der Lijn ende d'E. H-rn Raden van India ter rheede voor Siam door opper-hooft Pieter Sterthenius int schip *de Vrede*, Siam, 4 July 1650, fo. 1r. 이 상품들은 가오리 가죽, 버팔로 뿔, 파타니 등나무였다.

45 George Vinal Smith, *The Dutch in Seventeenth-Century Thailand*, Detroit : Center for Southeast Asian Studies, Northern Illinois Univ., 1977, pp.60~61. 스미스에 따르면, 회사는 1635년부터 중국 무역에서 중국 상인들과 경쟁하려 했으나 1643년부터 대만을 경유해 중국 시장에서 후퇴할 수밖에 없었다고 한다.

46 Smith, *The Dutch in Seventeenth-Century Thailand*, p.180.

47 VOC 1175, Missiven uijt Judia aan de Ed. heer Carel Reyniersz. gouverneur generaal ende d'Ed. heeren raden van India door Volckerus Westerwolt, Siam, 13 Oct. 1650, fo. 530r.

48 VOC 1175, Missiven door den gouverneur Joan Thijssen aen de Ed. heer gouverneur generaal [Carel Reyniersz.] ende heeren raaden van India, Malacca, 26 Nov. 1650, fo.

385r.

49 VOC 1175, Missive door Volckerus Westerwolt aan de Ed. heer Anthonij van Brouckhorst president in Japan, Siam, 4 July 1650, fo. 547v.

50 永積洋子,『唐船輸出入品數量一覽』, 頁46~47. 광남선박은 1650년 8월 13일, 20일, 23일 및 9월 2일에 왔고, 캄보디아 선박은 1650년 8월 17일과 9월 4일에 도착했다.

51 NFJ 282 [Missive aan gouverneur generaal Cornelis van der Lijn op Batavia] uit Japan van Dircq Snoecq int Comptoir Nagasackij, Japan, 29 Oct. 1649, not foliated. 이 문서의 머리글은 없지만 내용은 바타비아에 보낸 편지임을 알 수 있다.

52 VOC 1180, Missive uijt Taijouan aen seigneur Jan van Muijden opperhooft van 's Comps. negotie in Siam, Taiwan, 30 Sept. 1649, fo. 602r.

53 The Deshima dagregisters, XII : 1650~1660, p.357, 8 Aug. 1649. The identity of the governor of Nagasaki is unclear; he might be Yamazaki Masanobu.

54 NFJ 282 [Missive aan gouverneur generaal Cornelis van der Lijn op Batavia] uit Japan van Dircq Snoecq int Comptoir Nagasackij, Japan, 29 Oct. 1649, not foliated.

55 The Deshima dagregisters, XII : 1650~1660, p.3, 22 Nov. 1650.

56 Ibid., p.8, 5 Feb. 1651.

57 VOC 1183, Missive van Nicolaes Verburch naer Batavia aen gouverneur generaal Cornelis van der Lijn, Taiwan, 20 Dec. 1650, fo. 542r.

58 VOC 1187, Missiven [aen haer Eds. te Batavia] [door Hendrick Creijers en Volckerus Westerwolt], Siam, 20 Oct. 1651, fo. 664v.

59 NFJ 284, Copie Missive door den E. Hendrick Craijers oppercoopman en opperhooft des Comptoirs Siam aen de H-r Pieter Sterthemius president in Japan, Siam, 30 Juni 1651, fo. 51.

60 NFJ 285, Extract uijt de Generale Missive van d' Ed. heeren bewinthebberen, ter ver-gaderingh van seventhiene binnen Amsterdam aen haer Ed op Batavia geschreven, Amsterdam, 14 Oct. 1651, fo. 67. 추출은 안드리스 프리시우스(Andries Frisius)가 수행했다.

61 NFJ 285, Copie missive door 't opperhooft [Henrick Craijers, Volckerus Westerwolt, Jan van Rijck] uijt Siam per deselven Coningh van Poolen en Trouw naer Japan gesonden [Letter from senior merchants Henrick Craijers, Volckerus Westerwolt, [and] Jan van Rijck sent to Japan on the ships the Coningh van Poolen and the Trouw], Siam, 3 July 1652, fos. 75~76.

62 VOC 1197, Missiven aen haer Eds. te Batavia [door den raedt te Siam], Siam, 31 Oct. 1653, fos. 497r~498v; The Deshima dagregisters, XII : 1650~1660, p.108, 20 Aug. 1653 · 114, 28 Sept. 1653.

63 The Deshima dagregisters, XII : 1650~1660, p.105, 27 July 1653.

64 Ibid., p.112, 21 Sept. 1653.

65 The Deshima dagregisters, XII : 1650~1660, p.120, 10 Nov. 1653; VOC 1197, Missive in datis [door den raedt te Nangasacq aan Taijouan], Japan, 12 Nov. 1653, fo. 820r~v.

66 이 반란에 대한 자세한 내용은 토니오 안드라데를 참조. "The Only Bees on Formosa That Give Honey", in How Taiwan Became Chinese : Dutch, Spanish, and Han Colonization in the Seventeenth Century, New York, Columbia University Press : 2008, http : //www.gutenberg-e.org/andrade/print.html; Johannes Huber, "Chinese Settlers against the Dutch

East India Company : The Rebellion Led by Kuo Huai-i on Taiwan in 1652", in Eduard B. Vermeer(ed.), *Development and Decline of Fukien Province in the 17th and 18th Centuries*, Leiden : E. J. Brill, 1990, pp.265~296.

67 *Daghregister Batavia*, 1653, pp.1~15, 3 Feb. 1653; Johannes Huber, "Chinese Settlers against the Dutch East India Company", pp.265~296 at pp.286~287.

68 VOC 1197, Missive van Cornelis Caesar naer Batavia aen Joan Maetsuijcker, Taiwan, 24 Oct 1653, fo. 803r.

69 VOC 1207, Brief aen den mandorijn Gampea door den gouverneur Cornelis Caesar, 16 Nov. 1653, fo. 546r.

70 VOC 878, Letter from the Governor-General in Batavia to Cheng Ch'eng-kung, 29 June 1654, fos. 193~195, in Johannes Huber, "Relations between Cheng Ch'eng-kung and the Netherlands East India Company in the 1650s", in Leonard Blussé(ed.), *Around and About Formosa : Essays in Honor of Professor Ts'ao Yung-ho*, Taipei : Ts'ao Yung-ho Foundation for Culture and Education, 2003, pp.209~241, at pp.228~229.

71 VOC 1202, Missive van Joan Thijssen tot Malacca aen gouverneur generaal Joan Maetsuijcker, Malacca, 28 Feb. 1654, fo. 313r.

72 Hucker, *A Dictionary of Official Titles*, p.534. 명나라 시기의 '총독'은 영어로는 '최고 지휘관 (supreme commande)'으로 번역된다. 하지만, 청나라 시기의 '총독'은 영어로 '총독(governor -general)'으로 번역되었다. 2개의 직능은 약간 차이가 있다.

73 『淸世祖實錄選輯』, 頁75.(順治9年10月初9日)

74 楊英, 『從征實錄』, 頁42~44.

75 Ibid..

76 Ibid., p.43.

77 VOC 1197, Missive van Cornelis Caesar naer Batavia aen Joan Maetsuijcker, Taiwan, 24 Oct 1653, fo. 803r.

78 나는 아직 이정국(李定國)의 무관 직위를 확인할 수 없다.

79 車克等, 「戶部題本」, 『鄭氏史料續編』, 頁111. "새 왕조가 세워진 후 연해 일대는 무역이 금지되었고, 해외로 나가는 것은 더욱 금지되었다. …… (나의) 제안은 이 금지령을 해제하고, 복주에서 장주까지 연해 일대 상인들은 합법적인 통행증을 지닌 선박에게 세금을 부여한다. ……"

80 蔡鐸等編, 『歷代寶案』 第1冊, 臺北 : 國立臺灣大學印行, 1972, 頁189.

81 VOC 1202, Missiven van Joan Thysen [Payart] tot Malacca aen gouverneur generaal Joan Maetsuijcker, Malacca, 28 Feb. 1654, fo. 313r~v.

82 Ibid..

83 8척의 선박이 바타비아에 도착했다; VOC 1206, Missive van den coopman Volckerus Westerwolt uijt Judea aen den gouverneur generaal Joan Maetsuijcker ende raden van India, Siam, 28 Oct. 1654, fo. 2r. 참조. 8척의 선박이 바타비아를 방문했다; Generale missive, 7 Nov. 1654, in Cheng, *De VOC en Formosa*, p.364; VOC 1202, Missiven van Jacob Nolpe aen de gouverneur generaal Joan Maetsuijcker, Jambi, 17 Apr. 1654, fo. 378v. 참조. 이 편지는 2척의 중국 선박이 팔렘방을 방문하였다고 되어 있다. 그러나 동시에 그들이 광남에서 왔다는 것도 지적하고 있다.

84 楊英, 『從征實錄』, 頁43.

85 Ibid., p.48.

86 Ibid..

87 NFJ 286, Missive van Gabriel Happart naer Taijouan aen de Ed. Heer gouverneur Cornelis Caesar, Japan, 12 May 1654, fo. 57. 협상 소식은 일본에 퍼져나갔다; The Deshima dagregisters, XII : 1650~1660, p.150, 25 Apr. 1654. 위의 소식은 1654년 4월경 일본에 도착했을 것이다.

88 錢肅圖, 『甯瀼略』, 頁207.

제11장 상인 왕자의 열정, 1654~1657

1 NFJ 287, Missive van gouverneur Cornelis Caesar naer Japan aen den E. Leonard Winninx, opperhooft over des Compagnies ommeslagh in Japan, ende den raat aldaar, Taiwan, 3 Aug. 1655, fo. 1; Dagregister Zeelandia, III : 1648~1655, p.526, 28 June 1655.

2 濟爾哈朗, 「鄭親王濟爾哈朗等題爲鄭成功父子書信來往事本(順治11年11月18日)」, 『清初鄭成功家族滿文檔案譯編』, 陳支平主編, 『臺灣文獻匯刊』, 第1輯 第6冊, 頁82~84.

3 楊英, 『從征實錄』, 頁67.

4 『清世祖實錄選輯』, 頁102~104.

5 李棲鳳, 「廣東巡撫李棲鳳題爲鄭軍進入潮惠屬邑徵糧事本(順治11年12月20日)」, 『清初鄭成功家族滿文檔案譯編』, 陳支平主編, 『臺灣文獻匯刊』, 第1輯 第6冊, 頁94~95.

6 Dagregister Zeelandia, III : 1648~1655, 526, 27 June 1655.

7 VOC 1212, Missive van den gouverneur Cornelis Caesar naer Batavia aen den gouverneur generaal Joan Maetsuijcker, Taiwan, 14 Nov. 1655, fo. 323r.

8 「平南王, 靖南王揭帖(順治11年4月30日)」, 『鄭氏史料續編』, 頁130~131.

9 Ibid..

10 Ibid..

11 Ibid..

12 李棲鳳, 「廣東巡撫李棲鳳題爲鄭軍進入潮惠屬邑徵糧事本(順治11年12月20日)」, 頁94・97; 楊英, 『從征實錄』, 頁68.

13 楊英, 『從征實錄』, 頁71.

14 佟國器, 「福建巡撫佟國器題請速發滿師以解興化泉州之圍事本(順治11年12月20日)」 『清初鄭成功家族滿文檔案譯編』, 陳支平主編, 『臺灣文獻匯刊』, 第1輯 第6冊, 頁92.

15 楊英, 『從征實錄』, 頁85.

16 Ibid., p72~73; 濟爾哈朗, 「鄭親王濟爾哈朗等題爲請發大兵收復漳泉失地事本(順治12年正月29日)」, 『清初鄭成功家族滿文檔案譯編』, 陳支平主編, 『臺灣文獻匯刊』, 第1輯 第6冊, 頁114; 李際期, 「兵部尙書李際期題爲興化漳州泉州三府屬縣失守情形事本(順治12年7月初1日)」, 『清初鄭成功家族滿文檔案譯編』, 陳支平主編, 『臺灣文獻匯刊』, 第1輯 第6冊, 頁181~186.

17 Dagregister Zeelandia, III : 1648~1655, p.466, 9 Mar. 1655; VOC 1209, Missiven aen gouverneur generaal [Joan Maetsuijcker] door Joan Thijssen en raad, Malacca, 15 Mar. 1655, fo. 220v. 이전 사료에서는 7척의 선박이 바타비아로 갔다고 기록하고 있고, 이후 사료에서는 8척이라고 기록하고 있다. 총독이 정성공에게 보낸 편지에서는 8척의 선박이 도착하였다는 것이 확인되었다; VOC 869, Letter from Governor-General Maetsuijcker and Councillors of India to Cheng Ch'eng-kung, Batavia, 17 Jun. 1655, fos. 296~298, in Johannes Huber, "Relations between Cheng Ch'eng-kung and the Netherlands East India Company

in the 1650s", in Leonard Blussé(ed.), *Around and About Formosa : Essays in Honor of Professor Ts'ao Yung-ho*, Taipei : Ts'ao Yung-ho Foundation for Culture and Education, 2003, pp.209~241, at pp.232~233.

18 *Dagregister Zeelandia*, III : 1648~1655, p.514, 5 June 1655.

19 NFJ 287, Missive van gouverneur Cornelis Caesar naer Japan aen den E. Leonard Winninx, opperhooft over des Compagnies ommeslagh in Japan, ende den raat aldaar, Taiwan, 3 Aug. 1655, fo. 1. 덜 자세한 기록은 『질란디아 일지 III』 참조; 1648~1655, p.526, 28 June 1655.

20 NFJ 287, Missive van 't comptoir Nagasackij [Leonard Winnex] aen haer [gouverneur generaal Joan Maetsuijcker] tot Batavia per de schepen *Arnemuijden, Vlielandt* en *Zoutelande* over Taijouan gesonden, Japan, 19 Oct. 1655, fo. 20.

21 *The Deshima dagregisters*, XII : 1650~1660, p.209, 22 May 1655; 214, 9 July 1655.

22 Ibid., p.214, 9 July 1655.

23 李際期,   「兵部尙書李際期題爲興化漳州泉州三府屬縣失守情形事本(順治12年7月初1 日)」, 頁184.

24 佟國器,「福建巡撫佟國器題爲鄭軍打龍嚴回取漳平寧洋事本(順治12年4月20日)」,『淸初 鄭成功家族滿文檔案譯編』, 陳支平主編,『臺灣文獻匯刊』, 第1輯 第6冊, 頁146.

25 李際期,   「兵部尙書李際期題爲興化漳州泉州三府屬縣失守情形事本(順治12年7月初1 日)」, 頁182.

26 *Dagregister Zeelandia*, III : 1648~1655, p.526, 28 June 1655.

27 Ibid., p.517, 15 June 1655; 佟代,「浙閩總督佟代題爲鄭軍柝毀永春等城準備退守事本(順治 12年4月25日)」,『淸初鄭成功家族滿文檔案譯編』, 陳支平主編,『臺灣文獻匯刊』, 第1輯 第6 冊, 頁150.

28 NFJ 287, Missive van gouverneur Cornelis Caesar naer Japan aen den E. Leonard Winninx, opperhooft over des Compagnies ommeslagh in Japan, ende den raat aldaar, Taiwan, 3 Aug. 1655, fo. 2.

29 楊英,『從征實錄』, 頁53~54.

30 VOC 1212, Missive van den gouverneur Cornelis Caesar naer Batavia aen den gouverneur generaal Joan Maetsuijcker, Taiwan, 14 Nov. 1655, fos. 290v~291r.

31 楊英,『從征實錄』, 頁89; VOC 1212, Missive van den gouverneur Cornelis Caesar naer Batavia aen den gouverneur generaal Joan Maetsuijcker, Taiwan, 14 Nov. 1655, fos. 288v~289r; NFJ 287, Missive van Pieter de Goyer en Jacob Keijser naer Taijouan aen den Ed. Heer gouverneur Cornelis Caesar, Canton, 4 Dec. 1655, fo. 50.

32 「候代福建巡撫宜永貴揭帖(順治13年8月17日到)」,『鄭氏史料續編』, 頁517.

33 *Generale Missiven*, II : 1639~1655, p.704, 19 Jan. 1654.

34 VOC 1212, Missive van den gouverneur Cornelis Caesar naer Batavia aen den gouverneur generaal Joan Maetsuijcker, Taiwan, 14 Nov. 1655, fo. 317r.

35 *Dagregister Zeelandia*, III : 1648~1655, pp.557~558, 17 Aug. 1655; VOC 1213, Letter from Cheng Ch'eng-kung to Governor Caesar in Taiwan, July 1655, fos. 554~555, in Huber, "Relations between Cheng Ch'eng-kung and the Netherlands East India Company in the 1650s", in Blussé(ed.), *Around and About Formosa*, pp.209~241, at pp.233~235.

36 *Dagregister Zeelandia*, III : 1648~1655, pp.557~558, 17 Aug. 1655.

37 楊英,『從征實錄』, 頁89; VOC 1212, Missive van den gouverneur Cornelis Caesar naer Batavia aen den gouverneur generaal Joan Maetsuijcker, Taiwan, 14 Nov. 1655, fo. 291r; *Dagregister Zeelandia,* III : 1648~1655, p.561, 22 Aug. 1655. 특히 쌀 부족이 결정적인 이유였을 것이다. *The Deshima dagregisters,* XII : 1650~1660, p.214, 9 July 1655 참조. '쌀이 부족해서 한 피쿨에 15릭스달러(rixdollar)에 팔리고 있었다.'

38 楊英,『從征實錄』, 頁90; VOC 1212, Missive van den gouverneur Cornelis Caesar naer Batavia aen den gouverneur generaal Joan Maetsuijcker, Taiwan, 14 Nov. 1655, fo. 291r; *Dagregister Zeelandia,* III : 1648~1655, p.561. 네덜란드 소식통에 따르면 정성공 아래 총 30만 명의 군인이 있었다고 기록되어 있다. 하지만 이는 두 작전에 12개의 군인 진영이 참여했다는 중국 기록과 일치하지 않다. 각 캠프에는 약 2,500명의 군인이 수용되어 있으므로 30,000명의 군인이 있을 것으로 추정된다.

39 VOC 677, Resolutie van gouverneur-generaal Joan Maetsuijcker ende raden, Batavia, 23 Apr. 1655, not foliated.

40 VOC 1206, Missiven door den gouverneur Cornelis Caesar en raedt uijt Taijouan aen den gouverneur generaal Joan Maetsuijcker ende raden van India, Taiwan, 19 Nov. 1654, fo. 201.

41 VOC 1209, Missiven aen gouverneur generaal Joan Maetsuijcker en raden van India door Jacob Nolpe, Jambi, 23 Feb. 1655, fo. 288v.

42 *Generale Missiven,* III : 1655~1674, p.17, 24 Dec. 1655.

43 VOC 1209, Missiven aen gouverneur generaal Joan Maetsuijcker en raden van India door Jacob Nolpe, Jambi, 21 Feb. 1654, fo. 286v.

44 VOC 1202, Missiven van Joan Thijssen tot Malacca aen gouverneur generaal Joan Maetsuijcker, Malacca, 28 Feb. 1654, fo. 312v.

45 VOC 1202, Missiven van Jacob Nolpe aen de gouverneur generaal Joan Maetsuijcker, Jambi, 17 Apr. 1654, fo. 378v.

46 VOC 1202, Missiven van Joan Thijssen tot Malacca aen gouverneur generaal Joan Maetsuijcker, Malacca, 28 Feb. 1654, fo. 312v. It is said that he departed from Hai-nam island (*Aijnam [D.]*). 아마도 그 선박은 해남에서 말라카로 항로를 정했지만 실제로는 하문에서 항해를 시작했을 것이다.

47 *Generale Missiven,* II : 1639~1655, p.753, 7 Nov. 1654.

48 VOC 1202, Missiven van Joan Thijssen tot Malacca aen gouverneur generaal Joan Maetsuijcker, Malacca, 10 Sept. 1654, fo. 341v.

49 VOC 1209, Missiven aen Joan Maetsuijcker gouverneur generaal door Joan Thijssen en raad, Malacca, 15 Mar. 1655, fo. 220r~v. 홍욱은 정성공의 가족은 아니지만 그의 나이와 정성공과의 관계를 고려하면 이렇게 소개해도 과언은 아니다.

50 VOC 1209, Missiven aen Joan Maetsuijcker gouverneur generaal door Joan Thijssen en raad, Malacca, 17 Aug. 1655, fos. 246v~247r.

51 Letter from Governor-General Maetsuijcker and Councillors of India to Cheng Ch'eng-kung, Batavia, 17 Jun. 1655, VOC 869, fos. 296~298, in Huber, "Relations between Cheng Ch'eng-kung and the Netherlands East India Company in the 1650s", in Blussé(ed.), *Around and About Formosa,* pp.209~241, at pp.232~233.

52 VOC 677, Resolutie van gouverneur-generaal Joan Maetsuijcker ende raden, Batavia,

13 July 1655, not foliated.

53   *Generale Missiven*, III : 1655~1674, p.17, 24 Dec. 1655.

54   VOC 677, Resolutie van gouverneur-generaal Joan Maetsuijcker ende raden, Batavia, 13 July 1655, not foliated.

55   *Dagregister Zeelandia*, III : 1648~1655, p.557, 16 Aug. 1655. 남중국해에 파견된 선박들은 대부분 본국으로 돌아갔다. 바타비아에서 돌아온 8척의 선박 중 3척은 돛을 잃었다.

56   Ibid., pp.582~583, 21 Sept. 1655.

57   「福建巡撫殘題本」, 『鄭氏史料續編』, 頁296.

58   VOC 1212, Missive van den gouverneur Cornelis Caesar naer Batavia aen den gouverneur generaal Joan Maetsuijcker, Taiwan, 14 Nov. 1655, fo. 287v.

59   阮旻錫, 『海上見聞錄』, 頁19.

60   VOC 1212, Missive van den gouverneur Cornelis Caesar naer Batavia aen den gouverneur generaal Joan Maetsuijcker, Taiwan, 14 Nov. 1655, fo. 288v.

61   李棲鳳, 「廣東巡撫李棲鳳題爲鄭軍包圍揭陽事本(順治12年9月初2日)」, 『清初鄭成功家族滿文檔案譯編』, 陳支平主編, 『臺灣文獻匯刊』, 第1輯 第6冊, 頁203.

62   李棲鳳, 「廣東巡撫李棲鳳題爲鄭軍包圍揭陽事本(順治12年9月初2日)」, 頁205.

63   李率泰, 「兩廣總督李率泰題爲鄭軍攻取揭陽事本(順治12年9月25日)」, 『清初鄭成功家族滿文檔案譯編』, 陳支平主編, 『臺灣文獻匯刊』, 第1輯 第6冊, 頁209.

64   楊英, 『從征實錄』, 頁98.

65   Ibid.; 李率泰, 「兩廣總督李率泰題爲收復潮州屬邑及閩船遊戈南海事本」, 『清初鄭成功家族滿文檔案譯編』, 陳支平主編, 『臺灣文獻匯刊』, 第1輯 第6冊, 頁322.

66   NFJ 287, Appendix tot de missive van gouverneur Cornelis Caesar uijt Taijouan naar Japan [aan Joan Boucheljon] [Appendix : Letter from Governor Cornelis Caesar in Taiwan to Joan Boucheljon in Japan], Taiwan, 18 July 1656, fo. 74. 또한 이 400척의 선박이 나중에 하문으로 가다가 강한 태풍을 만나 대부분이 침몰했다고 기록했다. *Dagregister Zeelandia*, IV : 1655~1662, p.84, 16 Aug. 1656.

67   VOC 1218, Missive van den ondercoopman Hendrick Leverij naer Taijouan aen den gouverneur Cornelis Caesar, Chieh-shih, 11 Mar. 1656, fo. 410r; 「平南王等揭帖(順治13年2月初5日到)」, 『鄭氏史料續編』, 頁322.

68   陳壽祺, 『福建通志臺灣府』, 臺灣文獻叢刊第84種, 1960, 頁943. 順治12年10月; NFJ 287, Missive van gouverneur Cornelis Caesar naer Japan aen den E. Joan Boucheljon, opperhooft over des Compagnies ommeslagh in Japan, ende den raet aldaer, Taiwan, 8 July 1656, fo. 55.

69   楊英, 『從征實錄』, 頁93.

70   *Dagregister Zeelandia*, III : 1648~1655, p.607, 30 Oct. 1655; VOC 1212, Missive van den gouverneur Cornelis Caesar naer Batavia aen den gouverneur generaal Joan Maetsuijcker, Taiwan, 14 Nov. 1655, fo. 345v.

71   VOC 1218, Missive van Cornelis Caesar naer Batavia aen den gouverneur generaal Joan Maetsuijcker, Taiwan, 20 Nov. 1656, fo. 33v. 韓垈, 「吏部尙書韓垈題爲急蒲門被圍事本(順治12年9月25日)」, 『清初鄭成功家族滿文檔案譯編』, 陳支平主編, 『臺灣文獻匯刊』, 第1輯 第6冊, 頁291. 정성공의 함대는 1655년 12월 28일 사정(沙埕)을 점령했다.

72   NFJ 287, Missive van gouverneur Cornelis Caesar naer Japan aen den E. Joan Boucheljon,

opperhooft over des Compagnies ommeslagh in Japan, ende den raet aldaer, Taiwan, 8 July 1656, fos. 55~56; VOC 1218, Missive van Cornelis Caesar naer Batavia aen den gouverneur generaal Joan Maetsuijcker, Taiwan, 20 Nov. 1656, fos. 33v~34r.

73 楊英, 『從征實錄』, 頁100; NFJ 287, Missive van gouverneur Cornelis Caesar naer Japan aen den E. Joan Boucheljon, opperhooft over des Compagnies ommeslagh in Japan ende den raet aldaer [Letter from the governor of Taiwan, Cornelis Caesar, to Joan Boucheljon in charge of all the company property in Japan as chief merchant and his council], Taiwan, 8 July 1656, fos. 55~56.

74 VOC 1216, Missive door Arnold de Vlamingh van Oudtshoorn aen haer Eds. [Joan Maetsuijcker en Raaden] tot Batavia [Letter written by Arnold de Vlamingh van Oudtshoorn to Governor-General Joan Maetsuijcker and council in Batavia], Ambon, 24 Apr. 1656, fo. 169v.

75 VOC 1216, Missiven door gouverneur Simon Cos en raad aen de Ed. heer Joan Maetsuijcker gouverneur generaal ende Ed. heeren raaden van India tot Batavia, Ternate, 31 Aug. 1656, fo. 221r.

76 *Dagregister Zeelandia*, IV: 1655~1662, p.75, 28 June 1656.

77 VOC 1216, Missiven door gouverneur Simon Cos en raad aen de Ed. heer Joan Maetsuijcker gouverneur generaal ende Ed. heeren raaden van India tot Batavia, Ternate, 31 Aug. 1656, fo. 221v.

78 VOC 880, Missive van Batavia [van Joan Maetsuijcker] naer Taijoan aen den gouverneur [Cornelis Caesar] ende den raet, Batavia, 13 June 1656, fos. 229~235.

79 VOC 677, Resolutie van gouverneur-generaal Joan Maetsuijcker ende raden, Batavia, 7 Mar. 1656, not foliated. 나중에 바타비아에서 대만으로 보낸 편지에 따르면, 바타비아에 있는 정성공의 승인된 대표자에게 배상이 이루어졌지만, 그들은 선박이 다시는 제한 사항을 남용하지 않을 것이라는 보증으로 추가로 3,000리알을 가져갔다. VOC 880, Missive van Batavia [van Joan Maetsuijcker] naer Taijoan aen den gouverneur [Cornelis Caesar] ende den raet, Batavia, 13 June 1656, fo. 234 참조.

80 Dagregister Zeelandia, IV: 1655~1662, pp.80~81, 9 July 1656. 이 문제에 관해 바타비아에서 보낸 편지를 실은 리우비네(Leeuwinne)호가 1656년 7월 28일 대만에 도착했다. *Dagregister Zeelandia*, IV: 1655~1662, p.89, 28 July 1656.

81 네덜란드와 스페인은 1648년에 「베스트팔렌」 조약을 체결하여 평화를 맺었기에, 바타비아와 마닐라 사이의 모든 직접 무역은 조약을 위반하게 되었다. 그러나 네덜란드 관할의 중국인 사회는 이러한 제한이 없었다.

82 NFJ 287, Missive van gouverneur Cornelis Caesar naer Japan aen den E. Joan Boucheljon, opperhooft over des Compagnies ommeslagh in Japan, ende den raet aldaer, Taiwan, 8 July 1656, fo. 56.

83 楊英, 『從征實錄』, 頁101.

84 VOC 1218, Missive van Cornelis Caesar naer Batavia aen den gouverneur generaal Joan Maetsuijcker, Taiwan, 20 Nov. 1656, fo. 35r.

85 李桓, 「淸耆獻類徵選編」, 『臺灣文獻叢刊』第230種, 卷4 「黃梧(兄子芳世, 芳泰)」, 1967, 頁331.

86 伊圖, 「兵部尙書伊圖等題爲敕該督撫與黃梧妥議禁海事本(順治14年7月初6日)」, 『淸初鄭

成功家族滿文檔案譯編』, 陳支平主編, 『臺灣文獻匯刊』, 第1輯 第6冊, 頁377. "해적(정성공 수군)은 혜주와 조주에서 쌀을 빼앗아 그들에게 충분한 물자를 공급했다. 그들은 흥화, 천주, 장주의 상품을 훔쳐 만족스러운 가격에 팔았다. 그들은 복주, 복녕주(福寧州), 절강 온주에서 자신들의 필요에 맞는 조선 자재를 훔쳤다."

87 楊英, 『從征實錄』, 頁102.
88 Ibid., p.103.
89 Ibid., p.104.
90 Ibid., p.105.
91 *The Deshima dagregisters*, XII : 1650~1660, p.280, 26 Dec. 1656; NFJ 288, Missive aan haer Edelen [gouverneur generaal Joan Maetsuijcker] tot Batavia [door Zacharias Wagenaer] dato ultimo December per Chinese jonck over Siam geschreven, Japan, 31 Dec. 1656, fo. 8.
92 *The Deshima dagregisters*, XII : 1650~1660, p.271, 1 Nov. 1656.
93 NFJ 288, Missive aan haer Edelen [gouverneur generaal Joan Maetsuijcker] tot Batavia [door Zacharias Wagenaer] dato ultimo December per Chinese jonck over Siam geschreven, Japan, 31 Dec. 1656, fo. 8.
94 楊英, 『從征實錄』, 頁104.
95 Ibid., p.105; *Dagregister Zeelandia*, IV : 1655~1662, p.141, 1 Apr. 1657.
96 *Daghregister Batavia*, 1656~1657, pp.100~101, 18 Feb. 1657.
97 VOC 1209, Missiven aen Joan Maetsuijcker gouverneur generaal door Joan Thijssen en raad, Malacca, 15 Mar. 1655, fos. 221v~222r.
98 VOC 1216, Missive van den gouverneur Cornelis Caesar naer Malacca aen den gouverneur Joan Thijssen, Taiwan, 26 Nov. 1655, fo. 405r~v.
99 Ibid..
100 VOC 1216, Missive van den gouverneur Cornelis Caesar naer Choromandel aen den gouverneur Laurens Pith, Taiwan, 26 Nov. 1655, fo. 409r.
101 VOC 1214, Missiven door Jacob Nolpe aan haar Eds. tot Batavia geschreven, Jambi, 22 Feb. 1656, fo. 182v.
102 Generale missive, 24 Dec. 1652, in Cheng, *De VOC en Formosa*, p.313.
103 VOC 1206, Missive van Cornelis Caesar naer Batavia aen Joan Maetsuijcker, Taiwan, 5 Dec. 1653, fos. 134v~135r.
104 VOC 1194, Missive van Nicolaes Verburch naer Batavia aen Carel Reyniersz. Taiwan, 24 Nov. 1654, fo. 157.
105 Generale missive, 1 Feb. 1656, in Cheng, *De VOC en Formosa*, p.387.
106 Generale missive, 31 Jan. 1657, in Cheng, *De VOC en Formosa*, pp.408~409.
107 Ibid..
108 VOC 1216, Missive van den gouverneur Cornelis Caesar naer Suratta aen directeur Hendrick van Gendt [Letter from Governor Cornelis Caesar to Director Hendrick van Gendt in Surat], Taiwan, 26 Nov. 1655, fo. 414v.
109 VOC 880, Missive van Batavia [van Joan Maetsuijcker] naer Taijouan aen den gouverneur [Cornelis Caesar] ende den raedt, Batavia, 25 July 1656, fo. 324; NFJ 287, Missive van gouverneur generaal Joan Maetsuijcker naer Taijouan aen den gouverneur [Cornelis

Caesar], Batavia, 25 July 1656, fo. 128.

110 NFJ 287, Missive door haer Edle [gouverneur generaal Joan Maetsuijcker] uijt Batavia per 't schip *Arnhem* over Siam [aan oppercoopman Joan Boucheljon in Japan], 4 May 1656, Batavia, fo. 78. 1657년 봄, 스바르테 포스(Swarte Vos)호는 48,000길더의 중국 금을 바타비아로 운반했다. Generale missive, 31 Jan. 1657, in Cheng, *De VOC en Formosa*, p.409. 참조.

111 VOC 1218, Missive door Frederick Coyett en verderen raad in 't Casteel Zeelandia aen d'Ed. heer Joan Maetsuijcker gouverneur generaal en d'Ed. heeren raden van India tot Batavia, Taiwan, 27 Dec. 1656, fo. 467r, in Generale Missiven, III : 1655~1674, p.116, 31 Jan. 1657. 이곳에는 168,113길더로 기록되었다.

112 1657년 말, 10,486 62/73 리알 또는 7,655개의 순금이 말라카로 보내졌다(1테일=100 condijns, 1리알=73 condijns). 이는 393,256길더(1리알 순금=750스타이버(stuivers))에 해당한다. VOC 1212, Missive door Cornelis Caesar en raad aan haar Eds. tot Batavia, Taiwan, 14 Nov. 1655, fo. 305r). VOC 1228, Missive naer Batavia aen de heeren den gouverneur generaal [Joan Maetsuijcker] ende raden van India door gouverneur Frederick Coyett en raet, Taiwan, 8 Dec. 1657, fo. 476r 참조; VOC 1228, Missive van Frederick Coyett naer Malacca aen gouverneur Joan Thijssen, Taiwan, 8 Dec. 1657, fo. 551r. 1658년 봄, 31,480길더의 금이 바타비아로 보내졌다. VOC 1228, Factura van de poeijersuijcker en anderesints gescheept door ordre van Frederick Coyett in 't fluijtschip Breukelen, gaende van Taijouan naer Batavia aen Joan Maetsuijcker, Taiwan, 2 Mar. 1658, fo. 669r. 참조. 두 숫자를 더하면 1657~1658년 동안 대만에서 수출된 금의 가치가 424,736길더에 달했음을 알 수 있다.

113 Generale missive, 16 Dec. 1659, in Cheng, *De VOC en Formosa*, p.462.

114 Ibid..

115 VOC 1236, Missive van den gouverneur Frederick Coyett naer Batavia aen den gouverneur generaal Joan Maetsuijcker, Taiwan, 10 Dec. 1660, fo. 167. 90,359길더에 해당하는 1,759테일의 중국 금이 말라카를 거쳐 코로만델로 보내졌다. 대만에서 바타비아로 보낸 금(950.8테일 또는 48,842길더)을 더하면 총 141,901길더가 된다. 참조. Daghregister Batavia, 1661, 61, 22 Mar. 1661 (1테일=100 condijns, 1리알=73 condijns, 금 1리알= 750스타이버, 1길더=20스 타이버). 1661년 3월 22일.

116 *Dagregister Zeelandia*, IV : 1655~1662, p.157, 12 June 1657.

117 VOC 1222, Missive van Frederick Coyett naer Batavia aen Joan Maetsuijcker, Taiwan, 19 Nov. 1657, fo. 38r; Yang, Ts'ung-cheng shih-lu, 110.

118 VOC 1222, Translaat uijt zeekeren Chinesen brieff door den Chinese Tolcq Pincqua geschreven aen den Heer Frederick Coyett, President deses Eijlants Formosa [Translation of a certain Chinese letter written by Ho T'ing-pin to Governor Frederick Coyett], not located, 22 May 1657, fo. 527r; *Dagregister Zeelandia*, IV : 1655~1662, p.157, 12 June 1657. 강수생(江樹生) 선생은 정홍규의 이전 이름인 '사사(四舍)'를 보면, 'Si'가 '4(四)'를 의미할 수도 있다고 지적했다.

119 VOC 1222, Translaat uijt zeekeren Chinesen brieff door den Chinese Tolcq Pincqua geschreven aan Coyett, fo. 527r. 중국 사료에 따르면, 이들 전함은 조주 수군 총병 허룡(許龍)이 지휘하는 것으로서, 광동에서 출항하였다.

120 楊英, 『從征實錄』, 頁110.

121 *Dagregister Zeelandia*, IV : 1655~1662, p.161, 13 June 1657; VOC 1222, Translaat uijt zeekeren Chinesen brieff door den Chinese Tolcq Pincqua geschreven aan Coyett, fos. 527r~528r.

122 Ibid., fo. 527r. 정홍규는 그들이 하문에 도착했을 때 사망하였기 때문에, 정성공과 정태는 5일이라는 시간을 내어 장례를 준비하였다. *Dagregister Zeelandia*, IV : 1655~1662, p.157, 12 June 1657.

123 *Dagregister Zeelandia*, IV : 1655~1662, p.159, 13 June 1657.

124 VOC 1222, Translaet uijt zekeren Chinesen brief door den groot mandorijn Coksinja geschreven aan den heer Frederick Coyett, not located, 25 May 1657, fos. 516v~517r.

125 *Dagregister Zeelandia*, IV : 1655~1662, p.158, 13 June 1657.

126 Ibid., pp.162~163, 14 June 1657.

127 VOC 1222, Missive van Frederick Coyett naer Aimuij aen Sauja, Tjonhoehse Theloia, mandorijn in Aimuij [Letter from the governor of Taiwan Frederick Coyett to Cheng Tai], Taiwan, 2 July 1657, fo. 509v.

128 VOC 1222, Resolutie des Casteels Zeelandia voorgevallen onder de regeringe van den president Frederick Coyett [Resolution Zeelandia Castle issued during the term of office of President Frederick Coyett], Taiwan, 27 June 1657, fo. 72r~v.

129 *Dagregister Zeelandia*, IV : 1655~1662, p.185, 2 Aug. 1657.

130 Ibid., p.168, 29 June 1657 · p.169, 30 June 1657.

131 Ibid., p.186, 3 Aug. 1657.

132 Ibid., p.204, 25 Aug. 1657.

133 楊英, 『從征實錄』, 頁113; *Dagregister Zeelandia*, IV : 1655~1662, p.199, 23 Aug. 1657.

134 *Dagregister Zeelandia*, IV : 1655~1662, p.200, 23 Aug. 1657.

135 楊英, 『從征實錄』, 頁114. Perhaps on around 10 August 1657, *Dagregister Zeelandia*, IV : 1655~1662, p.193, 11 Aug. 1657. 참조.

136 *Dagregister Zeelandia*, IV : 1655~1662, p.196, 21 Aug. 1657.

137 1657년 말에 10,486개의 62/73 리알 또는 7,655개의 순금이 말라카로 보내졌다(1개의 테일 =100 condijns, 1리알=73 condijns). 이는 393,256길더(1리알 순금=750 stuivers)에 해당한다. VOC 1212, Missive van den gouverneur Cornelis Caesar naer Batavia aen den gouverneur generaal Joan Maetsuijcker, Taiwan, 14 Nov. 1655, fo. 305r 참조; VOC 1228, Missive van Frederick Coyett naer Batavia aen gouverneur generaal Joan Maetsuijcker, Taiwan, 8 Dec. 1657, fo. 476r; VOC 1228, Missive van Frederick Coyett naer Malacca aen gouverneur Joan Thijssen, Taiwan, 8 Dec. 1657, fo. 551r; VOC 1222, Missive van Frederick Coyett naer Batavia aen Joan Maetsuijcker, Taiwan, 19 Nov. 1657, fo. 35v. Generale Missiven, III : 1655~1674, 194, 6 Jan. 1658.

138 *Dagregister Zeelandia*, IV : 1655~1662, p.199, 22 Aug. 1657.

139 VOC 1222, Translaet uijt seeckeren Chinesen brief door den Mandorijn Sauja geschreven aan Frederick Coyett, Aug 1657, fos. 522v~523r.

140 *Dagregister Zeelandia*, IV : 1655~1662, p.225, 27 Sept. 1657.

141 *Daghregister Batavia*, 1657, p.188, 17 June 1657.

142 Ibid., pp.145~146, p.24 Apr. 1657.

143 陳應泰, 「浙江巡撫陳應泰請發滿兵及西北綠營兵赴浙事本(順治14年11月25日)」, 『清初鄭成功家族滿文檔案譯編」, 陳支平主編, 『臺灣文獻匯刊』, 第1輯 第7冊, 頁69; 伊圖, 「兵部尙書伊圖等題爲浙省地廣兵單需要設防事本(順治14年12月初5日)」, 『淸初鄭成功家族滿文檔案譯編」, 陳支平主編, 『臺灣文獻匯刊』, 第1輯 第6冊, 頁77; 郞廷佐, 「兩江總督郞廷佐題爲鄭軍似有侵犯嗚淞, 崇明之勢事本(順治14年9月初9日)」, 『淸初鄭成功家族滿文檔案譯編」, 陳支平主編, 『臺灣文獻匯刊』, 第1輯 第6冊, 頁430.

144 田雄, 「浙江提督田雄題爲浙江沿海迅廣兵單, 請調兵協防事本(順治14年12月11日)」, 『淸初鄭成功家族滿文檔案譯編」, 陳支平主編, 『臺灣文獻匯刊』, 第1輯 第7冊, 頁95.

145 *Dagregister Zeelandia*, IV : 1655~1662, p.214, 6 Sept. 1657; 楊英, 『從征實錄』, 頁114.

146 楊英, 『從征實錄』, 頁115; 伊圖, 「兵部尙書伊圖等題爲黃嚴, 臺州失陷事本(順治14年9月29日)」, 『淸初鄭成功家族滿文檔案譯編」, 陳支平主編, 『臺灣文獻匯刊』, 第1輯 第6冊, 頁473.

147 楊英, 『從征實錄』, 頁115.

148 Ibid., p.116.

149 Ibid., p.118; VOC 1222, Missive van Frederick Coyett naer Batavia aen Joan Maetsuijcker, Taiwan, 19 Nov. 1657, fo. 38r.

150 *Dagregister Zeelandia*, IV : 1655~1662, p.256, 13 Nov. 1657.

151 VOC 1222, Missive van Frederick Coyett naer Aimuij aen den mandorijn Sauja [Cheng Tai], Taiwan, 24 Nov. 1657, fos. 292v~293r.

152 Ibid., fo. 294r.

153 *Dagregister Zeelandia*, IV : 1655~1662, p.256, 13 Nov. 1657.

154 VOC 1222, Missive van Frederick Coyett naer Batavia aen Joan Maetsuijcker, Taiwan, 19 Nov. 1657, fo. 21r~v; VOC 1228, Resolutie in rade van Formosa, Taiwan, 13 Nov. 1657, fo. 499r.

155 NFJ 288, Missive door den E. Zacharias Wagenaer en den raet deses comptoirs aan haer Edts [gouverneur generaal Joan Maetsuijcker] tot Batavia, Japan, 12 Oct. 1657, fo.34. 우르크(Urk)의 항해일지에 따르면, 이 배의 선원들은 바타비아가 내린 지시를 따르지 않았다. 그들은 의도한 경로에서 멀리 떨어진 선박을 쫓았을 뿐만 아니라 일부 화물을 압수하기도 했다. NFJ 288, Naerder bericht schrift gedaen door voornoemden E. Zacharias Wagenaer aan haer Eedle [gouverneur generaal Joan Maetsuijcker] tot Batavia [Report written by Zacharias Wagenaer to Governor-General Joan Maetsuijcker in Batavia], Japan, 13 Dec. 1657, fos. 99~100 참조.

156 NFJ 288, Missive door den E. Zacharias Wagenaer en den raet deses comptoirs aan haer Edts [gouverneur generaal Joan Maetsuijcker] tot Batavia, Japan, 12 Oct. 1657, fo. 58.

157 VOC 1228, Missive van Frederick Coyett naer Malacca aen gouverneur Joan Thijssen, 8 Dec. 1657, fo. 552r.

158 VOC 1228, Translaet uijt zeekeren Chinesen brief door den groot mandorijn Sauja geschreven naer Taijouan aan den gouverneur Frederick Coyett, Amoy, 2 Mar. 1658, fo. 656r.

159 *The Deshima dagregisters*, XII : 1650~1660, p.79, 2 Sept. 1652.

160 VOC 1206, Missive van den coopman Volckerus Westerwolt uijt Judea aen den gouverneur generaal Joan Maetsuijcker ende raden van India [Letter written by Volckerus Westerwolt from Ayutthaya to Governor-General Joan Maetsuijcker and the Council of the Indies], Siam, 28 Oct. 1654, fo. 13r~v. 선주가 시암의 네덜란드 상인들을 폭력으로 위협하는 편법으로

배상을 얻으려고 했기 때문에 두 그룹 사이에 긴장이 고조되었다.

161 VOC 1209, Missiven aen Joan Maetsuijcker gouverneur generaal en raden van India door Volckerus Westerwolt, Siam, 12 Oct. 1655, fo. 945v; NFJ 287, Missive van 't comptoir Nangasackij [door Leonard Winninx] aen haer [gouverneur generaal Joan Maetsuijcker] tot Batavia per de schepen *Arnemuijden, Vlielandt,* en *Zoutelande* over Taijouan gesonden, Japan, 19 Oct. 1655, fo. 27.

162 *The Deshima dagregisters,* XII : 1650~1660, pp.255~258, 7 July 1656 · 10 July 1656 · 17 July 1656; VOC 1219, Rapport van de coopman Volckerus Westerwolt wegen den toestant van 's compagnies negotie in Siam [Report written by merchant Volckerus Westerwolt about the situation of the Company trade in Siam], Siam, 16 Nov. 1656, fo. 803v.

163 VOC 1175, Missive door Volckerus Westerwolt [van Siam] aan de Ed. heer Anthonij van Brouckhorst president in Japan, Japan, 4 July 1650, fo. 547v; *Generale Missiven,* II : 1639~1655, p.448, 20 Jan. 1651.

164 VOC 1187, Missiven [aen haer Eds. Joan Maetsuijcker te Batavia] [door Hendrick Creijers en Volckerus Westerwolt], Siam, 20 Oct. 1651, fo. 664v; *Generale Missiven,* II : 1639~1655, p.526, 19 Dec. 1651.

165 VOC 1194, Missive [aen haer Eds. Joan Maetsuijcker te Batavia van Volckerus Westerwolt en Jan van Rijck te Siam], Siam, 22 Oct. 1652, fo. 248r.

166 Ibid..

167 *Generale Missiven,* II : 1639~1655, p.694, 19 Jan. 1654.

168 VOC 1206, Missive van den coopman Volckerus Westerwolt uijt Judea aen den gouverneur generaal Joan Maetsuijcker ende raden van India, Siam, 28 Oct. 1654, fo. 2r.

169 VOC 1209, Missiven aen Joan Maetsuijcker gouverneur generaal en raden van India door Volckerus Westerwolt, Siam, 12 Oct. 1655, fo. 945v.

170 VOC 1219, Rapport van de coopman Volckerus Westerwolt wegen den toestant van 's compagnies negotie in Siam, Siam, 16 Nov. 1656, fos. 803v~804r.

171 VOC 1223, Missive aen de edele heeren gouverneur generaal ende raden van India residerende tot Batavia, Siam, 16 Nov. 1657, fo. 812v; but VOC 1223, Missiven aen opperhoofd Zacharias Wagenaer en raet tot Japan van Siam, Siam, 6 July 1657, fo. 600v. 이 자료는 13척의 중국 선박이 도착한 것과 관련이 있다.

172 *Generale Missiven,* III : 1655~1674, p.194, 6 Jan. 1658.

173 NFJ 351, Missive uit Jan van Rijck in Judia op 't Nederlants comptoir Siam aan E. Joan Boucheljon president ende opperhooft in Japan, Siam, 4 July 1658, not foliated.

174 Ibid..

175 NFJ 351, Missive uit Jan van Rijck in Judia op 't Nederlants comptoir Siam aan E. Zacharias Wagenaer President opperhooft over s' Compagnies voortreffelijcke negotie als vorderen ommeslach int koninckrijcke Japan, Siam, 5 July 1659, not foliated.

176 Ibid..

177 NFJ 351, Missive uit Jan van Rijck in Judia op 't nieuw comptoir Siam aan den E. Joan Boucheljon, president en opperhooft over compagnies voortreffelijcke negotie als vorderen ommeslagh int koninckrijcke Japan, Siam, 10 Aug. 1660, not foliated.

178 Ibid..

179 VOC 1236, Missive door den koopman Jan van Rijck aen haer Eds. tot Batavia geschreven, Siam, 10 Oct. 1661, fo. 672.

180 Smith, *The Dutch in Seventeenth century Thailand*, p.32.

181 Ibid., p.33.

182 Ibid., p.34. 왕의 통치는 네덜란드가 아유타야에 정치적으로 개입한 기간과 거의 정확히 일치한다.

183 *The Deshima dagregisters*, XII : 1650~1660, p.104, 16 July 1653.

184 Iwao Seiichi, "Reopening of the Diplomatic and Commercial Relations between Japan and Siam during the Tokugawa Period", *Acta Asiatica : Bulletin of the Institute of Eastern Culture*, 4, 1963, p.2.

185 Ibid., p.18.

186 Ibid., pp.16~17.

187 VOC 1123, Missive aen de edele heeren gouverneur generaal [Joan Maetsuijcker] ende raden van India residerende tot Batavia van coopman Jan van Rijck uijt Siam, Siam, 16 Nov. 1657, fo. 812v.

188 VOC 1206, Missive van den coopman Volckerus Westerwolt uijt Judea aen den gouverneur generaal Joan Maetsuijcker ende raden van India, Siam, 28 Oct. 1654, fos. 11v~12r.

189 VOC 1209, Missiven aen Joan Maetsuijcker gouverneur generaal en raden van India door Volckerus Westerwolt, Siam, 12 Oct. 1655, fo. 945v.

190 Smith, *The Dutch in Seventeenth century Thailand*, p.64, Table 3.

191 Iwao, "Reopening of the Diplomatic and Commercial Relations", p.20.

192 NFJ 351, Missive uit Jan van Rijck in Judia op 't comptoire Siam aan den Zacharias Wagenaar president ende opperhooft in Japan, Siam, 6 July 1657, not foliated.

193 VOC 1223, Missive aen de edele heeren gouverneur generaal ende raden van India residerende tot Batavia van coopman Jan van Rijck uijt Siam, Siam, 16 Nov. 1657, fo. 813r.

194 NFJ 351, Missive uit Jan van Rijck in Judia op 't comptoire Siam aan den Zacharias Wagenaar president ende opperhooft in Japan, Siam, 6 July 1657, not foliated.

195 VOC 1222, Missive van Frederick Coyett naer Batavia aen Joan Maetsuijcker, Taiwan, 10 Mar. 1657, fo. 1r.

196 VOC 1222, Missive van Frederick Coyett naer Batavia aen Joan Maetsuijcker, Taiwan, 24 Nov. 1657, fo. 46r~v.

197 NFJ 288, Missive aan haer Edlen [gouverneur generaal Joan Maetsuijcker] tot Batavia dato ultimo December per Chinese jonck over Siam geschreven [door Joan Boucheljon], Japan, 31 Dec. 1656, fo. 8.

198 VOC 1228, Missive van Frederick Coyett naer Batavia aen Joan Maetsuijcker, Taiwan, 11 Mar. 1658, fo. 492r.

제12장 패배에서 승리로, 1658~1662

1 伊圖, 「兵部尚書伊圖等題閩浙兩省無需增加兵額爲事本」, 『淸初鄭成功家族滿文檔案譯編』, 陳支平主編, 『臺灣文獻匯刊』, 第1輯 第7冊, 頁92~93.

2 『淸世祖實錄選輯』, 頁136~139.

3 顧誠,『南明史』, 北京：中國靑年, 1997, 頁901.

4 楊英,『從征實錄』, 頁120.

5 Ibid., p.121.

6 Ibid., p.124.

7 王國光,「兩廣總督王國光題爲鄭軍在潮州, 南澳一帶活動情形事本」,『淸初鄭成功家族滿文檔案譯編』, 陳支平主編,『臺灣文獻匯刊』, 第1輯 第7册, 頁82.

8 VOC 1228, Missive van Frederick Coyett naer Batavia aen Joan Maetsuijcker, Taiwan, 2 Mar. 1658, fo. 487v; VOC 1228, Missive van Frederick Coyett naer Batavia aen Joan Maetsuijcker, Taiwan, 11 Mar. 1658, fo. 498r.

9 楊英,『從征實錄』, 頁128.

10 Ibid., p.129.

11 *The Deshima dagregisters*, XII : 1650~1660, p.354, 24~25 July 1658.

12 石源道博,『明末淸初日本乞師の研究』, 頁51.

13 *The Deshima dagregisters,* XII : 1650~1660, p.355, 26 July 1658.

14 The letter was also preserved by the Japanese interpreters; 이 편지는 일본인 통역사에 의해 보존되기도 했다. 林春勝・林信篤・浦廉一編,「華夷變態」, 上册. 頁45; 張菼,「鄭成功的公牘」,『臺灣文獻』, 35卷 2期, 1984, 頁24~25.

15 NFJ 350, Missive van Frederick Coyett naer Japan aen den E. Joan Boucheljon en raadt in Nangasacqui, Taiwan, 30 July 1658, not foliated.

16 VOC 1228, Het rapport van het opperhoofd Joan Boucheljon wegens sijn verrichten in Japan gericht aen de gouverneur generaal Joan Maetsuijcker tot Batavia [Report written by chief merchant Joan Boucheljon about his administration in Japan to Governor-General Joan Maetsuijcker in Batavia], Japan, 30 Nov. 1658, fo. 700v; NFJ 289, Missive van Joan Boucheljon naer Taijouan aen gouverneur Frederick Coyett, Japan, 13 Oct. 1658, fo. 15.

17 Generale missive, 31 Jan. 1657, in Cheng, *De VOC en Formosa*, p.426.

18 楊英,『從征實錄』, 頁131~132.

19 Ibid., pp.133~134.

20 Ibid., pp.134~135.

21 「溫臺賊勢重大殘揭帖(順治15年12月)」,『鄭氏史料續編』, 頁855.

22 NFJ 350, Missive van Frederick Coyett naer Japan [aen Joan Boucheljon], Taiwan, 7 Aug. 1658, not foliated.

23 楊英,『從征實錄』, 頁136~138.

24 NFJ 290, Missive door den E [Zacharias] Wagenaer en den voormelt Raadt [deses comptoirs in Japan] aen d' E. heer gouverneur generaal [Joan Maetsuijcker] ende raden van India, Japan, 20 Jan. 1659, fo. 4; *The Deshima dagregisters*, XII : 1650~1660, p.375, 3 Jan. 1659.

25 NFJ 290, Missive door den E. Zacharias Wagenaer, en den Raadt deses comptoirs [in Japan] aen Sr Jan van Rijck, met een Chinese jonk, naer Siam gesonden, Japan, 20 Jan. 1659, fo. 2.

26 楊英,『從征實錄』, 頁139; 顧誠,『南明史』, 頁935~936.

27 楊英,『從征實錄』, 頁138.

28 *The Deshima dagregisters*, XII : 1650~1660, p.384, 3 June 1659. 永積洋子,『唐船輸出入品數

量一覽』, 頁342, 付祿1.

29 楊英,『從征實錄』, 頁142.

30 Ibid..

31 Ibid., p.161.

32 Ibid..

33 Ibid., pp.163~164.

34 Ibid., p.164.

35 Ibid., p.166.

36 NFJ 350, Missive van Frederick Coyett naer Japan aen den E. Zacharias Wagenaer, opperhooft, en raat des comptoirs Nangasacqui, Taiwan, 2 Aug. 1659, not foliated.

37 *Generale Missiven*, II : 1639~1655, p.423, 10 Dec. 1650.

38 Ibid., p.542, 19 Dec. 1651.

39 永積洋子,『唐船輸出入品數量一覽』, 頁337, 付祿1.

40 Ibid..

41 NFJ 286, Missive van Gabriel Happart naer Batavia aen de Ed. Heeren den gouverneur generaal [Joan Maetsuijcker] en raaden van Nederlants India [Letter from Gabriel Happart to Governor-General Joan Maetsuijcker and the Council of the Indies], Taiwan, 18 Nov. 1654, fo. 105.

42 *Generale Missiven*, III : 1655~1674, p.68, 1 Feb. 1656. 이 금액은 NF 단위로 1,316피쿨로 기록된다. J 287, Missive van 't comptoir Nangasackij [van Leonard Winninx] aen haer [gouverneur generaal Joan Maetsuijcker] tot Batavia per de schepen *Arnemuijden, Vlielandt*, en *Zoutelande* over Taijouan, Japan, 19 Oct. 1655, fo. 20, and in VOC 1212, Missive van den gouverneur Cornelis Caesar naer Batavia aen den gouverneur generaal Joan Maetsuijcker, Taiwan, 14 Nov. 1655, fo. 340r.

43 NFJ 287, Missive van 't comptoir Nangasackij [van Joan Boucheljon] aen den gouverneur generaal [Joan Maetsuijcker] ende de raden van India per 't retour schip *Aernhem* naer Batavia gesonden, Japan, 16 Oct. 1656, fo. 78.

44 NFJ 288, Missive door den E. Zacharias Wagenaer en den raet deses comptoirs aan haer E-dts [gouverneur generaal Joan Maetsuijcker ende raedt] tot Batavia per 't jacht *Kouckercken* en de fluijt *Ulisses*, Japan, 12 Oct. 1657, fo. 54; *Generale Missiven*, III : 1655~1674, p.194, 6 Jan. 1658.

45 VOC 1228, Het rapport van het opperhoofd Joan Boucheljon wegens sijn verrichten in Japan gericht aen de gouverneur generaal Joan Maetsuijcker tot Batavia, Japan, 30 Nov. 1658, fo. 707v.

46 NFJ 290, Missive door meergenoemde E. [Zacharias Wagenaer]aen d' Edle Heeren Gouverneur generaal [Joan Maetsuijcker] en raaden van India met de fluijt *de Vogelsangh* naer Batavia geschreven, Japan, 15 Oct. 1659, fo. 36.

47 NFJ 291, Missive aan d' Edle heer Joan Maetsuijcker gouverneur generaal ende E. Heer Raden van India tot Batavia door Joan Boucheljon, Japan, 15 Oct. 1660, not foliated.

48 楊英,『從征實錄』, 頁164. '이 습격이 북경의 청 조정에 얼마나 심각한 영향을 미쳤는지는 확실하지 않다. 그러나 절강과 강소의 토지세는 중국 전체 토지세 수입의 64.05%를 차지했다. 張海英,『明清江南商品流通與市場體系』, 上海 : 華東師範大學出版社, 2001, 頁122.

49 NFJ 350, Missive van Frederick Coyett naer Japan aen den E. Joan Boucheljon en raadt in Nangasacqui, Taiwan, 30 July 1658, not foliated.

50 「廣東潮陽揭陽海防新設水師殘件」,『鄭氏史料續編』, 頁971, 「兵部殘題本」,『鄭氏史料續編』, 頁1000.

51 Generale missive, 4 Dec. 1656, in Cheng, *De VOC en Formosa*, p.426.

52 VOC 1222, Translaet uijt zeekeren Chinesen brief door den Chinese tolcq Pincqua geschreven aen Frederick Coyett [Translation of a certain Chinese letter written by the Chinese translator Ho T'ing-ping to the governor of Taiwan Frederick Coyett], Amoy, 22 May 1657, fo. 528.

53 *The Deshima dagregisters*, XII : 1650~1660, p.375, 3 Jan. 1659.

54 VOC 1229, Missive door d'Ed. Joan Thijsz. en raet naer Batavia geschreven [Letter written by the Governor Joan Thijsz. from Malacca to Batavia], Malacca, 10 Apr. 1659, fo. 442r.

55 *The Deshima dagregisters,* XII : 1650~1660, p.389, 6 July 1659.

56 Generale missive, 16 Dec. 1659, in Cheng, *De VOC en Formosa*, p.470.

57 Generale missive, 1 Feb. 1656, in Cheng, *De VOC en Formosa*, p.403; Henriette Rahusen-de Bruyn Kops, '그렇게 "유망하지 않은 시작"은 아니다. 중국 주재 네덜란드 최초의 무역 대사관', *Modern Asian Studies* 36 : 1, 2002, pp.535~578 at pp.539~544; John E. Wills, Jr., *Embassies and Illusions : Dutch and Portuguese Envoys to K'ang-hsi 1666-1687*, Cambridge : Cambridge University Press, 1984, p.42; Leonard Blussé, *Tribuut aan China : vier eeuwen Nederlands-Chinese betrekkingen*, Amsterdam : Cramwinckel, 1989, p.61.

58 Generale missive, 4 Dec. 1656, in Cheng, *De VOC en Formosa*, p.426; Rahusen-de Bruyn Kops, '그렇게 "유망하지 않은 시작"은 아니다. 중국 주재 네덜란드 최초의 무역 대사관', pp.535~578 at p.555.

59 Generale missive, 4 Dec. 1656, in Cheng, *De VOC en Formosa*, pp.425~426; VOC 1223, Missive naer Batavia door den coopman Hendrick Indijck opperhoofd tot Cambodja aen de edele heeren gouverneur generaal Joan Maetsuijcker ende raden van India residerende tot Batavia [Letter written by chief-merchant Hendrick Indijck in Cambodia to Governor-General Joan Maetsuijcker and the Council of the Indies resident in Batavia], Cambodia, 17 Oct. 1656, fo. 762r; *Daghregister Batavia*, 1656~1657, pp.37~38, 11 Dec. 1656.

60 VOC 1223, Missive aen opperhoofd Zacharias Wagenaer tot Japan door opperhoofd Hendrick Indijck tot Cambodja, Cambodia, 8 July 1657, fo. 766v.

61 NFJ 353, Missive uit opperhoofd de Tonkin Gustavus Hansz en 't Nederlants comptoir Tonkin aan den E. Heer Joan Bouchelion oppercoopman en opperhooft wegens de Compagnies Negotie en ommeslagh ten comptoir Nangasackij, Tonkin, 18 July 1658, not foliated; VOC 1222, Missive van [gouverneur van Taijouan] Frederick Coyett naer Batavia aen [gouverneur generaal] Joan Maetsuijcker, Taiwan, 19 Nov. 1657, fo. 33v; Generale missive, 6 Jan. 1658, in Cheng, *De VOC en Formosa*, p.450. 마지막 기록은 단 2척의 영국 선박에 관한 것이다. 영국 선장들은 또한 해적들이 마카오 주변에서 청나라 해안 방어군과 격렬하게 싸우는 것을 목격했으며, 이는 광동의 무역에도 영향을 미쳤다고 보고했다. VOC 1226, Missiven door den gouverneur Joan Thijsz. naer Batavia geschreven, Malacca, 18 Jan. 1658, fo. 585r. 참조.

62 Generale missive, 16 Dec. 1659, in Cheng, *De VOC en Formosa*, p.469.

63 *Generale Missiven*, III : 1655~1674, p.327, 16 Dec. 1660.

64 VOC 1229, Missive door d'Ed. Pieter de Goijer en raet na Batavia [aan gouverneur generaal Joan Maetsuijcker] geschreven, Jambi, 31 Jan. 1659, fo. 368r; VOC 1229, Missiven door d'Ed. Pieter de Goijer en raet na Batavia [aan gouverneur generaal Joan Maetsuijcker] geschreven, Jambi, 14 Feb. 1659, fo. 372r.

65 VOC 1229, Missiven door d'Ed. Joan Thijsz. en raet naer Batavia geschreven [aan gouverneur generaal Joan Maetsuijcker], Malacca, 24 Mar. 1659, fo. 441v.

66 NFJ 290-292, Translaet missive door de mandorijn Coxinja aen de Ed. Heer gouverneur generaal [Joan Maetsuijcker] geschreven met een sijner joncken alhier op Batavia den 7 Februarij 1658 aengecomen [Translation of a letter written by Mandarin Coxinga to Governor-General Joan Maetsuijcker carried by a junk arriving in Batavia on 7 Feb. 1658], not located, fo. 14; Generale missive, 14 Dec. 1658, in Cheng, *De VOC en Formosa*, p.461.

67 Generale missive, 14 Dec. 1658, in Cheng, *De VOC en Formosa*, p.461.

68 NFJ 290-292, Translaet missive van den mandorijn Coxinja naer Batavia aen capiteijn Bingam geschreven als voren [Translation of a letter written by Mandarin Coxinga to Chinese captain P'an Ming-yen], not located, [received in Batavia] 27 May 1659, fo. 15.

69 Generale missive, 24 Dec. 1658, in Cheng, *De VOC en Formosa*, p.461.

70 NFJ 290-292, Missive van gouverneur generaal Joan Maetsuijcker aen den mandorijn Coxinja, Batavia, 8 June 1658, not foliated.

71 Ibid..

72 NFJ 350, Missive van Frederick Coyett naer Japan aen den E. Joan Boucheljon en raadt in Nagasacqui, Taiwan, 30 July 1658, not foliated.

73 VOC 1226, Missiven door den gouverneur Joan Thijsz. naer Batavia geschreven, Malacca, 25 May 1658, fo. 604r.

74 NFJ 289, Missive van Frederick Coyett naer Japan aen E. Joan Boucheljon en den raadt in Nangasacqui, Taiwan, 26 Aug. 1658, fo. 40.

75 Generale missive, 6 Jan. 1658, in Cheng, *De VOC en Formosa*, p.443; Generale missive, 14 Dec. 1658, in Cheng, *De VOC en Formosa*, p.457.

76 VOC 1229, Missiven door d'Ed. Joan Thijsz. en raet naer Batavia geschreven, Malacca, 24 Mar. 1659, fo. 440r. 1 rial gold equalled to 750 stuivers.

77 *Generale Missiven*, III : 1655~1674, pp.28~29, 24 Dec. 1655.

78 NFJ 351, Missive uit Jan van Rijck in Judia op 't comptoire Siam aan den Zacharias Wagenaar president ende opperhoofd in Japan, Siam, 6 July 1657, not foliated.

79 VOC 1229, Missive door d' Ed. Pieter de Goijer en raet na Batavia geschreven, Jambi, 14 Feb. 1659, fo. 372r.

80 VOC 1233, Missive door den coopman Jan van Rijck en desselfs raet den 11 Februarij 1660 met een appendix gedateerd den 26 Februarij 1660 [Letter written by merchant Jan van Rijck and Council on 11 Feb. 1660 with an enclosure dated on 26 Feb. 1660], Siam, 11 Feb. 1660, fo. 560r.

81 NFJ 291, Missive uit Jan van Rijck aan den E. Joan Boucheljon President en Opperhoofd over 's Compagnies voortreffelijcke negotie als vorderen ommeslagh in 't Coninckrijck

Japan, Siam, 29 June 1660, not foliated; NFJ 351, Missive uit Jan van Rijck in Judia op 't nieuw comptoir Siam aan den E. Joan Boucheljon, president en opperhooft over compagnies voortreffelijcke negotie als vorderen ommeslagh in 't koninckrijcke Japan, Siam, 10 Aug. 1660, not foliated; NFJ 291, Missive uit Jan van Rijck aan den E. Joan Boucheljon President en Opperhooft over 's Compagnies voortreffelijcke negotie als vorderen ommeslagh in 't Coninckrijck Japan, Siam, 29 June 1660, not foliated.

82 NFJ 351, Missive uit Jan van Rijck in Judia op 't Nederlants comptoir Siam aan E. Zacharias Wagenaer President opperhooft over 's Compagnies voortreffelijcke negotie als vorderen ommeslach int koninckrijke Japan, Siam, 5 July 1659, not foliated.

83 Ibid. 이 명령은 이듬해인 1660년에도 여전히 유효했다; NFJ 291, Missive uit Jan van Rijck aan den E. Joan Boucheljon President en Opperhooft over 's Compagnies voortreffelijcke negotie als vorderen ommeslagh int Coninckrijck Japan, Siam, 29 June 1660, not foliated. 참조.

84 NFJ 291, Missive uit Joan Boucheljon in Japan op 't comptoir Nangasackij aen de Edle Heer Joan Maetsuijcker gouverneur general en d' E. heer raden van India [tot Batavia], Japan, 15 Oct. 1660, not foliated.

85 Ibid..

86 NFJ 290, Missive uit Joan Boucheljon in Japan op 't comptoir Nangasackij aan d' E. Heer Laurens Pitt extraordinarij Raat van India ende gouverneur der Chormandelse kust, Japan, 25 Oct. 1660, not foliated; NFJ 291, Missive uit Joan Boucheljon in Japan op 't comptoir Nangasackij aen de Edle Heer Joan Maetsuijcker gouverneur general en d' E. heer raden van India [tot Batavia], Japan, 15 Oct. 1660, not foliated.

87 Yang, *Ts'ung-cheng shih-lu*, p.167.

88 VOC 1235, Resolutie van den gouverneur [Frederick Coyett] en den raedt van Formosa rakende Coxinja's machination tegen de Compagnie [Resolution issued by Governor Frederick Coyett and the Council of Formosa concerning Coxinga's machinations against the Company], Taiwan, 16 Apr. 1660, fo. 433r.

89 VOC 1233, Missive door den coopman Jan van Rijck en desselfs raet, Siam, 26 Feb. 1660, fo. 563v~564r. 이 소식을 가져온 선박은 일본에서 항해한 것으로 알려졌지만, 아마도 하문에서 먼저 도착했을 것이다. 게다가 데지마의 네덜란드 상인에게는 그러한 주문이 기록되어 있지 않다. 또한 이 명령은 주로 후추 해안에 접근하는 선박들과 관련된 것이었음을 증명한다.

90 Generale missive, 26 Jan. 1661, in Cheng, *De VOC en Formosa*, p.474.

91 『淸世祖實錄選輯』, 頁159; 楊英, 『從征實錄』, 頁168.

92 楊英, 『從征實錄』, 頁170.

93 VOC 1235, Resolutie van den gouverneur en den raedt van Formosa rakende Coxinja's machination tegen de Compagnie, Taiwan, 26 Apr. 1660, fo. 437r.

94 楊英, 『從征實錄』, 頁170~172.

95 Ibid., p.172.

96 Ibid., pp.176~177.

97 阮旻錫, 『海上見聞錄』, 頁35.

98 楊英, 『從征實錄』, 頁182~184.

99 「潮鎭鳴六奇定期進發廈門殘件」, 『鄭氏史料續編』, 頁1271.

100 Generale missive, 26 Jan. 1661, in Cheng, *De VOC en Formosa*, p.475; VOC 678, Resolutie van gouverneur-generaal Joan Maetsuijcker ende raden, Batavia, 6 July 1660, fo. 70.

101 Generale missive, 6 Jan. 1658, in Cheng, *De VOC en Formosa*, p.450.

102 VOC 678, Resolutie van gouverneur-generaal Joan Maetsuijcker ende raden, 6 July 1660, fos. 71~72.

103 VOC 678, Resolutie van gouverneur-generaal Joan Maetsuijcker ende raden, 7 July 1660, fo. 72.

104 Ibid., fos. 72~73; *Generale Missiven*, III : 1655~1674, p.260, n.4, 16 Dec. 1659.

105 *Daghregister Batavia*, 1661, p.62, 22 Mar. 1661.

106 *Daghregister Batavia*, 1661, p.62, 22 Mar. 1661.

107 Generale missive, 26 Jan. 1661, in Cheng, *De VOC en Formosa*, p.479.

108 Ibid., p.481; Generale missive, 29 July 1661, in Cheng, *De VOC en Formosa*, p.485; C. E. S., *Neglected Formosa : A Translation from the Dutch of Frederic Coyett's 't Verwaer-loosde Formosa,* ed. Inez de Beauclair, San Francisco : Chinese Materials Center, 1975, p.39; 霖英譯, 林野文漢譯, 『被遺誤的臺灣 : 荷鄭臺江決戰始末記』, 臺北 : 前衛, 2011, 頁93.

109 楊英, 『從征實錄』, 頁184~185.

110 「吏部殘件」, 『鄭氏史料三編, 臺灣文獻叢刊第175種』, 1963, 頁196~197.

111 楊英, 『從征實錄』, 頁184~185.

112 Ibid., p.178.

113 Generale missive, 22 Apr. 1662, in Cheng, *De VOC en Formosa*, p.503.

114 Kees Zandvliet, "The Contribution of Cartography to the Creation of a Dutch Colony and a Chinese State in Taiwan" *Journal Cartographica : The International Journal for Geographic Information and Geovisualization*, 35 : 3-4, 1998, pp.123~135 at p.134; Juan Min-hsi, *Hai-shang chien-wen lu*, TW, No. 24, 39. 阮旻錫, 『海上見聞錄』, 頁39.

115 Juan, *Hai-shang chien-wen lu*, p.40. 阮旻錫, 『海上見聞錄』, 頁40.

116 Ibid..

제13장 왕들이 인정한 모든 것들, 1663~1667

1 Kees Zandvliet, "The Contribution of Cartography to the Creation of a Dutch Colony and a Chinese State in Taiwan", *Journal Cartographica* 35 : 3-4, 1998, pp.123~135 at p.134.

2 John E. Wills, Jr., "Maritime China from Wang Chih to Shih Lang", in *From Ming to Ch'ing*, ed. Jonathan D. Spence and John E. Wills, Jr., pp.204~238, New Haven : Yale University Press, 1979, at pp.225~226; Tonio Andrade, *Journal of World History*, 15 : 4, 2004, pp.415~444 at pp.441~442. 두 저자 모두 이 한 번의 공격에 집중하고 있지만, 청나라 함대와 군대가 남경으로 가는 길에 마주친 항구에 어떻게 대처했는지도 살펴보는 것이 중요하다고 생각한다.

3 윌스(Wills)는 "Maritime China from Wang Chih to Shih Lang" 222쪽에서 정성공이 항복한 1647년 이후 정성공의 군사 및 상업적 착취 구조 전체를 청나라 조정이 수용하려 했다는 데 동의한다.

4 John E. Wills, Jr., *Pepper, Guns, And Parleys : The Dutch East India Company and China, 1622-1681*, Massachusetts : Harvard University Press, 1974, p.67.

5 Wills, "Maritime China from Wang Chih to Shih Lang", pp.228~229.

6   Wills, *Pepper, Guns, and Parleys*, pp.68~75.

7   *The Deshima dagregisters*, XIII : 1660~1670, p.77, 13 · 15 · 17 · 24 · 26 July 1663.

8   VOC 1247, Missive van de opperhoofden te Nangasacki aen den gouverneur generaal Joan Maetsuijcker ende raden van India, Japan, 1 Jan. 1664, fo. 32.

9   *The Deshima dagregisters*, XIII : 1660~1670, pp.90~92 · 94, 19 Nov. (3 junks), 1 · 9 · 10 · 28 Dec. 1663, 1 · 21 Jan. 1664.

10 VOC 1247, Missive van de opperhoofden [Willem Volger, et al.] te Nangasacki aen den gouverneur generaal Joan Maetsuijcker ende raden van India, Japan, 1 Jan. 1664, fo. 28.

11 VOC 1243, Appendix op seeckere missive dato 5 November 1662 door den Ed. commandeur Balthasar Bort voor Tinghaij aen haer Eds. [Joan Maetsuijcker] tot Batavia geschreven [Appendix to certain letter dated on 5 Nov. 1662 written by Commander Balthasar Bort at T'ing-hai to Governor General Joan Maetsuijcker at Batavia], Canton, 7 Jan. 1663, fo. 74v.

12 VOC 1248, Missive van den residenten in China [Ernst van Hogenhouck] aan den oppercoopman en opperhoofd Willem Volger en sijn raet in Japan geschreven [Letter written by those residing in China to chief merchant Willem Volger and his Council in Japan], China, 3 May 1664, fo. 2580. 3월 20일, 정경의 가장 중요한 사령관이었던 주전빈(周全斌)은 6,000명의 노련한 병사와 100명의 부하들을 데리고 남오에서 청나라로 가버렸다.

13 Wills, "Maritime China from Wang Chih to Shih Lang", pp.228~229.

14 *The Deshima dagregisters*, XIII : 1660~1670, p.116, 25 June 1664. 1665년 1월 23일의 기록에는 금 20톤이 은 700상자에 해당하는 것으로 계산되었으므로. 금 1톤은 은 35상자와 같아야 한다. 은 1상자는 1,000테일에 해당한다.

15 VOC 1248, Missive van den residenten in China aan den oppercoopman en opper-hooft Willem Volger en sijn raet in Japan geschreven, 3 May 1664, fo. 2582; VOC 1248, Missive van de residenten te Nangasacki aen den gouverneur generaal Joan Maetsuijcker ende raden van India, 22 Oct. 1664, fo. 2401.

16 李率泰, 「李率泰題爲水陸各汛地防守事本(康熙3年2月27日)」, 『清初鄭成功家族滿文檔案譯編』, 陳支平主編, 『臺灣文獻匯刊』, 第1輯 第8冊, 頁74.

17 梁清標, 「梁清標等題爲酌派施琅攻取臺灣事本(康熙3年7月27日)」, 『清初鄭成功家族滿文檔案譯編』, 陳支平主編, 『臺灣文獻匯刊』, 第1輯 第8冊, 頁91.

18 VOC 1248, Resolutie van China genomen door de commandeur Balthasar Bort en de raad te Hoksieuw [Resolution by Commander Balthasar Bort and the Council in Foochow], Foochow, 16 Oct. 1664, fos. 2675~2678.

19 明安達禮, 「明安達禮題請准予和蘭國來板船買物賣米事本(康熙3年10月初5日)」, 『清初鄭成功家族滿文檔案譯編』, 陳支平主編, 『臺灣文獻匯刊』, 第1輯 第8冊, 頁117.

20 *The Deshima dagregisters*, XIII : 1660~1670, p.136, 26 Jan. 1665. 나가사키에서는 네덜란드인이 중국에서 약 5만 테일에 해당하는 물품을 판매했다는 소문이 퍼졌다; 沙澄, 「沙澄題報和蘭國來板抵圖助攻事本(康熙3年10月初5日)」, 『清初鄭成功家族滿文檔案譯編』, 陳支平主編, 『臺灣文獻匯刊』, 第1輯 第8冊, 頁48. 복건 당국은 1663년 10월 2일 황제에게 건의서를 보냈다. 의례부 장관 사정은 강희 황제에게 네덜란드에 300벌 이상의 새틴과 1,000테일을 선물로 주면 안 되며, 네덜란드-청 연합군이 정성공 군대를 물리친 후에야 선물이 전달될

수 있다고 답했다.

21 VOC 1249, Missive van d'Ed. Balthasar Bort en den raat aen haer Eds. tot Batavia, Canton, 3 Jan. 1665, fos. 183~186.

22 VOC 1252, Missive van seigneur [Constantijn] Nobel en raadt tot Hocksieu aen haer Eds. [gouverneur generaal Joan Maetsuijcker] [Letter from Sir Constantijn Nobel and the Council at Foochow to Governor-General Joan Maetsuijcker], Canton, 28 Feb. 1665, fo. 200. 동안후의 유품은 1664년 6월 25일에 도착한 것으로 기록되어 있지만 해징공의 유품은 이 기록에 언급되어 있지 않았다.

23 The Deshima dagregisters, XIII : 1660~1670, p.136, 21 · 22 · 23 Jan. 1665.

24 明安達禮, 「明安達禮等題復楊遇明爲許龍等違禁與賊通商事本(康熙2年11月初3日)」, 及 題復沈永忠, 王國光, 盧興祖, 盧崇峻等人事本, 『淸初鄭成功家族滿文檔案譯編』, 陳支平主編, 『臺灣文獻匯刊』, 第1輯 第8冊, 頁55~61.

25 明安達禮, 「明安達禮題請准予和蘭國來板船買物賣米事本(康熙2年5月23日)」, 『淸初鄭成功家族滿文檔案譯編』, 陳支平主編, 『臺灣文獻匯刊』, 第1輯 第7冊, 頁456.

26 明安達禮, 「明安達禮題爲石碼等地巢賊情形本(康熙2年8月初9日)」, 『淸初鄭成功家族滿文檔案譯編』, 陳支平主編, 『臺灣文獻匯刊』, 第1輯 第8冊, 頁24 · 28.

27 屈大均, 「廣東新語」, 第1冊, 卷2, 地語, 『遷海』, 楊州 : 廣陵書社, 2003, 頁30~31.

28 The Deshima dagregisters, XIII : 1660~1670, pp.117 · 121,2 July 1664 · 11 Aug. 1664.

29 Ibid., p.124, 9 Sept. 1664.

30 VOC 1249, Missive van d' Ed. Balthasar Bort en den raat aen haer Eds. [Joan Maetsuijcker] tot Batavia, Canton, 3 Jan. 1665, fo. 187.

31 The Deshima dagregisters, XIII : 1660~1670, p.117 · 120, 7 Aug. 1664 · 8 Aug. 1664.

32 杜臻, 「粵閩巡視記略」, 卷1, 上海 : 上海古籍出版社, 1979, 頁12. 청 조정은 두 명의 사병/해적 인 주(周)와 이(李)의 습격에 대응하기 위해 순덕(順德)에 해군 기지를 설치했다.

33 趙爾巽等, 「淸史稿」, 卷234, 列傳241, 「尙可喜傳」, 臺北 : 鼎文, 1981, 頁9413. "원래 선박에서 먹고 살던 천민 출신인 주옥(周玉)은 광동 해방군의 장군을 자처했다. 그는 3개의 돛과 8개의 방향타로 물 위를 빠르게 움직이는 수백 척의 선박을 이끌었다. 그들은 숙련된 뱃사람들이었다. 정성공의 선박이 도착하자 그들은 해적질을 도왔다."

34 「淸聖祖實錄選輯」, 『臺灣文獻叢刊』第165種, 1963, 頁24. 광동의 총독 노숭준(盧崇峻)은 "평남왕과 지휘관이 군대를 이끌고 갈석지방의 제후들의 근거지를 공격하여 지도자 소리를 참수하고 1만여 명을 사로잡았다"고 보고했다. 이는 해상 금지령을 위반했음에도 불구하고 대부분의 신하들이 광동 당국에 의해 사면되었다는 것을 의미한다.

35 The Deshima dagregisters, XIII : 1660~1670, p.136, 23 Jan. 1665.

36 VOC 1236, Missive door den koopman Hendrick Baron aen haer Eds. [Joan Maetsuijcker] tot Batavia, 13 Nov. 1661, fo. 853.

37 VOC 1252, Missive van d'Edele [Jan van] Riebeecq en raadt aen haer Eds. [Joan Maetsuijcker], Malacca, 20 Feb. 1665, fo. 75.

38 The Deshima dagregisters, XIII : 1660~1670, p.155, 19 July 1665.

39 VOC 1264, Rapport van den koopman Adriaen Lucasz. wegens sijne verrichtinge op Ligoor overgegeven aen de heer Balthasar Bort president en commandeur van de stadt en Forteresse Malacca [Report written by merchant Adriaen Lucasz about his activities in Ligor to the president and commander of the city and castle of Malacca Balthasar Bort],

Ligor, 22 Nov. 1666, fo. 208r~v.

40 施琅,「福建水師提督施琅題爲舟師進攻臺灣途次被風飄散擬克期復征事本(康熙4年5月初6日)」,中國第1歷史檔案館編輯部,廈門大學臺灣研究所編,『康熙統一臺灣檔案史料選輯』,福州:福建人民出版社,1983,頁50.

41 *The Deshima dagregisters*, XIII:1660~1670, 152, 18 June 1665.

42 蘇納海,「蘇納海題爲損財造船籌辦兵餉本(康熙2年6月29日)」,『清初鄭成功家族滿文檔案譯編』,陳支平主編,『臺灣文獻匯刊』,第1輯 第7册,頁518.

43 VOC 1236, Missive door den koopman Hendrick Baron aen haer Eds. [Joan Maetsuijcker] tot Batavia geschreven, Tonkin, 13 Nov. 1661, fo. 848.

44 陳莉和,「清初鄭成功殘部之移殖南圻(上)」,『新亞學報』, 5卷1期, 1960, 頁442.

45 VOC 1241, Missive van 't opperhooft [Hendrick Baron] en den raet in Toncquin aen den gouverneur generaal [Joan Maetsuijcker] en de raden van Indien, Tonkin, 6 Nov. 1663, fo. 357v.

46 VOC 1243, Verantwoordinge door d'heer Hendrick Baron aen haer Eds. [Joan Maetsuijcker] tot Batavia, Tonkin, 14 Feb. 1663, fos. 136~137. 남경에서 광동까지 육로로 이동하는 데 25일이 걸렸다는 네덜란드의 다른 기록과 비교하면 여행 기간은 더 길어졌다. *Daghregister Batavia*, 1653, pp.60~61, 9 May 1653.

47 VOC 1236, Missive door den koopman Hendrick Baron aen haer Eds. [Joan Maetsuijcker] tot Batavia geschreven, Tonkin, 13 Nov. 1661, fo. 851.

48 VOC 1241, Missive van 't opperhooft [Hendrick Baron] en den raet in Toncquin aen den gouverneur generaal [Joan Maetsuijcker] en de raden van Indien, Tonkin, 6 Nov. 1663, fo. 357v; 沙澄,「沙澄題報和蘭國來板抵鬪助攻事本(康熙2年9月22日)」,『清初鄭成功家族滿文檔案譯編』,頁48. 이 문서에서는 명나라의 마지막 왕족을 주엄즙(朱儼戢)이라 지칭하기도 한다.

49 VOC 1248, Daghregister van het gepasseerde in Japan ten comptoir Nangasacki gehouden bij Willem Volger, coopman ende opperhooft aldaer, Japan, 24 Jan. 1664, fo. 2450.

50 VOC 1247, Missive van de opperhoofden te Nangasacki [Willem Volger] aen den gouverneur generaal Joan Maetsuijcker ende raden van India, Japan, 1 Jan. 1664, fo. 33.

51 VOC 1246, Missive van de heer Hendrick Baron en Hendrick Verdonck te Tonquin aen den gouverneur generaal Joan Maetsuijcker ende raden van India, Tonkin, 12 Feb. 1664, fo. 280.

52 VOC 1248, Missive van de heer Hendrick Verdonck te Tonquin aen den gouverneur generaal Joan Maetsuijcker ende raden van India, Tonkin, 5 Nov. 1664, fo. 2779.

53 VOC 1249, Missive van de Ed. Enoch Poolvoet en raet aen haer Eds. tot Batavia, Siam, 2 Dec. 1664, fo. 118.

54 VOC 1248, Missive van de residenten te Nangasacki [Willem Volger] aen den gouverneur generaal Joan Maetsuijcker ende raden van India, Japan, 22 Oct. 1664, fo. 2407.

55 Hoang Anh Tuan, *Silk for Silver : Dutch-Vietnamese Relations, 1637-1700*, TANAP vol. 5, Leiden/Boston : Brill, 2007, 114; VOC 1252, Missive van seigneur [Hendrick] Verdonck aen haer Eds. [Joan Maetsuijcker], Tonkin, 23 Feb.1665, fos. 209~248.

56 Tuan, *Silk for Silver*, p.114.

57 VOC 1253, Dachregister des comptoirs Nangasackij [bij Jacob Gruijs], 25 July 1665 · 25

Aug. 1665, fos. 2139·2146.

58 VOC 1241, Missive van 't opperhooft en den raet [Hendrick Baron] in Toncquin aen den gouverneur generaal [Joan Maetsuijcker] en de raden van Indien, Tonkin, 6 Nov. 1663, fo. 364.

59 華文書局編輯, 「大淸聖祖仁皇帝實錄」, 卷14, 臺北 : 華聯, 1964, 頁14~15, 康熙4年2月丁丑.

60 Ibid., XIX, pp.3~4, 17 June 1666.

61 VOC 1264, Missive door den coopman [Constantijn] Ranst ende den raet aen haer Eds. de gouverneur generaal Joan Maetsuijcker en heeren raden van India, Tonkin, 21 Jan. 1667, fos. 118r~v·119r.

62 「兩廣總督盧興祖密題本」, 『鄭氏史料3編』, 頁71.

63 The Deshima dagregisters, XIII : 1660~1670, pp.159~160·162, 30 Aug. 1665·25 Sept. 1665.

64 VOC 1253, Missive door den koopman Jacob Gruijs [en den raat ten comptoir Nangasackij] aen haer Eds. [Joan Maetsuijcker], Japan, 19 Oct. 1665, fo. 1584.

65 J. L. P. J. Vogels, "Het Nieuwe Taijouan : De Verenigde Oostindische Compagnie op Kelang 1664~1668 [New Taiwan : the Dutch East India Company at Keelung]", MA thesis, Utrecht University, 1988, p.23.

66 Ibid., p.24.

67 Ibid., p.26.

68 Ibid., pp.29~33.

69 Ibid., pp.91~93.

70 Dhiravat Na Pombejra, "The Dutch-Siamese Conflict of 1663~1664 : A Re-assessment", in Leonard Blussé(ed.), Around and About Formosa, Taipei : Ts'ao Yung-ho Foundation for Culture and Education, 2003, pp.291~306 at p.295.

71 VOC 678, Resolutie van gouverneur-generaal Joan Maetsuijcker ende raden, Batavia, 11 May 1663, fo. 71.

72 Dhiravat, "The Dutch-Siamese Conflict", p.295.

73 VOC 678, Resolutie van gouverneur-generaal Joan Maetsuijcker ende raden, Batavia, 11 May 1663, fo. 71.

74 Dhiravat, "The Dutch-Siamese Conflict", pp.298~299.

75 Ibid., pp.300~301.

76 Ludovicus Carolus Desiderius van Dijk, Neêrlands vroegste betrekkingen met Borneo, den Solo-Archipel, Cambodja, Siam en Cochin-China : Een nagelaten werk [The earliest Dutch relations with Borneo, the Sulu Archipelago, Cambodia, Siam and Cochin-China : A posthumous work], Amsterdam : J. H. Scheltema, 1862, p.343.

77 VOC 1233, Missive door den coopman Jan van Rijck en desselfs raet met een appendix [aan gouverneur generaal Joan Maetsuijcker], Siam, 26 Feb. 1660, fo. 560r.

78 VOC 1233, Missive door den coopman Jan van Rijck en desselfs raet met een appendix [aan gouverneur generaal Joan Maetsuijcker], Siam, 26 Feb. 1660, fo. 560r; NFJ 351, Missive uit Jan van Rijck in Judia opt Nederlants Comptoir Siam aan E Zacharias Wagenaer President opperhooft over s' Compagnies voortreffelijcke negotie als vorderen ommeslach int koninckrijcke Japan, Siam, 5 July 1659, not foliated.

79 Van Dijk, Neêrlands vroegste betrekkingen, p.343.

80 永積洋子, 『唐船輸出入品數量一覽』, 頁93.

81 *The Deshima dagregisters*, XIII : 1660~1670, pp.78~79, 18 Aug. 1663 · 25 Aug. 1663; 永積洋子, 『唐船輸出入品數量一覽』, 頁93~94.

82 *The Deshima dagregisters*, XIII : 1660~1670, pp.77 · 81, 11 July 1663 · 6 Sept. 1663; Nagazumi, *To¯sen yushutsunyu¯hin su¯ryo¯ ichiran*, pp.92 · 95.

83 Van Dijk, *Neêrlands vroegste betrekkingen*, 344. 국왕의 이름은 다음과 같이 되어있다. 'Nac Boeton'; *The Deshima dagregisters*, XIII : 1660~1670, pp.120~121, 5 Aug. 1664; · 7 Aug. 1664 · 15 Aug. 1664.

84 Van Dijk, *Neêrlands vroegste betrekkingen*, p.346; VOC 1252, Missive van seigneur [Pieter] Ketting [ende J. van Wijkersloot te Cambodia] aen haer Eds. [Joan Maetsuijcker], Cambodia, 12 Feb. 1665, fos. 101 · 109. The boundaries of the territorial waters were defined as from the hook of Sinque Jaques in the north, to Pulo Obi in the south, and Pulo Candor in the east. 영해의 경계는 북쪽의 신크 자크(Sinque Jaques) 갈고리에서 남쪽의 풀로 오비(Pulo Obi), 동쪽의 풀로 캔도르(Pulo Candor)까지로 정의되었다.

85 Van Dijk, *Neêrlands vroegste betrekkingen*, p.344.

86 VOC 1254, Daghregister gehouden bij den coopman Pieter Ketting wegens het voorgevallene omtrent 's compagnies saecken in 't rijck van Cambodia, beginnende in dato 12 Februarij 1665 dat den commissaris Jan de Meijer naer Batavia vertrock ende eijndigende den 12 November 1665 [Diary kept by merchant Pieter Ketting about the Company business in the Kingdom of Cambodia, beginning on 12 Feb. 1665 when Commissioner Jan de Meijer departed for Batavia and ending on 12 Nov. 1665], Cambodia, 8 Mar. 1665, fo. 1322. (Hereafter cited as 'Diary of Cambodia'.)

87 VOC 1252, Rapport van den coopman Johan de Meijer wegens sijn verrichtingh in Cambodia, Cambodia [Report written by merchant Johan de Meijer about his activities in Cambodia], 10 Mar. 1665, fos. 118~119.

88 VOC 1254, 'Diary of Cambodia', Cambodia, 23 Apr. 1665 · 27 Mar. 1665, fos. 1332 · 1341.

89 Ibid., p.23 Apr. 1665, fo. 1341. The diary mentions that this junk from Nan-ao was actually a Quinam junk. 일기에는 남오섬의 이 선박이 사실 광남의 선박이었다고 언급되어 있다.

90 Ibid., p.8 May 1665, fo. 1346. '중국 선박들이 구리를 가져왔고, 그(캄보디아 왕)는 사슴가죽과 다른 종류의 물건을 구입하고 수집하기 위해 이곳에서 동전을 주조했다. 이 돈으로 중국인들은 돈을 지불하고 사슴가죽을 모을 준비가 되었을 것이다.'

91 Ibid..

92 Ibid., 26 June 1665, fo. 1352.

93 Ibid..

94 Ibid., fo. 1354.

95 Ibid., 13 July 1665, fo. 1358. 선박 중 하나가 먼저 남오섬으로 항해하였다.

96 VOC 1253, Missive door den koopman Jacob Gruijs [en den raat ten comptoir Nangasackij] aen haer Eds. [Joan Maetsuijcker], Japan, 19 Oct. 1665, fo. 1589.

97 VOC 1265, Rapport van den ondercoopman Jacob van Wijkersloot gedaen aen den Ed. Daniel Sicx coopman en opperhooft mitsgaders den raedt over 's Comps. swaerwigh-tigen handel in 't keijser reijck van Japan omme in tijde en wijle haere Eds. [Joan Maetsuijcker] op Batavia bekent te maken den droevigen toestant in 's Comps. voorgevalle saecke

en ongehoorde proceduren int rijck van Cambodia aldaer 's Comps. ministers door den Chinesen rover Piauja aengedaen als mede het affloopen en verbranden der loges mitsgaders het droevigh vermoorden van 't opperhooft seigneur Pieter Ketting als 'tgene andersints daer voorgevallen en gepasseert is (하급 상인 야콥 판 비커슬루트(Jacob van Wijkersloot)가 수석 상인 다니엘 식스(Daniel Six))와 일본에 있는 의회와 바타비아의 (요안 마차위커르) 총독에게 쓴 보고서로, 중국 해적 피아우자가 캄보디아 왕국에서 저지른 사건과 그 이후 벌어진 일들, 그리고 여관에 불을 지르고 수석 상인 피터르 케팅을 비참하게 살해한 사건에 대해 1667년 8월 19일, fo. 793v. (이후 '캄보디아에서 온 제이콥 판 위커슬루트의 보고서'로 인용됨.)

98 VOC 1264, Missive door den koopman Pieter Ketting aen de edele heer gouverneur generaal Joan Maetsuijcker en heeren raden van India, Cambodia, 5 Dec. 1666, fos. 101v~102r.

99 Ibid., fo. 101r.

100 *Generale Missiven*, III : 1655~1674, pp.537~538, 25 Jan. 1667.

101 *The Deshima dagregisters*, XIII : 1660~1670, p.225, 10 Aug. 1667.

102 VOC 1265, Report by Jacob van Wijkersloot from Cambodia, Cambodia, 19 Aug. 1667, fo. 793r. 이 원고를 읽기가 매우 어렵습니다. 저자는 본문 번역에 도움을 준 휴고 스자콥(Hugo s'Jacob) 박사의 도움에 감사드립니다.

103 VOC 1264, Missive door den koopman Pieter Ketting aen de Edele heer gouverneur generaal Joan Maetsuijcker en heeren raden van India, Cambodia, 12 Mar. 1667, fo. 104r.

104 VOC 1264, Missive door den koopman Pieter Ketting aen de edele heer gouverneur generaal Joan Maetsuijcker en heeren raden van India, Cambodia, 12 Mar. 1667, fo. 104v.

105 VOC 1265, Report by Jacob van Wijkersloot from Cambodia, Cambodia, 19 Aug. 1667, fo. 794v.

106 VOC 1261, Missive door d'overheden van 't jacht *de Schelvis* uijt de revier van Cambodia na Malacca geschreven, 11 July 1667, fo. 359r.

107 VOC 1269, Verbael van drie Nederlanders uijt Cambodia gevangen te Macassar aengebraght, nopende haer wedervaren geduijrende haere gevanckenisse aldaer [캄보디아에서 체포된 네덜란드인 3명이 캄보디아에서의 수감 생활을 기록한 보고서], Macassar, 17 Jan. 1670, fo. 701r~v; *The Deshima dagregisters*, XIII : 1660~1670, p.226, 19 Aug. 1667; VOC 1265, Report by Jacob van Wijkersloot from Cambodia, Cambodia, 19 Aug. 1667, fo. 769r~v.

108 VOC 1265, Report by Jacob van Wijkersloot from Cambodia, Cambodia, 19 Aug. 1667, fo. 797v.

109 史偉琦, 「候補都司僉書史偉琦密題臺灣鄭氏通洋情形並陳巢撫機宜事本(康熙7年7月初7日)」, 『康熙統一臺灣檔案史料選輯』, 頁82.

110 *The Deshima dagregisters*, XIII : 1660~1670, p.95, 1 Feb. 1664. 쇼군은 네덜란드 선박이 일본으로 항해하는 중국 군함을 공격하지 못하도록 직접 명령을 내렸다.

제14장 사라지는 독점적 지위, 1669~1683 ─────────

1 *The Deshima dagregisters*, XIII : 1660~1670, pp.159~160, 30 Aug. 1665; VOC 1253, Missive door den koopman Jacob Gruijs [en den raat ten comptoir Nangasackij] aen haer Eds. [Joan Maetsuijcker], 19 Oct. 1665, fos. 1584~1585.

2   *The Deshima dagregisters*, XIII : 1660~1670, pp.168~169, 26 Nov. 1665.
3   VOC 1243, Missive door d'Ed. Enoch Poolvoet en sijn raet aen haer Eds. [Joan Maetsuijcker] tot Batavia geschreven, Siam, 25 Feb. 1663, fos. 594~595. For the records of Spanish side see C. F. José Eugenio Mateo Borao, et al.(eds.), *Spaniards in Taiwan, II, 1642-1682*, pp.600~608; Mauro Garcia; C.O. Resurreccion(eds.), *Focus on Old Manila : A Volume Issued to Commemorate the Fourth Centenary of the City of Manila*, Manila : Philippine Historical Association, 1971, pp.212~215.
4   楊雲萍,『南明研究與臺灣文化』, 頁431~439.
5   VOC 1253, Missive van seigneur [Constantijn Nobel] en raad tot Hocksieuw aen haer Eds. [Joan Maetsuijcker], Foochow, 31 Oct. 1665, fos. 1855~1856; Borao, et al.(eds.), *Spaniards in Taiwan*, II, 1642~1682, pp.617~618.
6   Borao, et al.(eds.), *Spaniards in Taiwan*, II, 1642~1682, p.617.
7   Ibid.; VOC 1264, Missive door den coopman [Constantijn] Ranst ende den raet aen haer Eds. de gouverneur generaal Joan Maetsuijcker en heeren raden van India, Tonkin, 25 Oct. 1666, fo. 117v.
8   Simon Delboe and Council at Taiwan to the East India Company in London, 16 Sept. 1672 (old style, hereafer O.S.), in *The English Factory in Taiwan : 1670-1685*, ed. Chang Hsiu-jung, et al., Taipei : National Taiwan University, 1995, p.151. 보다 적절한 영어 스타일로 텍스트가 수정되었다.
9   Ellis Crisp at Taiwan to Henry Dacres and Council at Bantam, 22 Oct. 1670 (O.S.), in Chang, *The English Factory in Taiwan*, p.65. 원문을 보다 현대적인 영어 스타일로 수정했다.
10 VOC 1253, Rapport van de seigneur [Jacob] Gruijs [aan gouverneur generaal Joan Maetsuijcker] [Report from chief merchant Jacob Gruijs to Governor-General Joan Maetsuijcker], Japan, 9 December 1665, fo. 1912.
11 *The Deshima dagregisters*, XIII : 1660~1670, pp.168 · 171 · 175, 26 Nov. 1665 · 23 Dec.1665 · 24 Dec. 1665 · 31 Jan. 1666.
12 Ibid., pp.192~195 · 209~210, 11 July 1666 · 15 July 1666 · 2 Aug. 1666 · 6 Aug. 1666 · 11 Aug. 1666 · 15 Jan. 1667.
13 Ibid., pp.205~206, 2 Nov. 1666 · 5 Nov. 1666 · 24 Nov. 1666.
14 Ibid., pp.224 · 237, 25 July 1667 · 26 July 1667 · 28 July 1667 · 1 Aug. 1667 · 3 Aug. 1667 · 23 Nov. 1667.
15 *The Deshima dagregisters*, XIII : 1660~1670, pp.239 · 242~244, 6 Dec. 1667 · 16 Dec. 1667 · 22 Jan. 1668 · 31 Jan 1668 · 11 Feb. 1668.
16 Ibid., pp.262~264 · 267~268, 6 July 1668 · 12 July 1668 · 20 July 1668 · 12 Aug. 1668 · 20 Aug.1668 · 24 Aug. 1668.
17 Ibid., pp.281 · 284, 30 Nov. 1668 · 15 Dec. 1668.
18 Ibid., pp.307 · 310, 21 July 1669 · 17 Aug. 1669 · 21 Aug. 1669.
19 Ibid., p.319 · 321, 9 Nov. 1669 · 13 Nov. 1669 · 15 Nov. 1669 · 18 Nov. 1669 · 25 Nov.1669 · 18 Dec. 1669.
20 Ibid., pp.341~344 · 346 · 353, 5 July 1670 · 16 July 1670 · 17 July 1670 · 25 July 1670 · 1 Aug. 1670 · 20 Aug. 1670; VOC 1278, Daghregister gehouden in 't comptoir Nangasackij bij 't opperhooft Francoijs de Haze van 't voornaemste in de negotie op de Jedose hoffreijsen

voorgevallene, Japan, 30 Jan. 1671 · 6 Apr. 1671, fos. 1770v · 1788r.

21 VOC 1283, Japans daghregister gehouden bij het opperhoofd Martinus Caesar [Diary of Japan kept by the chief merchant Martinus Caesar], Japan, 24 Nov. 1670 · 26 Nov. 1670 · 29 Nov. 1670 · 1 Dec. 1670 · 2 Dec. 1670 · 3 Dec. 1670, fos. 1763v · 1764r~v · 1765r.

22 VOC 1283, Japans daghregister, 30 June 1671 · 1 July 1671 · 5 July 1671 · 12 July 1671 · 18 July 1671 · 19 July 1671 · 20 July 1671 · 22 July 1671 · 23 July 1671 · 11 Aug. 1671 · 7 Sept. 1671, fos. 1792r · 1793r · 1794r · 1795r · 1802v · 1809r.

23 VOC 1290, Japans daghregister, 30 Nov. 1671 · 31 Dec. 1671 · 31 Jan. 1672, fos. 326r · 328v · 333v.

24 永積洋子, 『唐船輸出入品數量一覽』, 頁91~95 · 98~100. 두 숫자 모두 설탕을 포함한다.

25 Nagazumi, Tōsen yushutsunyūhin suryō ichiran, 1637-1833-nen, p.13. Nagazumi added 1234.2 piculs of candy to the amount of 19,811.1 piculs of white and black sugar, therefore the sum is 21,045.3 piculs in Nagazumi's table. Dagregister Batavia, 1663, p.649 참조.

26 Iwao Seiichi, "Kinsei Nisshi Boeki in kansuru suryoteki kosatsu [A quantitative study of the Sino-Japanese trade in the 17th century]", Shigaku zasshi [Journal of Historical Science] 62, 1931, 31, in Innes, "The Door Ajar", p.506, Table 32, where it is counted as 23,915 piculs.

27 Nagazumi, Tōsen yushutsunyūhin suryō ichiran, 1637-1833-nen, 346; Innes, "The Door Ajar", p.506, Table 32.

28 Innes, "The Door Ajar", p.506; Simon Delboe and Council at Taiwan to Henry Dacres and Council at Bantam, 15 Nov. 1672 (O.S.), in Chang, The English Factory in Taiwan, p.159.

29 Cheng, De VOC en Formosa, p.464.

30 Ibid., p.482.

31 Daghregister Batavia, 1661, p.65.

32 中村孝志著, 嗚密察, 翁佳音編驛, 『和蘭時代臺灣史研究』上册, 頁109.

33 Daghregister Batavia, 1663, pp.648~649. 9 Dec. 1663; 永積洋子, 『唐船輸出入品數量一覽』, 頁345.

34 Ibid., pp.91~95. 안해에서 수출되는 사슴가죽도 포함되었다. 대부분의 안해 사슴가죽은 대만에서 구매했을 것이다.

35 VOC 1243, Missive van Hendrick Indijck en raad aen haer Eds. [gouverneur generaal Joan Maetsuijcker] tot Batavia geschreven int jacht Calff voor de baij van Nangasacqui [Letter written by Hendrick Indijck and Council on the yacht the Calff to Governor-General Joan Maetsuijcker in Batavia], Japan, 21 Oct 1663, fos. 1956~1957. 캄보디아에서 약 10만 개의 사슴가죽이 일본으로 수출되었다는 기록이 있다; 永積洋子, 『唐船輸出入品數量一覽』, 頁91~95.

36 Ibid., p.345.

37 Pieter van Dam, Beschrijvinge van de Oostindische Compagnie, 7 vols., ed. Frederik Willem Stapel and Carel Wessel Theodorus van Boetzelaer, 's-Gravenhage : Rijks Geschiedkundige Publicatiën, 1927~1954, Boek II, Deel I, p.429.

38 永積洋子, 『唐船輸出入品數量一覽』, 頁346.

39 VOC 1253, Missive door den koopman Jacob Gruijs [en den raat ten comptoir Nangasackij]

aen haer Eds. [Joan Maetsuijcker], Japan, 19 Oct. 1665, fo. 1589.

40 *Generale Missiven*, III : 1655~1674, p.538, 25 Jan. 1667.

41 VOC 1264, Missive door den koopman Pieter Kettingh aen de edele heer gouverneur generaal Joan Maetsuijcker en heeren raden van India, Cambodia, 5 Dec. 1666, fo. 101v.

42 *The Deshima dagregisters*, XIII : 1660~1670, pp.267~268, 24 Aug. 1668. 동경 민간 상인 이친(Itchin)의 개인 자본은 28만 테일로 추정된다.

43 *Generale Missiven*, III : 1655~1674, p.658, 19 Dec. 1668; Femme Gaastra, "The Dutch East India Company and Its Intra-Asiatic Trade in Precious Metals", in Wolfram Fischer, R. Marvin McInnis, and Jürgen Schneider(eds.), *The Emergence of a World Economy, 1500-1914*, Stuttgart : Steiner-Verlag-Wiesbaden, 1986, pp.97~112 at pp.103~104.

44 鄭經, 「鄭經復孔元章書(永曆241年6月23日)」, 『康熙統一臺灣檔案史料選輯』, 頁70.

45 施偉靑, 「施琅評傳」, 廈門 : 廈門大學出版社, 1987, 頁88.

46 康熙帝, 「敕論明珠, 蔡毓榮等(康熙8年9月)」, 『康熙統一臺灣檔案史料選輯』, 頁785.

47 *The Deshima dagregisters*, XIII : 1660~1670, pp.152 · 158, 18 June 1665 · 17 Aug. 1665.

48 Ibid., p.175, 31 Jan. 1666.

49 Ibid., p.207, 11 Dec. 1666.

50 Ibid., pp.223 · 241, 16 July 1667 · 29 Dec. 1667.

51 Ibid., pp.243~244 · pp.257~258 · 262, 2 Dec. 1667 · 31 Jan. 1668 · 11 Feb. 1668 · 23 May 1668 · 4 July 1668.

52 Ibid., pp.281 · 284 · 298, 29 Oct. 1668 · 15 Dec. 1668 · 15 May 1669.

53 Ibid., pp.273~274 · 284 · 300, 26 Sept. 1668 · 30 Dec. 1668 · 30 May 1669.

54 Ibid., pp.303 · 310 · 319 · 322~323 · 326 · 337~338 · 340, 7 July 1669 · 19 Aug. 1669 · 23 Aug. 1669 · 9 Nov. 1669 · 9 Jan. 1670 · 12 Feb. 1670 · 17 May 1670 · 1 June 1670 · 18 June 1670.

55 Ibid., p.319, 25 Nov. 1669; VOC 1278, Missive vant opperhooft Francoijs de Haes uijt het comptoir Nangasackij aenden generaal ende raden geschreven, Japan, 9 Jan. 1670, fo. 1857r; *The Deshima dagregisters*, XIII : 1660~1670, pp.326 · 337, 12 Feb. 1670 · 17 May 1670.

56 *The Deshima dagregisters*, XIII : 1660~1670, pp.344 · 350, 21 July 1670 · 8 Aug. 1670; VOC 1278, Daghregister gehouden in 't comptoir Nangasackij bij 't opperhooft Francoijs de Haze van 't voornaemste in de negotie op de Jedose hoffreijsen voorgevallene, Japan, 10 Feb. 1671 · 13 Feb. 1671 · 25 Apr. 1671 · 27 June 1671, fos. 1171v · 1789r · 1789v · 1791v.

57 *The Deshima dagregisters*, XIII : 1660~1670, pp.362~363, 26 Sept. 1670 · 2 Oct. 1670; VOC 1278, Daghregister gehouden in 't comptoir Nangasackij, 1 Dec. 1670, fo. 1764v.

58 VOC 1290, Japans daghregister, 18 Dec. 1671 · 14 May 1672, fos. 344v · 327v.

59 VOC 1290, Japans daghregister, 14 May 1672, fo. 344v.

60 VOC 1294, Japans daghregister van den jare 1673 gehouden bij den Ed. Martinus Caesar, Japan, 24 Nov. 1672, fo. 567r.

61 VOC 1290, Japans daghregister, 30 Oct. 1672 · 24 Oct. 1672, fos. 364r · 365r.

62 祖澤溥, 「福建總督祖澤溥題爲孔元章出洋已回葉經查驗回船事本(康熙6年11月11日)」, 『康熙統一臺灣檔案史料選輯』, 頁75.

63 *The Deshima dagregisters*, XIII : 1660~1670, pp.257~258, 23 May 1668.

64 Ibid., p.281 · 284, 29 Oct. 1668 · 15 Dec. 1668.

65 孫爾準等編,「福建通志臺灣府」,『臺灣文獻總刊』, 第84種,「海防 總論」, 1960, 頁432. "1669 년, 주민들이 연안 해역에서 낚시하는 것을 허용하는 칙령이 선포되었다.",「外紀 康熙3年-9 年」, 頁957. "1669년 …… 사람들이 국경 밖에서 5리 범위 내에서 집과 농장을 지을 수 있도록 허용하는 칙령이 선포되었다."

66 *The Deshima dagregisters*, XIII : 1660~1670, p.310, 17 Aug. 1669.

67 VOC 1278, Daghregister gehouden int comptoir Nangasackij bij 't opperhooft Francoijs de Haze van 't voornaemste in de negotie op de Jedose hoffreijsen voorgevallene, Japan, 10 Feb. 1670, fo. 1945r.

68 *The Deshima dagregisters*, XIII : 1660~1670, p.338, 1 June 1670.

69 Ibid., p.362, 26 Sept. 1670; VOC 1283, Japans daghregister gehouden bij het opper-hooft Martinus Caesar, Japan, 20 Nov. 1670 · 23 Nov. 1670, fo. 1763r · 1763r~v.

70 VOC 1278, Daghregister gehouden in 't comptoir Nangasackij, 28 June 1670, fo. 1961v.

71 Henry Dacres and Council at Bantam to the East India Company in London, 20 Dec. 1670 (O.S.), in Chang, *The English Factory in Taiwan*, p.74. 원문은 현대화되었다. 하문과 금문이 정경의 군대에 의해 점령되었다는 것은 네덜란드 소식통에 의해 확인되었다. VOC 1290, Memorie van eenige Nouvelles uijt d Eijlanden van Macau [door Abraham Wijs opt Jacht *de Valck*], [19 Jan. 1673], fo. 19r~v.

72 Henry Dacres and Council at Bantam to the East India Company in London, 20 Dec. 1670 (O.S.), in Chang, *The English Factory in Taiwan*, p.74.

73 VOC 1264, Missive door den resident Ocker Ockerse tot Bantam aen Joan Maetsuijcker gouverneur generaal en raaden van India [Letter from Ocker Ockerse in Bantam to Governor-General Joan Maetsuijcker in Batavia], Bantam, 12 Mar. 1667, fo. 696.

74 VOC 1265, Missive aan de heer Joan Maetsuijcker gouverneur generaal en d'Ed. heeren raaden van Nederlants India door de commandeur Balthasar Bort en den raadt tot Malacca [Letter written by Commander Balthasar Bort in Malacca to Governor-General Joan Maetsuijcker and the Council of the Indies], Malacca, 27 Aug. 1667, fo. 820v.

75 Ellis Crisp at Taiwan to Henry Dacres and Council at Bantam, 22 Oct. 1670 (O.S.), in Chang, *The English Factory in Taiwan*, p.66.

76 VOC 1216, Missive van den gouverneur Cornelis Caesar naer Malacca aen den gouverneur Joan Thijssen, Taiwan, 26 Nov. 1655, fo. 405r~v; VOC 1222, Missive van Frederick Coyett naer Batavia aen Joan Maetsuijcker, Taiwan, 19 Nov. 1657, fo. 35v.

77 *The Deshima dagregisters*, XIII : 1660~1670, p.319, 15 Nov. 1669; VOC 1278, Missive vant opperhooft Francoijs de Haes uijt het comptoir Nangasackij aenden generael ende raden geschreven, Japan, 9 Jan. 1670, fo. 1857v. 이 자료에는 정경 상인과 데지마의 상관 간의 직접적인 접촉이 기록되어 있지 않으므로 현지 상인이 중개한 것이 틀림없다.

78 VOC 1283, Japans daghregister gehouden bij het opperhooft Martinus Caesar, Japan, 2 Dec. 1670, fos. 1764v~1765r.

79 屈大均,『廣東新語』, 第1冊, 卷2, 地語,「遷海」, 頁31~32.

80 張玿美,『惠來縣志』, 故宮博物院編,『故宮珍本叢刊』, 第178冊, 卷1,「建置沿革」, 頁36, 鄭俊,『海康縣志』, 故宮博物院編,『故宮珍本叢刊』, 第184冊, 上卷,「輿圖志 事紀」, 頁264.

81 VOC 1229, Missiven door d'Ed. Pieter de Goijer en raet na Batavia [aan gouverneur generaal Joan Maetsuijcker] geschreven, Jambi, 31 Jan. 1659, fo. 368r; VOC 1229, Missiven door d'Ed. Joan Thijsz. en raet naer Batavia [aan gouverneur generaal Joan Maetsuijcker] geschreven, Malacca, 24 Mar. 1659, fo. 441v; VOC 1229, Missiven door d'Ed. Joan Thijsz. en raet naer Batavia [aan gouverneur generaal Joan Maetsuijcker] geschreven, Malacca, 10 Apr. 1659, fo. 441v.

82 盧崇俊,「廣東總督盧崇俊題議香山澳西洋人不宜准留本(康熙4年2月24日)」, 中國第1歷史檔案館,澳門基金會,暨南大學古籍研究所合編, 『明淸時期澳門問題檔案文獻匯編』, 第1冊, 頁48; 祁徹白,「禮部尙書祁徹白等題請將香山澳門西洋人去留之事仍勅兵部議秦本(康熙4年5月初5日)」, 中國第1歷史檔案館,澳門基金會,暨南大學古籍研究所合編, 『明淸時期澳門問題檔案文獻匯編』, 第1冊, 頁55.

83 John Elliot Wills, Jr., Embassies and Illusions : Dutch and Portuguese Envoys to K'ang-hsi, 1666-1687, Cambridge : Harvard University Press, 1984, pp.193~236; Generale Missiven, III : 1655~1674, p.584, 5 Oct. 1667.

84 盧興祖,「盧興祖所呈香山縣知縣姚啓聖貨單略單審答過情節冊(康熙6年8月27日)」, 中山市檔案局,中國第一歷史檔案館編, 『香山明淸檔案輯錄』, 上海 : 上海古籍出版社, 2006, 頁158.

85 Ibid..

86 VOC 1272, Missive van den ondercoopman Jan van der Speijck aen den [gouverneur] generaal [Joan Maetsuijcker] en raden, Siam, 12 Jan. 1669, fo. 1096v.

87 Generale Missiven, III : 1655~1674, p.712, 15 Dec. 1669.

88 Wills, Embassies and Illusions, pp.193~236.

89 Henry Dacres and Council at Bantam to George Foxcroft and Council at Madras, 7 Apr. 1670 (O.S.), in Chang, The English Factory in Taiwan, p.51. 나는 그들의 비즈니스가 성공했다는 증거를 찾지 못했다.

90 VOC 1283, Missive van den coopman en opperhooft Cornelis Valckenier en den raet in Toncquin aen den [gouverneur] generaal [Joan Maetsuijcker] en raden van Indien, Tonkin, 14 Oct. 1671, fo. 1724v.

91 VOC 1283, Missive van den coopman en opperhooft Nicolaes de Roij en den raet aen den [gouverneur] generaal [Joan Maetsuijcker] en raden, Siam, 31 Oct. 1671, fo. 1706r~v.

92 Generale Missiven, III : 1655~1674, p.810, 31 Jan. 1672; VOC 11207, Uitrekening van de Goude en silver munts waardije, inhout der maten en swaarte der gewigten, in de respective gewesten van Indien [Intrinsic value of gold and silver coins, content and weight of weights, in the various regions of India, i.e. Maritime Asia]. 1 rijksdaalder=60 light stuivers; 1 rial=48 stuivers.

93 Henry Dacres at Bantam to Iquan, 'King' of Taiwan, May 1670 (O.S.), in Chang, The English Factory in Taiwan, pp.52~53.

94 Henry Dacres and Council at Bantam to the East India Company in London, 27 Oct. 1670 (O.S.), in Chang, The English Factory in Taiwan, p.71. 원문 : "우리가 물건 싣기 약한 달 전에 그 곳의 왕인 콕신의 아들로부터 초대장이 왔습니다. …… 그의 아버지는 죽었고, 우리와 또한 그곳에서 무역 할 다른 사람들을 위해, 그는 그의 항구에서 무역을 하도록 큰 격려를 해줄 것이라고 선언했습니다. 이 초대장은 인접한 모든 항구와 장소에 나뉘어 공개하였

으며, 우리도 이것을 한 부를 받아 함께 동봉해 보냅니다."

95　Henry Dacres and Council at Bantam to Gerald Aungier and Council at Surat, 16 Aug.
　　1670 (O.S.), in Chang, *The English Factory in Taiwan*, p.55.

96　*Generale Missiven*, III : 1655~1674, p.747, 2 Sept. 1671.

97　Ellis Crisp at Taiwan to Henry Dacres and Council at Bantam, 22 Oct. 1670 (O.S.), in
　　Chang, *The English Factory in Taiwan*, pp.65~66.

98　Commission and instructions from Henry Dacres and Council at Bantam to James Arwaker,
　　Ellis Crisp, and Charles Frith, 30 June 1671 (O.S.), in Chang, *The English Factory in Taiwan*,
　　p.94.

99　VOC 1290, Missive van den resident Willem Kaaff aen de hoge regeringe van India, Bantam,
　　23 Mar. 1672, fo. 40r~v; VOC 1290, Missive van den resident Willem Kaaff aen de hoge
　　regeringe van India, Bantam, 26 Mar. 1672, fo. 43r.

100　VOC 1290, Missive van den resident Willem Kaaff aen de hoge regeringe van India, Bantam,
　　15 June 1672, fo. 66v.

101　VOC 1290, Missive van den resident Willem Kaaff aen de hoge regeringe van India, Bantam,
　　28 June 1672, fo. 70r~v. 이 선박은 네덜란드 배에 의해 나포되어 한동안 억류되었다. 이로
　　인해 영국 선박의 출항이 늦어졌다. 나중에 반탐에서 판매되었다.

102　Ellis Crisp at Taiwan to Henry Dacres and Council at Bantam, 22 Oct. 1670 (O.S.), in
　　Chang, *The English Factory in Taiwan*, p.64.

103　*Generale Missiven*, III : 1655~1674, p.543, 25 Jan. 1667.

104　VOC 1264, Rapport van den koopman Adriaen Lucasz. wegens sijne verrichtinge op Ligoor
　　overgegeven aen de heer Balthasar Bort president en commandeur van de stadt en
　　Forteresse Malacca, Ligor, 22 Nov. 1666, fo. 208v; VOC 11207, Uitrekening van de Goude
　　en silver munts waardije, inhout der maten en swaarte der gewigten, in de respective
　　gewesten van Indien.

105　Nachod, *Die Beziehungen der Niederländischen Ostindischen Kompagnie*, appendix, ccvii,
　　Table D; VOC 1264, Rapport van den koopman Adriaen Lucasz. wegens sijne verrichtinge
　　op Ligoor overgegeven aen de heer Balthasar Bort president en commandeur van de
　　stadt en Forteresse Malacca, Ligor, 22 Nov. 1666, fo. 208v.

106　Ibid., fo. 209r~v; VOC 1264, Memorie voor den coopman David Harthouwer verblijvende
　　als opperhooft over des Ed. Comps. negotie ende ommeslagh in Hoczieuw om hem
　　daer naer te reguleren door Constantijn Nobel en David Harthouwer [Memorandum given
　　by Constantijn Nobel and David Harthouwer to David Harthouwer resident at Foochow
　　as chief merchant to arrange all the Company business], Foochow, 19 Jan. 1667, fo.
　　163r.

107　*Generale Missiven*, III : 1655~1674, p.543, 24 Jan. 1667.

108　*The Deshima dagregisters*, XIII : 1660~1670, p.310, 21 Aug. 1669.

109　*Generale Missiven*, III : 1655~1674, p.666, 31 Jan. 1669.

110　Ibid., p.686, 17 Nov. 1669.

111　VOC 1264, Rapport van den koopman Adriaen Lucasz. wegens sijne verrichtinge op Ligoor
　　overgegeven aen de heer Balthasar Bort, president en commandeur van de stadt en
　　Forteresse Malacca, Ligor, 22 Nov. 1666, fos. 208v~209r.

112　Ibid., fo. 206v; *Generale Missiven*, Ⅲ : 1655~1674, p.543, 25 Jan. 1667.

113　*Generale Missiven*, Ⅲ : 1655~1674, p.666, 31 Jan. 1669.

114　Ibid..

115　Ibid., p.666, 31 Jan. 1669.

116　Ibid., p.686, 17 Nov. 1669.

117　Ibid..

118　Ibid..

119　VOC 1290, Missive van d'heer gouverneur Balthasar Bort en den raet aen haer Eds. [gouverneur generaal Joan Maetsuijcker] te Batavia, Malacca, 28 Feb. 1672, fo. 417r.

120　Ibid..

121　Ibid..

122　VOC 1290, Missive van de Ligoorse residenten Joannes Brakel en Joannes Zachariuszoon aen haer Eds. [gouverneur generaal Joan Maetsuijcker], Ligor, 17 Dec. 1672, fo. 279r.

123　VOC 1290, Rapport van den coopman Nicolaes de Roij [aan gouverneur generaal Joan Maetsuijcker], Siam, 20 Nov. 1672, fo. 240v.

124　*Generale Missiven*, Ⅲ : 1655~1674, p.869, 31 Jan. 1673.

125　VOC 1290, Rapport van den coopman Nicolaes de Roij [aan gouverneur generaal Joan Maetsuijcker], Siam, 20 Nov. 1672, fos. 240v~241r · 244v.

126　Iwao Seiichi, "Reopening of the Diplomatic and Commercial Relations between Japan and Siam during the Tokugawa Period", *Acta Asiatica* 4, 1963, pp.1~31 at pp.22~23.

127　王之春, 『國祖柔遠記』, 臺北 : 臺灣學生書國, 1975, 頁95.

128　VOC 1304, Daghregister ofte dagelijckse aanteeckeningh van 't voornaamste gepasseerde ten Comptoire tot Nangazackij in Japan gehouden bij den opperkoopman Johannes Camphuijs opperhooft over 's Compagnies negotie ende verderen ommeslagh aldaar aanvanck nemende den 29 October 1673 ende eijndigende 19en October 1674 [hereafter 'Daghregister ten Comptoire tot Nangasackij'], Japan, 1 Dec. 1673, fo. 60r.

129　VOC 1278, Missive vant opperhooft Nicolaes de Roij aen den [gouverneur] generaal [Joan Maetsuijcker] en raden, Siam, 20 Oct. 1670, fos. 1873v~1974r; *The Deshima dagregisters*, XIII : 1660~1670, pp.302~303 · 309~310, 4 July 1669 · 3 Aug. 1669 · 17 Aug. 1669.

130　VOC 1278, Missive vant opperhooft Nicolaes de Roij aen den [gouverneur] generaal [Joan Maetsuijcker] en raden, Siam, 20 Oct. 1670, fos. 1873v~1974r. 일본에서 돌아왔다.

131　Ibid.; *The Deshima dagregisters*, XIII : 1660~1670, p.350, 9 Aug. 1670; VOC 1283, Missive van den coopman en opperhooft Nicolaes de Roij en den raet aen den [gouverneur] generaal [Joan Maetsuijcker] en raden, Siam, 31 Oct. 1671, fo. 1706r~v.

132　Ibid..

133　*Generale Missiven*, Ⅲ : 1655~1674, p.778, 19 Dec. 1671; VOC 1283, Missive van den coopman en opperhooft Nicolaes de Roij en den raet aen den [gouverneur] generaal [Joan Maetsuijcker] en raden, Siam, 31 Oct. 1671, fo. 1706r~v. 1척은 일본에서, 3척은 중국에서 돌아왔다.

134　VOC 1283, Missive van den coopman en opperhooft Nicolaes de Roij en den raet aen den [gouverneur] generaal [Joan Maetsuijcker] en raden, Siam, 31 Oct. 1671, fo. 1706r~v;

Generale Missiven, Ⅲ : 1655~1674, p.778, 19 Dec. 1671; VOC 1283, Japans daghregister gehouden bij het opperhooft Martinus Caesar, Japan, 26 July 1671, fo. 1795v.

135 *Generale Missiven*, Ⅲ : 1655~1674, p.778, 19 Dec. 1671.

136 VOC 1290, Rapport van den coopman Nicolaes de Roij [aan gouverneur generaal Joan Maetsuijcker], 20 Nov. 1672, fo. 247v; VOC 1290, Daghregister [gehouden door Johannes Camphuijs], Japan, 12 July 1672, fo. 348r. 4척의 왕의 선박이 광동을 방문하려 했다. 그중 1척은 일본에서 시암으로 돌아오는 중이었다.

137 VOC 1290, Missive van d'edele [Johannes] Camphuijs en raet aen haer Eds. [Joan Maetsuijcker] te Batavia, Japan, 23 Oct. 1672, fo. 320v. 이 선박은 광동에서 돌아온 것일 수 있다; VOC 1290, Daghregister [gehouden door Johannes Camphuijs], Japan, 12 July 1672, fo. 348r.

138 VOC 1294, Japans daghregister van den jare 1673 gehouden bij den Ed. Martinus Caesar int rijck van Japan, Japan, 28 Feb. 1673, fo. 580v. 일본에서 시암으로 항해한 선박 1척이 있지만, 시암 왕의 소유였다는 증거는 없다.

139 Ibid., fo. 609r. 일본으로 향하는 중에 대만에 기항했다.

140 VOC 1311, Missive van den coopman Jan van der Spijck en raat in Siam aan haar Eds. [gouverneur generaal Joan Maetsuijcker] tot Batavia, Siam, 10 Dec. 1674, fos. 302r · 304r. 1척은 일본에서 돌아왔고 나머지 2척은 광동에서 돌아왔다.

141 *Generale Missiven*, Ⅳ : 1675~1685, p.4, 31 Jan. 1675.

142 VOC 1314, Missive van den coopman Jan van der Spijck ende den raedt aen haer Eds. [gouverneur generaal Joan Maetsuijcker] tot Batavia, 30 Nov. 1675, fo. 14r. 시암 왕은 선박 2척을 하문에, 선박 1척을 광동에 파견했다.

143 VOC 1322, Missive van het opperhooft Dirck de Jongh en raedt geschreeven uijt Siam aen haer Eds. [gouverneur generaal Joan Maetsuijcker] tot Batavia, Siam, 14 Nov. 1676, fo. 1203r. 일본에서 돌아온 2척의 왕의 선박들.

144 Ibid.,

145 VOC 1332, Daghregister gehouden ten comptoire Nangasackij in Japan, Japan, 3 Jan. 1678, fo. 640v. 돌아온 시암 선박이 지난 여름에 도착했다고 가정해 보겠다.

146 VOC 1339, Notitie van aengecomene en vertrocken vreemde scheepen en vaertuijgen in en uijt Siam zedert 14 October 1677 tot 11 September 1678, Siam, 22 Feb. 1678 · 13 Apr. 1678, fos. 458v · 459r. 일본에서 돌아온 2척의 시암 왕실 선박들.

147 王之春,『國祖柔遠記』, 臺北 : 臺灣學生書國, 1975, 頁97~98; VOC 1311, Missive van den coopman Jan van der Spijck en raat in Siam aan haar Eds. [gouverneur generaal Joan Maetsuijcker] tot Batavia, Siam, 10 Dec. 1674, fo. 302r. 결국 1674년 시암에 도착했다.

148 Toby, *State and Diplomacy in Early Modern Japan*, p.45.

149 VOC 1252, Missive van seigneur [Constantijn] Nobel en raadt tot Hocksieu aen haer Eds. [gouverneur generaal Joan Maetsuijcker], Foochow, 28 Feb. 1665, fo. 200; 王之春, 『國祖柔遠記』, 臺北 : 臺灣學生書國, 1975, 頁69.

150 VOC 1294, Japans daghregister van den jare 1673 gehouden bij den Ed. Martinus Caesar in 't rijck van Japan, Japan, 2 Dec. 1672, fo. 586r~v; 「禮部爲琉球國具表進貢方物事(康熙10年9月16日)」, 蔡鐸等編, 『歷代寶案』, 第1冊, 頁205~206. 여기에는 1년전(1670년)에 류큐선 1척 태풍에 좌초되어 도둑들에게 강탈당했다는 내용이 나와 있다.

151 Ellis Crisp at Taiwan to Henry Dacres and Council at Bantam, 22 Oct. 1670 (O.S.), in Chang, *The English Factory in Taiwan*, p.67; Henry Dacres and Council at Bantam to the East India Company in London, 30 Jan. 1671, in Chang, *The English Factory in Taiwan*, p.81.

152 Simon Delboe and Council at Taiwan to Henry Dacres and Council at Bantam, 12 Feb. 1673 (O.S.), in Chang, *The English Factory in Taiwan*, p.171; *Generale Missiven*, III : 1655~1674, pp.781・813, 31 Jan. 1672・31 July 1672; VOC 1290, Memorie van eenige Nouvelles uijt d' Eijlanden van Macau, [Bantam], 29 Sept. 1672, fo. 19r.

153 VOC 1294, Japans daghregister van den jare 1673 gehouden bij den Ed. Martinus Caesar in 't rijck van Japan, Japan, 9 July 1673・18 Aug. 1673, fos. 598r・608.

154 VOC 1294, Japans daghregister van den jare 1673 gehouden bij den Ed. Martinus Caesar in 't rijck van Japan, Japan, 6 July 1673, fo. 595v.

155 VOC 1295, Missive van den coopman Jan van der Spijck en raet in Siam aende heer gouverneur generaal Joan Maetsuijcker ende d'Ed. heren raden van Nederlants India tot Batavia, Siam, 26 Dec. 1673, fos. 788v~789r.

156 VOC 1294, Japans daghregister van den jare 1673 gehouden bij den Ed. Martinus Caesar in 't rijck van Japan, Japan, 28 Aug. 1673, fo. 609r. 이 선박은 일본으로 가는 길에 대만에 머물렀다.

157 VOC 1294, Japans daghregister van den jare 1673 gehouden bij den Ed. Martinus Caesar in 't rijck van Japan, Japan, 20 Sept. 1673, fo. 615r.

158 VOC 1311, Missive van den coopman Jan van der Spijck en raat in Siam aan haar Eds. tot Batavia, Siam, 10 Dec. 1674, fo. 304r.

159 「福建等處承宣布政使司爲訪詢淸朝事(康熙16年7月23日)」, 蔡鐸等編, 『歷代寶案』, 第1冊, 頁325.

160 「貳拾貳番福州船頭曾一官船之唐人共申口」, 林春勝・林信篤・浦廉一編, 『華夷變態』, 上冊, 頁97~98, 복주의 22번 선박의 보고서.

161 阮旻錫, 『海上見聞錄』, 頁46~47.

162 VOC 1311, Missive van den coopman Jan van der Spijck en raat in Siam aan haar Eds. tot Batavia, Siam, 10 Dec. 1674, fo. 304r.

163 阮旻錫, 『海上見聞錄』, 頁47~48; VOC 1314, Daghregister van Japan [gehouden door Johannes Camphuijs], Japan, 14 Nov. 1674, fo. 166v.

164 John Dacres, Edward Barwell, and Samuel Griffith at Taiwan to Henry Dacres and Council at Bantam, 22 Dec. 1675 (O.S.), in Chang, *The English Factory in Taiwan*, p.223; *Generale Missiven*, IV : 1675~1685, p.89, 7 Feb. 1676.

165 John Dacres, Edward Barwell, and Samuel Griffith at Taiwan to Henry Dacres and Council at Bantam, 22 Dec. 1675 (O.S.), in Chang, *The English Factory in Taiwan*, p.219.

166 VOC 1311, Missive van den coopman Jan van der Spijck en raat in Siam aan haar Eds. [gouverneur generaal Joan Maetsuijcker] tot Batavia, Siam, 21 Oct. 1675, fos. 316v~317v.

167 Ibid., fo. 317v. 이 배는 바타비아에서 출발한 중국인 선원 8명을 태웠다. 마닐라로 향하던 중 대만에서 불어온 태풍으로 항로를 이탈했었다.

168 VOC 1314, Missive van den coopman Jan van der Spijck ende den raedt aen haer Eds. tot Batavia, Siam, 30 Nov. 1675, fo. 14r.

169 *Generale Missiven*, IV : 1675~1684, p.89, 7 Feb. 1676.
170 「貳拾貳番福州船頭曾一官船之唐人共申口」, 林春勝, 林信篤, 浦廉一編, 『華夷變態』, 上冊, 頁134; 「一番福州船唐人共申口」, 頁106.
171 VOC 1304, Daghregister ten Comptoire tot Nangasackij, Japan, 13 July 1674, fo. 84v.
172 阮旻錫, 『海上見聞錄』, 頁48~49; VOC 1314, Daghregister van Japan [gehouden door Johannes Camphuijs], Japan, 14 July 1675, fo. 196v.
173 「平南敬親王尚可喜傳(『盛京通志』)」, 錢儀吉, 『碑傳選輯』, 臺灣文獻叢刊第220種, 1963, 頁 224. 蔣良騏, 「叛鎮祖澤清踞高州, 引其黨連陷雷州, 廉州及德慶, 開建, 電白諸邑」, 東華錄選 輯, 『臺灣文獻叢刊』, 第262種, 1969, 康熙14年11月壬寅.
174 *Generale Missiven*, IV : 1675~1684, pp.87~88, 7 Feb. 1676. 광동 '해적'의 세력이 커지자 동경만으로 감히 항해할 수 없는 통킹 선박들.
175 李天根, 『爝火錄』, 頁1250, 康熙15年2月.
176 VOC 1322, Japans daghregister [gehouden door Johannes Camphuys], 12 Jan. 1676, fo. 1464r~v.
177 「貳拾貳番福州船頭曾一官船之唐人共申口」, 林春勝, 林信篤, 浦廉一編, 『華夷變態』, 上冊, 頁134; 「一番福州船唐人共申口」, 頁106.
178 彭孫貽, 『靖海志』, 頁80~81. VOC 1330, Dagregister van 't voornaamste gepasseerde ten comptoire Nangasaki in Japan gehouden bij den oppercoopman Dirck de Haas opper-hooft wegens 's compagnies negotie en verderen ommeslaegh aldaer, Japan, 5 Aug. 1677, fo. 1138r.
179 彭孫貽, 『靖海志』, 頁81; 阮旻錫, 『海上見聞錄』, 頁50.
180 彭孫貽, 『靖海志』, 頁81; Edward Barwell and Council at Amoy to the President and Council at Surat, 2 Nov. 1677, in Chang, *The English Factory in Taiwan*, p.287.
181 彭孫貽, 『靖海志』, 頁83; VOC 1330, Dagregister van 't voornaamste gepasseerde ten comptoire Nangasaki in Japan gehouden bij den oppercoopman Dirck de Haas opper-hooft wegens 's compagnies negotie en verderen ommeslaegh aldaer, Japan, 21 June 1677, fo. 1134v; Edward Barwell and Council at Amoy to the President and Council at Surat, 2 Nov. 1677 (O.S.), in Chang, *The English Factory in Taiwan*, p.287.
182 VOC 1330, Dagregister van 't voornaamste gepasseerde ten comptoire Nangasaki in Japan gehouden bij den oppercoopman Dirck de Haas opperhooft wegens 's compagnies negotie en verderen ommeslaegh aldaer, Japan, 17 Aug. 1677, fo. 1142r~v.
183 VOC 1330, Missive van den coopman Jan Besselman en den raet in Toncquin nae Batavia, Tonkin, 13 Oct. 1677, fos. 703v~704r. 통킹 총독은 중국 국경에서 은화를 구리 동전으로 교환하는 것을 금지하려 했다; VOC 1348, Missive van den coopman Jan Besselman en raet in Toncquin aan Gouverneur Generaal Rijckloff van Goens, 1 Feb. 1679, fo. 798r; *Generale Missiven*, IV : 1675~1684, p.380, 13 Mar. 1680. 베트남과 중국 운남성 사이의 국경인 '바울랜드'에서 구리가 많이 들어오게 되어서 구리 동전의 가격이 하락했다. 통킹의 네덜란드 동인도 회사 상무원들은 대만 상인들도 비단 상품 대금으로 일본에서 구리 동전을 대량으로 수입했기 때문에 이를 대만 상인들과의 경쟁에서 이길 수 있는 기회로 보았다.
184 VOC 1330, Dagregister van 't voornaamste gepasseerde ten comptoire Nangasaki in Japan gehouden bij den oppercoopman Dirck de Haas opperhooft wegens 's compagnies negotie en verderen ommeslaegh aldaer, Japan, 23 Sept. 1677, fo. 1151v.

185 「一番福州船唐人共申口」, 林春勝, 林信篤, 浦廉一編, 『華夷變態』, 下冊, 頁2998.

186 VOC 1332, Daghregister gehouden [door Albert Brevinck] ten comptoire Nangasackij in Japan, Japan, 19 July 1678, fo. 677v.

187 VOC 1311, Missive van den coopman Jan van der Spijck en raat in Siam aan haar Eds. [gouverneur generaal Joan Maetsuijcker] tot Batavia, 10 Dec. 1674, fo. 302v.

188 VOC 1314, Missive van den coopman Jan van der Spijck ende den raedt aen haer Eds. [gouverneur generaal Joan Maetsuijcker] tot Batavia, Siam, 30 Nov. 1675, fos. 13v~14r.

189 VOC 1322, Missive van het opperhooft Dirck de Jongh en raedt geschreeven uijt Siam aen haer Eds. [gouverneur generaal Joan Maetsuijcker] tot Batavia, Siam, 4 Nov. 1676, fo. 1198r~v.

190 VOC 1330, Notitie van aengecomen en vertrocken vreemde en inlantsche scheepjes en vaertuijgen uijt Siam sedert December 1676 tot October 1677, Siam, 20 Oct. 1677 · 8 Feb. 1677 · 20 Feb. 1677 · 7 Mar. 1677 · 20 Apr. 1677, fos. 691~692.

191 VOC 1339, Notitie van aengecomene en vertrocken vreemde scheepen en vaertuijgen in en uijt Siam zedert 14 October 1677 tot 11 September 1678. Notice of all junks arrived Siam, Siam, 23 Feb. 1678 · 1 Mar. 1678 · 7 Mar. 1678 · 12 Mar. 1678 · 14 Mar. 1678 · 27 Mar. 1678 · 20 Apr. 1678, fos. 458r~462v.

192 VOC 1341, Missive door den E. Aernout Faa en den raet uijt Siam geschreven aen den gouverneur generaal [Joan Maetsuijcker] ende raden van Indien, Siam, 18 Feb. 1679, fo. 845v.

193 VOC 1362, Notitie der aengecomene en vertrocken schepen en vaertuijgen et cetera tot en uijt Siam sedert primo October 1679 tot primo October 1680, Siam, 26 Feb. 1680 · 1 Apr. 1680, fos. 990v~992v.

194 彭孫貽, 『靖海志』, 頁87.

195 孫爾準等編, 『福建通志臺灣府』, 頁983. 그의 권고에 따라 강희제는 11월에 해금령과 천계령을 철회했다.

196 VOC 1350, Repport schrifftelijck gestelt en aande Ed Heer gouverneur generaal Rijckloff van Goens ende De Heeren raden van India overgeleverd door het operhooft den coopman Jacob van der Plancken met sijn verschijninge uijt Hockzieuw op Batavia in 't jacht den *Alexander* ter rheede Batavia, Batavia, 16 Dec. 1679, fo. 576.

197 Ibid..

198 王得一, 『師中紀績』, 陳支平主編, 『臺灣文獻匯刊』, 第2輯 第13冊, 頁242.

199 Ibid..

200 阮旻錫, 『海上見聞錄』, 頁58.

201 *Generale Missiven*, IV: 1675~1684, p.381, 13 Mar. 1680. 정경의 군대가 평남 총독의 부하들이 일본으로 떠날 수 있도록 허락했으니, 이는 두 사람의 협력의 결과라고 생각된다.

202 VOC 1369, Missive van den coopman Jurriaen de Munninck en ondercoopman Albert Bruijningh aen haer Eds. [gouverneur generaal Rijckloff van Goens] tot Batavia geschreven in dato 20 November nevens een post scriptum van 26 November 1681 leggende geanckert onder 't eijlant Maserican [Letter written by merchant Jurriaen de Munninck and under merchant Albert Bruijningh to Governor-General Rijckloff van Goens in Batavia on 20 Nov. 1681, with a postscript written on 26 Nov. 1681 when anchored off Maserican Island

just off Canton], Canton, 20 Nov. 1681, fo. 775r~v.

203 *Generale Missiven*, IV: 1675~1684, p.381, 13 Mar. 1680; 「一六番思明州船之唐人共申口」, 林春勝, 林信篤, 浦廉一編, 『華夷變態』, 上册, 頁302.

204 *Generale Missiven*, IV: 1675~1684, p.303, 13 Feb. 1679.

205 Gopal Surendra, "Gujarati shipping in the Seventeenth Century", *Indian Economic and Social History Review*, 8: 1, 1971, pp.31~39 at p.36; Femme Gaastra, "Merchants, Middlemen and Money: Aspects of the Trade between the Indonesian Archipelago and Manila in the 17th Century", in *Papers of the Dutch-Indonesian Historical Conference, held at Lage Vuursche, the Netherlands, 23-27 June 1980*, ed. Gerrit Jan Schutte and Heather Amanda Sutherland, Leiden: Bureau of Indonesian Studies, 1982, pp.301~314 at p.307.

206 Gaastra, "Merchants, Middlemen and Money", p.309.

207 *Generale Missiven*, IV: 1675~1684, p.234, 15 Feb 1678.

208 George White at Ayutthaya to Robert Parker and Council at Bantam, 15 Nov. 1679 (O.S.), in Anthony Farrington and Dhiravat na Pombejra(eds.), *The English Factory in Siam, 1612-1685*, 2 vols, London: The British Library, 2007, I, p.513.

209 Gaastra, "Merchants, Middlemen and Money", pp.304~306.

210 Ibid., p.307.

211 『清代官書記明臺灣鄭氏亡史』, 頁19.

212 阮旻錫, 『海上見聞錄』, 頁58.

213 Ibid., p.59.

214 *Generale Missiven*, IV: 1675~1684, p.489, 28 Dec. 1681.

215 陳莉和, 「清初鄭成功殘部之移植南圻(上)」, 頁444~445; VOC 1377, Missive van den resident Leendert de Moij en Johannes Sibens aan haer Eds. [gouverneur generaal Rijckloff van Goens], Tonkin, 5 Jan. 1682, fo. 557r~v; Tonkin diary, 5 Mar. 1682, in Chang, *The English Factory in Taiwan*, p.467. 1681년 겨울, 양언적(楊彦迪) 총병의 남은 함대는 용문(龍門)에서 후퇴하여 아내와 아이들을 데리고 안남으로 항해했다.

216 John Chappell and Council at Taiwan to Edward Barwell and Council at Bantam, 22 Dec 1681 (O.S.), in Chang, *The English Factory in Taiwan*, p.458.

217 阮旻錫, 『海上見聞錄』, 頁60.

218 VOC 1377, Rapport door den coopman Johannes Leeuwenson opperhoofd tot Hocksieuw aan haar Eds. [gouverneur generaal Rijckloff van Goens] uijt de Maccause eijlanden overgesonden wegens sijn verrigten en afscheijd mitsgaders het opbreecken van het comptoir aldaer aan haar Eds. [gouverneur generaal Rijckloff van Goens] overgesonden van voor Maserican uijt het jacht *Odijck* [Report written by Johannes Leeuwenson Chief Merchant at Foochow to Governor-General Rijckloff van Goens about his activities, delivered via Macau after his departure from Foochow, carried on the yacht the *Odijck* from Maserican], Canton, 10 Jan. 1682, fos. 590v~591r. 이 인구 추정치는 너무 높은 것 같다. 이 보고서는 청나라 간첩이 수집한 정보에 영향을 받았을 가능성이 있다. 그는 청나라 조정에 의도적으로 오해를 불러일으키려고 했던 것 같다. 정태는 청나라 조정에 비밀리에 보낸 문서에서 정씨 군대는 총 412,500명이고 전체 인구가 300만 명에 달한다고 주장했다. 「鄭泰洪旭黃廷咨靖南王耿繼茂總督李率泰文」, 『鄭氏關係文書』, 頁8.

219 *Daghregister Batavia*, 1682: I, p.438, 3 Apr. 1682.

220 VOC 1377, Notitie der aengekomene en vertrocke scheepen, joncquen, barkien en vaartuijgen uijt en in de revier van Siam sedert October 1681 tot September 1682, Siam, fo. 534r~v·fo. 535v.

221 Samuel Potts and Thomas Ivatt at Ayutthaya to Edward Barwell and Council at Bantam, 29 Nov. 1682 (O.S.) in Farrington and Dhiravat, *The English Factory in Siam 1612-1685*, I, p.690.

222 「貳拾貳番福州船頭會一官船之唐人共申口」, 林春勝, 林信篤, 浦廉一編, 『華夷變態』, 上册, 頁357. 대만에서 최소 4척의 선박이 시암으로 보내졌다.

223 『大淸聖祖仁皇帝實錄』, 卷20, 頁1466, 康熙22年6月22日; 阮旻錫, 『海上見聞錄』, 頁62.

224 Thomas Angeir and Thomas Woolhouse at Taiwan to the Agent and Council in Siam, 20 Dec. 1683 (O.S.), in Chang, *The English Factory in Taiwan*, p.552. 원문은 이미 현대영문으로 수정되었다.

결론

1 Chen Tsung-jen, "Wan-ming yüeh-kang k'ai-chin te hsü-shu yü shih-chi", in Tang His-yung(ed.), *Chung-kuo hai-yang fa-chan shih lun-wen-chi*, X, pp.101~142.

2 Élie Ripon, *Voyages et aventures du capitaine Ripon aux grandes Indes : journal inédit d'un mercenaire 1617-1627* [Voyages and adventures of Captain Ripon in Greater India : unpublished journal of a mercenary 1617~1627], Yves Giraud(ed.), Thonon-les-Bains, Haute-Savoie : Éditions de l'Albaron, 1990, p.113.

3 Cheng Wei-chung, "Shih Lang t'ai-wan kui-huan ho-lan mi-i [Admiral Shih Lang's secret proposal for returning Taiwan to the VOC]", *T'ai-wan wen-hsien* [Taiwan His- torica], 61 : 3, 2011, pp.35~74.

4 Generale Missiven, IV : 1675~1685, pp.722~723, 30 Nov. 1684; VOC 700, Resolutie van Batavia, Batavia, 8 May 1685, fos. 214~215.

감합勘合

명나라가 외국과의 통교에서 정식 조공선에 소지를 의무화한 도항증명서. 감합부勘合符라고도 하였다.

갤리선galley

돛이 달려 있으며, 노를 저어 사용한 소형 선박이다. 대항해시대에 상업과 전쟁 모두에 사용되었으나, 대양 항해에는 적합하지 않았다. 갤리선이 나오면서 상선으로 사용되는 경우는 드물고 군사용으로 사용하기도 하였다.

갤리온선Galleon, Galeón

대형 복층 범선의 일종으로, 16세기에서 18세기까지 유럽 국가들에서 무장 화물선으로 사용되었다. 갤리온선의 돛대는 보통 3대 이상이고, 뒷돛대에 3장 이상의 삼각돛을 달고, 앞돛대와 주돛대에는 사각돛을 달았다.

고아果阿, Goa

인도 서해안의 봄베이 남쪽에 있는 옛 포르투갈 영토.

광남꽝남, Quinam

사이공을 중심으로 한 남부 베트남. 네덜란드인들은 코친차이나Cochin

chine라 불렀다.

나초다Nachoda

선주, 선장, 조타수 등을 의미한다.

남오南澳

복건·광동과 대만의 경계지역.

남직예

강소, 절강 및 상해를 포함한 지역. 산동, 하남, 호광, 강서, 절강과 인접해 있다.

네덜란드 동인도회사

1600년 영국 동인도회사가 설립된 것에 자극을 받은 네덜란드 상인들은 2년 후인 1602년에 네덜란드 동인도회사 즉, VOC네덜란드어 : Vereenigde Oost-Indische Compagnie를 설립했다. 유대인들의 지분이 가장 많았다.

다이묘大名

일본의 중세에서 근대에 이르기까지 번 등의 영지를 소유하였던 영주이다.

데지마 상관장

갑비단甲比丹. 카피탄이라고 불렀다. 이는 본래 포르투갈어로 영어의

Captain과 같은 단어인데 상대국이 포르투갈에서 네덜란드로 바뀐 뒤에도 일본에서는 계속 사용했다. 네덜란드에서는 'Opperhoofden'이라고 불렀다. 일본 에도시대에 나가사키에 마련된 인공섬 데지마 상관商館의 네덜란드인 대표 책임자를 말한다. 네덜란드 동인도 회사 소속이다.

데지마

1636년 에도 막부의 쇄국정책 일환으로 나가사키에 건설한 인공섬. 1641년부터 1859년까지 네덜란드와의 무역 및 교류가 이루어진 유일한 장소였다.

도독都督

지방 및 중앙 정부의 군대를 통솔하는 최고 관리

동녕東寧 왕국

영국인이 타이완Tywan이라고도 불렀던 해양 국가이다. 1661년에서 1683년 사이에 대만 남서부와 팽호 제도를 지배했다. 동녕국東寧國 또는 정씨왕국鄭氏王國, 연평왕국延平王國이라고도 불렀다.

동지同知

지방의 소금, 양곡, 도적 체포, 수리 사업 및 군적 정리 등의 사무를 분담하였던 정5품 관리.

말루쿠 제도 Kepulauan Maluku

인도네시아 동부에 위치한 군도.

매큔-라이샤워 체계 McCune-Reischauer romanization

1937년 미국인 맥 매큔과 에드윈 라이샤워가 만든 외국어 표기법. 발음을 서양 언어에 가깝게 나타내도록 한 표기법이다. 예) 부산 Pusan

무로마치 막부室町幕府 : 1336~1573

1338년 가마쿠라 막부를 타도한 아시카가 다카우지足利高氏가 정이대장군에 올라 창설한 막부.

바타비아Batavia

인도네시아 자카르타의 옛 지명. 네덜란드의 동아시아 무역 본부 겸 사령부로서, 네덜란드 본국과 아시아의 여러 상관을 빠르게 연결하는 중간기지 역할을 했다.

반다Banda

인도네시아 반다군도. 16세기 포트투갈인인 프란체스코 세라노Francesco Serrano가 발견하였다. 육두구 주요 생산지 중의 하나이다.

베스트팔렌 조약

1648년에 30년 전쟁을 종결짓기 위해 독일, 프랑스 등 유럽 여러 나라가 독일 베스트팔렌 지방의 뮌스터와 오스나브뤼크에서 맺은 강화 조약이다. 베스트팔렌 조약 이후 네덜란드 공화국은 독립을 공인받은 이후 급격히 성장했다.

병비도兵備道

지역 군대를 감독하며, 지방의 병마, 재정, 둔전屯田을 관리하고, 지방 치안을 유지하는 등의 역할을 하였던 관직.

보로Boro, 패륵(博洛) : 愛新覺羅·博洛, 1613~1652

누루하치의 7번째 아들인 아바타이의 셋째 아들.

봉행奉行

헤이안시대부터 에도시대까지 있었던 관직 중 하나이다. 이 봉행직에 자리한 사람을 봉행인奉行人, 봉행인이 업무를 보았던 관청을 봉행소奉行所라고 칭했다.

부府

부는 성省 아래의 1급 행정 구역으로, 여러 현縣, 주州, 청厅을 관할했다.

분순도分巡道

주州, 부府, 현縣의 정치와 사법 등을 감독하고 순찰하는 역할을 하는 관직.

사략선私掠船

국가로부터 허가를 받아 자신의 비용으로 선박을 무장해 적국의 상선을 약탈하고 수익의 일정량을 국가에 상납하는 배다. 일종의 국립 해적 선이다.

사르후 전투薩爾滸之戰

1619년 명나라에 쳐들어온 후금에 대항하기 위해 명나라, 조선, 여진족까지 참전한 전투다.

사쓰마薩摩

일본 북서부 내륙 지방 가고시마 현에 있는 도시.

삼번三藩

남명南明을 가리키기도 하며, 오삼계吳三桂, 상지신尚之信, 경정충耿精忠을 가리키기도 한다.

수비守備

병사 오백-천명을 통솔하는 정5품의 군관.

순무巡撫

한 성省의 행정, 군사, 감찰, 사법 등의 모든 권한을 가진 종2품의 관직.

순안어사巡按御史

지방 행정 기관의 독주를 견제하기 위해 임시로 파견되는 조정 또는 지방 관원.

스에쓰구 헤이조末次平蔵

에도 막부 초기 규슈지역의 유력 해상海商.

시마바라 폭동島原暴動

1637년 규슈의 시마바라島原 · 아마쿠사天草 지방에서 기독교도들이 일으킨 반란.

시암

오늘날 태국, 타이를 가리킨다. 『명사明史』에 따르면 14세기 말 원나라에 이어 홍무제가 섬라곡국暹羅斛國을 섬라국暹羅國으로 인정하여 주었다는 기록이 있다. 아유타야 왕국의 시기인 1511년부터는 포르투갈인들과 만나며 유럽과의 교역을 시작하였고, 15세기 즈음에 전성기를 맞아 지역 강국으로 번성하였다. 1767년에 버마-태국 전쟁으로 멸망하였다. 1939년 6월에 국호를 시암영어 샴, 섬라(暹羅)/섬라곡국(暹羅斛國)에서 타이로 고쳤다가, 1945년 9월에 다시 시암으로 되돌렸다. 1949년 5월 11일에 국호를 다시 타이로 고쳐서 현재에 이르고 있다.

신사紳士

지방에서 세력이 있는 지주나 퇴직 관료를 가리키는 말.

아시카가 요시미츠足利義滿, 1358~1408

할아버지인 아시카가 다카우지足利尊氏, 1305~1358가 1338년에 세운 아시카가 막부足利幕府를 정치적으로 안정시키는 데 기여했다.

아유타야 왕국

16세기 초에 처음으로 유럽과 교류를 가졌다. 포르투갈의 사절이 1511년에 왕국에 도착하였고, 당시 왕이었던 라마 티보디 2세에게 군사를 공물로 바쳤다. 이후 포르투갈의 뒤를 이어 프랑스, 네덜란드, 영국 등이 도착하였다. 1688년에는 나라이 국왕에 반대하는 대대적인 반란이 터지기도 했다.

에도 막부江戶幕府, 에도 바쿠후

도쿠가와 이에야스가 세운 막부. 일본사에서 세 번째이자 최후의 막부로, 1603년에서 1868년까지 지속하였다.

에비야 시오에몬海老屋權右衛門 : Ebiya Shiōemon

데지마 조닌町人 25명 중 1명이다. 일본 기록에는 '海老屋四郎左衛門 Shirōzaemon'으로 되어 있다.

오우치大內 **다이묘**

백제 부여씨 왕족의 후손을 자처하는 가문 중의 하나. 오우치씨가 자리잡은 주고쿠 지방이 한반도와 가까웠기 때문에 『조선왕조실록』에도 관련 기록이 많이 나온다.

왕직汪直, 혹은 王直, ?~1559

오봉五峰이라고도 하며, 명대 해상 무장집단. 본명은 왕직王翽인데 모친 성을 따서 왕직汪直이라는 가명을 지었다고도 전한다.

월항 24 장군月港二十四將

월항과 그 주변지역 24명의 해상海商. 가정 40년1561에 복건 해징海澄에서 반란을 일으켰다.

위소제衛所制

명나라의 군사 제도이다. 명 태조太祖 홍무제洪武帝 주원장朱元璋이 창설한 제도. 위소제는 정부에서 군호에 대해 토지를 하사하고, 그 토지에서의 수입으로 자급자족을 원칙으로 했다.

유격遊擊

'유격장군'의 약칭으로 종3품의 청대 무관.

이와미 은광石見銀山

16세기에 생산량이 세계 1위였던 은광이다. 1526년 이즈모에서 은광이 발견됐다. 오우치 가문은 은광 옆에 산성을 쌓고 부富의 원천으로 삼았다. 2007년 유네스코 세계유산으로 등록되었다.

절직총독浙直总督

명나라 가정嘉靖 연간에 설치된 임시 총독 직위이다. 초대 총독은 장경张经이다.

정이대장군征夷大將軍

일본 막부 최고 실권자를 지칭. 줄여서 쇼군이라 한다.

주州

청나라가 명나라의 제도를 계승한 행정 구역이다.

주인선朱印船

무역허가증인 주인장을 소지한 무역선. 보통 '슈인센'이라 칭한다.

주인장朱印狀, Red Seal

일본 전국시대부터 에도시대까지의 고문서 사료 중에 붉은 도장이 찍힌 명령 문서를 말한다. 도요토미는 무역의 통제와 해적선을 구별하기 위해 주인장 제도를 처음 시행하였다.

지부知府

주州와 현縣을 관할하는 부급 행정 장관으로 종 4품의 관직.

참장參將

명대에 변방을 지키는 군사를 관리하는 관리로서 주로 양곡 운송을 감독하였다. 총병, 부총병 다음 가는 직위이다.

천계령遷界令

해안으로의 접근을 금지한 명령이다. 천해령遷海令이라고도 한다. 청나라가 정성공과 그가 거점으로 삼고 있던 대만의 정씨왕국을 제압하기 위해, 중국 연해 주민들의 해상 진출을 금지하였다. 대상은 산동에서 광동廣東에 이르렀다.

초관哨官

전초기지를 관리하는 무관.

총병總兵

명나라 초기 변경지역을 수비하는 군대의 지휘관.

친왕親王

황자. 황제, 황태자 다음가는 품계. 관리 등급인 정1품에서 종9품을 초월하는 이른바 황제의 아들들 중에서, 황태자가 아닌 아들들에게 자동으로 임명책봉, 제수되는 품계.

칼라파Kalapa

중국에서 여러 세대에 걸쳐 기록된 바타비아의 이름.

코친차이나Cochin China

1859년 프랑스가 점령한 호찌민지역의 옛 이름.

통킹東京, Tonkin

하노이를 중심으로 한 북부지역.

티도레Tidore

인도네시아 동부 말루쿠 제도의 섬.

파타니Patani

14~19세기에 걸쳐 말레이반도에 있었던 왕조.

파총把总

명대와 청대 전중기의 육군 군관명. 병사 4~5백 명을 통솔하는 정7
품의 군관.

파항Pahang

말레이시아를 구성하는 13개의 주 중의 하나.

판카도pancado, 이토왓부 **시스템**

몬순시즌에 수입된 비단 양에 따라 결정된 고정 가격. 포르투갈인들
이 '판카도 제도'라고 부르고 일본에서는 '이토왓푸 제도'라고 부른다.
에도 막부는 1604년 이토왓푸 나카미糸割符仲間라 불리는 특정 상인들에
게 수입되는 생사를 대량 구매시켜, 포르투갈 상인들의 이익 독점을 배
제했다.

향료군도香料群島, 동인도군도

15세기경 유럽에서 향신료가 생산되는 동남아시아 여러 섬을 일컫
는 말.

현縣

명나라의 제도를 계승한 청나라의 지방 행정 단위.

흥천도興泉道

흥화부興化府와 천주부泉州府.

히라도平戶, Hirado

나가사키현 북서부에 위치한 도시. 1550년 개항되어 일본 최초로 포
르투갈·네덜란드·영국과 무역을 진행하였다. 1636년부터 나가사키가
대신하게 되었다.

『**동서양고**東西洋考』

명나라의 장섭張燮이 지은 책. 해외 교역과 여러 나라에 관한 정보가
찬술되어 있다.

부록 2_ 참조 단위

무게

캐티catties : 동아시아와 동남아시아 전역에서 사용하였던 전통적인 무게 단위. 근斤에 해당한다. 1근은 16냥 또는 160돈이며, 미터법으로는 약 600g이다. 100캐티는 1피쿨이며, 1/16캐티는 1테일이다.

테일tael : 냥兩. 1/16캐티.

피쿨piculs : 담擔. 중국·동남 아시아의 무게 단위, 보통 60kg을 1피쿨이라 한다.

라스트last : 1,250킬로그램을 상응한다.

발렌balen : 약 250~375톤metric tons

부피

토우tou : 곡물 낟알 등의 체적의 계량 단위이다. 각 토우는 탠tan의 1/10에 해당한다. 1탠tan은 약 107.4리터이고, 1토우는 10.74리터이다.

탠tan : 1탠은 10토우, 1탠tan은 약 107.4리터,

마스maas : 1탠당 1,000마스maas

화폐

리알reaal : 옛 스페인과 포르투갈의 은화. 1리알은 2.6길더에 해당한다.

릭스달러rixdollar : 덴마크, 독일, 네덜란드의 등가等價의 옛 은화.

길더guilder : 네덜란드 화폐 단위. 길더는 영어식 표현이며, 네덜란드

식 표현은 휠더Gulden이나 일반적으로 '길더=굴덴'으로 더 많이 알려져 있다.

스타이버stuiver : 네덜란드의 옛 화폐.

부록 3_ 〈표 6-1〉 관련 자료

표에 외국어로 표기된 것은 무엇인지 명확하게 알 수 없는 단어이다.

〈표 A〉 광남에서 장주로 선박 화물, 1633년 8월 15일 등록

상품	수량	단위당 가격(리알)	가치(리알)
은화	3,266개	1	3,266
후추	411 1/2피쿨	13	5,349.5
긴 후추	7피쿨	10	70
용연향 Merstoff (?) 코뿔소 뿔	1,625캐티(26테일) 1/4캐티(4테일) 210개	25 — 1	40,625 — 210
상아	40 1/2피쿨	50	2,025
흑목	187 1/4피쿨	2	374.5
백단(단목)	15.7피쿨	20	314
소목	50피쿨	3	150
용혈	15피쿨	30	450
소두구	12피쿨	20	240
구리	53피쿨	10	530
Tjeddwock (?)	44피쿨	2	88
말총	4.7피쿨	50	235
침향(침향목)	22피쿨	4	88
제비집	4자루	50/pl	
귀갑	0.54피쿨	80	43.2
소가죽	50피쿨	1/4 stux	12.5
쌀	1/2라스트		15
장뇌	166테일(=10.375캐티)	25	259.375
총계	〈 45.2라스트		〈 13,760.7

출처 : VOC 1109, Inventaris van de goederen ende comptanten becomen uijt een joncque van Quinam tendeerende naer Chincheu bij 't schip *Bredamme* onder Lamaphe adij 15en Auguste anno 1633 verovert, ende in de River Chincheo gebracht, Lang Pai- chiao, fo. 290v.

〈표 B〉 희망봉 주변에서 노획한 광남의 선박 화물 1633년 8월 17일

화물	수량(무게)	단위당 가격(리알)	가치(리알)
흑단	1,200피쿨	2	2,400
쌀	8라스트	30	2,640
Tamberijn(?)	38발렌(baijlen) (베일)	알 수 없음	
사슴가죽	8품목	알 수 없음	
철제 1파운드 대포 2문		알 수 없음	
총계	〈 148라스트=185톤		〈 3,040

출처 : Inventaris vande goederen bevonden in een jonck bij 't jacht *Broukerhaven* op 17en August anno 1633 ontrent Caep de Goede Hoop verovert, comende van Coutchinchina willende naer de rivier Chincheo, Cape of Good Hope, fo. 291r.
[역주] 총계는 3,040이 아니라 5,040일 듯하다.

〈표 C〉 1633년 8월 17일 람페카오(Lampecao) 근처에서 잡힌 광남의 선박 화물

상품	수량	단위당 가격(리알)	가치(리알)
은괴	141테일(1.12라스트)	1.37	193.17
스페인 리알 은화	22 1/2 개	1	22.5
상아	3.65피쿨	50	182.5
쌀	1 1/4 라스트	30	37.5
Veruwen(?)	3 pots	2	36
구리 그릇	18개	2	36
Total	〉2.378라스트		471.67

출처 : VOC 1109, Bij 't jacht Broeckerhaven uijt een joncque comende van Quinam ontrent Lamophece verovert, Lang Pai-chiao, fo. 292r.

〈표 D〉 1633년 8월 31일, 동산 근처에서 포획한 선박 2척의 화물

상품	수량(무게 : t)	단위당 가격(리알)	총 가치(리알)
후추	760피쿨	13	9,880
긴 후추	10피쿨	10	100
상아	25.66피쿨	50	1,283
안식향(Beuijanoij)	8.28피쿨	15	124.2
Gommalack(교충(胶虫), 옻(漆))	1.35피쿨	20	27
구리	61피쿨	10	610
소목	480피쿨	3	1,440
단목	7 1/2 피쿨	20	150
침향목	46피쿨	–	–
Craen oogh (독 견과)	1.4피쿨	–	–
껍질이 벗겨지지 않은 육두구	0.5피쿨	20	10
제비집	1.2피쿨	50	60
Tjeddeback(?)	5피쿨	2	10
사탕수수	많음	–	–
총계		〉70.39라스트	13,694.2

출처 : VOC 1109, Inventaris van de coopmanschappen bevonden in twee joncquen, onder de stadt Tongsoa op de wal sittende ende op Aug. anno 1633 aengehaelt ende voor een goede prijse verclaert, Tongshan, fo. 291r.

부록 4_ 역대 VOC(네덜란드 동인도 회사) 대만 총독

마르티누스 송크(Martinus Sonk, 馬蒂孫克), 1624~1625

게릿 더 비트(Gerrit de Witt; Gerard F. de With, 偉斯), 1625~1627

피터르 누이츠(Pieter Nuijts; Pieter Nuyts, 彼得 奴易玆), 1627~1629

한스 푸트만스(Hans Putmans, 漢斯 普特曼斯), 1629~1636

요한 판 데르 부르흐(Johan van der Burg, 德包爾), 1636~1640

파울루스 투라우데니우스(Paulus Traudenius, 保羅 杜拉弟紐司), 1640~1643

막시밀리안 르 마리(Maximilian le Marie, 麥爾), 1643~1644

프랑수아 카롱(Francois Caron, 加龍), 1644~1646

피터르 안토니순 오버르바터르(Pieter Antoniszon Overwater, 歐沃德), 1646
~1649

니콜라스 페르부르흐(Nicolas Verburg, 費爾勃格), 1649~1653

코르넬리스 카이사르(Cornelis Caesar, 凱撒), 1653~1656

프레데릭 코예트(Frederik Coyett, 揆一), 1656~1662

피터르 봇(Pieter Both), 1610~1614

제라드 레인스트(Gerard Reynst), 1614~1615

라우런스 레알(Laurens Reael), 1615~1619

얀 피터루스존 쿤(Jan Pieterszoon Coen), 1619~1623

피터르 더 카르펜티르(Pieter de Carpentier), 1623~1627

얀 피터루스존 쿤(Jan Pieterszoon Coen), 1627~1629

자크 스펙스(Jacques Specx), 1629~1632

헨드릭 브라우버르(Hendrik Brouwer), 1632~1636

안토니 판 디먼(Anthony van Diemen), 1636~1645

코르넬리스 판 데르 레인(Cornelis van der Lijn), 1645~1650

카럴 레이니르스(Carel Reyniersz), 1650~1653

요안 마차위커르(Joan Maetsuycker), 1653~1678

레이클로프 판 훈스(Rijckloff van Goens), 1678~1681

코르넬리스 스페일만(Cornelis Speelman), 1681~1684

요하네스 캄파위스(Johannes Camphuys), 1684~1691

빌럼 판 아우트호른(Willem van Outhoorn), 1691~1704

요안 판 호른(Joan van Hoorn), 1704~1709

아브라함 판 리베이크(Abraham van Riebeeck), 1709~1713

크리스토펄 판 스볼(Christoffel van Swoll), 1713~1718

헨드릭 즈바르데크론(Hendrick Zwaardecroon), 1718~1725

맛회스 더 한(Mattheus de Haan), 1725~1729

디데릭 뒤르번(Diederik Durven), 1729~1732

디르크 판 클론(Dirck van Cloon), 1732~1735

아브라함 파트라스(Abraham Patras), 1735~1737

아드리안 팔케니르(Adriaan Valckenier), 1737~1741

요하네스 테던스(Johannes Thedens), 1741~1743

휘스타프 빌럼 판임호프(Gustaaf Willem van Imhoff), 1743~1750

야코프 모설(Jacob Mossel), 1750~1761

페트뤼스 알베르튀스 판 데르 파라(Petrus Albertus van der Parra), 1761
~1775

예레미아스 판 림스데이크(Jeremias van Riemsdijk), 1775~1777

레이니어르 더 클레르크(Reinier de Klerk), 1777~1780

빌럼 아르놀트 알팅(Willem Arnold Alting), 1780~1796

자크 스펙스(Jacques Specx), 1609~1613

헨드릭 브라우버르(Hendrik Brouwer), 1613~1614

자크 스펙스(Jacques Specx), 1614~1621

레오나르 캠프(Leonard Camps), 1621~1623

코르넬리스 판 네이엔로더(Cornelis van Neyenrode), 1623~1632

피터르 판 산텐(Pieter van Santen), 1632~1633

니콜라스 쿠커바커(Nicolaas Koeckebakker(Couckebacker), 1633~ 1638

프랑수아 카롱(François Caron), 1639~1641

막시밀리안 르 마리(Maximiliaen Le Maire), 1641~1641

얀 판 엘세라크(Jan van Elseracq), 1641~1642

피터르 안토니순 오버르바터르(Pieter Anthonijszoon Overtwater), 1642
~1643

얀 판 엘세라크(Jan van Elserac), 1643~1644

피터르 안토니순 오버르바터르(Pieter Anthonijszoon Overtwater), 1644
~1645

레이니에르 판 줌(Reynier van Tzum), 1645~1646

빌럼 페르스터헌(Willem Verstegen(Versteijen), 1646~1647

프레데릭 코예트(Frederick Coijet), 1647~1648

디러크 스누크(Dircq Snoecq), 1648~1649

안토니오 판 브라우크호르스트(Anthonio van Brouckhorst), 1649~ 1650

피터르 스태르트헤뮈스(Pieter Sterthemius), 1650~1651

1. The Ming Grand Coordinators of Fu-chien

王士昌 Wang Shih-ch'ang 1 Feb. 1618

商周祚 Shang Chou-tso 12 Feb. 1621 2 Mar. 1623

南居益 Nan Chi-i 15 Mar. 1623 21 May 1625

朱欽相 Chu Ch'in-hsiang 5 June 1625 29 Oct. 1626

朱一馮 Chu I-fêng 14 Dec. 1626 21 Aug. 1628

熊文燦 Hsiung Wên-ts'an Apr. 1628 Mar./ Apr. 1632

鄒維璉 Tsou Wei-lien Mar./ Apr. 1632 8 May 1639

沈猶龍 Shên You-lung 1635

蕭亦輔 Hsiao I-fu 16 Feb. 1639 23 Sept. 1642

張肯堂 Chang K'ên-t'ang 7 Nov. 1642

何士晉 Hê Shih-chin 19 Apr. 1624 May 1625

商周祚 Shang Chou-tso 5 June 1625 9 Feb. 1627

李逢節 Li Fêng-chieh Feb./Mar. 1627 Aug. 1628

王尊德 Wang Tsun-tê 21 Aug. 1628

王業浩 Wang Yeh-hao Oct./Nov. 1631

熊文燦 Hsiung Wên-ts'an Mar./Apr. 1632

張鏡心 Chang Ching-hsin 10 June 1637 9 Jan. 1642

沈猶龍 Shên You-lung 1644

丁魁楚 Ting K'uei-ch'u 1644

2) The Governor Generals of the VOC

Pieter Both 19 Dec. 1610

Gerard Reijnst 6 Nov. 1614

Laurens Reaal 19 June 1616

Jan Pietersz. Coen 21 Mar. 1619

Pieter de Carpentier 1 Feb. 1623

Jan Pietersz. Coen 30 Sept. 1627

Jacques Specx 24 Sept 1629

Hendrik Brouwer 7 Sept. 1632

Antonio van Diemen 1 Jan. 1636

Cornelis van der Lijn 19 Apr. 1645

Carel Reyniersz 26 Apr. 1650

Joan Maetsuijcker 18 May 1653

Rijcklof van Goens 4 Jan 1678

3) The Ch'ing Governor-generals of Chê-chiang and Fu-chien

張存仁 Chang Ts'un-jên 1646

陳錦 Ch'ên Chin 1648

劉清泰 Liu Ch'ing-t'ai

佟代 T'ung Tai 1655

李率泰 Li Shuai-t'ai 1656

張朝璘 Chang Ch'ao-lin 1666

祖擇傳 Tsu Tsê-ch'uan 1667

趙廷臣 Chao T'ing-ch'ên 1668

劉兆麟 Liu Chao-lin 1668

劉斗 Liu Tou 1670

范承謨 Fan Ch'êng-mo 1673

郎廷相 Lang T'ing-hsiang 1676

姚啟聖 Yao Ch'i-shêng 1678

4) Ching-nan viceroy (in Fu-chien)

耿繼茂 Keng Chi-mao 1661

耿精忠 Keng Ching-chung 1670~1674

5) The Ch'ing Governors of Kuang-tung and Kuang-hsi

佟養甲 T'ung Yang-chia 1646

李率泰 Li Shuai-t'ai 1654

李棲鳳 Li Ch'i-fêng 1657

王國光 Wang Kuo-kuang 1663

盧崇峻 Lu Ch'ung-chün 1664

盧興祖 Lu Hsing-tsu 1668

周有德 Chou You-tê 1670

金光祖 Chin Kuang-tsu 1673

吳興祚 Wu Hsing-tso 1682

6) Official Titles

An-ch'a-shih 按察使 Surveillance Commissioner

An-nan Chiang-chün 安南將軍 General of Annan

Ch'in-i Pa-tsung/ Ch'in-tsung 欽依把總/欽總 National Squard
Leader

Chien-ch'a yü-shih 監察御史 Investigating Censor

Chün-mên 軍門 Provincial Military Commander

Ch'ien-chün Tou-tu 前軍都督 Supreme Chief Military
Commisioner

Chêng-nan Ta-chiang-chün To-lo Pei-lê 征南大將軍多羅貝勒
General-in-Chief of the Southern Expedition the To-lo Prince

Ching-nan 靖南

Chao-ming-yeh 昭明爺 Marquess of Chao-ming

Chê-min tsung-tu 浙閩總督 Governor-general of Chê-chiang
and Fu-chien

Chêng-ch'in-wang shih-tzu 鄭親王世子 Heir of the Imperial
Prince of Cheng

Chu-shou Hu-kuan 居守戶官 Official of Revenue residing in
Amoy and Quemoy

Chu T'ien-kuei 朱天貴

Daimyo[J.]大名

Daikan[J.]代官

Fu 府 prefecture

Fên-hsün Ping-pei-tao 分巡兵備道 the General Surveillance

and Military Defence Circuit

Fu-i You-chi 撫夷遊擊 Commander of the Barbarian-deterrent Mobile Corps

Hsün Fu 巡撫 Grand Coordinator

Goshuin [J.] 御朱印 Vermillion seal

Hai-ch'eng Duke 海澄公

Hai-fang t'ung-chih 海防同知 Assistant Coastal defense Circuit.

Hai-tao 海道 Coastal Defense Circuit

Hê-shih Kang Ch'in-wang) 和碩康親王 Imperial Prince Kang (of the blood of the first degree)

Hsieh Tsung 協總 Assistant Squadron Leader

Hsien 縣 District

Hsien-ling 縣令 District Magistrate

Hsing Ch'üan-tao 興泉道 Military Defence Circuit of Hsing-hua and Ch'üanchou

Hsün-an 巡按 Regional Inspector

Kung-k'ê kei-shih-chung 工科給事中 Palace Steward at Office of Scrutiny of Work

Mei-Lê Chang-ching 梅勒章京 Banner Vice Commander in Chief

Ming-sê Pa-tsung 名色把總 Provincial Squadron Leader

Muromachi Bakufu [J.] 室町幕府

Nanan-po 南安伯 Earl-Pacifier of South

Pa-tsung 把總 Squadron Leader

Ping-pu 兵部 Ministry of War

Pu-chêng Shih 布政使 Provincial Administration Commissioner of Fuchien

Shui-shih Ti-tu 水師提督 Provincial Military Commander of Naval force

P'ing-hsi 平西

Shui-shih Tsung-ping 水師總兵 Navy Commander

Shui-shih Ssu-chên 水師四鎮 The Fourth Command of Naval Force

Shui-shih Ti-tu 水師提督 Provincial Navy Commander

Shou-pei 守備 Defender

Shogun [J.] 將軍

Shao-kuan 哨官 Sub-Squad Leader

Ta Chiang-chün 大將軍 General in Chief

T'ai-tzu T'ai-shih 太子太師 Grand Preceptor of the Heir Apparent

Ta-ming tsung-ping t'ai-shih ting-yüen-hou'

大明總兵太師定遠侯 The Ming Regional Commander, Grand Preceptor of the Heir Apparent, the Marquis-pacifier of Far frontier

Teibing, Thunbingh, Thseij-souw Tingwanhouw[D.]

Ting-kuo-kong 定國公 Sikokon[D.]

Ti-tu 提督, Provincial Military Commander

Tou-ssu 都司 Regional Military Commission

Tou-tu 都督 Commissioner in Chief

Ts'an- chiang 參將 Assistant Regional Commander

Tsung-tu 總督 Supreme Commander (Ming)/ Governor-general (Ch'ing)

Tsung-ping 總兵 Regional Commander

Tu-k'un 都閫 Brigade Commander

Tu-hsiang-kuan 督餉官 Tax Levying Official

T'ung-an Po 同安伯 Count of T'ung-an

Fu Tsung-ping 副總兵 Regional Vice-Commander

Wo-k'ou 倭寇

Wei-so 衛所

You-chi 游擊 Mobile Corps Commander Personal names in

7) Chinese characters

Akashi Michitōmo[J.] 明石道友

A-Kê-shang 阿格商

Ashikaga Yoshimitsu[J.] 足利義滿

Chao Ping-chien 趙秉鑒

Chao T'ing 趙廷

Chang Chia-ts'ê 張嘉策

Chang Ching 張經

Chang Hsieh 張燮

Chang Hsueh-sheng 張學聖

Chang Jen-teng 張延登

Chang Yün-fei 章雲飛

Chang Yung-ch'an, 張永產

Cheng Ch'eng-kung 鄭成功

Cheng Chih-lung 鄭芝龍

Cheng Ching 鄭經

Ch'ên Chin 陳錦

Cheng Chih-pao 鄭芝豹

Cheng Chih-wan 鄭芝莞

Cheng Hung-k'uei 鄭鴻逵

Cheng Lien 鄭聯

Cheng Ming-chün 鄭鳴駿

Ch'en P'eng 陳鵬

Cheng T'ai 鄭泰

Cheng Ts'ai 鄭彩

Ch'êng Tsai-i 程再伊

Ch'êng Ying-lin 程應麟

Ch'ên Tzu-chên 陳子貞

Chia-ching 嘉靖

Chi Ch'i-kuang 戚繼光

Chi-êrh ka-lang,濟爾噶朗

Chieh-shu 傑書

Chin Sheng-huan 金聲桓

Chou Ch'üan-ping 周全斌

Chou Hsing-ju 周性如

Chu Ch'in-hsiang, 朱欽相

Chu I-fêng 朱一馮

Ch'ung-chên 崇禎

Chu Yan-ji 朱儼戢

Ch'u Ts'ai-lao 褚彩老

Chung Pin 鍾斌

Chu Ch'in-hsiang 朱欽相

Chung Ling-hsiu 鍾凌秀

Chieh-shu 傑書

Ch'ien Su-t'u 錢肅圖

Chi-tu 濟度

Chung-chên[C.]忠振 Kingingh[D.]

Ebiya Shiōemon [J.] 海老屋權右衛門

Fang Yü 方輿

Hamada Yahei 濱田彌兵衛

Han Chung-yung 韓仲雍

He T'ing-ping 何廷斌 Pinquan[D.]

Hidetada[J.] 秀忠

Honda Masazumi[J.] 本多正純

Hosokawa[J.] 細川

Hsieh Ping 謝彬

Hsiung Wên-ts'an 熊文燦

Hsü I-min 徐一鳴

Hsü Hsin-su 許心素

Hsü Kuang-ch'i 徐光啟

Hsü Lung 許龍 Colion, Corion, Colien [D.]

Hu Mei 胡美

Huang Ch'eng 黃程

Huang Chêng-ming 黃徵明

Huang Ch'êng-hsüan 黃承玄

Huang K'ai 黃愷

Huang Shu 黃澍

Hung-kuang 弘光

Hung Hsü 洪旭

Huang Wu 黃梧

Hu Tsung-hsien 胡宗憲

Juan Min-his 阮旻錫

K'ang-hsi 康熙

Keng Chi-mao 耿繼茂

Keng Ching-chung 耿精忠

K'ung You-tê 孔有德

K'ung Yuen-chang 孔元章

Liang T'ien-chi 梁天奇

Li Ch'eng-tung 李成棟

Li Ch'i-fêng 李棲鳳/李栖鳳

Li K'eui-ch'i 李魁奇

Lin Ch'a 林察

Lin Chin-wu 林錦吾、林謹吾 =Lin Chün-wu 林均吾

Li Shuai-tai 李率泰

Lin Fêng 林鳳

Lin Tao-ch'ien 林道乾

Li Shuai-tai 李率泰,

Li Tan 李旦

Li Tzu-ch'êng 李自成

Li Ting-kuo 李定國

Liu Ch'ing-tai 劉清泰

Liu Hsiang 劉香

Liu Kuo-hsüan 劉國軒

Lu Chên-fei 路振飛

Lu Ch'ung-chün 盧崇峻

Lu Hsing-tsu 盧興祖

Lung-wu 隆武

Ma Chin-pao 馬進寶

Ma Te-kung 馬得功

Mingandali 明安達禮

Ming Yüeh 明岳

Murayama Tōan[J.] 村山等安

Nan Chü-I 南居益

Oda Nobunaga[J.] 織田信長

Ouchi[J.] 大內

P'an Ming-yen 潘明嚴, Bingam[D.]

Ping-ts'un 丙村

Polo 博洛

Rōjū [J.]老中

Satsuma[J.]薩摩

Shang Chou-tso 商周祚

Sha Ch'eng 沙澄

Shên T'ieh 沈鐵

Shên Yen 沈演

Shih Lang 施琅

Shun-chih 順治

Su Ming-kang 蘇鳴崗

Suetsugu Heizō[J.] 末次平藏

Su Li 蘇利 Soulacq[D.]

Su Nahai 蘇納海

Sun Chia-chi 孫嘉績

Su Yen 蘇琰

Takanobu Matsuura[J.] 松浦隆信

Tasu 達素

T'an Lun 譚綸

Thrinh[V.] 黎

Ts'ai Hsien-ch'ên 蔡獻臣

T'sai Shan-chi 蔡善繼

Ts'ao Lu-tai 曹履泰

Ts'êng Ying 曾櫻

Ts'êng I-pên 曾一本

Tsou Wei-lien 鄒維璉

Ts'ui Chih 崔芝

Tsu Tse-ch'ing 祖澤清

Tokugawa Ieyasu[J.] 德川家康

Toyotomi Hideyoshi[J.] 豐臣秀吉

T'ung Kuo-ch'i 佟國器

Tung Po-ch'i 董伯起

T'ung Yang-chia 佟養甲

T'u Tsê-min 涂澤民

Tu Yung-he 杜永和

Wang Kuo-kuang,王國光

Wang Liang-hsiang 王良相

Wang Mêng-hsiung 王夢熊

Wang Shih-ch'ang 王士昌

Wang Wei-chung 王位中

Wei Chiu-kuan 魏九官

Wu P'ing 吳平

Wu San-kuei 吳三桂

Yamada Nagamasa 山田長政

Yang Yen-ti 楊彦迪

Yao Ch'i-sheng 姚啟聖

Yeh Ta-ching 葉大經

Yen Chi-tsu 顏繼祖

Yen Erh-kuan 顏二官, Giequa[D.]

Yi Hon[K.] 李琿

Yi Kong[K.] 李昖

You Fêng-hsiang 游鳳翔

Yüan Chin 袁進

Yung-li（永曆）

Yü Ta-you 俞大猷

Yü Tzu-kao 俞咨皋

8) Place names in Chinese characters

Amoy 廈門

An-hai 安海

An-hsi 安溪 Lamsing[D.]

Aomên 澳門

Chang-chou 漳州

Chang-kuo 昌國

Chang-tai 長泰

Chao-an 詔安

Chao-ch'ing 肇慶

Ch'ao-chou 潮州

Chao-guan 朝冠

Ch'ao-yang 潮陽

Chen-chiang 鎮江

Chê-chiang 浙江

Chên-hai 鎮海

Cheng-nan 鎮南

Chiang-hsi 江西 Kiancij[D.]

Chiang-su 江蘇

Chiao-chou 交州 Caatcjouw[D.]

Chia-tzu 甲子

Chieh-shih 碣石/Chieh-shih Guard 碣石衛, Kitsjehoij[D.]

Chieh-yang 揭陽

Ch'ien-ao 錢澳

Ch'ien-t'ang river 錢瑭江

Chih-li 直隷

Ch'ih-ao 赤澳

Chih-kang-t'ou 赤崗頭

Chi-lung 基隆/雞籠

Ching-hai T'ou 靖海頭/ Ching-hai-so 靖海所 Wierings bay

Ch'ing-yuan 清遠

Ch'i-t'ou-p'u 崎頭舖

Chiu-lung River 九龍江

Chou-shan 舟山

Ch'üan-chou 泉州

Ch'ung-ming 崇明

Fang-so 放索

Fu-ch'ing 福清

Fu-chien 福建

Fu-chou 福州

Fu-ning 福寧

Hai-ch'êng 海澄

Hai-nan 海南

Hai-k'ou 海口

Han River 韓江

Hê-bei 河北

Higo[J.] 肥後

Hirado[J.]平戶

Hou-mên 鮜門

Hsaio-ch'êng 小埕

Hsiang-shan 象山

Hsiang-shan 香山

Hsin-an 新安

Hsing-hua 興化 Ginwa[D.]

Hsin-tu 新渡

Hsi Yang 西洋

Hsüan-chung 懸鐘

Hui-chou 惠州

Hu-kuang 湖廣 Huquam[D.]

Hu-nan 湖南

Hu-pei 湖北

Hu-t'ou-mên 虎頭門

Iwami 石見[J.]

Ikura 伊倉[J.]

Jung River 榕江

Kao-chou 高州

Kao-Lei-Lien 高雷廉

Kao-p'u 高浦

Kuang-chou 廣州

Kuang-hsi 廣西

Kuang-tung 廣東

Kuei-chou 貴州

Ku-lang-yu 鼓浪嶼

Kyushu 九州

Lei-chou 雷州

Lieh-yü 烈嶼

Lien-chou 連州

Liu-ao 六鰲

Liu-ch'iu 琉球

Liu-wu-tien 劉五店

Lo-yang 洛陽

Lung-chou 龍州 Loctjouw[D.]

Lung-mên 龍門

Luzon 呂宋

Ma-kung 馬公

Ma-wei 馬尾

Mei River 梅江

Min-an-chên 閩安鎮

Naha 那霸

Nan-ao 南澳

Nanking 南京 Nanquin[D.]

Nan-t'ou 南頭

Ning-po 寧波

Ning-te District 寧德縣 Lintekwan[D.]

Okinawa[J.]琉球

Pai-sha 白沙 Peswaa[D.]

Pai-sha-hu 白沙湖

Pei-Hsien-wei 北線尾 Baxemboy[D.]

Pei-kang 北港

Peking 北京

P'eng-hu 澎湖

Ping-chou 炳州

P'ing Hai 平海/P'ing-hai-so 平海所 = Haarlems bay

P'ing-shiang 憑祥 Pingkang [D.]

Ping-ts'un 丙村

Po-hai 渤海

Pusan[K.]釜山

Pu-tien 莆田

Quemoy 金門

Ryūkyū[J.]琉球

San-hê-pa 三河壩

San-p'an 三盤

San-tou 三都

Satzuma [J.](薩摩)

Sha-ch'eng 沙埕 Swatea[D.]

Shang-hang 上杭

Shan-tung 山東

Shao-hsing 紹興

Shên-ch'üan 神泉

Ssu-ming-fu 思明府 Siminfoe[D.]

Ssu-ch'uan 四川

Su-chou 蘇州

Ta-hsing 大星 /(Island of Ta Hsing)Pedro Branco

Tai-chou 台州 Tjoetiauw[D.]

T'ai-ping-fu 太平府 Theibinfoe[D.]

T'ai-wu 太武/ Ta-wu 大武

Ta-kang 大港 Twakan[D.]

Tamsuy 淡水

Tien-pai 電白

T'ien-wei 田尾

T'ien-wei-yang 田尾洋

Tsushima[J.]對馬

T'ung-an 同安 Thota

Tung-kuan 東筦

T'ung-ku-chang 銅鼓嶂

Tung-ning 東寧

T'ung-shan 銅山

Tung Yang 東洋

Wankang 魍港

Wu-hu 五虎

Wu-kan 烏墈

Wu-p'ing 武平

Wu-yü 浯嶼

Wei-t'ou 圍頭 Erasmus Bay

Wen-chou 溫州

Yen-chou 鹽州 Branders baij

Yüeh-kang 月港

Yün-nan 雲南

Other special terms in Chinese characters

Chao 照

Chiao-p'iao 交票

Ch'in-ming chen-shou fu-chien têng-ch'u ping chê-chiang chin-wên ti-fang

tsung-pingp-kuan, t'ai-tzu t'ai-shih, ch'ih-tz'u mang-i nan-an-pa 欽命鎮守福

建等處並浙江金溫地方總兵官, 太子太師, 敕賜蟒衣南安伯

Fang Ch'ien-tsung[C.] 方千總 Hongsintson[D.]

Goshuisen boeki

k'an-ho[J.]勘合

Pao-shui 報水

Piao, Pau[J.] 表

Sakoku 鎖國

Tou 斗

Yin 引

Wo-k'ou 倭寇

Wu-wei 烏尾

* [C.] = Chinese

* [D.] = Dutch

* [J.] = Japanese

* [K.]= Korean

* [V.]= Vietnamese

1) 정지룡^{1604~1661}

정지룡은 23살이던 1624년에 아버지 정소조가 사망하면서 정씨가문을 이어갔다. 정지룡의 형제는 지호, 지봉, 지표가 있다. 모두 동물에서 이름을 따 왔다. 이단이 죽은 후 정지룡은 밀수단을 키워 해적왕이 되었고, 네덜란드의 지원을 받아 사략선을 지휘하며 유럽의 항해술과 해적의 노하우까지 습득하였다.

이단 상단의 2인자인 안사제의 딸과 결혼하였다. 안씨와의 사이에서 정세습, 정세도, 정세음, 정세은이라는 자식을 둔다. 일본 나가사키 히라도에서 히라도번의 번사 다가와 시치자에몬의 딸인 다가와 마츠田川松와 혼인하여 정성공을 낳는다.

정지룡은 마카오 등에서 활동했고, 민남어, 남경관화, 일본어, 네덜란드어, 스페인어, 포르투갈어 등 다양한 언어에 능통했다. 1624년에는 팽호항에서 네덜란드어 통역을 맡았다. 1625년에 주군인 이단과 장인인 안사제가 죽자 그 둘의 세력을 흡수하고 이국조, 허심소 등의 경쟁자들을 격파해 세력을 장악했다.

2) 정성공^{鄭成功, 1624~1662}

어릴 때 이름은 복송^{福松}인데, 일본식으로 읽으면 후쿠마츠ふくまつ이다. 자는 명엄^{明儼}이다. 오늘날 중국뿐만 아니라 일본에서도 정성공을 중요하게 여긴다. 정성공이 7세가 되던 해에 정지룡은 정성공을 복건성 남부로 데려왔다. 남명^{南明}의 융무제^{隆武帝}는 정성공에게 황실의 성인 주^朱성

을 하사하면서, '성공成功'이라는 이름을 하사하였다. 정성공은 국성야國姓
爺로 불리기도 했다. 남명 영력제永曆帝 시기에는 연평왕延平王으로 봉해졌
다. 1661년 대만 남부에 동녕 왕국을 세웠다. 대만은 처음에 국성야에
의해 도동都東으로 불렸다. 1664년, 후계자인 정경은 동녕東寧으로 개명
했다. 정성공은 말라리아에 걸려 사망한 것으로 알려졌다.

1699년에 강희제는, "주성공朱成功은 명 황실의 유신遺臣으로, 난신적자
亂臣賊子가 아니다. 관원을 보내서 성공과 그 아들 정경의 관을 남안南安으
로 이장하라. 그리고 무덤을 지키는 사람을 두고 사당을 지어주도록 하
라"는 명을 내려, 정성공의 묘를 복건으로 이장시켰다.

3) 정경鄭經, 1642~1681

정성공의 아들 정경은 정성공이 죽은 후 20여 년 동안 대만을 근거지
로 하여 반청운동을 했다. 강희 20년1681 정경이 우울증으로 죽었다. 큰
아들이 정극장이 왕위를 물려받았다. 하지만 풍석범이 정극장을 죽이
고, 둘째 아들이자 자신의 사위인 정극상을 옹립하였다.

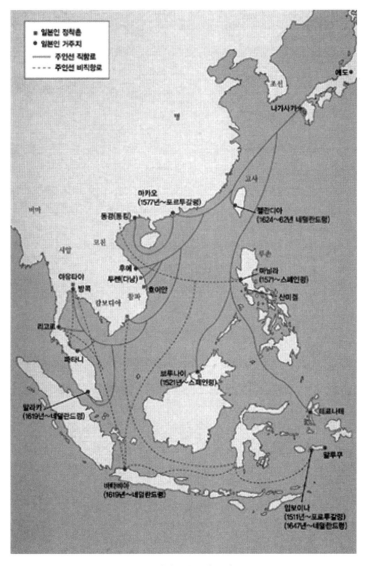

16~17세기 동중국해 무역로

출처 : 『난학의 세계사』

정화의 해외 원정 이후 조공 무역 질서의 확대

출처 : 고등학교 세계사 교과서(교학사)

찾아보기

저자 · 역자 소개

저자

정웨이중 鄭維中, Cheng Wei-chung

네덜란드 라이덴대학교에서 역사학 박사 학위를 받았고 현재 대만 중앙연구원 대만사 연구소 연구원으로 재직하고 있다. 주요 연구 분야는 네덜란드시대의 대만 사회 및 법제사이며, 역서로『포모사가 어떻게 대만부로 변했는가(福爾摩沙如何變成臺灣府)』가 있으며, 주요 저서로『네덜란드시대 대만 사회(荷蘭時代的臺灣社會)』,『포모사를 만드는 과정-서양 고서에서 대만의 모습을 추적하다(製作福爾摩沙-追尋西洋古書中的臺灣身影)』등이 있다.

역자

김창경 金昌慶, Kim Chang-gyeong

북경대학교에서 문학박사를 취득하였고, 국립부경대학교 중국학과 교수로 재직 중이다. 주요 논저로는 「중국의 '신시대 중국 특색의 해양문화' 건설에 관한 연구」(공저),『동북아바다, 인문학으로 항해하다』(공저),『쉽게 이해하는 중국문화』(공저) 등이 있다. 역서로는『해양문명론과 해양중국』(공역) 등이 있다.

안승웅 安承雄, Ahn Seung-woong

상해 복단대학교에서 문학박사를 취득하였고, 국립부경대학교 중국학과와 부산대학교에서 강사로 재직 중이다. 주요 논저로는 「沈從文 습작기 소설 여성형상 연구」,『쉽게 이해하는 중국문화』(공저),『동북아 바다, 인문학으로 항해하다』(공저) 등이 있다. 역서로는『바다가 어떻게 문화가 되는가』(공역) 등이 있다.

공봉진 孔鳳振, Kong Bong-jin

부경대학교에서 국제지역학박사를 취득하였고, 국립부경대학교 중국학과와 동아대학교 정치외교학 전공에서 강사로 재직 중이다. 주요 논저로는 「중국의 '신시대 중국 특색의 해양문화' 건설에 관한 연구」(공저),『한국과 가까우면서도 먼 중국 미국 일본의 민간신앙』(공저) 등이 있다.

이강인 李康仁, Lee Kang-in

상해 복단대학교에서 문학박사를 취득하였고, 현재 부산외국어대학교 글로벌비즈니스대학 소속 교수로 재직 중이다. 주요 논저로는 「중국문학과 노벨문학상의 의미적 해석-가오싱젠과 모옌을 중심으로」,『중국문학의 감상』(공저),『중국 현대문학작가 열전』등이 있다.